JUSTICE LEAGUE VS. GODZILLA VS. KONG

TREFFEN DER TITANEN

ROOAARR! GROOOAARRR!
Godzilla, König der Monster, und **King Kong**, der Riesenaffe, sind ursprünglich Figuren, die nicht im selben Universum beheimatet sind. Die beiden sind aber bereits in den Filmen von Legendary Pictures seit dem Kong-Reboot *Kong: Skull Island* von 2017 gemeinsam auf der Leinwand erschienen. In diesen Filmen spielt auch die Organisation **Monarch** eine Rolle, die die **Titanen** erforscht. Bei der Popularität beider Blockbuster liegt es nahe, dass man diese Monster auch in anderen Medien wie Comics aufeinandertreffen lässt und sie mit Helden, Heldinnen und verbrecherischen Elementen aus anderen Fantasiewelten kombiniert. In diesem Megacrossover landen nun Godzilla und Kong gemeinsam mit anderen Titanen im uns bekannten DC-Universum.

Die **Legion of Doom** bricht unter der Führung von **Lex Luthor** in Supermans **Festung der Einsamkeit** ein, um eine **Motherbox** – ein mächtiges Artefakt von **Apokolips** – zu stehlen. Hierbei entwendet **Toyman** auch den **Traumstein** und nachdem die Schurken durch die Motherbox versehentlich auf **Skull Island** landen, nutzt Toyman den Stein, um die Titanen ins DC-Universum zu versetzen. Diese greifen dort verschiedene Städte an, Godzilla zum Beispiel geht nach **Metropolis**. Dort trifft er natürlich auf **Superman**, der nach einem wilden Kampf von dem Monster außer Gefecht gesetzt wird. Aber auch Batmans **Gotham City**, Wonder Womans **Themyscira** und sogar Aquamans **Atlantis** werden von den Monstern bedroht, sodass die **Justice League** sich ganz schön ranhalten muss, um alle Gefahren gleichzeitig abzuwenden.

Die Legion of Doom und allen voran Lex Luthor versuchen hingegen, die Präsenz der Titanen und das daraus resultierende weltweite Chaos für ihre Zwecke zu nutzen. Ihr Ziel ist die endgültige Vernichtung der Justice League – und da Superman kampfunfähig ist, rückt dieses Ziel in greifbare Nähe.

Wir wünschen euch viel Vergnügen beim Aufeinandertreffen der Titanen – aus dem Legendary Monster-Verse und aus dem DC-Universum.

Jörg Faßbender

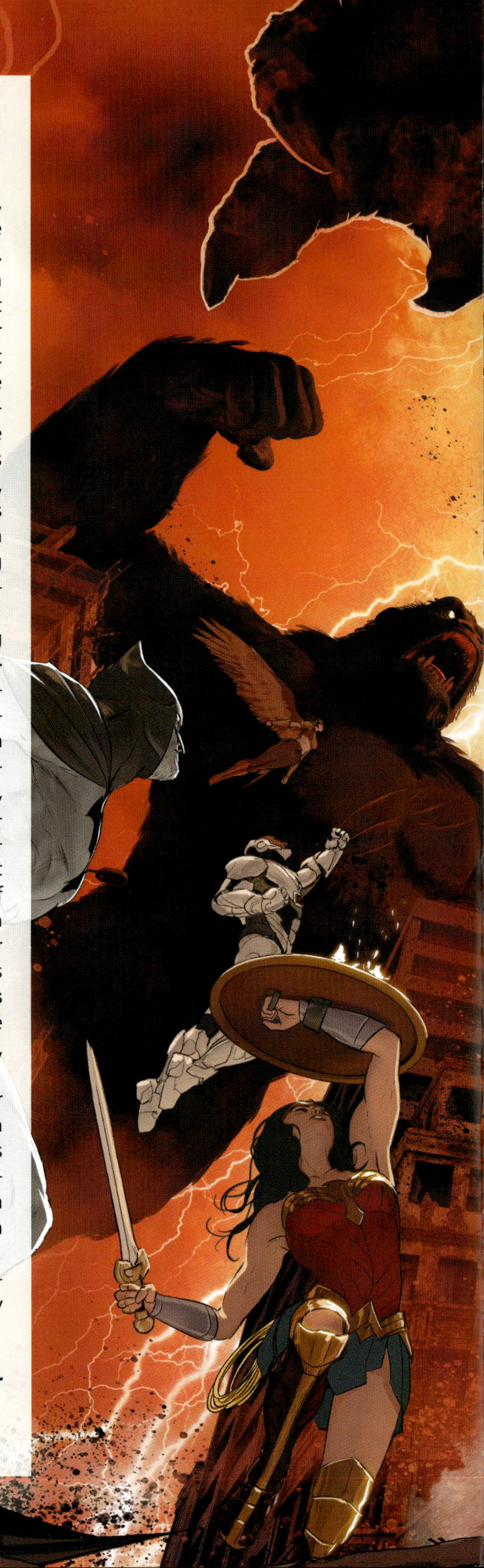

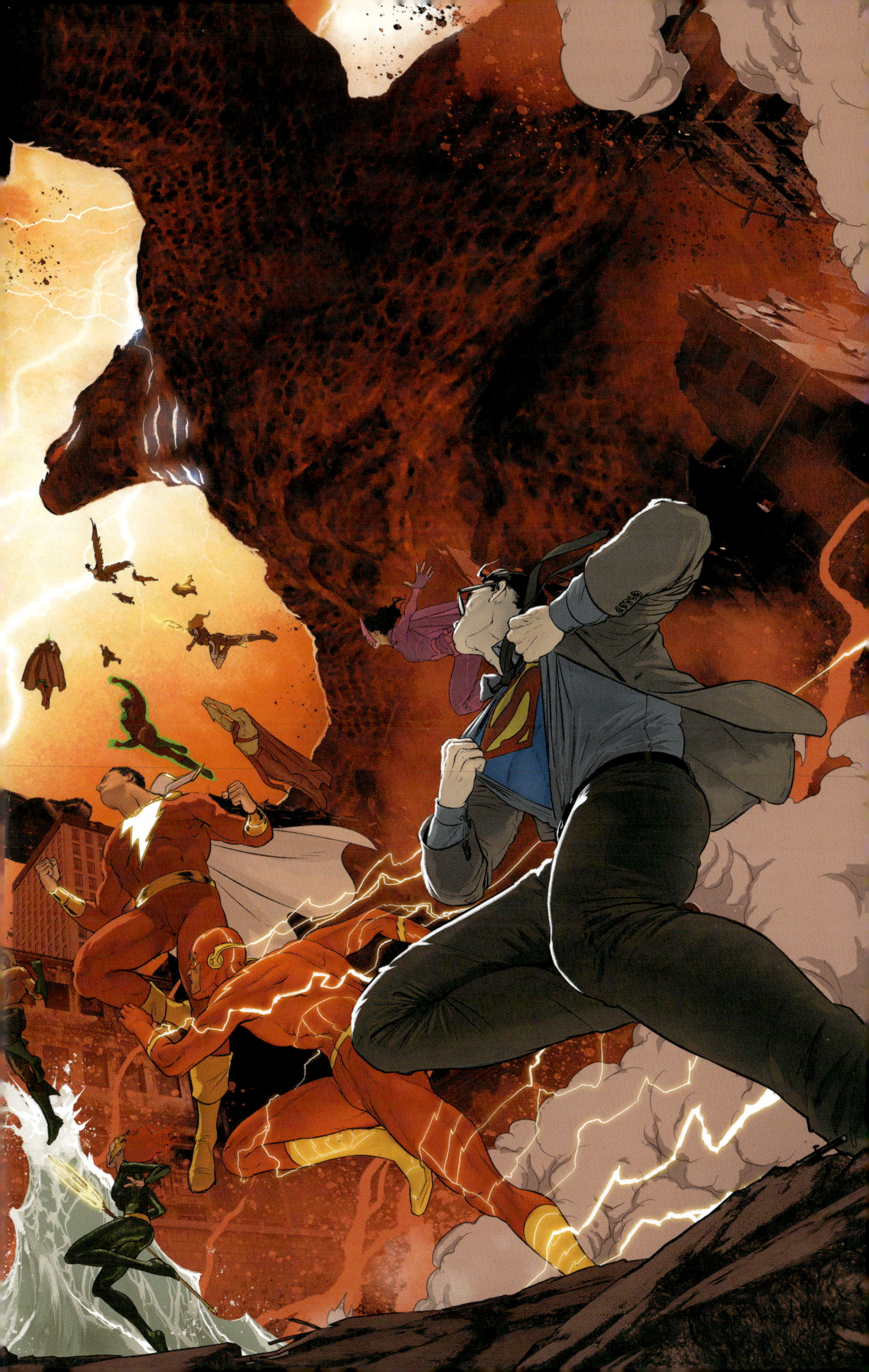

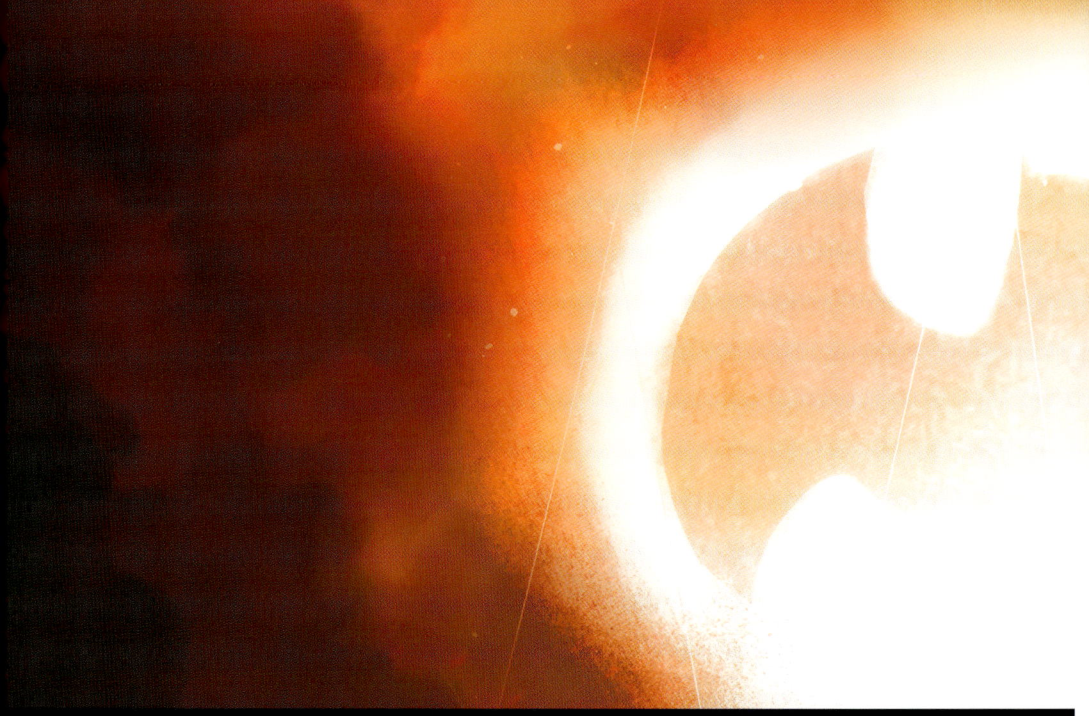

JUSTICE LEAGUE VS. GODZILLA VS. KONG
Kapitel 1
Justice League vs. Godzilla vs. Kong 1
Dezember 2023

JUSTICE LEAGUE VS. GODZILLA VS. KONG
Kapitel 2
Justice League vs. Godzilla vs. Kong 2
Januar 2024

JUSTICE LEAGUE VS. GODZILLA VS. KONG
Kapitel 3
Justice League vs. Godzilla vs. Kong 3
Februar 2024

JUSTICE LEAGUE VS. GODZILLA VS. KONG
Kapitel 4
Justice League vs. Godzilla vs. Kong 4
März 2024

JUSTICE LEAGUE VS. GODZILLA VS. KONG
Kapitel 5
Justice League vs. Godzilla vs. Kong 5
April 2024

JUSTICE LEAGUE VS. GODZILLA VS. KONG
Kapitel 6
Justice League vs. Godzilla vs. Kong 6
Mai 2024

JUSTICE LEAGUE VS. GODZILLA VS. KONG
Kapitel 7
Justice League vs. Godzilla vs. Kong 7
Juli 2024

BRIAN BUCCELLATO
Story

CHRISTIAN DUCE
TOM DERENICK
Zeichnungen & Tusche

LUIS GUERRERO
Farben

JÖRG FASSBENDER
Übersetzung

ASTARTE DESIGN
Lettering

DREW JOHNSON &
ROMULO FAJARDO JR.
Original-Cover

BATMAN geschaffen von **BOB KANE** mit **BILL FINGER**.
SUPERMAN geschaffen von **JERRY SIEGEL** und **JOE SHUSTER**.
Mit besonderer Genehmigung der **JERRY SIEGEL**-Familie.

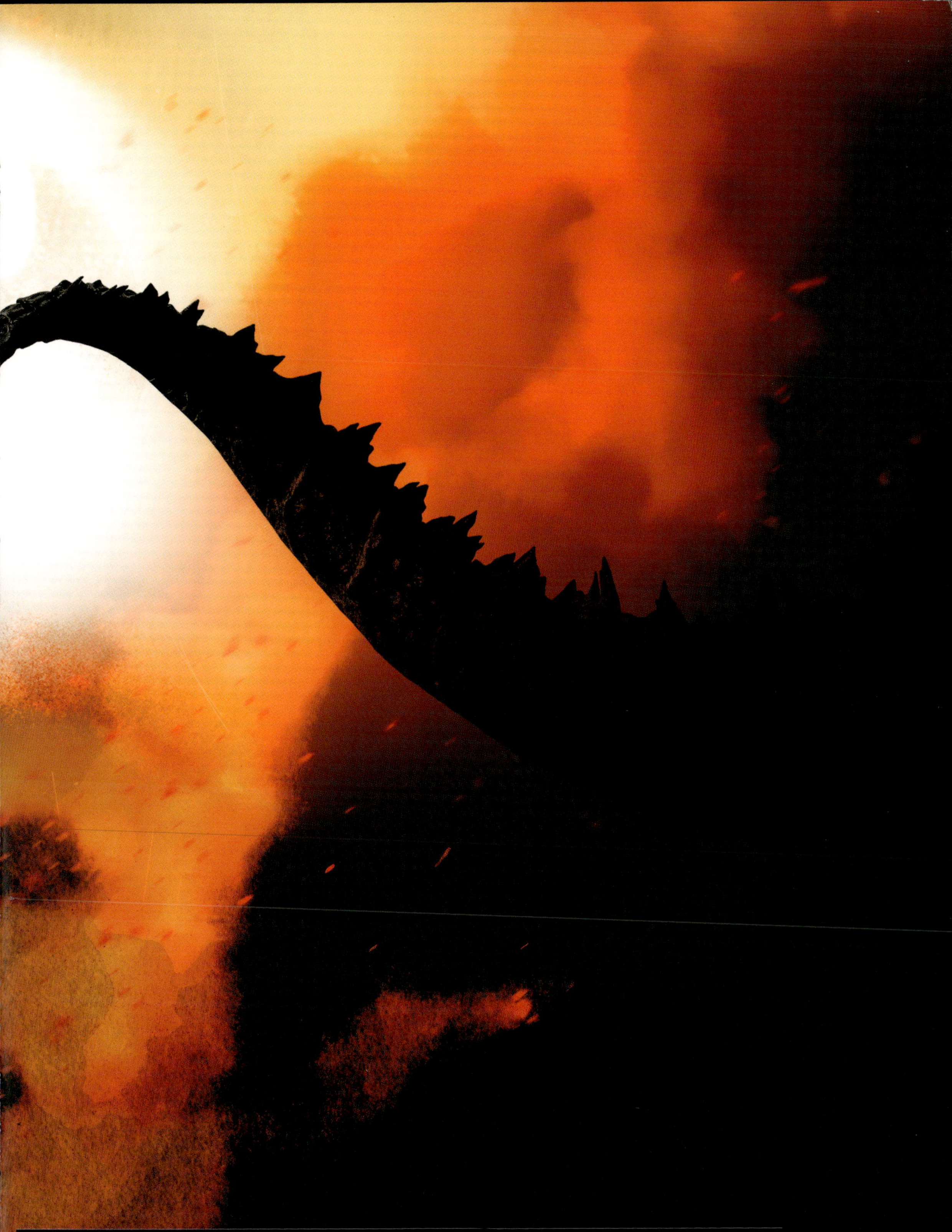

JUSTICE LEAGUE VS. GODZILLA VS. KONG erscheint bei **PANINI COMICS**, Schloßstraße 76, D-70176 Stuttgart. Druck: Tecnostampa srl – Pigini Group – Loreto – Trevi. Pressevertrieb: Stella Distribution GmbH, D-22297 Hamburg. Direkt-Abos auf **www.paninicomics.de**. Geschäftsführer **Hermann Paul**, Publishing Director Europe **Marco M. Lupoi**, Finanzen/Logistik **Felix Bauer**, Marketing Director **Holger Wiest**, Marketing **Thorsten Kleinheinz**, Vertrieb **Alexander Bubenheimer**, PR/Presse **Steffen Volkmer**, Publishing Manager **Lisa Pancaldi**, Redaktion **Tommaso Caretti**, **Jörg Faßbender**, **Christian Grass**, **Nicola Soressi**, **Monika Trost**, **Daniela Uhlmann**, **Jürgen Zahn**, Übersetzung **Jörg Faßbender**, Proofreading **Tomislav Subasic**, Lettering **Astarte Design**, grafische Gestaltung **Rudy Remitti**, **Nicola Spano**, Art Director **Alessandro Gucciardo**, Redaktion Panini Comics **Annalisa Califano**, **Beatrice Doti**, Prepress **Francesca Aiello**, **Andrea Bisi**, Repro/Packager **Alessandro Nalli** (coordinator), **Anna Boselli**, **Mario Da Rin Zanco**, **Valentina Esposito**, **Luca Ficarelli**, **Linda Leporati**. Cover von **Dan Mora**, *Justice League vs. Godzilla vs. Kong* TP.

Digitale Ausgaben:
ISBN 978-3-7569-1187-5 (.pdf) / ISBN 978-3-7569-1188-2 (.epub) / ISBN 978-3-7569-1189-9 (.mobi)

Bibliografische Information der Deutschen Nationalbibliothek
Die Deutsche Nationalbibliothek verzeichnet diese Publikation in der Deutschen Nationalbibliografie; detaillierte bibliografische Daten sind im Internet über dnb.d-nb.de abrufbar.

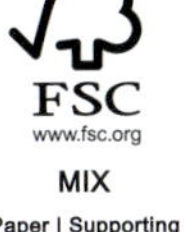

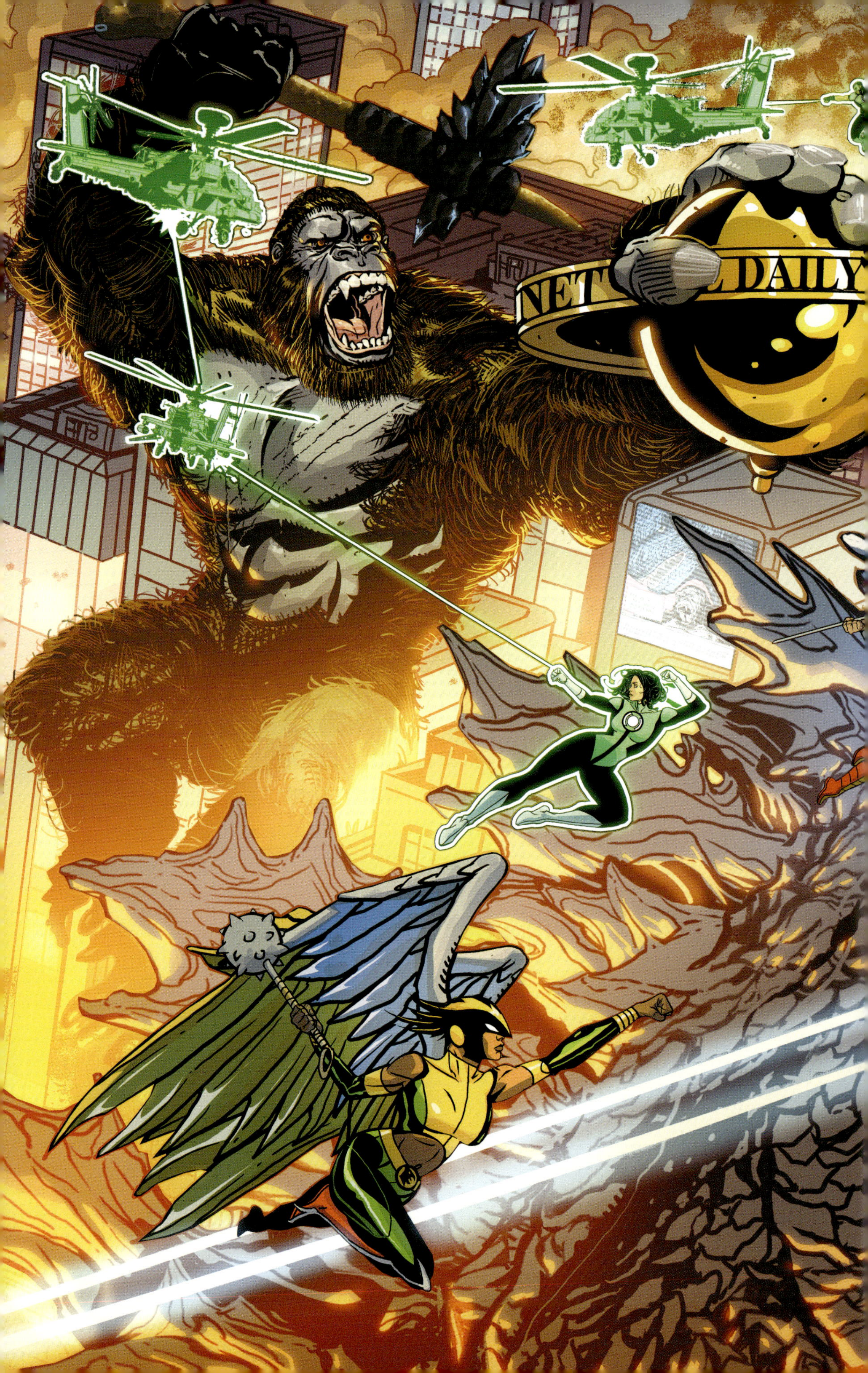
NET
DAILY

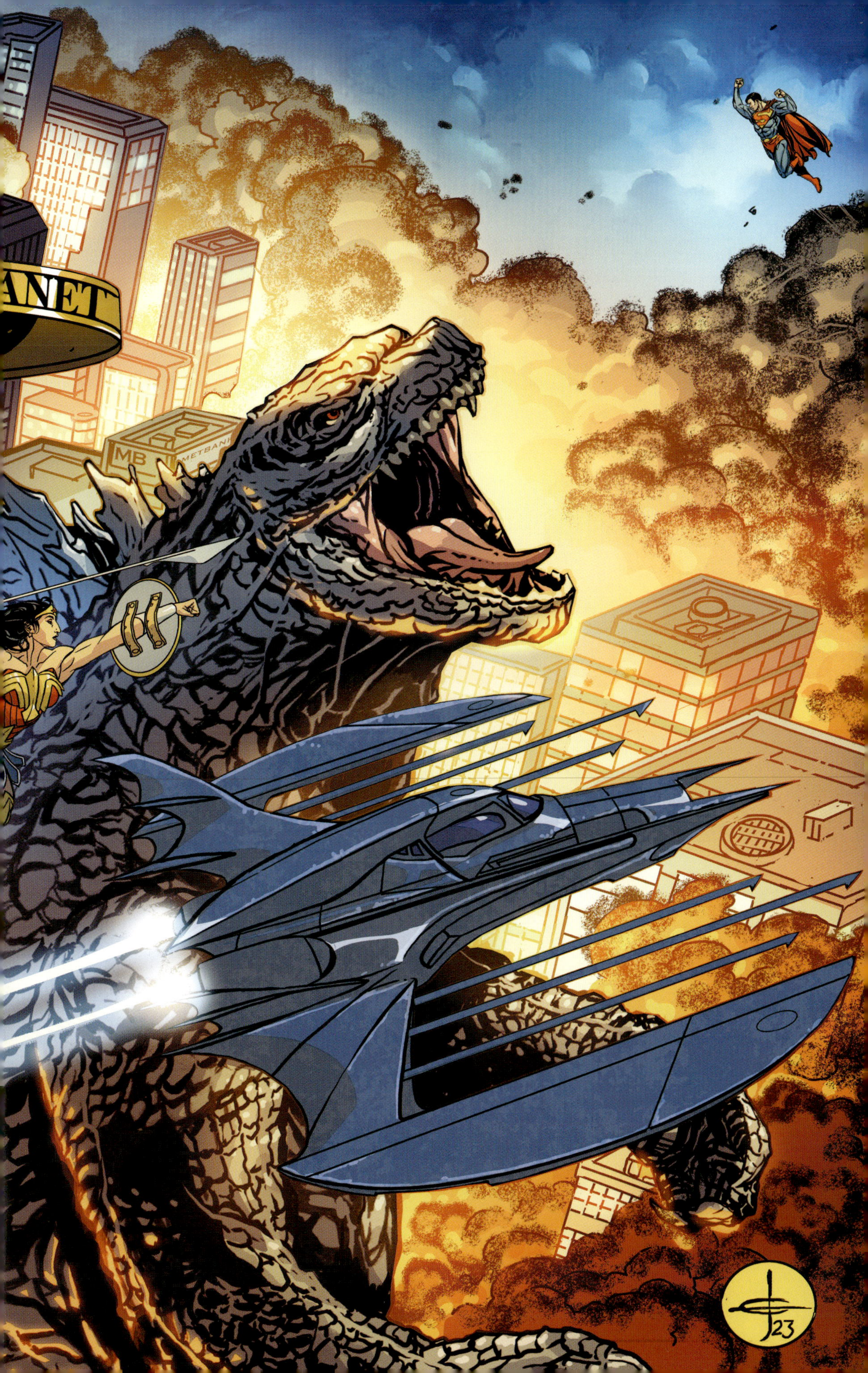
ANET
MB

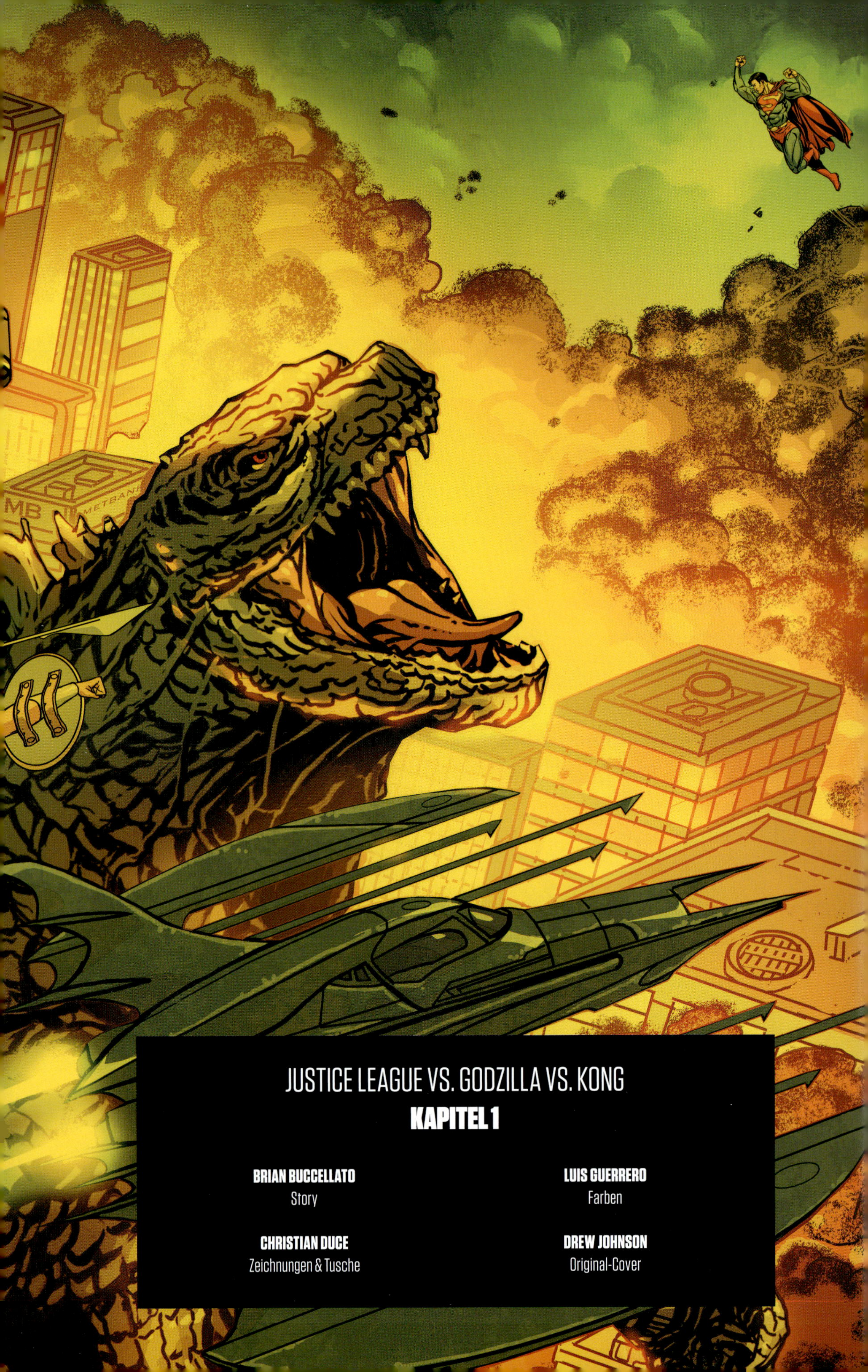

JUSTICE LEAGUE VS. GODZILLA VS. KONG

KAPITEL 1

BRIAN BUCCELLATO
Story

CHRISTIAN DUCE
Zeichnungen & Tusche

LUIS GUERRERO
Farben

DREW JOHNSON
Original-Cover

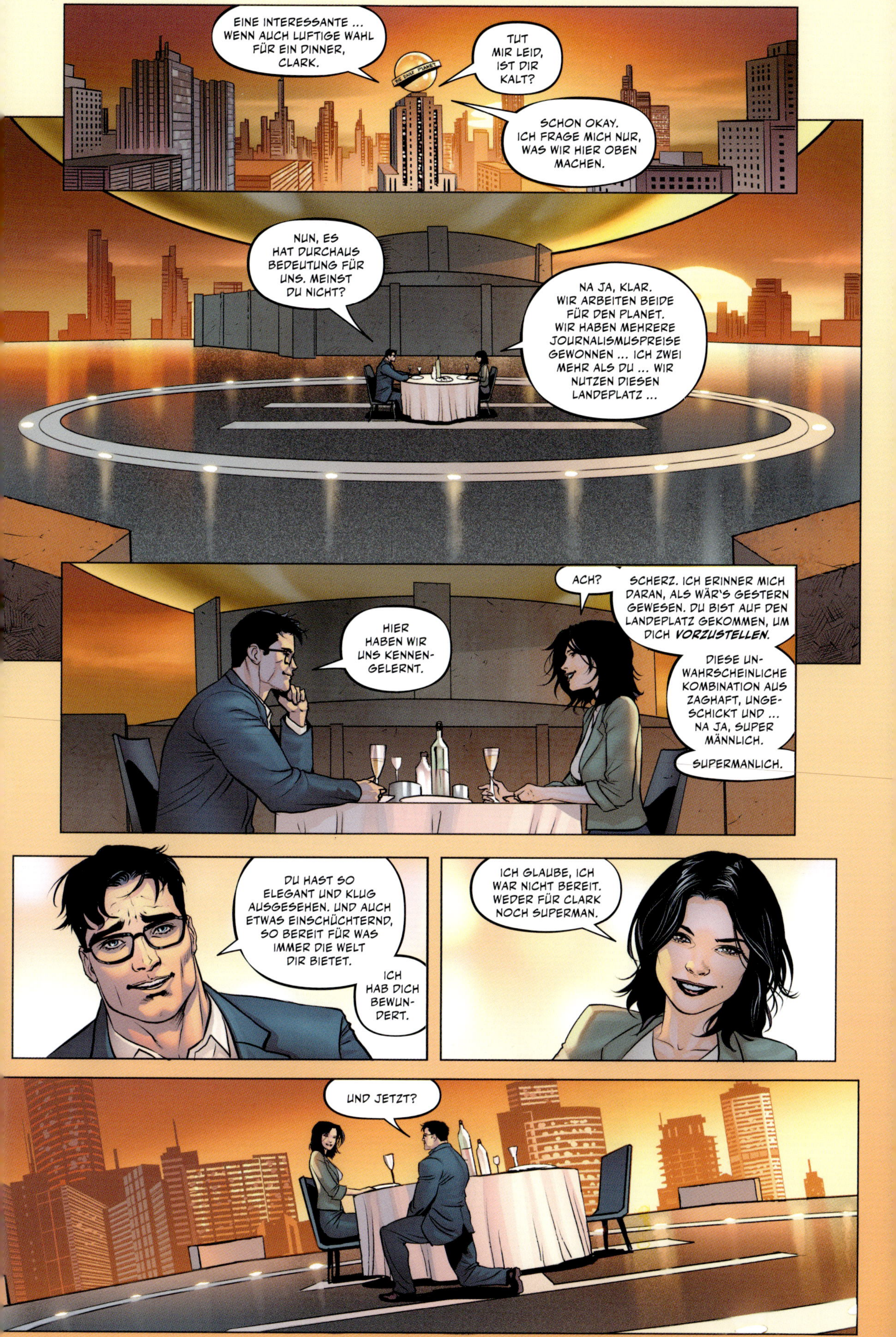

EINE INTERESSANTE ... WENN AUCH LUFTIGE WAHL FÜR EIN DINNER, CLARK.

TUT MIR LEID, IST DIR KALT?

SCHON OKAY. ICH FRAGE MICH NUR, WAS WIR HIER OBEN MACHEN.

NUN, ES HAT DURCHAUS BEDEUTUNG FÜR UNS. MEINST DU NICHT?

NA JA, KLAR. WIR ARBEITEN BEIDE FÜR DEN PLANET. WIR HABEN MEHRERE JOURNALISMUSPREISE GEWONNEN ... ICH ZWEI MEHR ALS DU ... WIR NUTZEN DIESEN LANDEPLATZ ...

HIER HABEN WIR UNS KENNENGELERNT.

ACH?

SCHERZ. ICH ERINNER MICH DARAN, ALS WÄR'S GESTERN GEWESEN. DU BIST AUF DEN LANDEPLATZ GEKOMMEN, UM DICH ***VORZUSTELLEN.***

DIESE UNWAHRSCHEINLICHE KOMBINATION AUS ZAGHAFT, UNGESCHICKT UND ... NA JA, SUPER MÄNNLICH.

SUPERMANLICH.

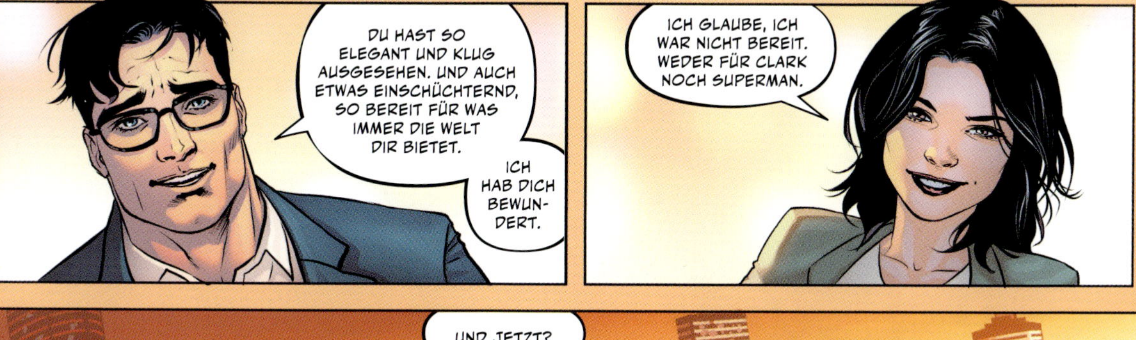

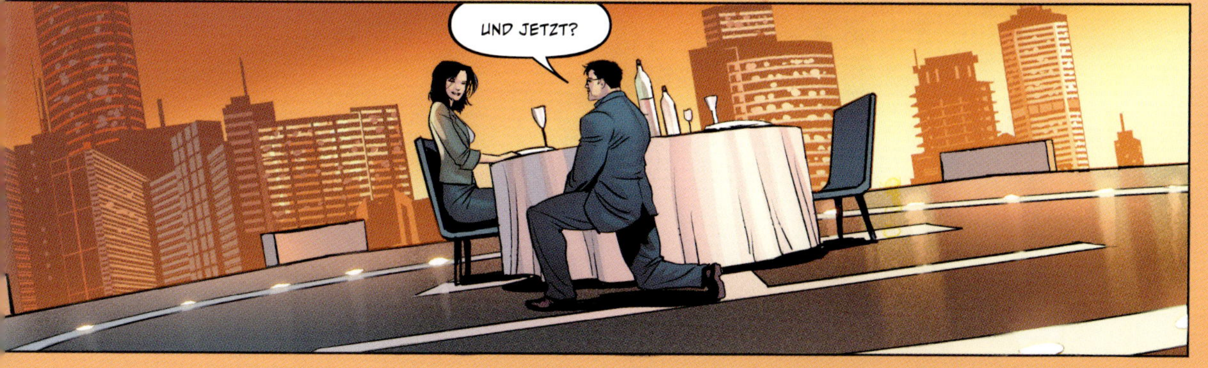

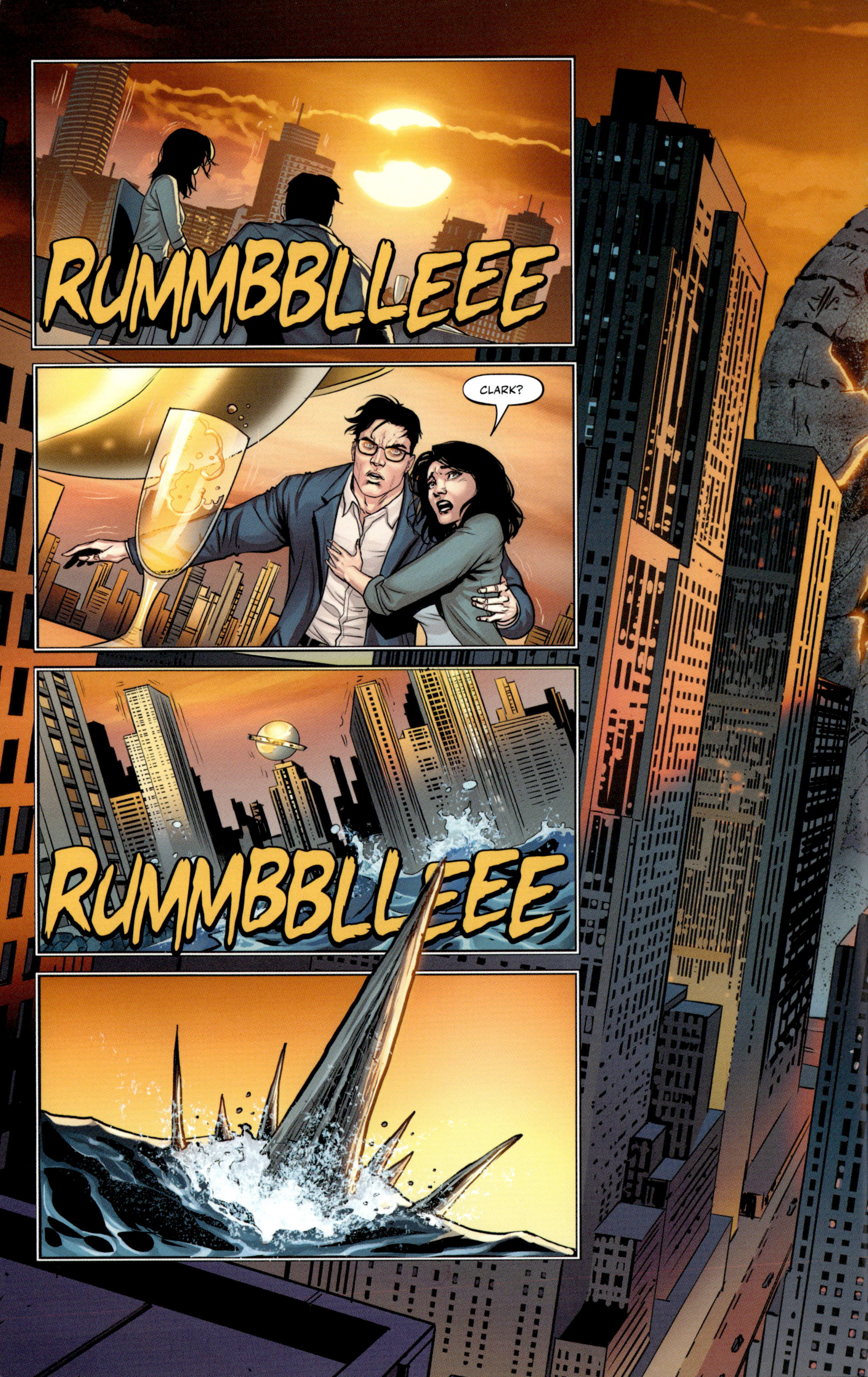
RUMMBBLLEEE
CLARK?
RUMMBBLLEEE

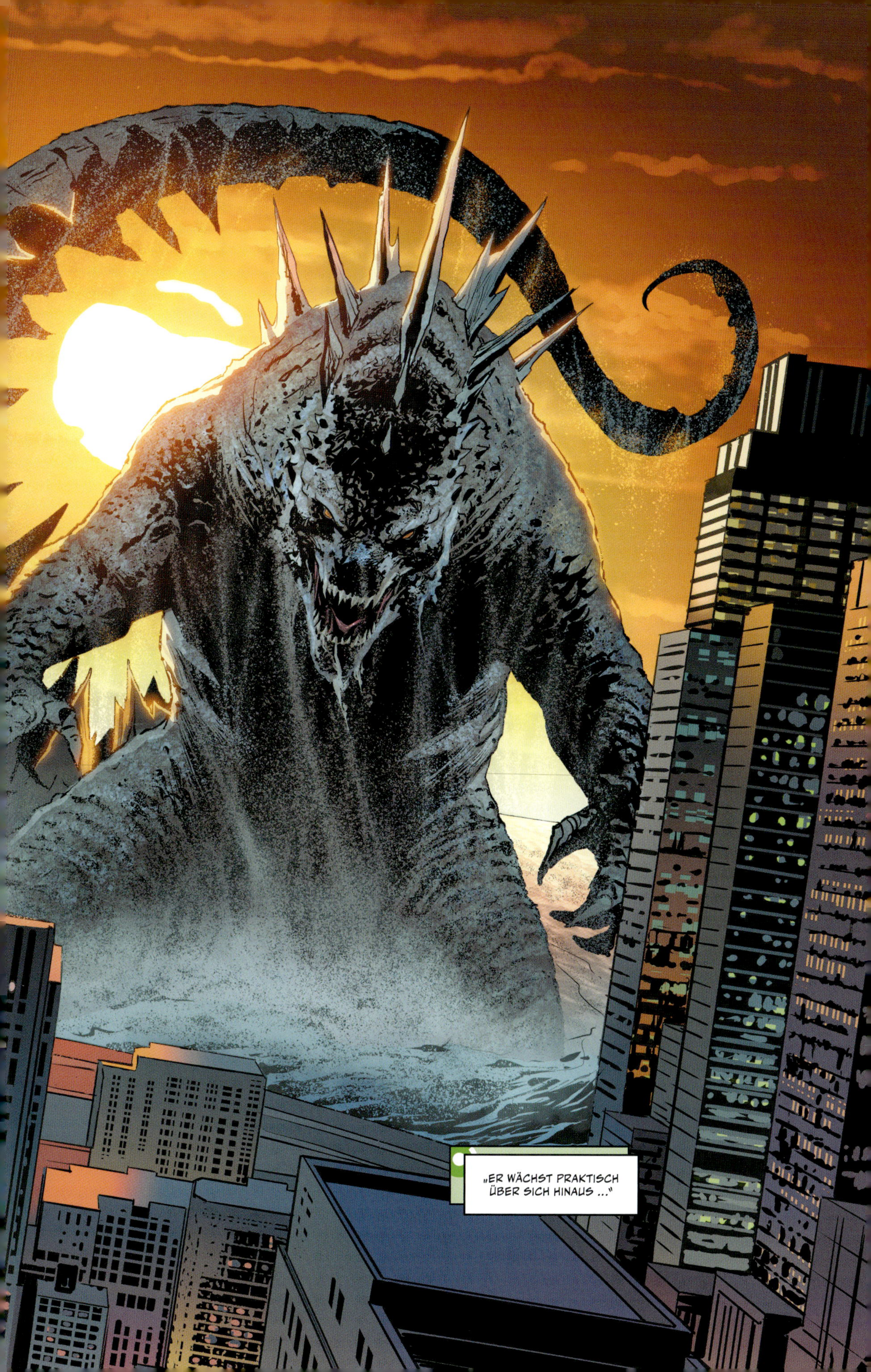
„ER WÄCHST PRAKTISCH ÜBER SICH HINAUS ...“

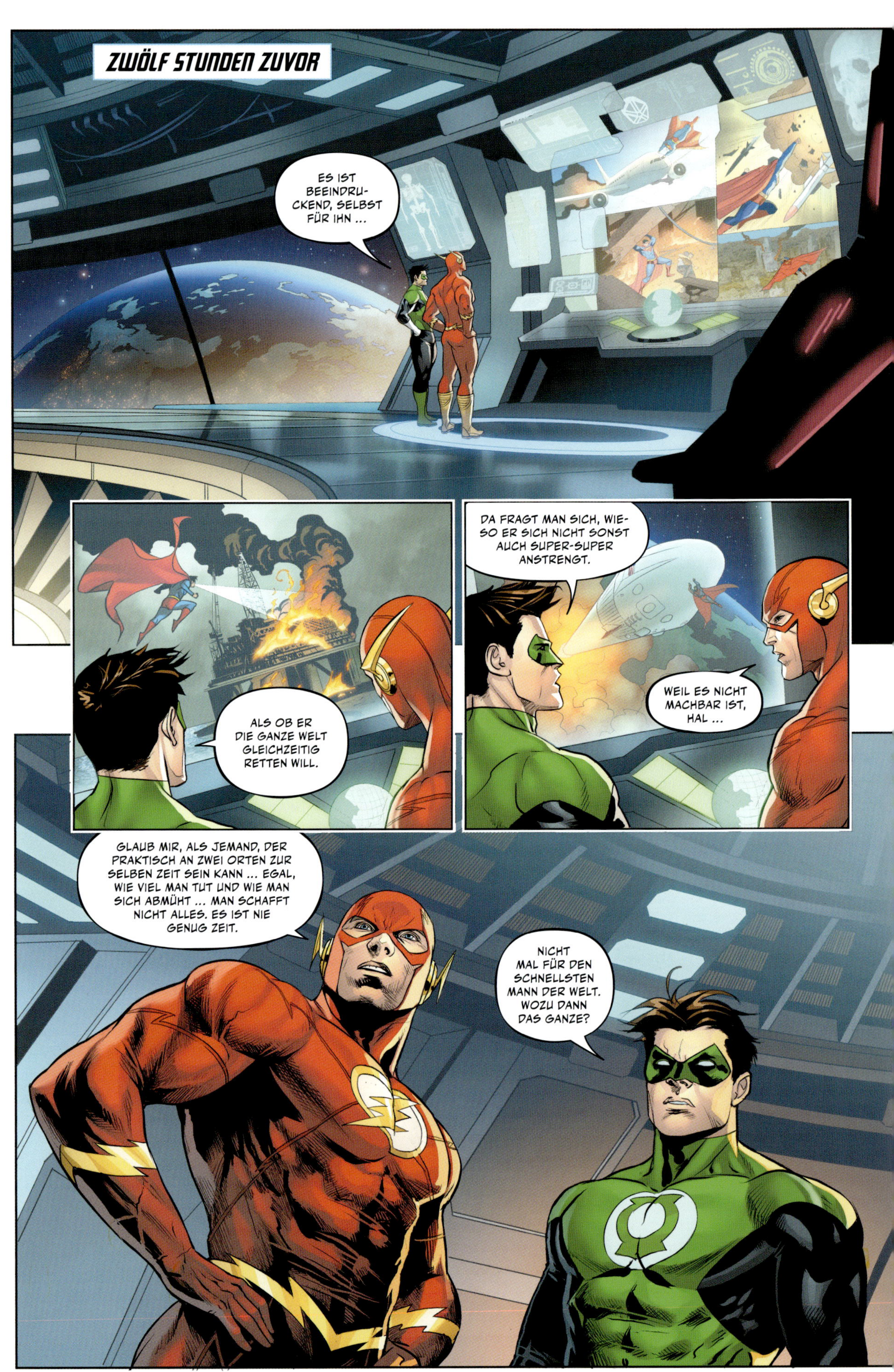
ZWÖLF STUNDEN ZUVOR
ES IST BEEINDRU-CKEND, SELBST FÜR IHN ...
ALS OB ER DIE GANZE WELT GLEICHZEITIG RETTEN WILL.
DA FRAGT MAN SICH, WIE-SO ER SICH NICHT SONST AUCH SUPER-SUPER ANSTRENGT.
WEIL ES NICHT MACHBAR IST, HAL ...
GLAUB MIR, ALS JEMAND, DER PRAKTISCH AN ZWEI ORTEN ZUR SELBEN ZEIT SEIN KANN ... EGAL, WIE VIEL MAN TUT UND WIE MAN SICH ABMÜHT ... MAN SCHAFFT NICHT ALLES. ES IST NIE GENUG ZEIT.
NICHT MAL FÜR DEN SCHNELLSTEN MANN DER WELT. WOZU DANN DAS GANZE?

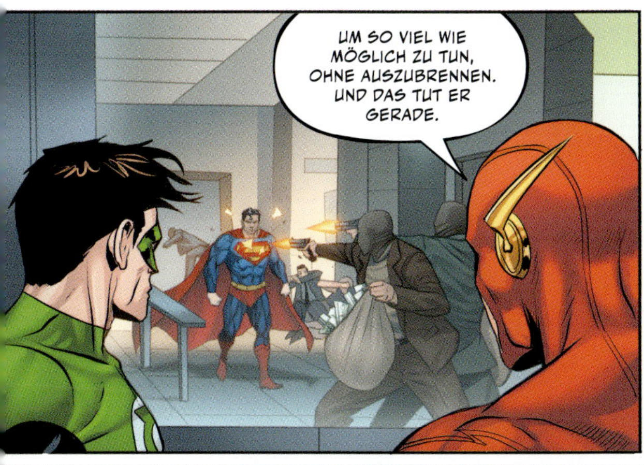
UM SO VIEL WIE MÖGLICH ZU TUN, OHNE AUSZUBRENNEN. UND DAS TUT ER GERADE.

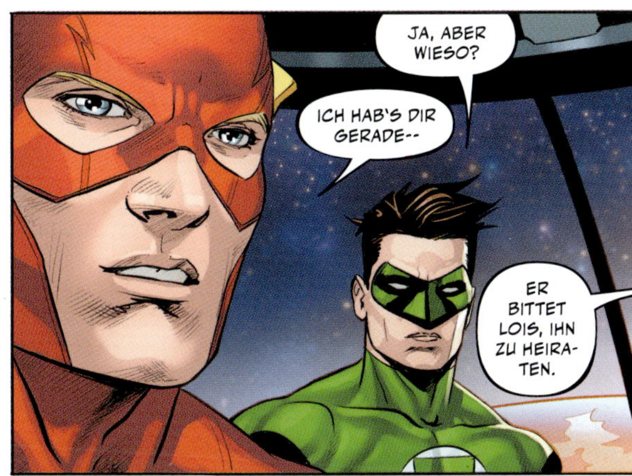
JA, ABER WIESO?
ICH HAB'S DIR GERADE--
ER BITTET LOIS, IHN ZU HEIRA-TEN.

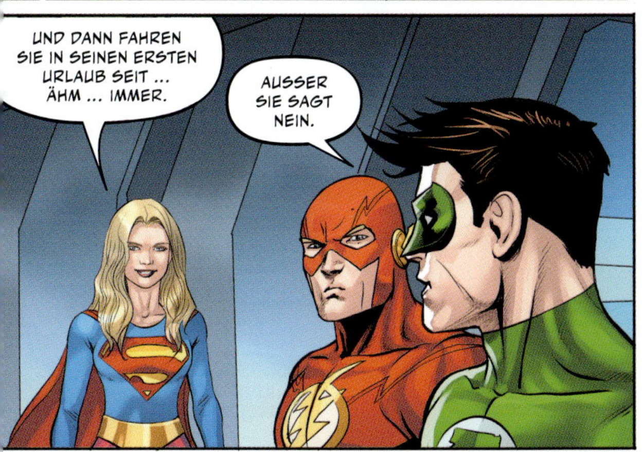
UND DANN FAHREN SIE IN SEINEN ERSTEN URLAUB SEIT ... ÄHM ... IMMER.
AUSSER SIE SAGT NEIN.

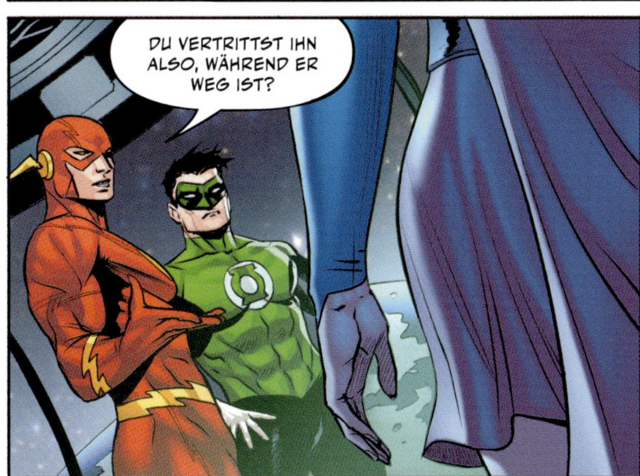
DU VERTRITTST IHN ALSO, WÄHREND ER WEG IST?

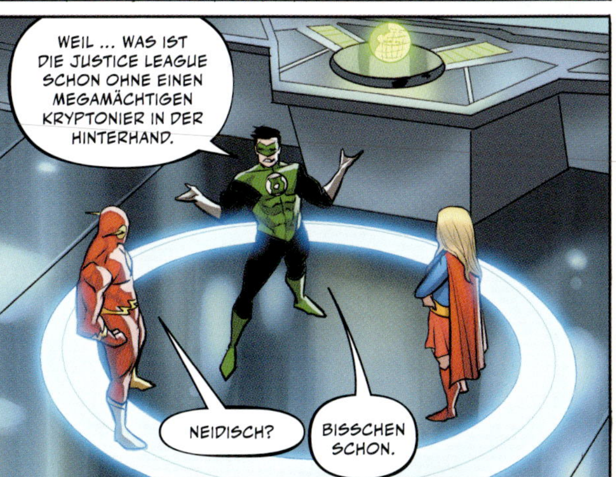
WEIL ... WAS IST DIE JUSTICE LEAGUE SCHON OHNE EINEN MEGAMÄCHTIGEN KRYPTONIER IN DER HINTERHAND.
NEIDISCH?
BISSCHEN SCHON.

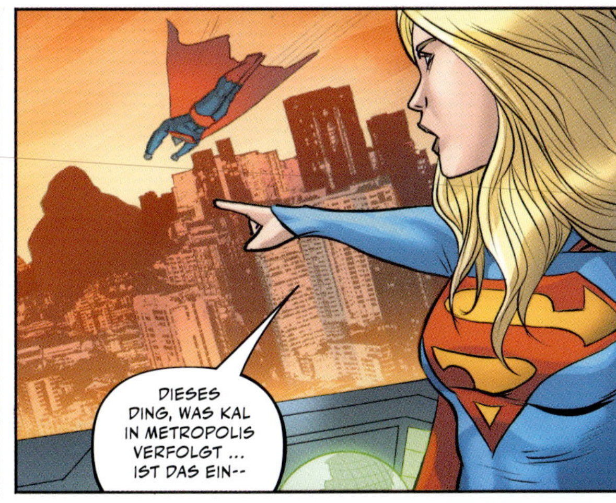
DIESES DING, WAS KAL IN METROPOLIS VERFOLGT ... IST DAS EIN--

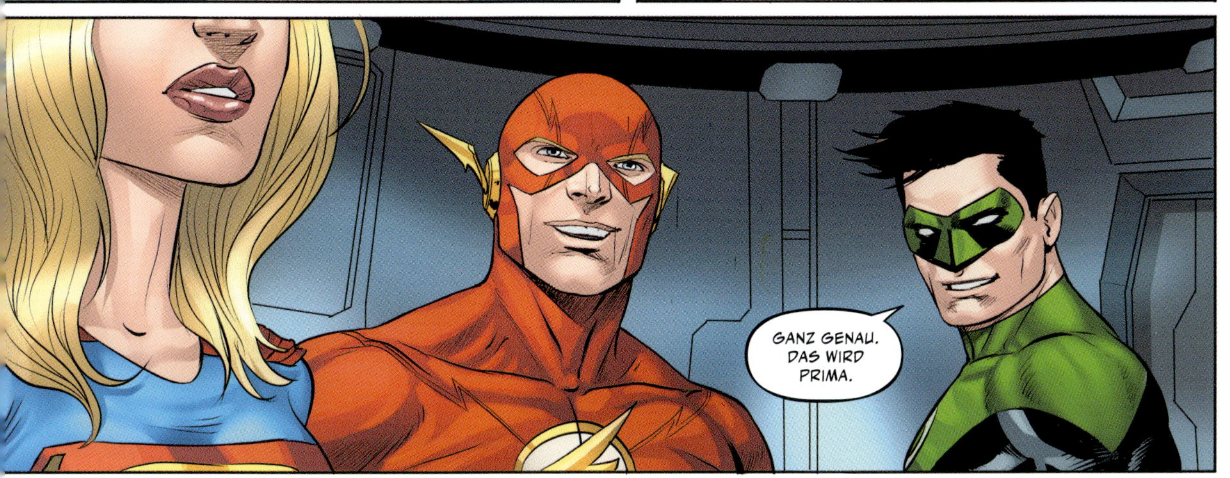
GANZ GENAU. DAS WIRD PRIMA.

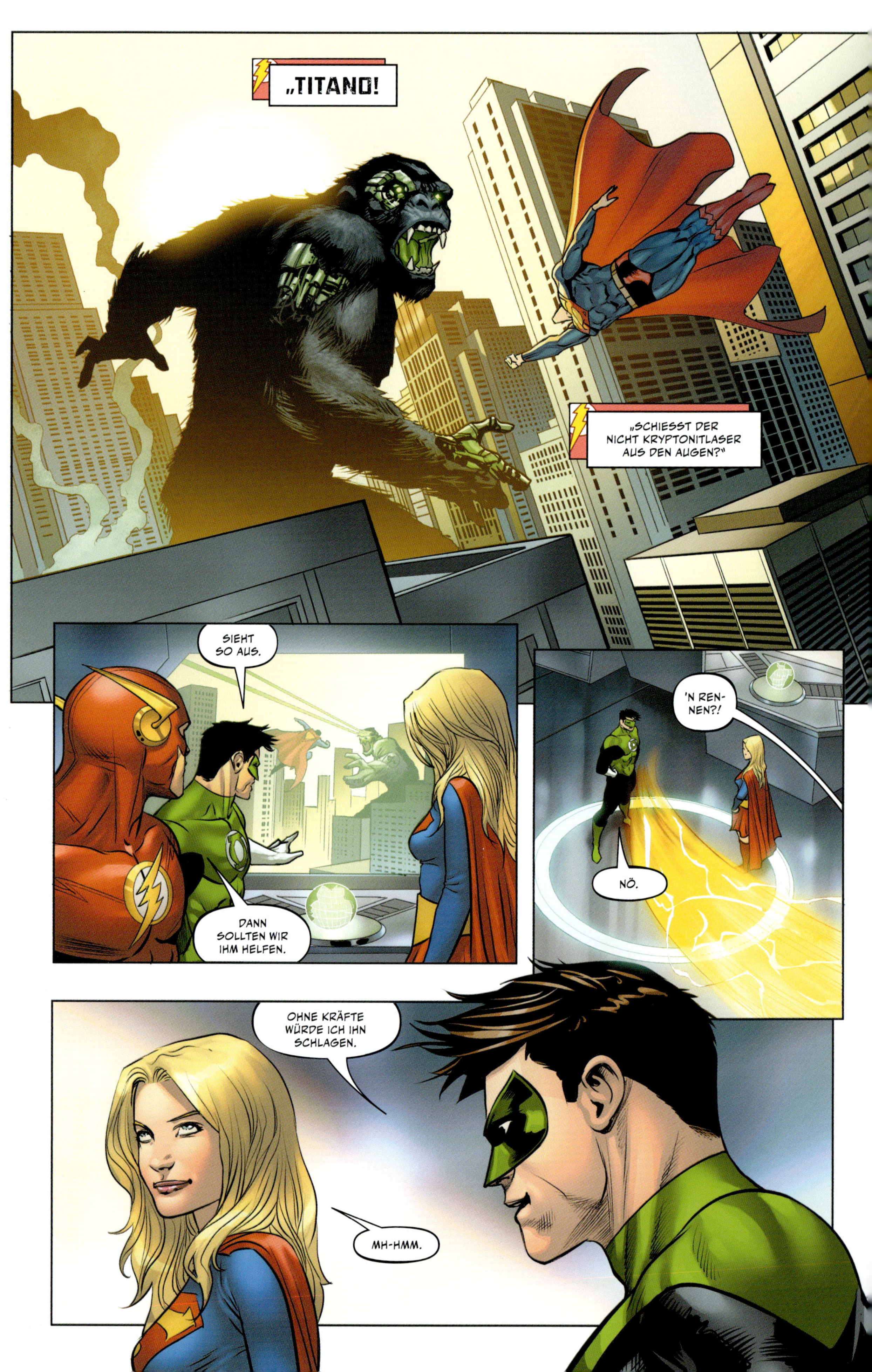
„TITANO!
„SCHIESST DER NICHT KRYPTONITLASER AUS DEN AUGEN?"
SIEHT SO AUS.
DANN SOLLTEN WIR IHM HELFEN.
'N REN-NEN?!
NÖ.
OHNE KRÄFTE WÜRDE ICH IHN SCHLAGEN.
MH-HMM.

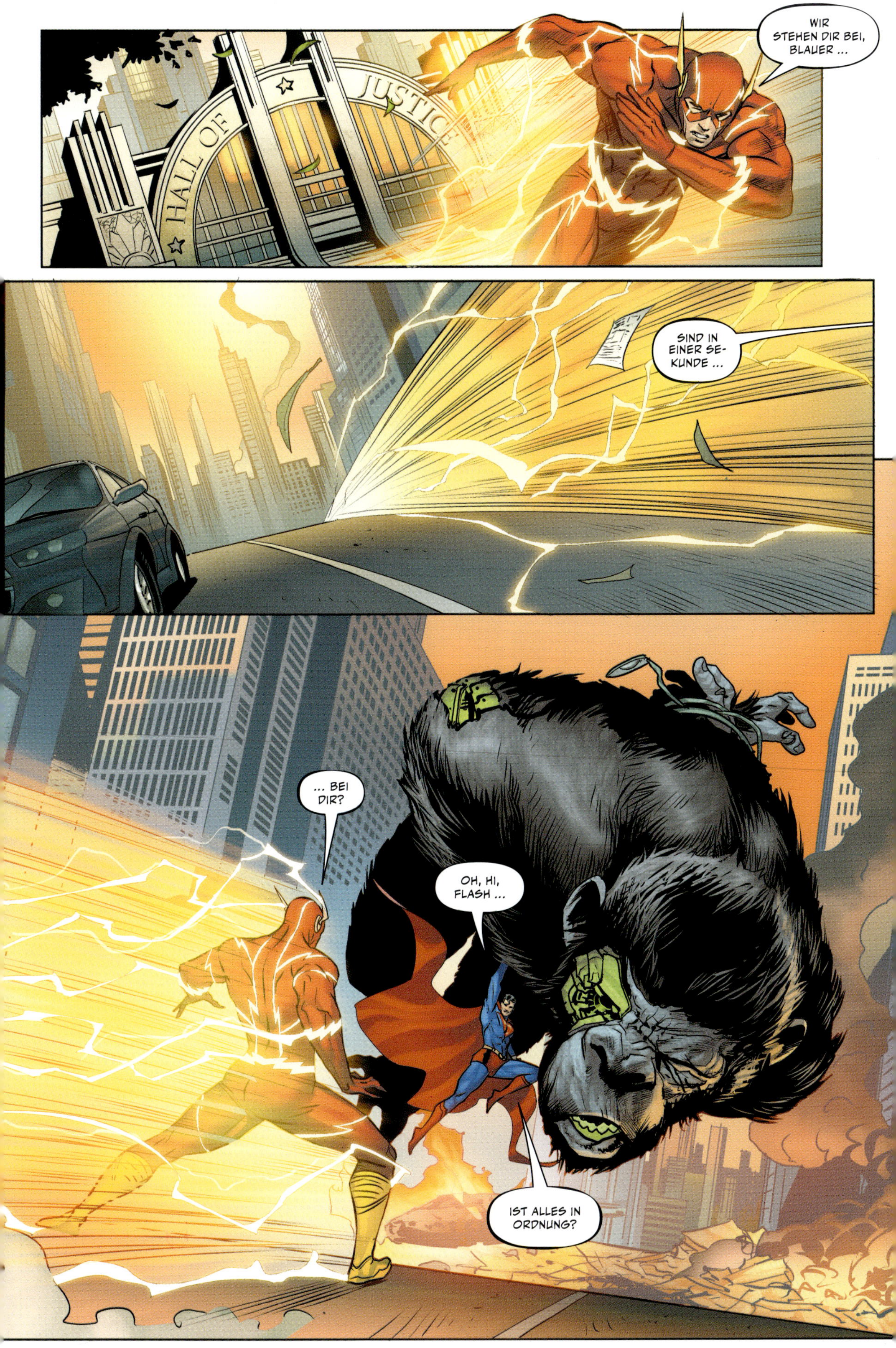

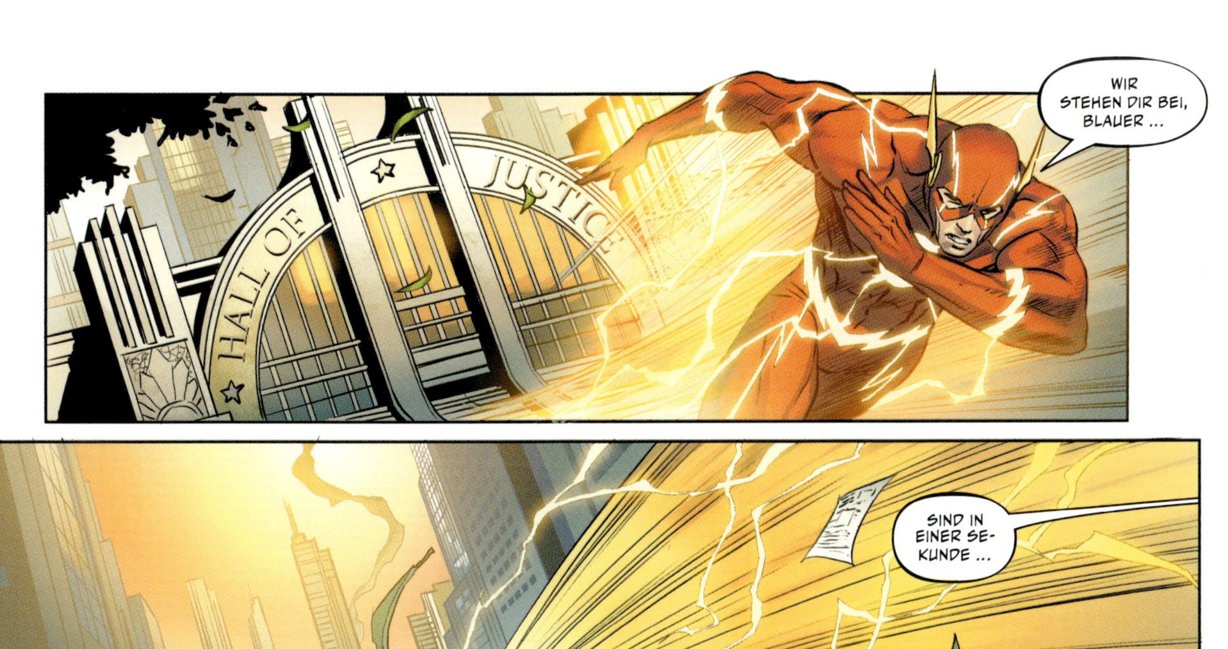
HALL OF JUSTICE
WIR STEHEN DIR BEI, BLAUER ...
SIND IN EINER SE-
KUNDE ...
... BEI DIR?
OH, HI, FLASH ...
IST ALLES IN ORDNUNG?

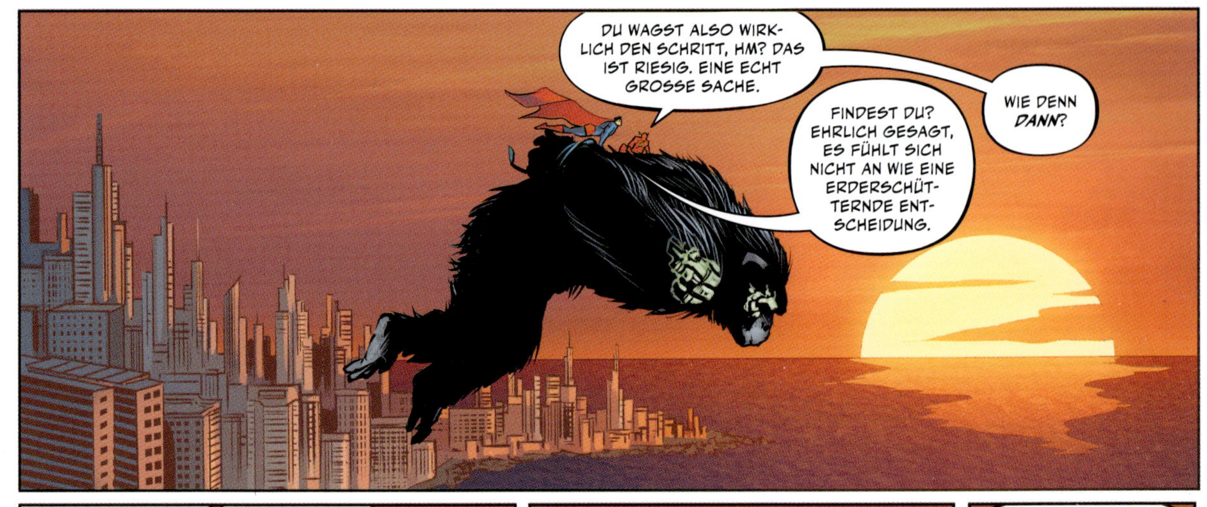
DU WAGST ALSO WIRKLICH DEN SCHRITT, HM? DAS IST RIESIG. EINE ECHT GROSSE SACHE.
FINDEST DU? EHRLICH GESAGT, ES FÜHLT SICH NICHT AN WIE EINE ERDERSCHÜTTERNDE ENTSCHEIDUNG.
WIE DENN *DANN*?

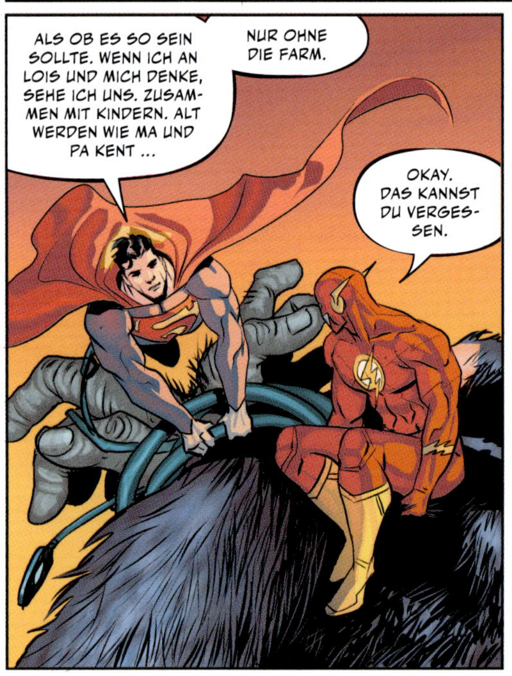
ALS OB ES SO SEIN SOLLTE. WENN ICH AN LOIS UND MICH DENKE, SEHE ICH UNS. ZUSAMMEN MIT KINDERN. ALT WERDEN WIE MA UND PA KENT ...
NUR OHNE DIE FARM.
OKAY. DAS KANNST DU VERGESSEN.

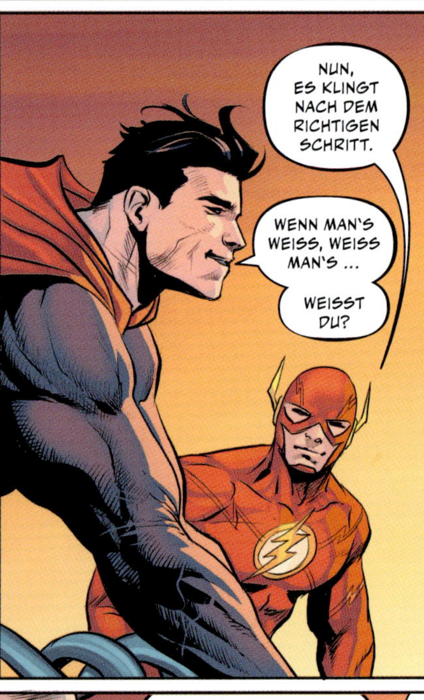
NUN, ES KLINGT NACH DEM RICHTIGEN SCHRITT.
WENN MAN'S WEISS, WEISS MAN'S ...
WEISST DU?

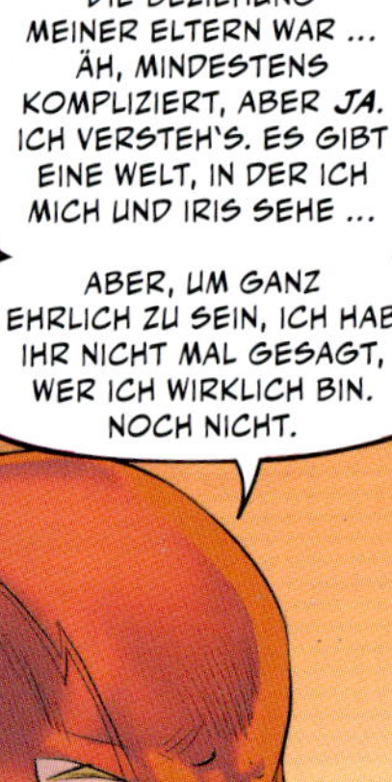
DIE BEZIEHUNG MEINER ELTERN WAR ... ÄH, MINDESTENS KOMPLIZIERT, ABER *JA*. ICH VERSTEH'S. ES GIBT EINE WELT, IN DER ICH MICH UND IRIS SEHE ...
ABER, UM GANZ EHRLICH ZU SEIN, ICH HAB IHR NICHT MAL GESAGT, WER ICH WIRKLICH BIN. NOCH NICHT.

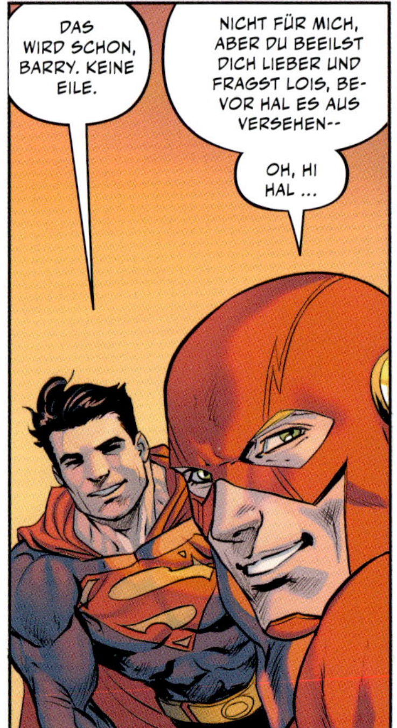
DAS WIRD SCHON, BARRY. KEINE EILE.
NICHT FÜR MICH, ABER DU BEEILST DICH LIEBER UND FRAGST LOIS, BEVOR HAL ES AUS VERSEHEN--
OH, HI HAL ...

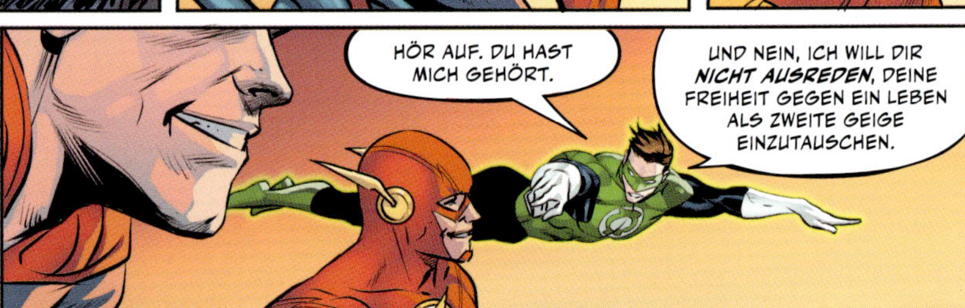
HÖR AUF. DU HAST MICH GEHÖRT.
UND NEIN, ICH WILL DIR *NICHT AUSREDEN*, DEINE FREIHEIT GEGEN EIN LEBEN ALS ZWEITE GEIGE EINZUTAUSCHEN.

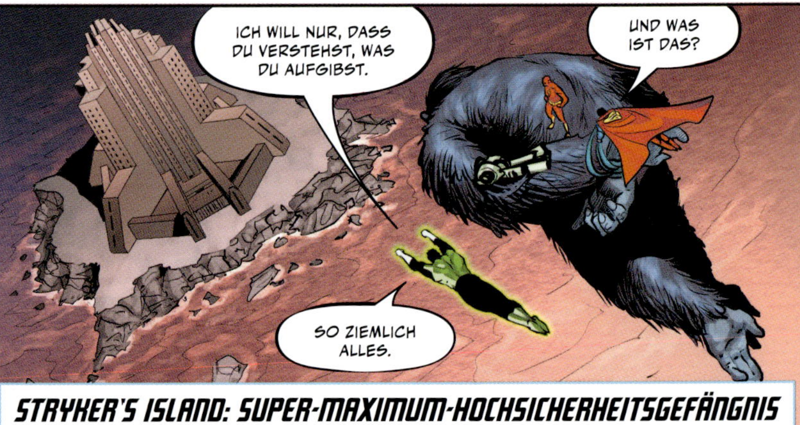
ICH WILL NUR, DASS DU VERSTEHST, WAS DU AUFGIBST.
UND WAS IST DAS?
SO ZIEMLICH ALLES.
STRYKER'S ISLAND: SUPER-MAXIMUM-HOCHSICHERHEITSGEFÄNGNIS

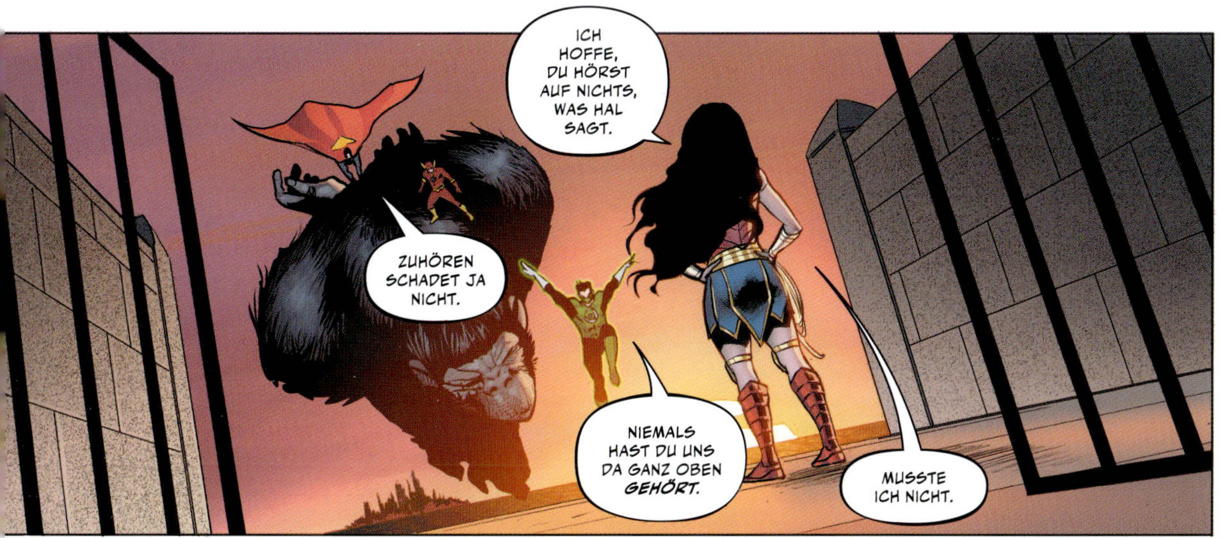
ICH HOFFE, DU HÖRST AUF NICHTS, WAS HAL SAGT.
ZUHÖREN SCHADET JA NICHT.
NIEMALS HAST DU UNS DA GANZ OBEN *GEHÖRT*.
MUSSTE ICH NICHT.

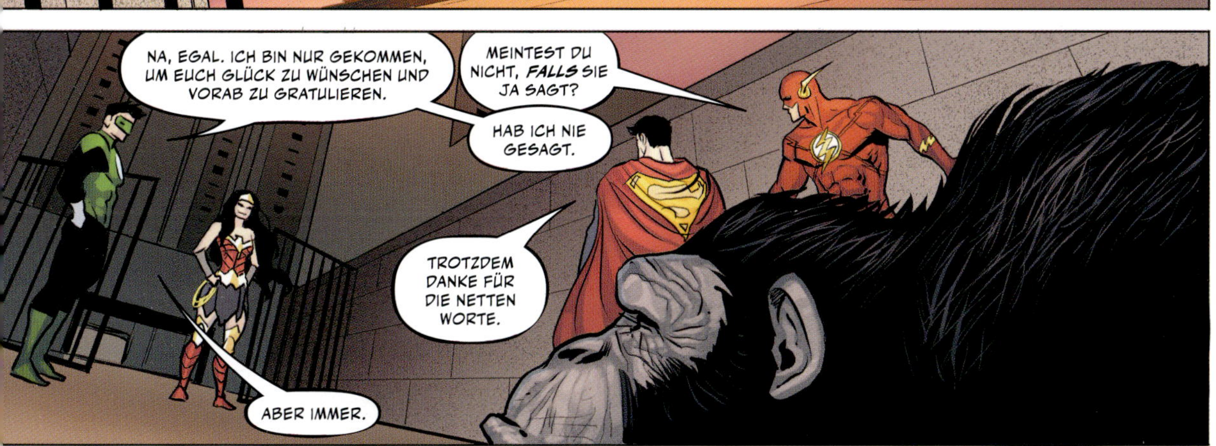
NA, EGAL. ICH BIN NUR GEKOMMEN, UM EUCH GLÜCK ZU WÜNSCHEN UND VORAB ZU GRATULIEREN.
MEINTEST DU NICHT, *FALLS* SIE JA SAGT?
HAB ICH NIE GESAGT.
TROTZDEM DANKE FÜR DIE NETTEN WORTE.
ABER IMMER.

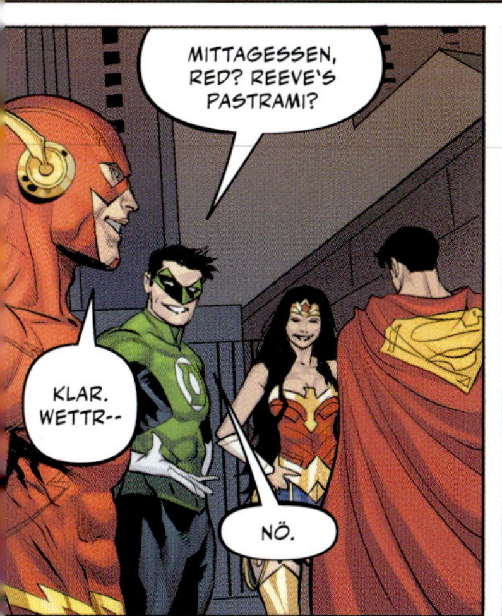
MITTAGESSEN, RED? REEVE'S PASTRAMI?
KLAR. WETTR--
NÖ.

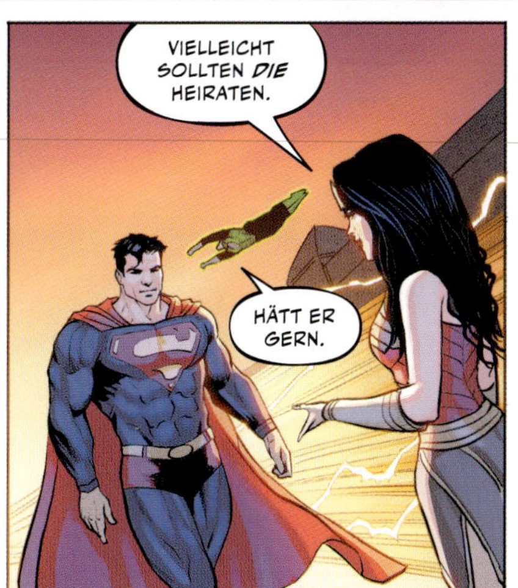
VIELLEICHT SOLLTEN *DIE* HEIRATEN.
HÄTT ER GERN.

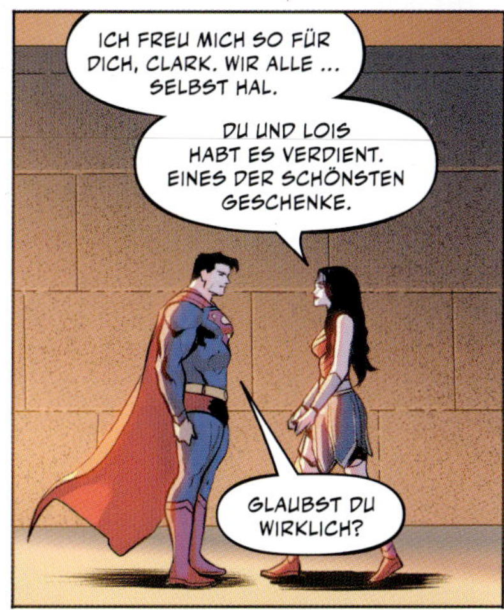
ICH FREU MICH SO FÜR DICH, CLARK. WIR ALLE ... SELBST HAL.
DU UND LOIS HABT ES VERDIENT. EINES DER SCHÖNSTEN GESCHENKE.
GLAUBST DU WIRKLICH?

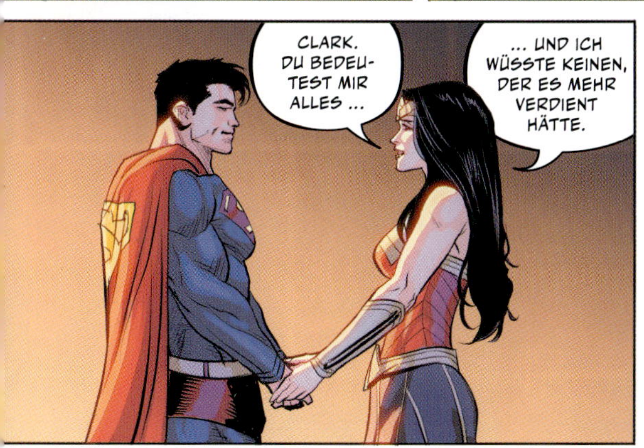
CLARK. DU BEDEU-TEST MIR ALLES ...
... UND ICH WÜSSTE KEINEN, DER ES MEHR VERDIENT HÄTTE.

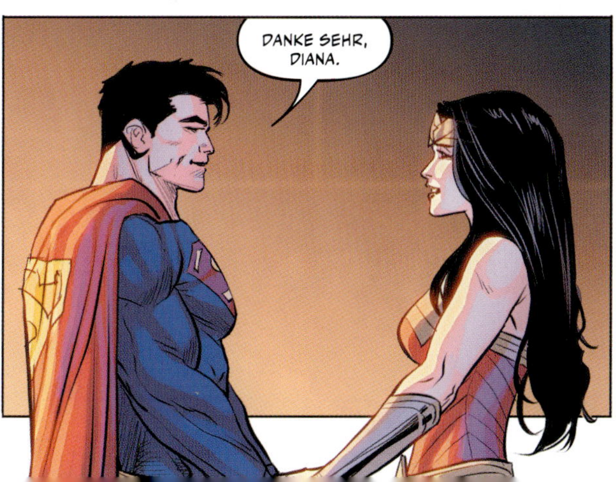
DANKE SEHR, DIANA.

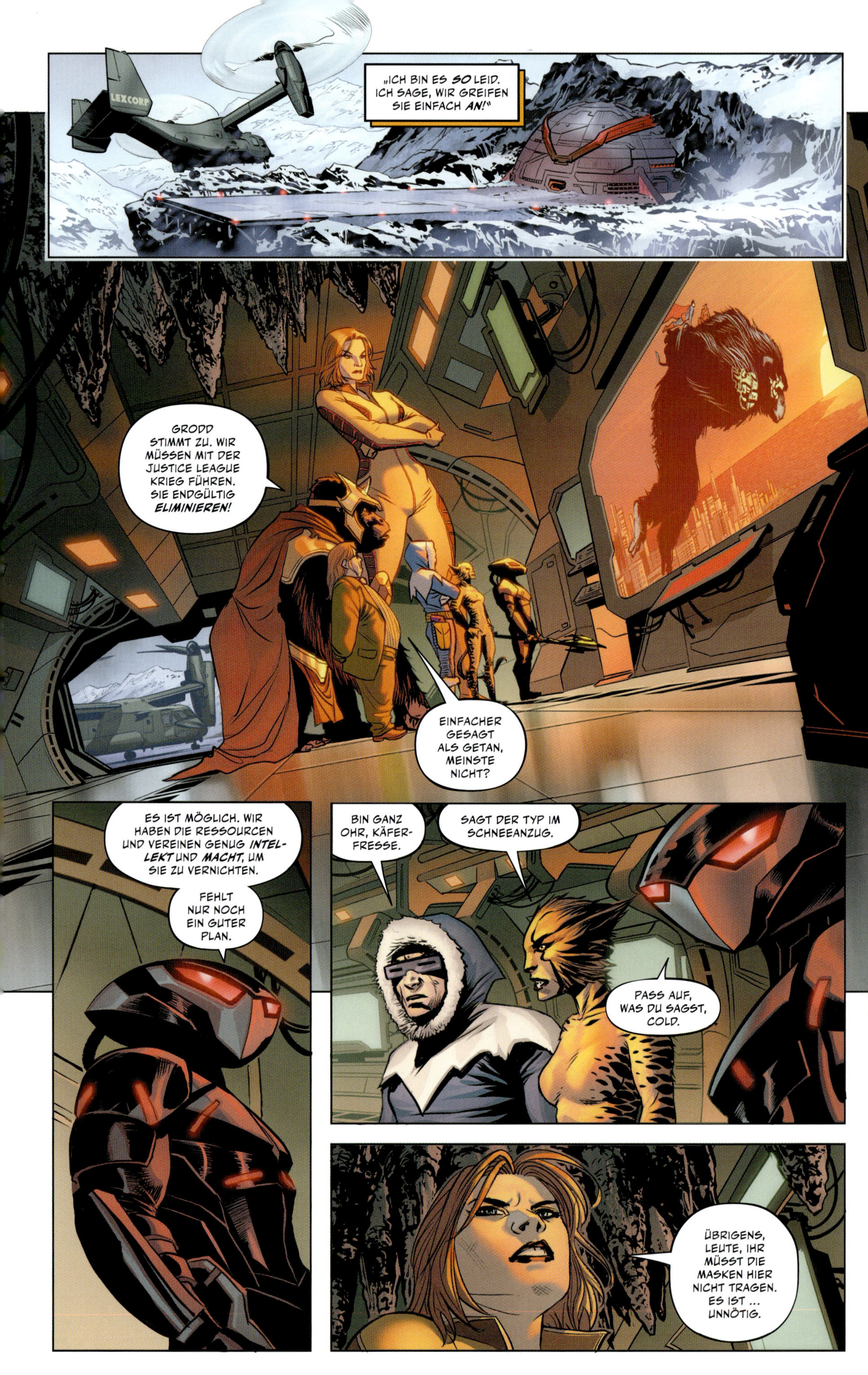
LEXCORP
„ICH BIN ES SO LEID. ICH SAGE, WIR GREIFEN SIE EINFACH AN!“
GRODD STIMMT ZU. WIR MÜSSEN MIT DER JUSTICE LEAGUE KRIEG FÜHREN. SIE ENDGÜLTIG ELIMINIEREN!
EINFACHER GESAGT ALS GETAN, MEINSTE NICHT?
ES IST MÖGLICH. WIR HABEN DIE RESSOURCEN UND VEREINEN GENUG INTELLEKT UND MACHT, UM SIE ZU VERNICHTEN.
FEHLT NUR NOCH EIN GUTER PLAN.
BIN GANZ OHR, KÄFERFRESSE.
SAGT DER TYP IM SCHNEEANZUG.
PASS AUF, WAS DU SAGST, COLD.
ÜBRIGENS, LEUTE, IHR MÜSST DIE MASKEN HIER NICHT TRAGEN. ES IST ... UNNÖTIG.

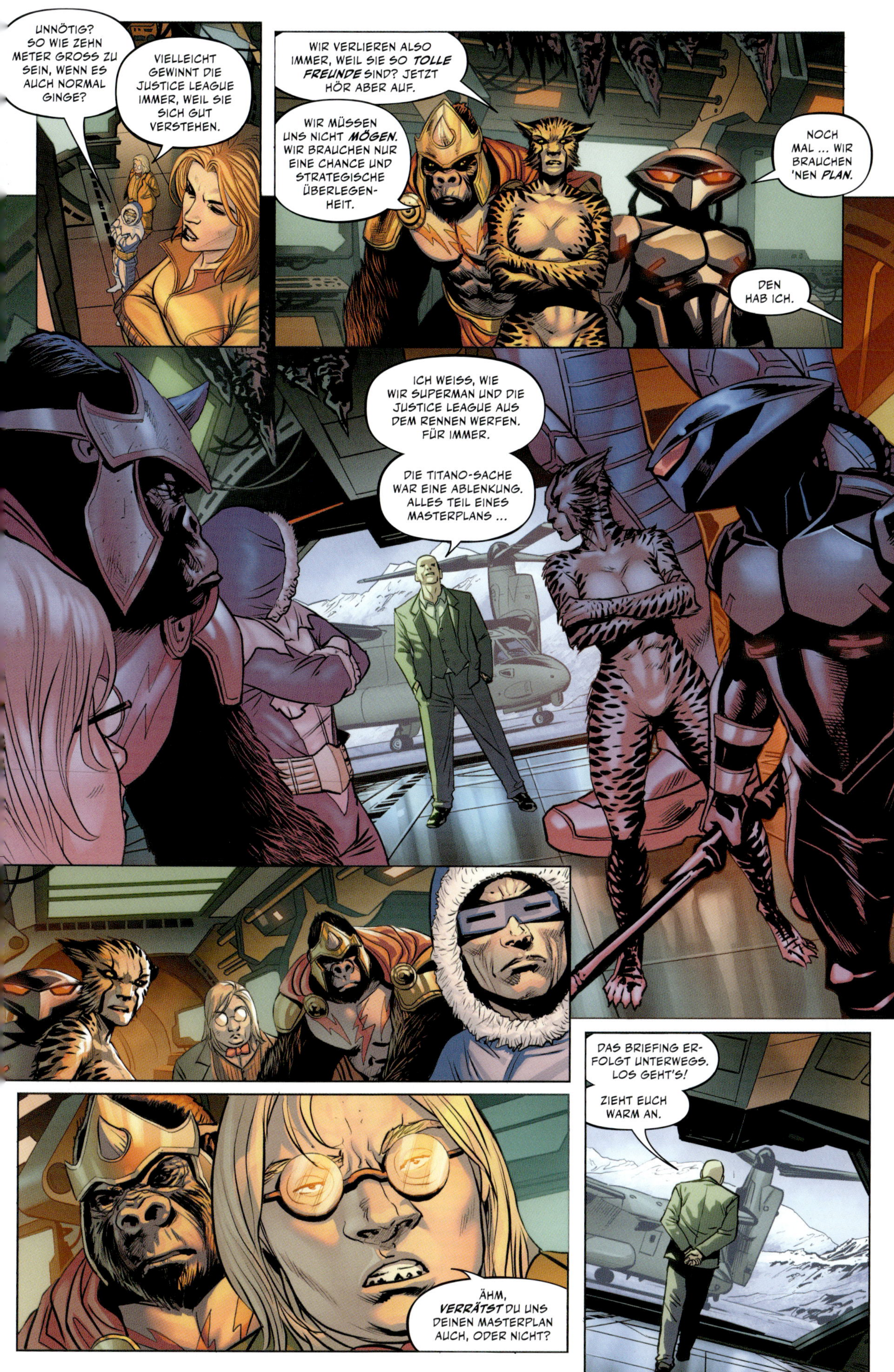
UNNÖTIG? SO WIE ZEHN METER GROSS ZU SEIN, WENN ES AUCH NORMAL GINGE?
VIELLEICHT GEWINNT DIE JUSTICE LEAGUE IMMER, WEIL SIE SICH GUT VERSTEHEN.
WIR VERLIEREN ALSO IMMER, WEIL SIE SO TOLLE FREUNDE SIND? JETZT HÖR ABER AUF.
WIR MÜSSEN UNS NICHT MÖGEN. WIR BRAUCHEN NUR EINE CHANCE UND STRATEGISCHE ÜBERLEGEN-HEIT.
NOCH MAL ... WIR BRAUCHEN 'NEN PLAN.
DEN HAB ICH.
ICH WEISS, WIE WIR SUPERMAN UND DIE JUSTICE LEAGUE AUS DEM RENNEN WERFEN. FÜR IMMER.
DIE TITANO-SACHE WAR EINE ABLENKUNG. ALLES TEIL EINES MASTERPLANS ...
ÄHM, VERRÄTST DU UNS DEINEN MASTERPLAN AUCH, ODER NICHT?
DAS BRIEFING ER-FOLGT UNTERWEGS. LOS GEHT'S!
ZIEHT EUCH WARM AN.

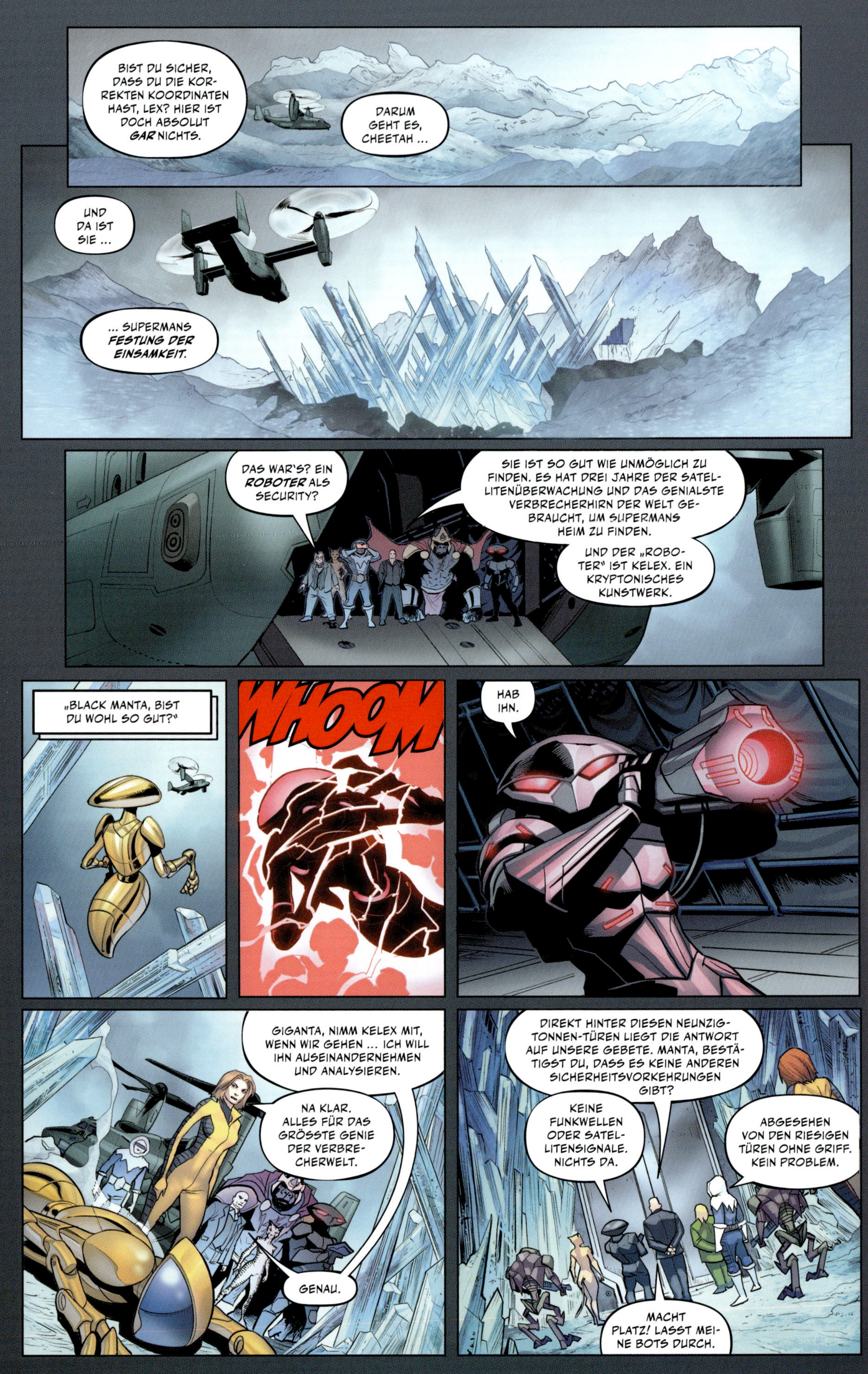
BIST DU SICHER, DASS DU DIE KORREKTEN KOORDINATEN HAST, LEX? HIER IST DOCH ABSOLUT GAR NICHTS.
DARUM GEHT ES, CHEETAH …
UND DA IST SIE …
… SUPERMANS FESTUNG DER EINSAMKEIT.
DAS WAR'S? EIN ROBOTER ALS SECURITY?
SIE IST SO GUT WIE UNMÖGLICH ZU FINDEN. ES HAT DREI JAHRE DER SATELLITENÜBERWACHUNG UND DAS GENIALSTE VERBRECHERHIRN DER WELT GEBRAUCHT, UM SUPERMANS HEIM ZU FINDEN.
UND DER „ROBOTER" IST KELEX. EIN KRYPTONISCHES KUNSTWERK.
„BLACK MANTA, BIST DU WOHL SO GUT?"
WHOOM
HAB IHN.
GIGANTA, NIMM KELEX MIT, WENN WIR GEHEN … ICH WILL IHN AUSEINANDERNEHMEN UND ANALYSIEREN.
NA KLAR. ALLES FÜR DAS GRÖSSTE GENIE DER VERBRECHERWELT.
GENAU.
DIREKT HINTER DIESEN NEUNZIG-TONNEN-TÜREN LIEGT DIE ANTWORT AUF UNSERE GEBETE. MANTA, BESTÄTIGST DU, DASS ES KEINE ANDEREN SICHERHEITSVORKEHRUNGEN GIBT?
KEINE FUNKWELLEN ODER SATELLITENSIGNALE. NICHTS DA.
ABGESEHEN VON DEN RIESIGEN TÜREN OHNE GRIFF. KEIN PROBLEM.
MACHT PLATZ! LASST MEINE BOTS DURCH.

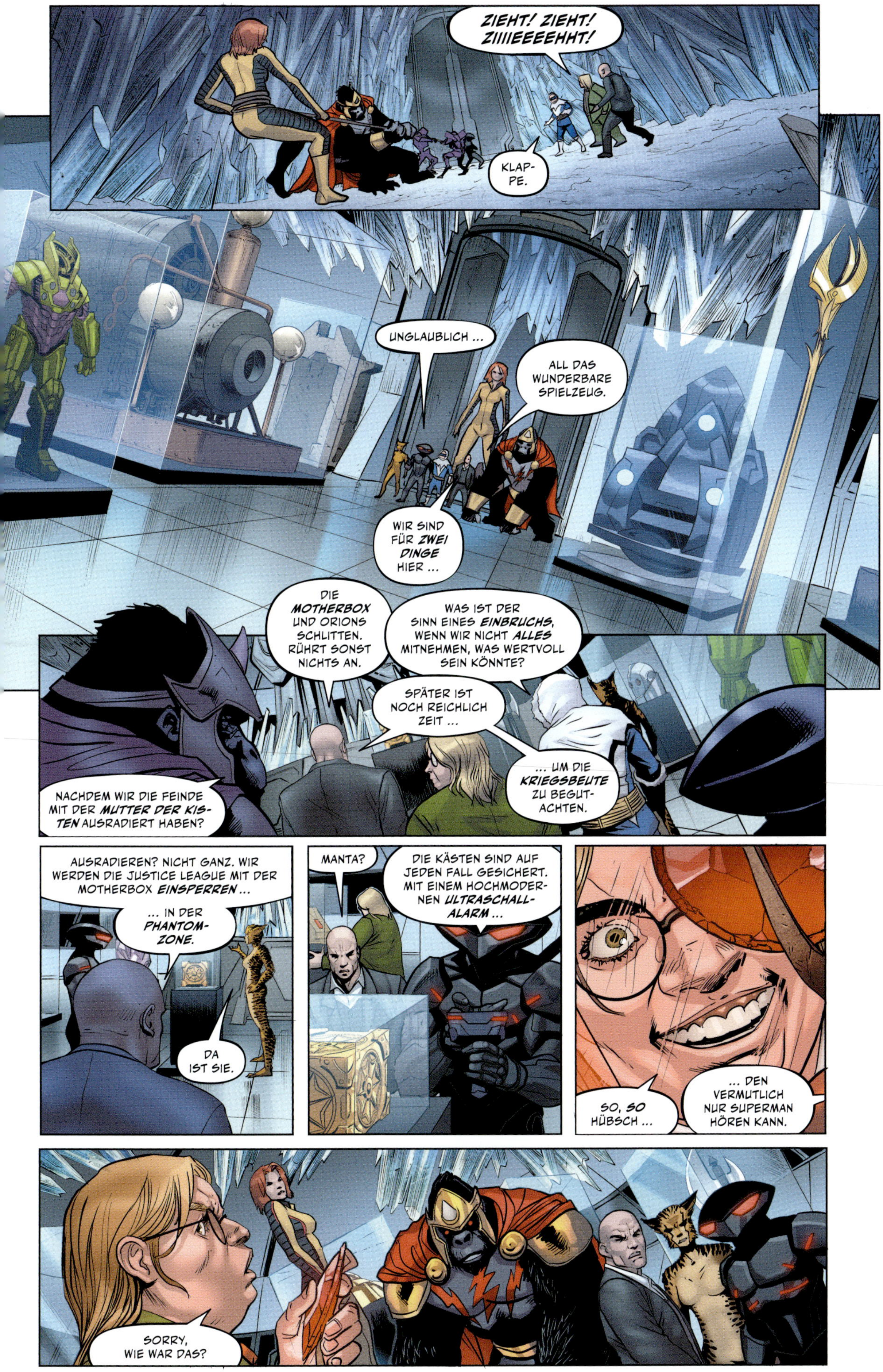

ZIEHT! ZIEHT! ZIIIIEEEEHHT!
KLAP-PE.
UNGLAUBLICH ...
ALL DAS WUNDERBARE SPIELZEUG.
WIR SIND FÜR ***ZWEI DINGE*** HIER ...
DIE ***MOTHERBOX*** UND ORIONS SCHLITTEN. RÜHRT SONST NICHTS AN.
WAS IST DER SINN EINES ***EINBRUCHS***, WENN WIR NICHT ***ALLES*** MITNEHMEN, WAS WERTVOLL SEIN KÖNNTE?
SPÄTER IST NOCH REICHLICH ZEIT ...
... UM DIE ***KRIEGSBEUTE*** ZU BEGUTACHTEN.
NACHDEM WIR DIE FEINDE MIT DER ***MUTTER DER KISTEN*** AUSRADIERT HABEN?
AUSRADIEREN? NICHT GANZ. WIR WERDEN DIE JUSTICE LEAGUE MIT DER MOTHERBOX ***EINSPERREN*** ...
... IN DER ***PHANTOM-ZONE.***
DA IST SIE.
MANTA?
DIE KÄSTEN SIND AUF JEDEN FALL GESICHERT. MIT EINEM HOCHMODERNEN ***ULTRASCHALL-ALARM*** ...
SO, ***SO*** HÜBSCH ...
... DEN VERMUTLICH NUR SUPERMAN HÖREN KANN.

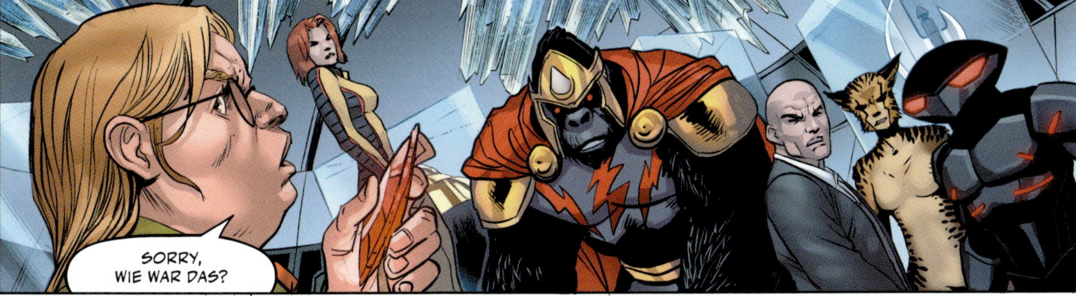

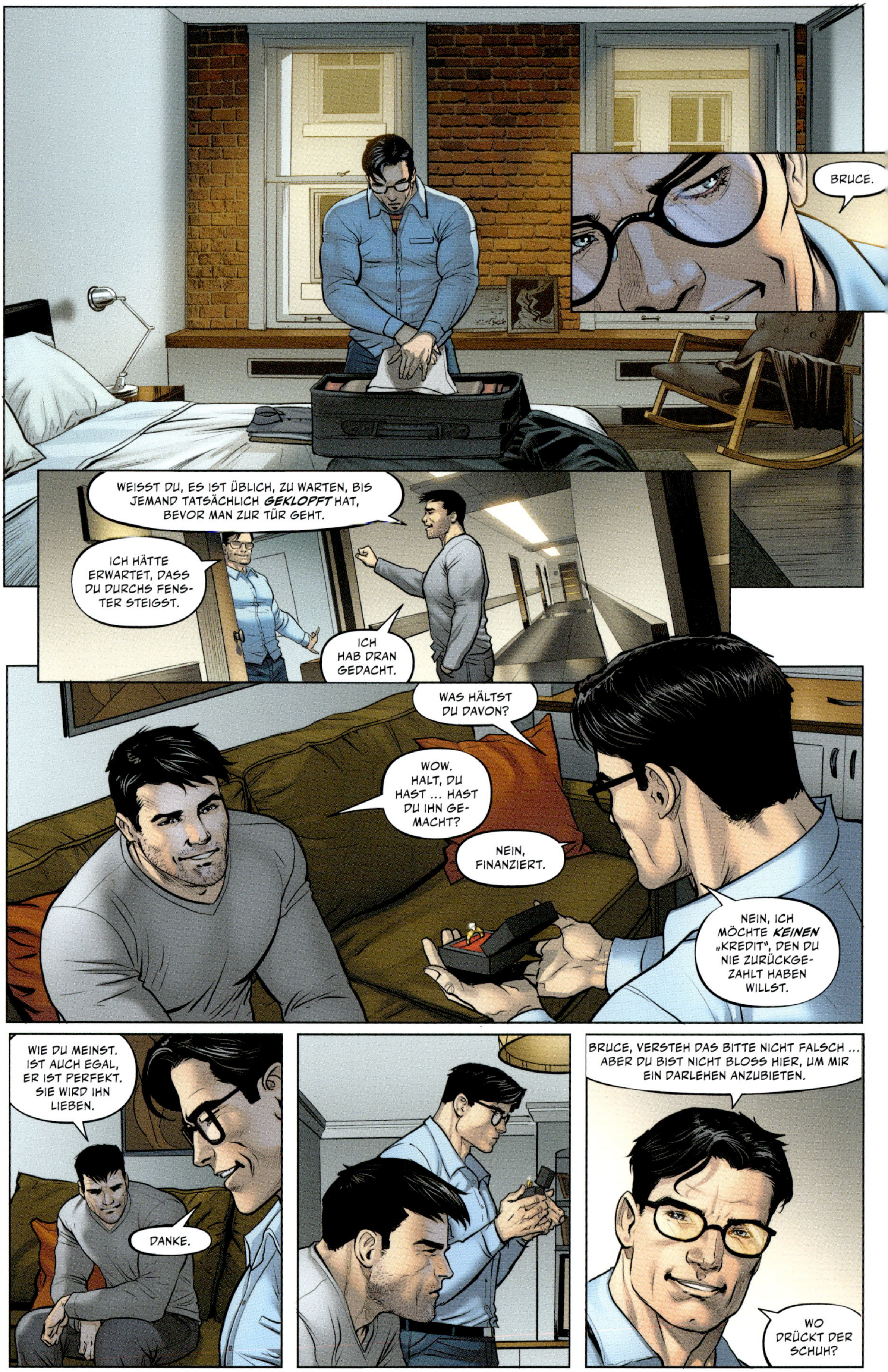

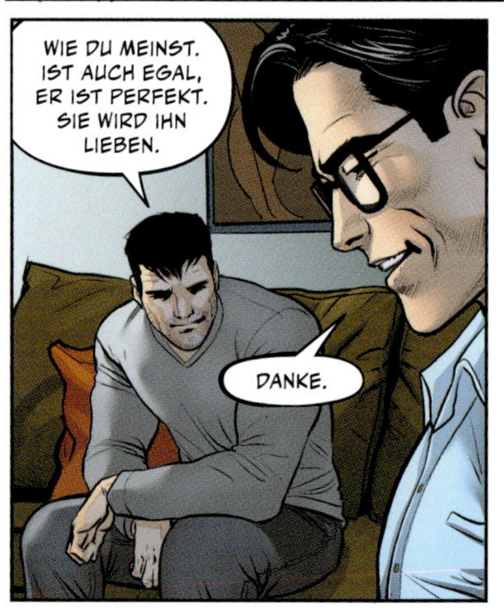
BRUCE.
WEISST DU, ES IST ÜBLICH, ZU WARTEN, BIS JEMAND TATSÄCHLICH GEKLOPFT HAT, BEVOR MAN ZUR TÜR GEHT.
ICH HÄTTE ERWARTET, DASS DU DURCHS FENSTER STEIGST.
ICH HAB DRAN GEDACHT.
WAS HÄLTST DU DAVON?
WOW. HALT, DU HAST ... HAST DU IHN GEMACHT?
NEIN, FINANZIERT.
NEIN, ICH MÖCHTE KEINEN „KREDIT", DEN DU NIE ZURÜCKGEZAHLT HABEN WILLST.
WIE DU MEINST. IST AUCH EGAL, ER IST PERFEKT. SIE WIRD IHN LIEBEN.
DANKE.
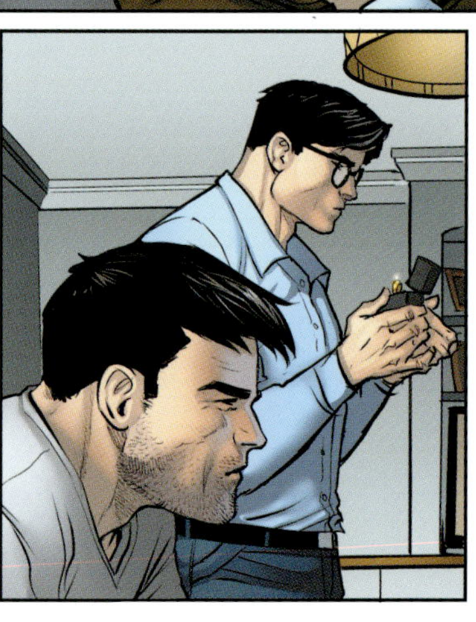
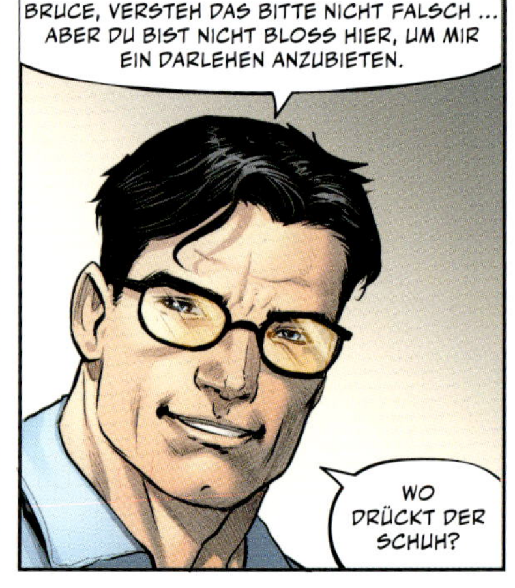
BRUCE, VERSTEH DAS BITTE NICHT FALSCH ... ABER DU BIST NICHT BLOSS HIER, UM MIR EIN DARLEHEN ANZUBIETEN.
WO DRÜCKT DER SCHUH?

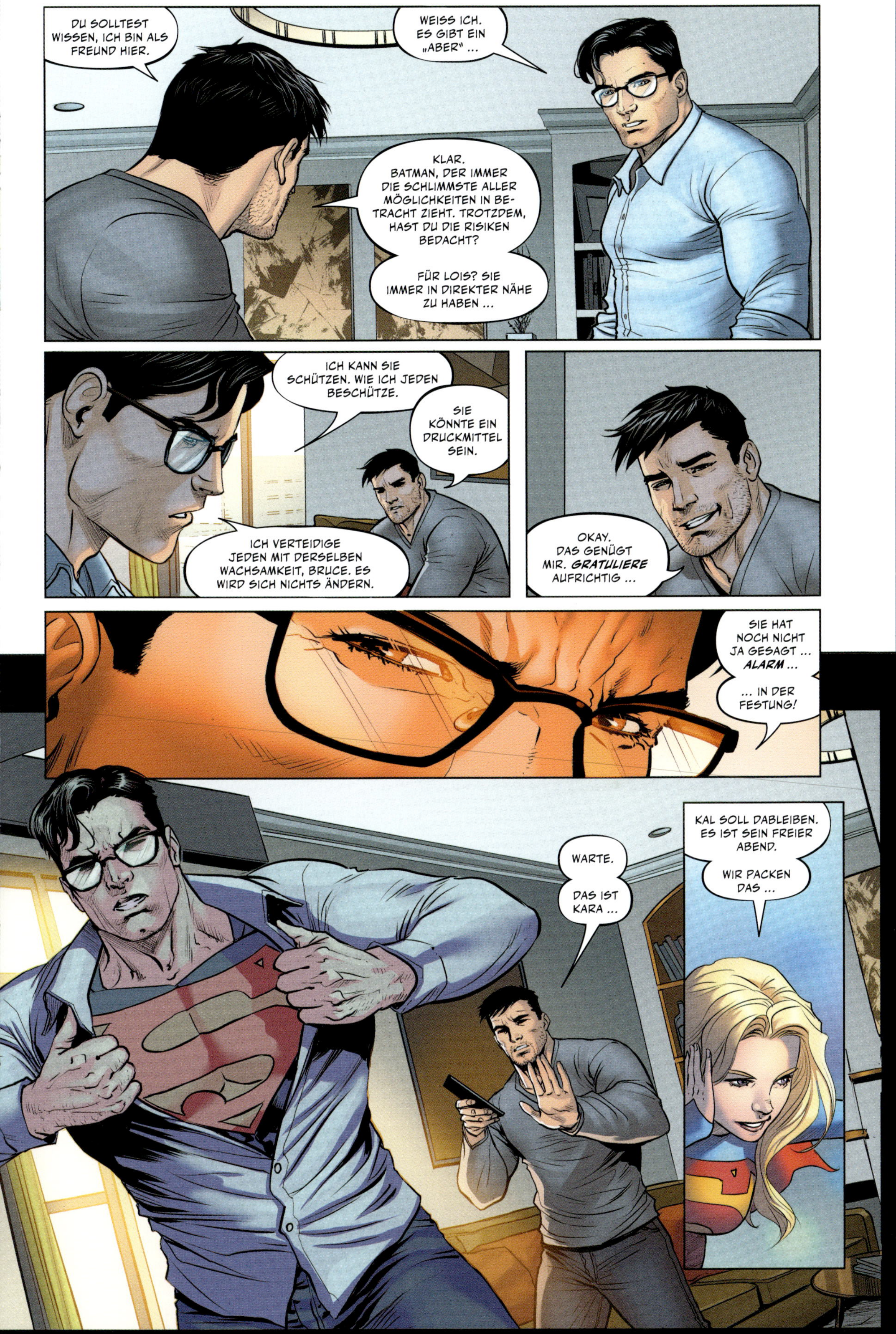

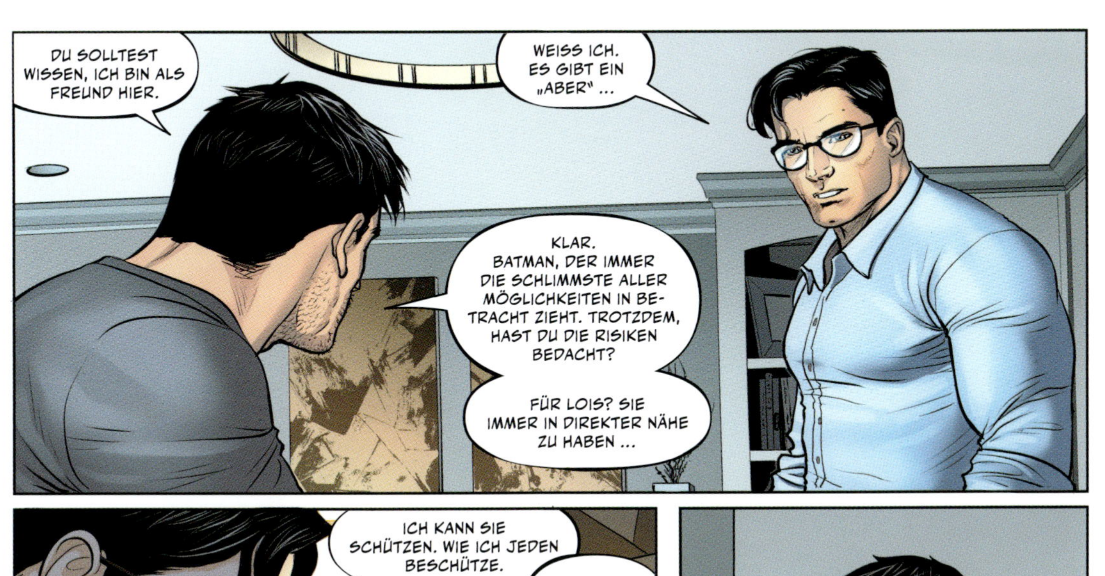
DU SOLLTEST WISSEN, ICH BIN ALS FREUND HIER.
WEISS ICH. ES GIBT EIN „ABER“ ...
KLAR. BATMAN, DER IMMER DIE SCHLIMMSTE ALLER MÖGLICHKEITEN IN BETRACHT ZIEHT. TROTZDEM, HAST DU DIE RISIKEN BEDACHT?
FÜR LOIS? SIE IMMER IN DIREKTER NÄHE ZU HABEN ...

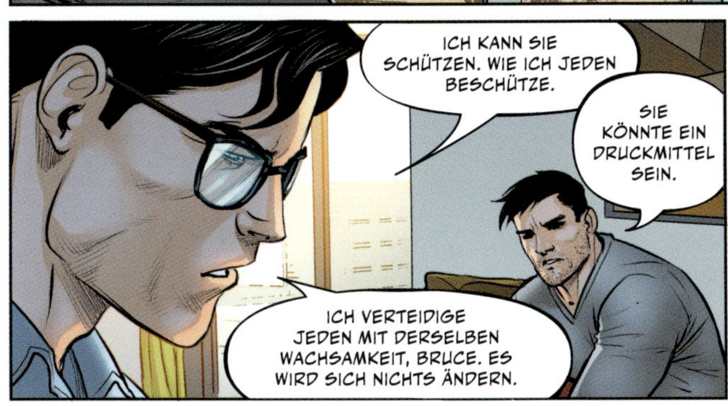
ICH KANN SIE SCHÜTZEN. WIE ICH JEDEN BESCHÜTZE.
SIE KÖNNTE EIN DRUCKMITTEL SEIN.
ICH VERTEIDIGE JEDEN MIT DERSELBEN WACHSAMKEIT, BRUCE. ES WIRD SICH NICHTS ÄNDERN.

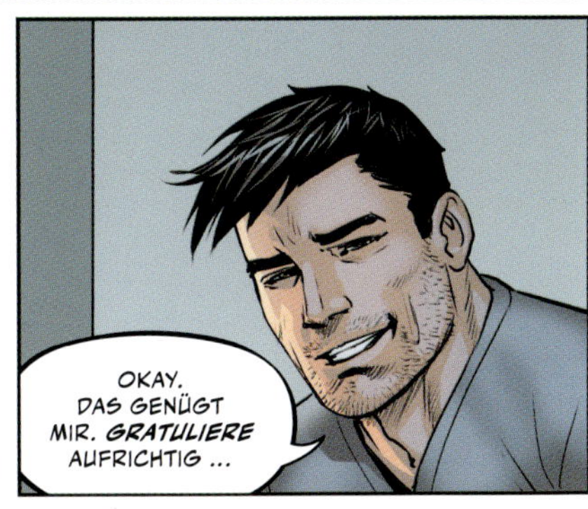
OKAY. DAS GENÜGT MIR. GRATULIERE AUFRICHTIG ...

SIE HAT NOCH NICHT JA GESAGT ... ALARM ...
... IN DER FESTUNG!
WARTE.
DAS IST KARA ...
KAL SOLL DABLEIBEN. ES IST SEIN FREIER ABEND.
WIR PACKEN DAS ...

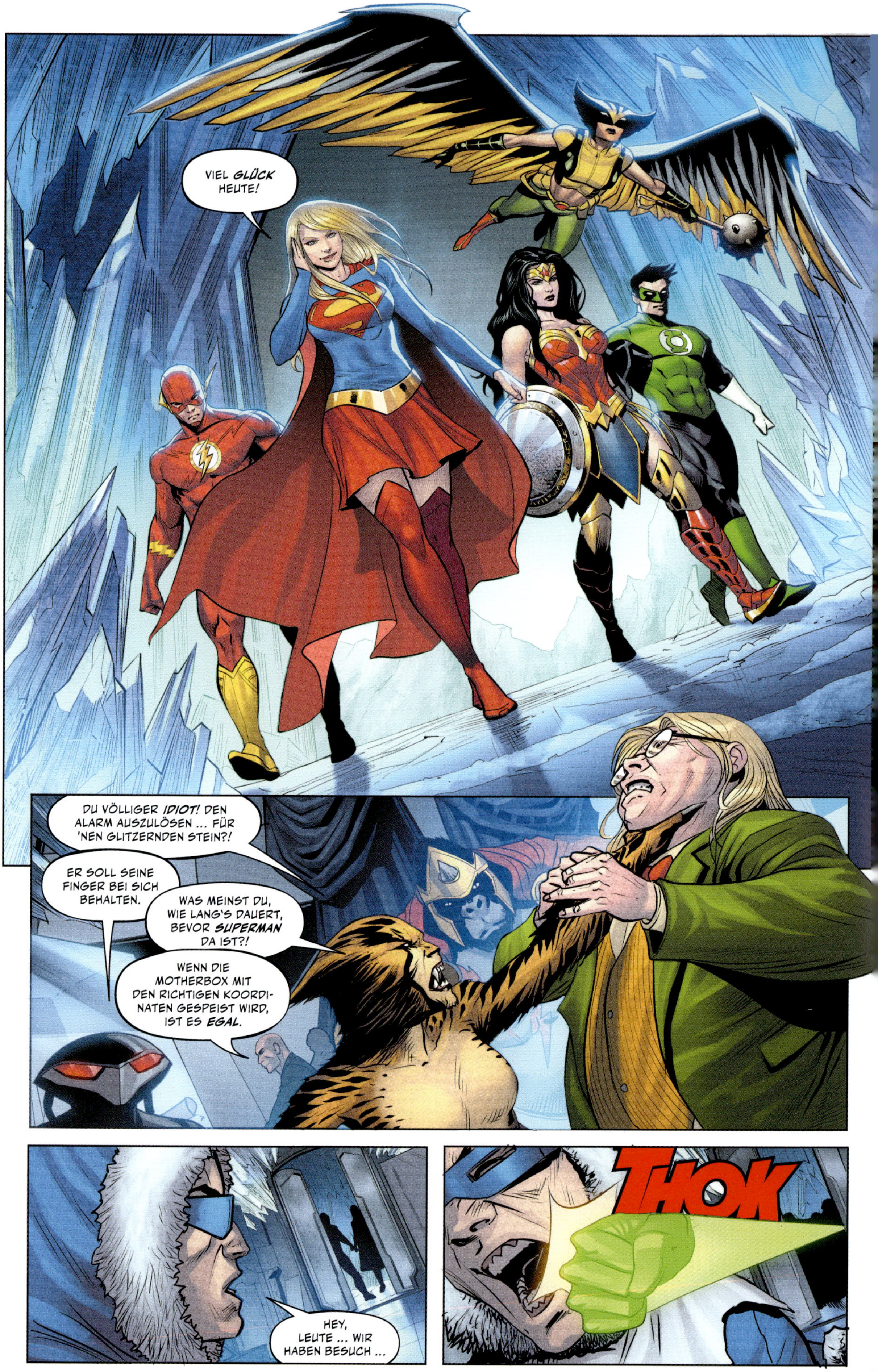

VIEL *GLÜCK* HEUTE!

DU VÖLLIGER *IDIOT!* DEN ALARM AUSZULÖSEN ... FÜR 'NEN GLITZERNDEN STEIN?!

ER SOLL SEINE FINGER BEI SICH BEHALTEN.

WAS MEINST DU, WIE LANG'S DAUERT, BEVOR *SUPERMAN* DA IST?!

WENN DIE MOTHERBOX MIT DEN RICHTIGEN KOORDINATEN GESPEIST WIRD, IST ES *EGAL*.

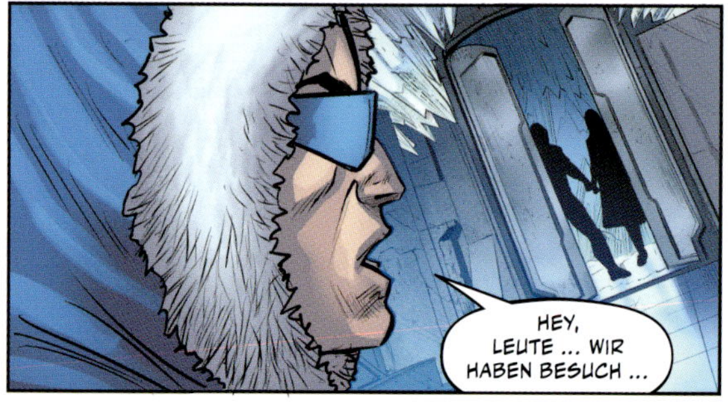

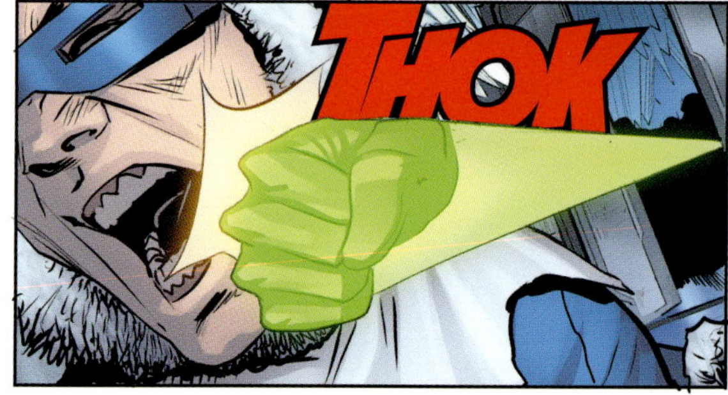

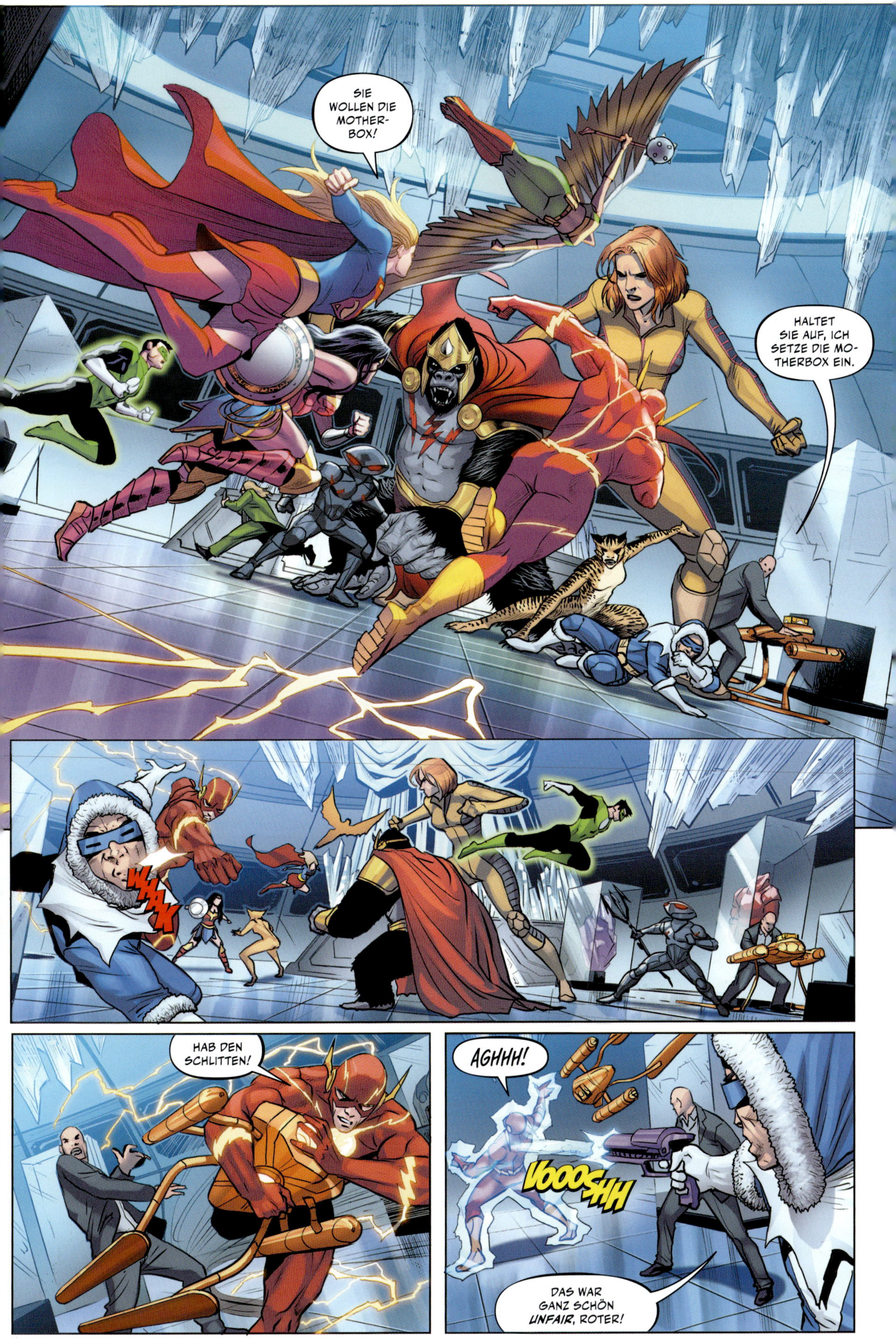

SIE WOLLEN DIE MOTHER-BOX!

HALTET SIE AUF, ICH SETZE DIE MOTHERBOX EIN.

WHAK

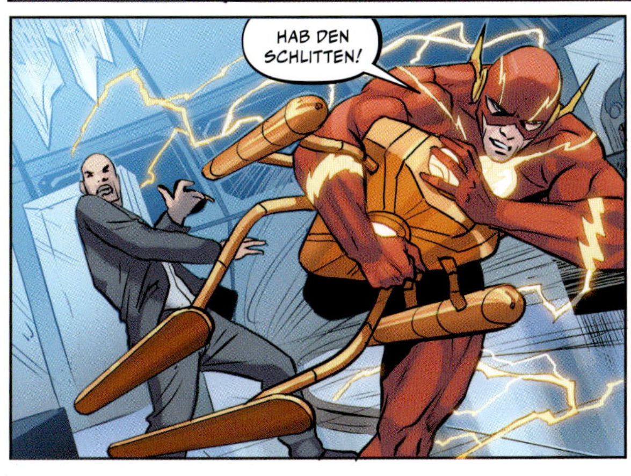

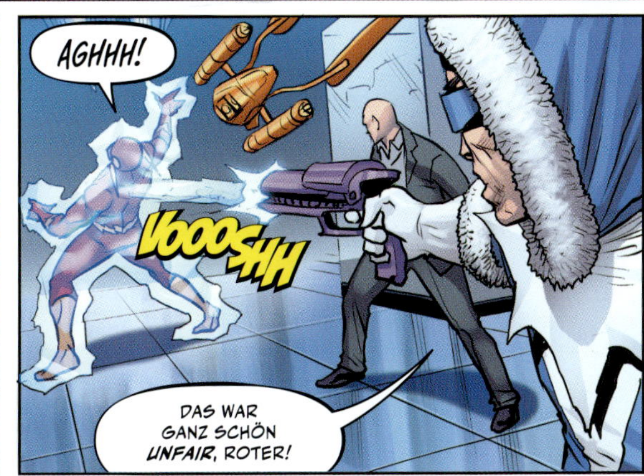

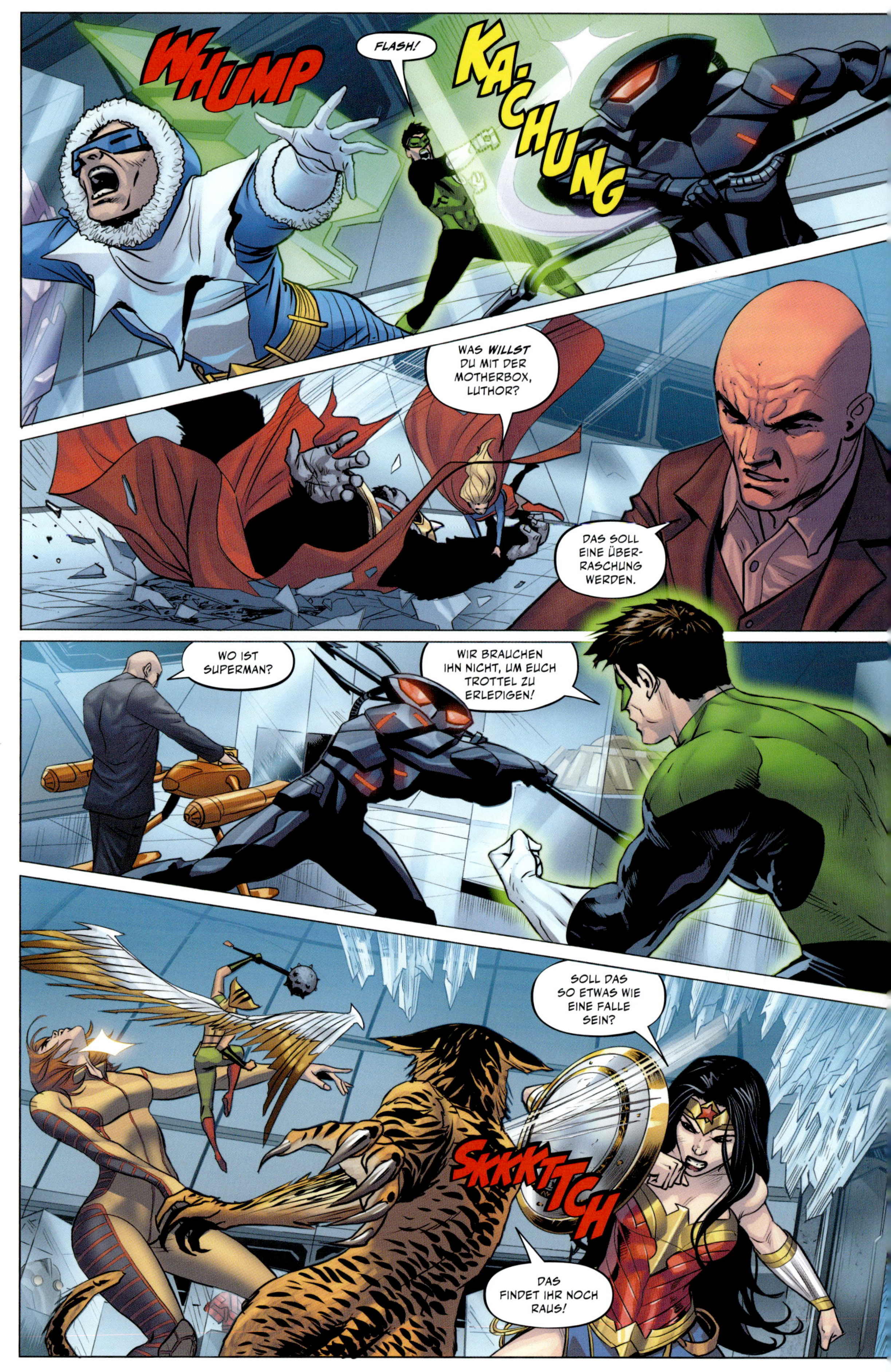
WHUMP
FLASH!
KA-CHUNG
WAS WILLST DU MIT DER MOTHERBOX, LUTHOR?
DAS SOLL EINE ÜBER-RASCHUNG WERDEN.
WO IST SUPERMAN?
WIR BRAUCHEN IHN NICHT, UM EUCH TROTTEL ZU ERLEDIGEN!
SOLL DAS SO ETWAS WIE EINE FALLE SEIN?
SKKKTTCH
DAS FINDET IHR NOCH RAUS!

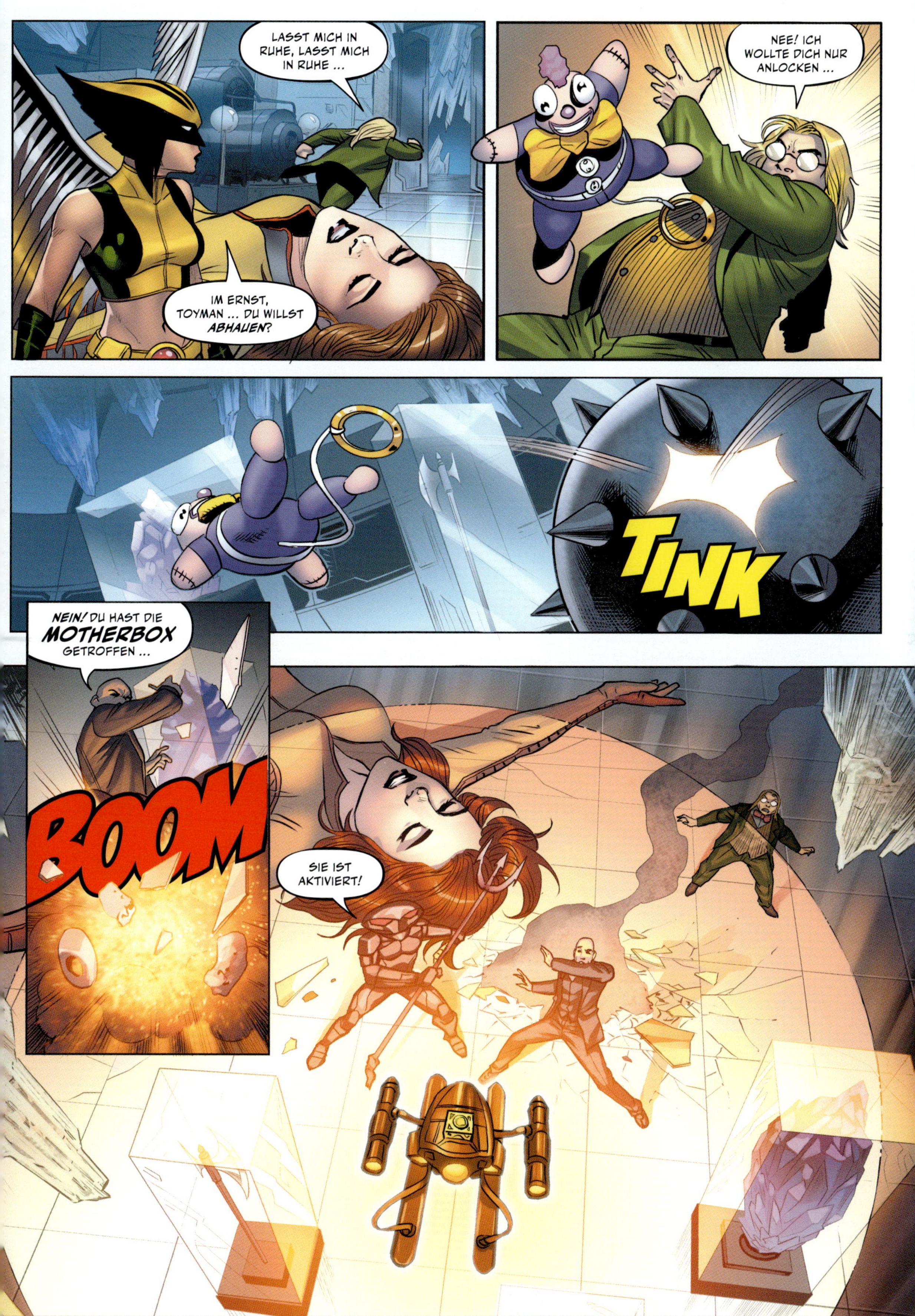
LASST MICH IN RUHE, LASST MICH IN RUHE ...
IM ERNST, TOYMAN ... DU WILLST ABHAUEN?
NEE! ICH WOLLTE DICH NUR ANLOCKEN ...
TINK
NEIN! DU HAST DIE MOTHERBOX GETROFFEN ...
BOOM
SIE IST AKTIVIERT!

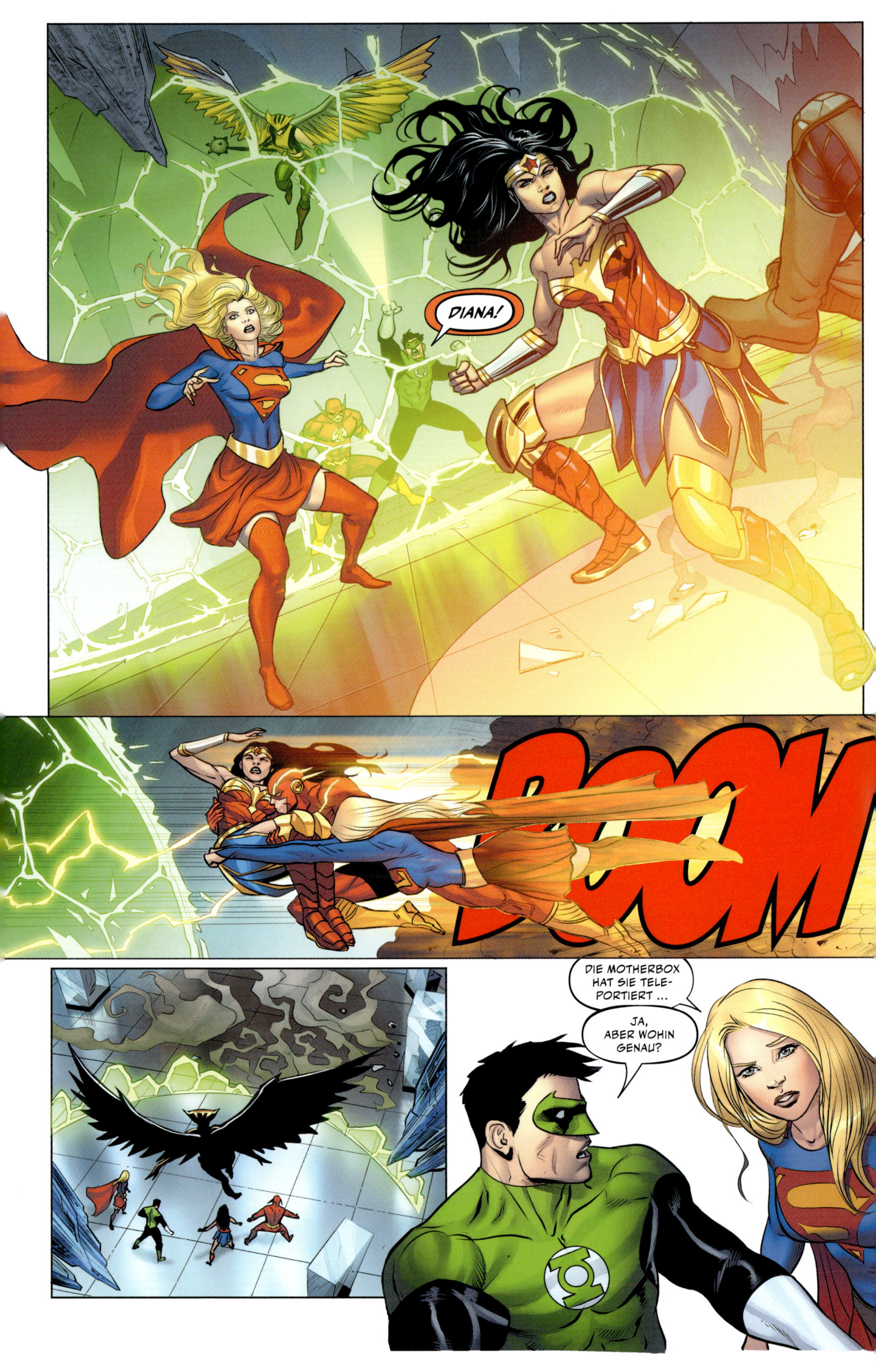
DIANA!
BOOM
DIE MOTHERBOX HAT SIE TELE-PORTIERT ...
JA, ABER WOHIN GENAU?

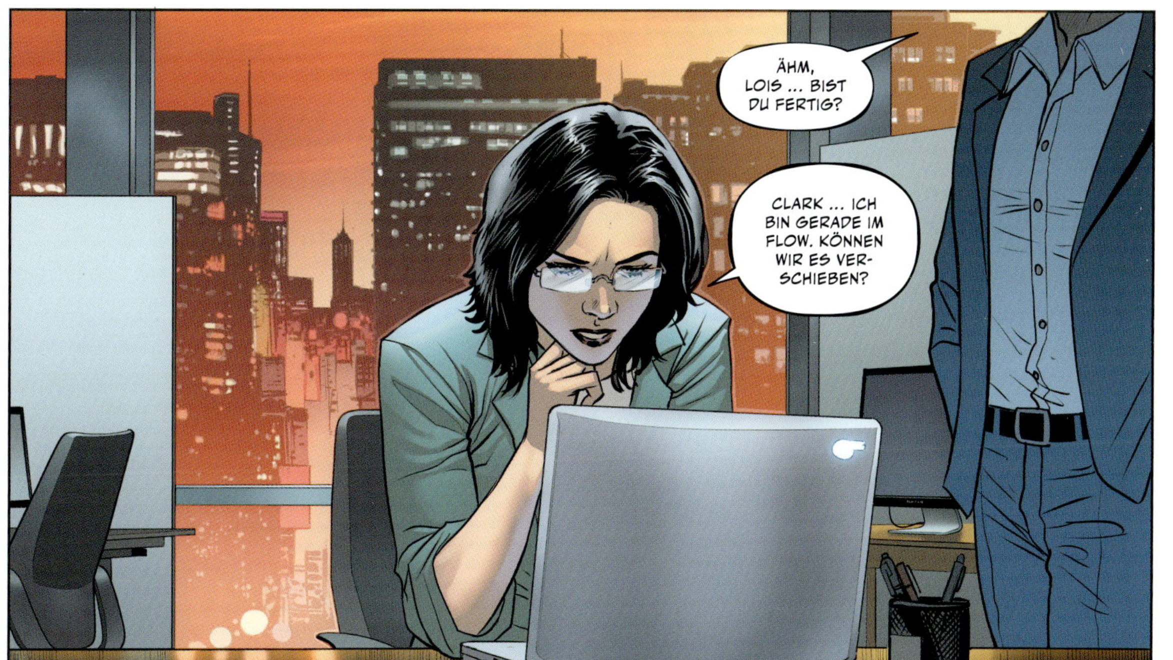
ÄHM, LOIS ... BIST DU FERTIG?
CLARK ... ICH BIN GERADE IM FLOW. KÖNNEN WIR ES VER-SCHIEBEN?

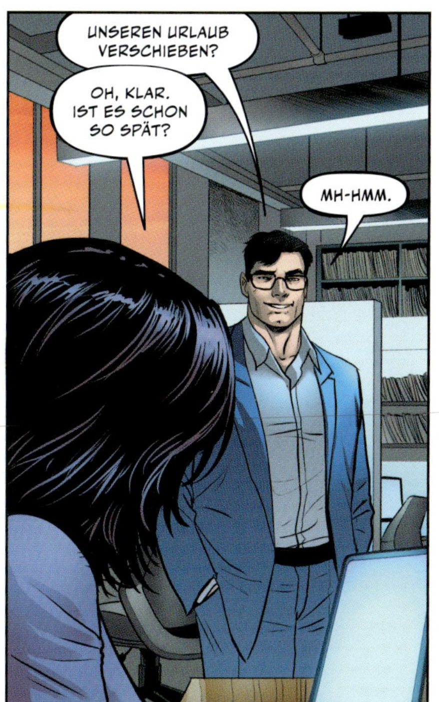
UNSEREN URLAUB VERSCHIEBEN?
OH, KLAR. IST ES SCHON SO SPÄT?
MH-HMM.

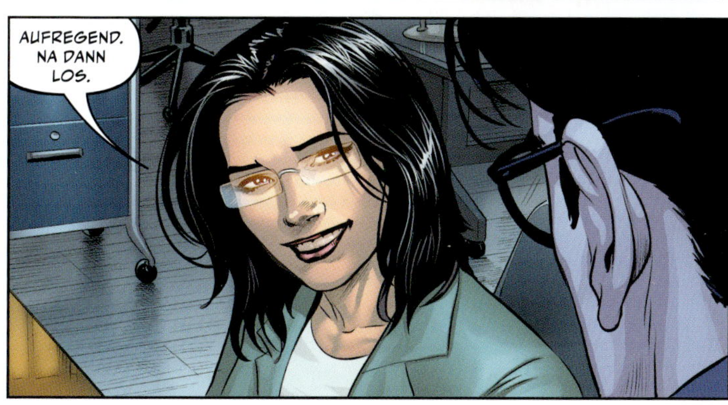
AUFREGEND. NA DANN LOS.

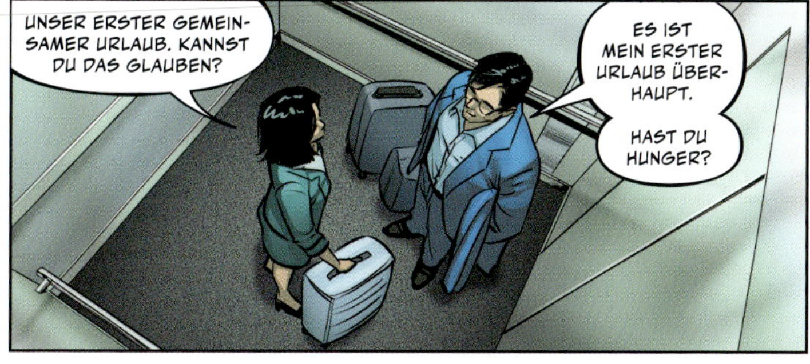
UNSER ERSTER GEMEIN-SAMER URLAUB. KANNST DU DAS GLAUBEN?
ES IST MEIN ERSTER URLAUB ÜBER-HAUPT.
HAST DU HUNGER?

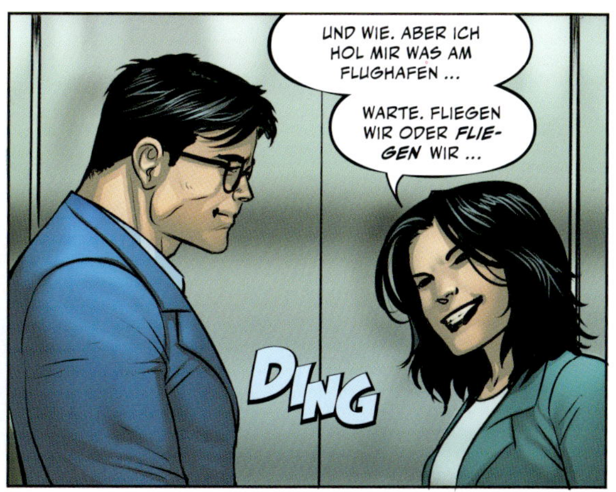
UND WIE. ABER ICH HOL MIR WAS AM FLUGHAFEN ...
WARTE. FLIEGEN WIR ODER *FLIE-GEN* WIR ...
DING

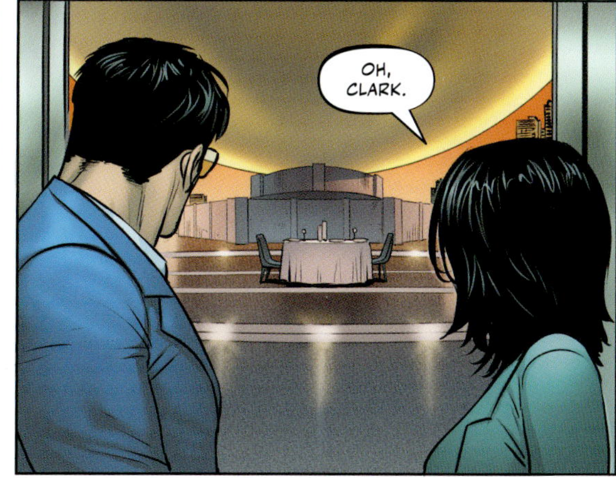
OH, CLARK.

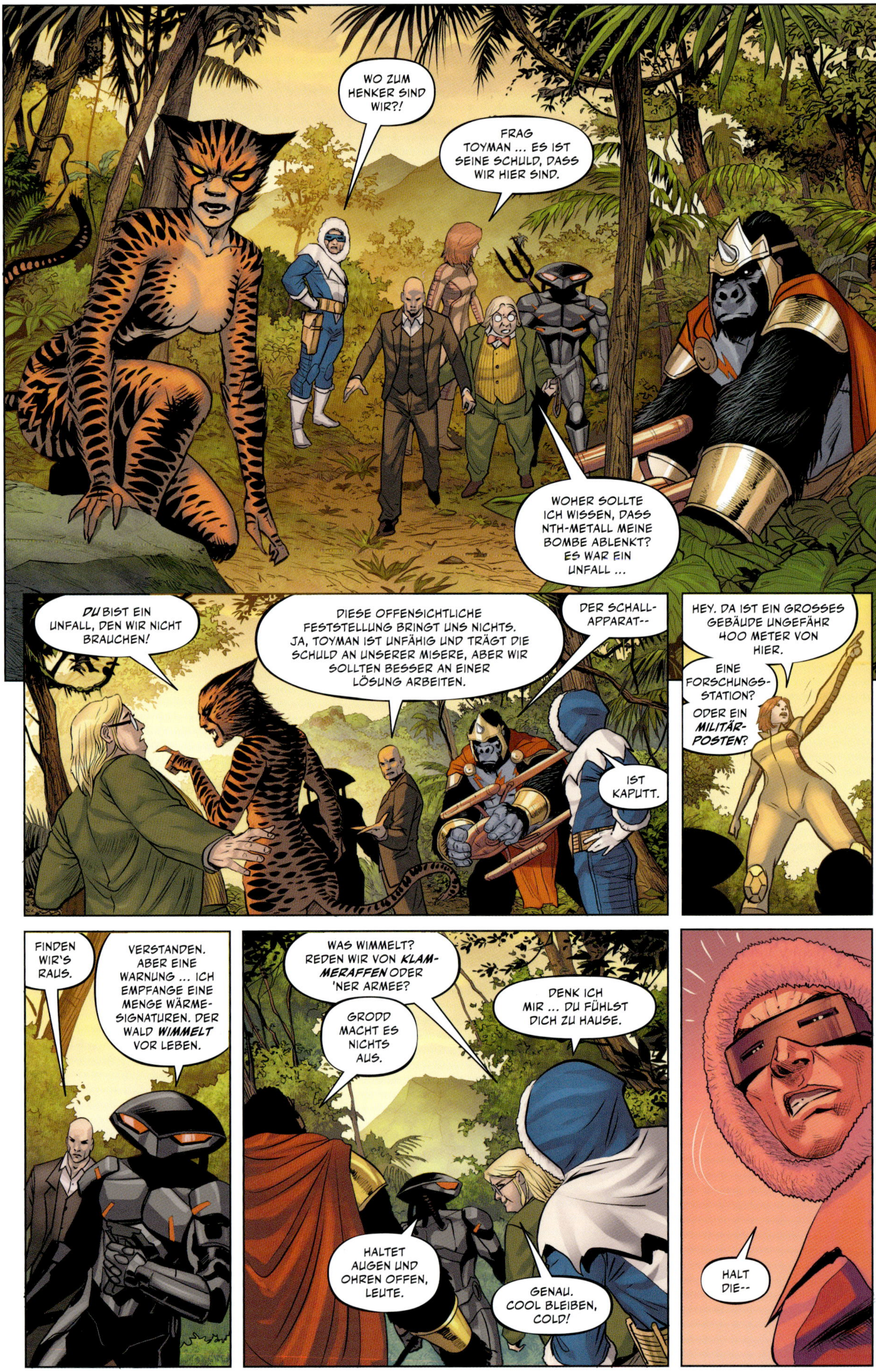

WO ZUM HENKER SIND WIR?!
FRAG TOYMAN ... ES IST SEINE SCHULD, DASS WIR HIER SIND.
WOHER SOLLTE ICH WISSEN, DASS NTH-METALL MEINE BOMBE ABLENKT? ES WAR EIN UNFALL ...

DU BIST EIN UNFALL, DEN WIR NICHT BRAUCHEN!
DIESE OFFENSICHTLICHE FESTSTELLUNG BRINGT UNS NICHTS. JA, TOYMAN IST UNFÄHIG UND TRÄGT DIE SCHULD AN UNSERER MISERE, ABER WIR SOLLTEN BESSER AN EINER LÖSUNG ARBEITEN.
DER SCHALL-APPARAT--
IST KAPUTT.
HEY. DA IST EIN GROSSES GEBÄUDE UNGEFÄHR 400 METER VON HIER.
EINE FORSCHUNGS-STATION? ODER EIN *MILITÄR-POSTEN*?

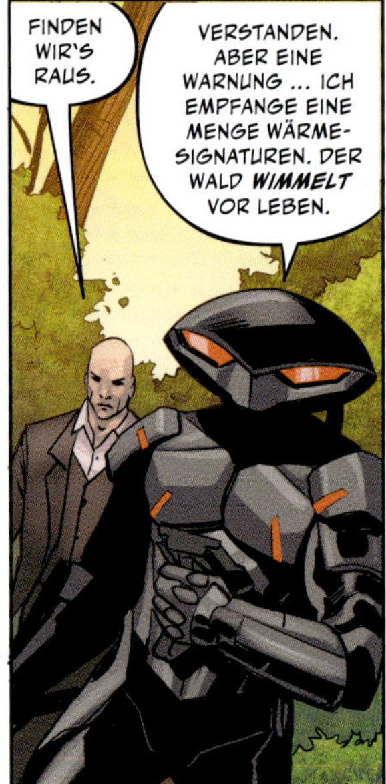

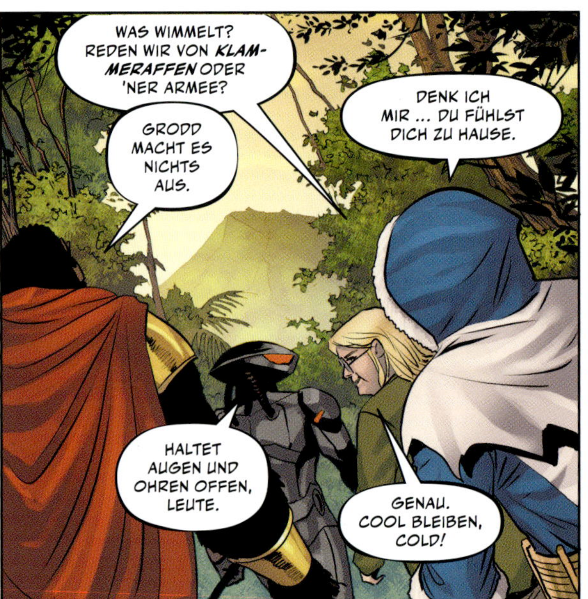

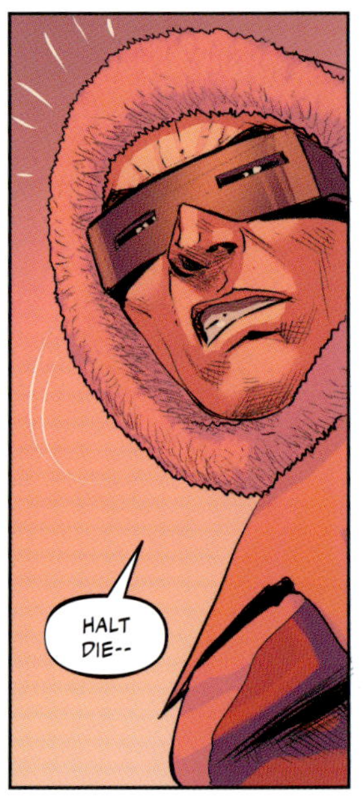

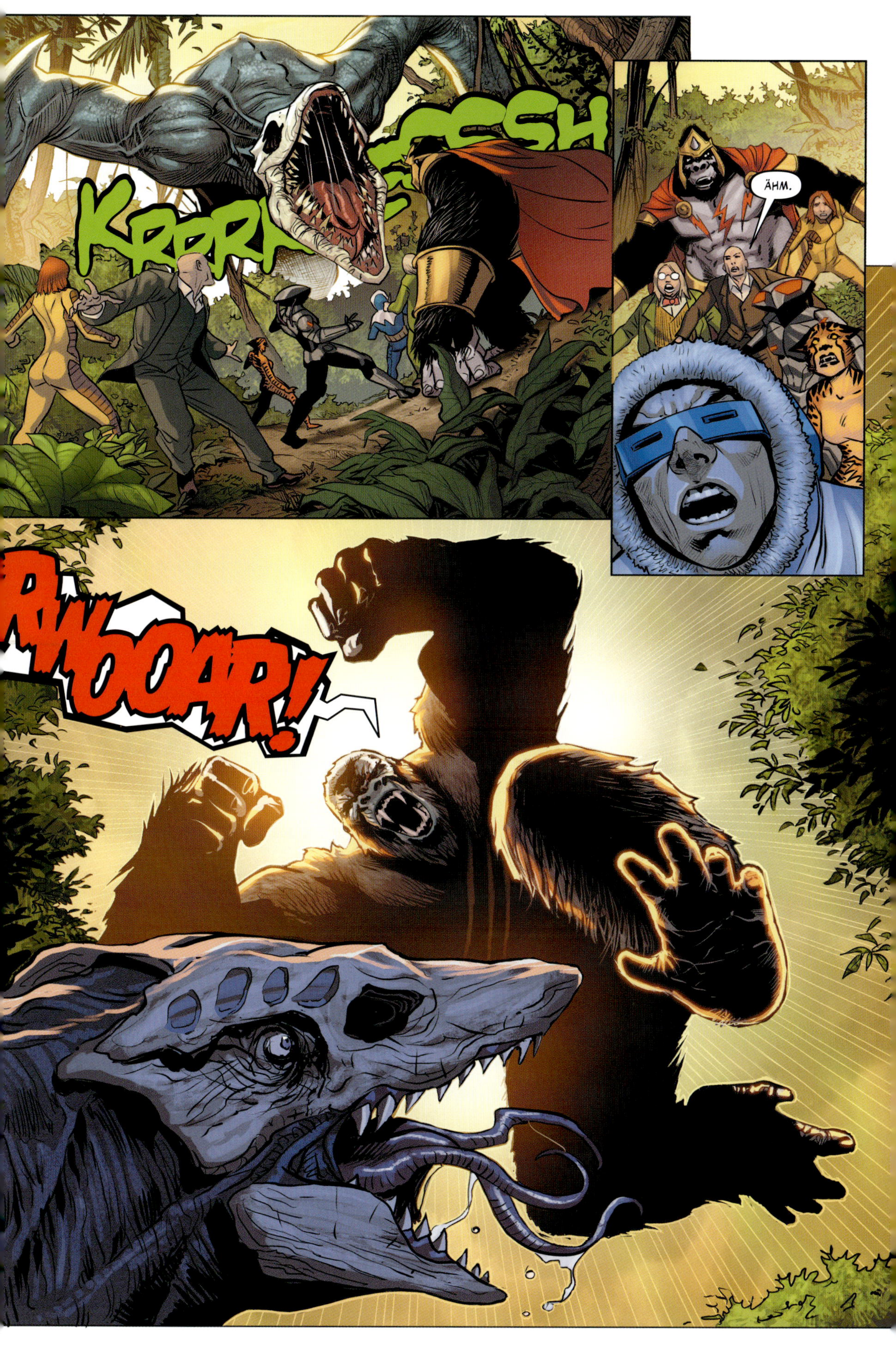
ÄHM.
RWOOAR!

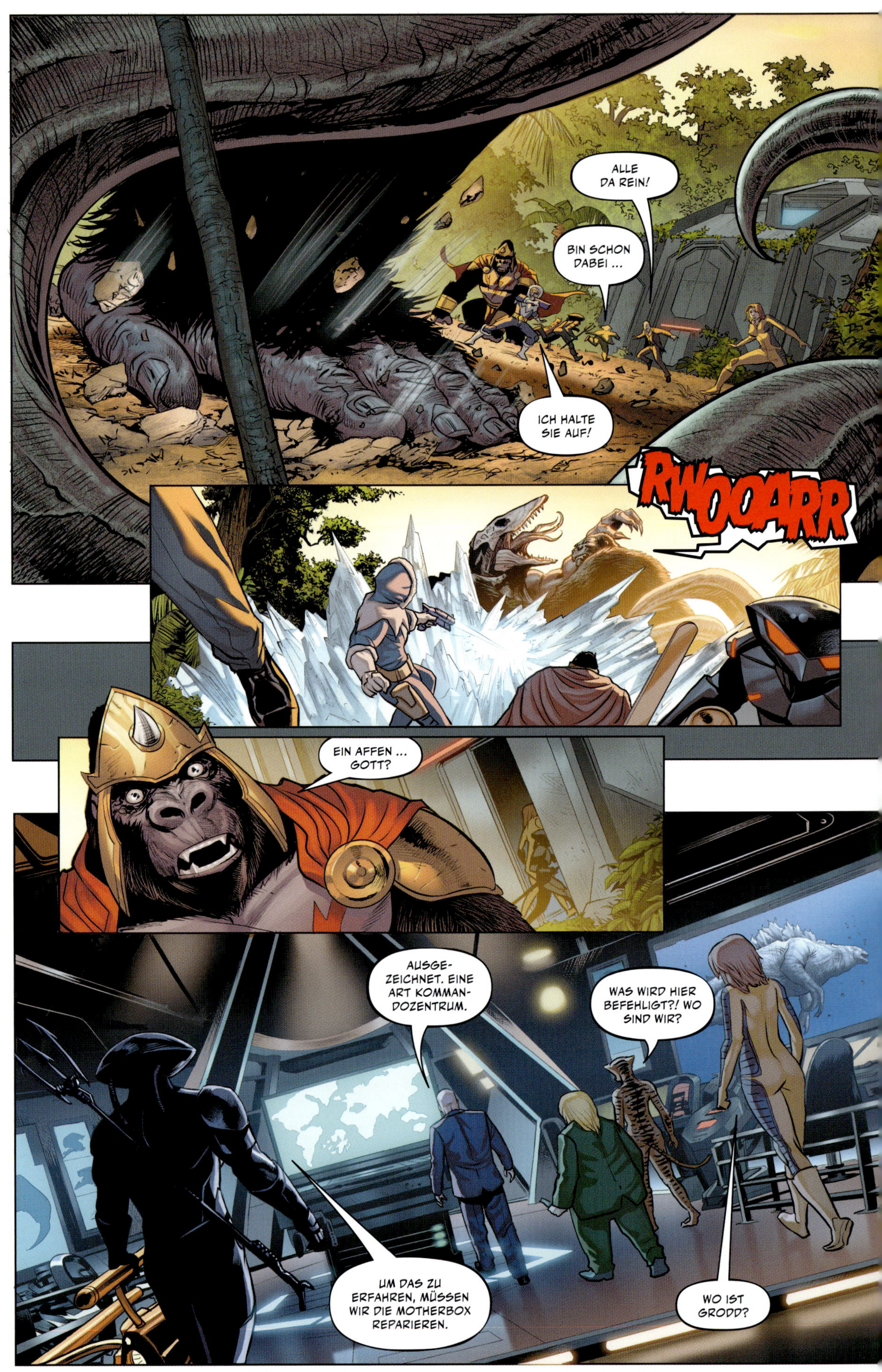
ALLE DA REIN!
BIN SCHON DABEI ...
ICH HALTE SIE AUF!
RWOOARR
EIN AFFEN ... GOTT?
AUSGE-ZEICHNET. EINE ART KOMMAN-DOZENTRUM.
WAS WIRD HIER BEFEHLIGT?! WO SIND WIR?
UM DAS ZU ERFAHREN, MÜSSEN WIR DIE MOTHERBOX REPARIEREN.
WO IST GRODD?

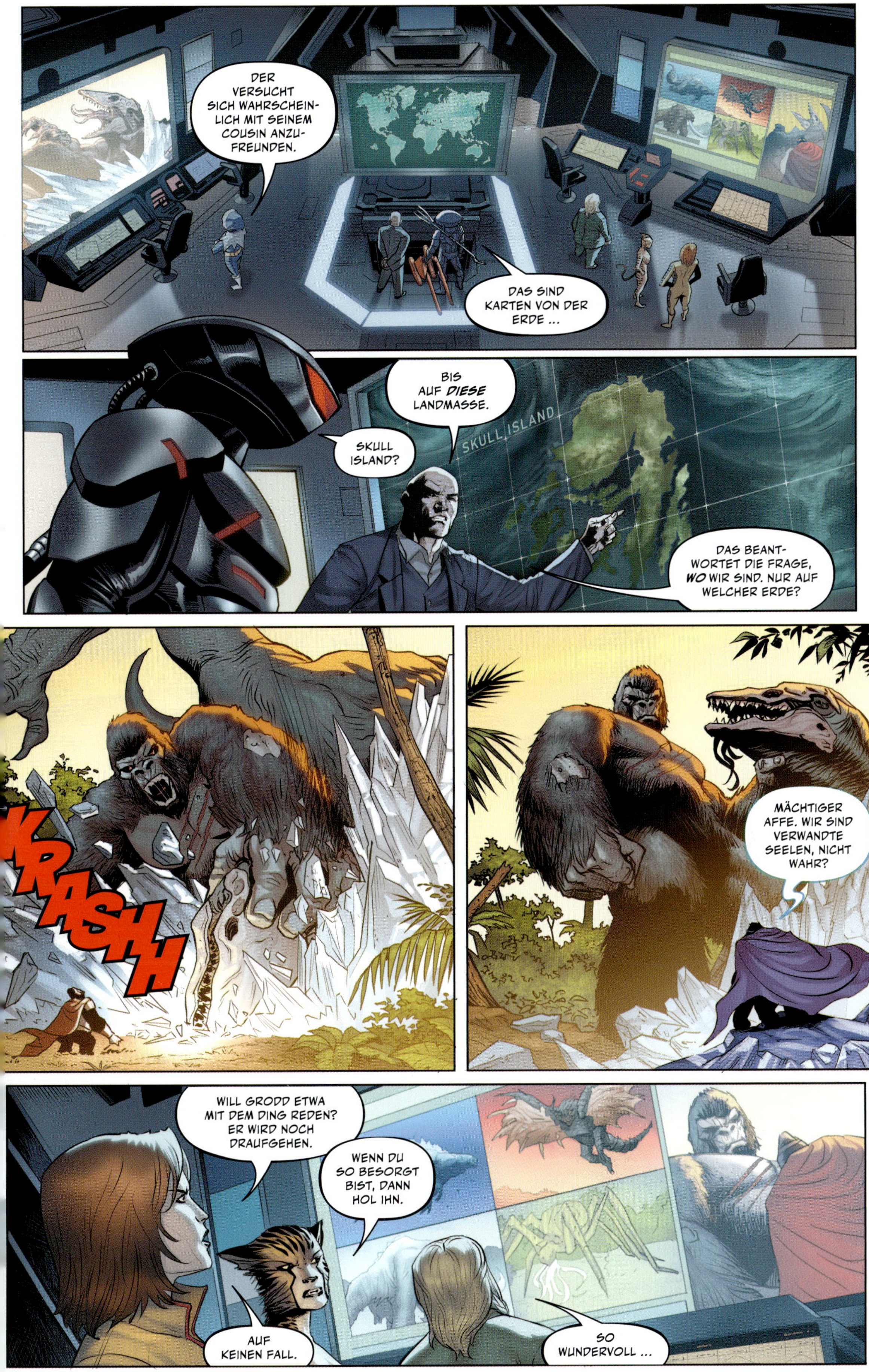

DER VERSUCHT SICH WAHRSCHEINLICH MIT SEINEM COUSIN ANZUFREUNDEN.
DAS SIND KARTEN VON DER ERDE ...

BIS AUF *DIESE* LANDMASSE.
SKULL ISLAND?
SKULL ISLAND
DAS BEANTWORTET DIE FRAGE, ***WO*** WIR SIND. NUR AUF WELCHER ERDE?

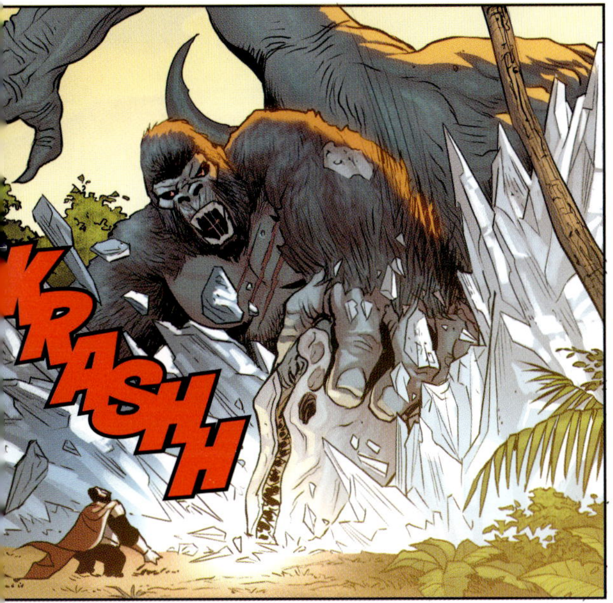

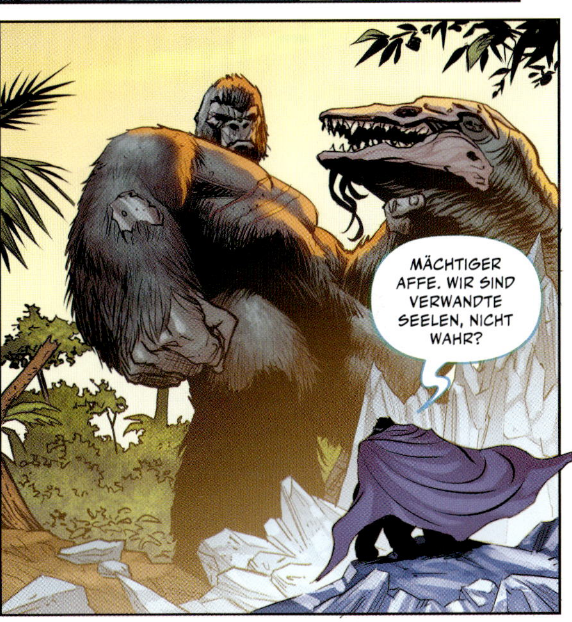

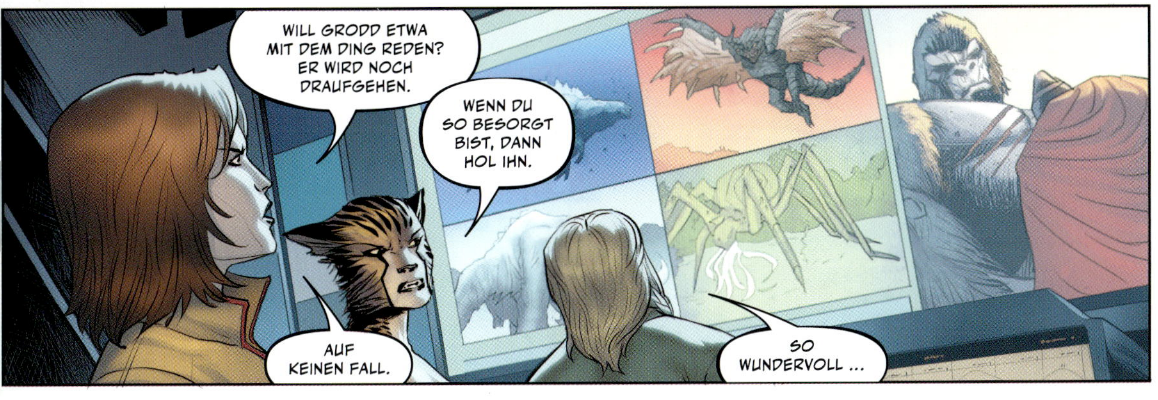

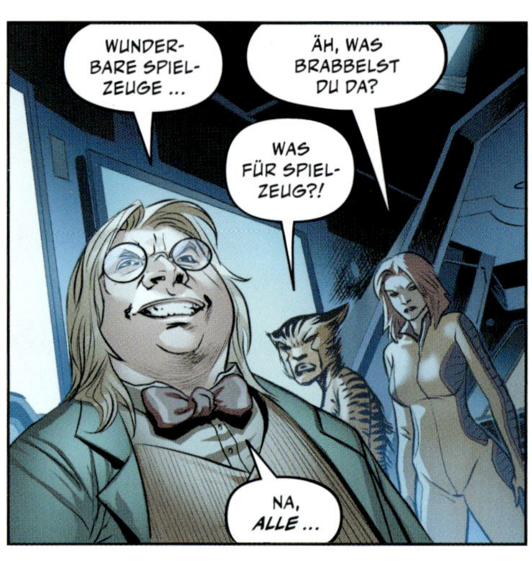
WUNDER-
BARE SPIEL-
ZEUGE ...
ÄH, WAS
BRABBELST
DU DA?
WAS
FÜR SPIEL-
ZEUG?!
NA,
ALLE ...

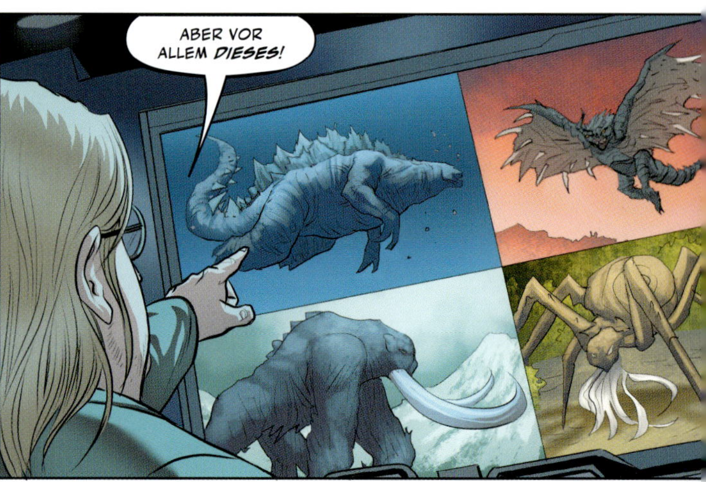
ABER VOR
ALLEM DIESES!

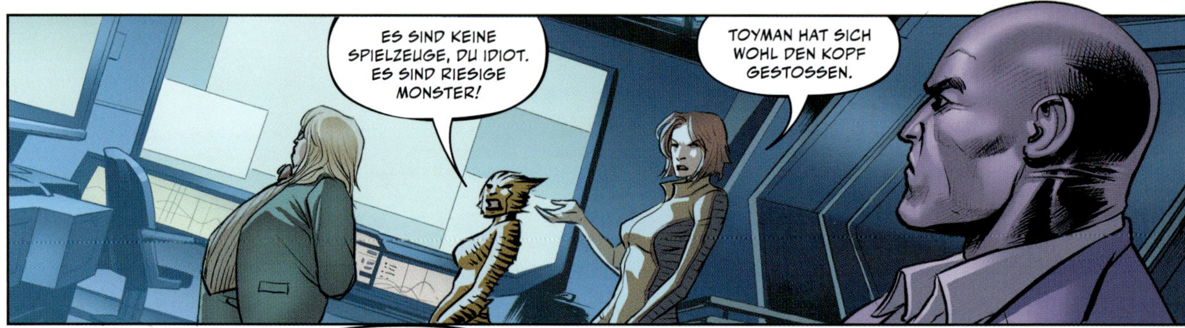
ES SIND KEINE
SPIELZEUGE, DU IDIOT.
ES SIND RIESIGE
MONSTER!
TOYMAN HAT SICH
WOHL DEN KOPF
GESTOSSEN.

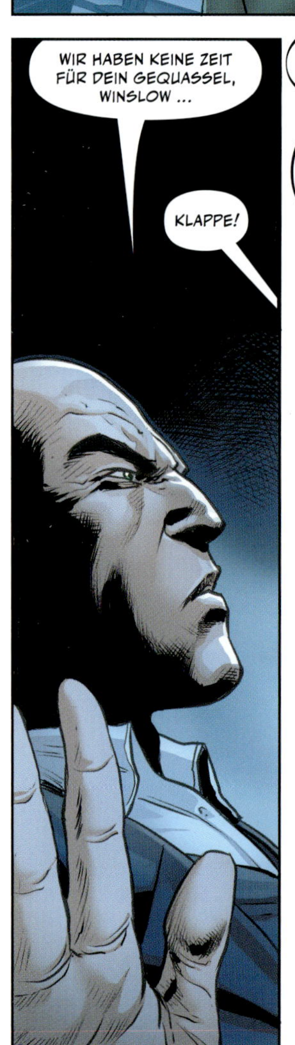
WIR HABEN KEINE ZEIT
FÜR DEIN GEQUASSEL,
WINSLOW ...
KLAPPE!

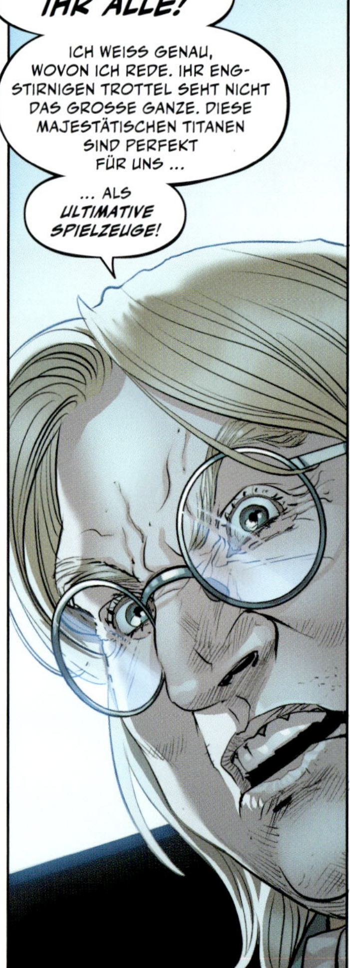
HALTET DIE KLAPPE.
IHR ALLE!
ICH WEISS GENAU,
WOVON ICH REDE. IHR ENG-
STIRNIGEN TROTTEL SEHT NICHT
DAS GROSSE GANZE. DIESE
MAJESTÄTISCHEN TITANEN
SIND PERFEKT
FÜR UNS ...
... ALS
ULTIMATIVE
SPIELZEUGE!

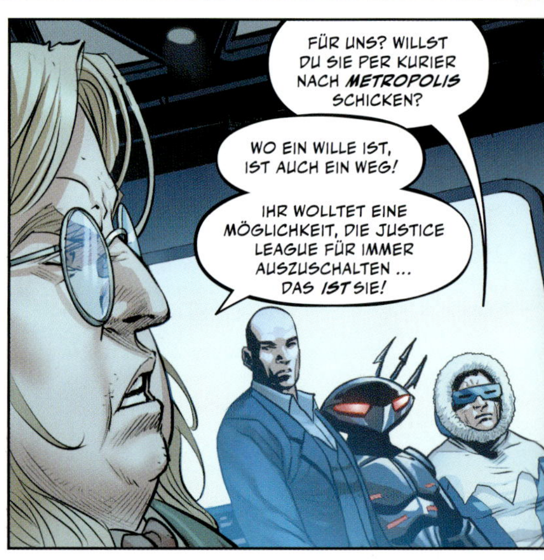
FÜR UNS? WILLST
DU SIE PER KURIER
NACH METROPOLIS
SCHICKEN?
WO EIN WILLE IST,
IST AUCH EIN WEG!
IHR WOLLTET EINE
MÖGLICHKEIT, DIE JUSTICE
LEAGUE FÜR IMMER
AUSZUSCHALTEN ...
DAS IST SIE!

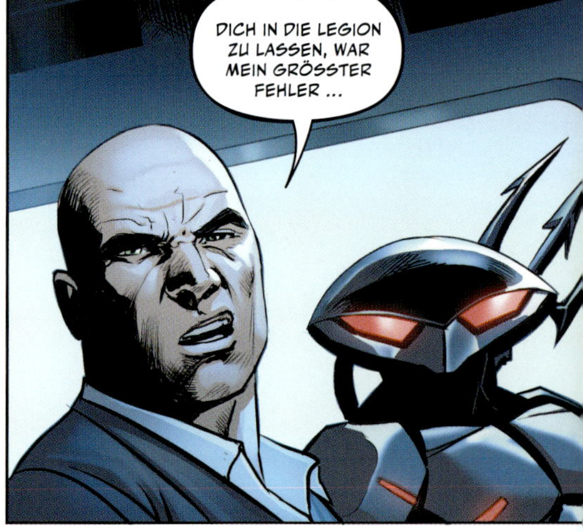
DICH IN DIE LEGION
ZU LASSEN, WAR
MEIN GRÖSSTER
FEHLER ...

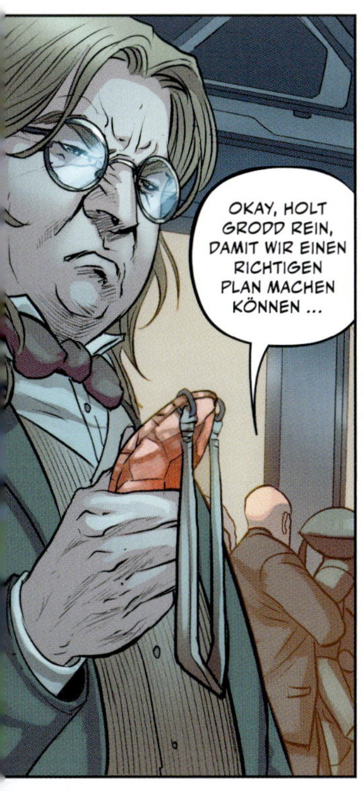
OKAY, HOLT GRODD REIN, DAMIT WIR EINEN RICHTIGEN PLAN MACHEN KÖNNEN ...

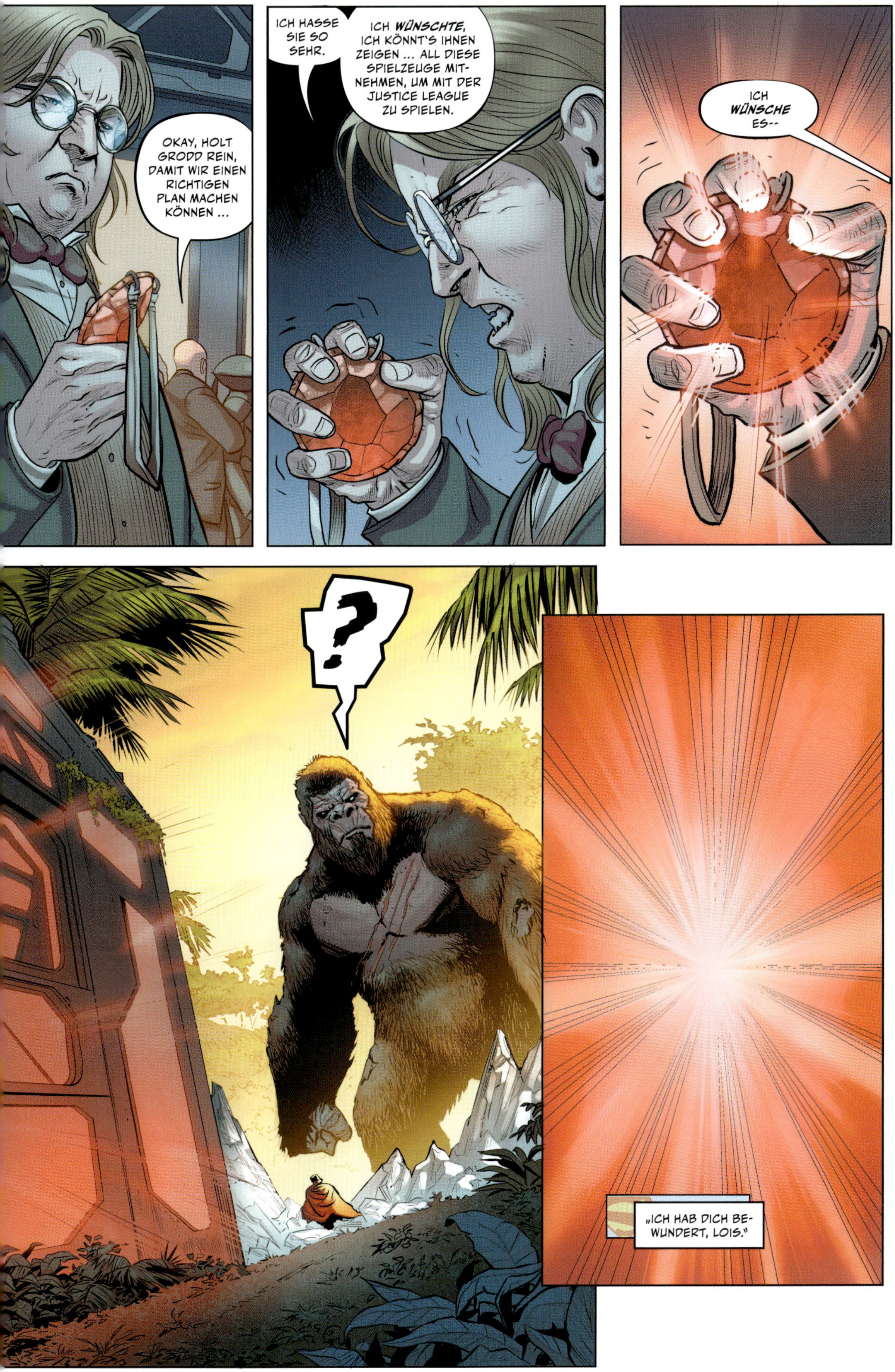

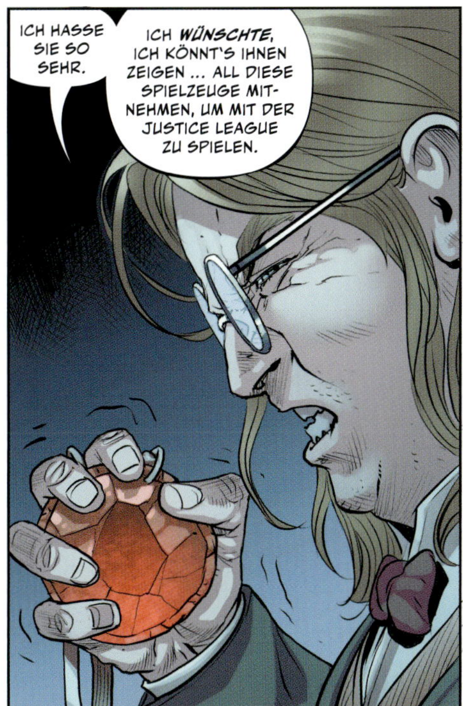
ICH HASSE SIE SO SEHR.
ICH **WÜNSCHTE**, ICH KÖNNT'S IHNEN ZEIGEN ... ALL DIESE SPIELZEUGE MIT-NEHMEN, UM MIT DER JUSTICE LEAGUE ZU SPIELEN.

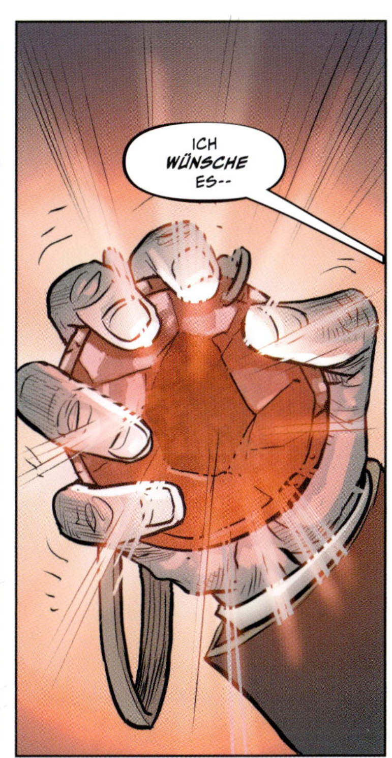
ICH **WÜNSCHE** ES--

?
„ICH HAB DICH BE-WUNDERT, LOIS."

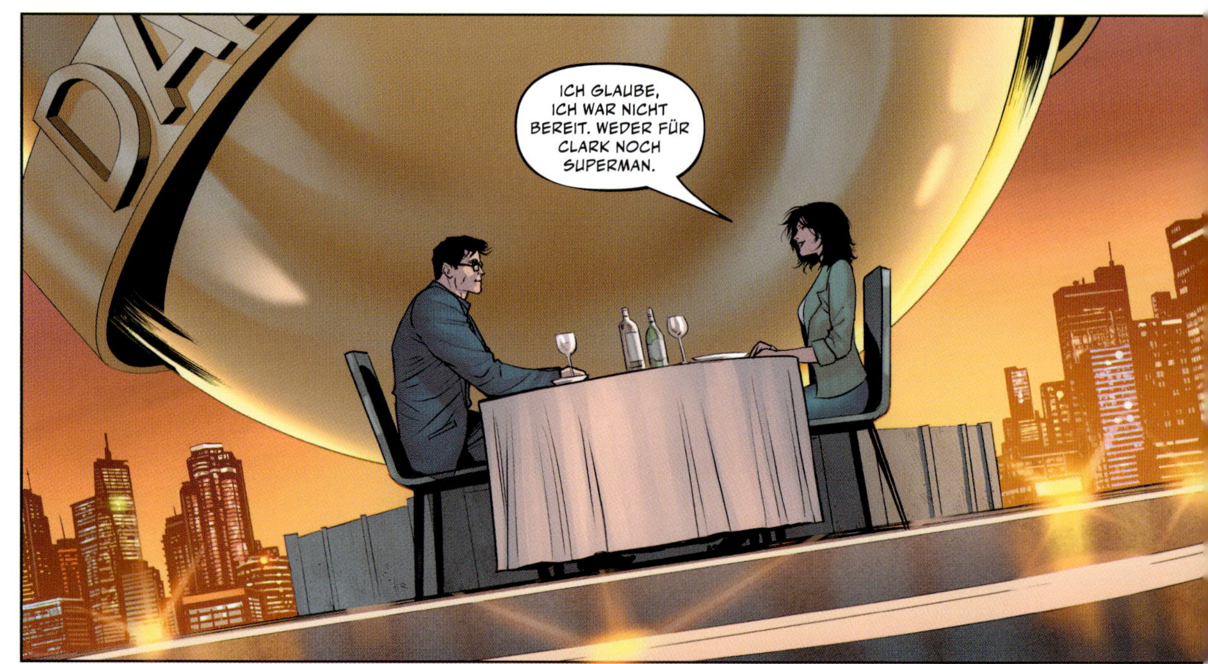
ICH GLAUBE, ICH WAR NICHT BEREIT. WEDER FÜR CLARK NOCH SUPERMAN.
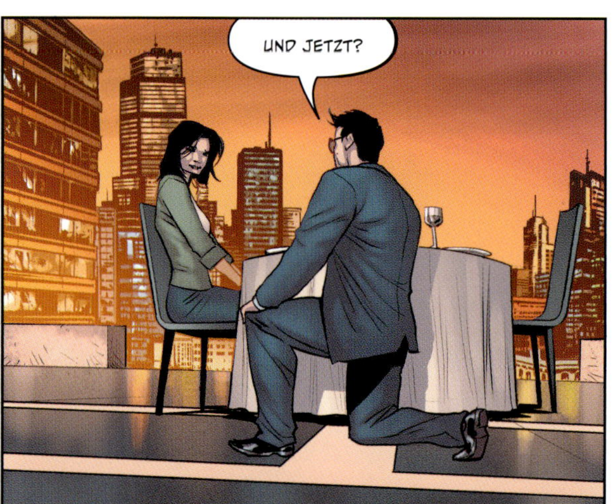
UND JETZT?
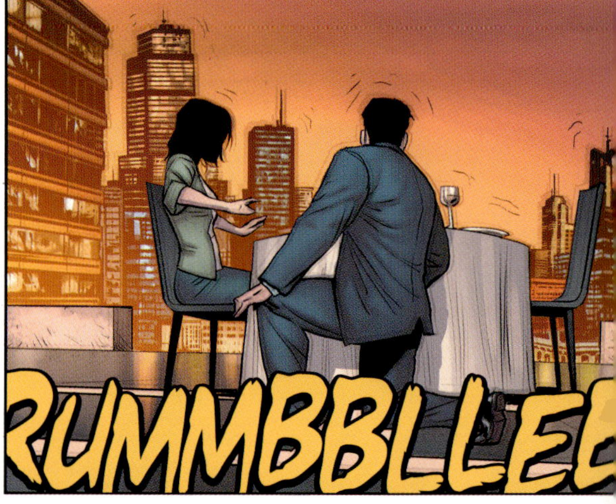
RUMMBBLLEE
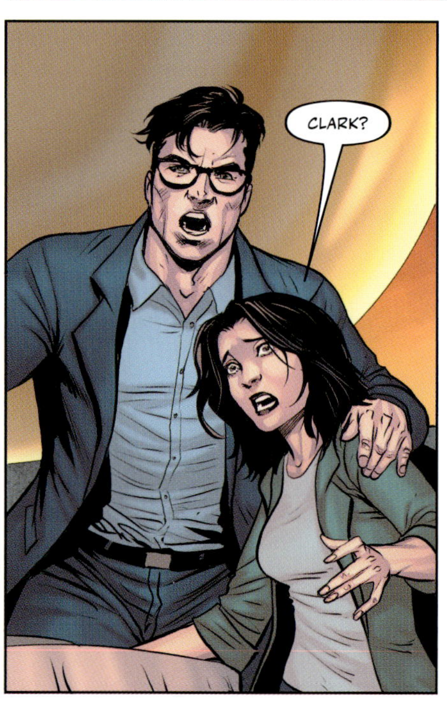
CLARK?
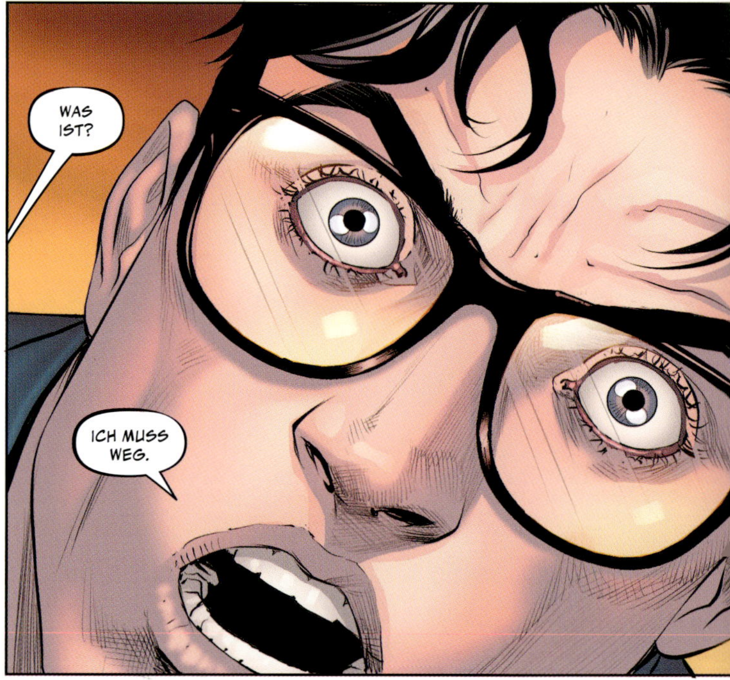
WAS IST?
ICH MUSS WEG.

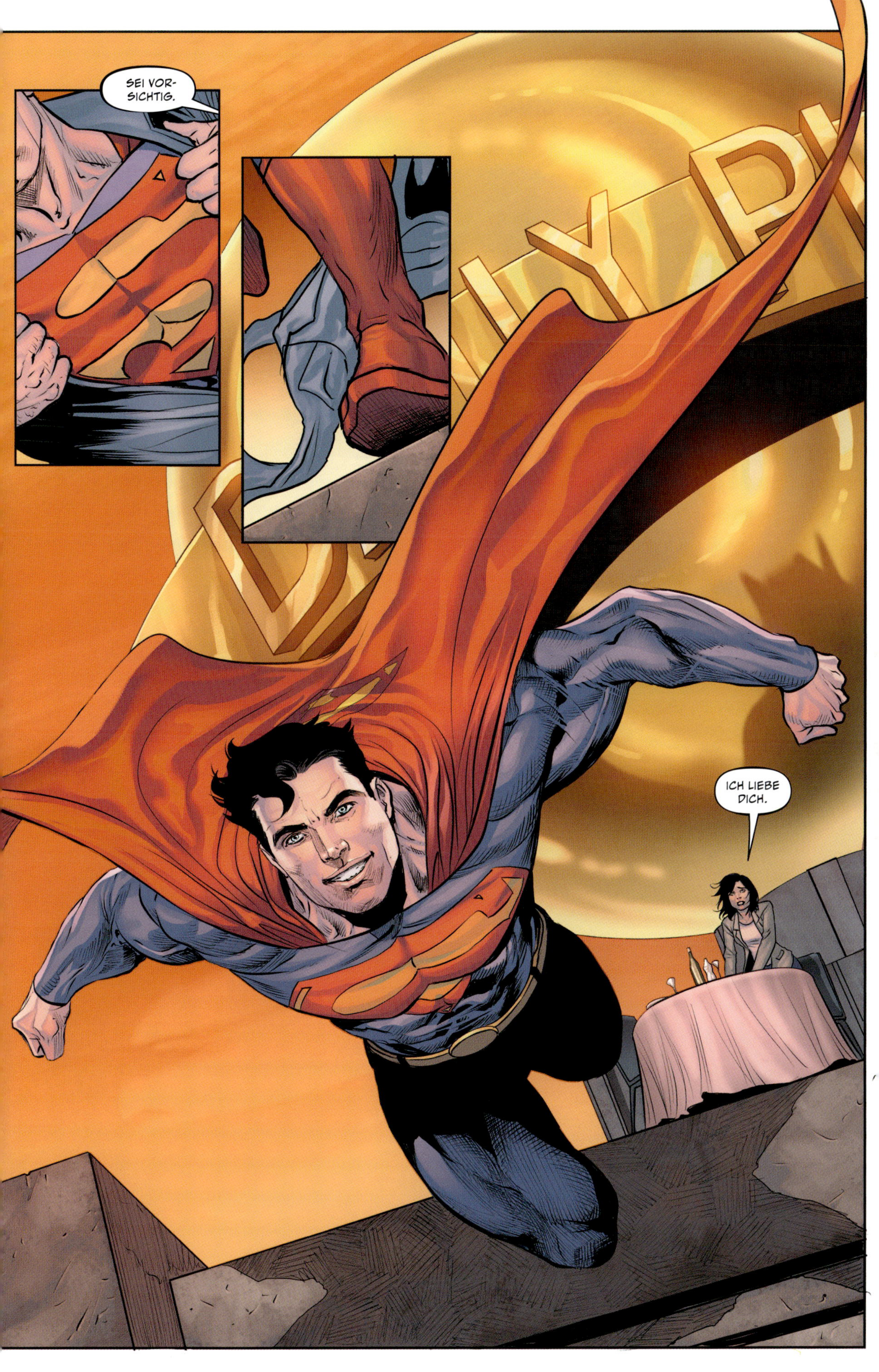
SEI VOR-
SICHTIG.
ICH LIEBE
DICH.

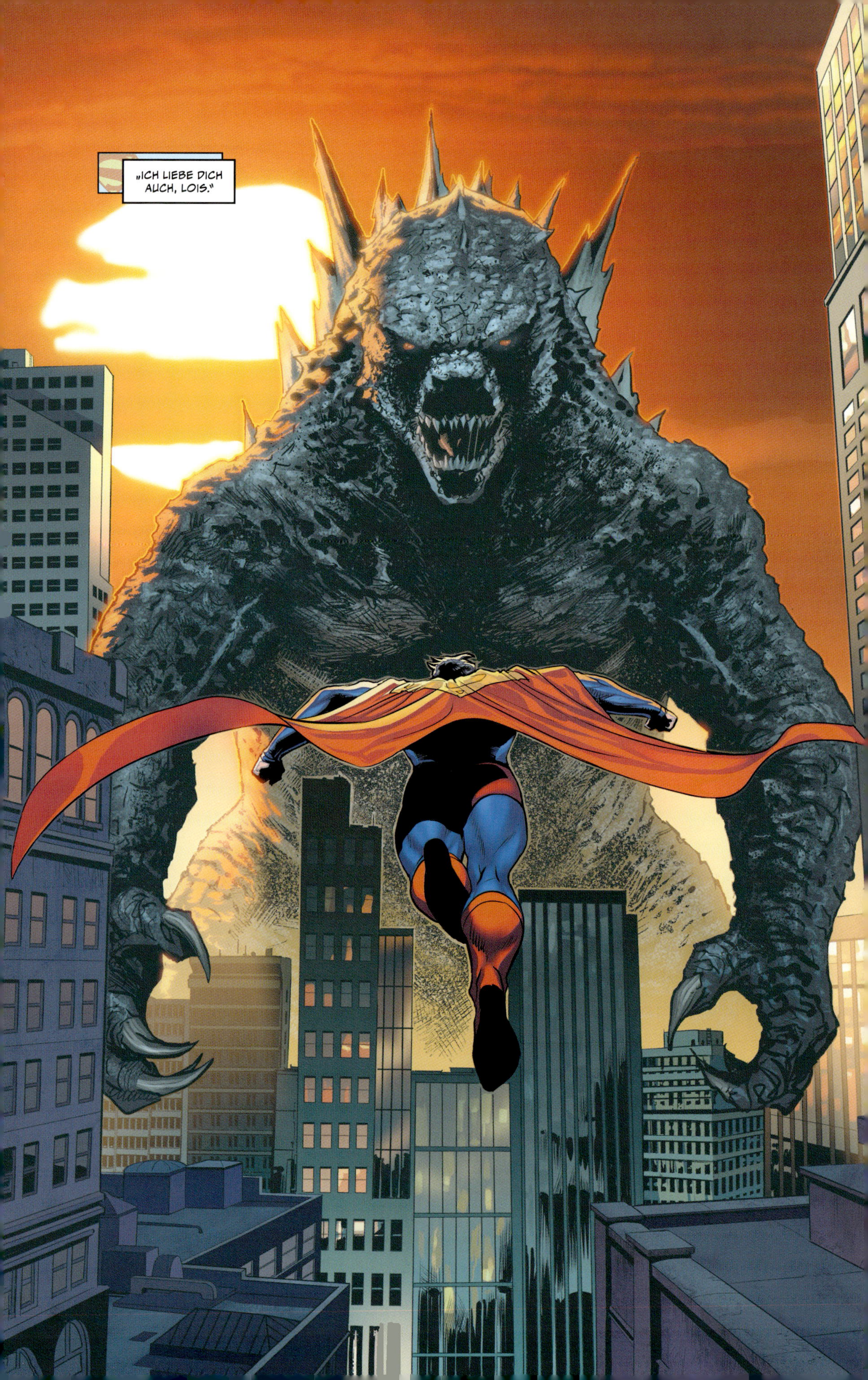
„ICH LIEBE DICH AUCH, LOIS."

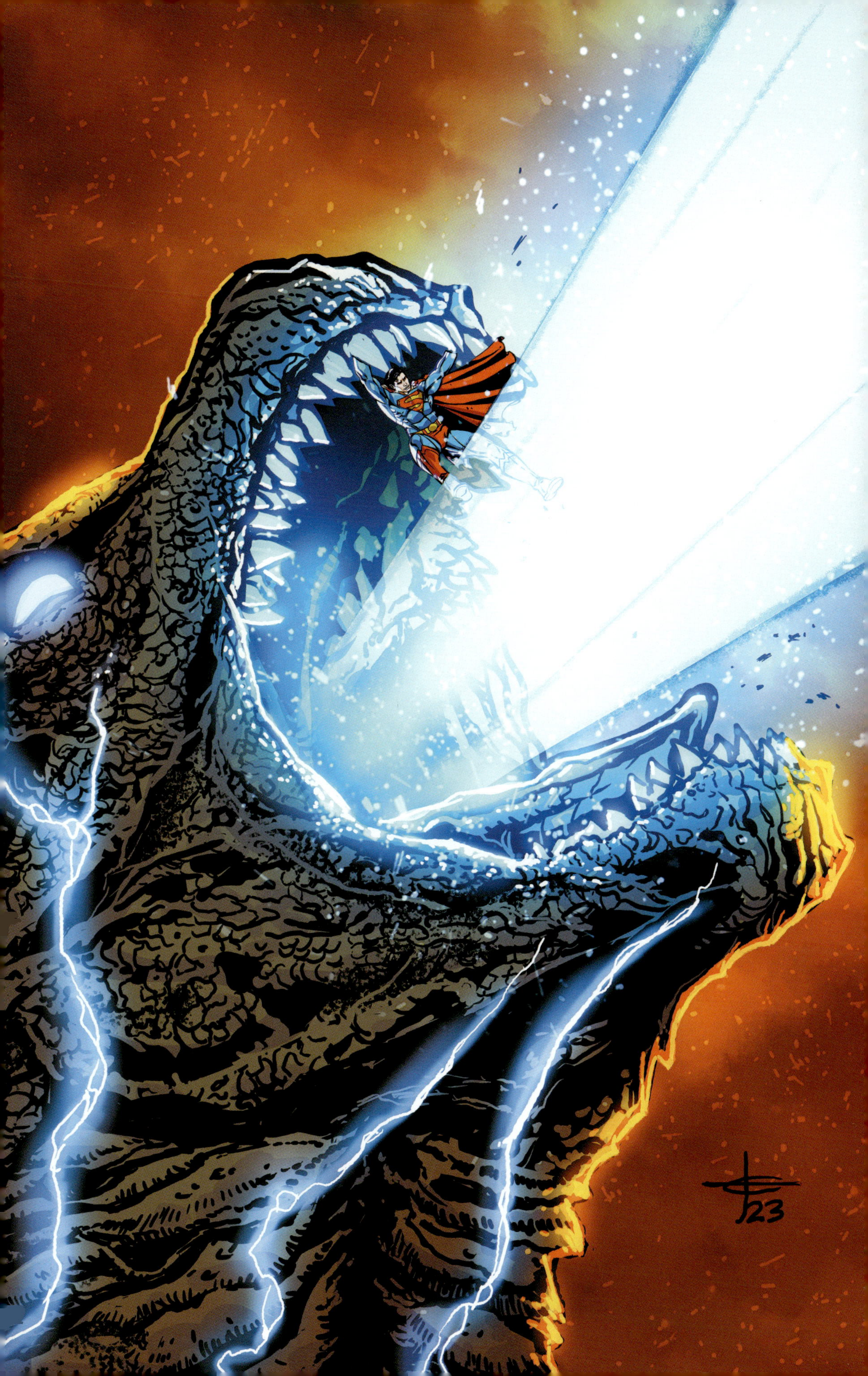

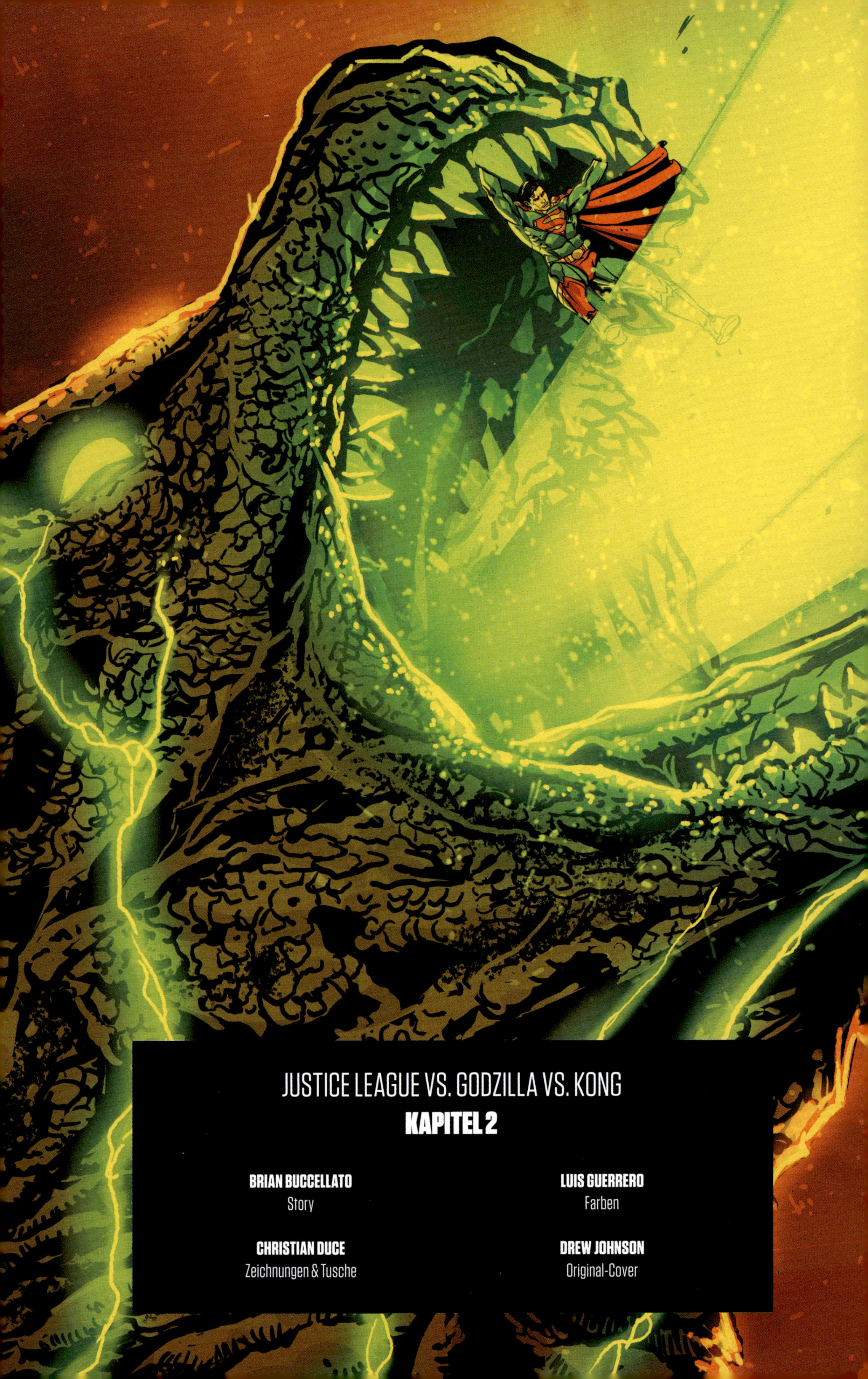

JUSTICE LEAGUE VS. GODZILLA VS. KONG

KAPITEL 2

BRIAN BUCCELLATO
Story

LUIS GUERRERO
Farben

CHRISTIAN DUCE
Zeichnungen & Tusche

DREW JOHNSON
Original-Cover

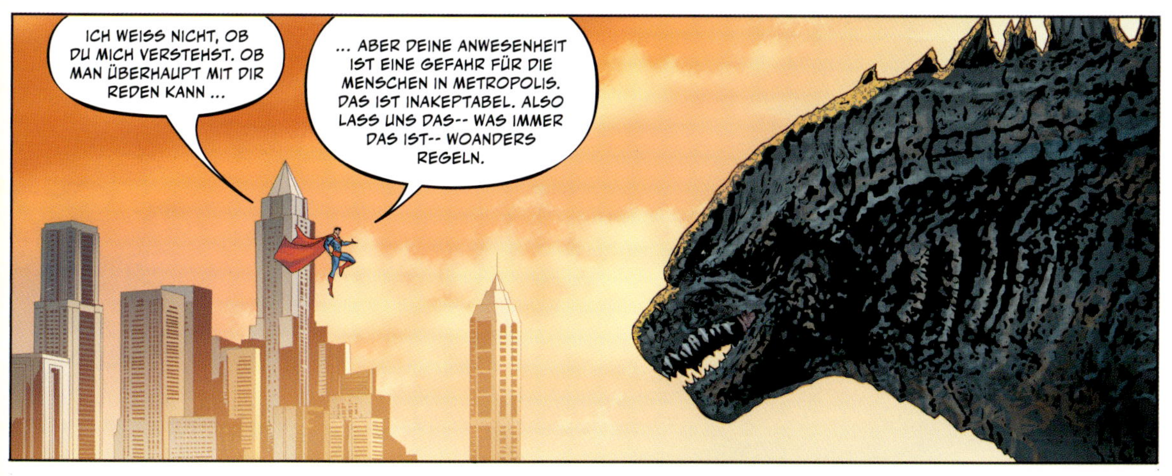
ICH WEISS NICHT, OB DU MICH VERSTEHST. OB MAN ÜBERHAUPT MIT DIR REDEN KANN ...
... ABER DEINE ANWESENHEIT IST EINE GEFAHR FÜR DIE MENSCHEN IN METROPOLIS. DAS IST INAKEPTABEL. ALSO LASS UNS DAS-- WAS IMMER DAS IST-- WOANDERS REGELN.
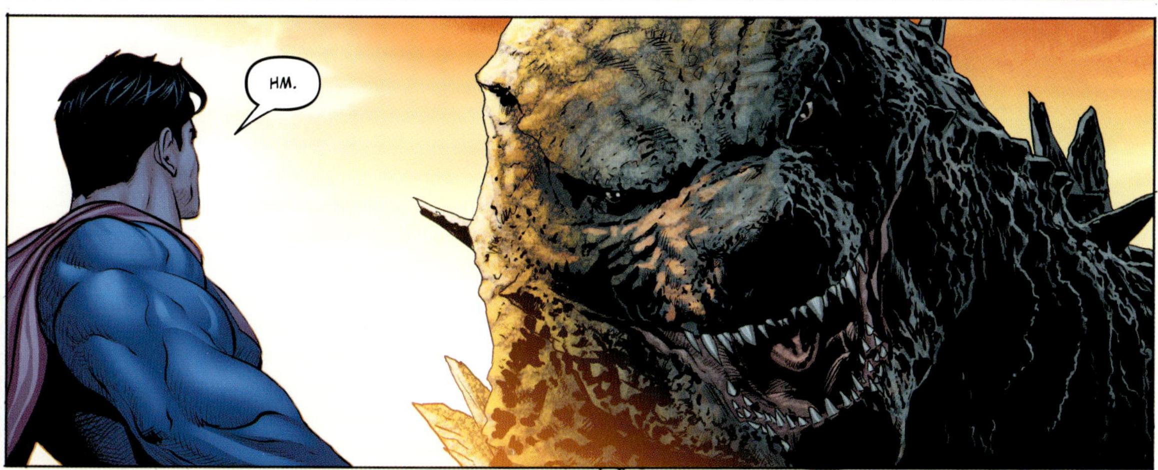
HM.
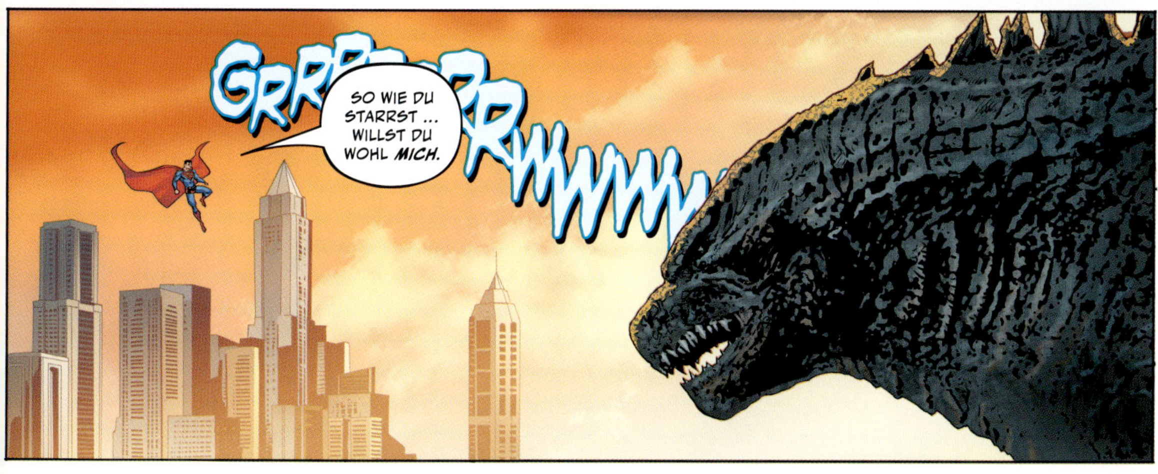
SO WIE DU STARRST ... WILLST DU WOHL *MICH*.
GRRRRRRRWWWWW
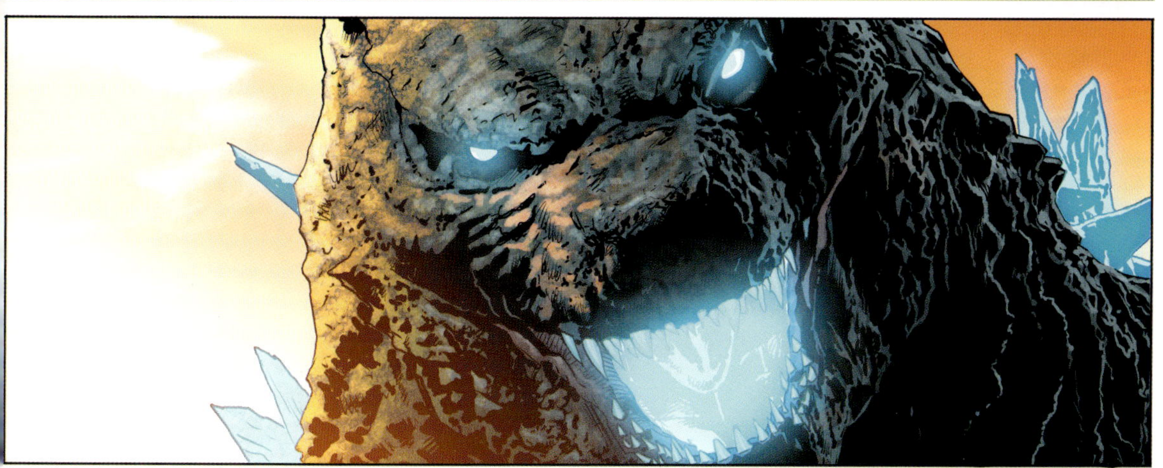

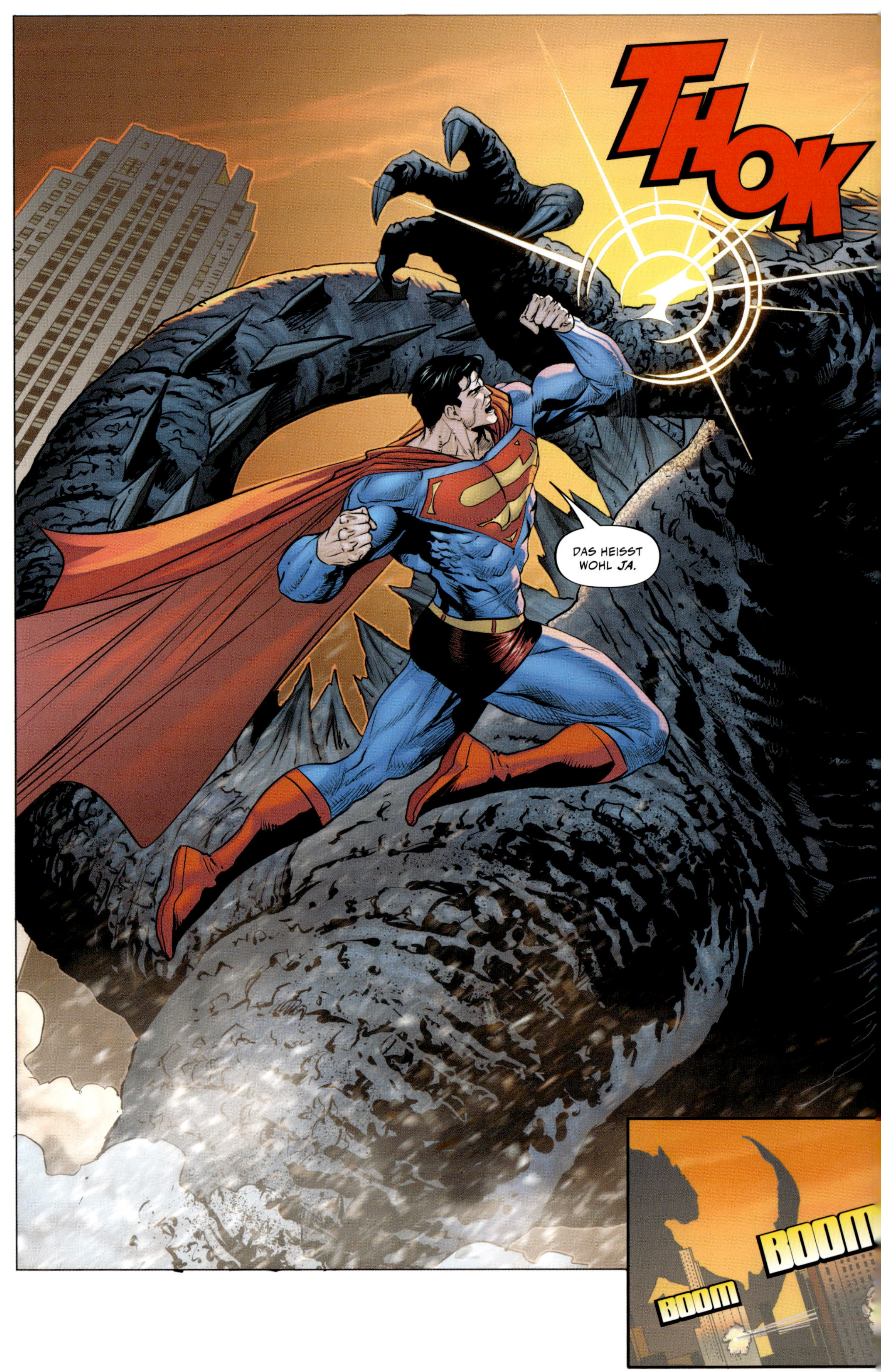
THOK
DAS HEISST WOHL JA.
BOOM
BOOM

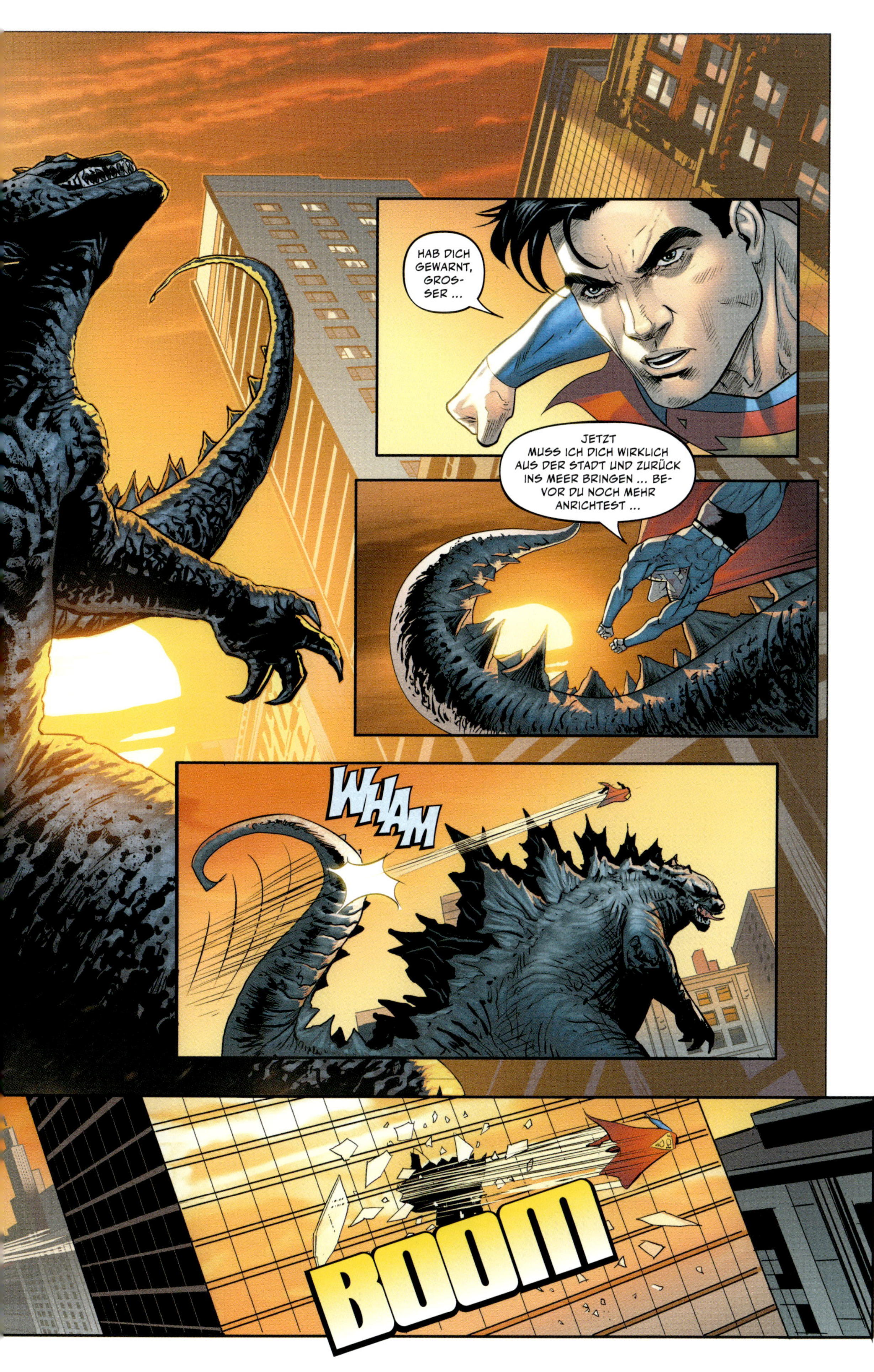
HAB DICH GEWARNT, GROS-SER ...
JETZT MUSS ICH DICH WIRKLICH AUS DER STADT UND ZURÜCK INS MEER BRINGEN ... BE-VOR DU NOCH MEHR ANRICHTEST ...
WHAM
BOOM

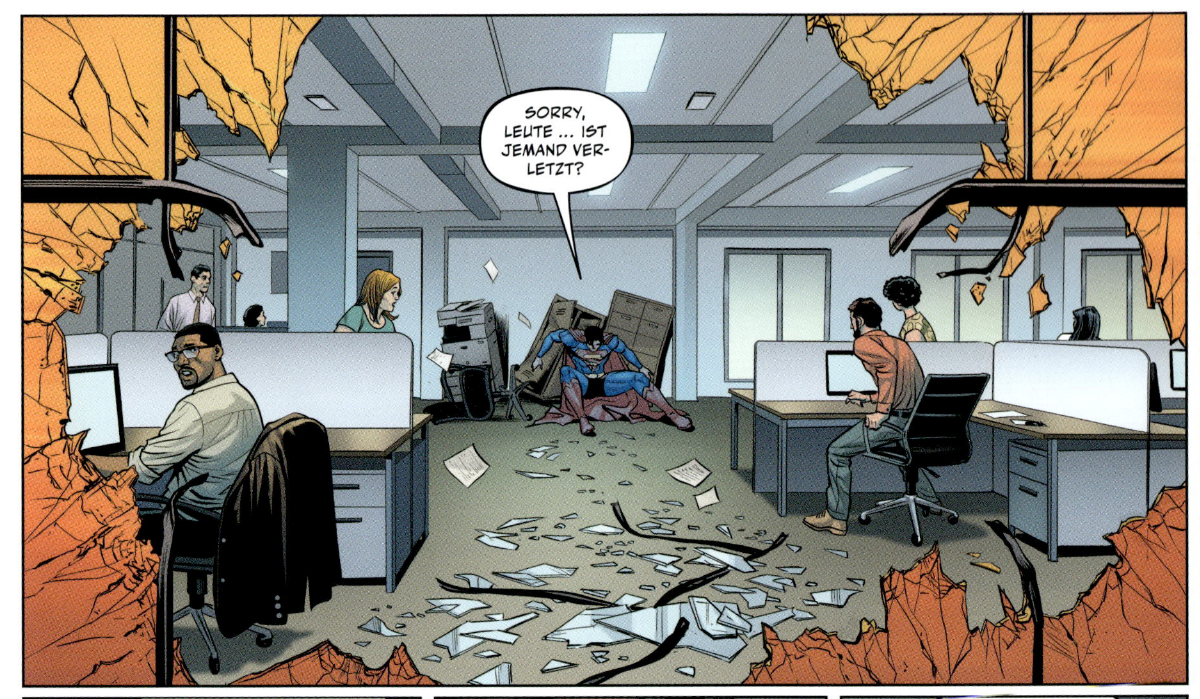
SORRY, LEUTE ... IST JEMAND VERLETZT?

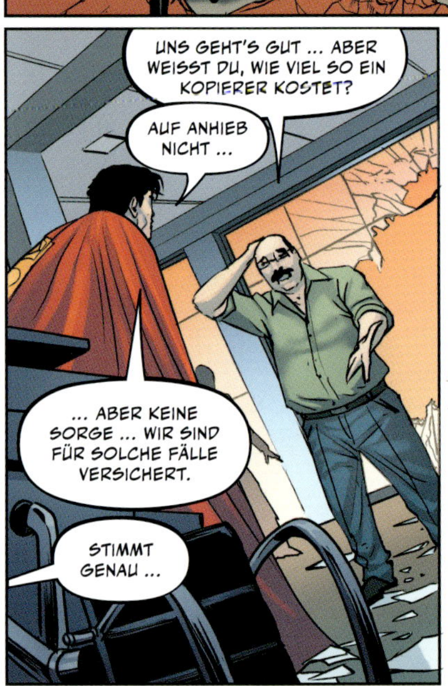
UNS GEHT'S GUT ... ABER WEISST DU, WIE VIEL SO EIN KOPIERER KOSTET?
AUF ANHIEB NICHT ...
... ABER KEINE SORGE ... WIR SIND FÜR SOLCHE FÄLLE VERSICHERT.
STIMMT GENAU ...

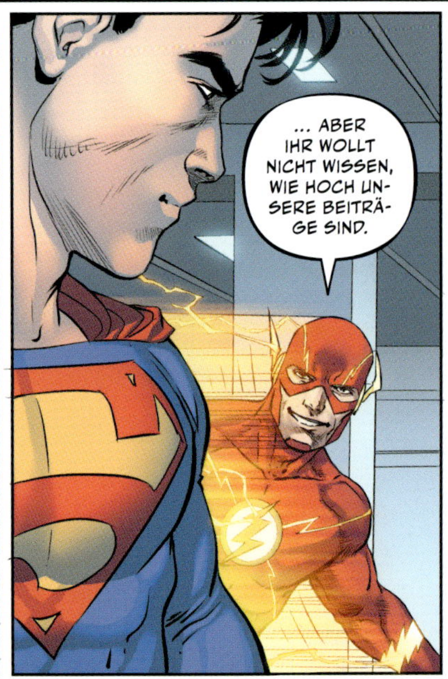
... ABER IHR WOLLT NICHT WISSEN, WIE HOCH UNSERE BEITRÄGE SIND.

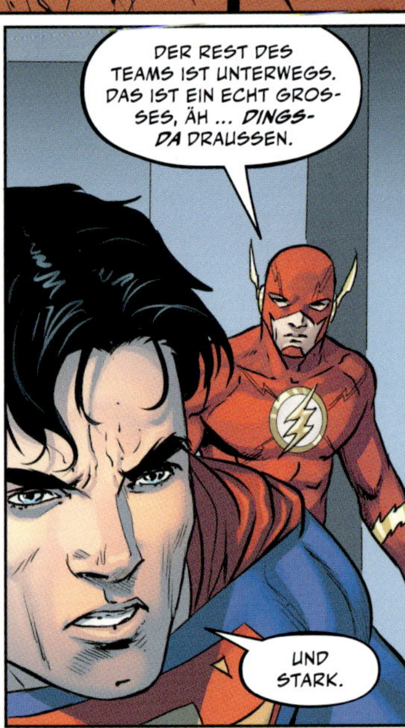
DER REST DES TEAMS IST UNTERWEGS. DAS IST EIN ECHT GROSSES, ÄH ... *DINGSDA* DRAUSSEN.
UND STARK.

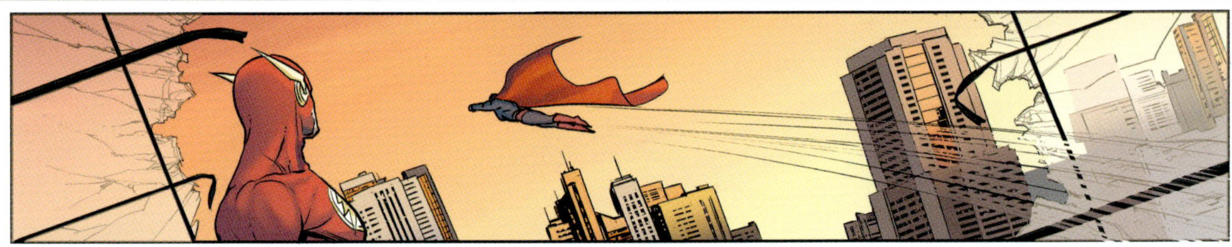

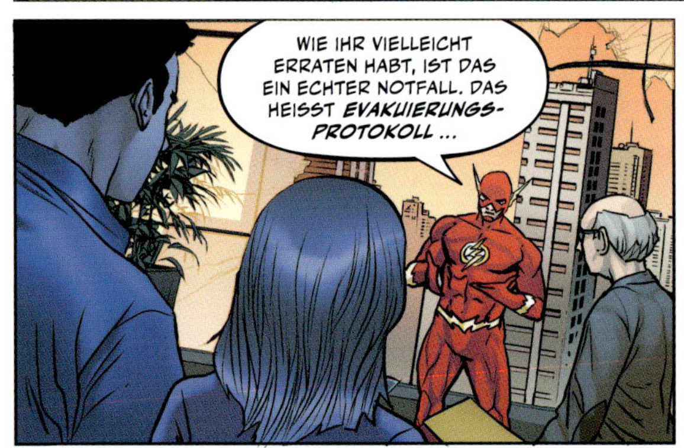
WIE IHR VIELLEICHT ERRATEN HABT, IST DAS EIN ECHTER NOTFALL. DAS HEISST ***EVAKUIERUNGSPROTOKOLL*** ...

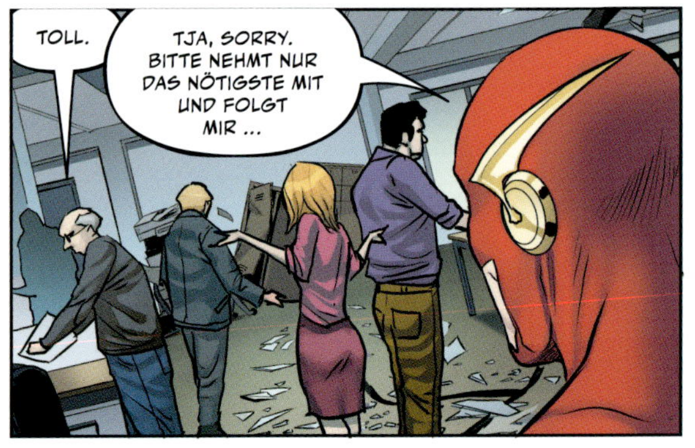
TOLL.
TJA, SORRY. BITTE NEHMT NUR DAS NÖTIGSTE MIT UND FOLGT MIR ...

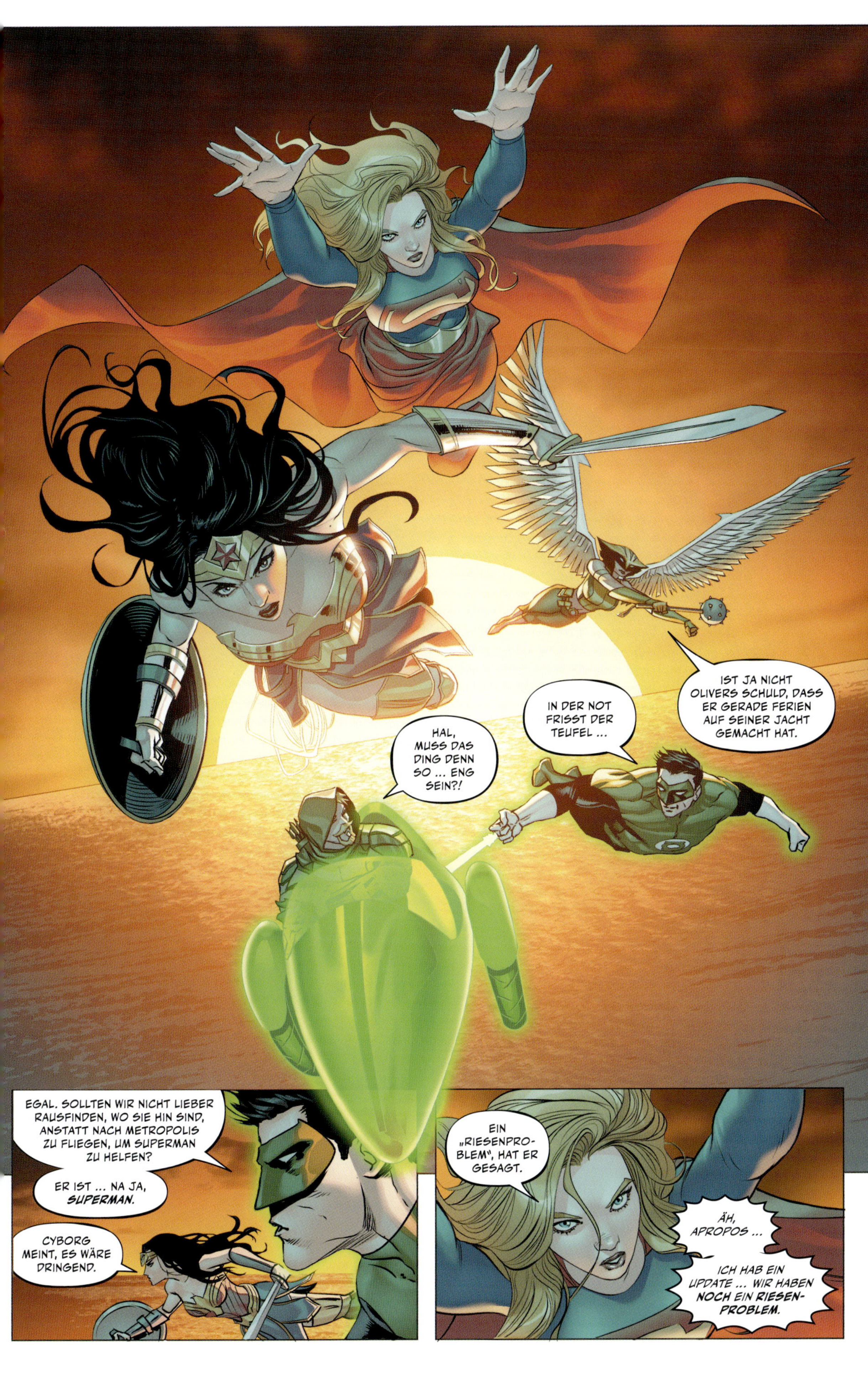
HAL, MUSS DAS DING DENN SO ... ENG SEIN?!
IN DER NOT FRISST DER TEUFEL ...
IST JA NICHT OLIVERS SCHULD, DASS ER GERADE FERIEN AUF SEINER JACHT GEMACHT HAT.
EGAL. SOLLTEN WIR NICHT LIEBER RAUSFINDEN, WO SIE HIN SIND, ANSTATT NACH METROPOLIS ZU FLIEGEN, UM SUPERMAN ZU HELFEN?
ER IST ... NA JA, *SUPERMAN*.
CYBORG MEINT, ES WÄRE DRINGEND.
EIN „RIESENPROBLEM", HAT ER GESAGT.
ÄH, APROPOS ...
ICH HAB EIN UPDATE ... WIR HABEN **NOCH EIN RIESENPROBLEM**.

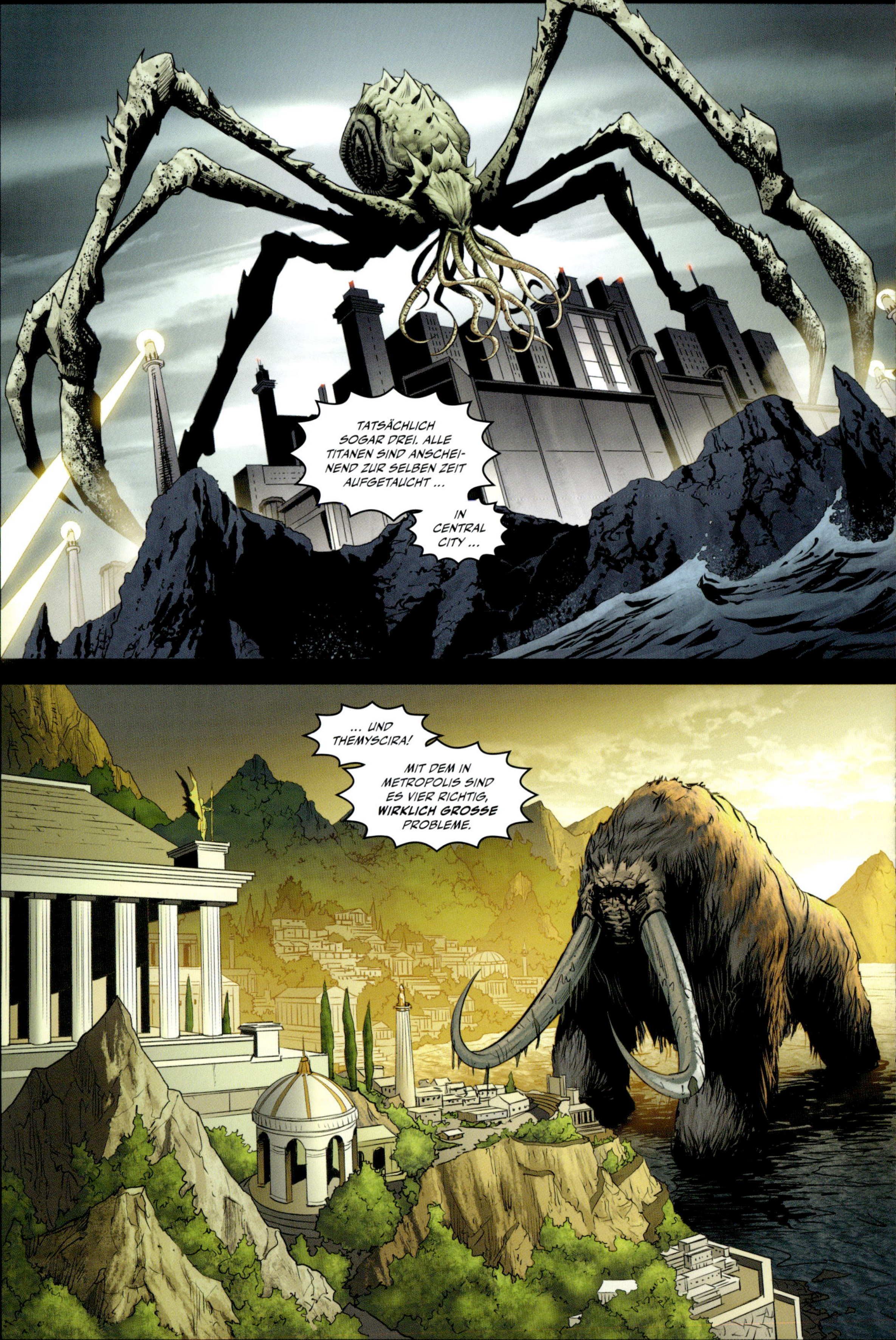

TATSÄCHLICH SOGAR DREI. ALLE TITANEN SIND ANSCHEINEND ZUR SELBEN ZEIT AUFGETAUCHT ...

IN CENTRAL CITY ...

... UND THEMYSCIRA!

MIT DEM IN METROPOLIS SIND ES VIER RICHTIG, **WIRKLICH GROSSE** PROBLEME.

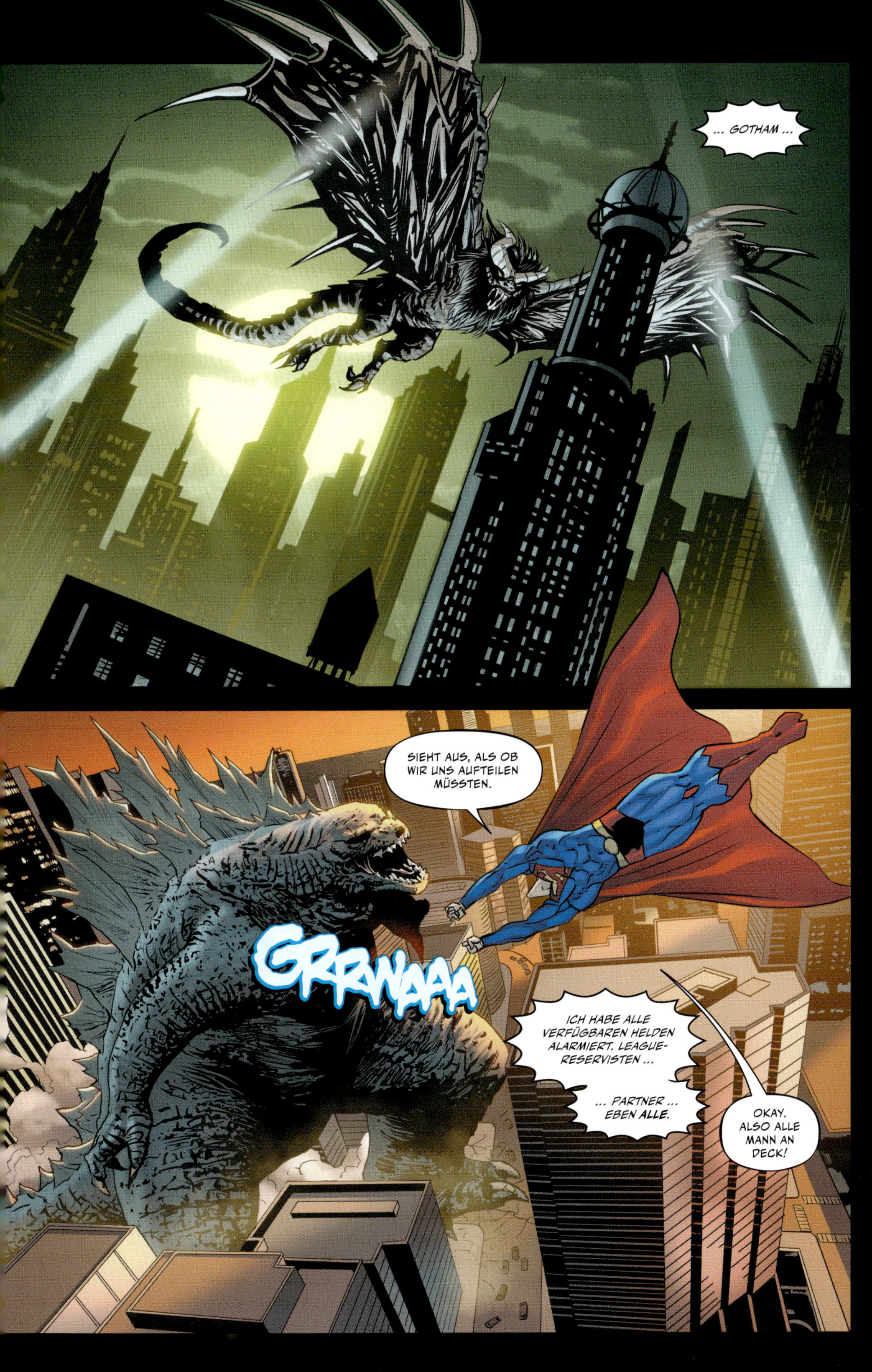
... GOTHAM ...
SIEHT AUS, ALS OB WIR UNS AUFTEILEN MÜSSTEN.
GRRWAAA
ICH HABE ALLE VERFÜGBAREN HELDEN ALARMIERT. LEAGUE-RESERVISTEN ...
... PARTNER ... EBEN ALLE.
OKAY. ALSO ALLE MANN AN DECK!

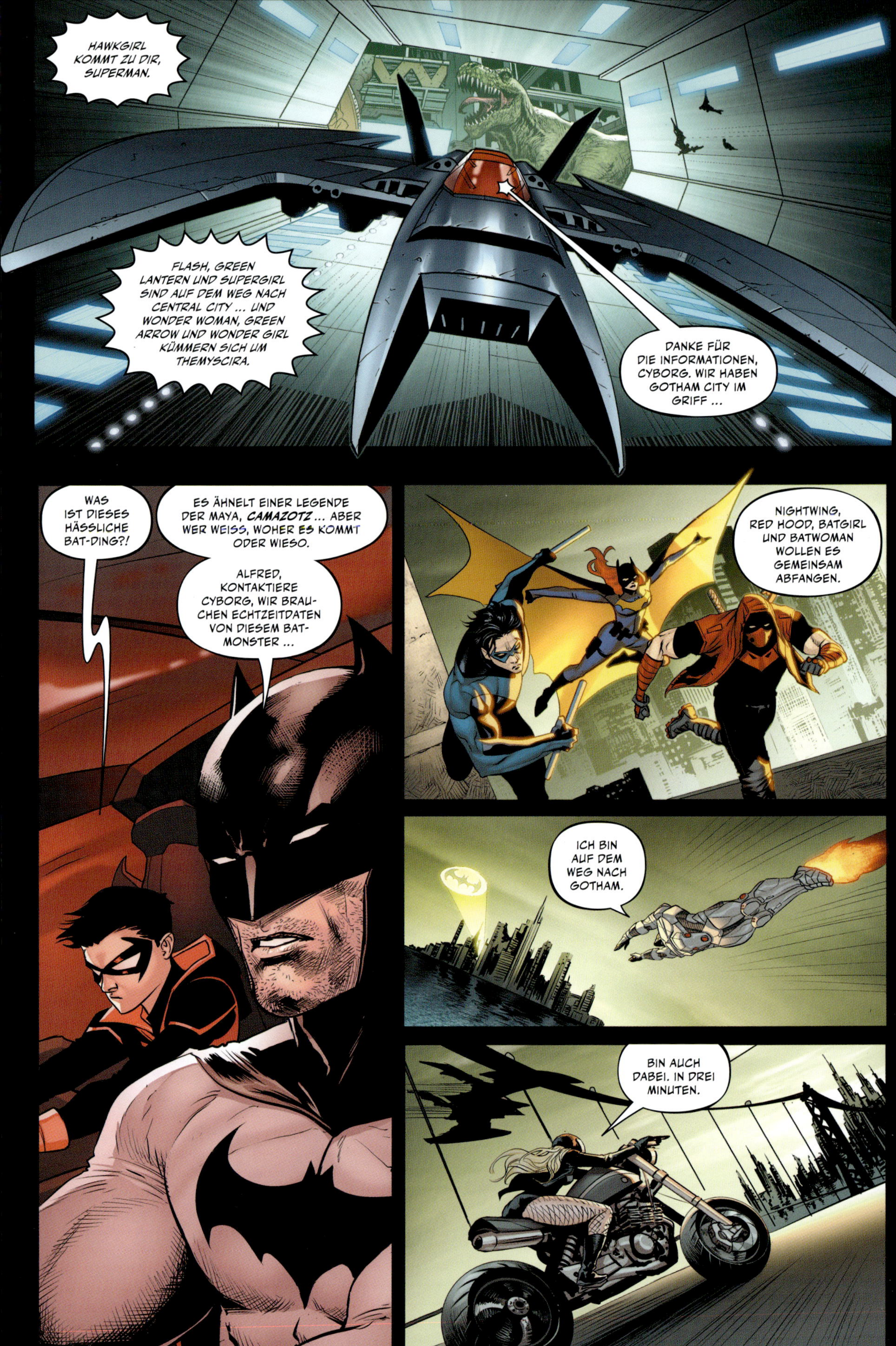
HAWKGIRL KOMMT ZU DIR, SUPERMAN.
FLASH, GREEN LANTERN UND SUPERGIRL SIND AUF DEM WEG NACH CENTRAL CITY ... UND WONDER WOMAN, GREEN ARROW UND WONDER GIRL KÜMMERN SICH UM THEMYSCIRA.
DANKE FÜR DIE INFORMATIONEN, CYBORG. WIR HABEN GOTHAM CITY IM GRIFF ...
WAS IST DIESES HÄSSLICHE BAT-DING?!
ES ÄHNELT EINER LEGENDE DER MAYA, CAMAZOTZ ... ABER WER WEISS, WOHER ES KOMMT ODER WIESO.
ALFRED, KONTAKTIERE CYBORG, WIR BRAUCHEN ECHTZEITDATEN VON DIESEM BAT-MONSTER ...
NIGHTWING, RED HOOD, BATGIRL UND BATWOMAN WOLLEN ES GEMEINSAM ABFANGEN.
ICH BIN AUF DEM WEG NACH GOTHAM.
BIN AUCH DABEI. IN DREI MINUTEN.

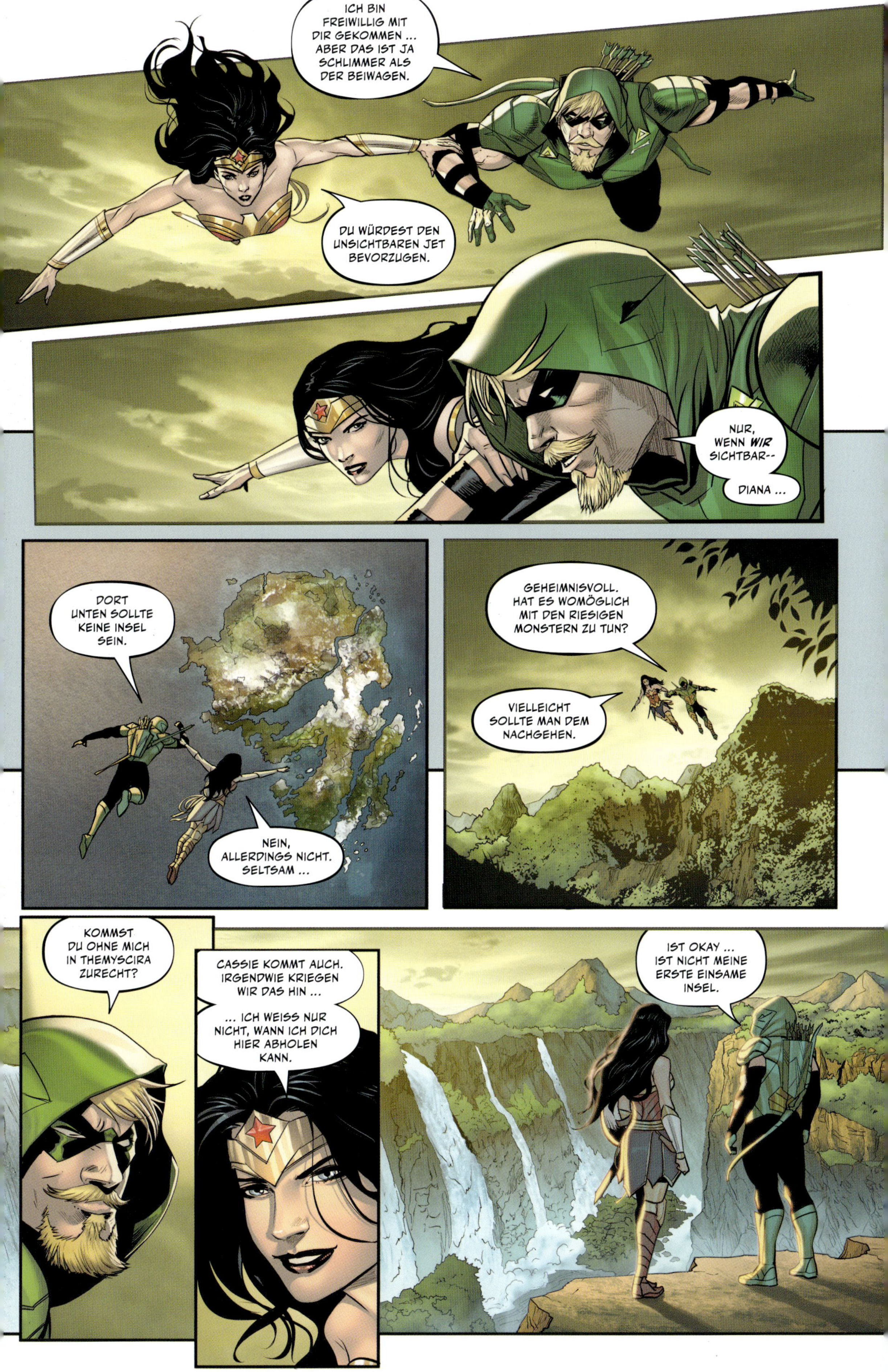

ICH BIN FREIWILLIG MIT DIR GEKOMMEN ... ABER DAS IST JA SCHLIMMER ALS DER BEIWAGEN.
DU WÜRDEST DEN UNSICHTBAREN JET BEVORZUGEN.
NUR, WENN **WIR** SICHTBAR--
DIANA ...

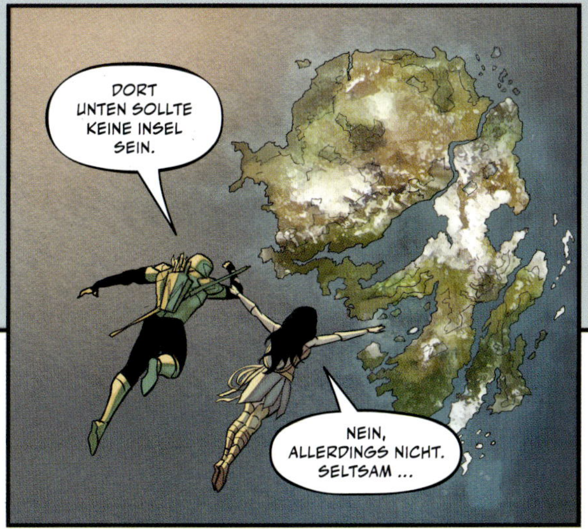
DORT UNTEN SOLLTE KEINE INSEL SEIN.
NEIN, ALLERDINGS NICHT. SELTSAM ...

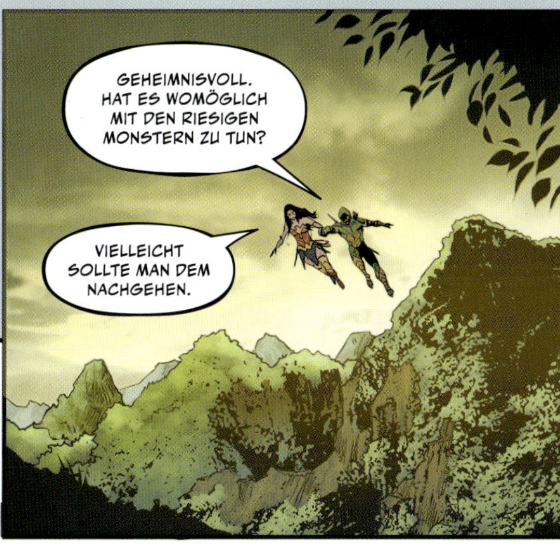
GEHEIMNISVOLL. HAT ES WOMÖGLICH MIT DEN RIESIGEN MONSTERN ZU TUN?
VIELLEICHT SOLLTE MAN DEM NACHGEHEN.

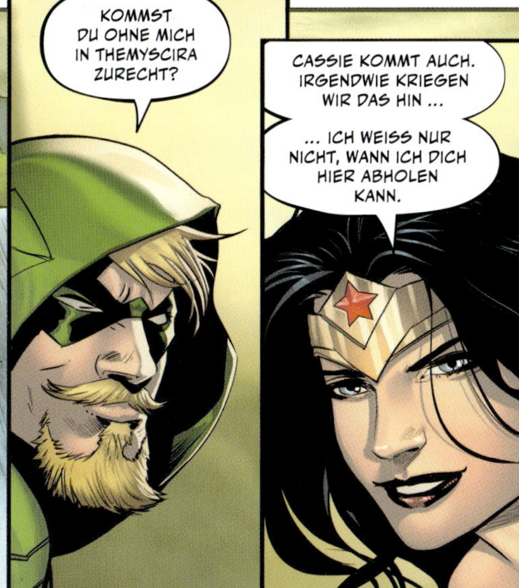
KOMMST DU OHNE MICH IN THEMYSCIRA ZURECHT?
CASSIE KOMMT AUCH. IRGENDWIE KRIEGEN WIR DAS HIN ...
... ICH WEISS NUR NICHT, WANN ICH DICH HIER ABHOLEN KANN.

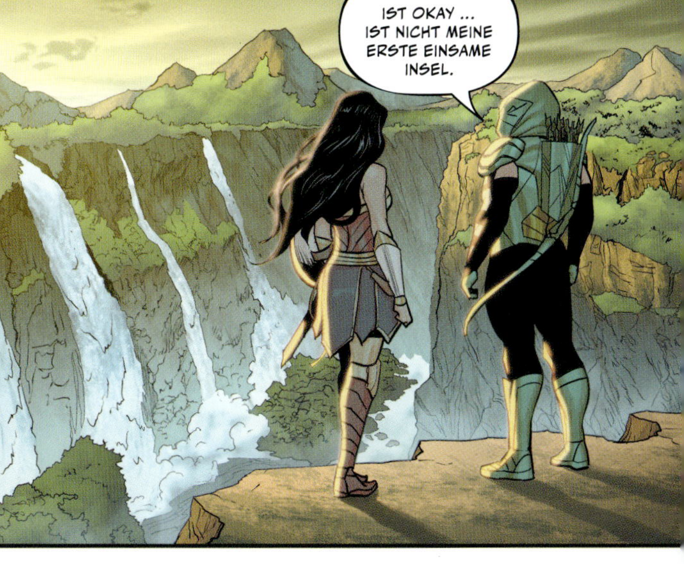
IST OKAY ... IST NICHT MEINE ERSTE EINSAME INSEL.

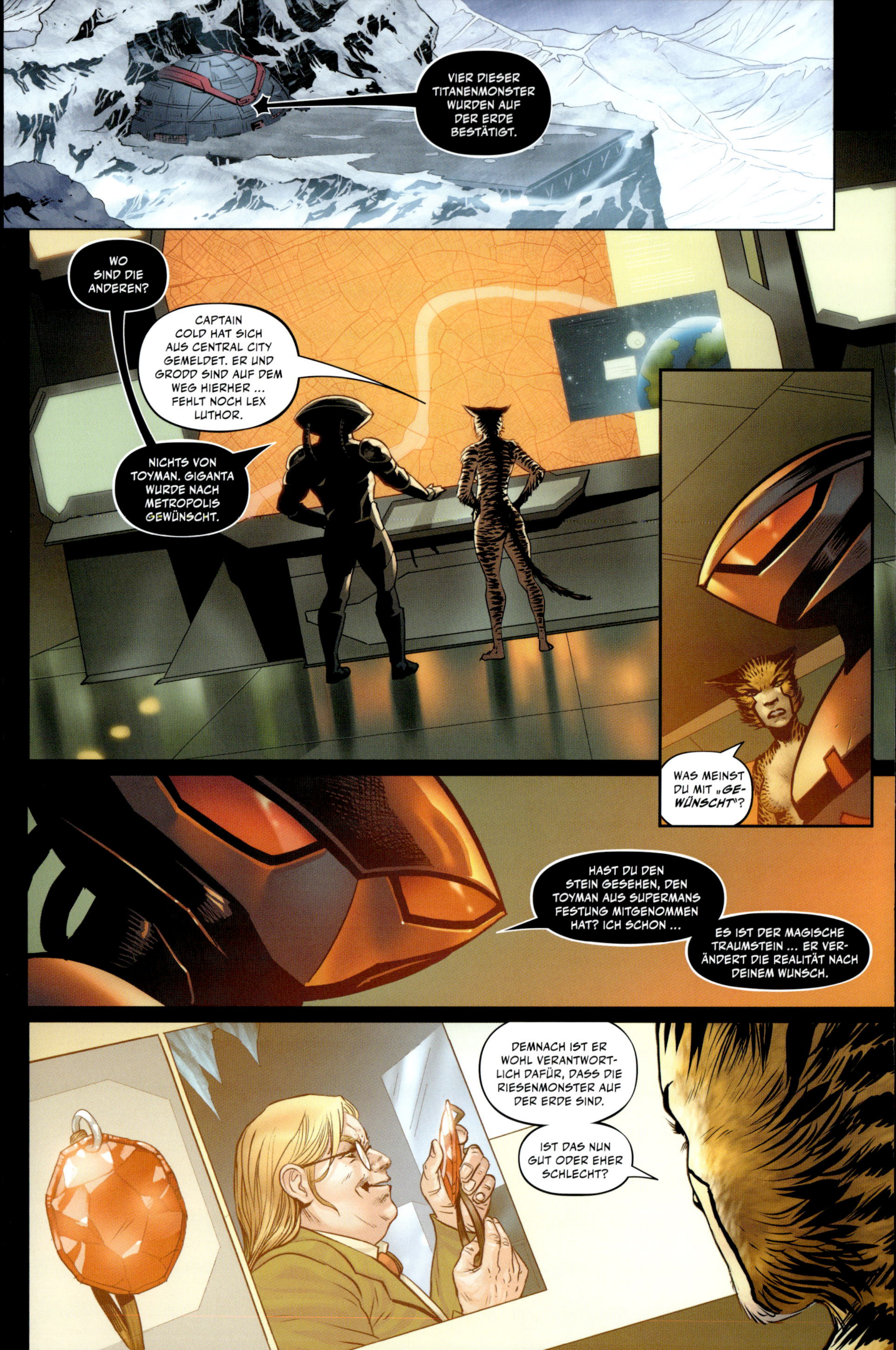
VIER DIESER TITANENMONSTER WURDEN AUF DER ERDE BESTÄTIGT.
WO SIND DIE ANDEREN?
CAPTAIN COLD HAT SICH AUS CENTRAL CITY GEMELDET. ER UND GRODD SIND AUF DEM WEG HIERHER ... FEHLT NOCH LEX LUTHOR.
NICHTS VON TOYMAN. GIGANTA WURDE NACH METROPOLIS GEWÜNSCHT.
WAS MEINST DU MIT „GE-WÜNSCHT“?
HAST DU DEN STEIN GESEHEN, DEN TOYMAN AUS SUPERMANS FESTUNG MITGENOMMEN HAT? ICH SCHON ...
ES IST DER MAGISCHE TRAUMSTEIN ... ER VERÄNDERT DIE REALITÄT NACH DEINEM WUNSCH.
DEMNACH IST ER WOHL VERANTWORTLICH DAFÜR, DASS DIE RIESENMONSTER AUF DER ERDE SIND.
IST DAS NUN GUT ODER EHER SCHLECHT?

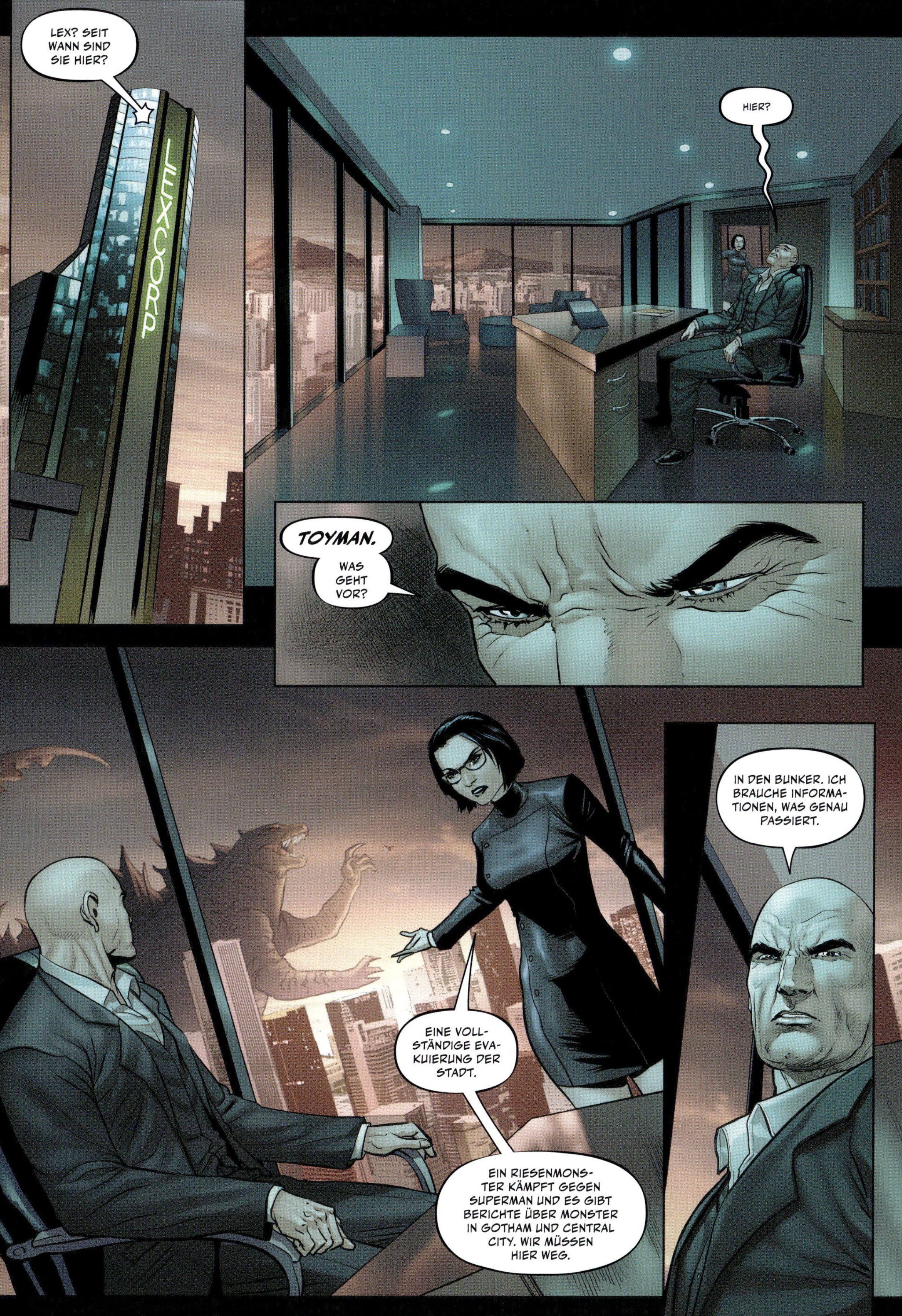
LEX? SEIT WANN SIND SIE HIER?
LEXCORP
HIER?
TOYMAN.
WAS GEHT VOR?
EINE VOLLSTÄNDIGE EVAKUIERUNG DER STADT.
EIN RIESENMONSTER KÄMPFT GEGEN SUPERMAN UND ES GIBT BERICHTE ÜBER MONSTER IN GOTHAM UND CENTRAL CITY. WIR MÜSSEN HIER WEG.
IN DEN BUNKER. ICH BRAUCHE INFORMATIONEN, WAS GENAU PASSIERT.

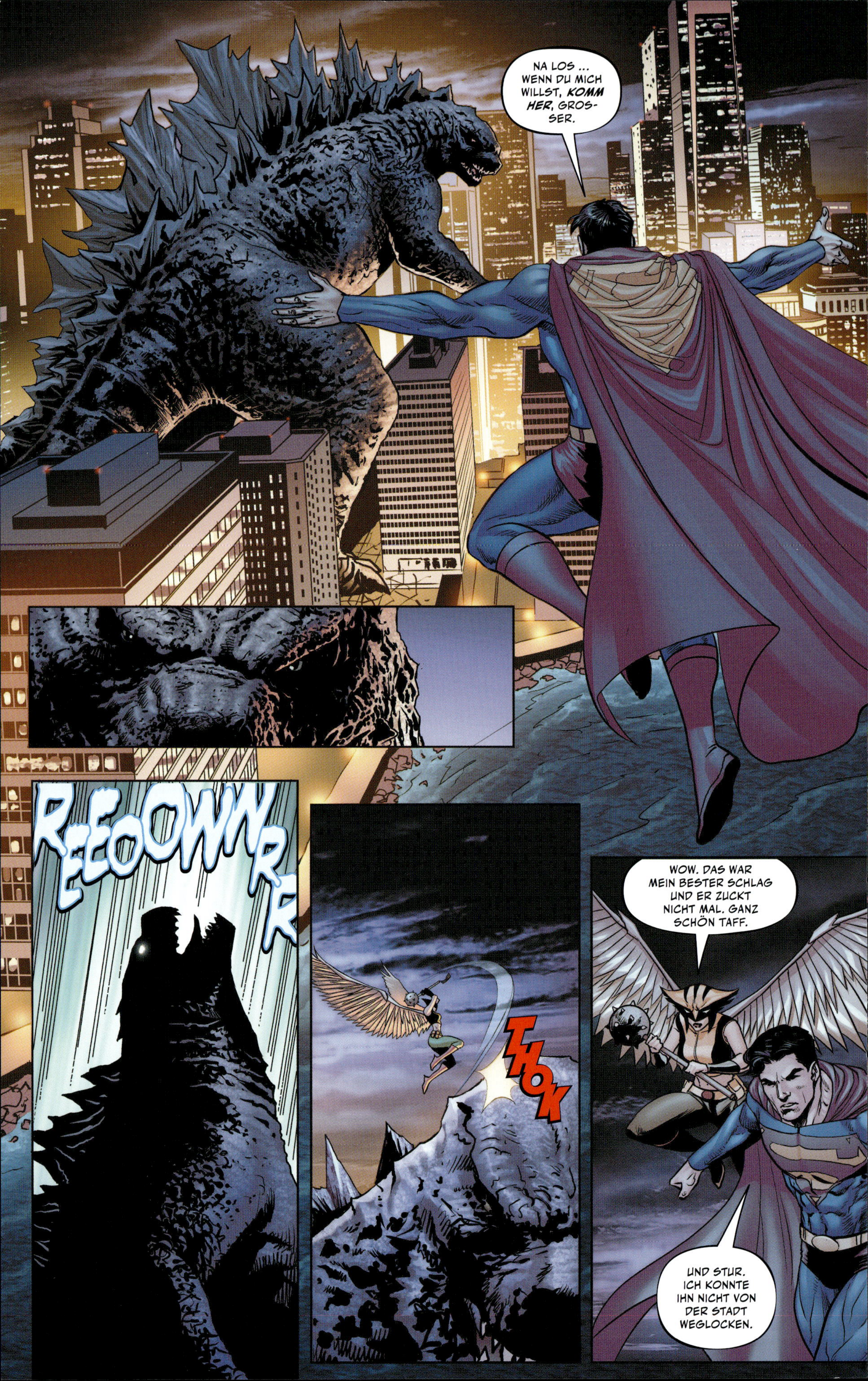
NA LOS ... WENN DU MICH WILLST, **KOMM HER**, GROS-SER.
REEEOOWWRRR
THOK
WOW. DAS WAR MEIN BESTER SCHLAG UND ER ZUCKT NICHT MAL. GANZ SCHÖN TAFF.
UND STUR. ICH KONNTE IHN NICHT VON DER STADT WEGLOCKEN.

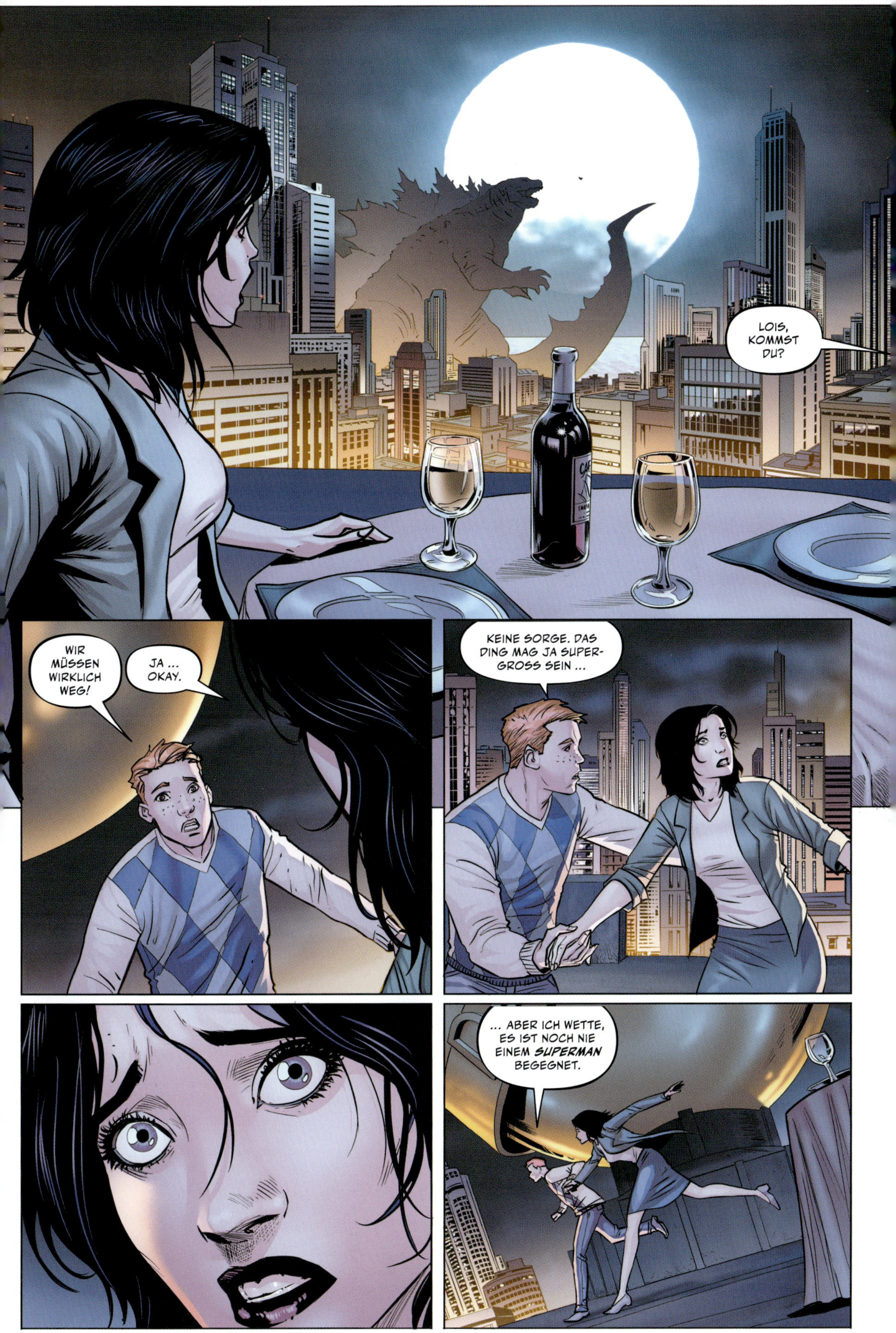

LOIS, KOMMST DU?

WIR MÜSSEN WIRKLICH WEG!

JA ... OKAY.

KEINE SORGE. DAS DING MAG JA SUPER-GROSS SEIN ...

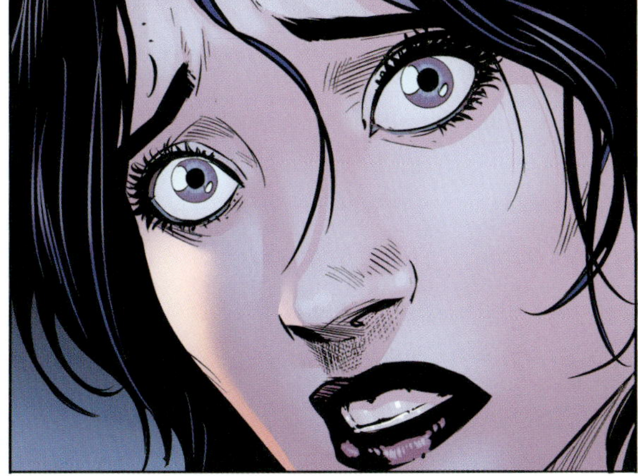

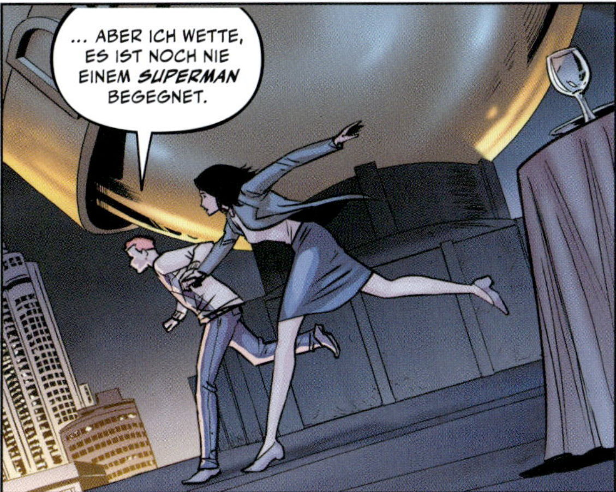

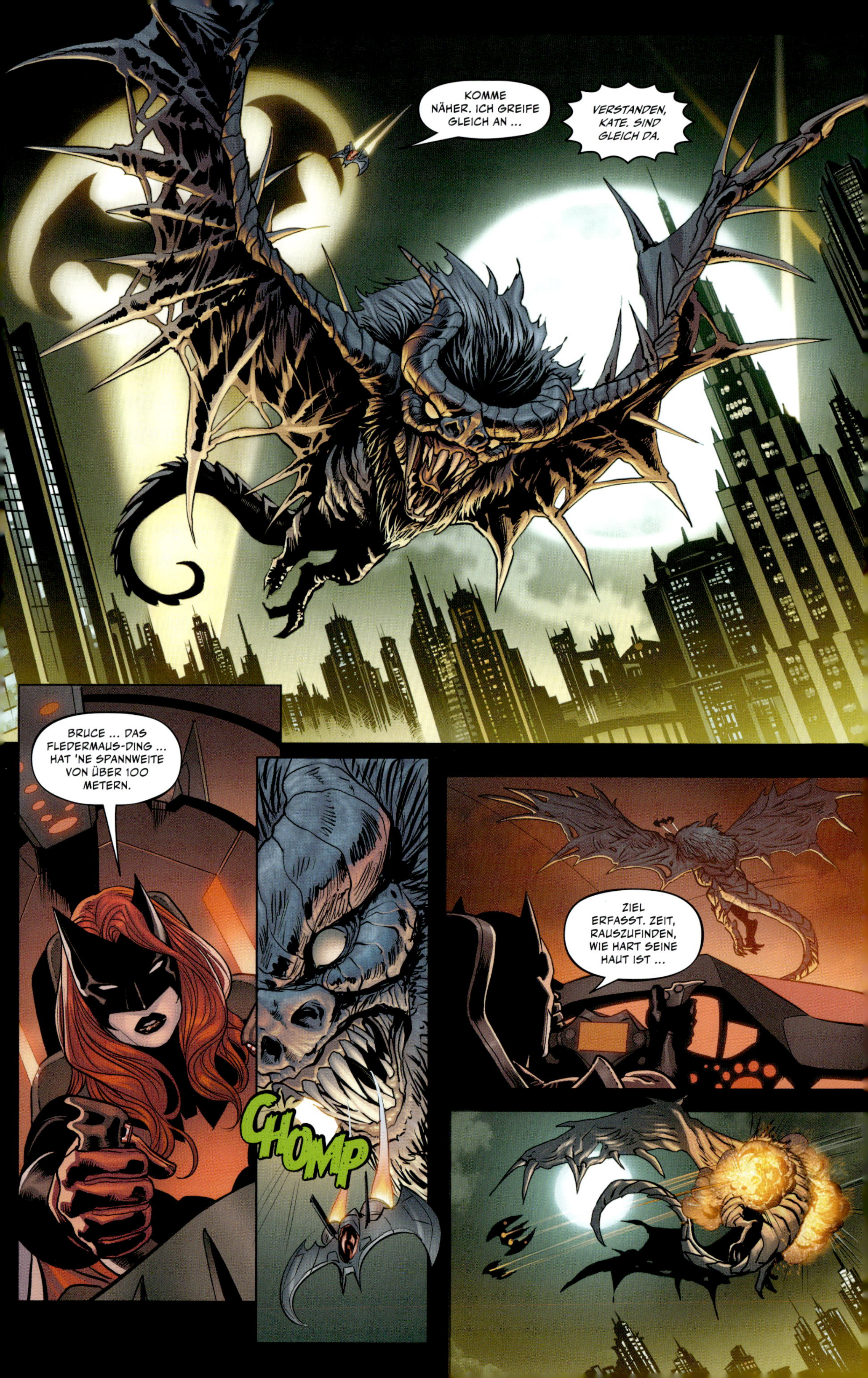

KOMME NÄHER. ICH GREIFE GLEICH AN ...
VERSTANDEN, KATE. SIND GLEICH DA.
BRUCE ... DAS FLEDERMAUS-DING ... HAT 'NE SPANNWEITE VON ÜBER 100 METERN.
CHOMP
ZIEL ERFASST. ZEIT, RAUSZUFINDEN, WIE HART SEINE HAUT IST ...

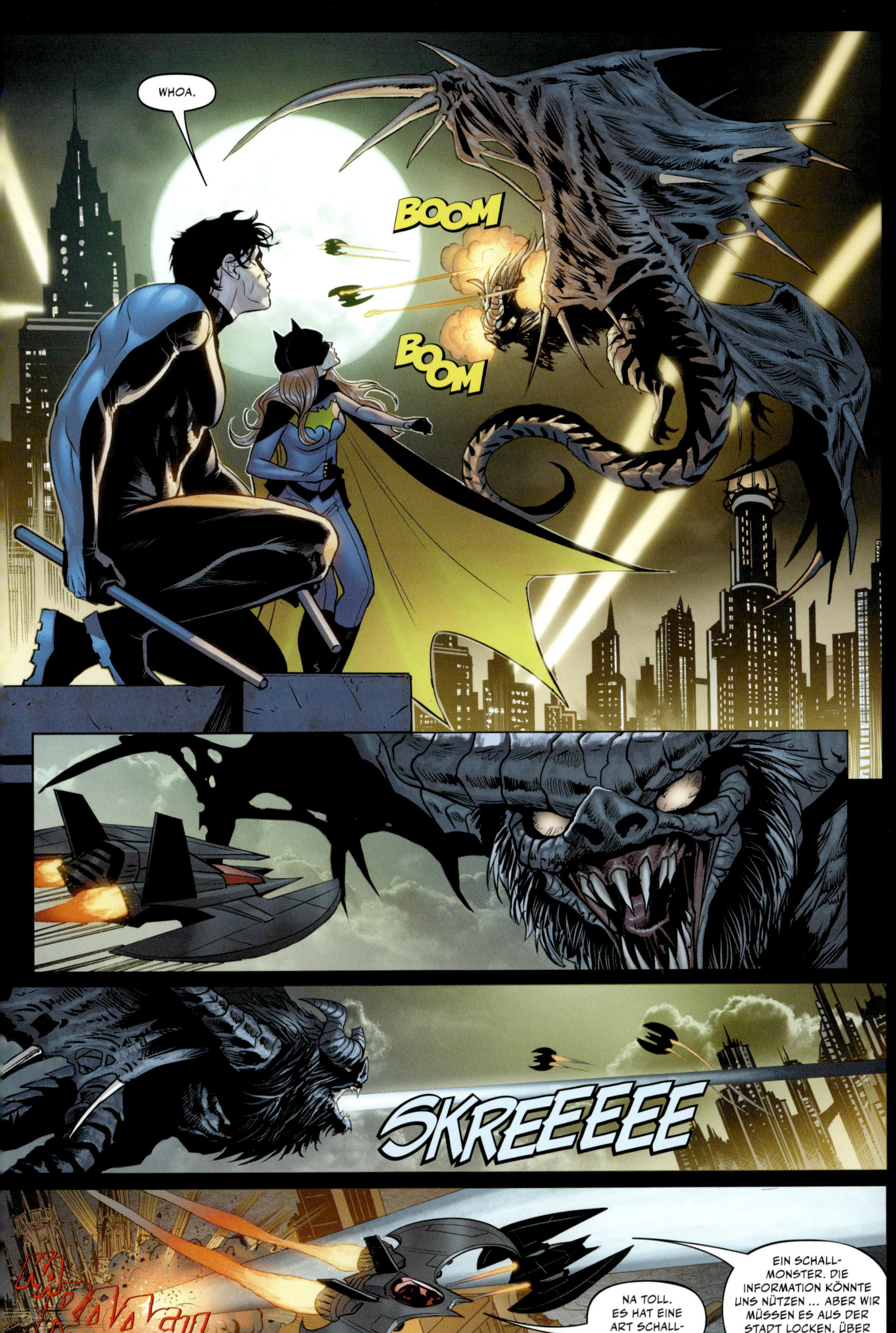
WHOA.
BOOM
BOOM
SKREEEEEE
NA TOLL. ES HAT EINE ART SCHALL-WAFFE!
EIN SCHALL-MONSTER. DIE INFORMATION KÖNNTE UNS NÜTZEN ... ABER WIR MÜSSEN ES AUS DER STADT LOCKEN. ÜBER DIE BUCHT ... ODER DEN PARK.

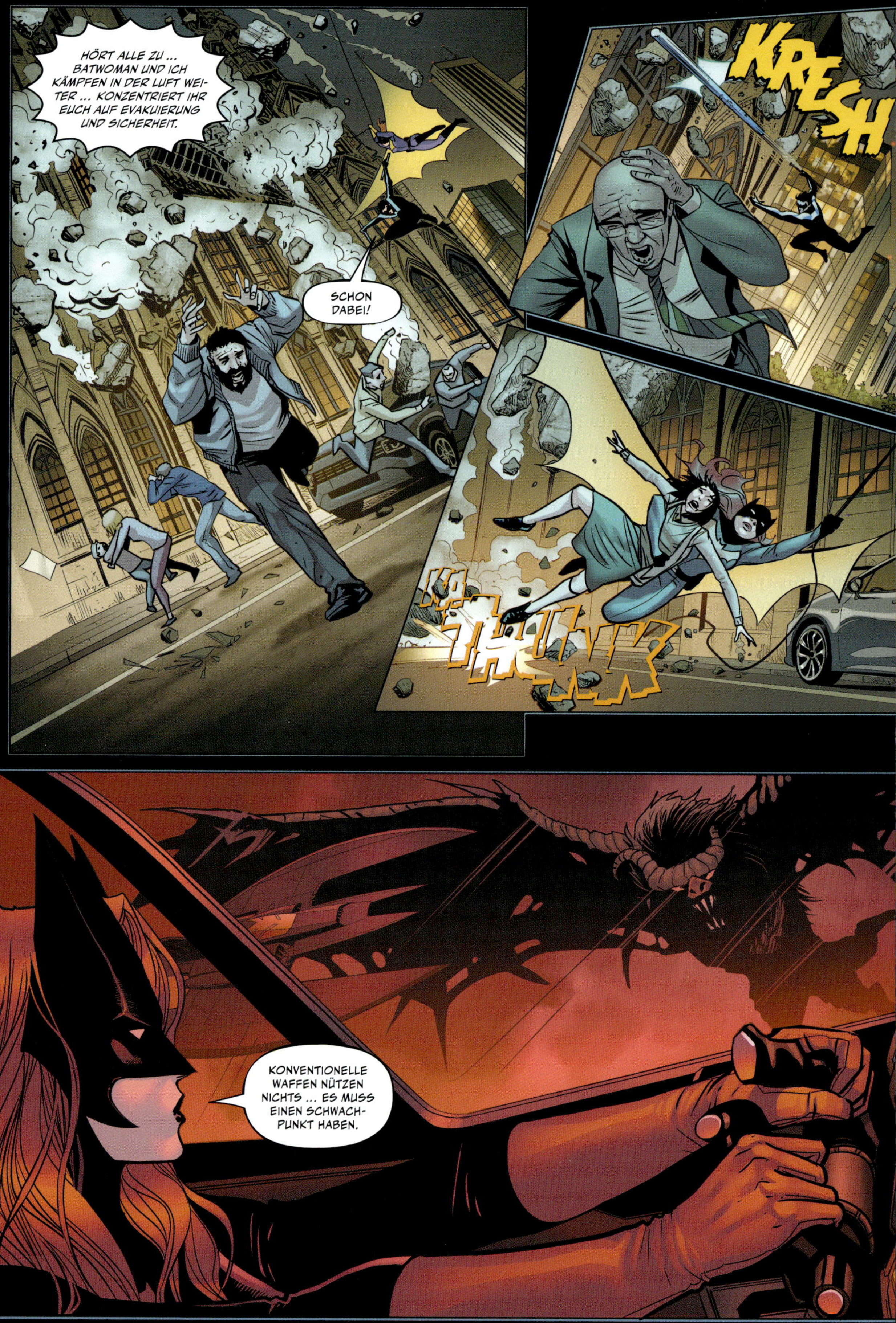

HÖRT ALLE ZU ... BATWOMAN UND ICH KÄMPFEN IN DER LUFT WEITER ... KONZENTRIERT IHR EUCH AUF EVAKUIERUNG UND SICHERHEIT.

SCHON DABEI!

KRESH

KA-THUNK

KONVENTIONELLE WAFFEN NÜTZEN NICHTS ... ES MUSS EINEN SCHWACHPUNKT HABEN.

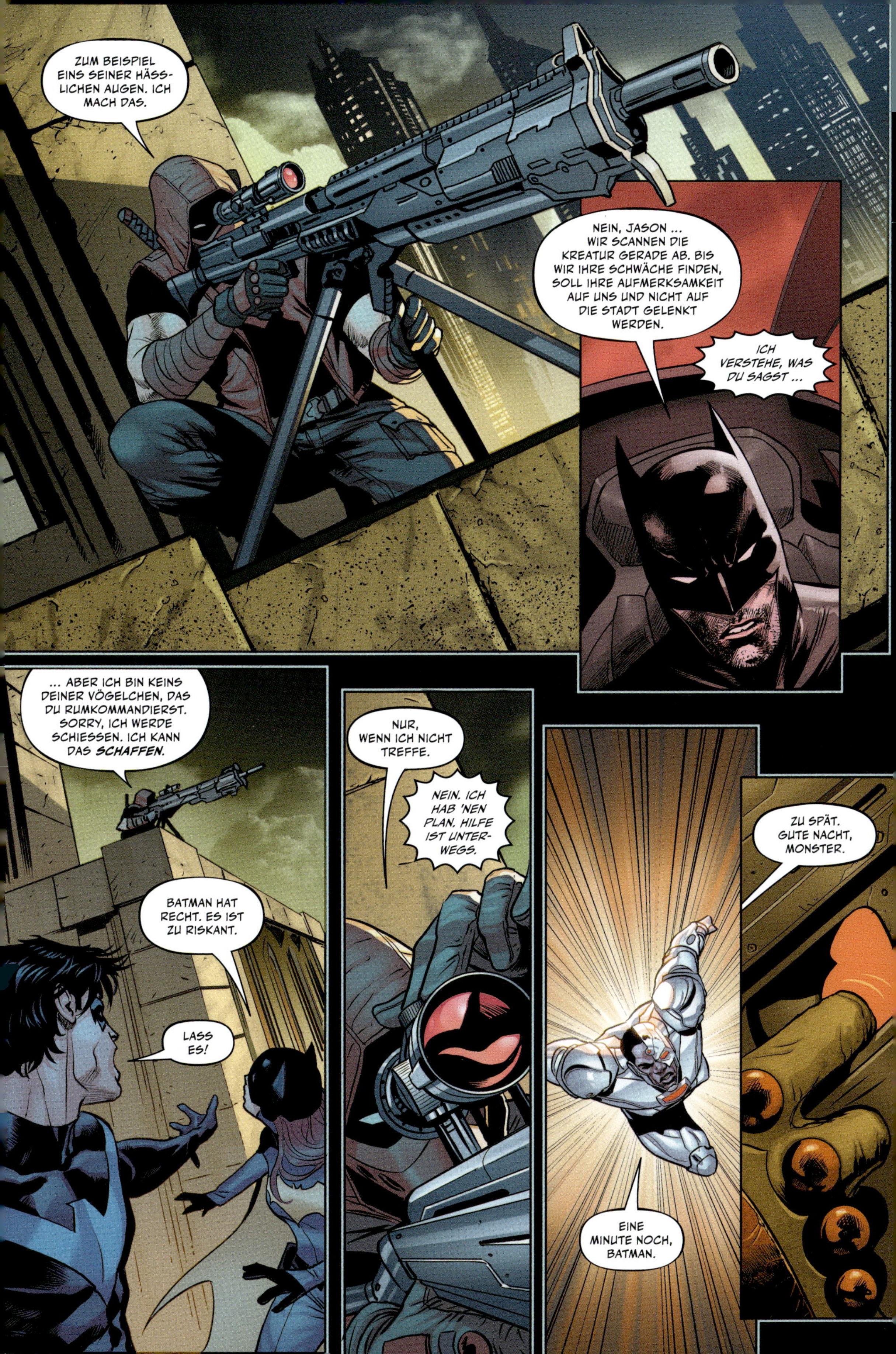
ZUM BEISPIEL EINS SEINER HÄSSLICHEN AUGEN. ICH MACH DAS.
NEIN, JASON ... WIR SCANNEN DIE KREATUR GERADE AB. BIS WIR IHRE SCHWÄCHE FINDEN, SOLL IHRE AUFMERKSAMKEIT AUF UNS UND NICHT AUF DIE STADT GELENKT WERDEN.
ICH VERSTEHE, WAS DU SAGST ...
... ABER ICH BIN KEINS DEINER VÖGELCHEN, DAS DU RUMKOMMANDIERST. SORRY, ICH WERDE SCHIESSEN. ICH KANN DAS **SCHAFFEN**.
BATMAN HAT RECHT. ES IST ZU RISKANT.
LASS ES!
NUR, WENN ICH NICHT TREFFE.
NEIN. ICH HAB 'NEN PLAN. HILFE IST UNTERWEGS.
EINE MINUTE NOCH, BATMAN.
ZU SPÄT. GUTE NACHT, MONSTER.

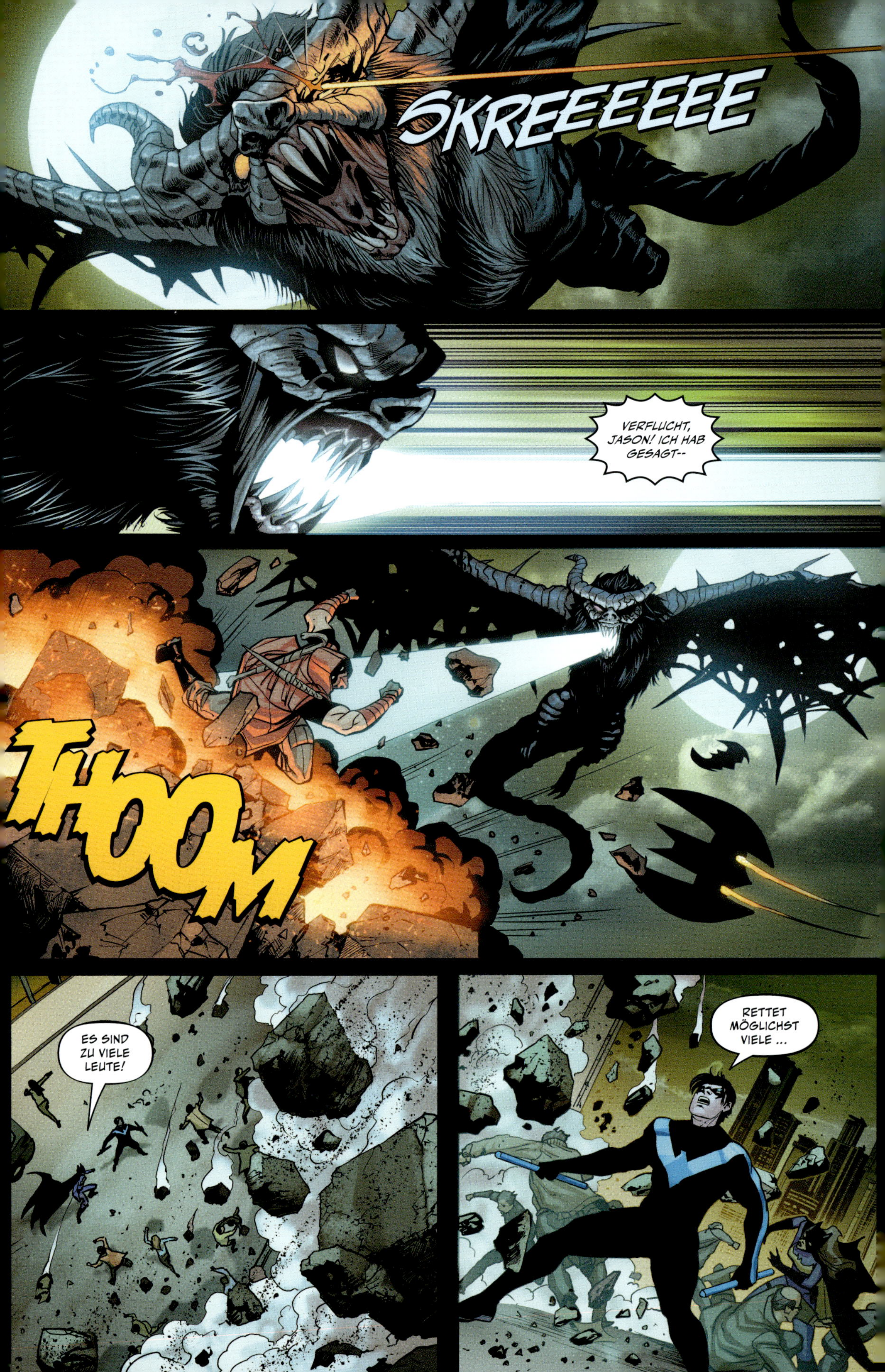
SKREEEEEEE
VERFLUCHT, JASON! ICH HAB GESAGT--
THOOM
ES SIND ZU VIELE LEUTE!
RETTET MÖGLICHST VIELE ...

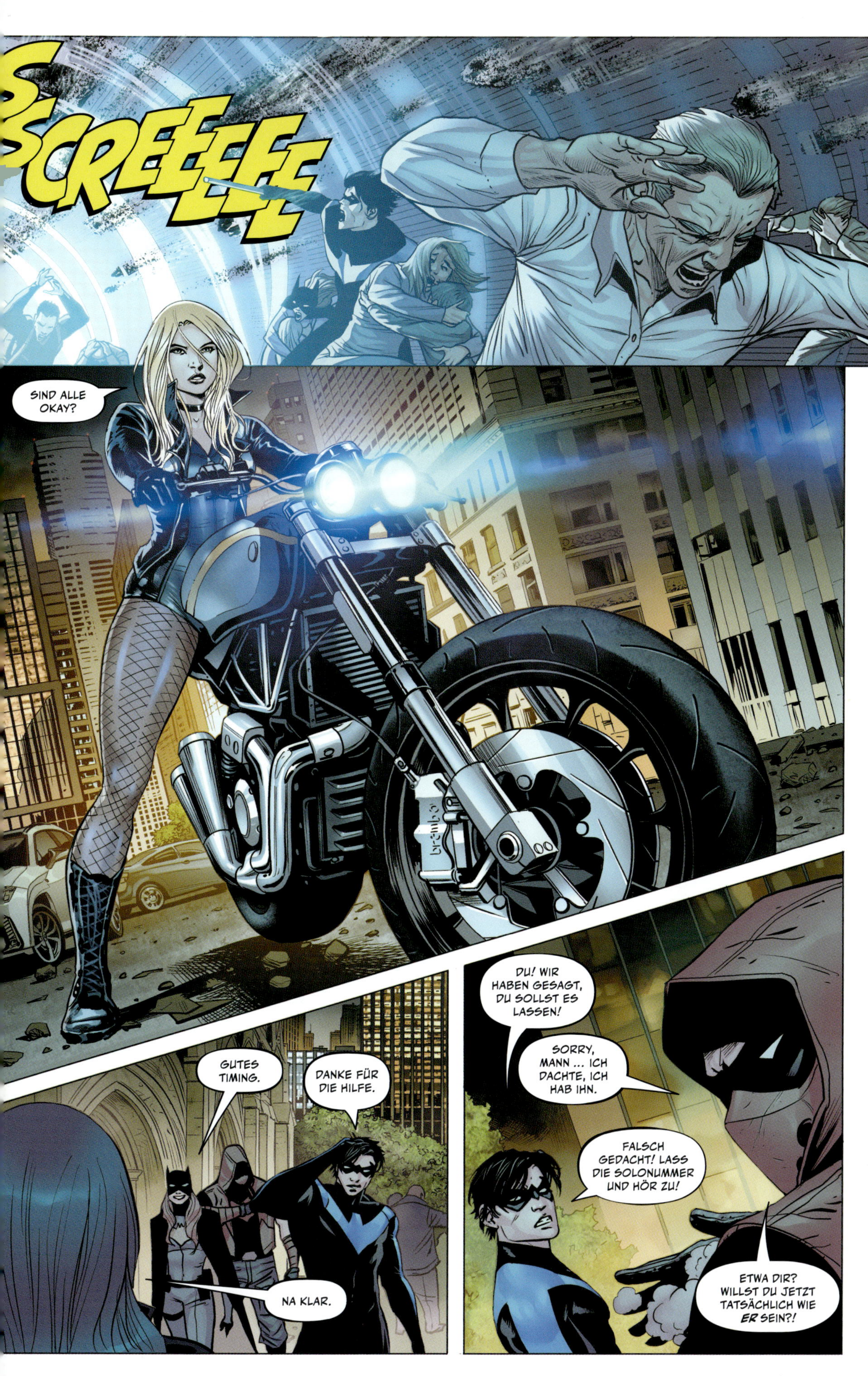
SCREEEEEE
SIND ALLE OKAY?
GUTES TIMING.
DANKE FÜR DIE HILFE.
NA KLAR.
DU! WIR HABEN GESAGT, DU SOLLST ES LASSEN!
SORRY, MANN ... ICH DACHTE, ICH HAB IHN.
FALSCH GEDACHT! LASS DIE SOLONUMMER UND HÖR ZU!
ETWA DIR? WILLST DU JETZT TATSÄCHLICH WIE ER SEIN?!

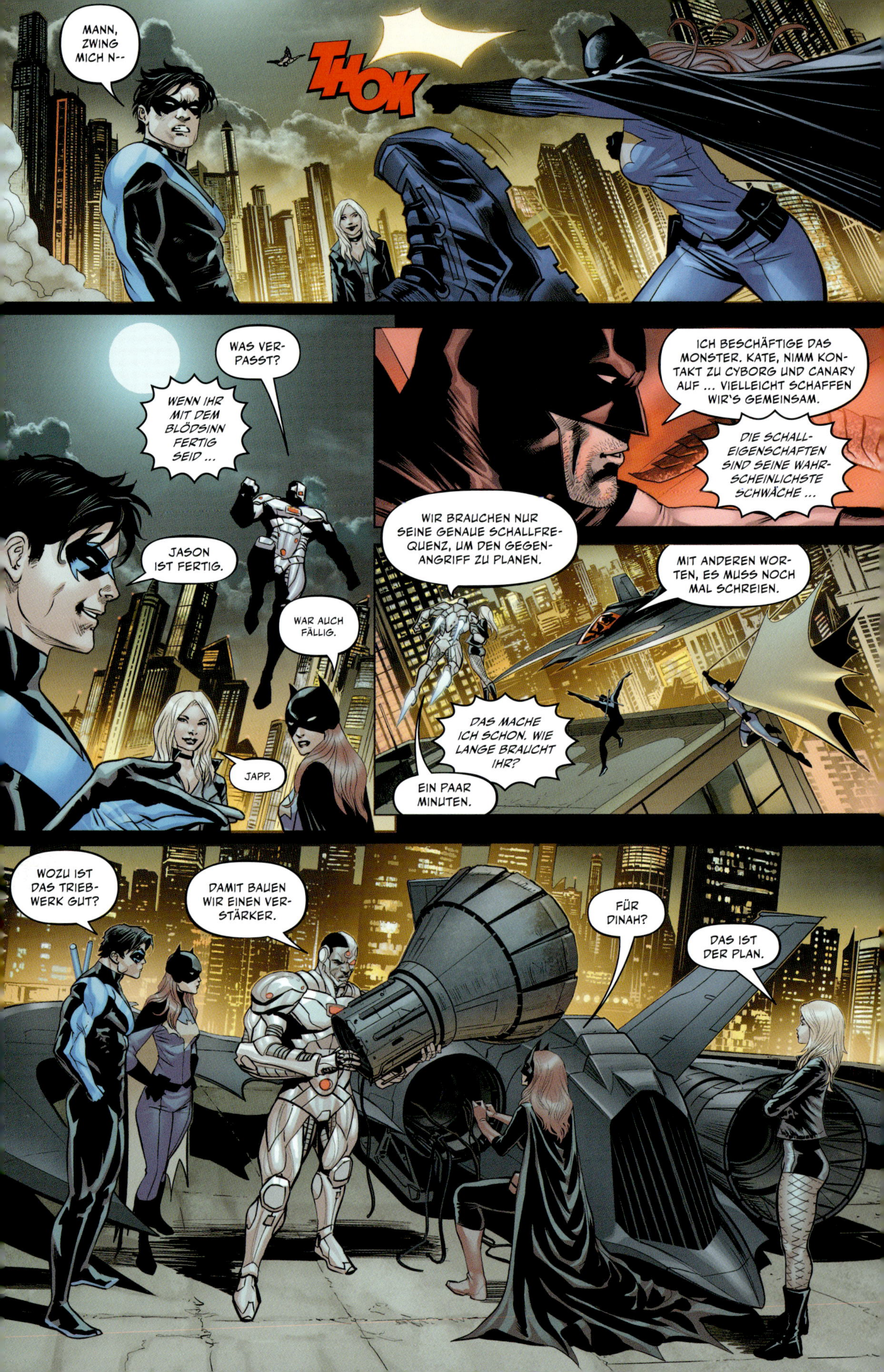
MANN, ZWING MICH N--
THOK
WAS VERPASST?
WENN IHR MIT DEM BLÖDSINN FERTIG SEID ...
JASON IST FERTIG.
WAR AUCH FÄLLIG.
JAPP.
ICH BESCHÄFTIGE DAS MONSTER. KATE, NIMM KONTAKT ZU CYBORG UND CANARY AUF ... VIELLEICHT SCHAFFEN WIR'S GEMEINSAM.
DIE SCHALLEIGENSCHAFTEN SIND SEINE WAHRSCHEINLICHSTE SCHWÄCHE ...
WIR BRAUCHEN NUR SEINE GENAUE SCHALLFREQUENZ, UM DEN GEGENANGRIFF ZU PLANEN.
MIT ANDEREN WORTEN, ES MUSS NOCH MAL SCHREIEN.
DAS MACHE ICH SCHON. WIE LANGE BRAUCHT IHR?
EIN PAAR MINUTEN.
WOZU IST DAS TRIEBWERK GUT?
DAMIT BAUEN WIR EINEN VERSTÄRKER.
FÜR DINAH?
DAS IST DER PLAN.

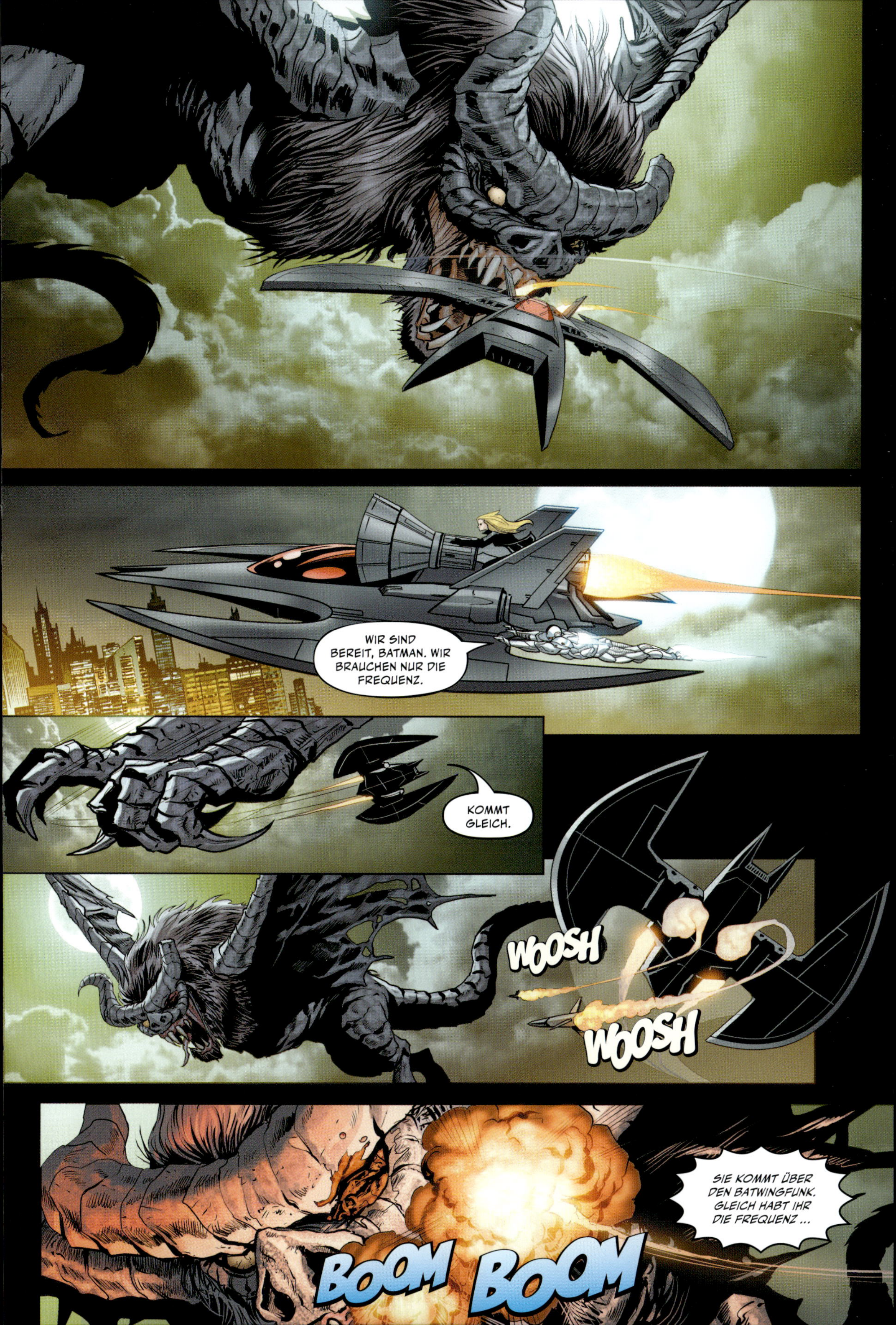
WIR SIND BEREIT, BATMAN. WIR BRAUCHEN NUR DIE FREQUENZ.
KOMMT GLEICH.
WOOSH
WOOSH
SIE KOMMT ÜBER DEN BATWINGFUNK. GLEICH HABT IHR DIE FREQUENZ ...
BOOM
BOOM

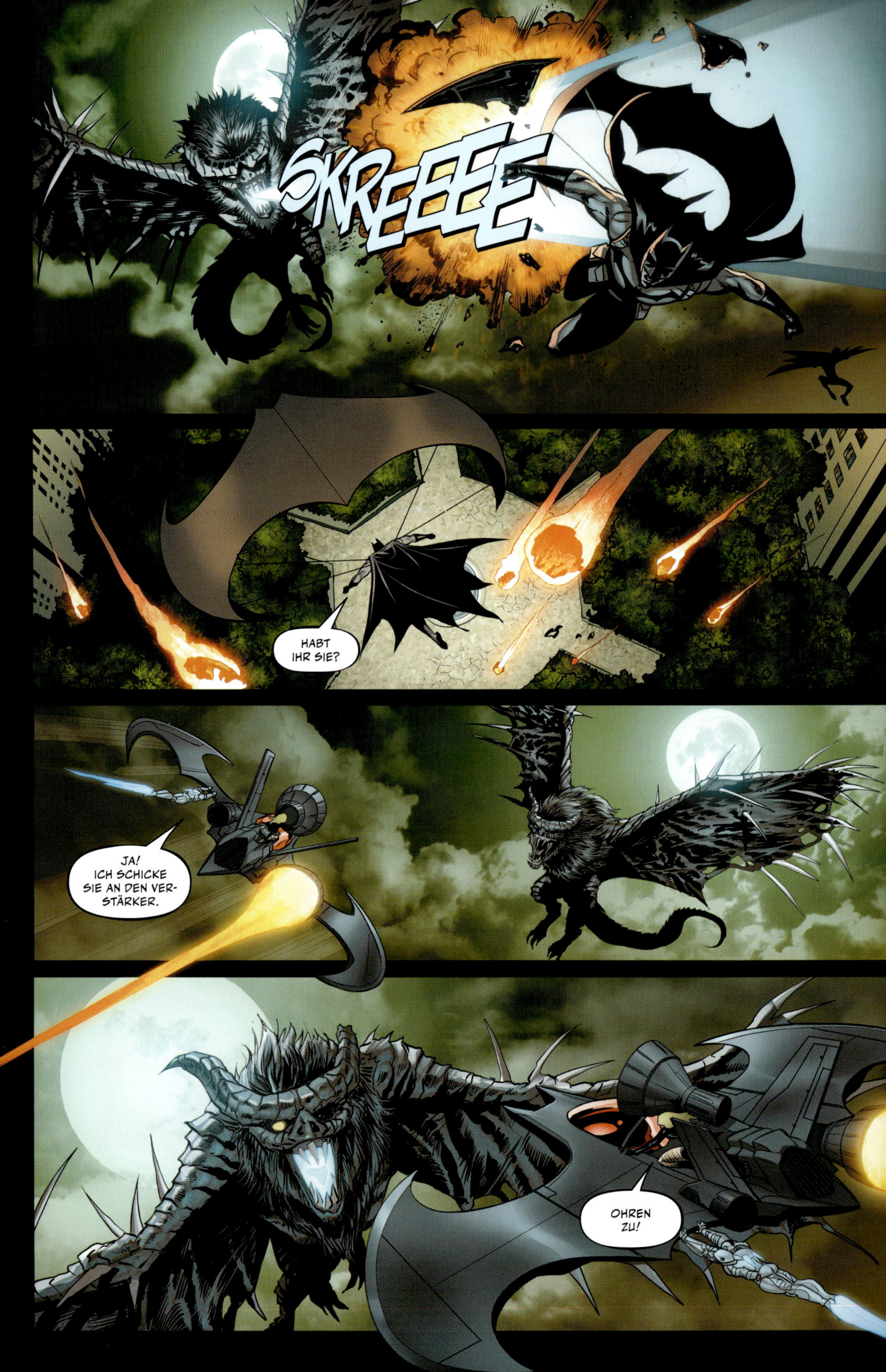
SKREEEEE
HABT IHR SIE?
JA! ICH SCHICKE SIE AN DEN VERSTÄRKER.
OHREN ZU!

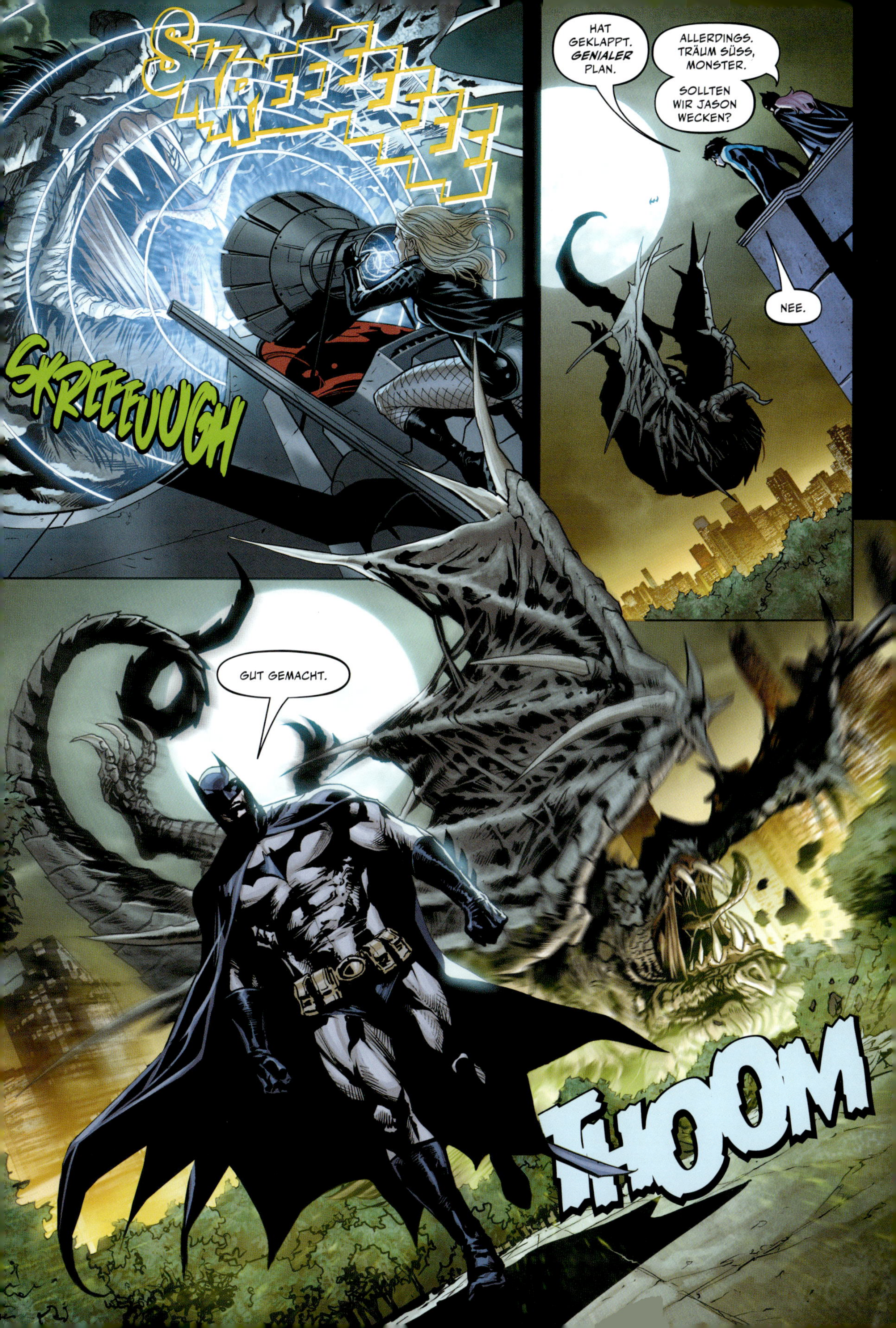
SKREEEE
SKREEEUUGH
HAT GEKLAPPT. GENIALER PLAN.
ALLERDINGS. TRÄUM SÜSS, MONSTER.
SOLLTEN WIR JASON WECKEN?
NEE.
GUT GEMACHT.
THOOM

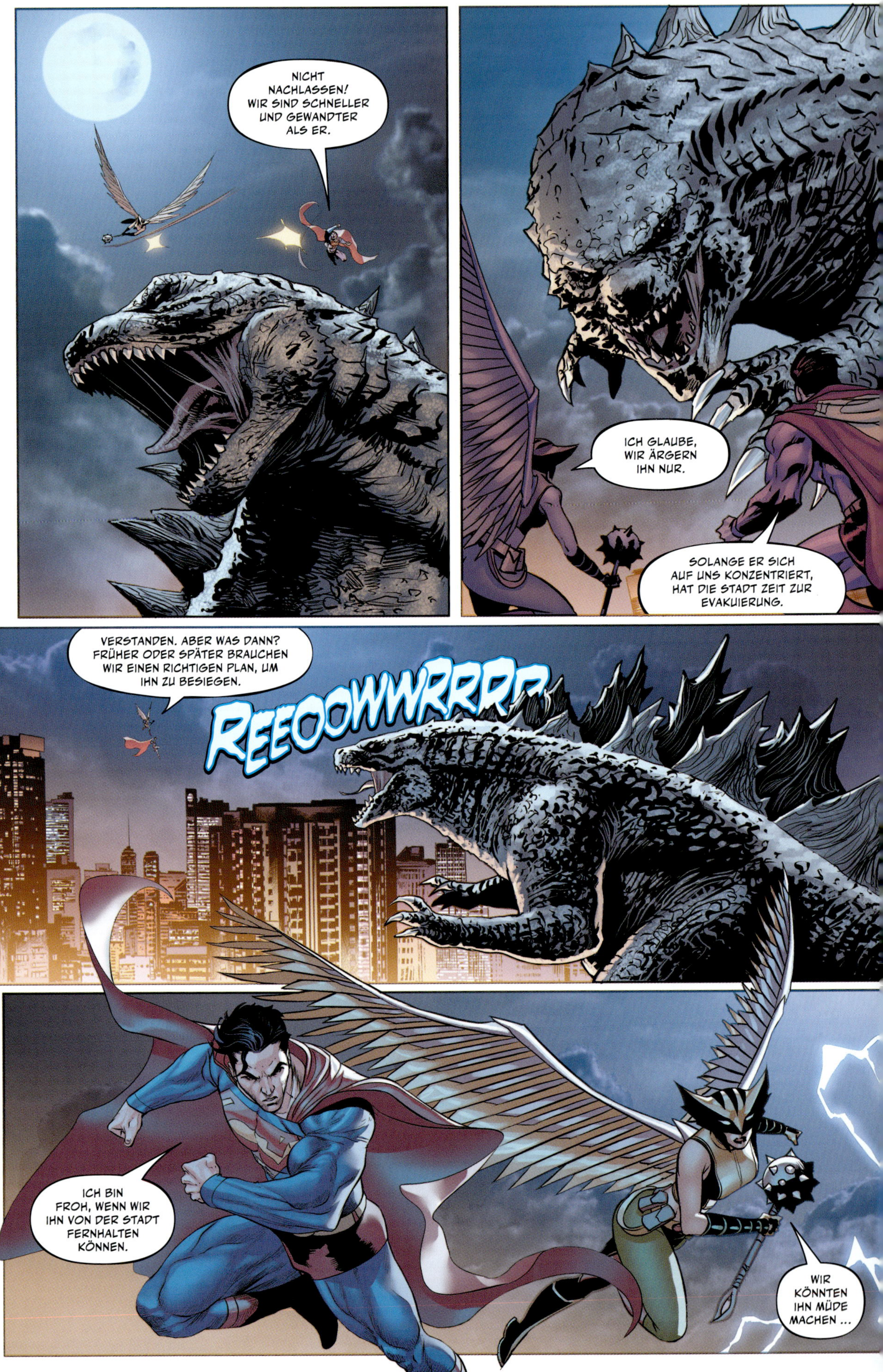

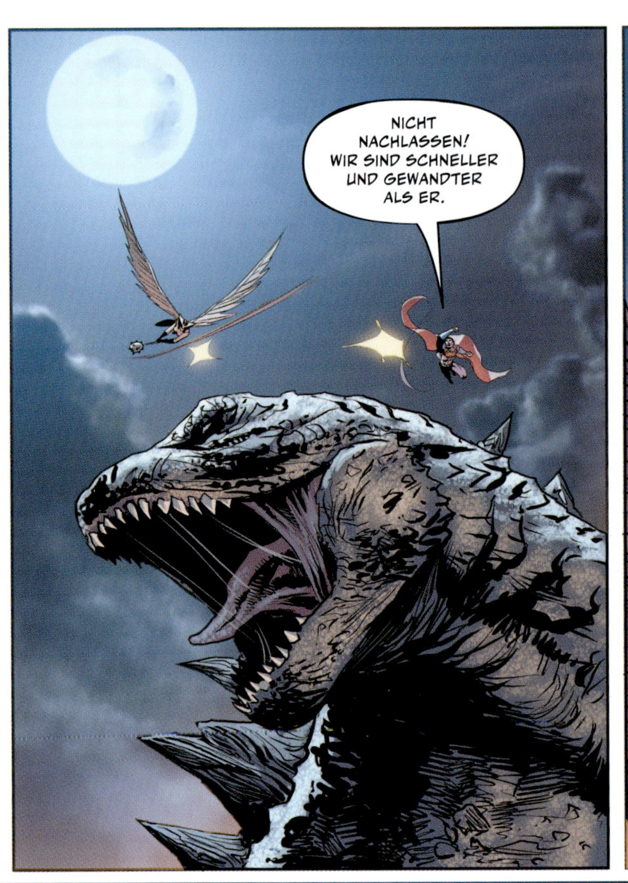

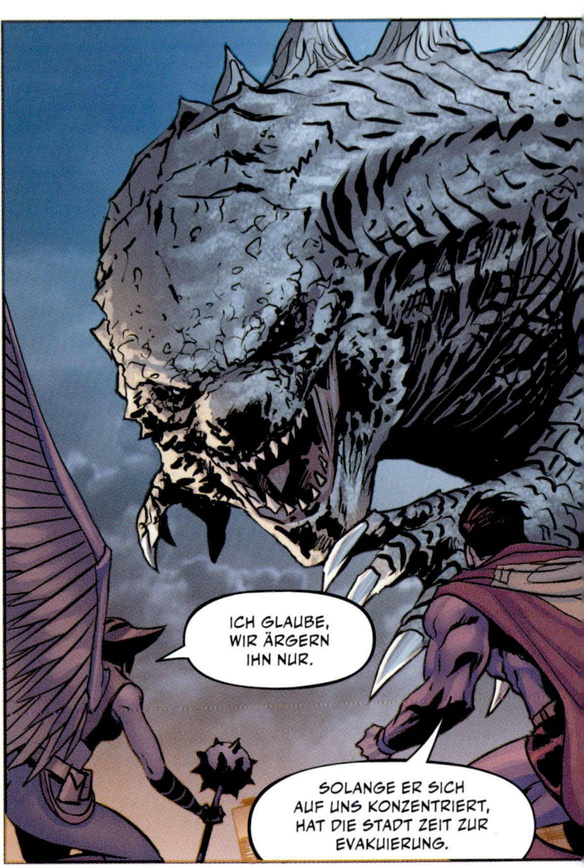

VERSTANDEN. ABER WAS DANN? FRÜHER ODER SPÄTER BRAUCHEN WIR EINEN RICHTIGEN PLAN, UM IHN ZU BESIEGEN.

REEOOWWRRRR

ICH BIN FROH, WENN WIR IHN VON DER STADT FERNHALTEN KÖNNEN.

WIR KÖNNTEN IHN MÜDE MACHEN ...

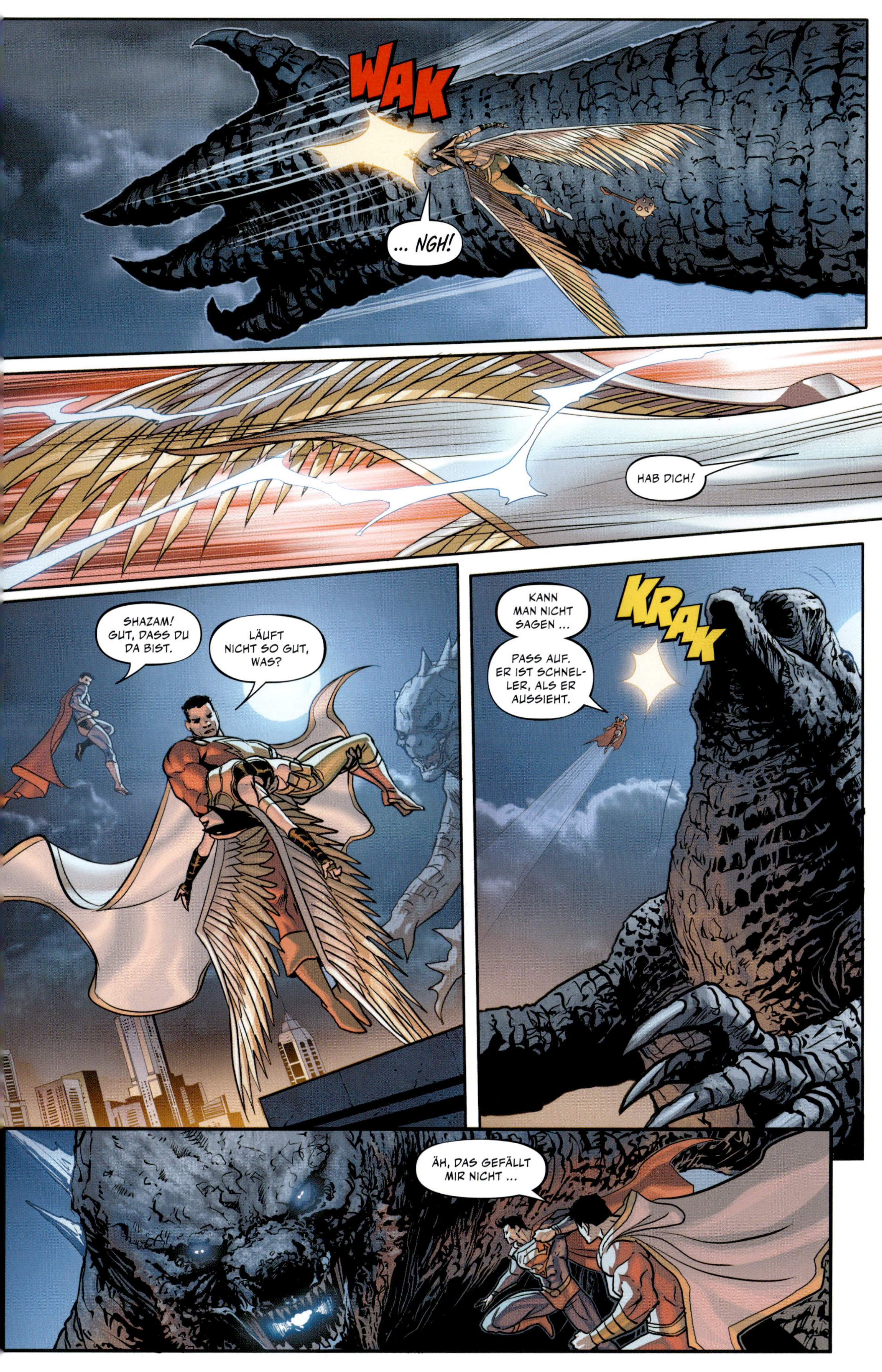
WAK
... NGH!
HAB DICH!
SHAZAM!
GUT, DASS DU
DA BIST.
LÄUFT
NICHT SO GUT,
WAS?
KRAK
KANN
MAN NICHT
SAGEN ...
PASS AUF.
ER IST SCHNEL-
LER, ALS ER
AUSSIEHT.
ÄH, DAS GEFÄLLT
MIR NICHT ...

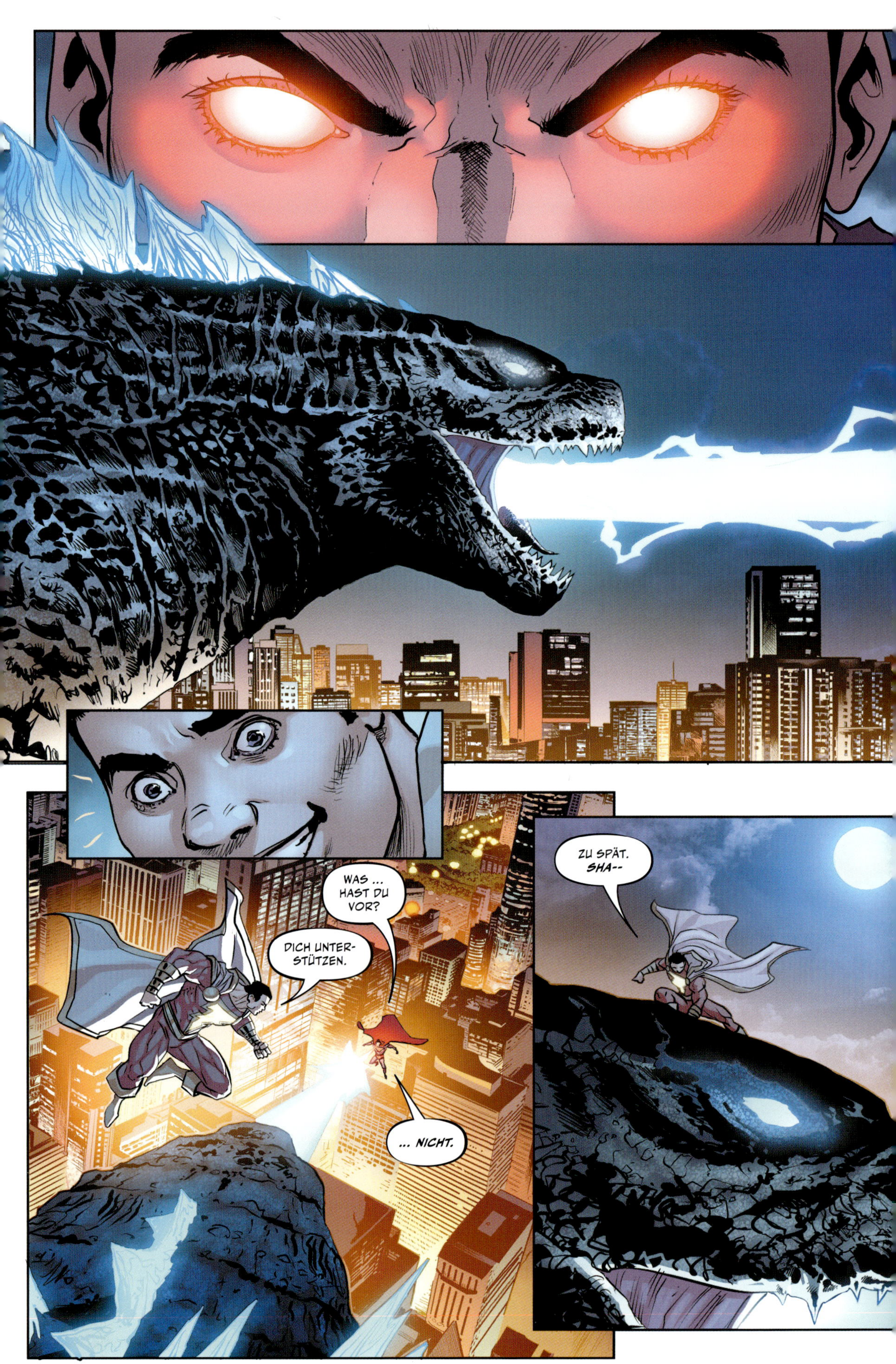
WAS ... HAST DU VOR?
DICH UNTER-STÜTZEN.
... NICHT.
ZU SPÄT. SHA--

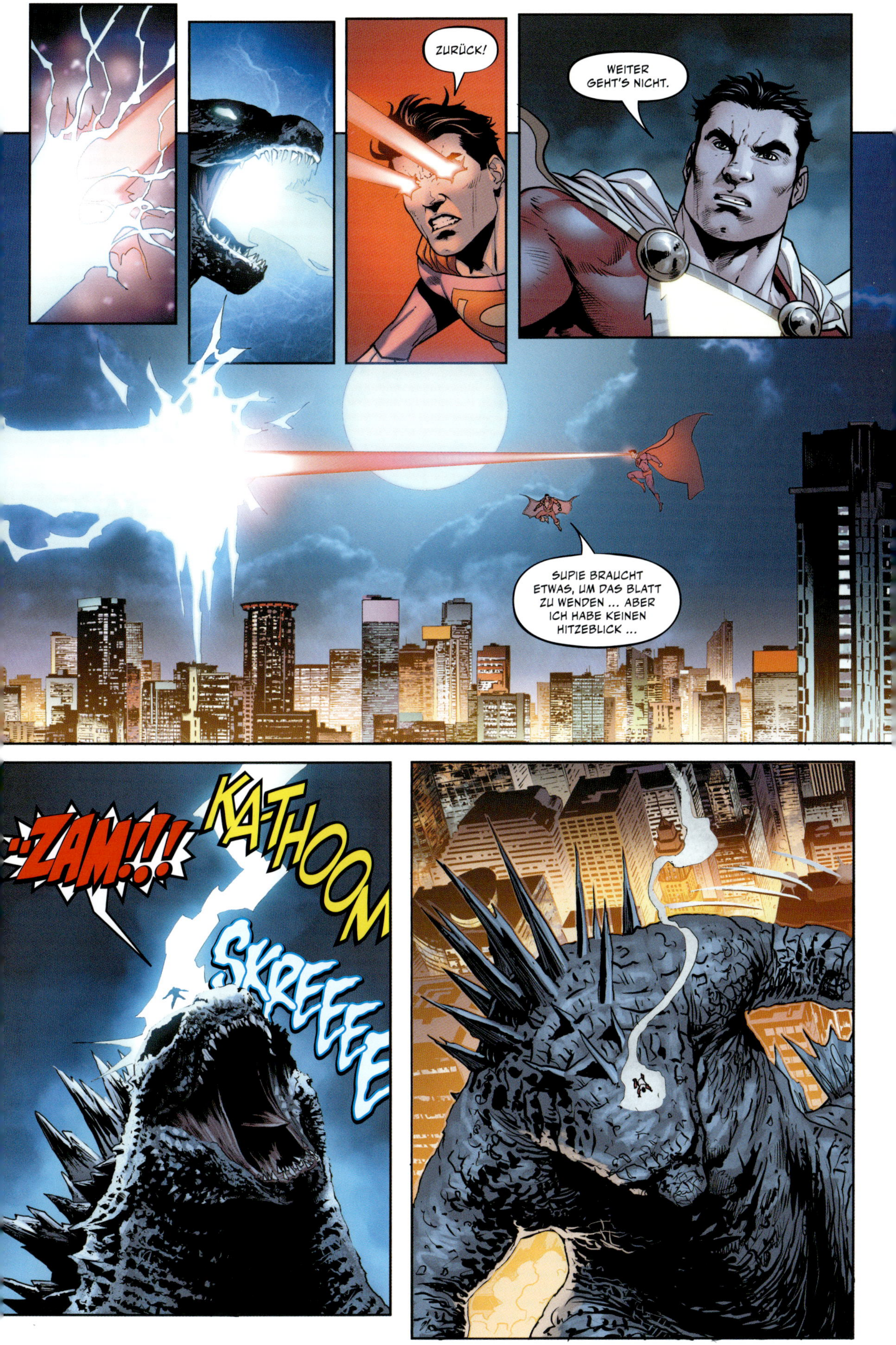

ZURÜCK!

WEITER GEHT'S NICHT.

SUPIE BRAUCHT ETWAS, UM DAS BLATT ZU WENDEN ... ABER ICH HABE KEINEN HITZEBLICK ...

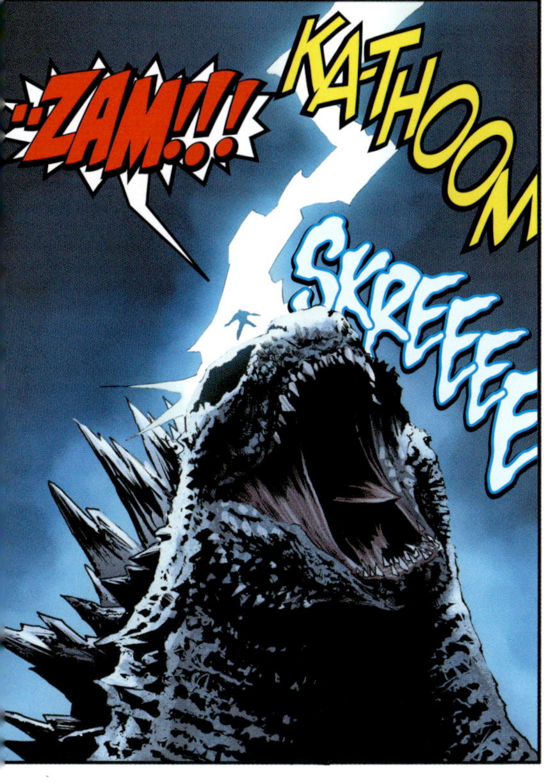

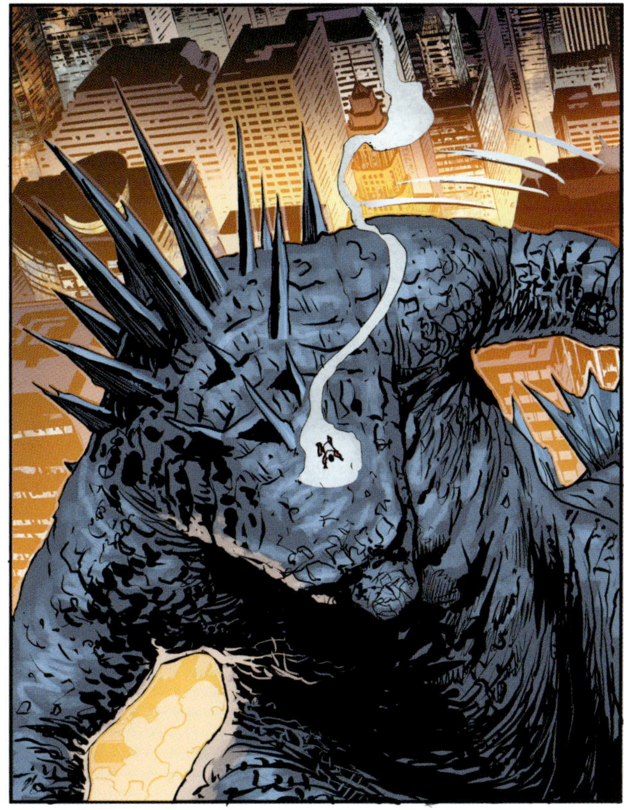

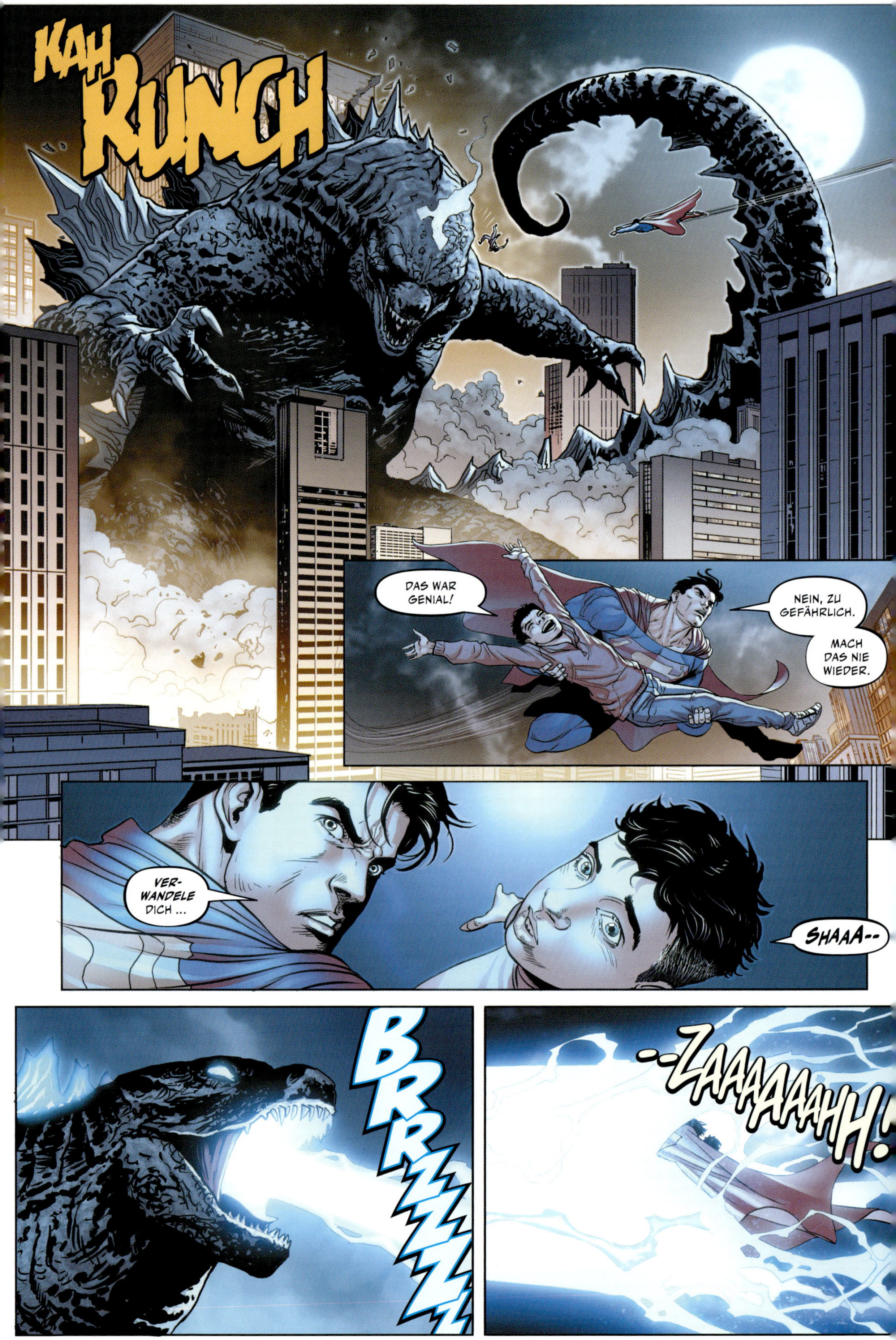

KAH RUNCH
DAS WAR GENIAL!
NEIN, ZU GEFÄHRLICH.
MACH DAS NIE WIEDER.
VER-WANDELE DICH ...
SHAAA--

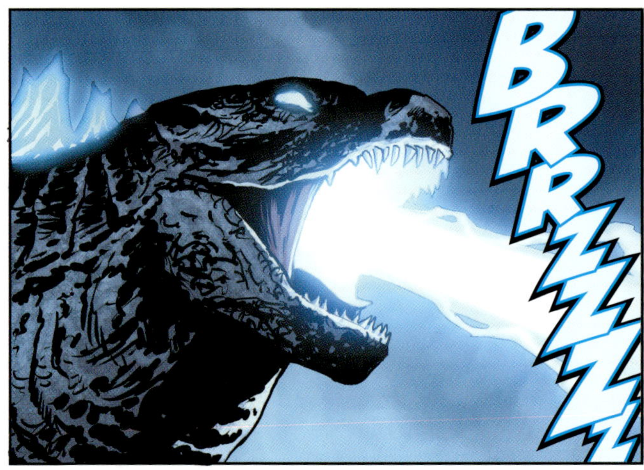

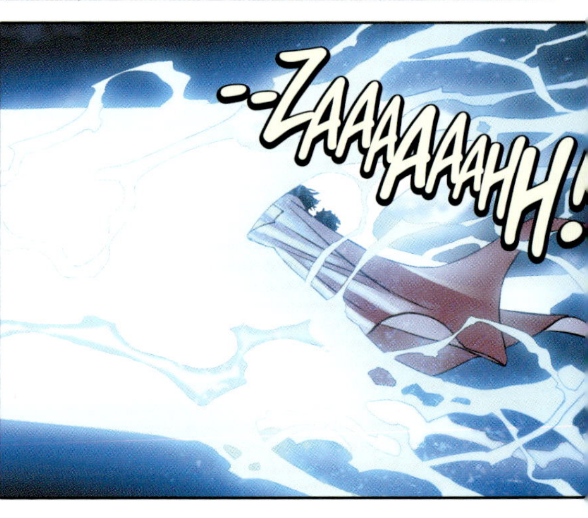

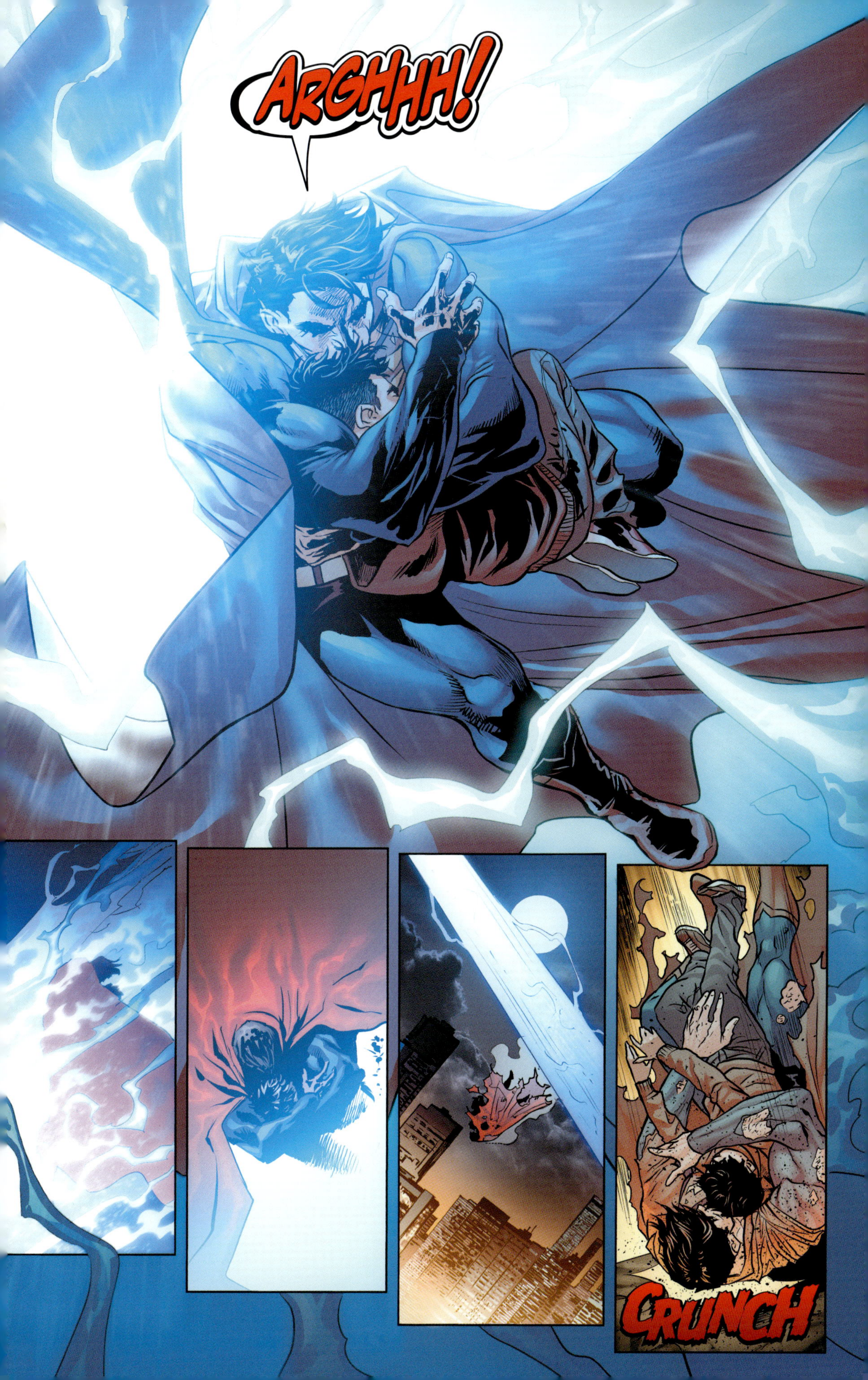
ARGHHH!
CRUNCH

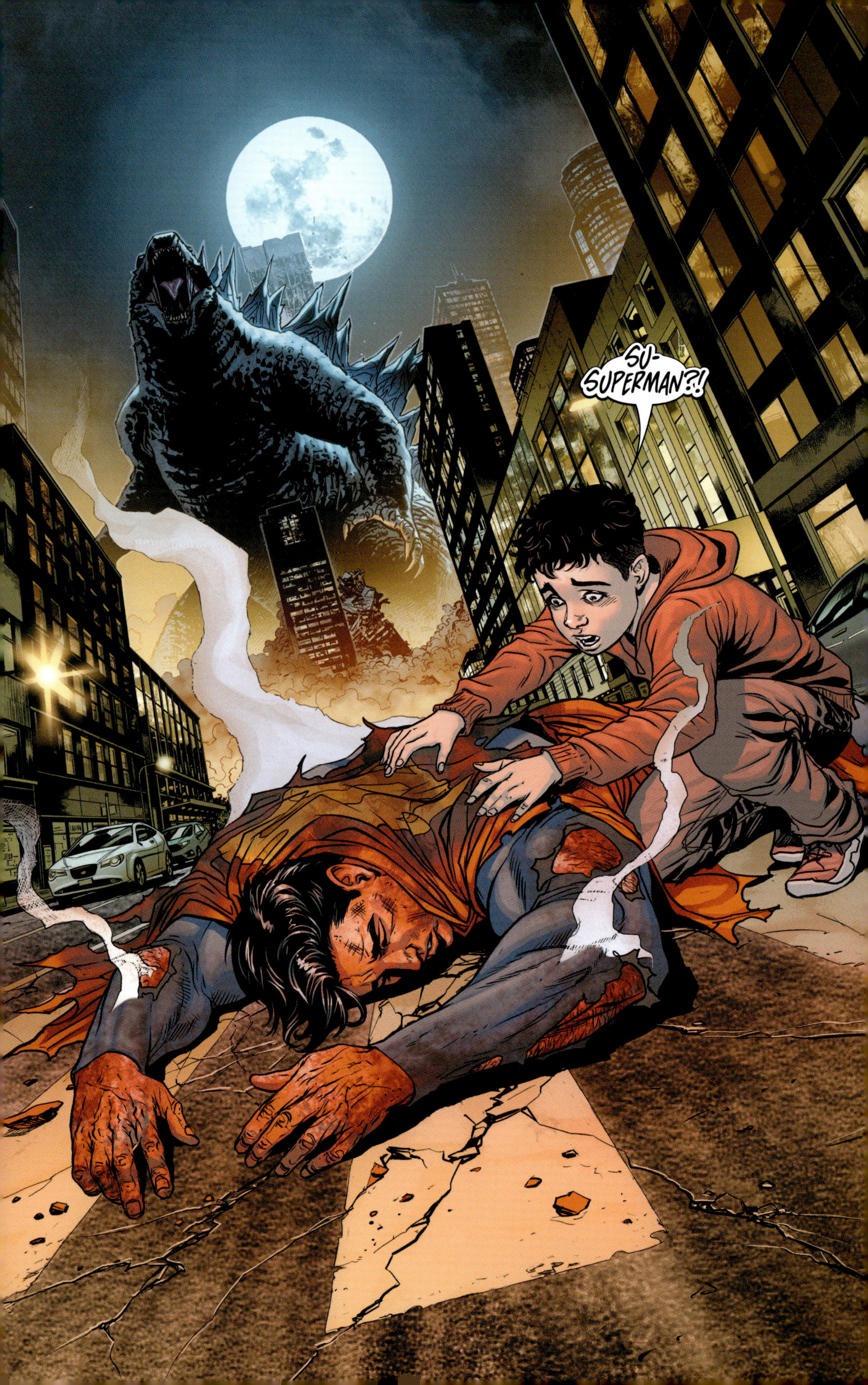
SU-
SUPERMAN?!

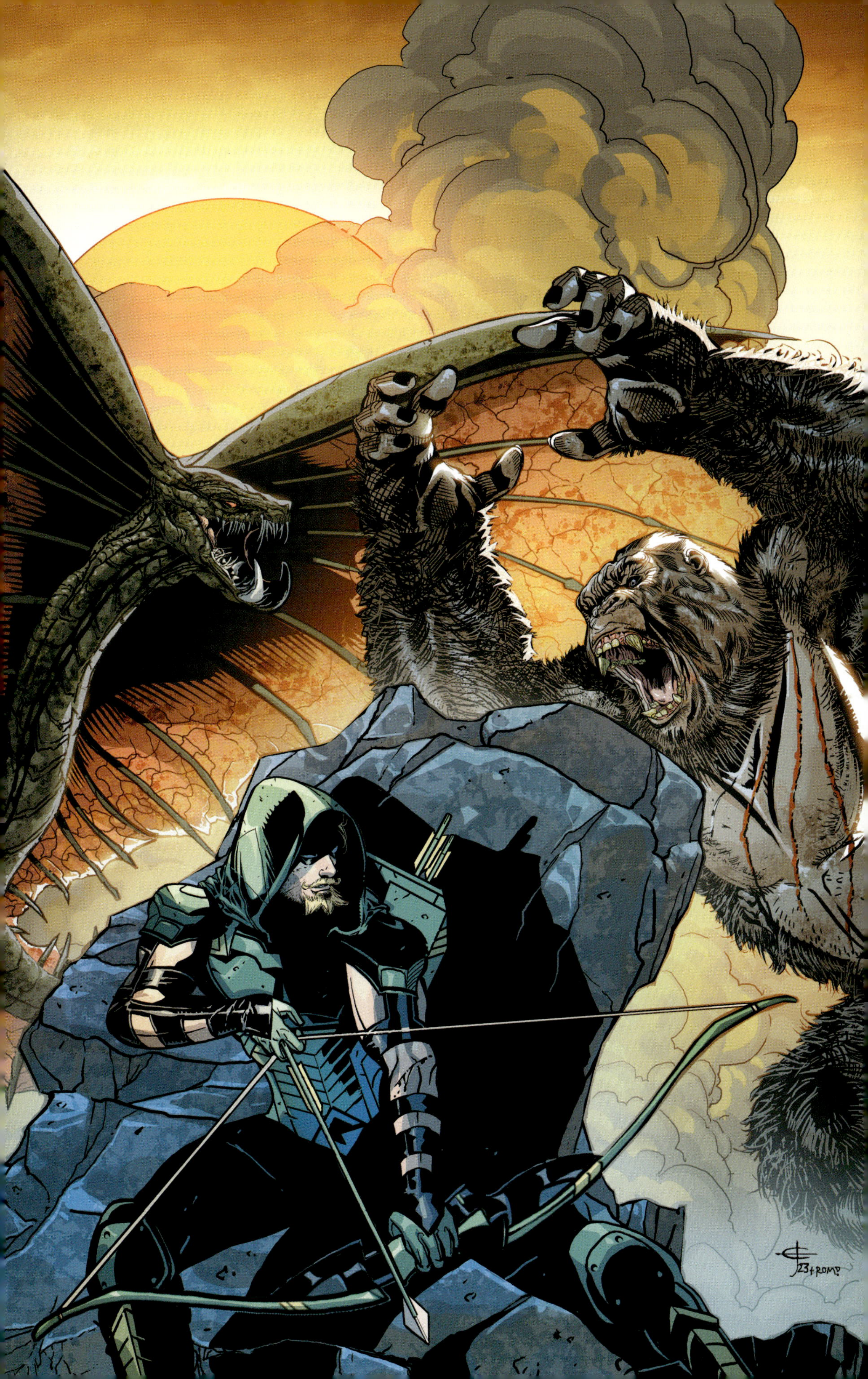

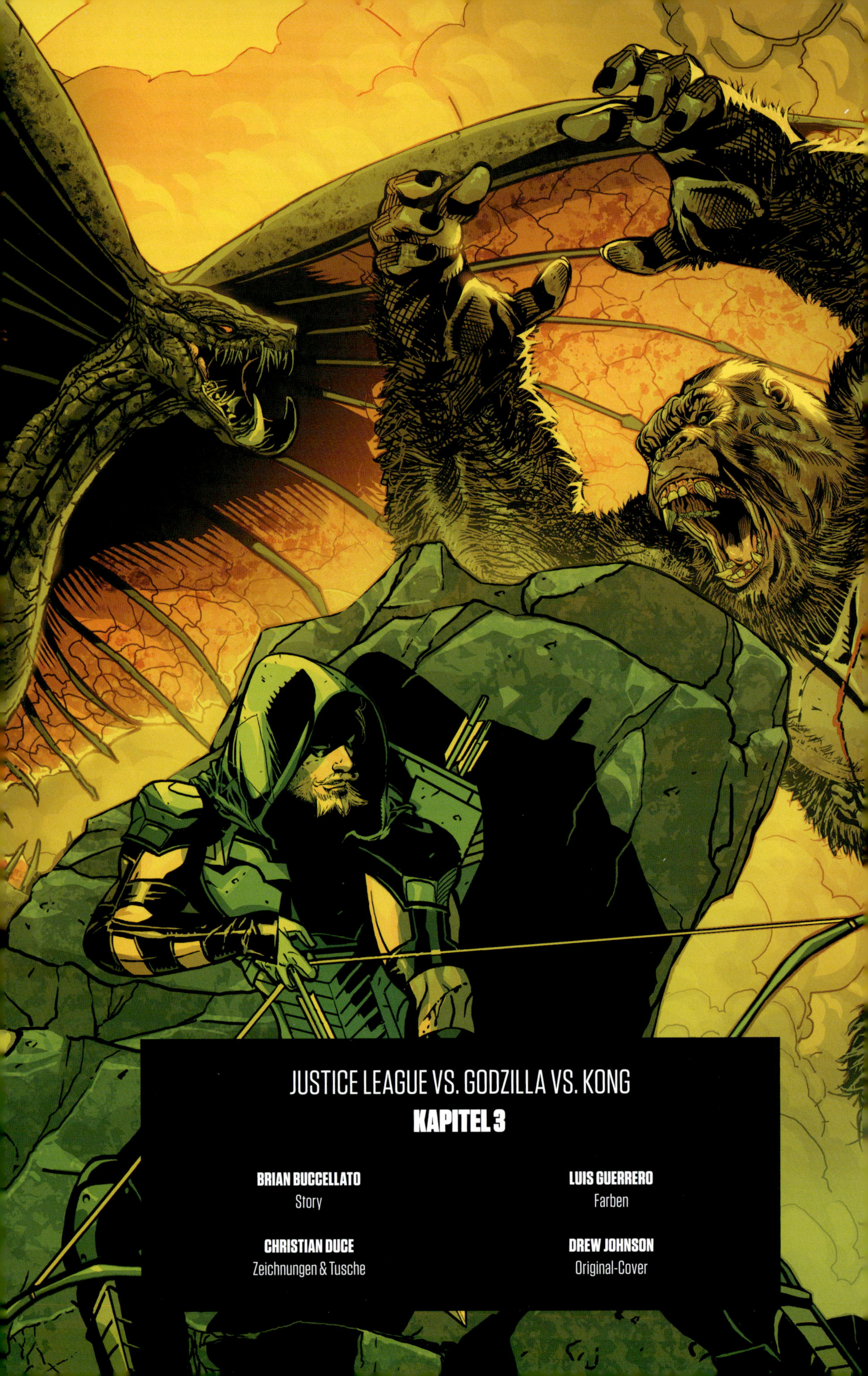
JUSTICE LEAGUE VS. GODZILLA VS. KONG
KAPITEL 3
BRIAN BUCCELLATO
Story
LUIS GUERRERO
Farben
CHRISTIAN DUCE
Zeichnungen & Tusche
DREW JOHNSON
Original-Cover

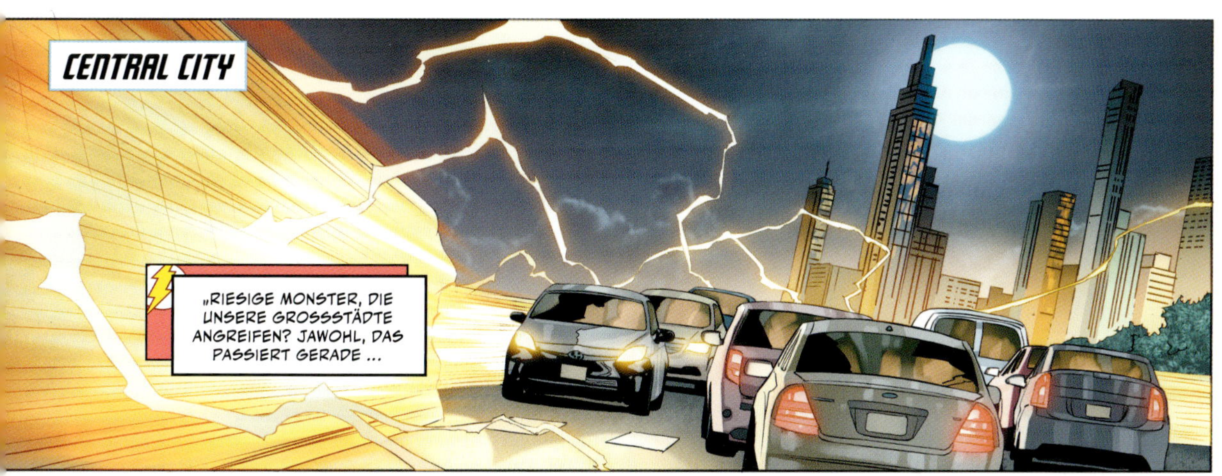
CENTRAL CITY
„RIESIGE MONSTER, DIE UNSERE GROSSSTÄDTE ANGREIFEN? JAWOHL, DAS PASSIERT GERADE ...

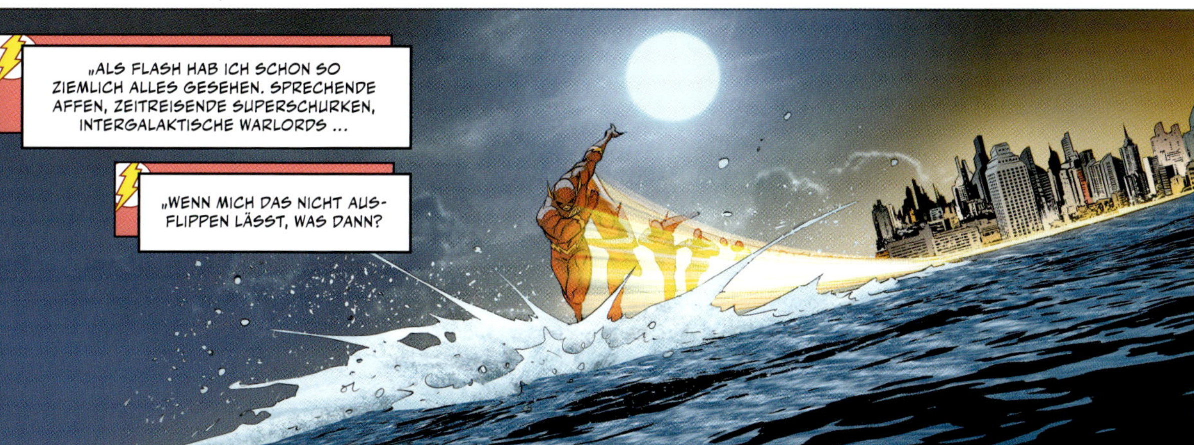
„ALS FLASH HAB ICH SCHON SO ZIEMLICH ALLES GESEHEN. SPRECHENDE AFFEN, ZEITREISENDE SUPERSCHURKEN, INTERGALAKTISCHE WARLORDS ...
„WENN MICH DAS NICHT AUSFLIPPEN LÄSST, WAS DANN?

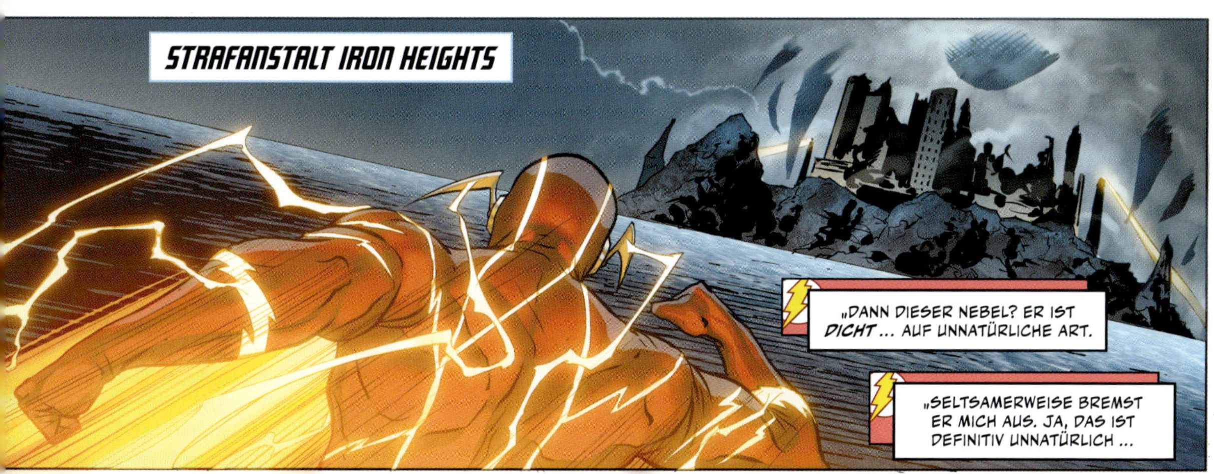
STRAFANSTALT IRON HEIGHTS
„DANN DIESER NEBEL? ER IST DICHT ... AUF UNNATÜRLICHE ART.
„SELTSAMERWEISE BREMST ER MICH AUS. JA, DAS IST DEFINITIV UNNATÜRLICH ...

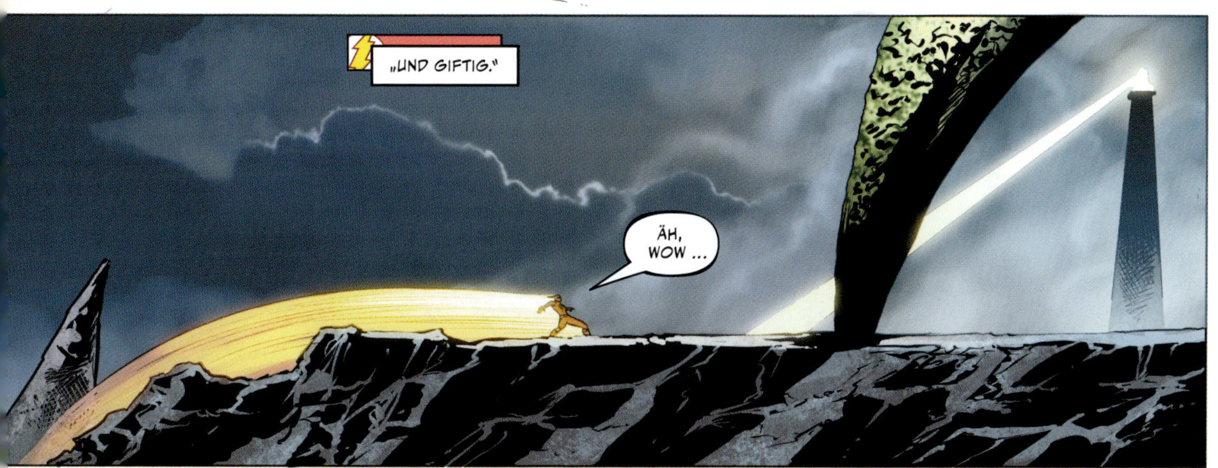
„UND GIFTIG."
ÄH, WOW ...

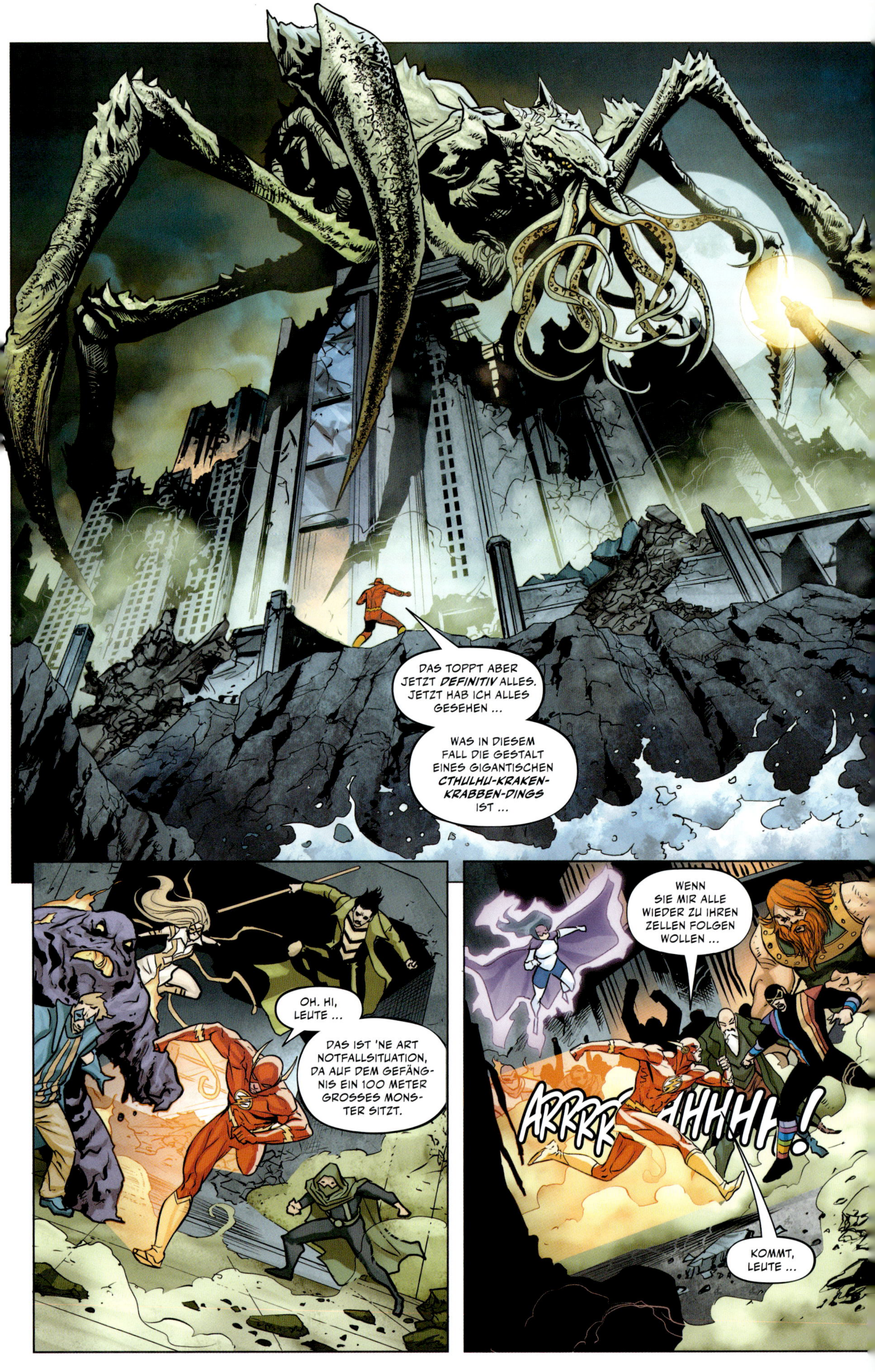
DAS TOPPT ABER JETZT DEFINITIV ALLES. JETZT HAB ICH ALLES GESEHEN ...
WAS IN DIESEM FALL DIE GESTALT EINES GIGANTISCHEN CTHULHU-KRAKEN-KRABBEN-DINGS IST ...
OH. HI, LEUTE ...
DAS IST 'NE ART NOTFALLSITUATION, DA AUF DEM GEFÄNGNIS EIN 100 METER GROSSES MONSTER SITZT.
WENN SIE MIR ALLE WIEDER ZU IHREN ZELLEN FOLGEN WOLLEN ...
ARRRR AHHHH!
KOMMT, LEUTE ...

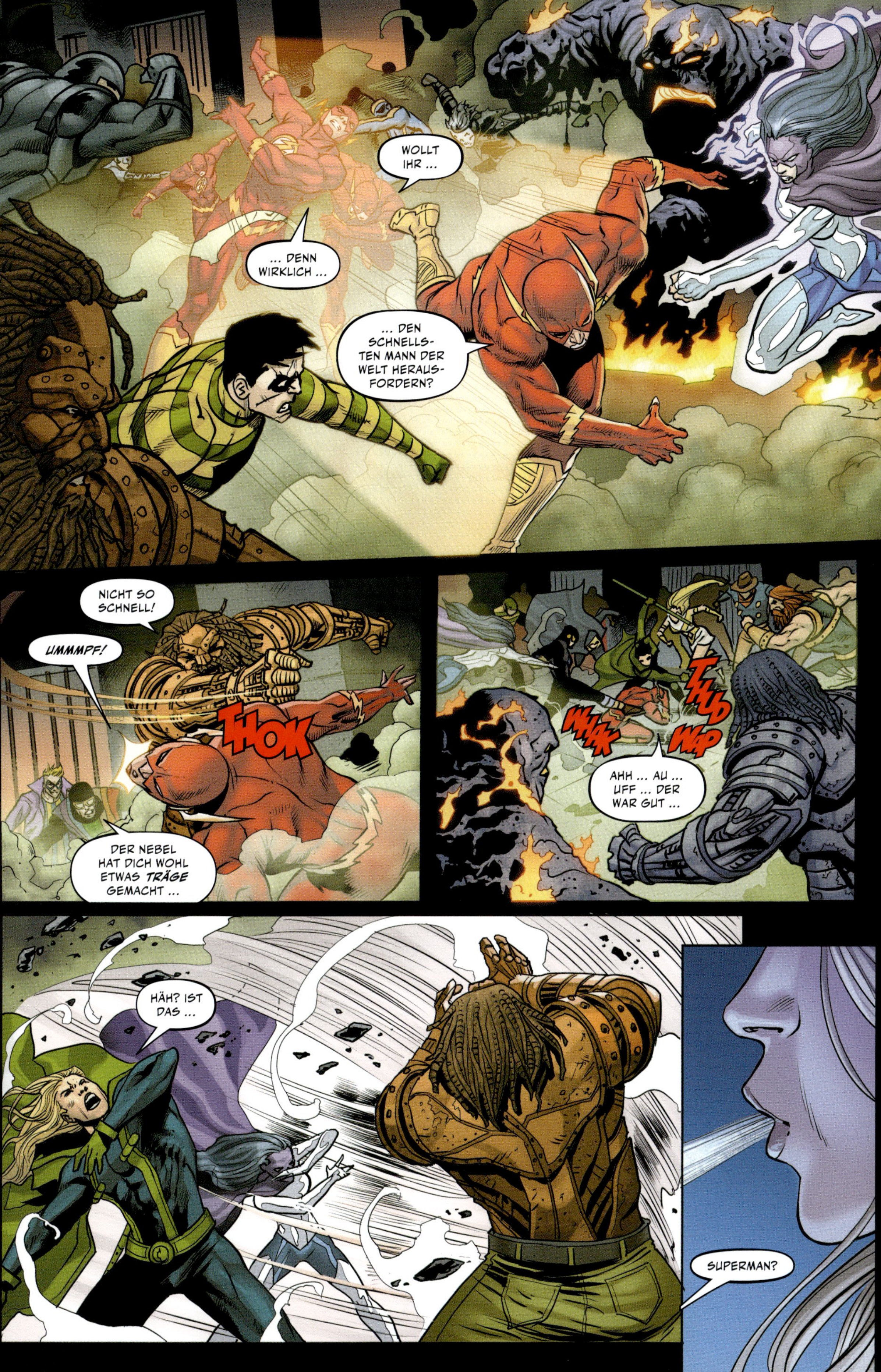
WOLLT IHR ...
... DENN WIRKLICH ...
... DEN SCHNELLS-TEN MANN DER WELT HERAUS-FORDERN?
NICHT SO SCHNELL!
UMMMPF!
THOK
DER NEBEL HAT DICH WOHL ETWAS TRÄGE GEMACHT ...
THUD
WAP
WHAK
AHH ... AU ... UFF ... DER WAR GUT ...
HÄH? IST DAS ...
SUPERMAN?

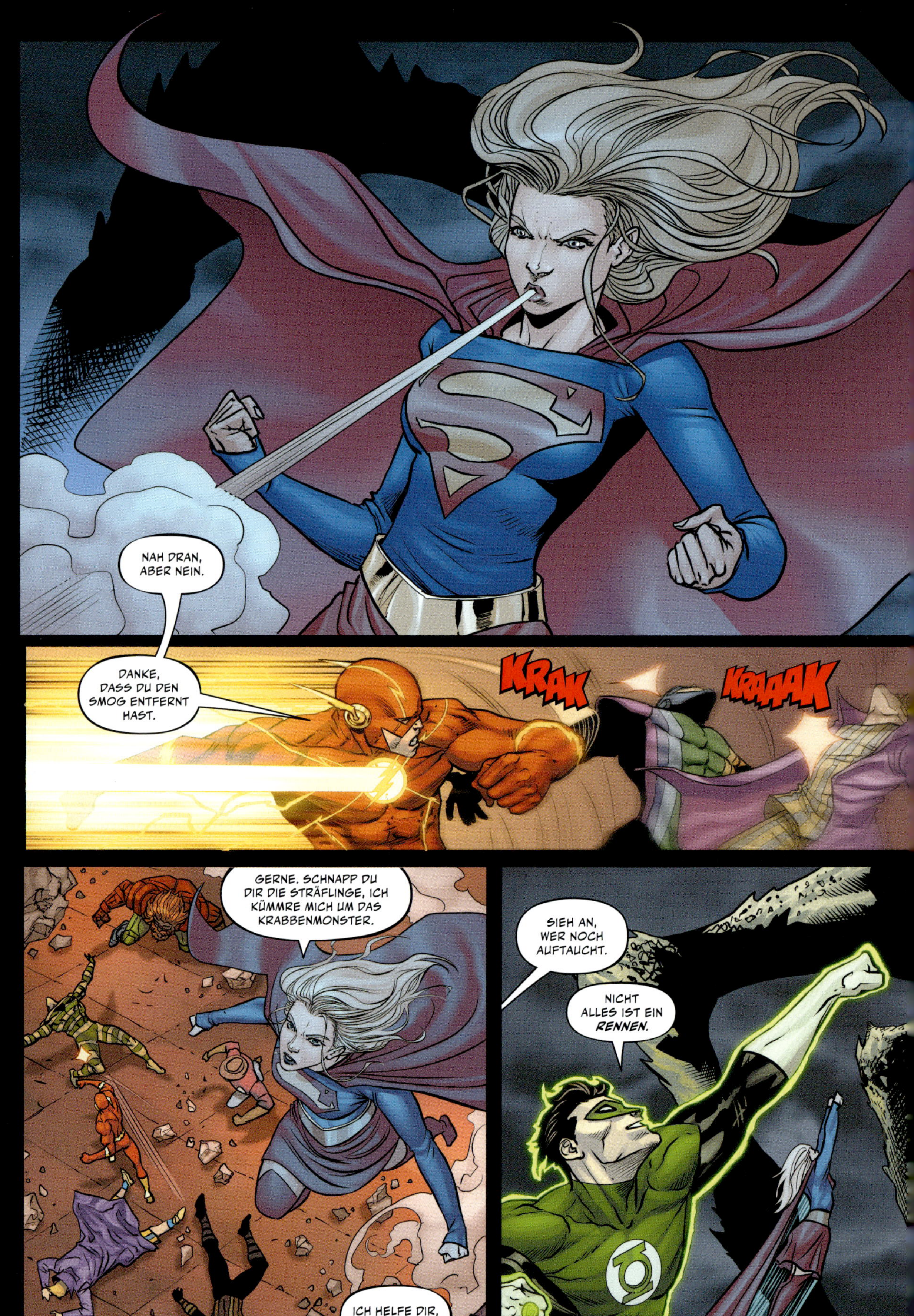
NAH DRAN, ABER NEIN.
DANKE, DASS DU DEN SMOG ENTFERNT HAST.
KRAK
KRAAAK
GERNE. SCHNAPP DU DIR DIE STRÄFLINGE, ICH KÜMMRE MICH UM DAS KRABBENMONSTER.
ICH HELFE DIR, SUPERGIRL.
SIEH AN, WER NOCH AUFTAUCHT.
NICHT ALLES IST EIN *RENNEN*.

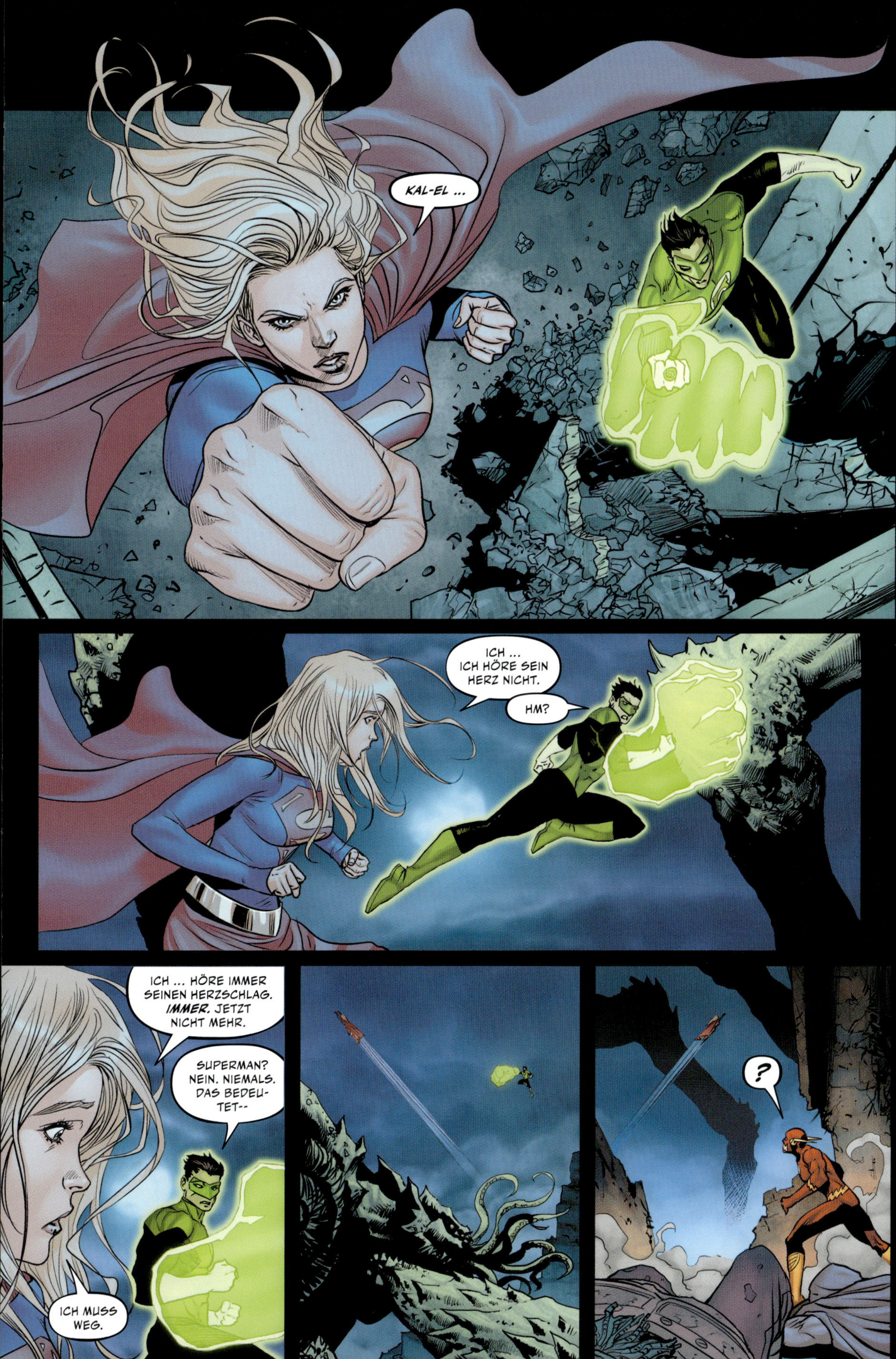
KAL-EL ...
ICH ... ICH HÖRE SEIN HERZ NICHT.
HM?
ICH ... HÖRE IMMER SEINEN HERZSCHLAG. *IMMER.* JETZT NICHT MEHR.
SUPERMAN? NEIN. NIEMALS. DAS BEDEU-TET--
ICH MUSS WEG.
?

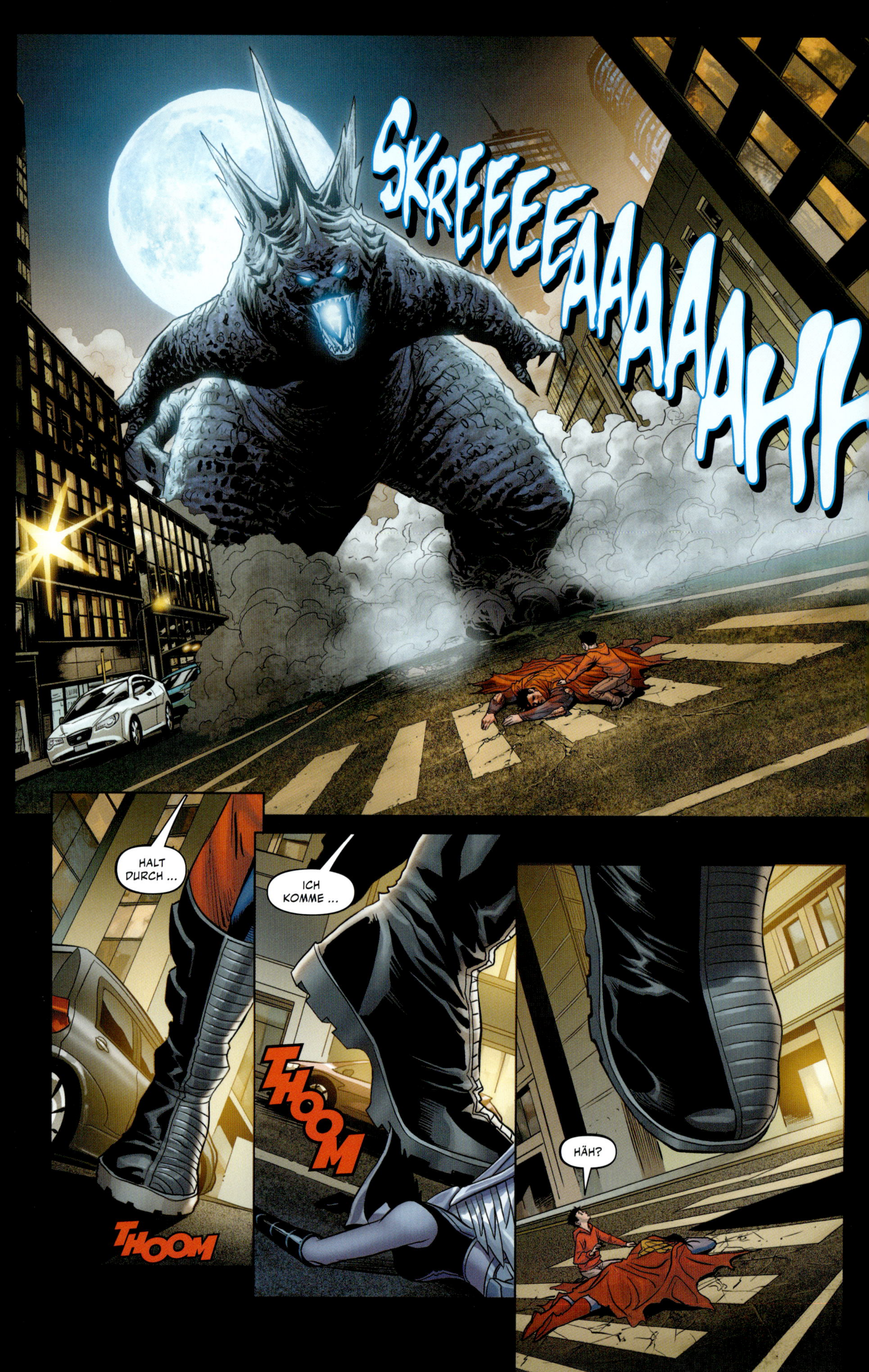
SKREEEEAAAAAAHH
HALT DURCH ...
THOOM
ICH KOMME ...
THOOM
HÄH?

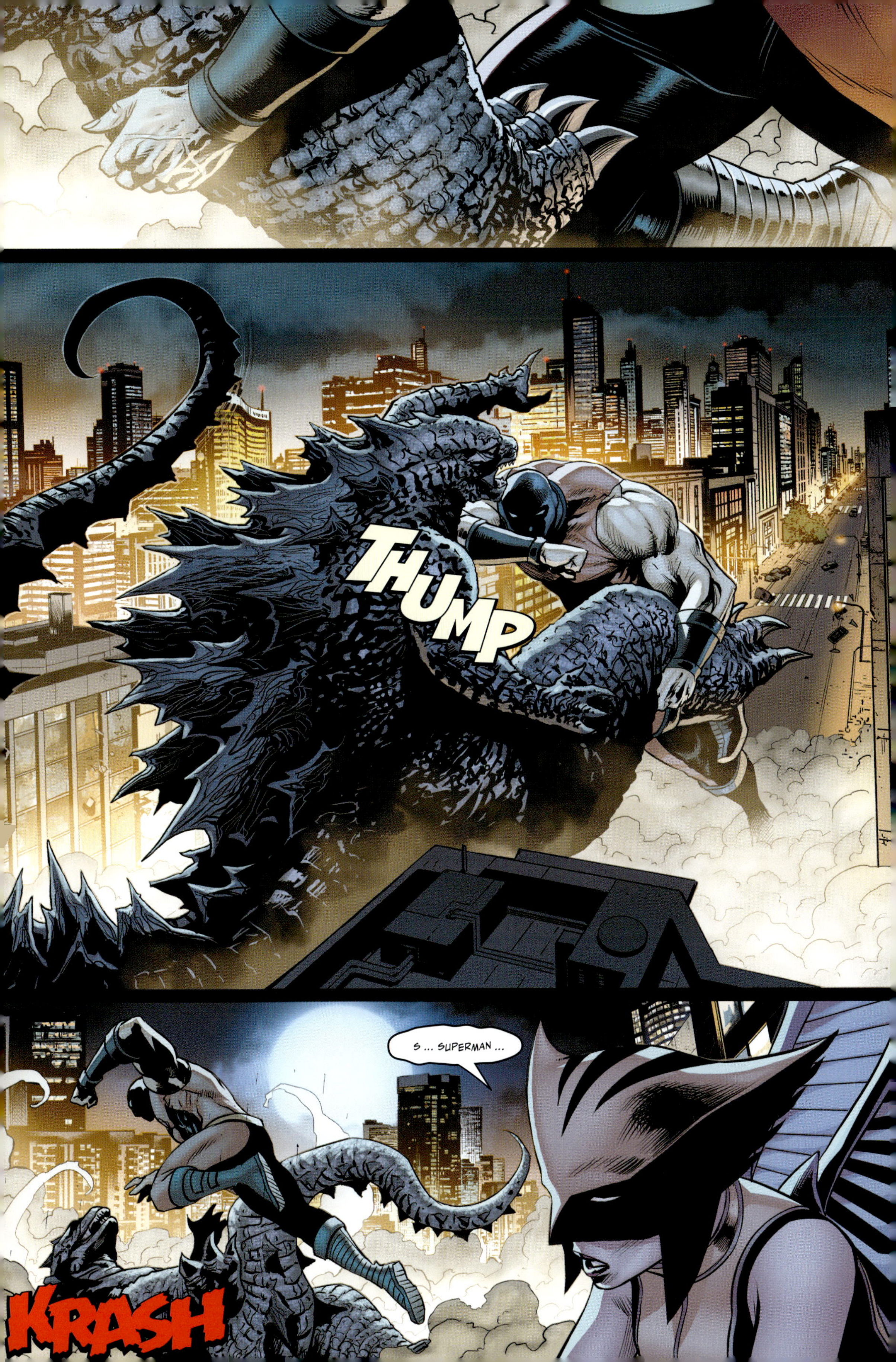
THUMP
S ... SUPERMAN ...
KRASH

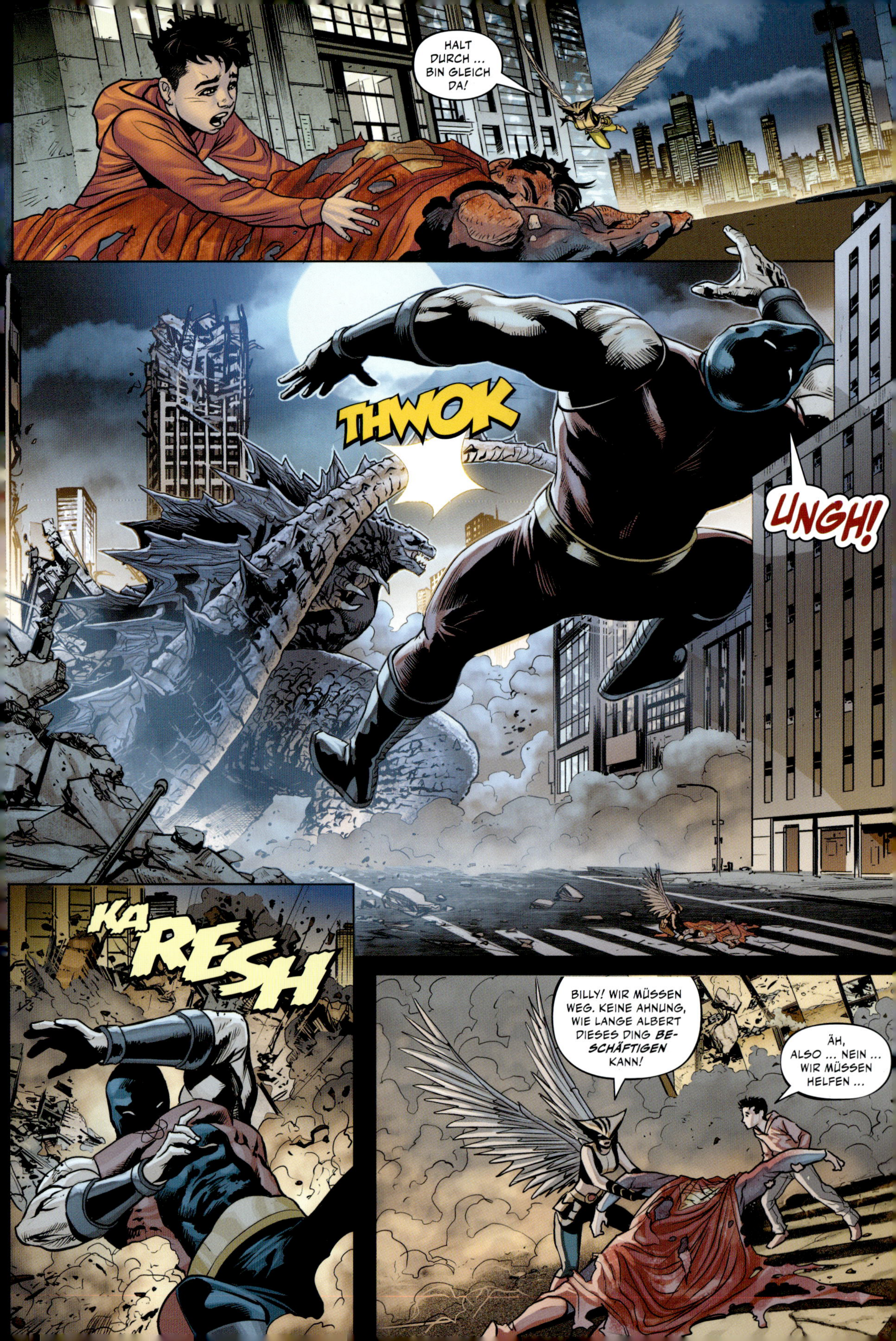
HALT DURCH ... BIN GLEICH DA!
THWOK
UNGH!
KA RESH
BILLY! WIR MÜSSEN WEG. KEINE AHNUNG, WIE LANGE ALBERT DIESES DING *BESCHÄFTIGEN* KANN!
ÄH, ALSO ... NEIN ... WIR MÜSSEN HELFEN ...

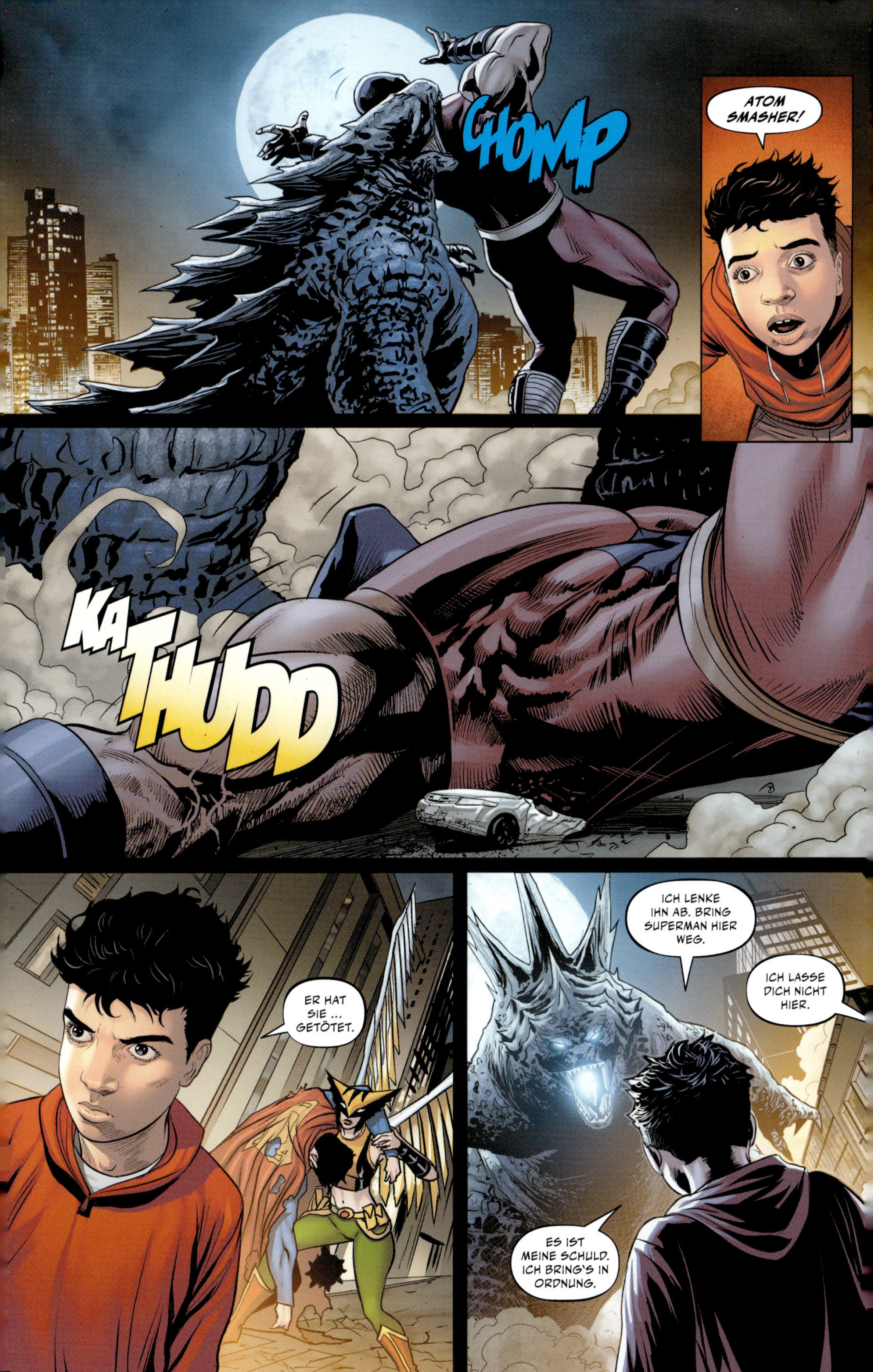
CHOMP
ATOM SMASHER!
KA-THUDD
ER HAT SIE ... GETÖTET.
ICH LENKE IHN AB. BRING SUPERMAN HIER WEG.
ICH LASSE DICH NICHT HIER.
ES IST MEINE SCHULD. ICH BRING'S IN ORDNUNG.

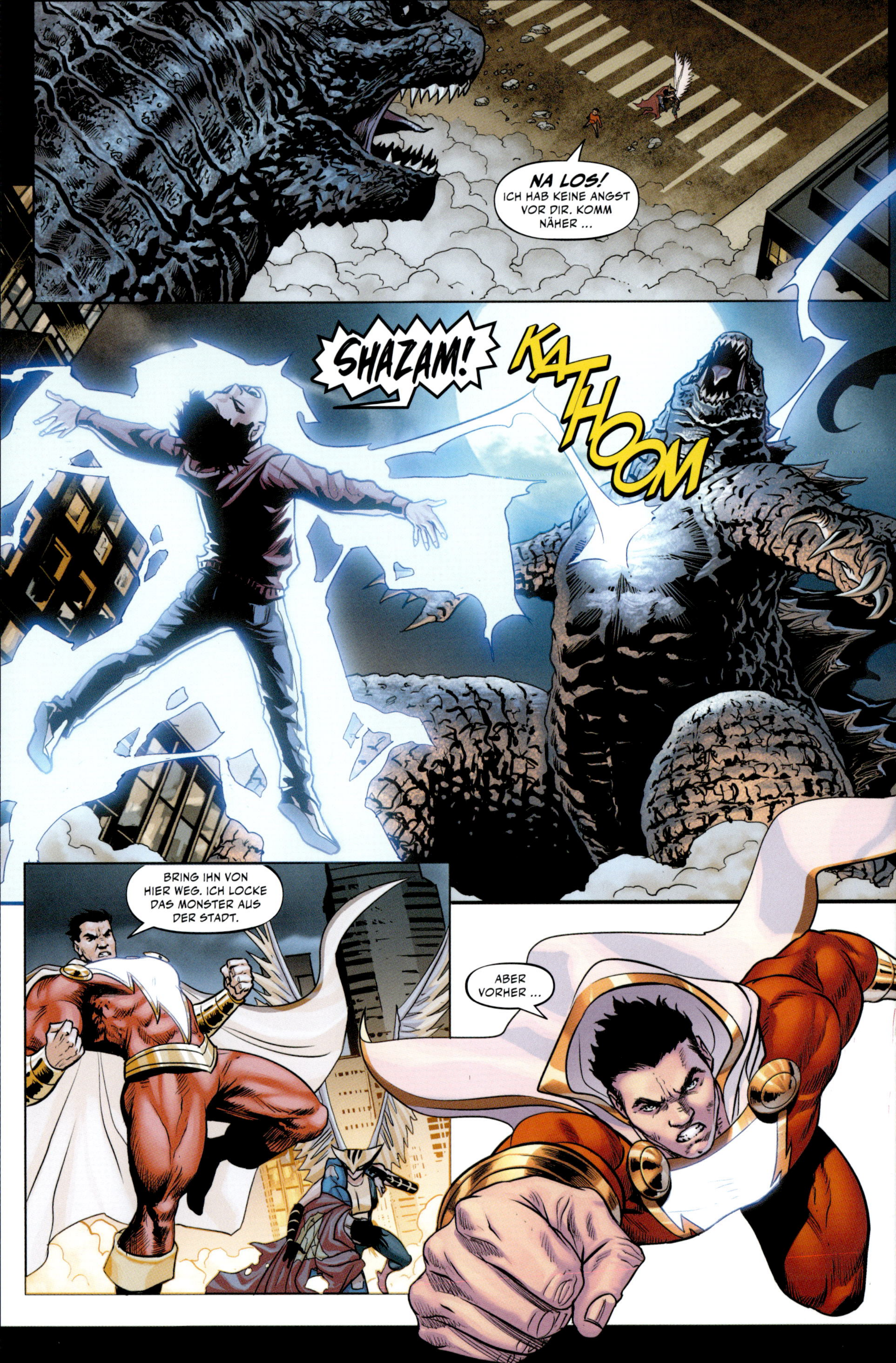
NA LOS!
ICH HAB KEINE ANGST VOR DIR. KOMM NÄHER ...
SHAZAM!
KATHOOM
BRING IHN VON HIER WEG. ICH LOCKE DAS MONSTER AUS DER STADT.
ABER VORHER ...

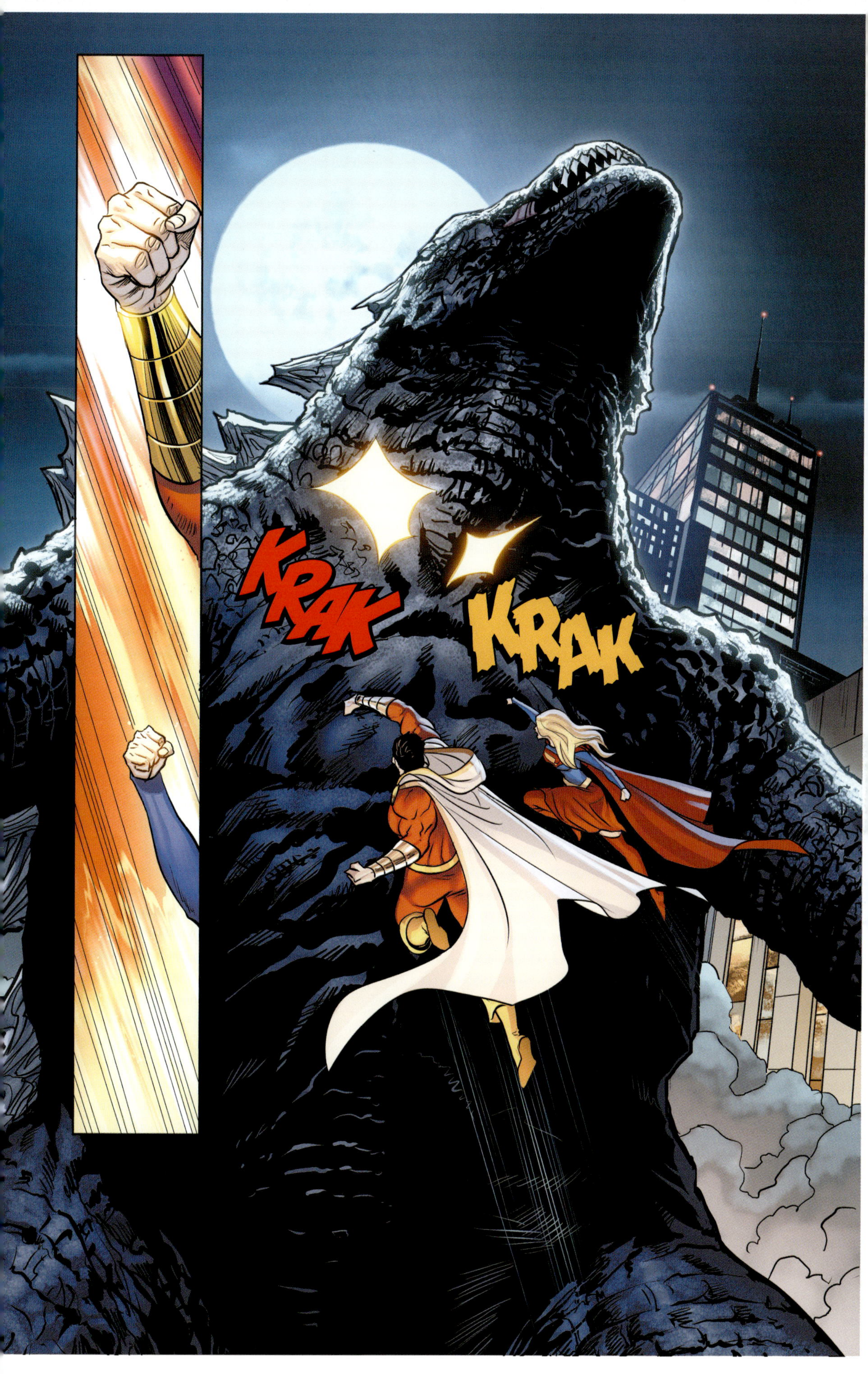
KRAK
KRAK

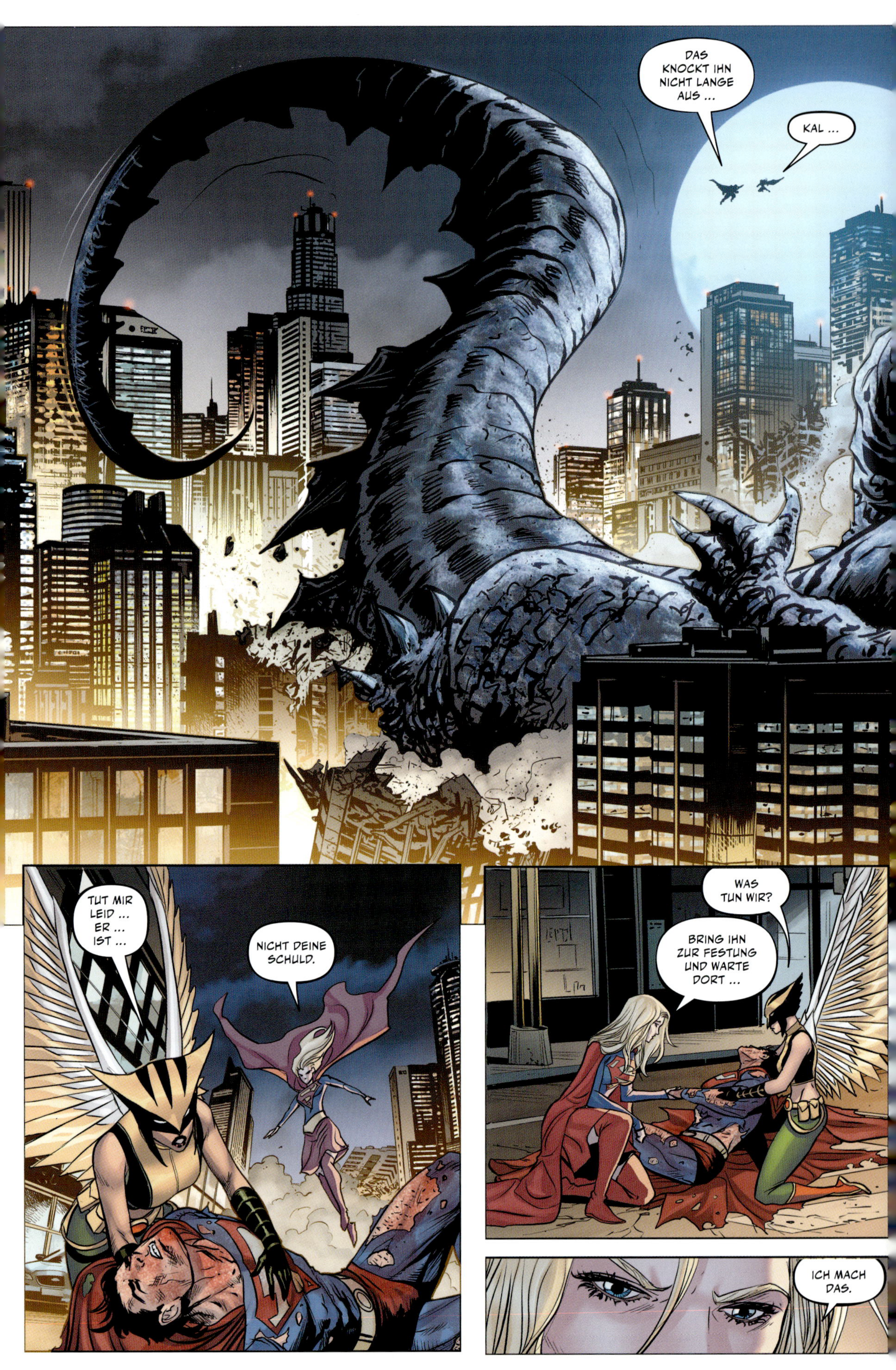
DAS KNOCKT IHN NICHT LANGE AUS …
KAL …
TUT MIR LEID … ER … IST …
NICHT DEINE SCHULD.
WAS TUN WIR?
BRING IHN ZUR FESTUNG UND WARTE DORT …
ICH MACH DAS.

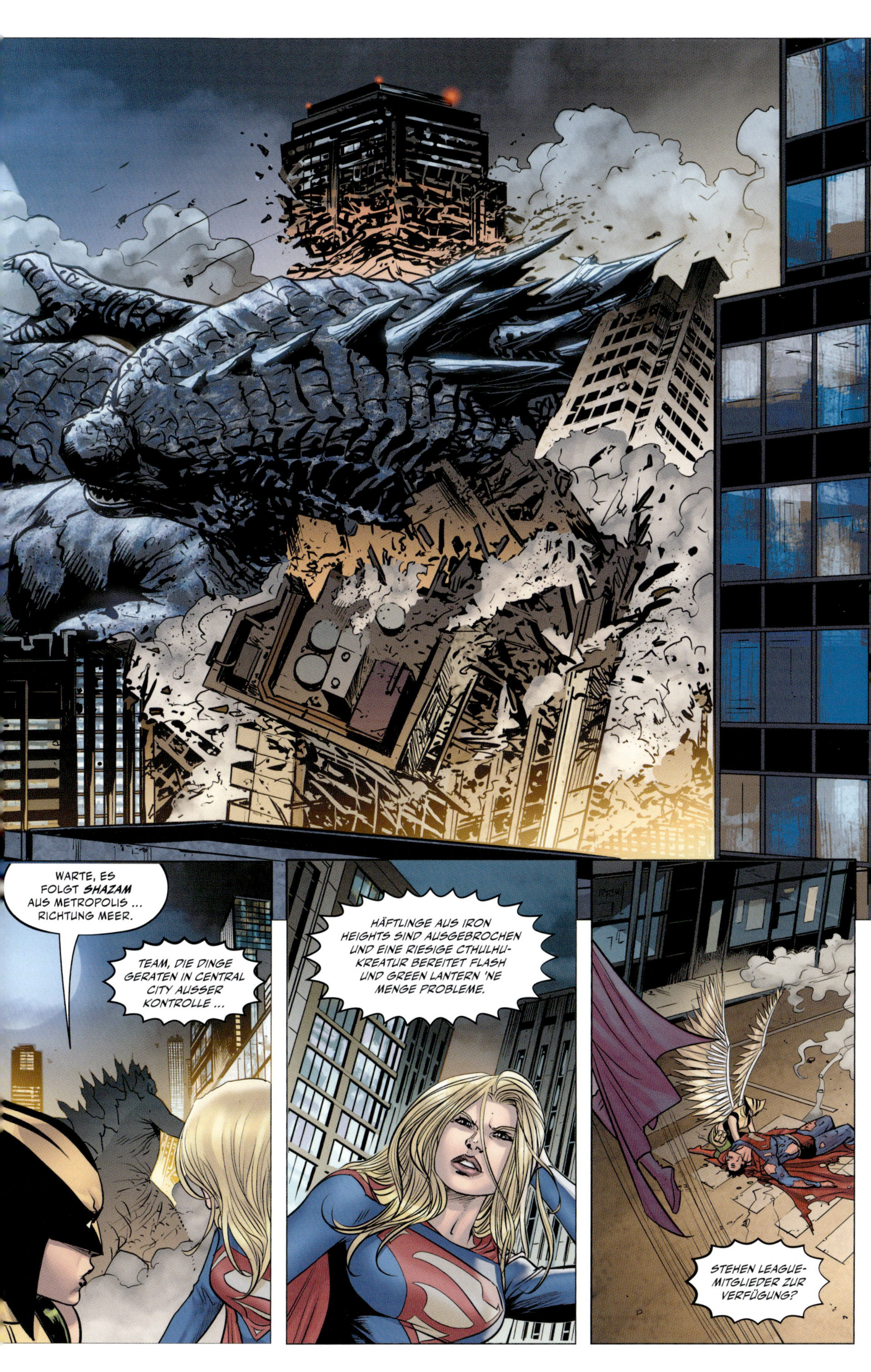
WARTE, ES FOLGT SHAZAM AUS METROPOLIS ... RICHTUNG MEER.
TEAM, DIE DINGE GERATEN IN CENTRAL CITY AUSSER KONTROLLE ...
HÄFTLINGE AUS IRON HEIGHTS SIND AUSGEBROCHEN UND EINE RIESIGE CTHULHU-KREATUR BEREITET FLASH UND GREEN LANTERN 'NE MENGE PROBLEME.
STEHEN LEAGUE-MITGLIEDER ZUR VERFÜGUNG?

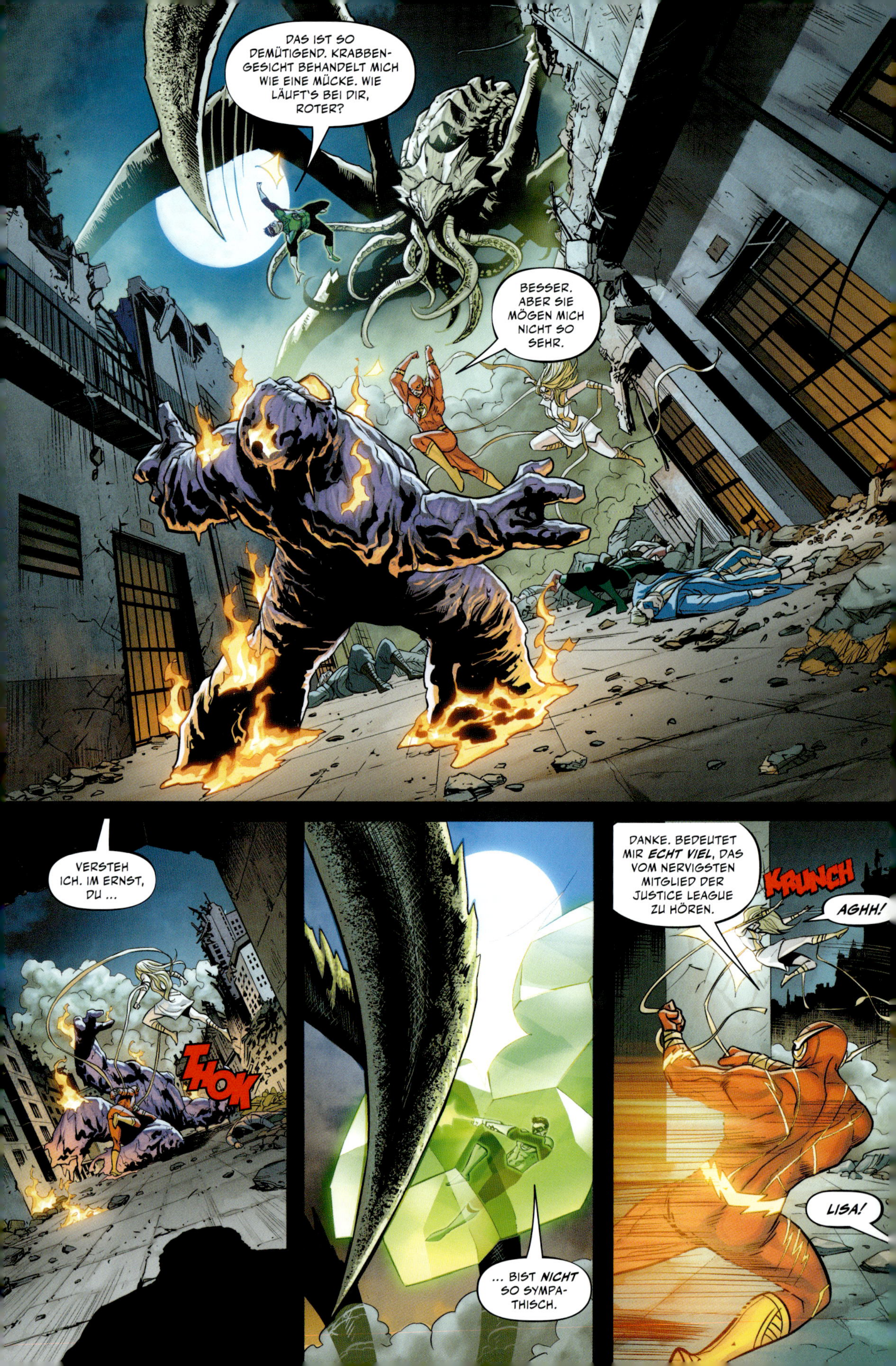

DAS IST SO DEMÜTIGEND. KRABBEN-GESICHT BEHANDELT MICH WIE EINE MÜCKE. WIE LÄUFT'S BEI DIR, ROTER?
BESSER. ABER SIE MÖGEN MICH NICHT SO SEHR.

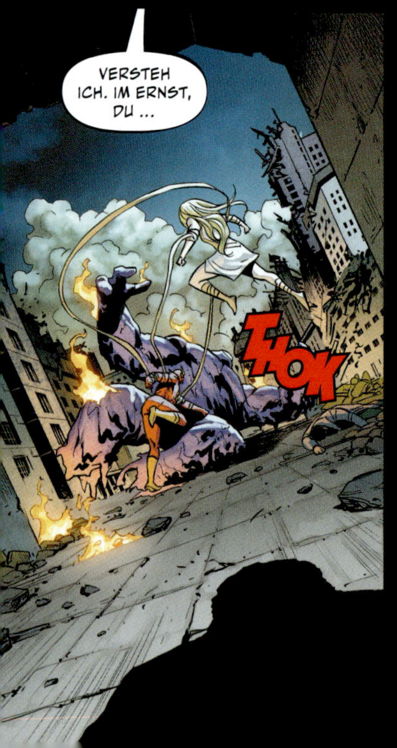
VERSTEH ICH. IM ERNST, DU ...
THOK

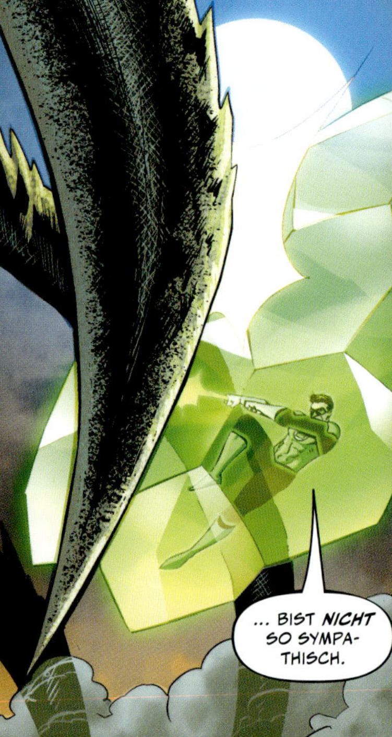
... BIST *NICHT* SO SYMPA-THISCH.

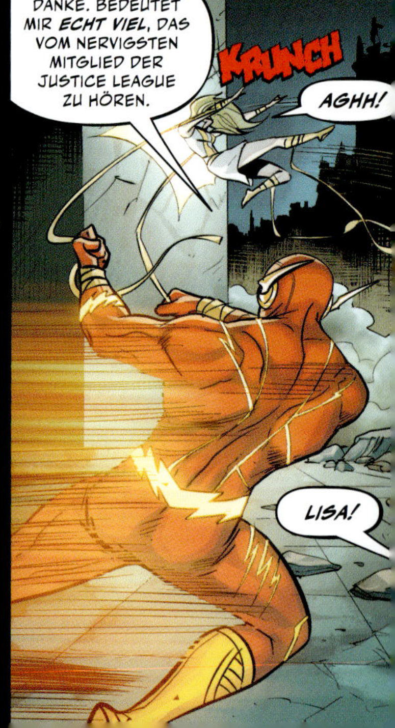
DANKE. BEDEUTET MIR *ECHT VIEL*, DAS VOM NERVIGSTEN MITGLIED DER JUSTICE LEAGUE ZU HÖREN.
KRUNCH
AGHH!
LISA!

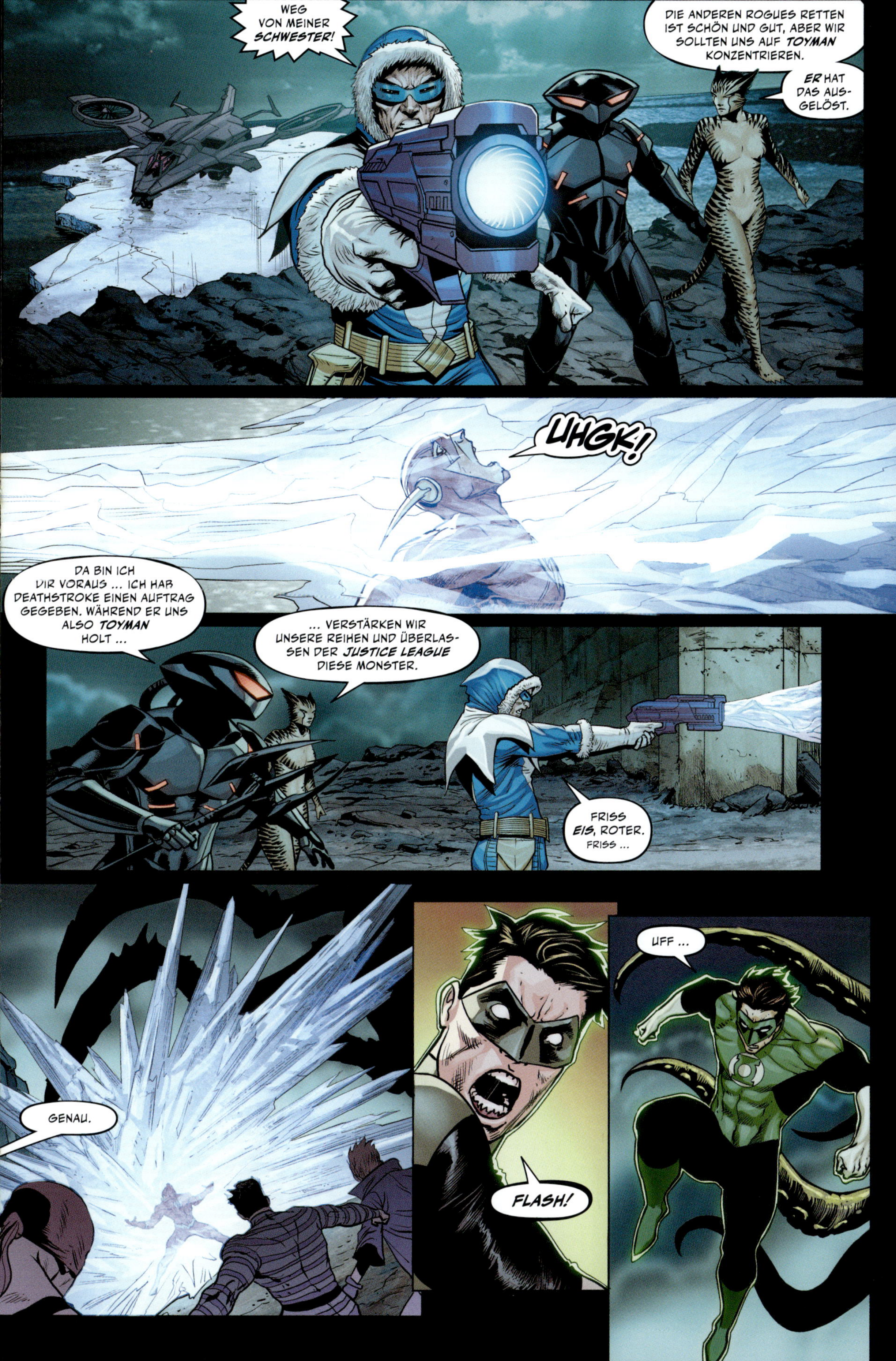
WEG VON MEINER SCHWESTER!
DIE ANDEREN ROGUES RETTEN IST SCHÖN UND GUT, ABER WIR SOLLTEN UNS AUF TOYMAN KONZENTRIEREN.
ER HAT DAS AUSGELÖST.
UHGK!
DA BIN ICH DIR VORAUS ... ICH HAB DEATHSTROKE EINEN AUFTRAG GEGEBEN. WÄHREND ER UNS ALSO TOYMAN HOLT ...
... VERSTÄRKEN WIR UNSERE REIHEN UND ÜBERLASSEN DER JUSTICE LEAGUE DIESE MONSTER.
FRISS EIS, ROTER. FRISS ...
GENAU.
FLASH!
UFF ...

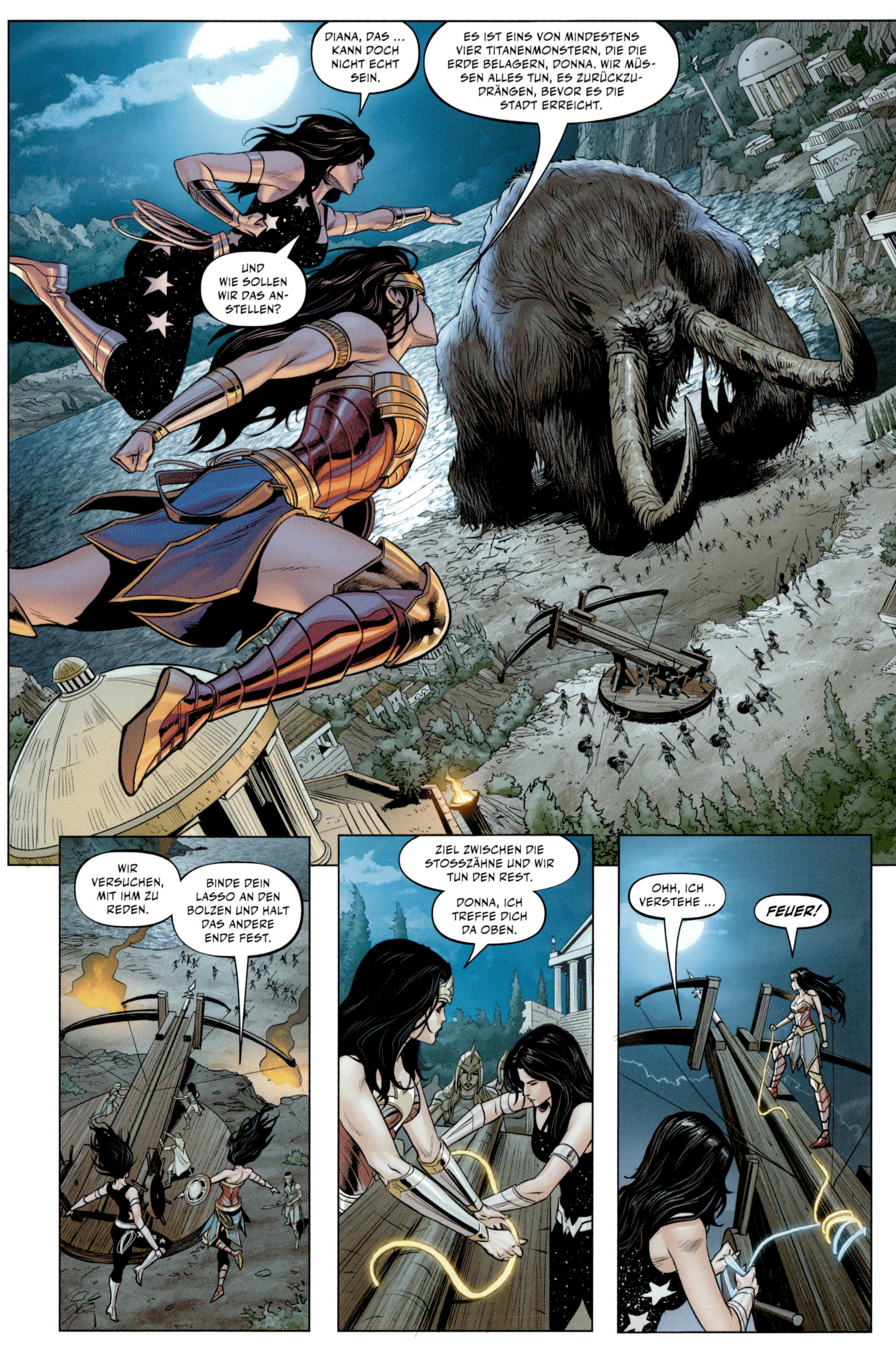
DIANA, DAS ... KANN DOCH NICHT ECHT SEIN.
ES IST EINS VON MINDESTENS VIER TITANENMONSTERN, DIE DIE ERDE BELAGERN, DONNA. WIR MÜSSEN ALLES TUN, ES ZURÜCKZUDRÄNGEN, BEVOR ES DIE STADT ERREICHT.
UND WIE SOLLEN WIR DAS ANSTELLEN?
WIR VERSUCHEN, MIT IHM ZU REDEN.
BINDE DEIN LASSO AN DEN BOLZEN UND HALT DAS ANDERE ENDE FEST.
ZIEL ZWISCHEN DIE STOSSZÄHNE UND WIR TUN DEN REST.
DONNA, ICH TREFFE DICH DA OBEN.
OHH, ICH VERSTEHE ...
FEUER!

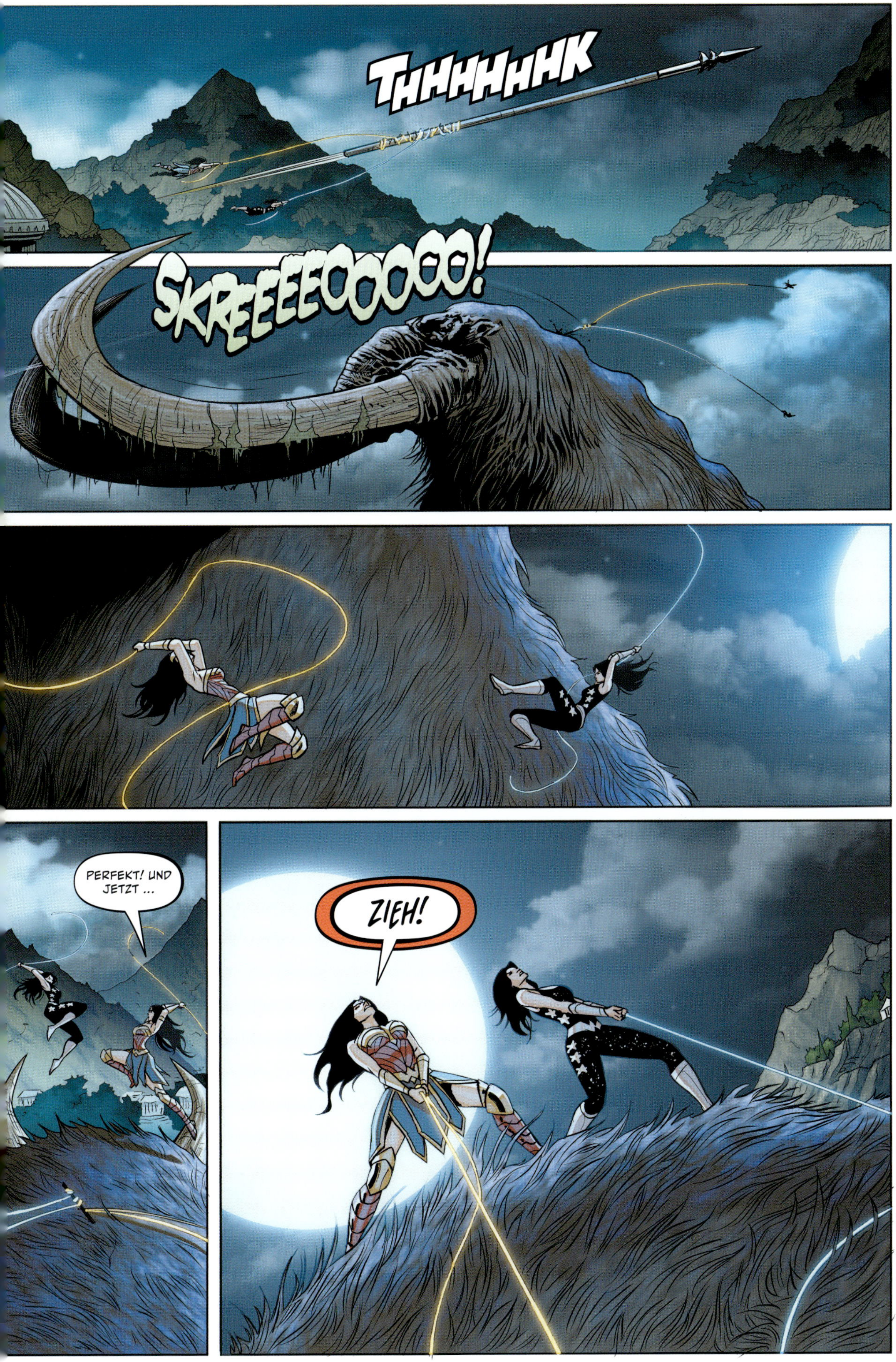

THHHHHHK
SKREEEEOOOOO!

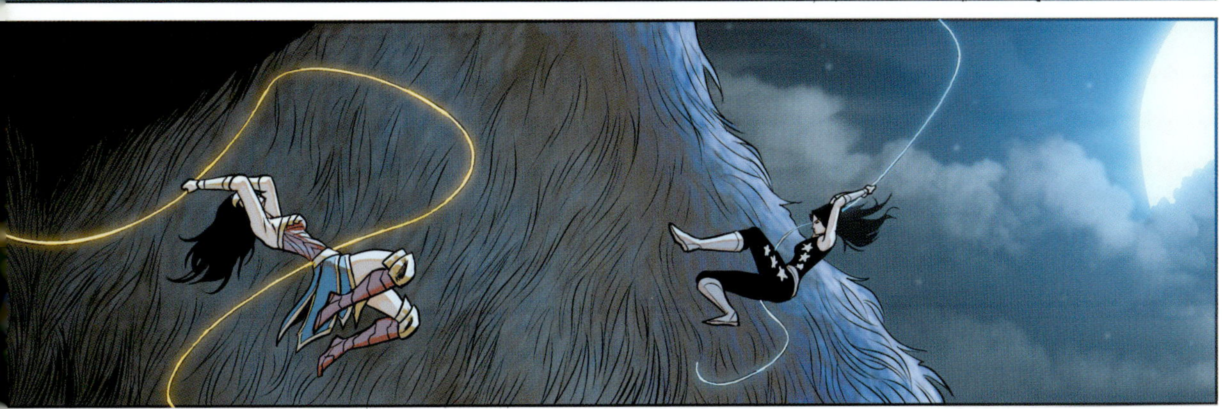

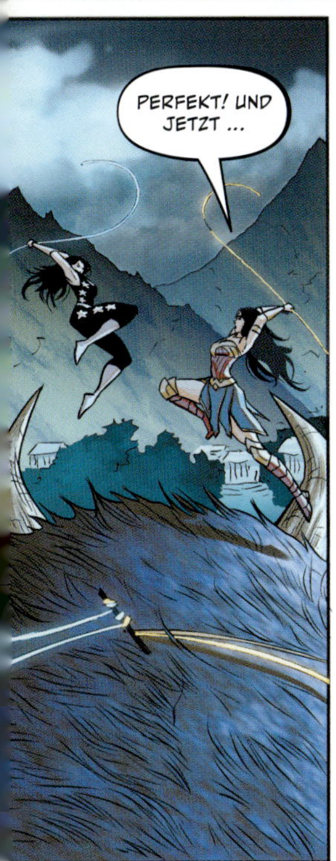
PERFEKT! UND JETZT …

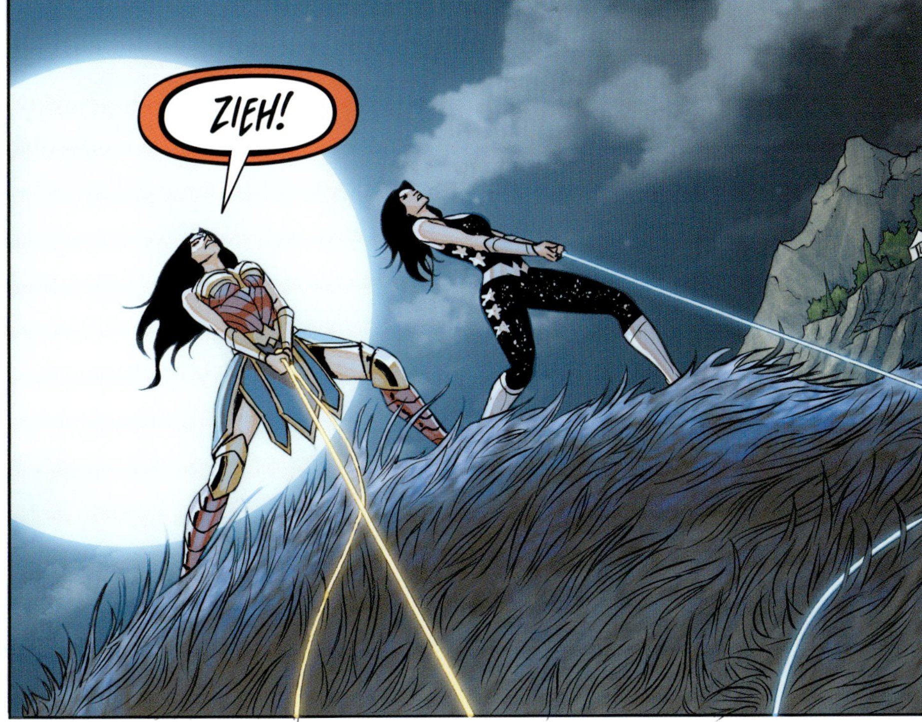
ZIEH!

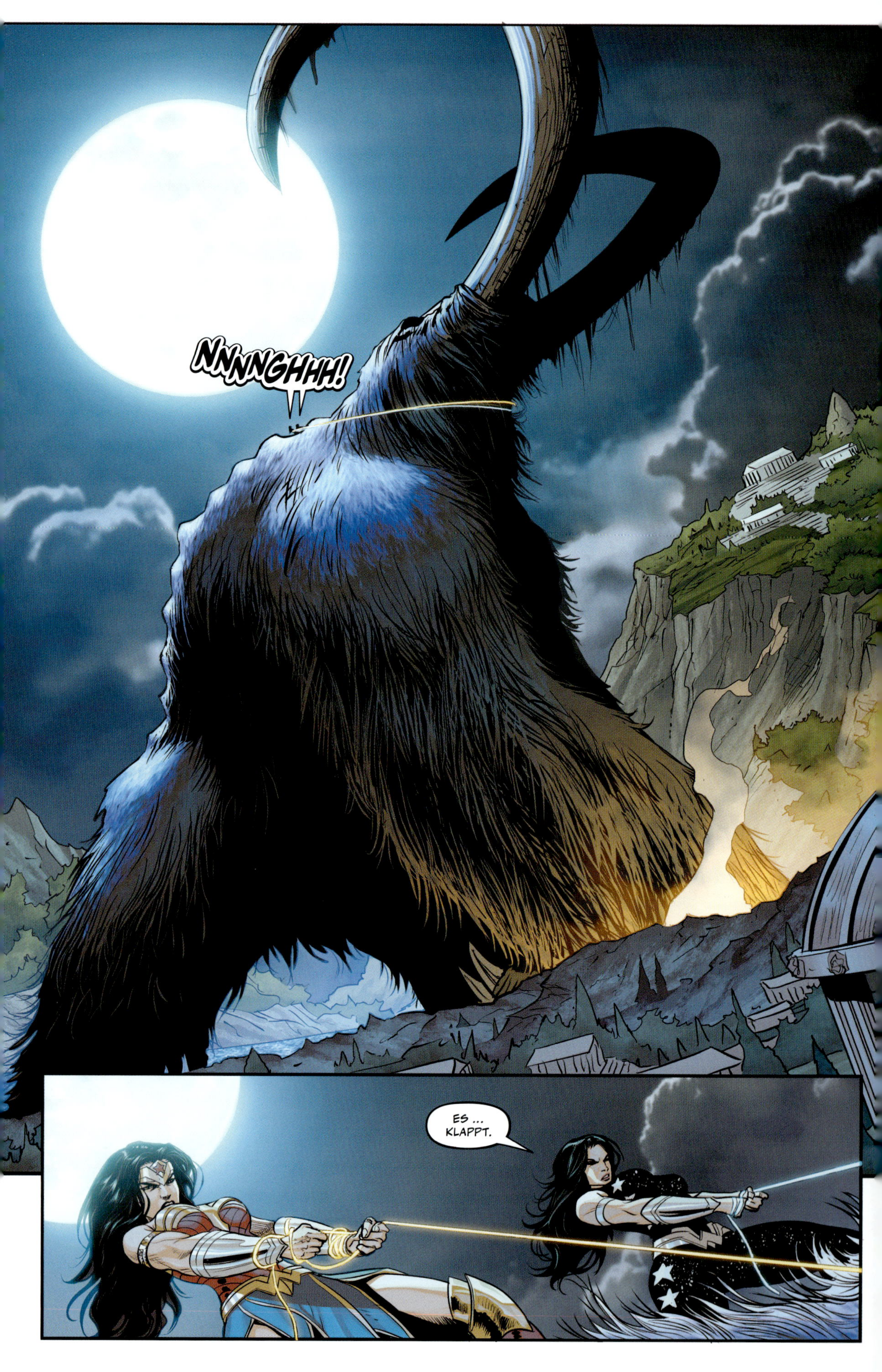
NNNNGHHH!
ES ...
KLAPPT.

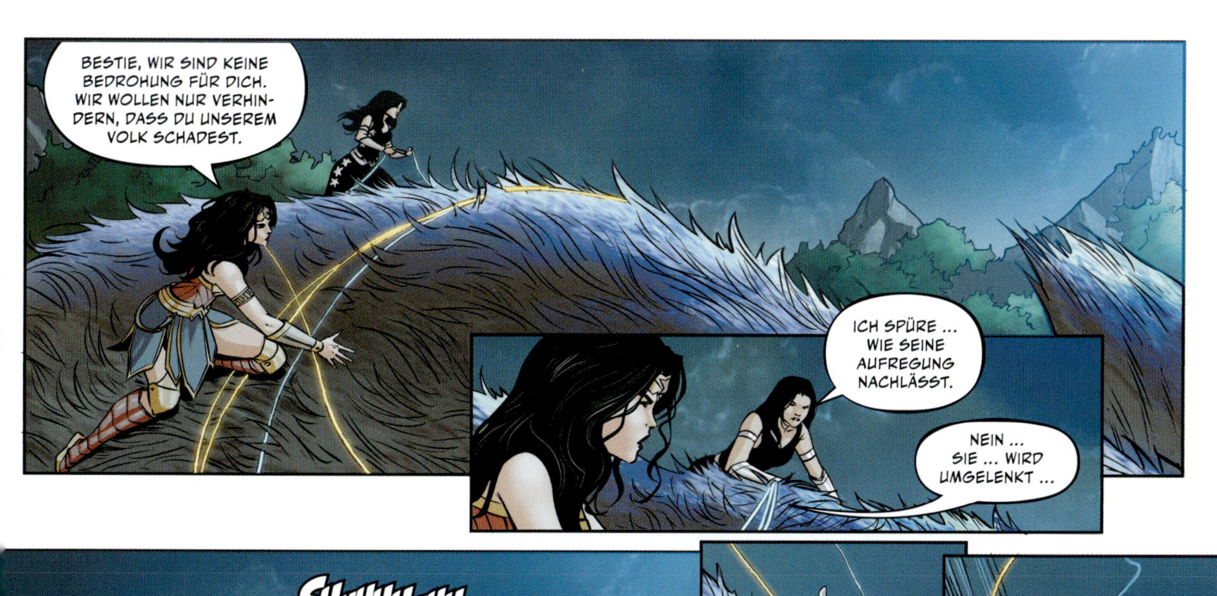
BESTIE, WIR SIND KEINE BEDROHUNG FÜR DICH. WIR WOLLEN NUR VERHINDERN, DASS DU UNSEREM VOLK SCHADEST.
ICH SPÜRE ... WIE SEINE AUFREGUNG NACHLÄSST.
NEIN ... SIE ... WIRD UMGELENKT ...

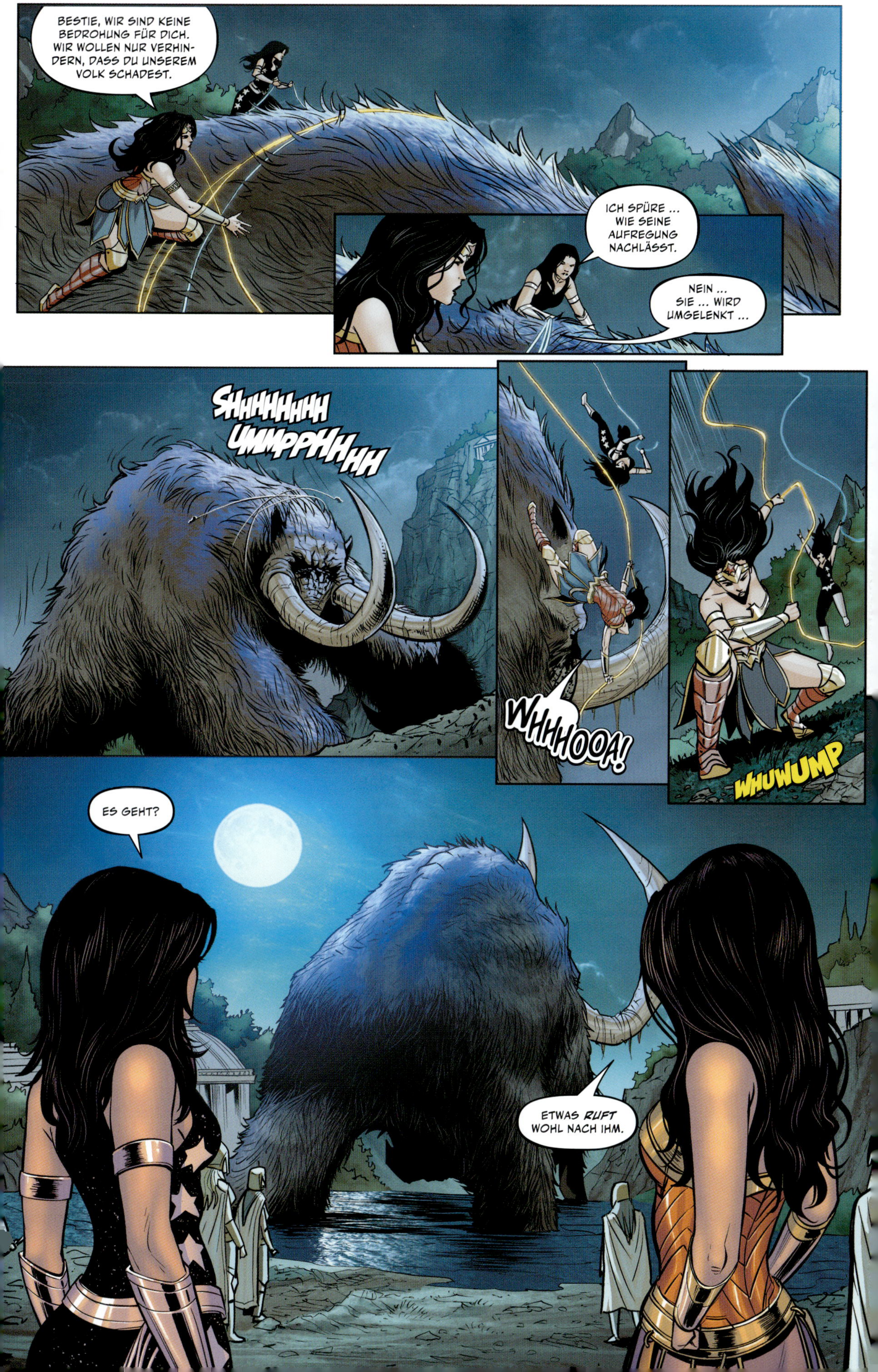

SHHHHHHHH UMMPPHHHH
WHHHOOA!
WHUWUMP
ES GEHT?
ETWAS *RUFT* WOHL NACH IHM.

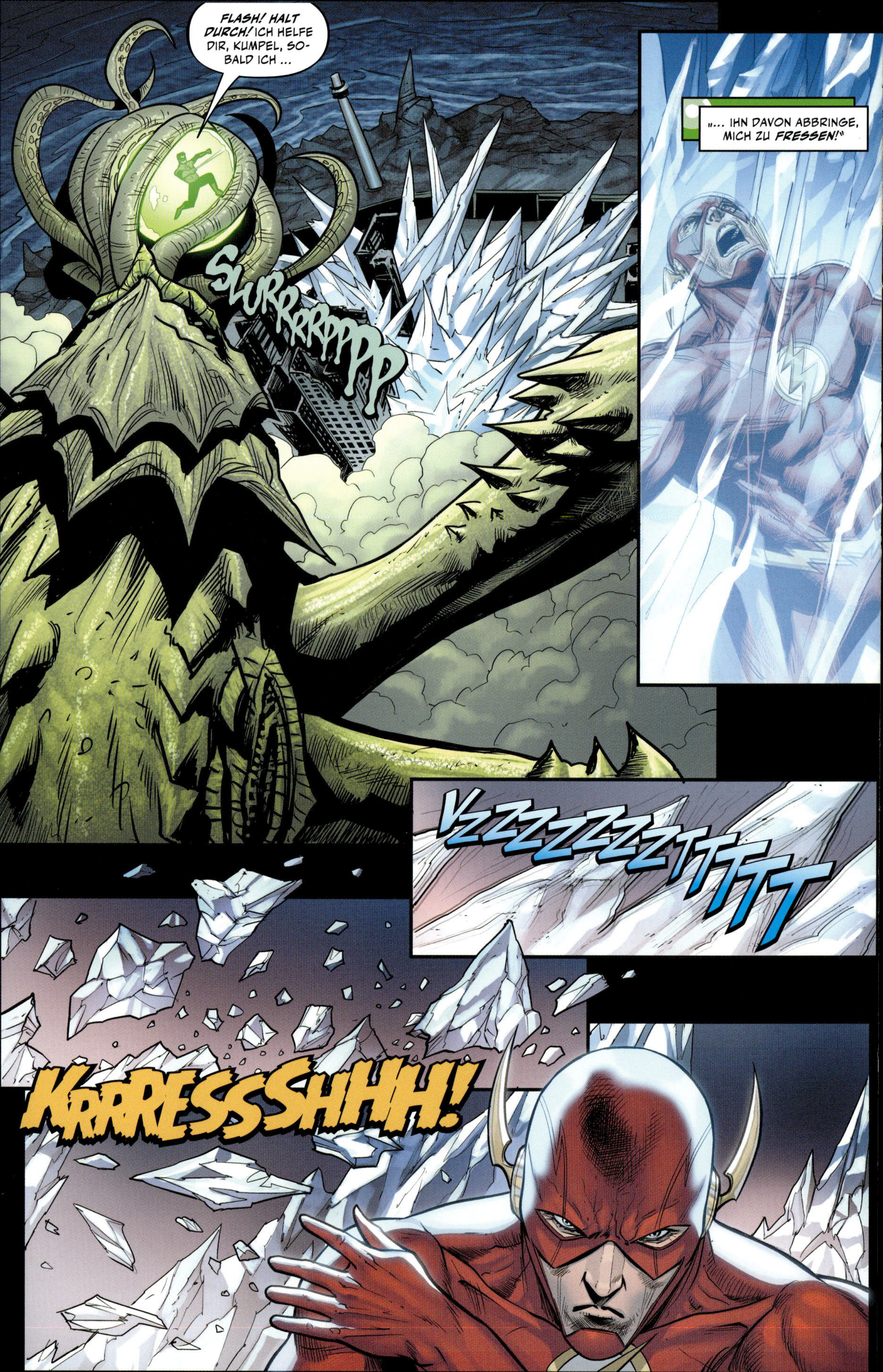
FLASH! HALT DURCH! ICH HELFE DIR, KUMPEL, SOBALD ICH ...
„... IHN DAVON ABBRINGE, MICH ZU FRESSEN!"
SLURRRRPPPP
VZZZZZZZZTTTTTT
KRRRESSSHHH!

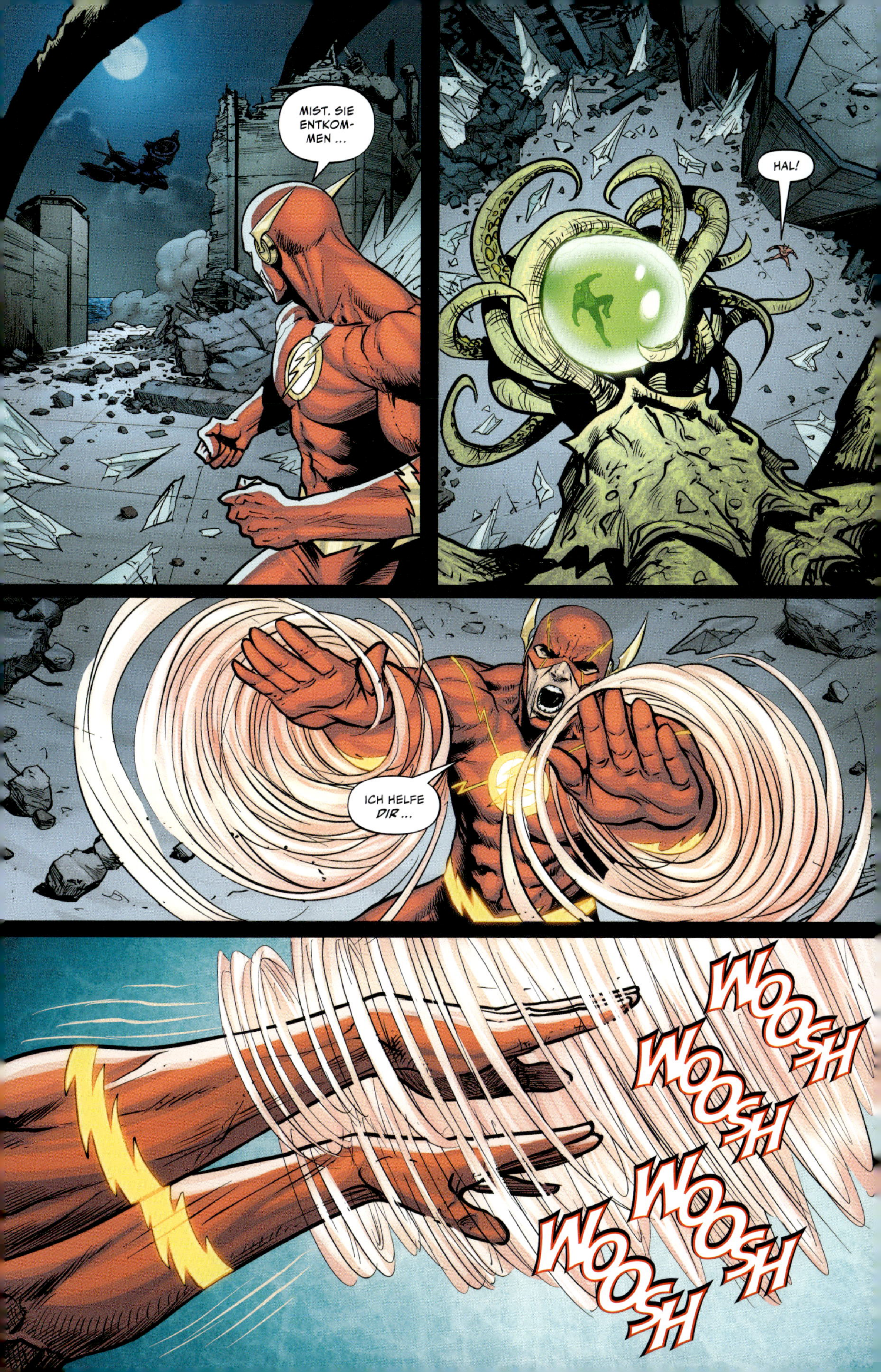
MIST. SIE ENTKOM-MEN ...
HAL!
ICH HELFE DIR ...
WOOSH
WOOSH
WOOSH
WOOSH

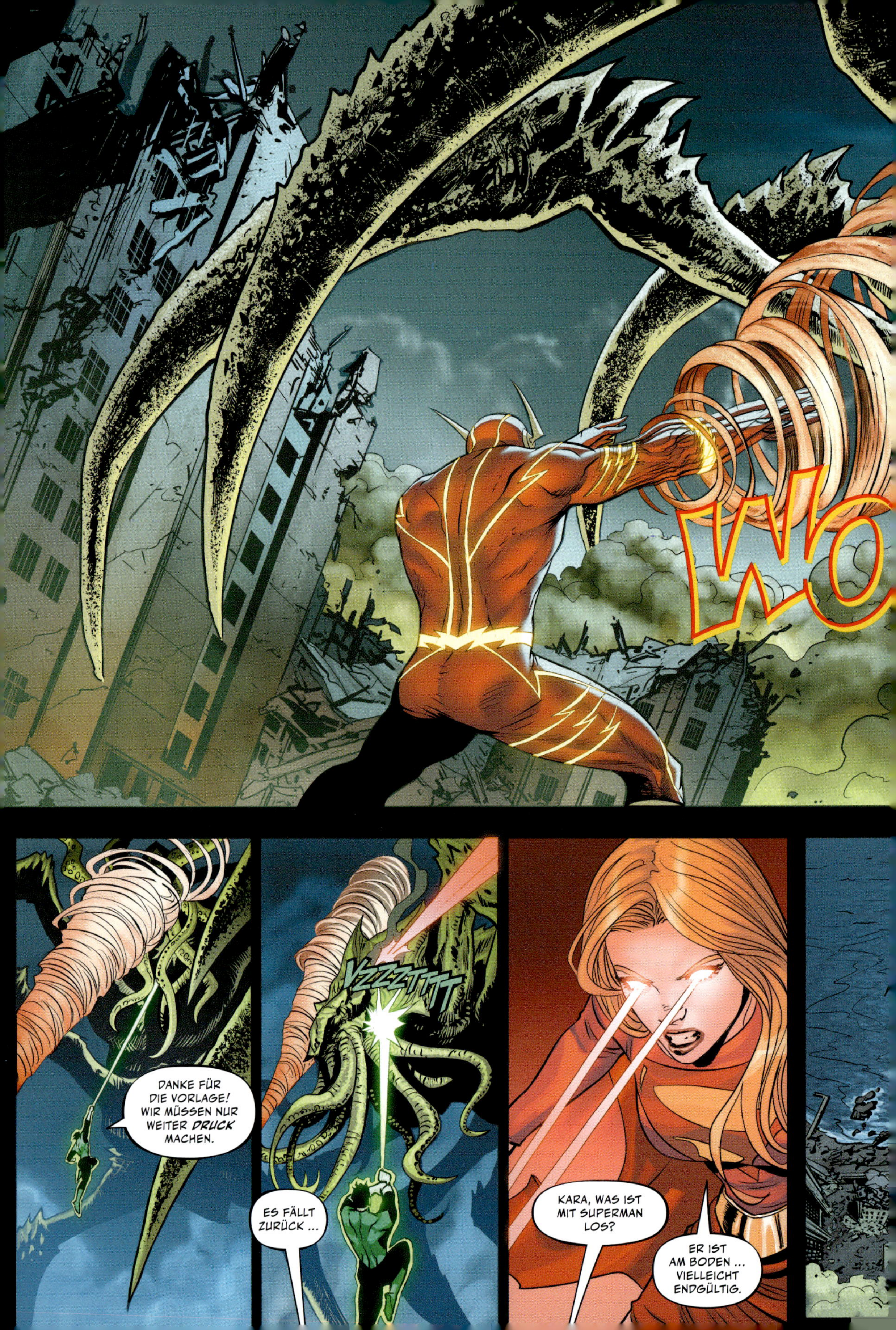

WO

DANKE FÜR DIE VORLAGE! WIR MÜSSEN NUR WEITER *DRUCK* MACHEN.

VZZZTTTT

ES FÄLLT ZURÜCK ...

KARA, WAS IST MIT SUPERMAN LOS?

ER IST AM BODEN ... VIELLEICHT ENDGÜLTIG.

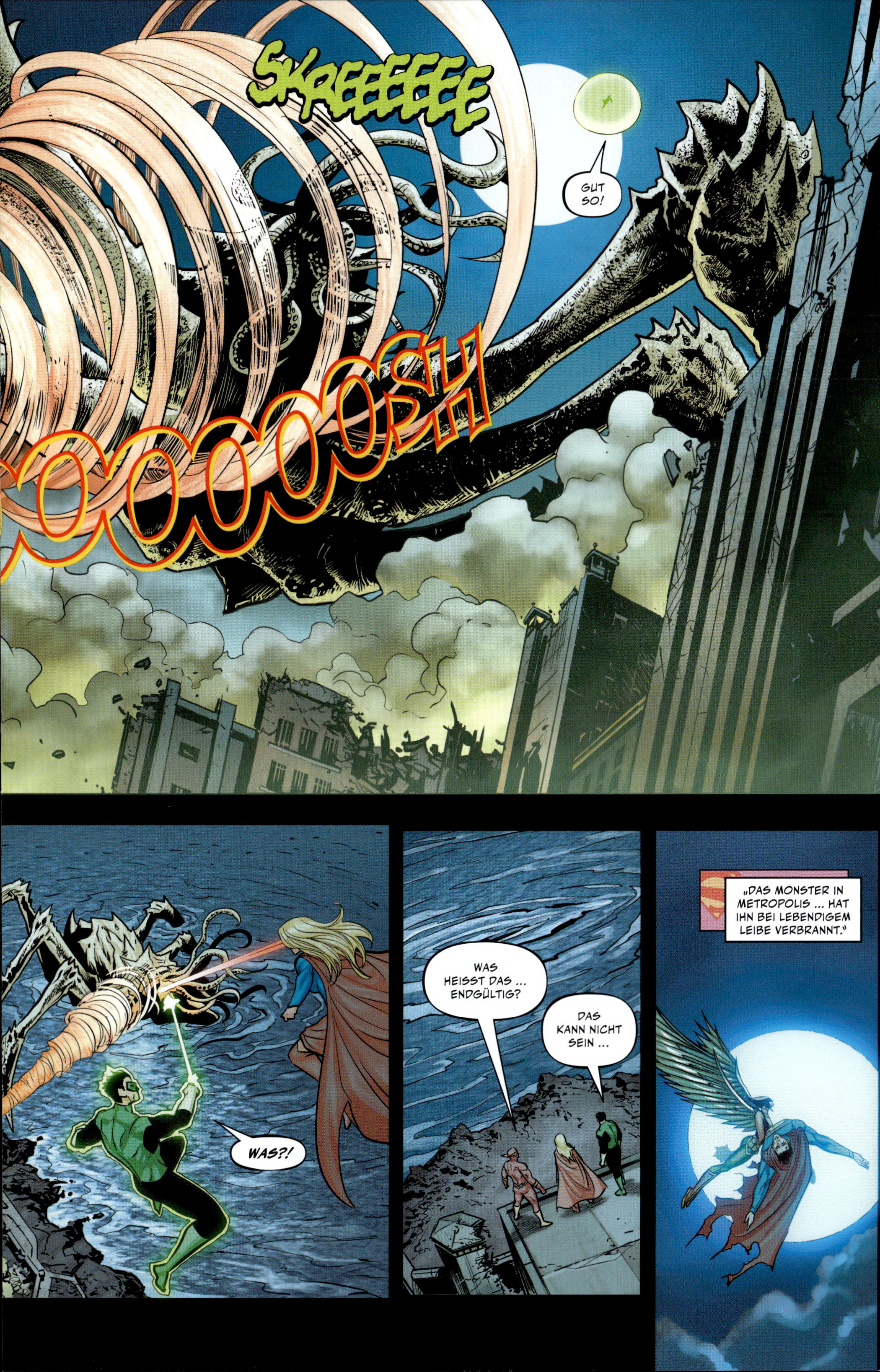

SKREEEEEE

GUT SO!

OOOOOOSH

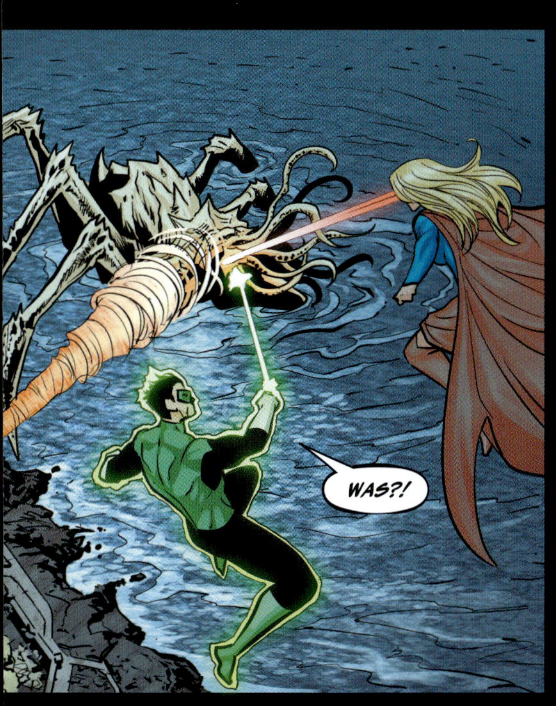

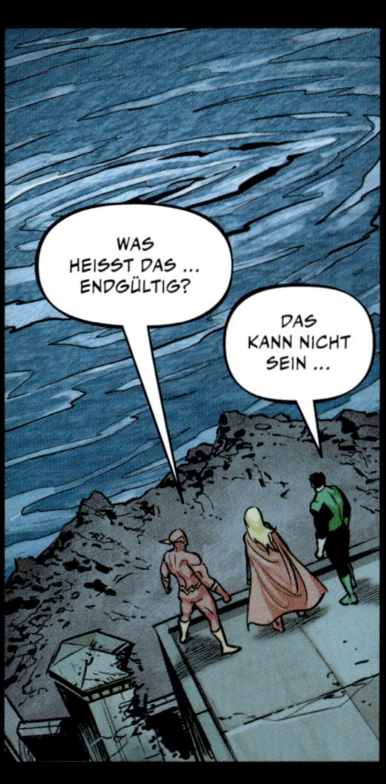

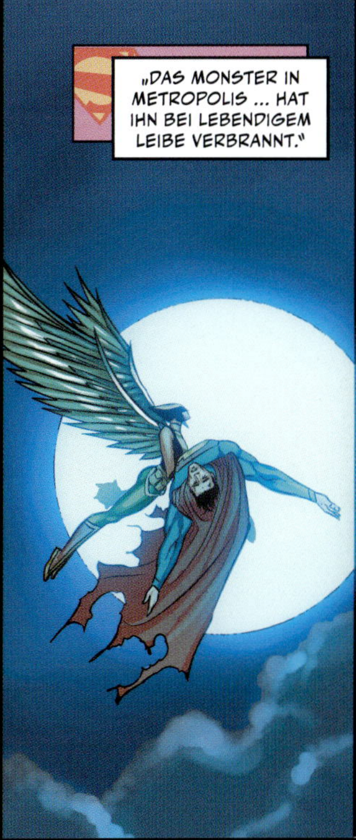

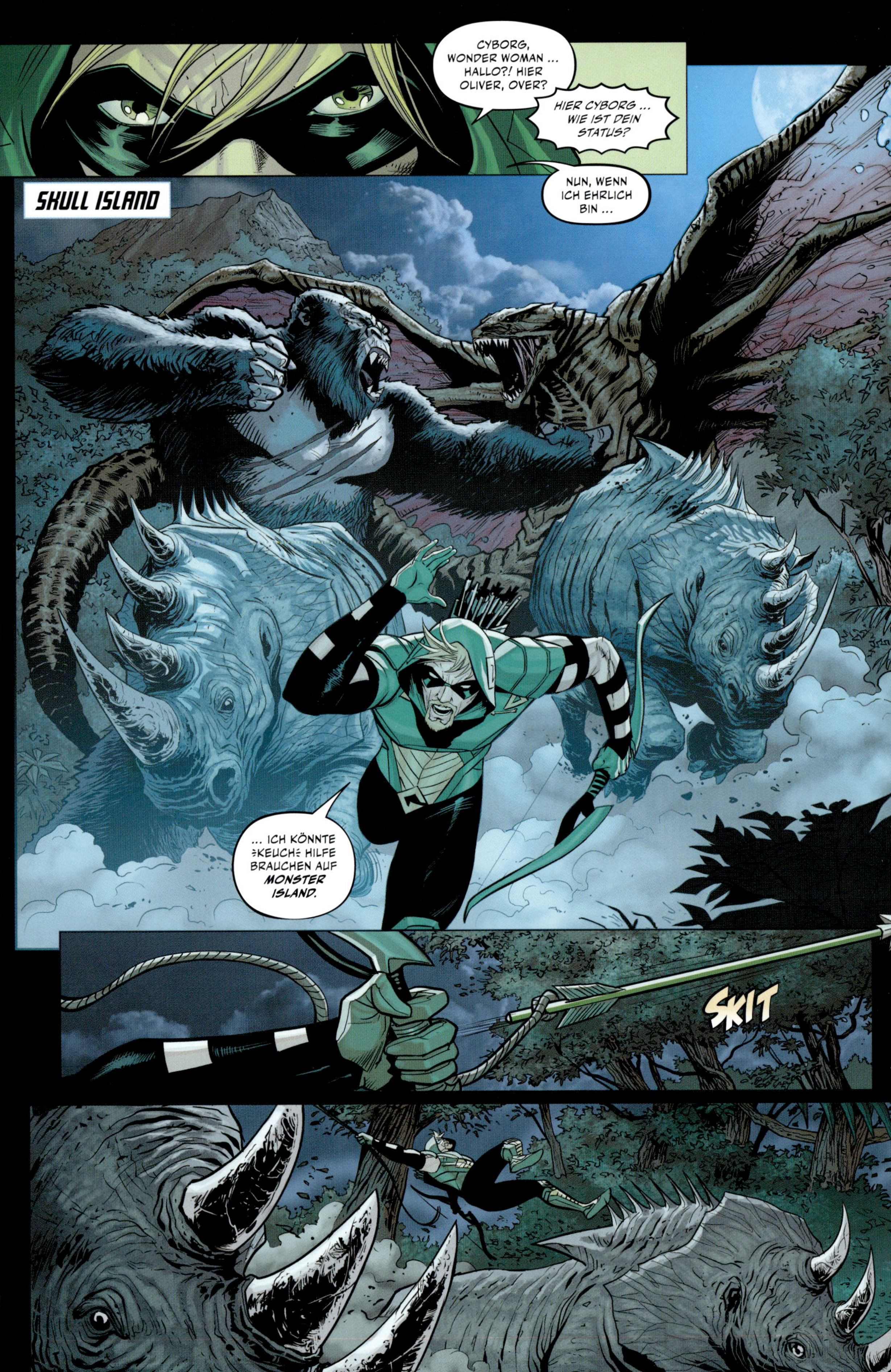
CYBORG, WONDER WOMAN ... HALLO?! HIER OLIVER, OVER?
HIER CYBORG ... WIE IST DEIN STATUS?
SKULL ISLAND
NUN, WENN ICH EHRLICH BIN ...
... ICH KÖNNTE ⁼KEUCH⁼ HILFE BRAUCHEN AUF MONSTER ISLAND.
SKIT

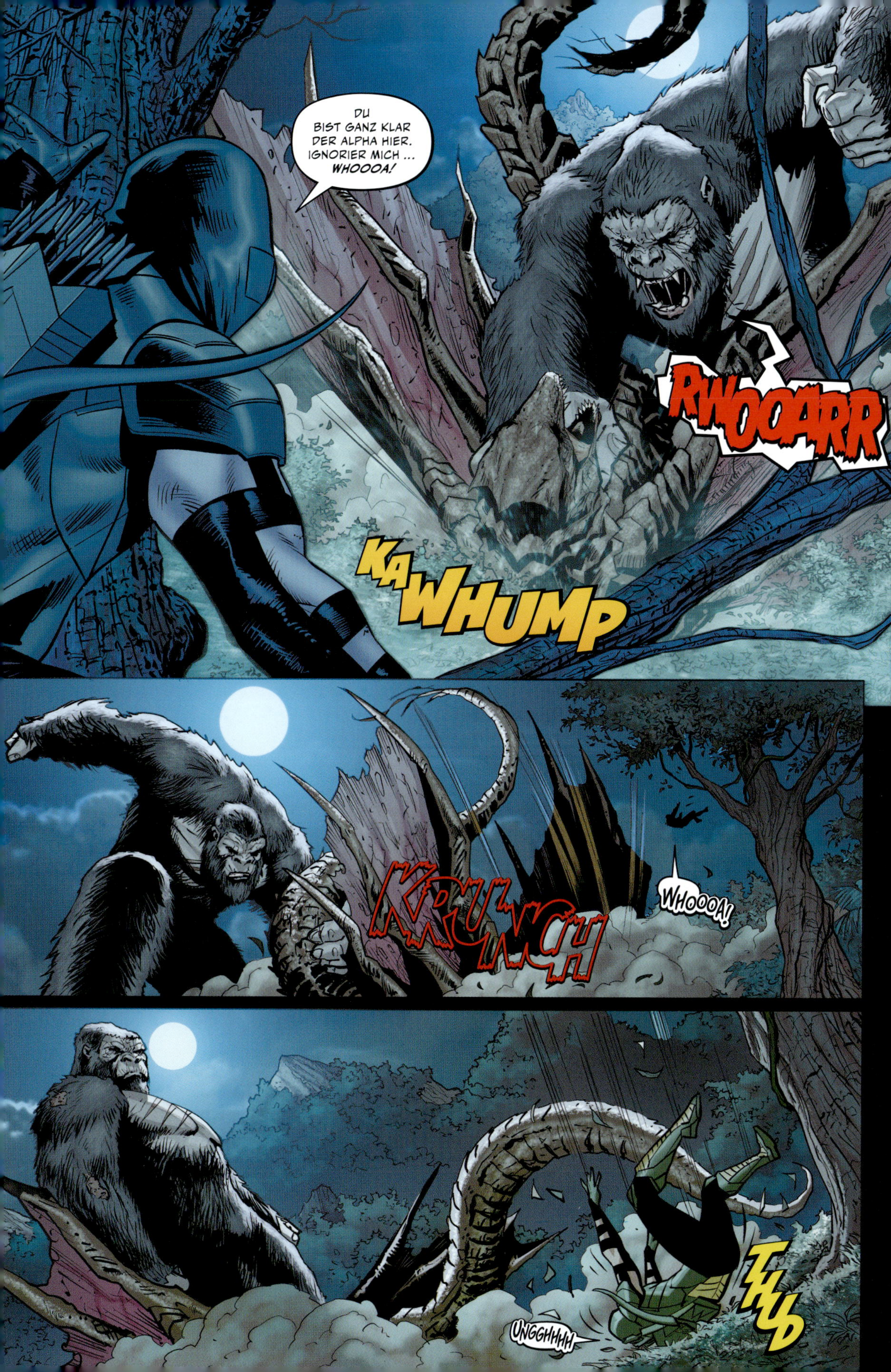
DU BIST GANZ KLAR DER ALPHA HIER. IGNORIER MICH ... WHOOOA!
RWOOARR
KAWHUMP
KRUNCH
WHOOOA!
UNGGHHHH
THUD

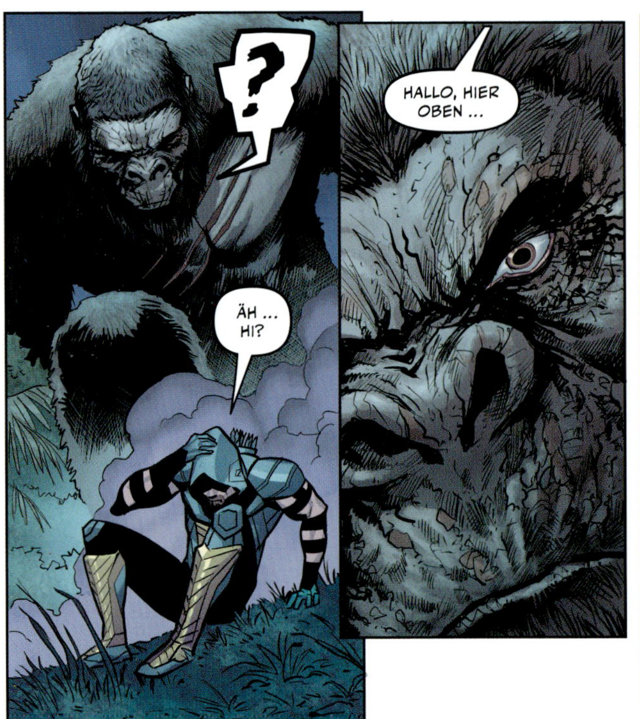
?
HALLO, HIER OBEN ...
ÄH ... HI?

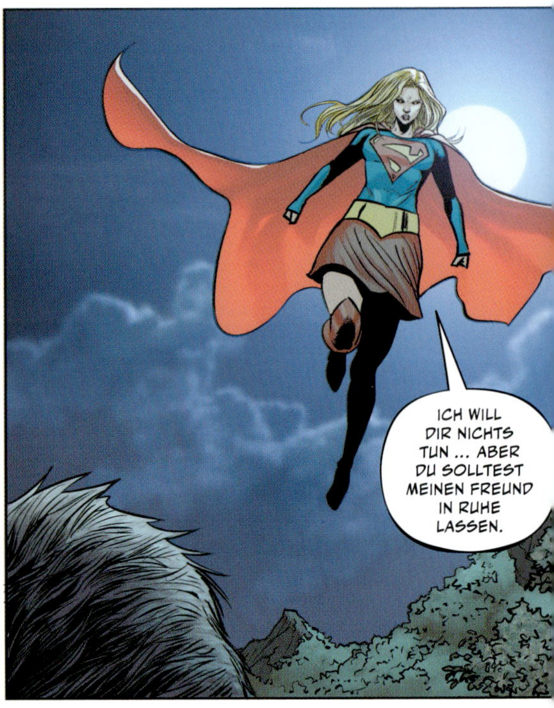
ICH WILL DIR NICHTS TUN ... ABER DU SOLLTEST MEINEN FREUND IN RUHE LASSEN.

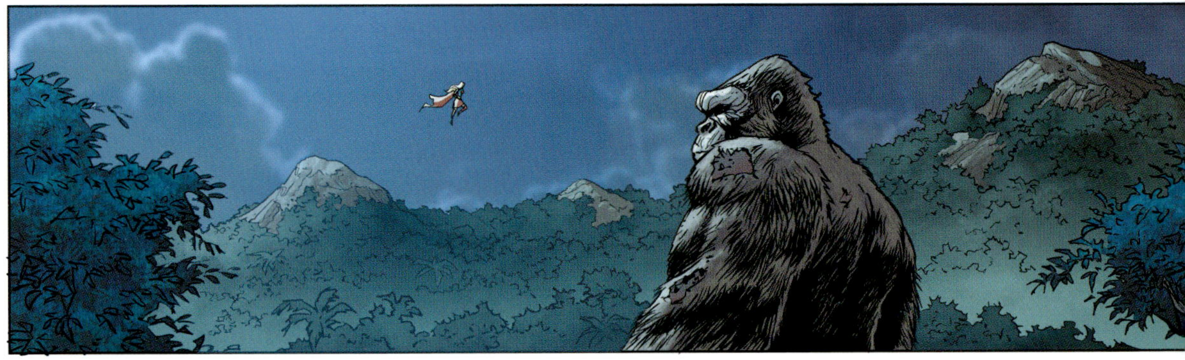

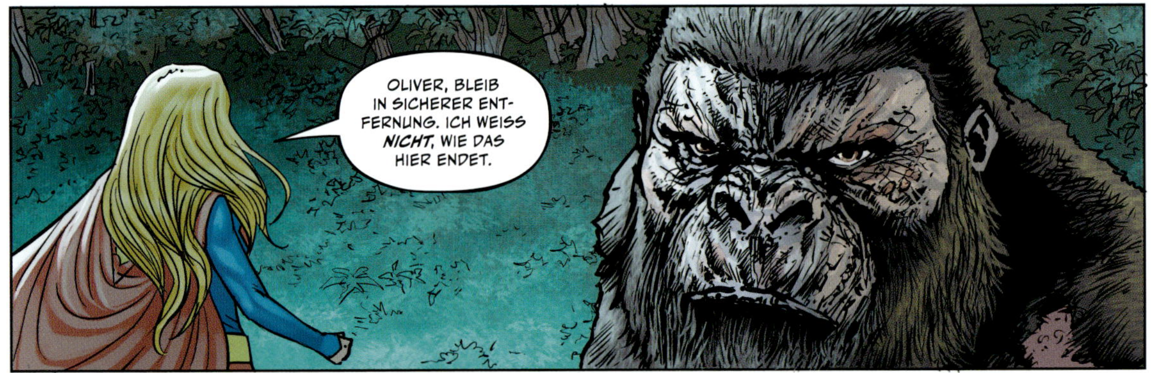
OLIVER, BLEIB IN SICHERER ENT-FERNUNG. ICH WEISS *NICHT*, WIE DAS HIER ENDET.

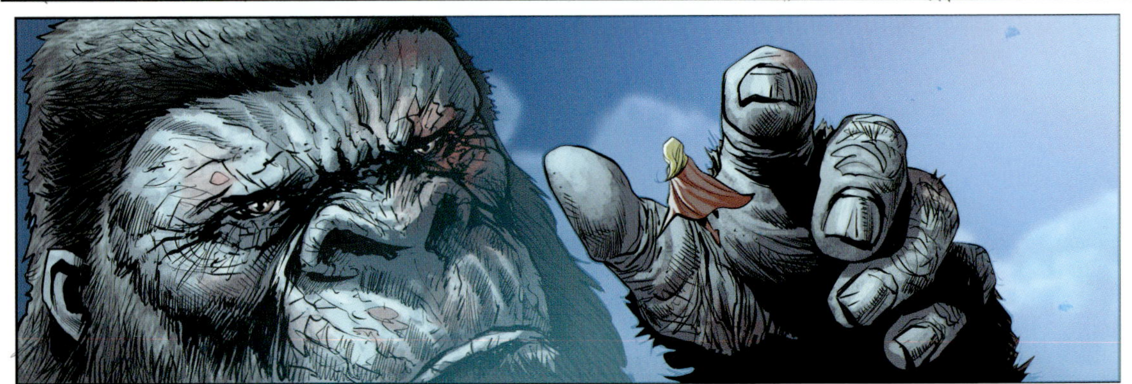

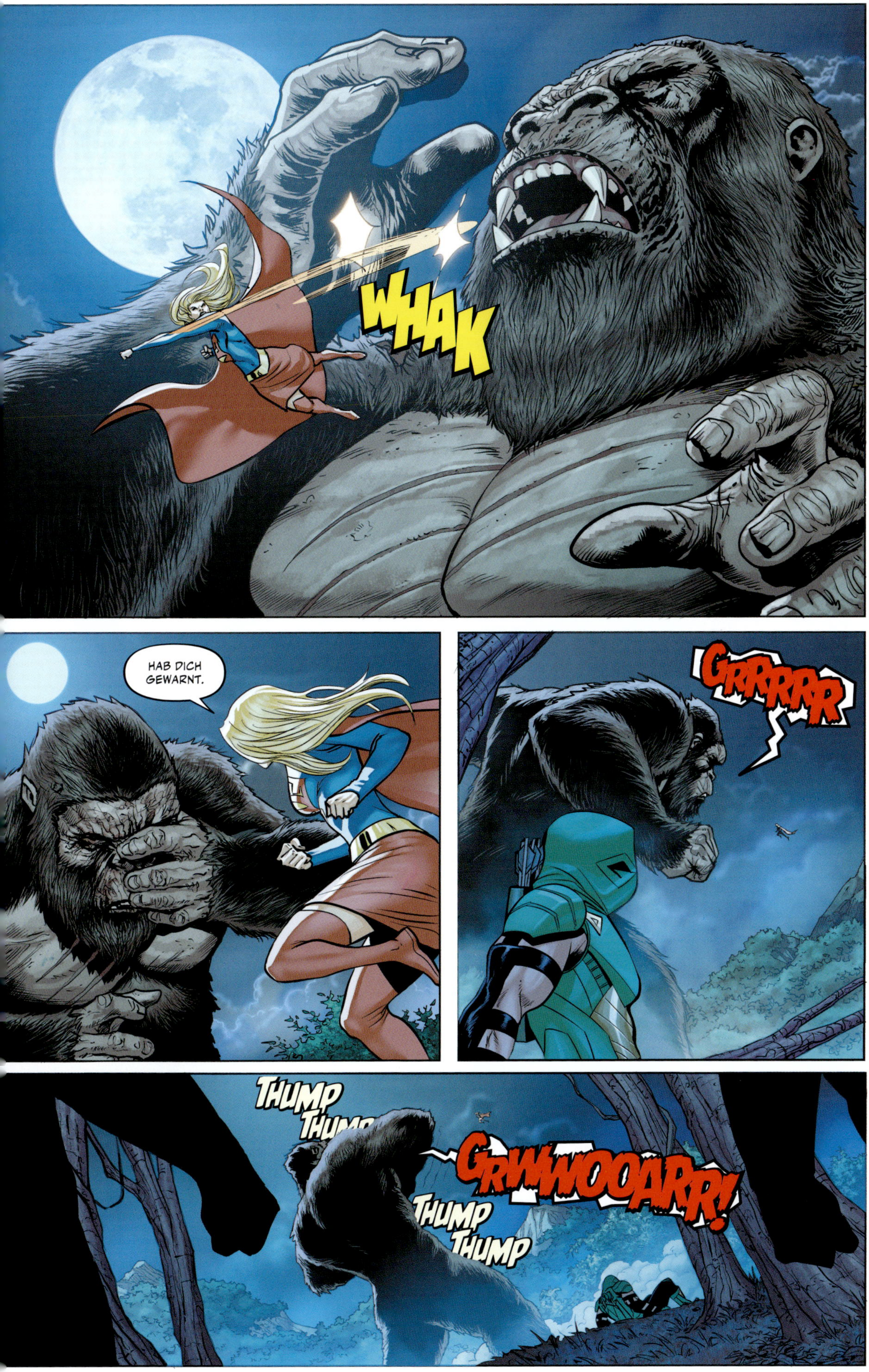

WHAK

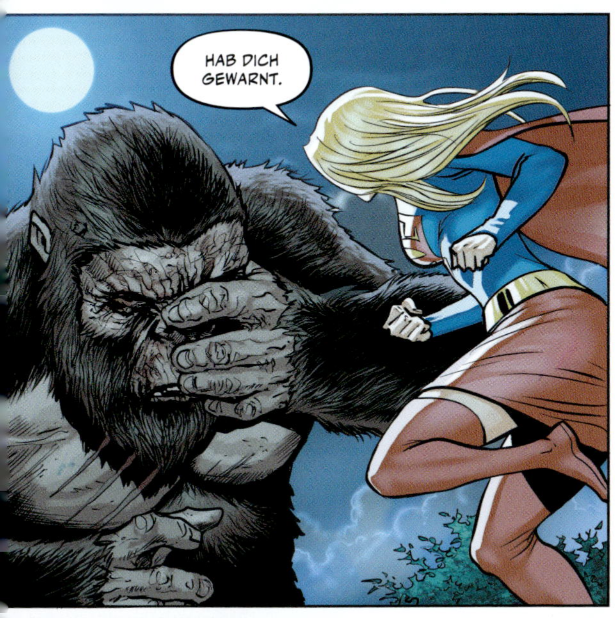

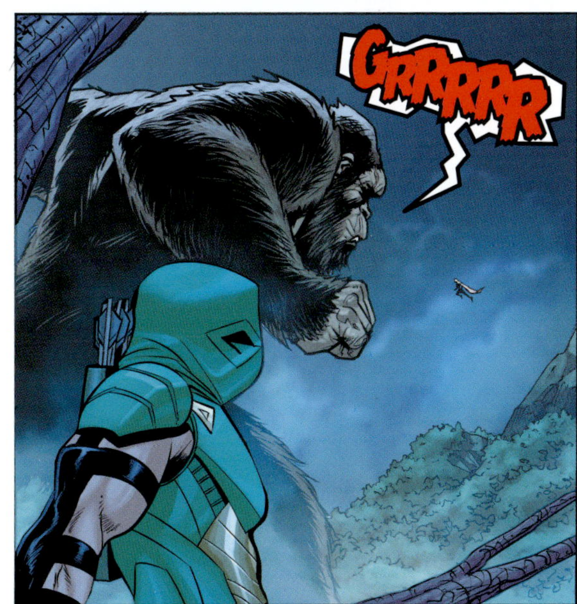

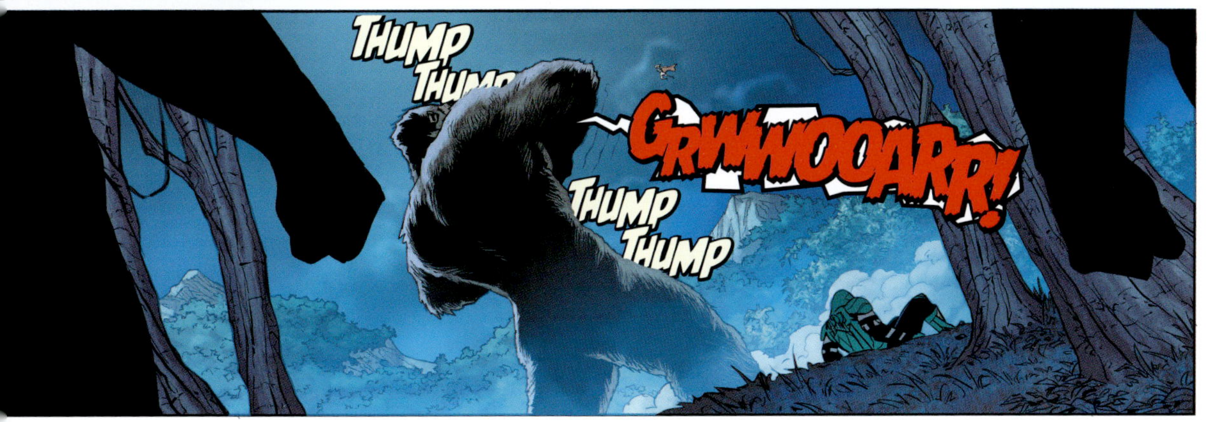

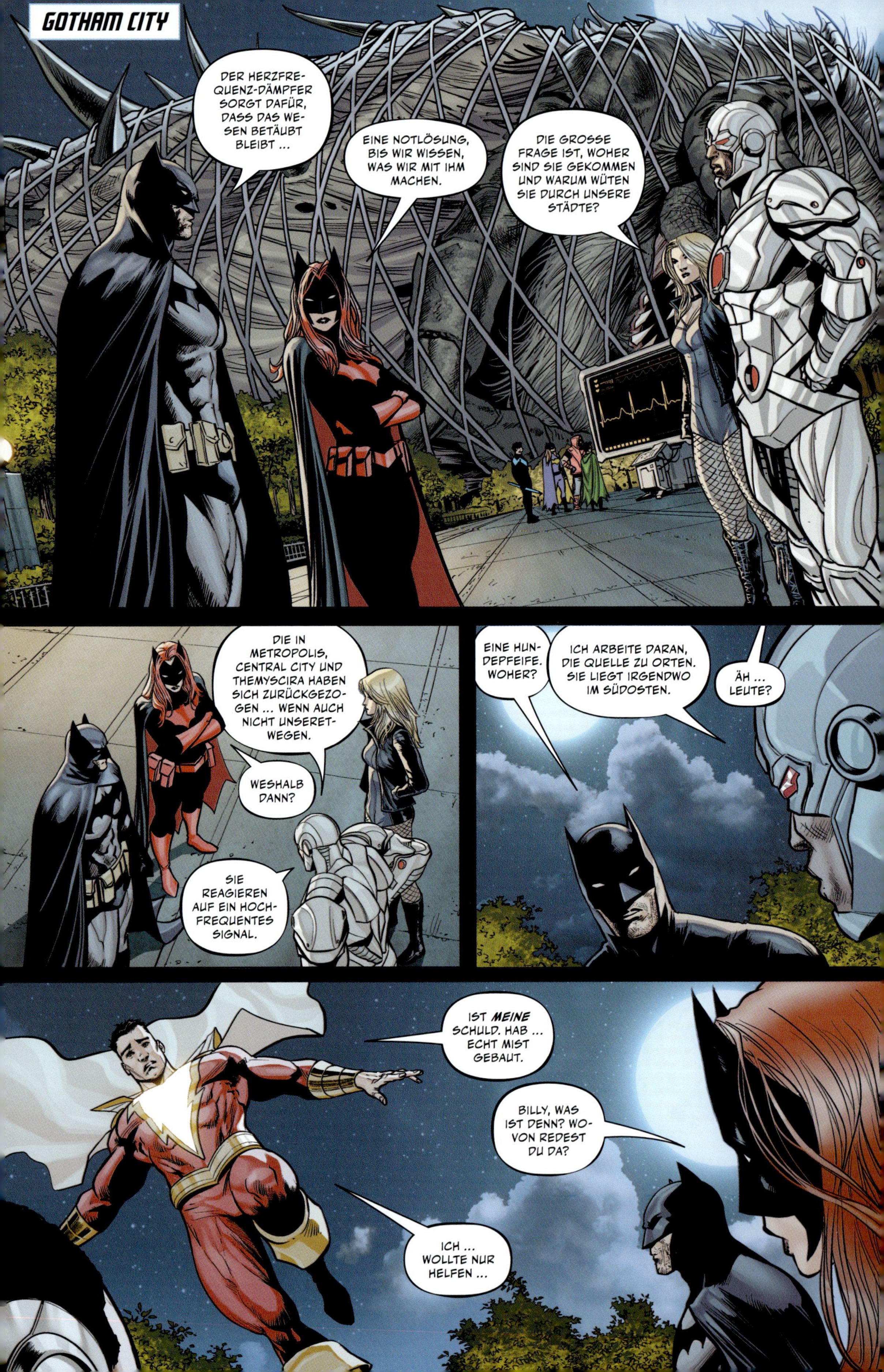
GOTHAM CITY
DER HERZFREQUENZ-DÄMPFER SORGT DAFÜR, DASS DAS WESEN BETÄUBT BLEIBT ...
EINE NOTLÖSUNG, BIS WIR WISSEN, WAS WIR MIT IHM MACHEN.
DIE GROSSE FRAGE IST, WOHER SIND SIE GEKOMMEN UND WARUM WÜTEN SIE DURCH UNSERE STÄDTE?
DIE IN METROPOLIS, CENTRAL CITY UND THEMYSCIRA HABEN SICH ZURÜCKGEZOGEN ... WENN AUCH NICHT UNSERETWEGEN.
WESHALB DANN?
SIE REAGIEREN AUF EIN HOCHFREQUENTES SIGNAL.
EINE HUNDEPFEIFE. WOHER?
ICH ARBEITE DARAN, DIE QUELLE ZU ORTEN. SIE LIEGT IRGENDWO IM SÜDOSTEN.
ÄH ... LEUTE?
IST *MEINE* SCHULD. HAB ... ECHT MIST GEBAUT.
BILLY, WAS IST DENN? WOVON REDEST DU DA?
ICH ... WOLLTE NUR HELFEN ...

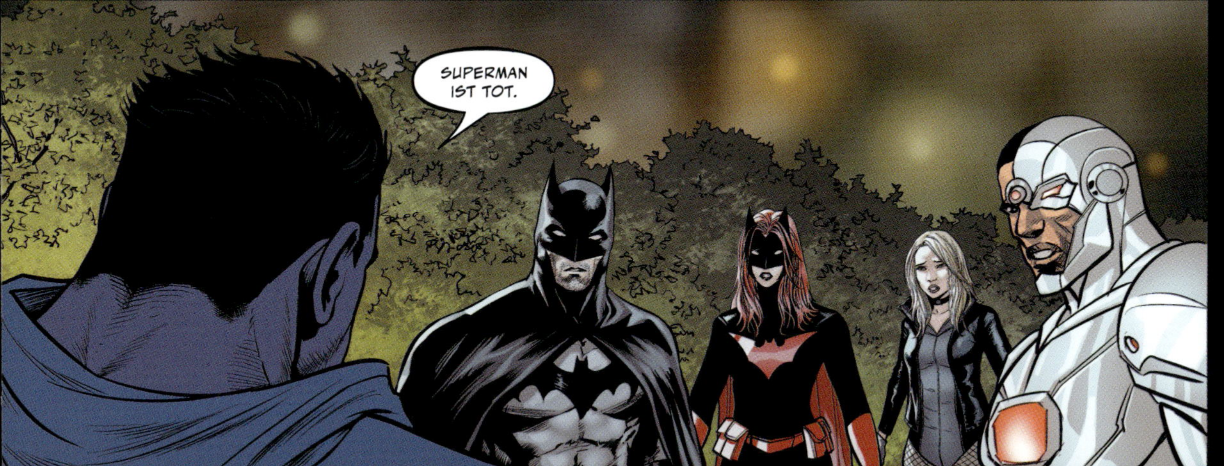
SUPERMAN IST TOT.

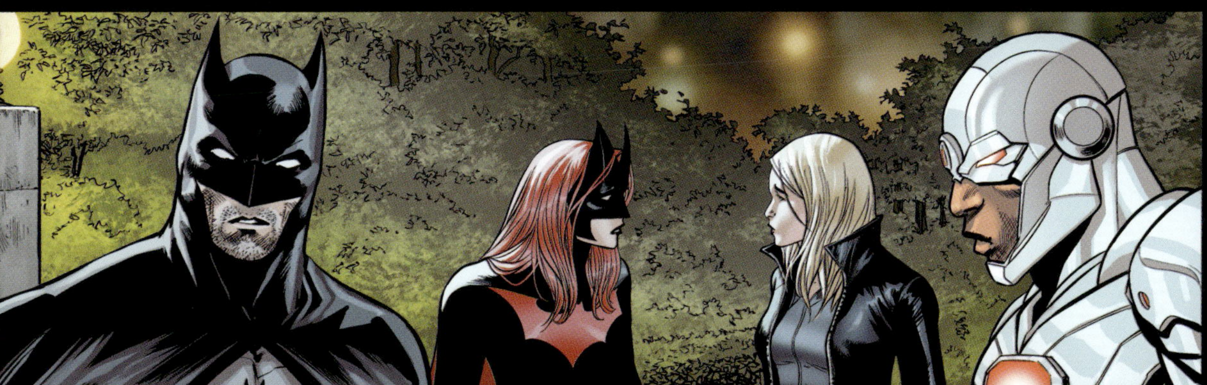

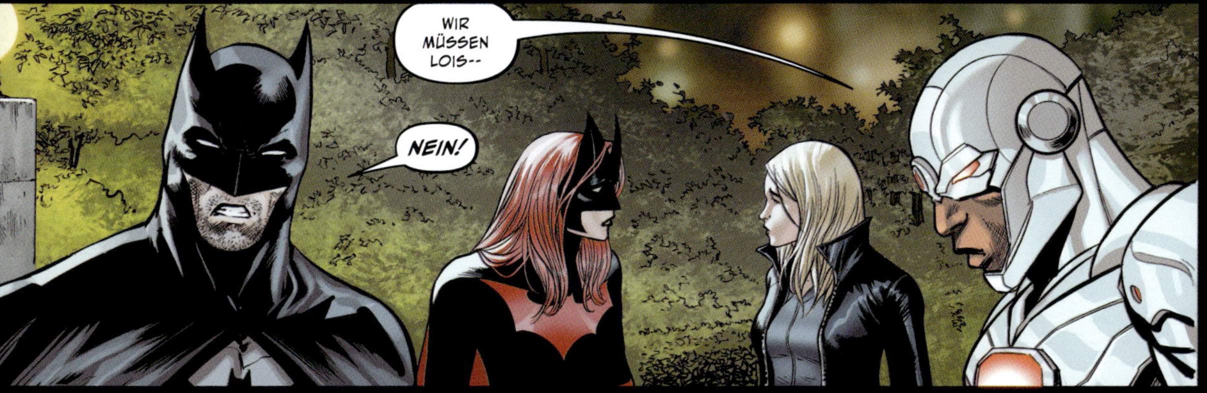
WIR MÜSSEN LOIS--
NEIN!

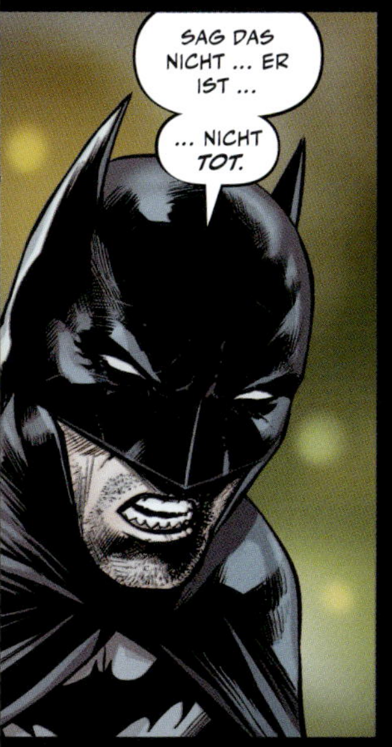
SAG DAS NICHT ... ER IST ...
... NICHT TOT.

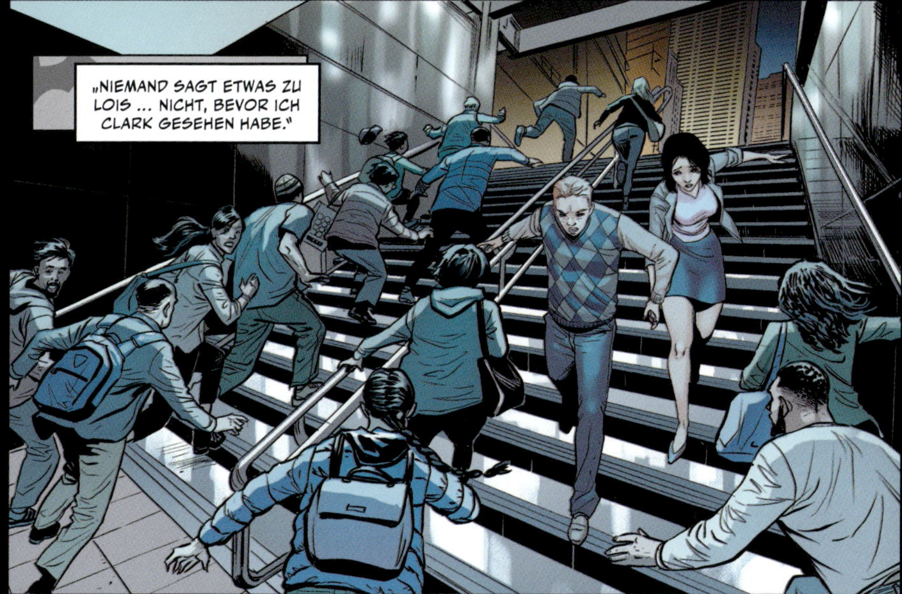
„NIEMAND SAGT ETWAS ZU LOIS ... NICHT, BEVOR ICH CLARK GESEHEN HABE."

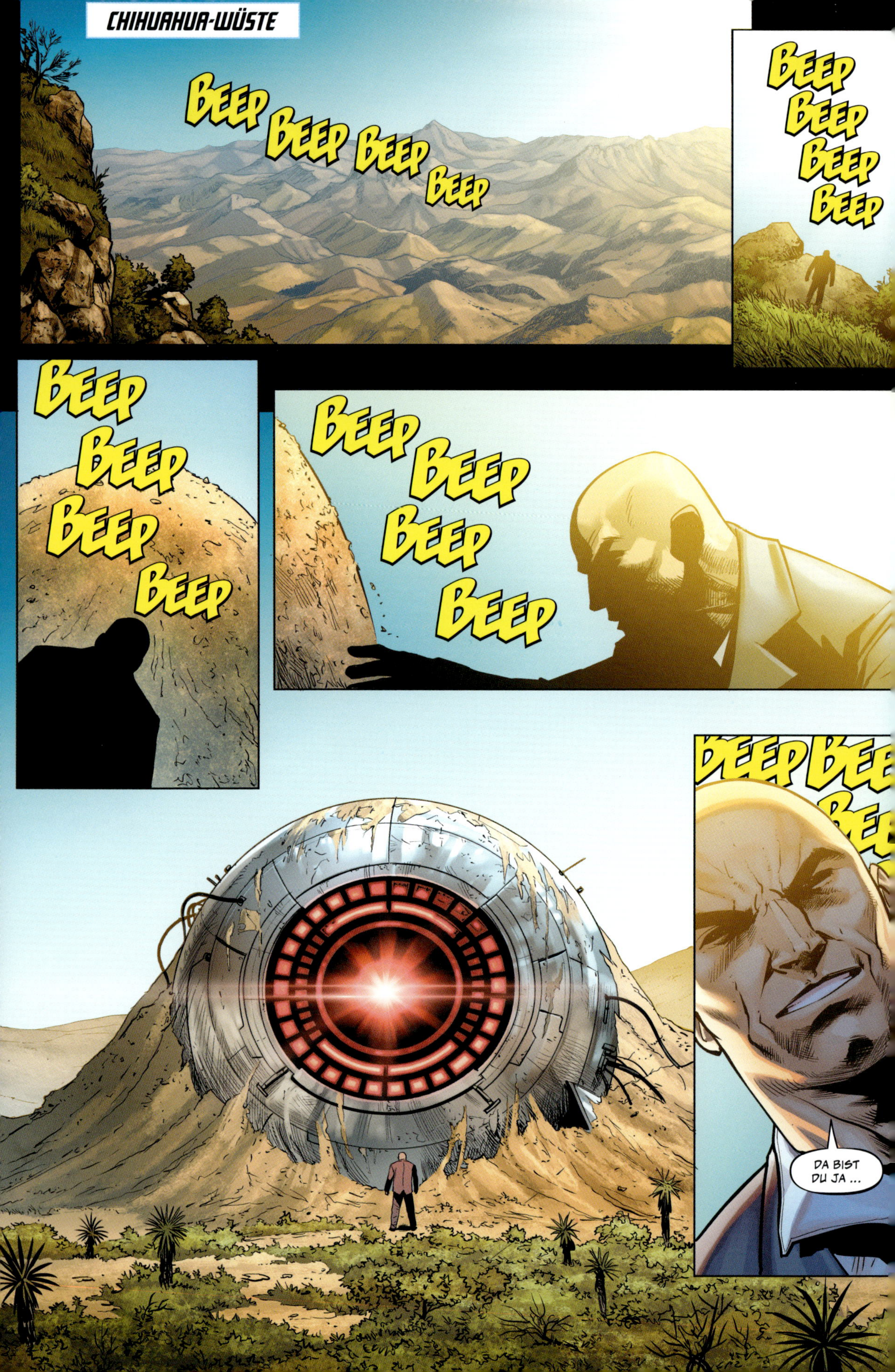
CHIHUAHUA-WÜSTE
BEEP BEEP BEEP BEEP
BEEP BEEP BEEP BEEP
BEEP BEEP BEEP BEEP
BEEP BEEP BEEP BEEP
DA BIST DU JA ...

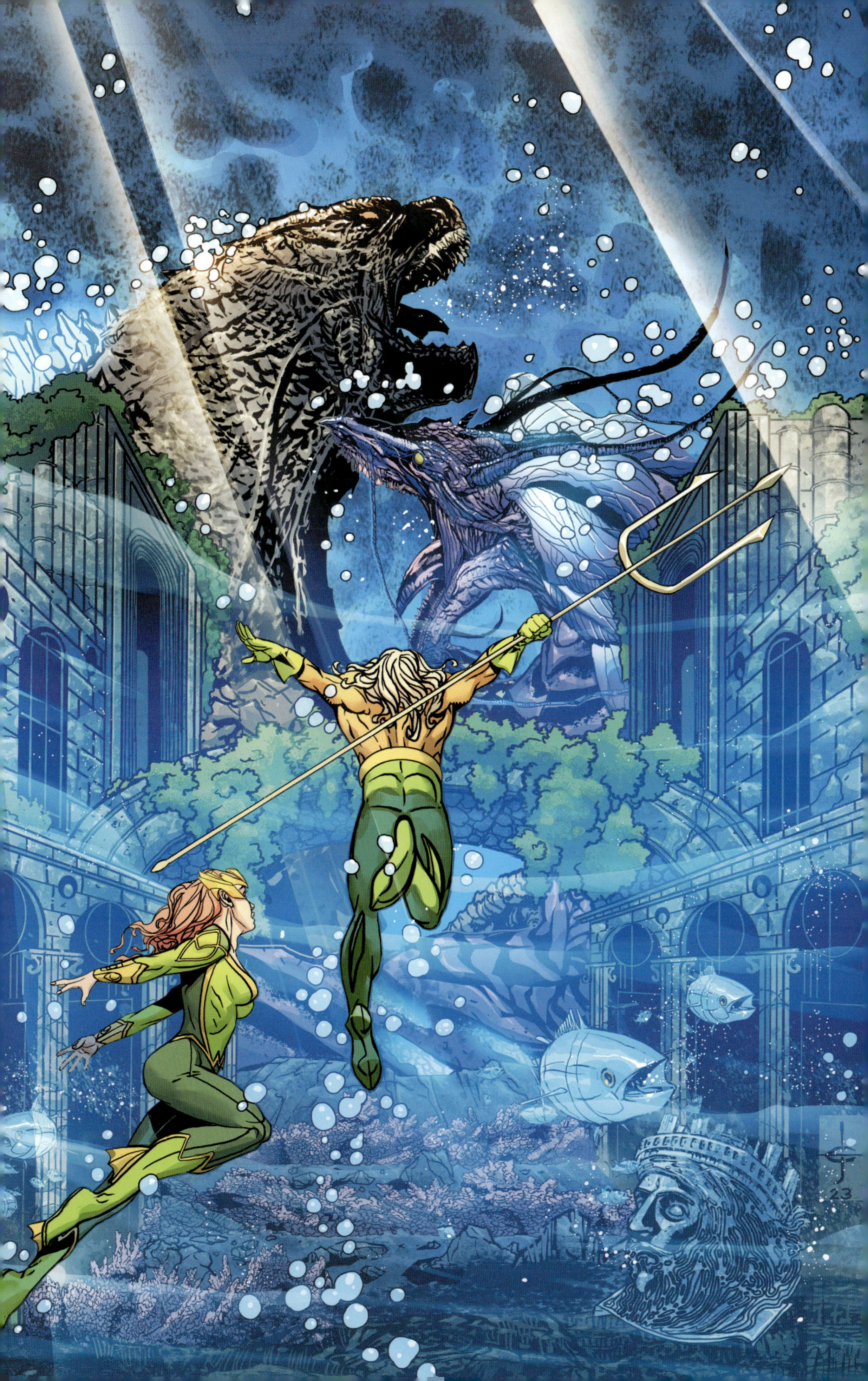

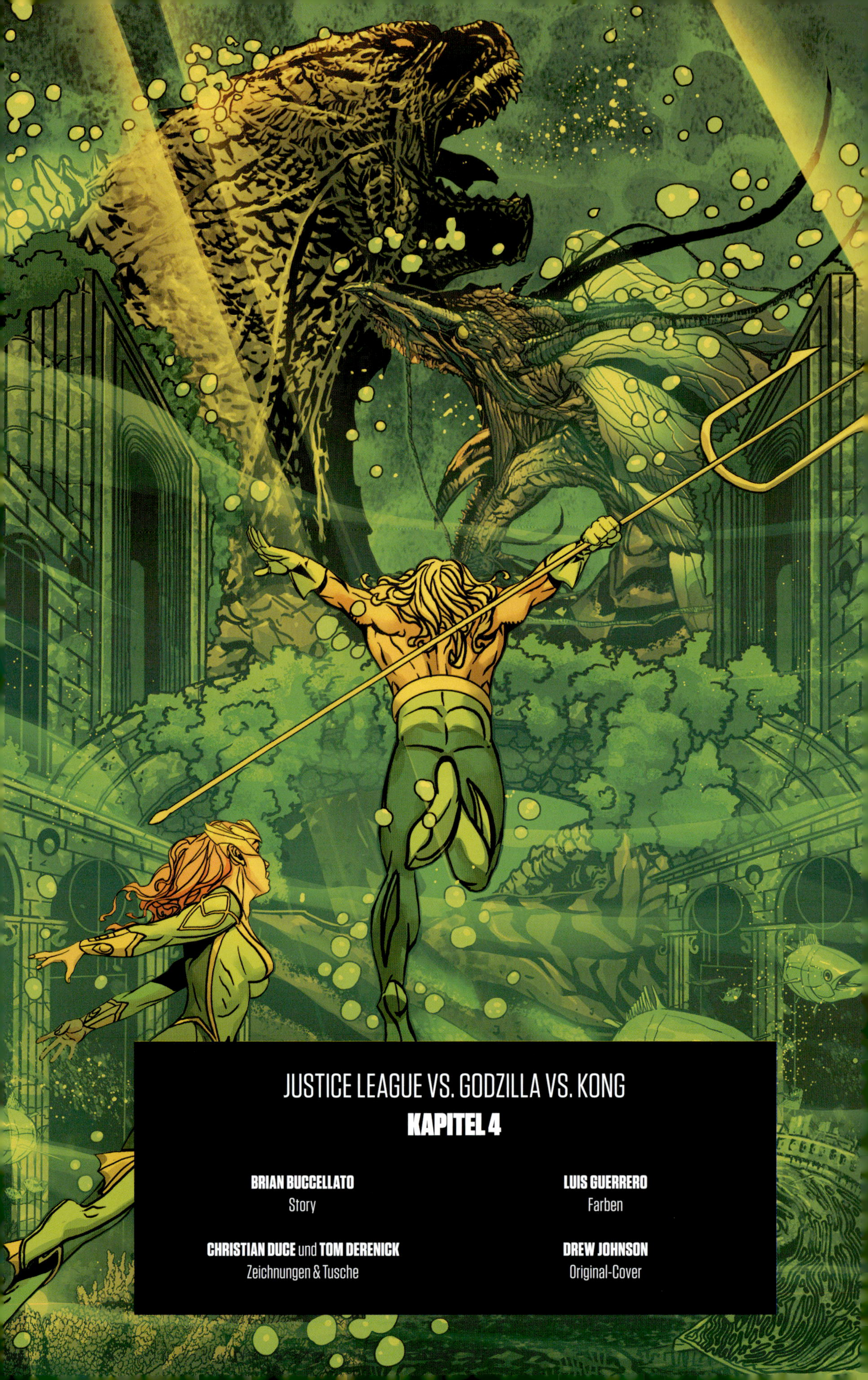

JUSTICE LEAGUE VS. GODZILLA VS. KONG

KAPITEL 4

BRIAN BUCCELLATO
Story

LUIS GUERRERO
Farben

CHRISTIAN DUCE und **TOM DERENICK**
Zeichnungen & Tusche

DREW JOHNSON
Original-Cover

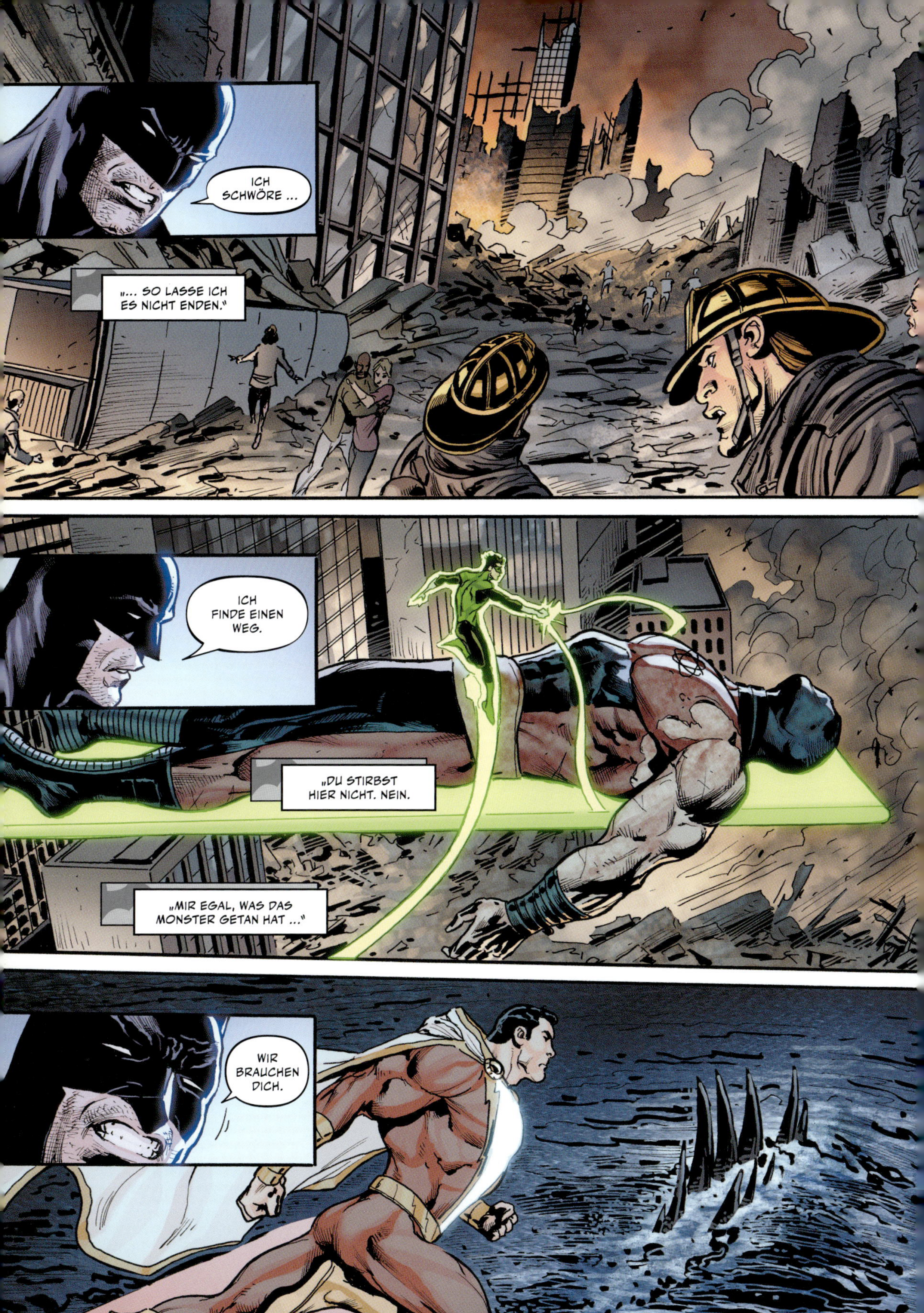

ICH SCHWÖRE ...
„... SO LASSE ICH ES NICHT ENDEN."
ICH FINDE EINEN WEG.
„DU STIRBST HIER NICHT. NEIN.
„MIR EGAL, WAS DAS MONSTER GETAN HAT ..."
WIR BRAUCHEN DICH.

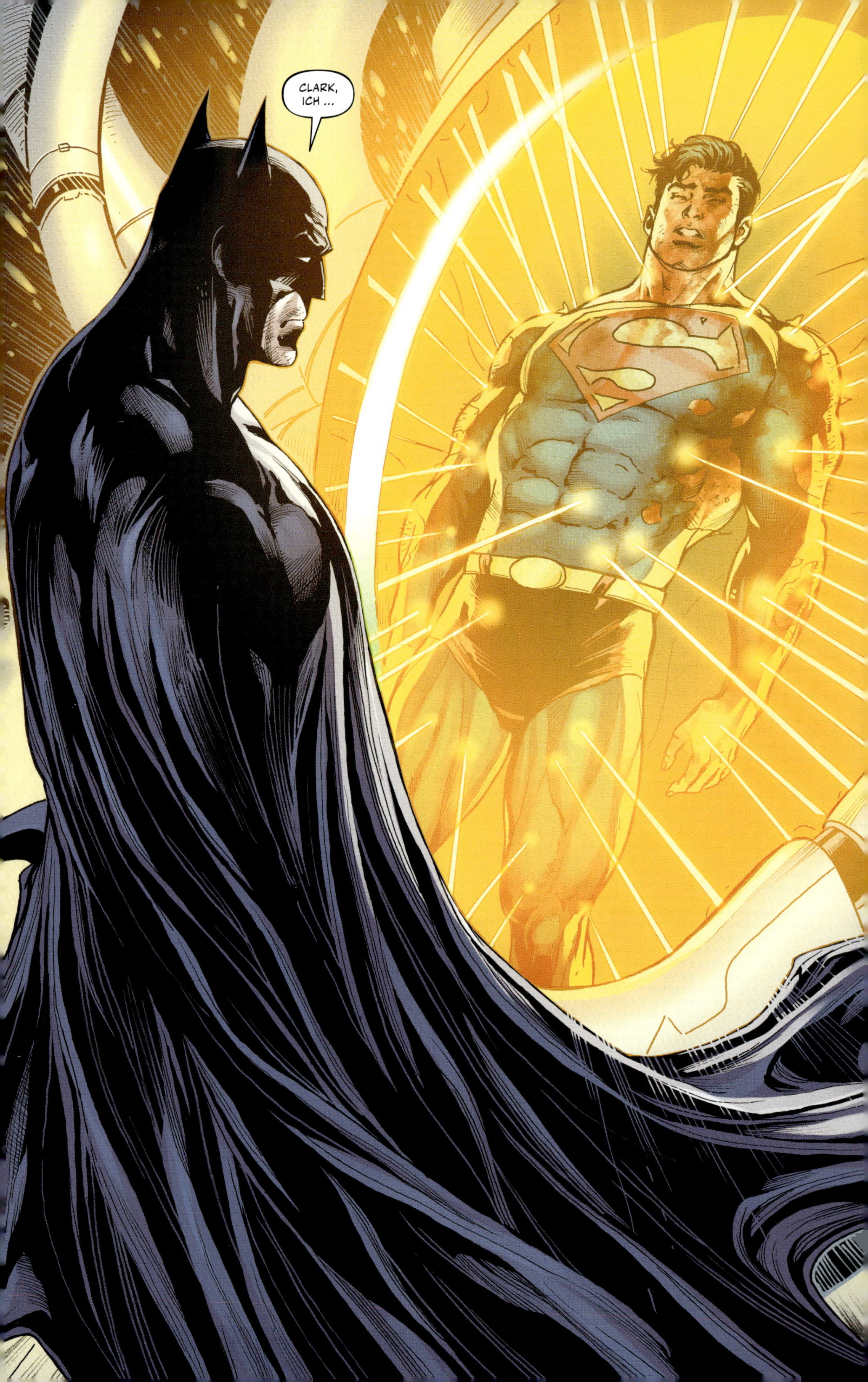
CLARK, ICH ...

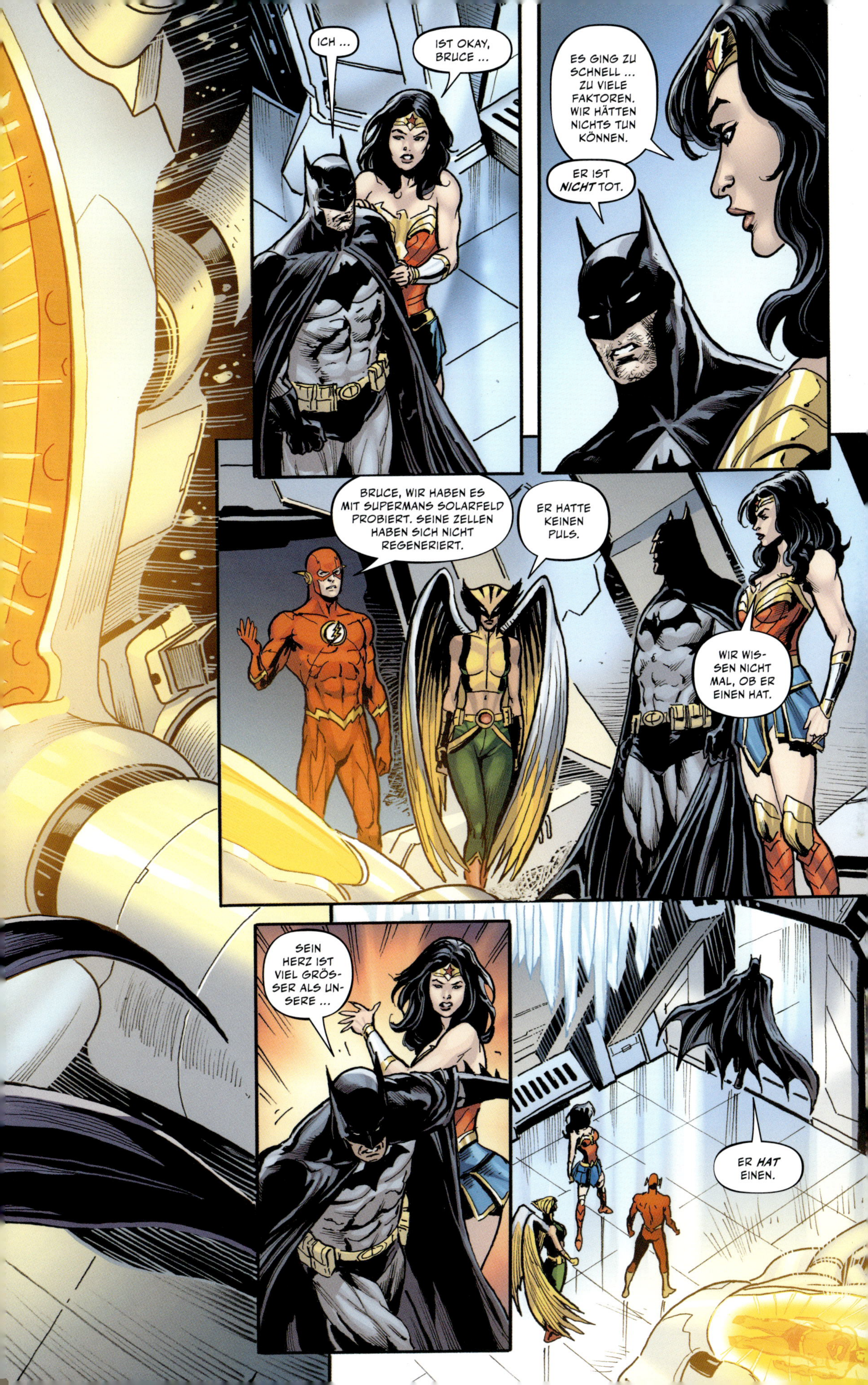
ICH ...
IST OKAY, BRUCE ...
ES GING ZU SCHNELL ... ZU VIELE FAKTOREN. WIR HÄTTEN NICHTS TUN KÖNNEN.
ER IST *NICHT* TOT.
BRUCE, WIR HABEN ES MIT SUPERMANS SOLARFELD PROBIERT. SEINE ZELLEN HABEN SICH NICHT REGENERIERT.
ER HATTE KEINEN PULS.
WIR WISSEN NICHT MAL, OB ER EINEN HAT.
SEIN HERZ IST VIEL GRÖSSER ALS UNSERE ...
ER *HAT* EINEN.

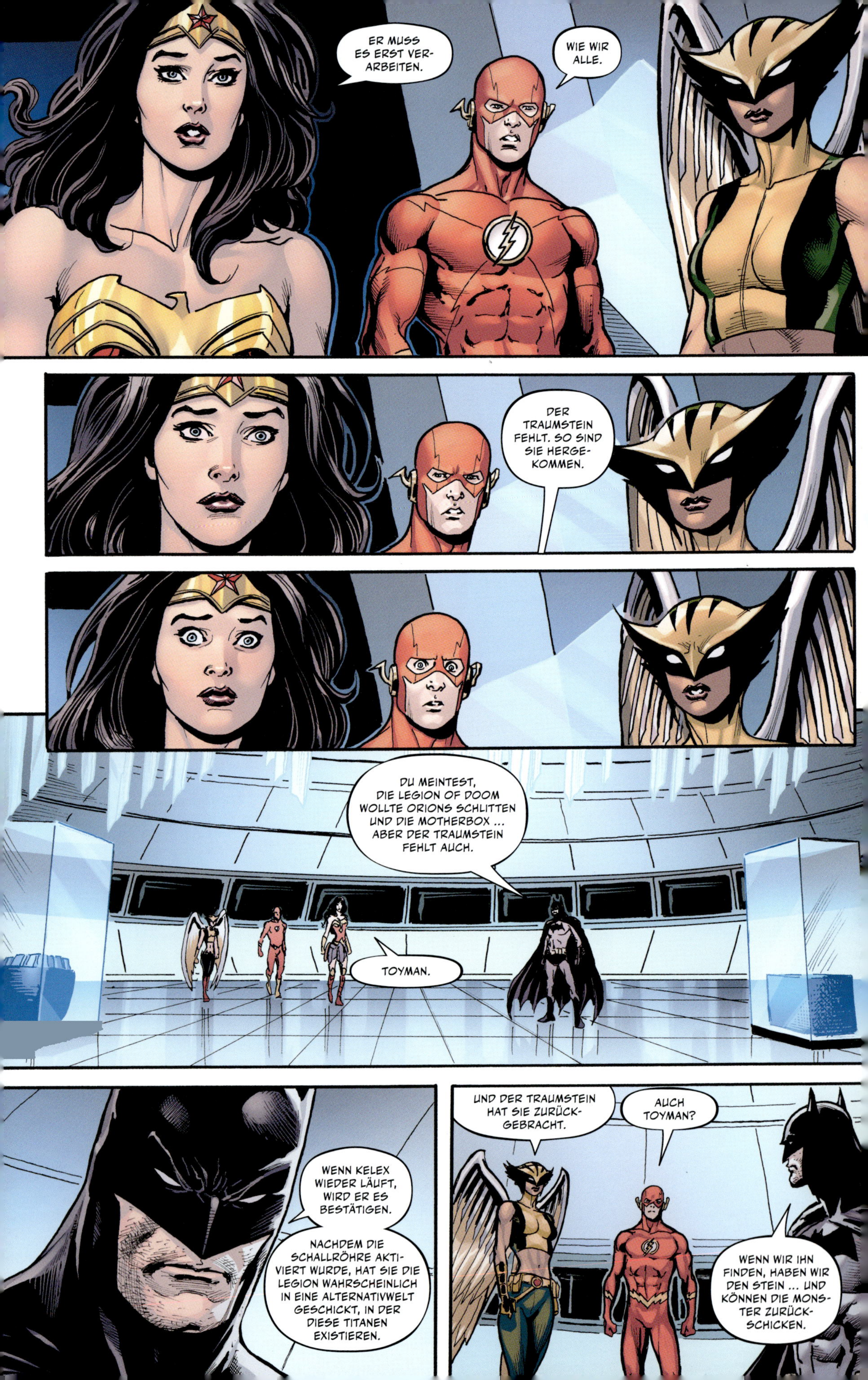

ER MUSS ES ERST VERARBEITEN.
WIE WIR ALLE.
DER TRAUMSTEIN FEHLT. SO SIND SIE HERGEKOMMEN.
DU MEINTEST, DIE LEGION OF DOOM WOLLTE ORIONS SCHLITTEN UND DIE MOTHERBOX ... ABER DER TRAUMSTEIN FEHLT AUCH.
TOYMAN.

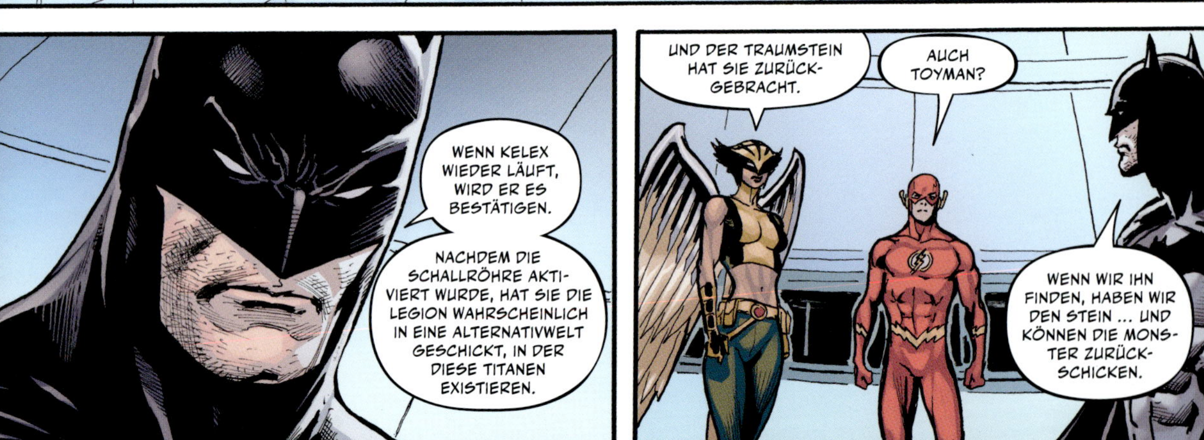
WENN KELEX WIEDER LÄUFT, WIRD ER ES BESTÄTIGEN.
NACHDEM DIE SCHALLRÖHRE AKTIVIERT WURDE, HAT SIE DIE LEGION WAHRSCHEINLICH IN EINE ALTERNATIVWELT GESCHICKT, IN DER DIESE TITANEN EXISTIEREN.
UND DER TRAUMSTEIN HAT SIE ZURÜCKGEBRACHT.
AUCH TOYMAN?
WENN WIR IHN FINDEN, HABEN WIR DEN STEIN ... UND KÖNNEN DIE MONSTER ZURÜCKSCHICKEN.

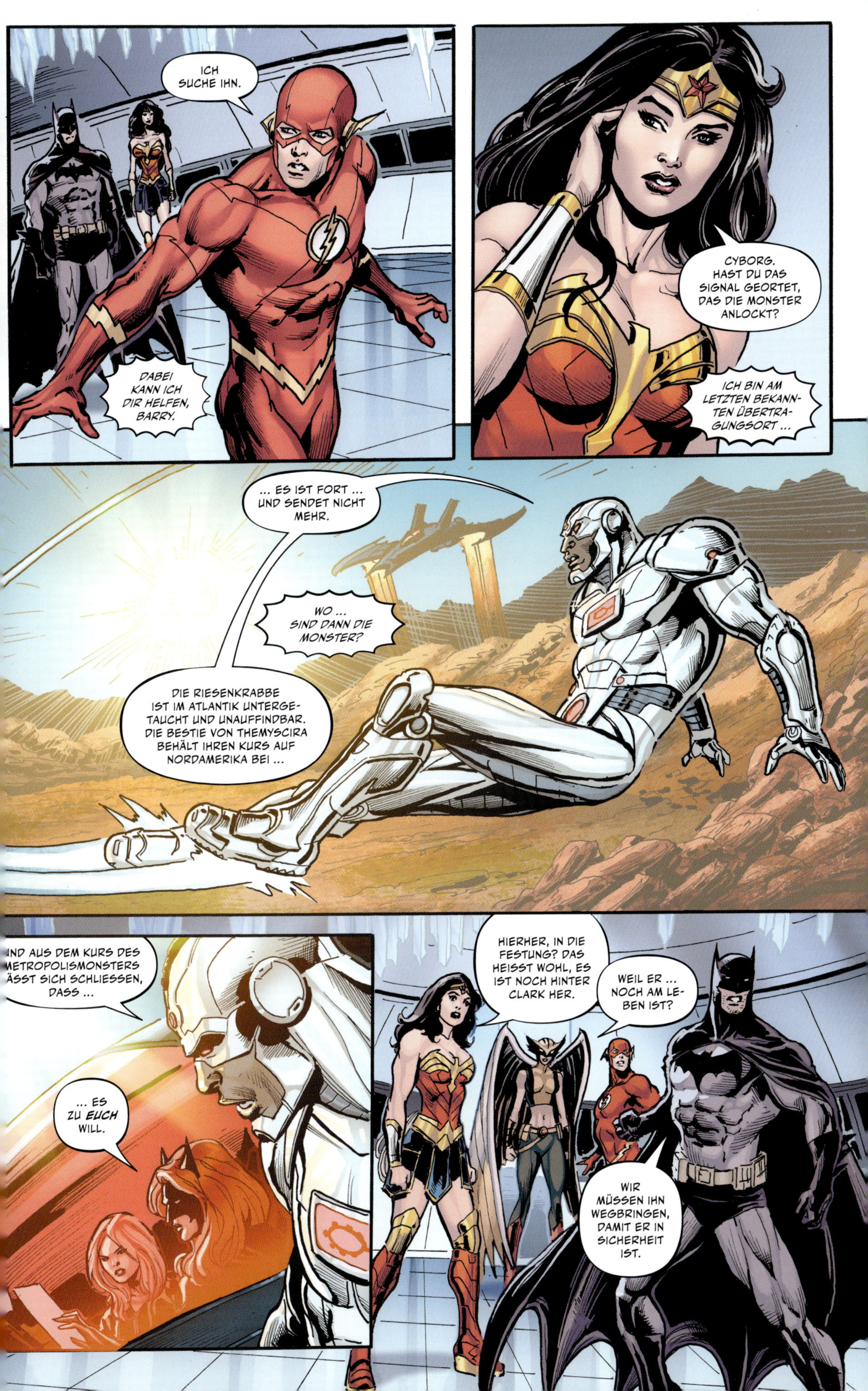

ICH SUCHE IHN.
DABEI KANN ICH DIR HELFEN, BARRY.
CYBORG. HAST DU DAS SIGNAL GEORTET, DAS DIE MONSTER ANLOCKT?
ICH BIN AM LETZTEN BEKANN-TEN ÜBERTRA-GUNGSORT ...
... ES IST FORT ... UND SENDET NICHT MEHR.
WO ... SIND DANN DIE MONSTER?
DIE RIESENKRABBE IST IM ATLANTIK UNTERGE-TAUCHT UND UNAUFFINDBAR. DIE BESTIE VON THEMYSCIRA BEHÄLT IHREN KURS AUF NORDAMERIKA BEI ...
ND AUS DEM KURS DES METROPOLISMONSTERS ÄSST SICH SCHLIESSEN, DASS ...
... ES ZU *EUCH* WILL.
HIERHER, IN DIE FESTUNG? DAS HEISST WOHL, ES IST NOCH HINTER CLARK HER.
WEIL ER ... NOCH AM LE-BEN IST?
WIR MÜSSEN IHN WEGBRINGEN, DAMIT ER IN SICHERHEIT IST.

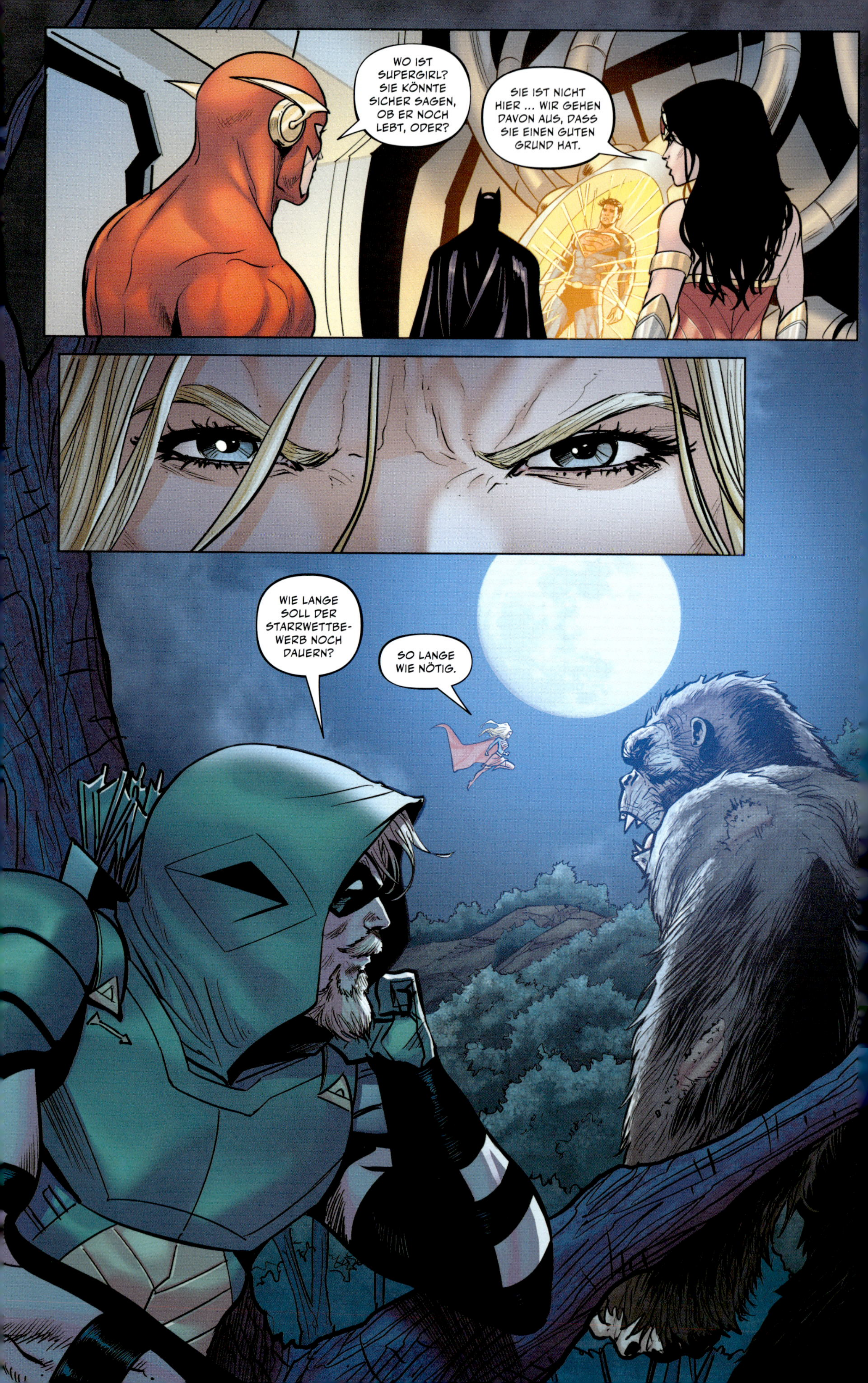
WO IST SUPERGIRL? SIE KÖNNTE SICHER SAGEN, OB ER NOCH LEBT, ODER?
SIE IST NICHT HIER ... WIR GEHEN DAVON AUS, DASS SIE EINEN GUTEN GRUND HAT.
WIE LANGE SOLL DER STARRWETTBE-WERB NOCH DAUERN?
SO LANGE WIE NÖTIG.

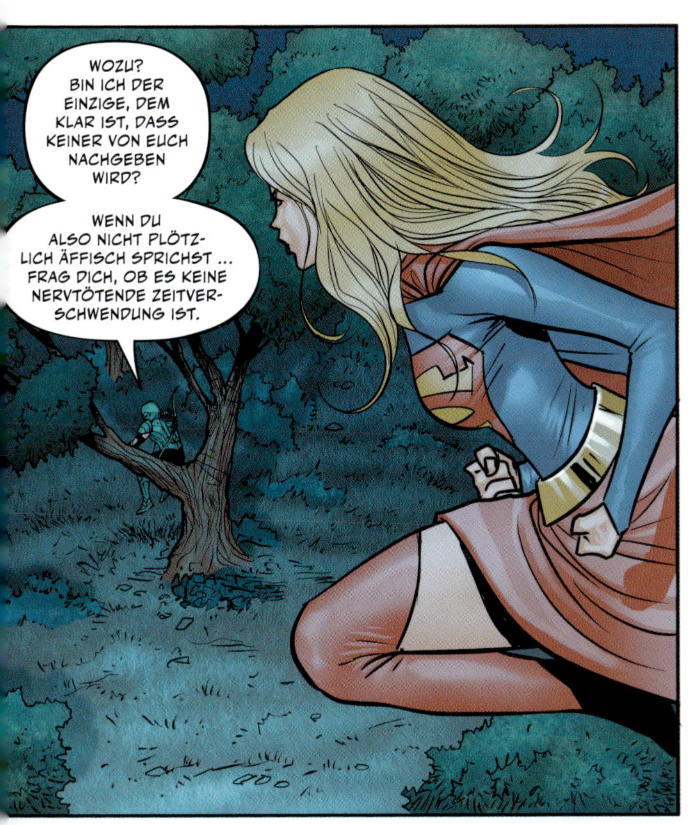
WOZU? BIN ICH DER EINZIGE, DEM KLAR IST, DASS KEINER VON EUCH NACHGEBEN WIRD?
WENN DU ALSO NICHT PLÖTZLICH ÄFFISCH SPRICHST ... FRAG DICH, OB ES KEINE NERVTÖTENDE ZEITVERSCHWENDUNG IST.

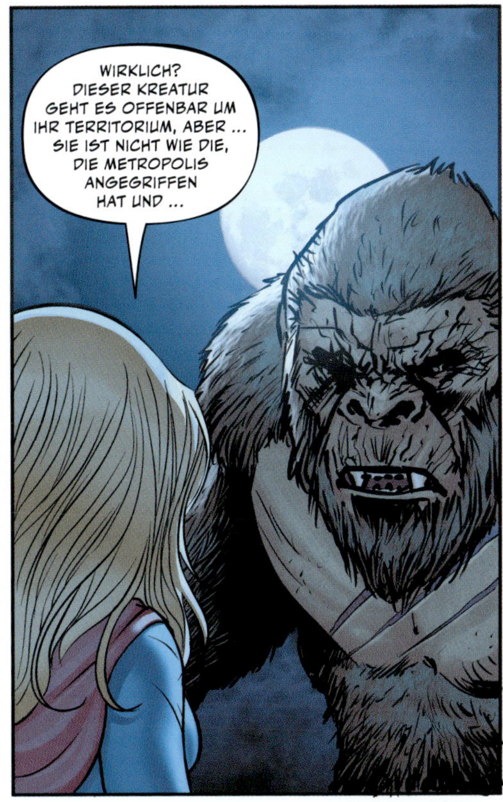
WIRKLICH? DIESER KREATUR GEHT ES OFFENBAR UM IHR TERRITORIUM, ABER ... SIE IST NICHT WIE DIE, DIE METROPOLIS ANGEGRIFFEN HAT UND ...

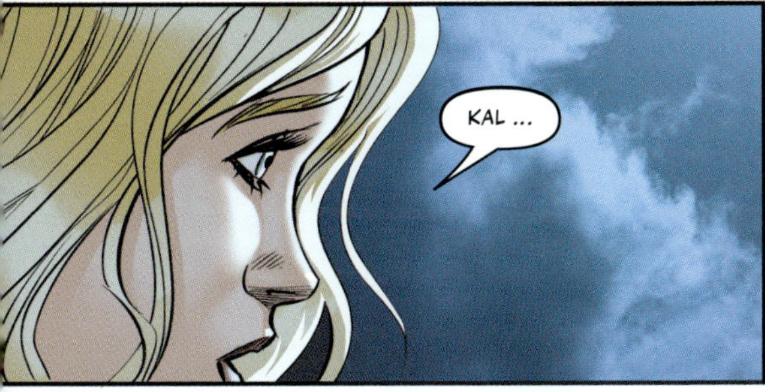
KAL ...

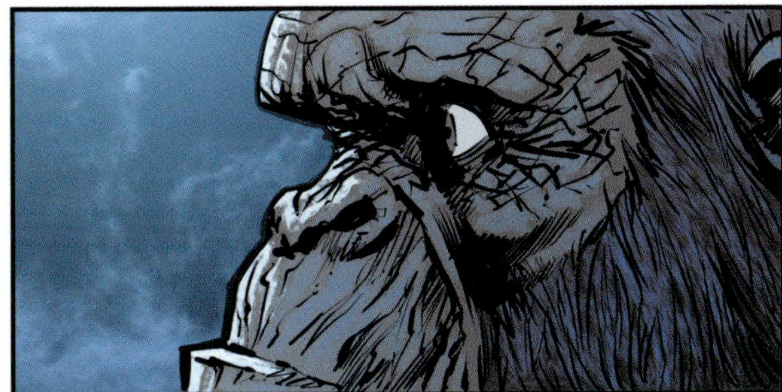

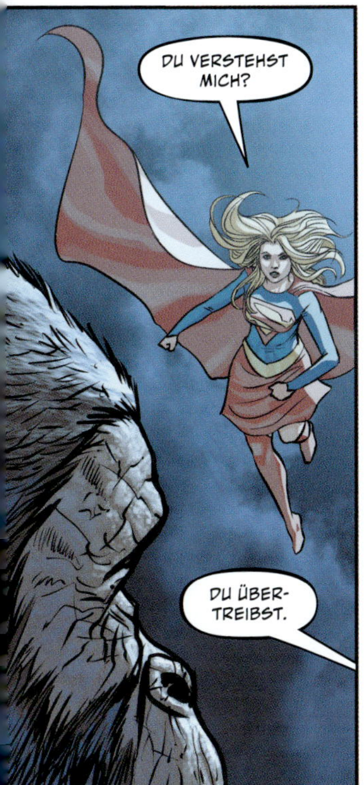
DU VERSTEHST MICH?
DU ÜBERTREIBST.

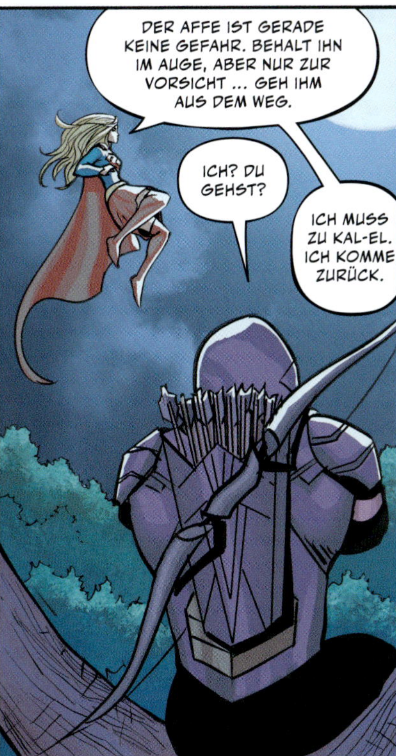
DER AFFE IST GERADE KEINE GEFAHR. BEHALT IHN IM AUGE, ABER NUR ZUR VORSICHT ... GEH IHM AUS DEM WEG.
ICH? DU GEHST?
ICH MUSS ZU KAL-EL. ICH KOMME ZURÜCK.

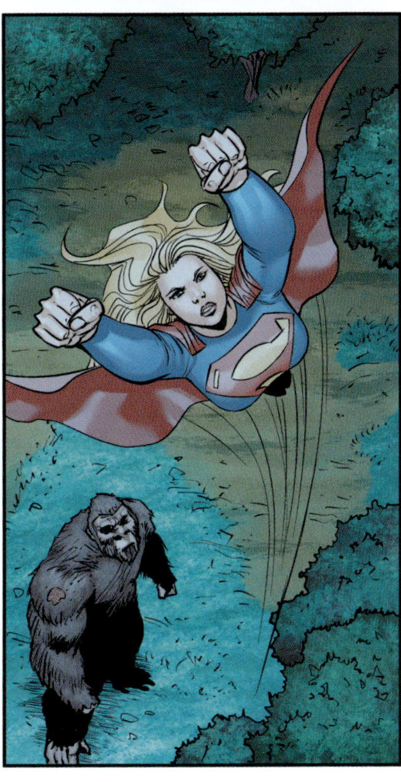

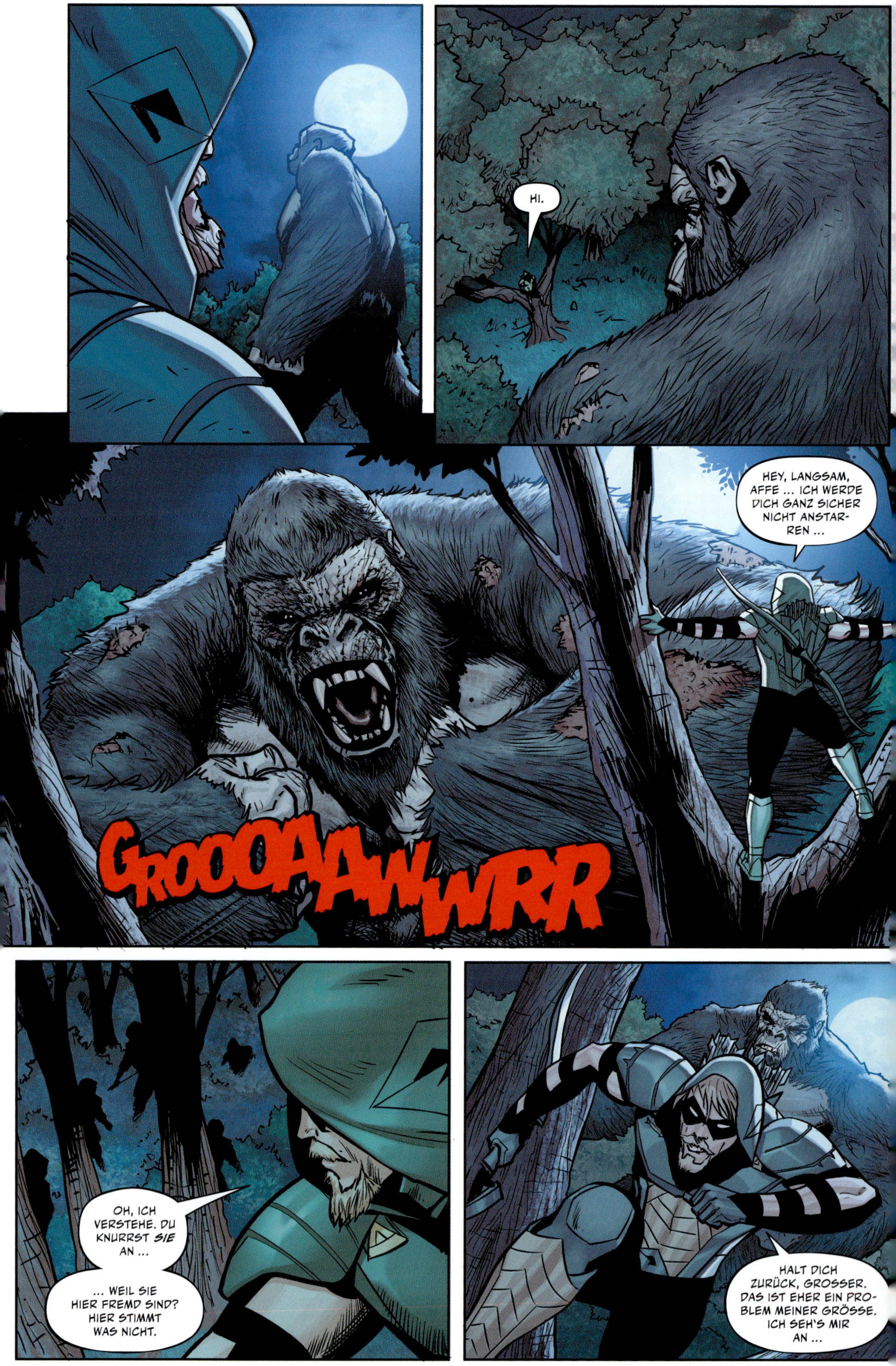

HI.

HEY, LANGSAM, AFFE ... ICH WERDE DICH GANZ SICHER NICHT ANSTAR-REN ...

GROOOAAWWRR

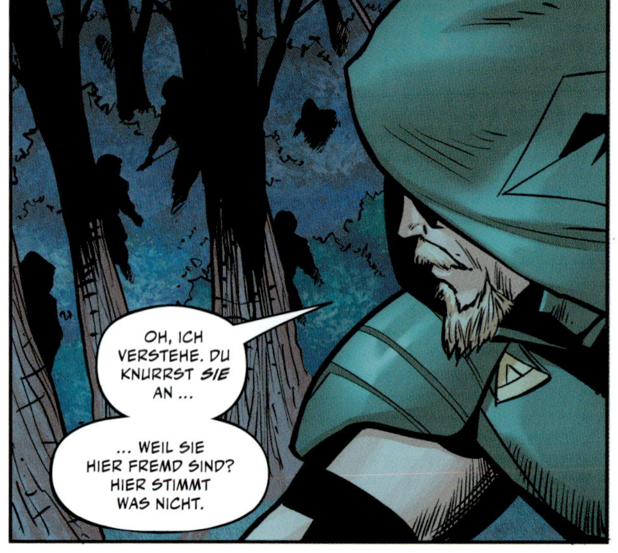

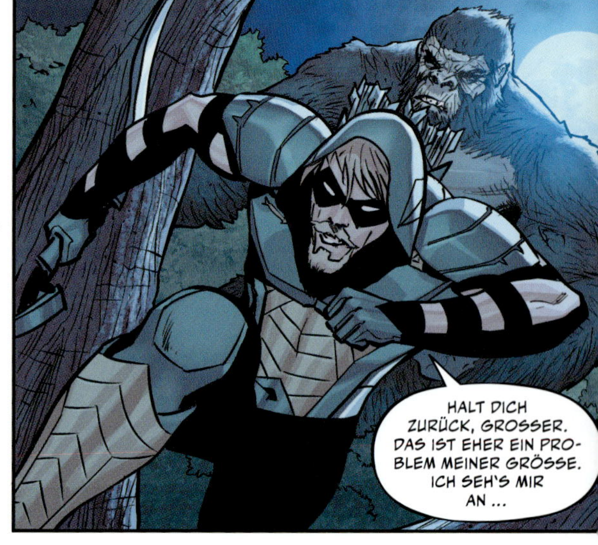

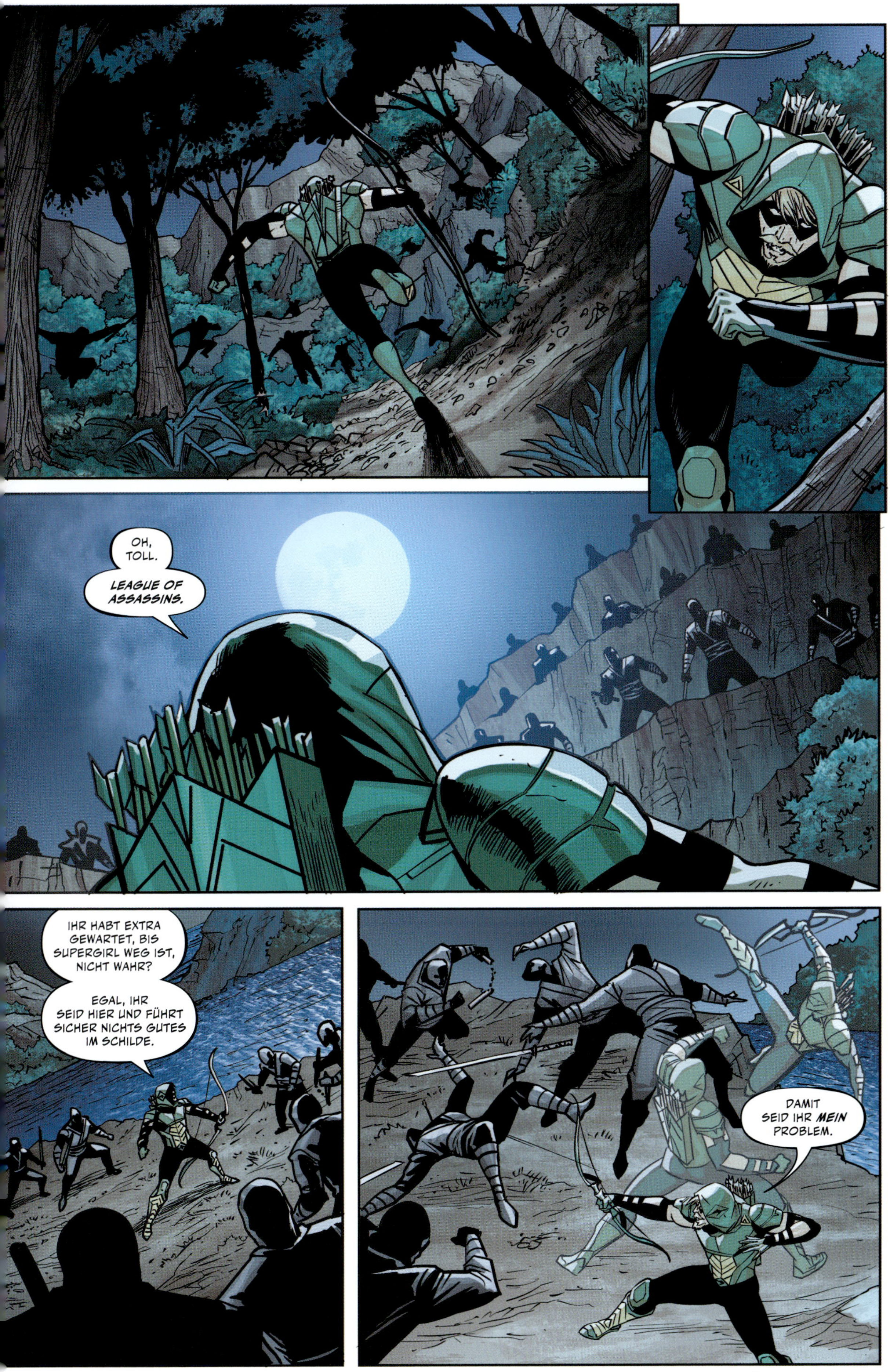

OH, TOLL.
LEAGUE OF ASSASSINS.

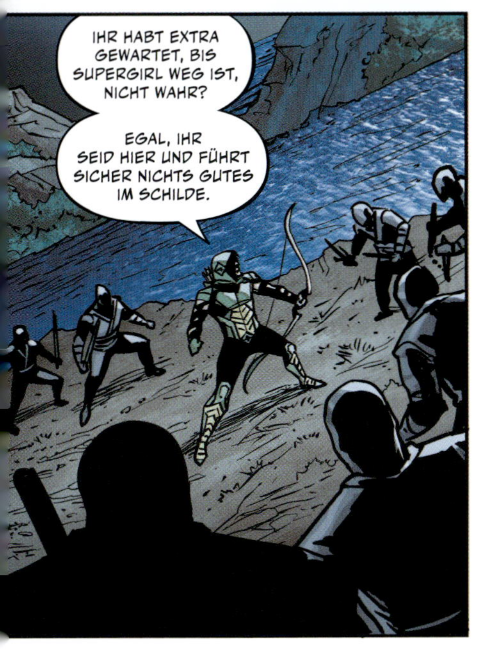

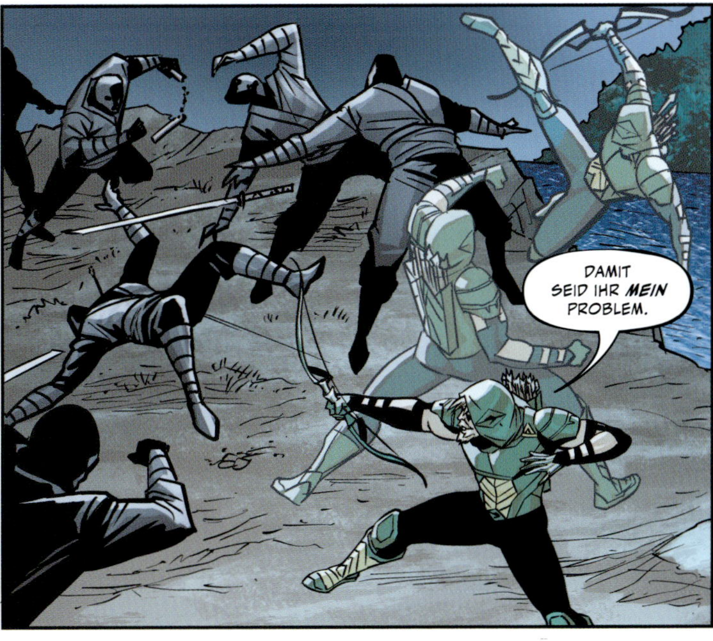

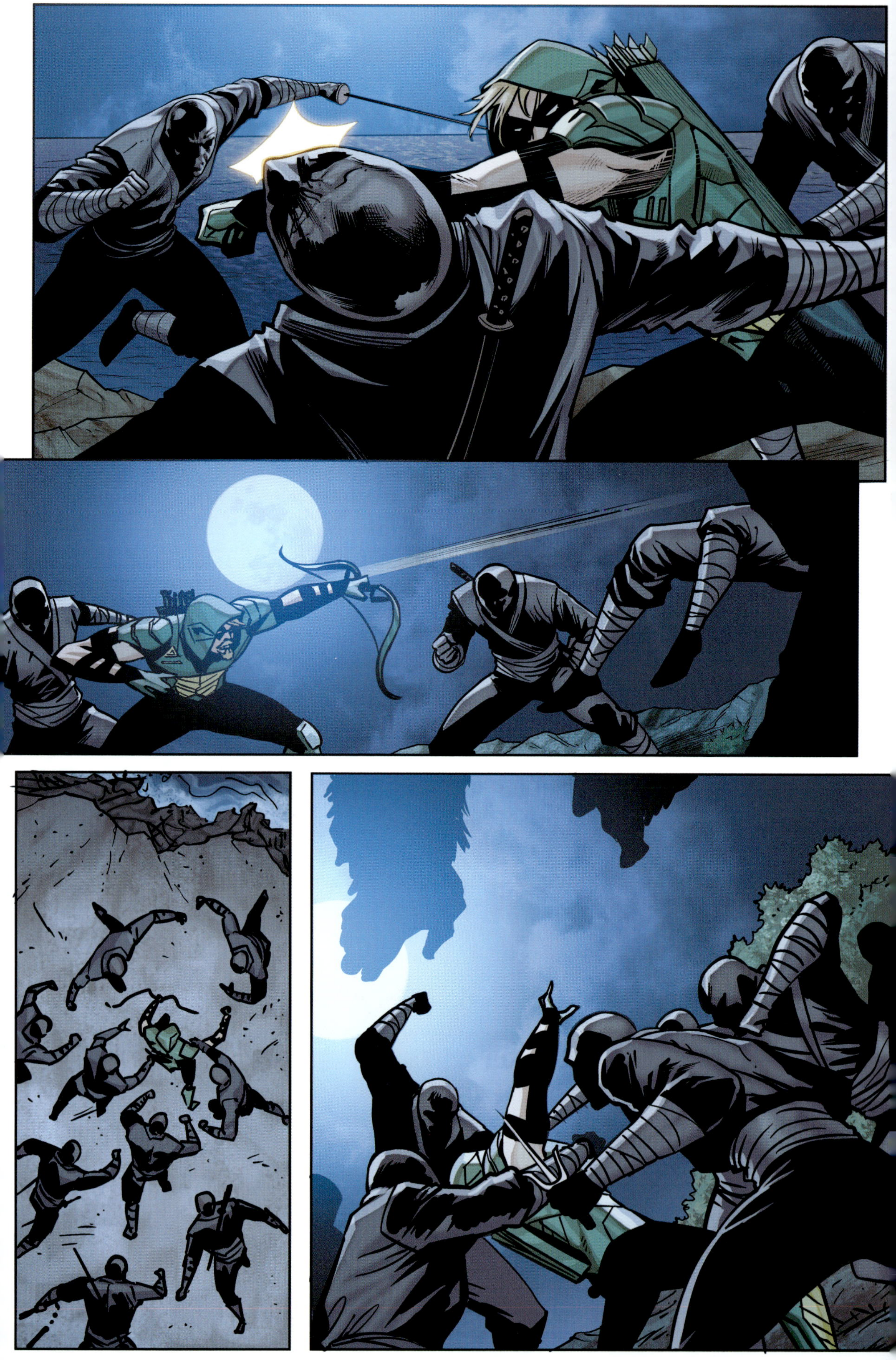

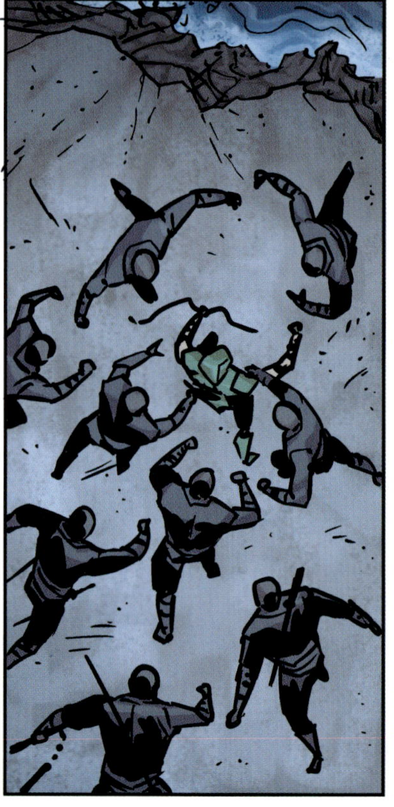

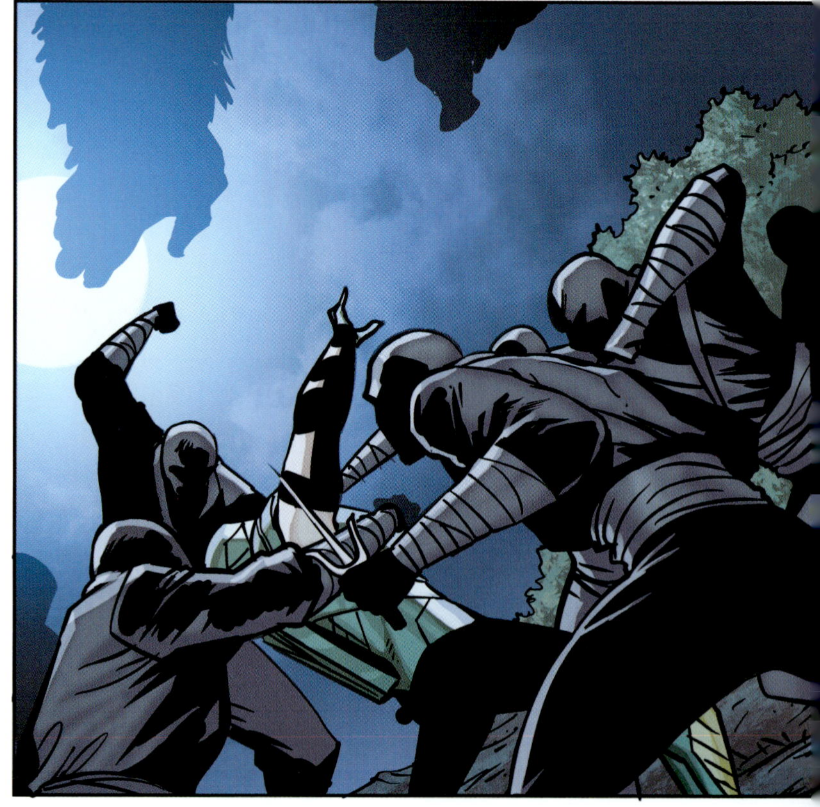

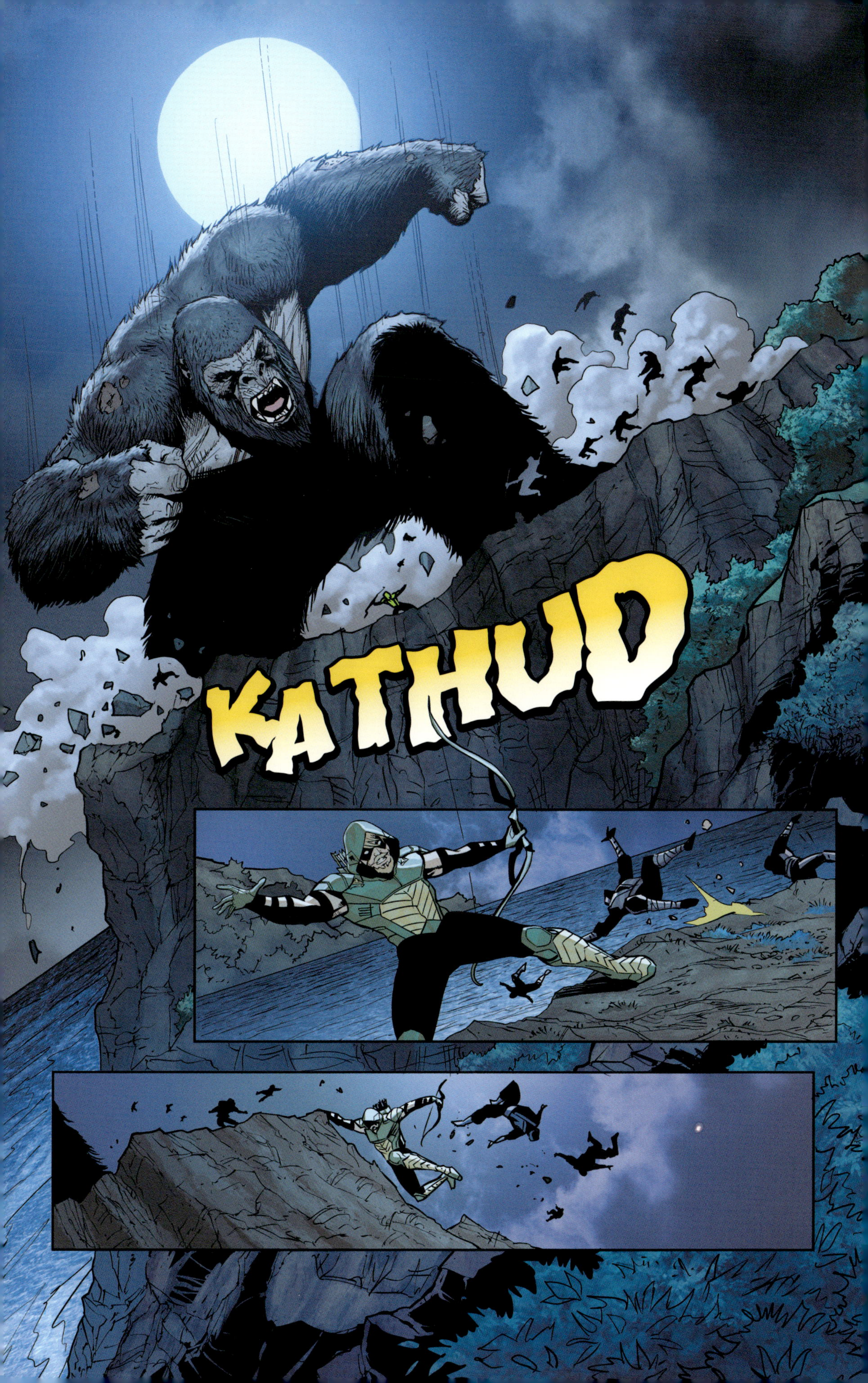
KATHUD

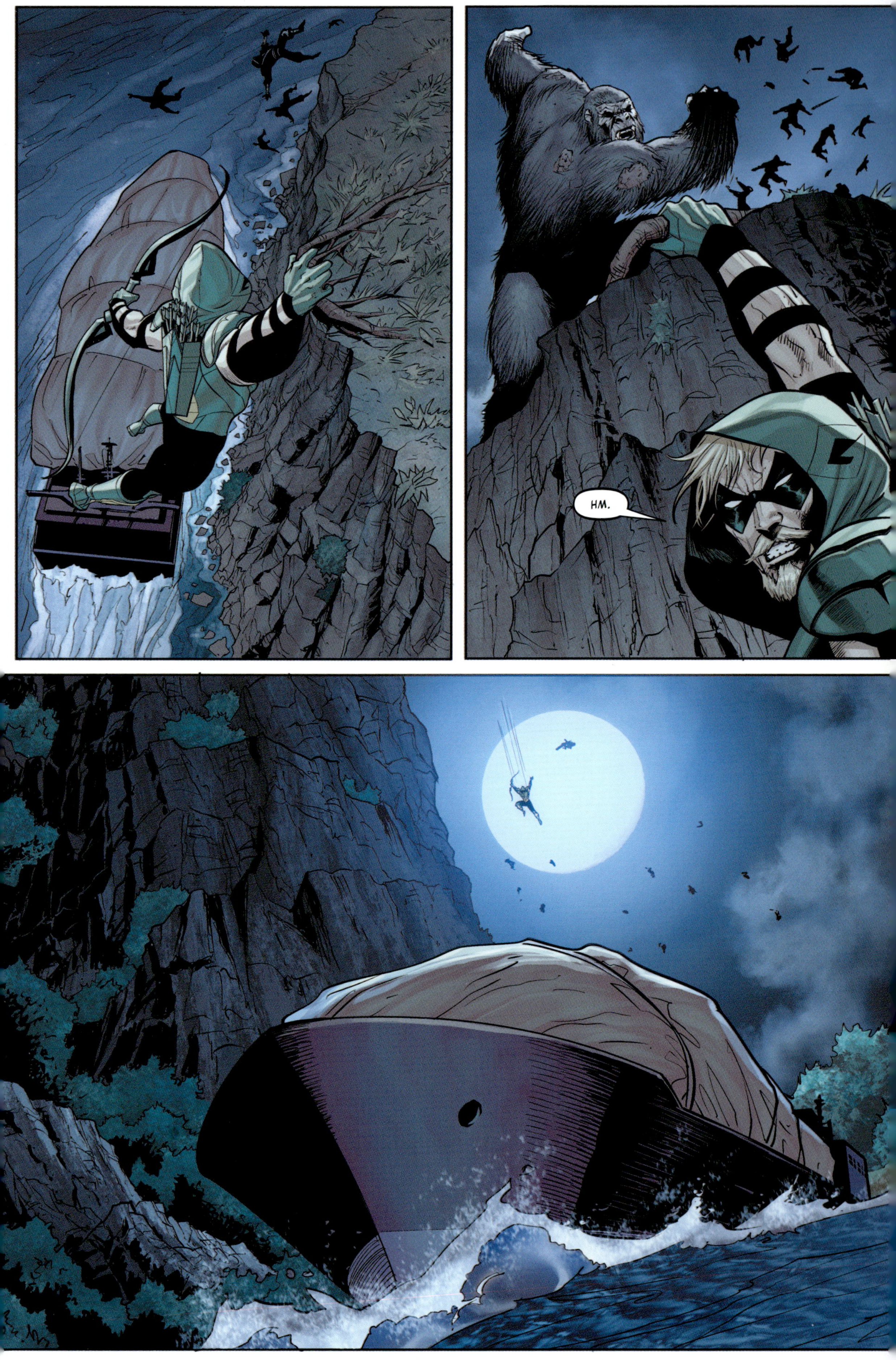

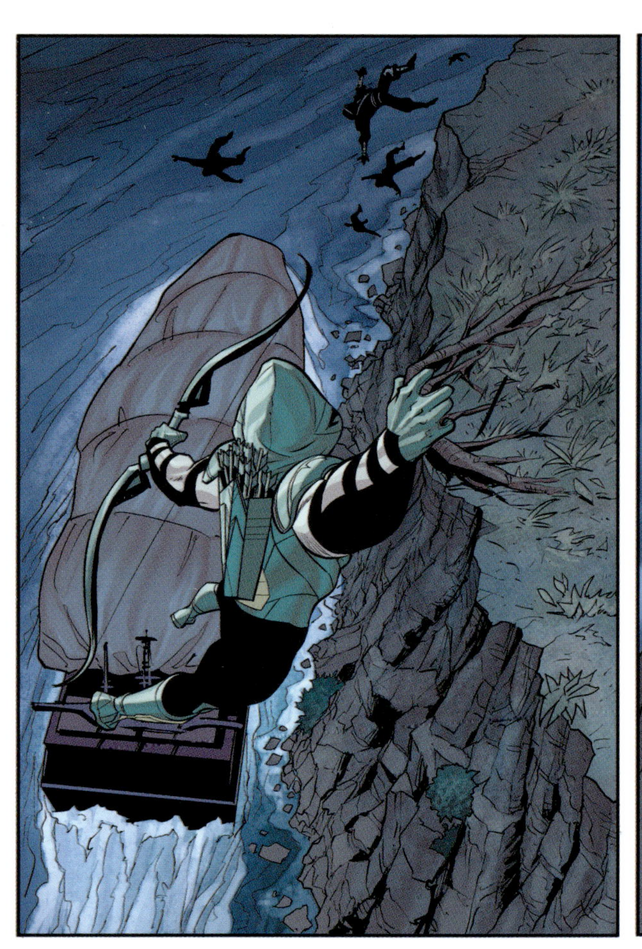

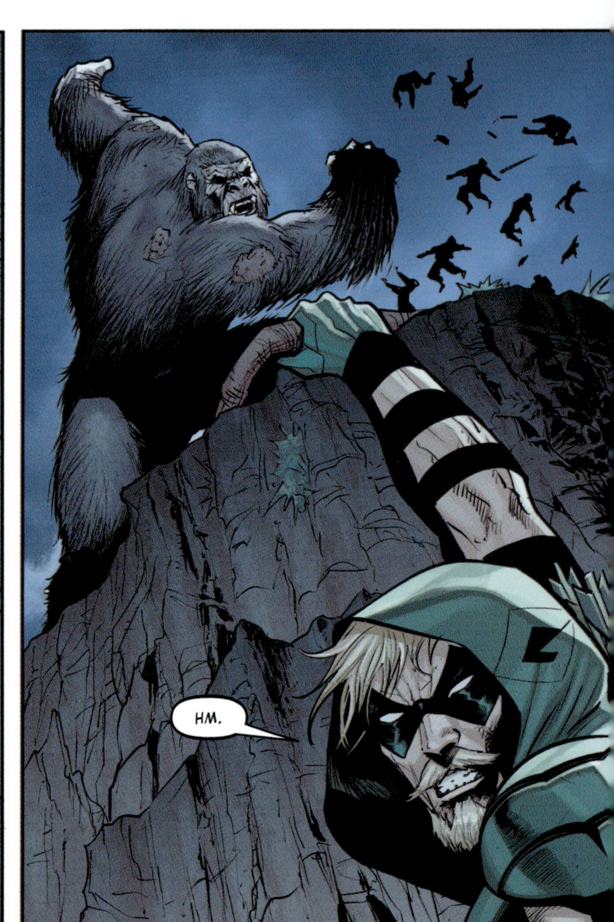
HM.

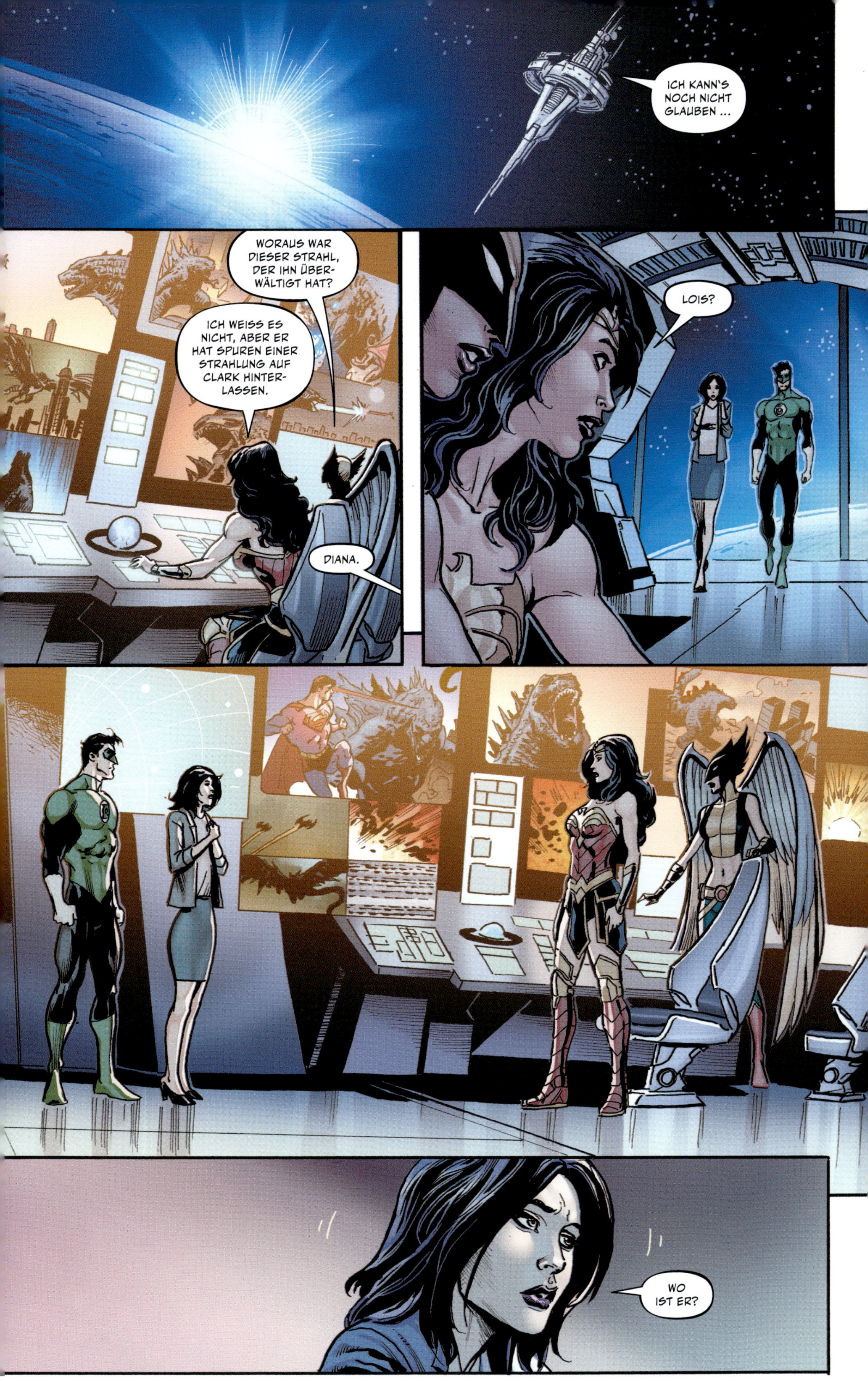
ICH KANN'S NOCH NICHT GLAUBEN ...
WORAUS WAR DIESER STRAHL, DER IHN ÜBERWÄLTIGT HAT?
ICH WEISS ES NICHT, ABER ER HAT SPUREN EINER STRAHLUNG AUF CLARK HINTERLASSEN.
DIANA.
LOIS?
WO IST ER?

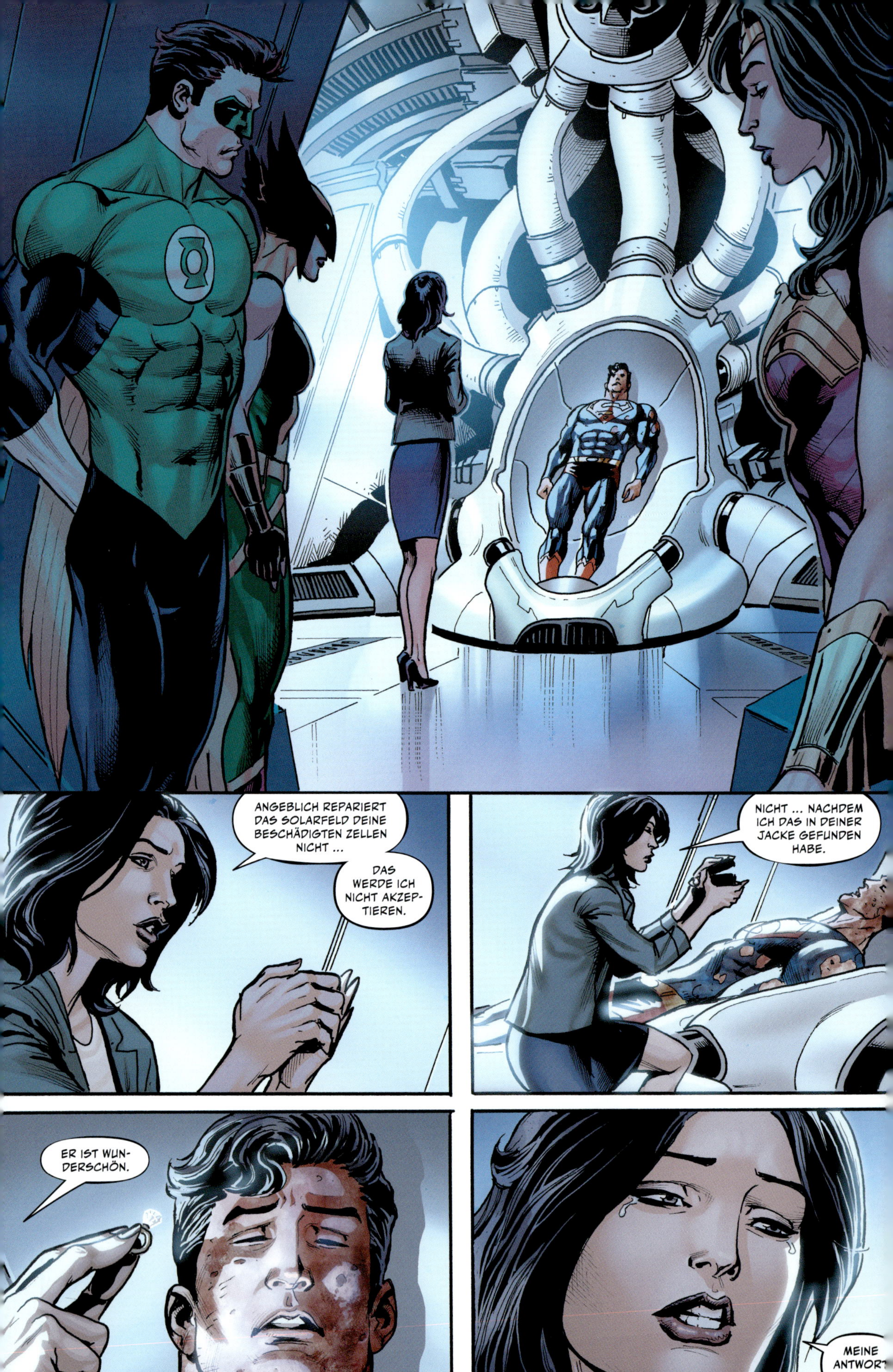
ANGEBLICH REPARIERT DAS SOLARFELD DEINE BESCHÄDIGTEN ZELLEN NICHT ...
DAS WERDE ICH NICHT AKZEP-TIEREN.
NICHT ... NACHDEM ICH DAS IN DEINER JACKE GEFUNDEN HABE.
ER IST WUN-DERSCHÖN.
MEINE ANTWORT IST JA.

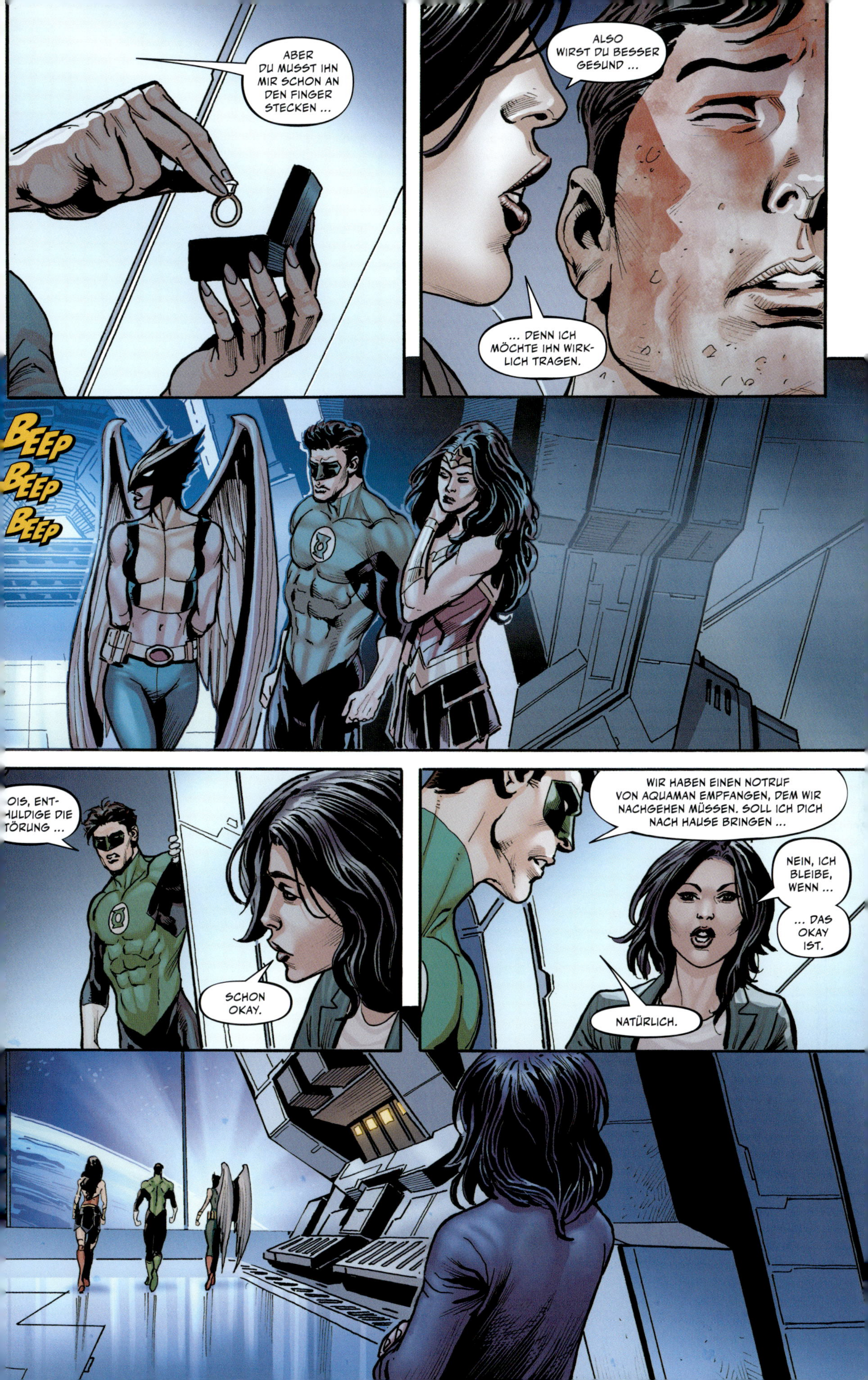
ABER DU MUSST IHN MIR SCHON AN DEN FINGER STECKEN ...
ALSO WIRST DU BESSER GESUND ...
... DENN ICH MÖCHTE IHN WIRKLICH TRAGEN.
BEEP
BEEP
BEEP
OIS, ENT-HULDIGE DIE TÖRUNG ...
SCHON OKAY.
WIR HABEN EINEN NOTRUF VON AQUAMAN EMPFANGEN, DEM WIR NACHGEHEN MÜSSEN. SOLL ICH DICH NACH HAUSE BRINGEN ...
NEIN, ICH BLEIBE, WENN ...
... DAS OKAY IST.
NATÜRLICH.

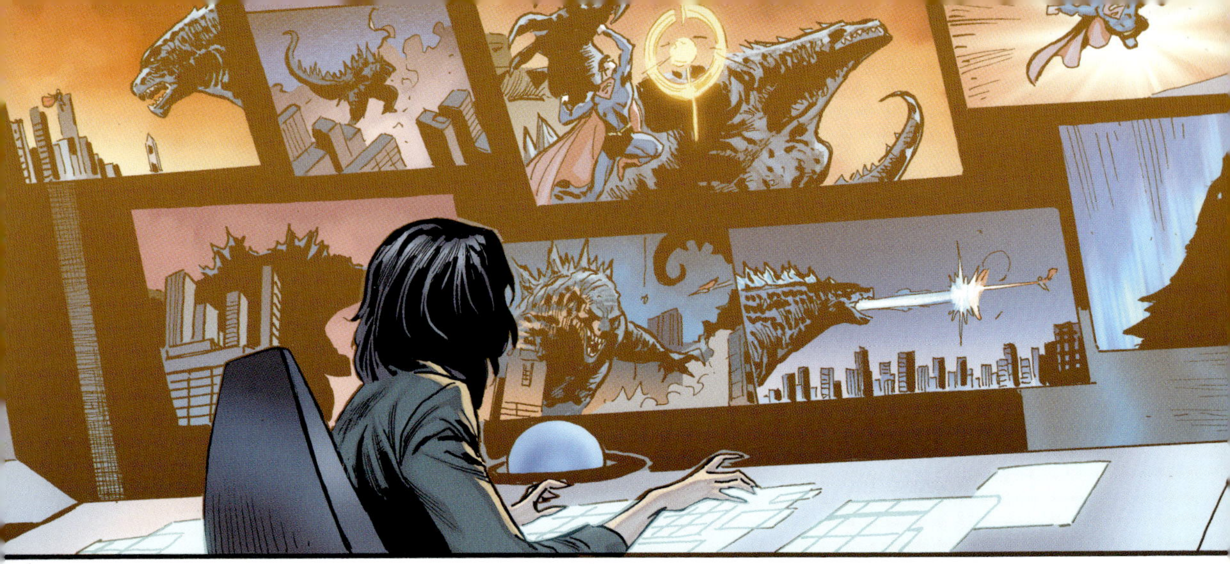

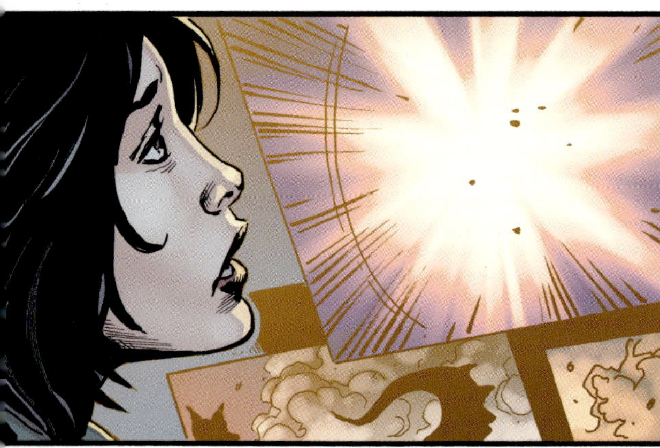

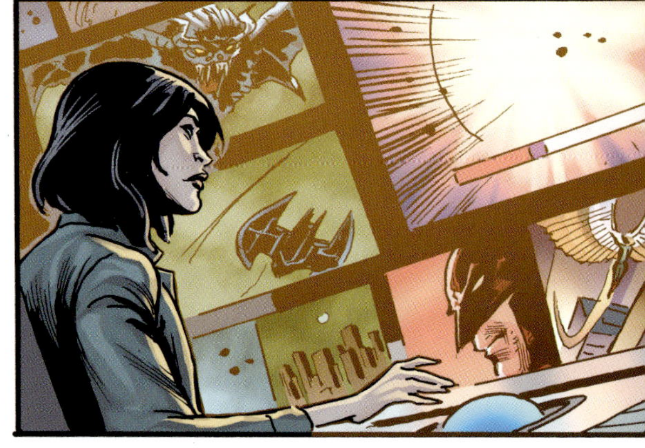

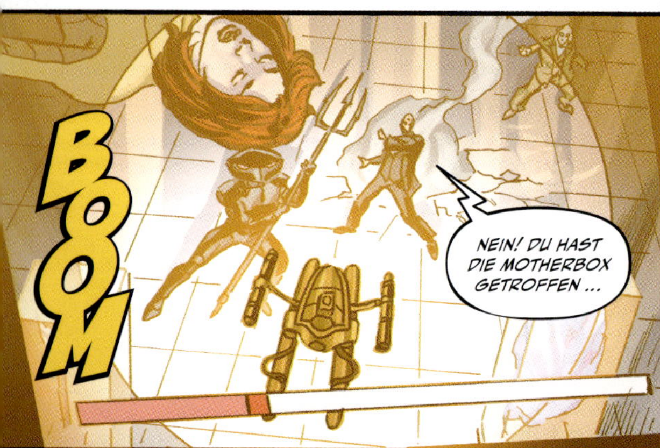
BOOM
NEIN! DU HAST DIE MOTHERBOX GETROFFEN ...

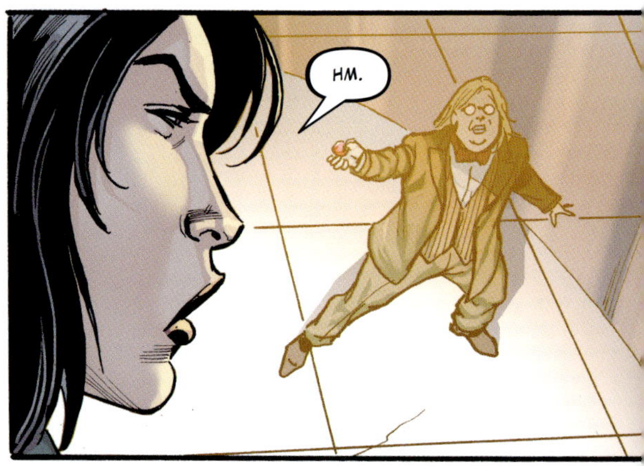
HM.

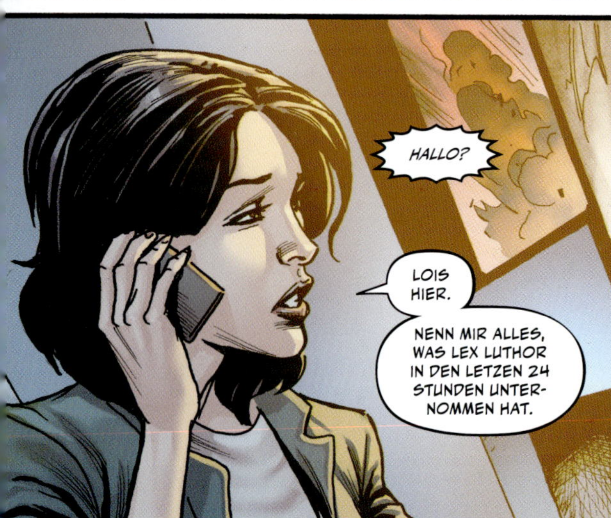
HALLO?
LOIS HIER.
NENN MIR ALLES, WAS LEX LUTHOR IN DEN LETZEN 24 STUNDEN UNTERNOMMEN HAT.

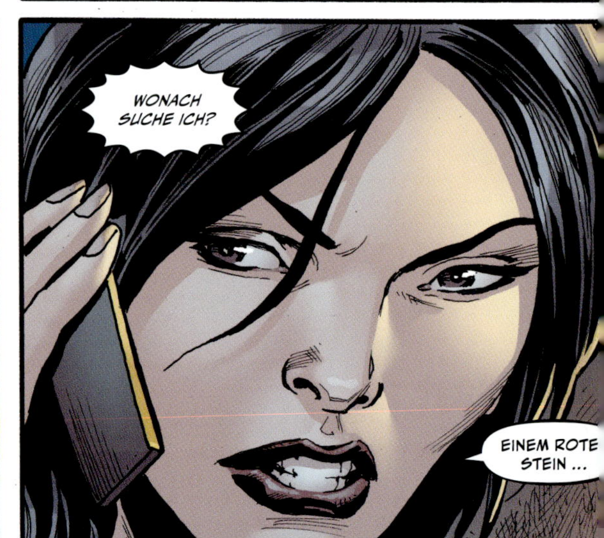
WONACH SUCHE ICH?
EINEM ROTE STEIN ...

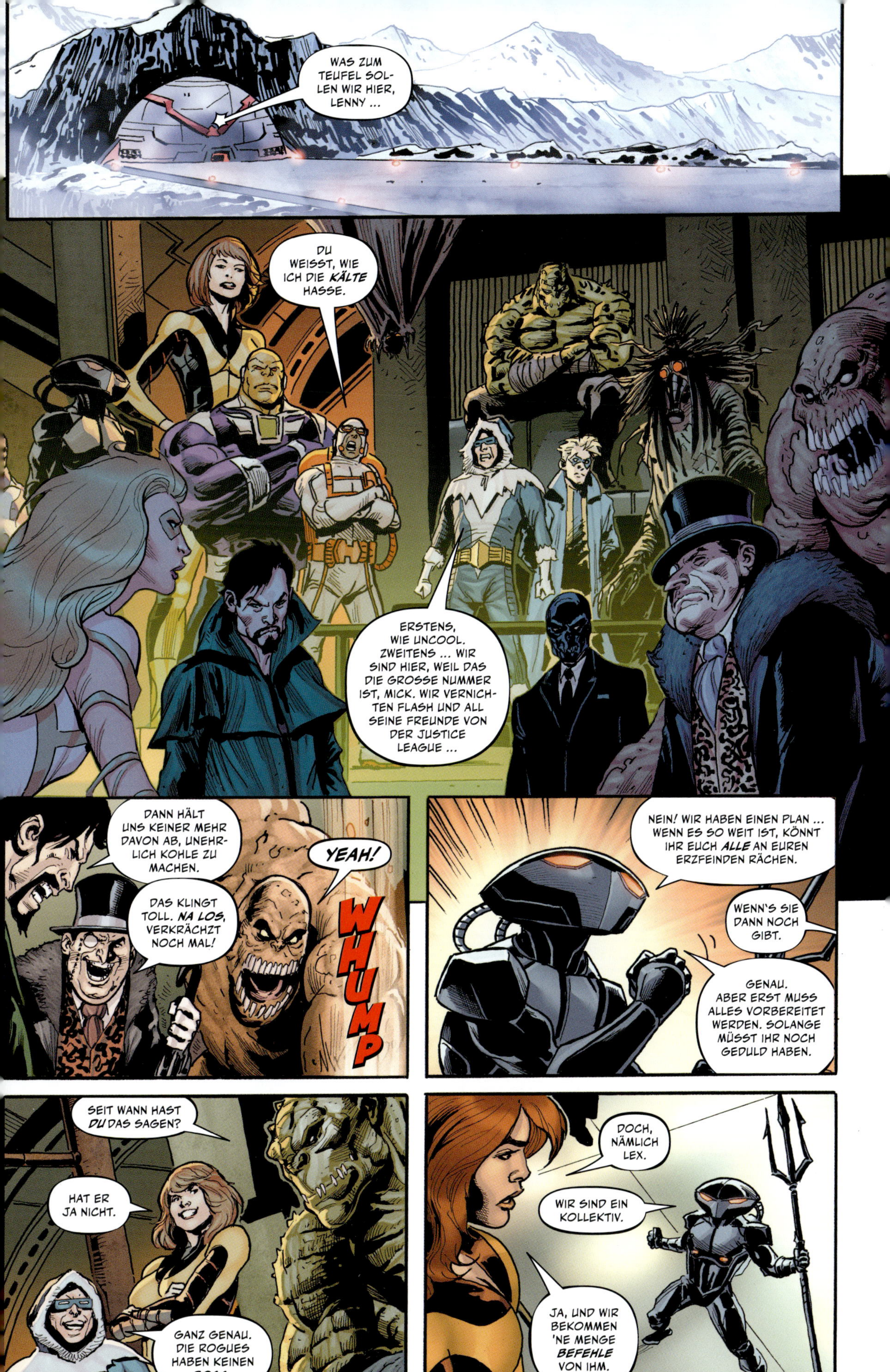
WAS ZUM TEUFEL SOLLEN WIR HIER, LENNY ...
DU WEISST, WIE ICH DIE KÄLTE HASSE.
ERSTENS, WIE UNCOOL. ZWEITENS ... WIR SIND HIER, WEIL DAS DIE GROSSE NUMMER IST, MICK. WIR VERNICHTEN FLASH UND ALL SEINE FREUNDE VON DER JUSTICE LEAGUE ...
DANN HÄLT UNS KEINER MEHR DAVON AB, UNEHRLICH KOHLE ZU MACHEN.
YEAH!
DAS KLINGT TOLL. NA LOS, VERKRÄCHZT NOCH MAL!
WHUMP
NEIN! WIR HABEN EINEN PLAN ... WENN ES SO WEIT IST, KÖNNT IHR EUCH ALLE AN EUREN ERZFEINDEN RÄCHEN.
WENN'S SIE DANN NOCH GIBT.
GENAU. ABER ERST MUSS ALLES VORBEREITET WERDEN. SOLANGE MÜSST IHR NOCH GEDULD HABEN.
SEIT WANN HAST DU DAS SAGEN?
HAT ER JA NICHT.
GANZ GENAU. DIE ROGUES HABEN KEINEN BOSS.
DOCH, NÄMLICH LEX.
WIR SIND EIN KOLLEKTIV.
JA, UND WIR BEKOMMEN 'NE MENGE BEFEHLE VON IHM.

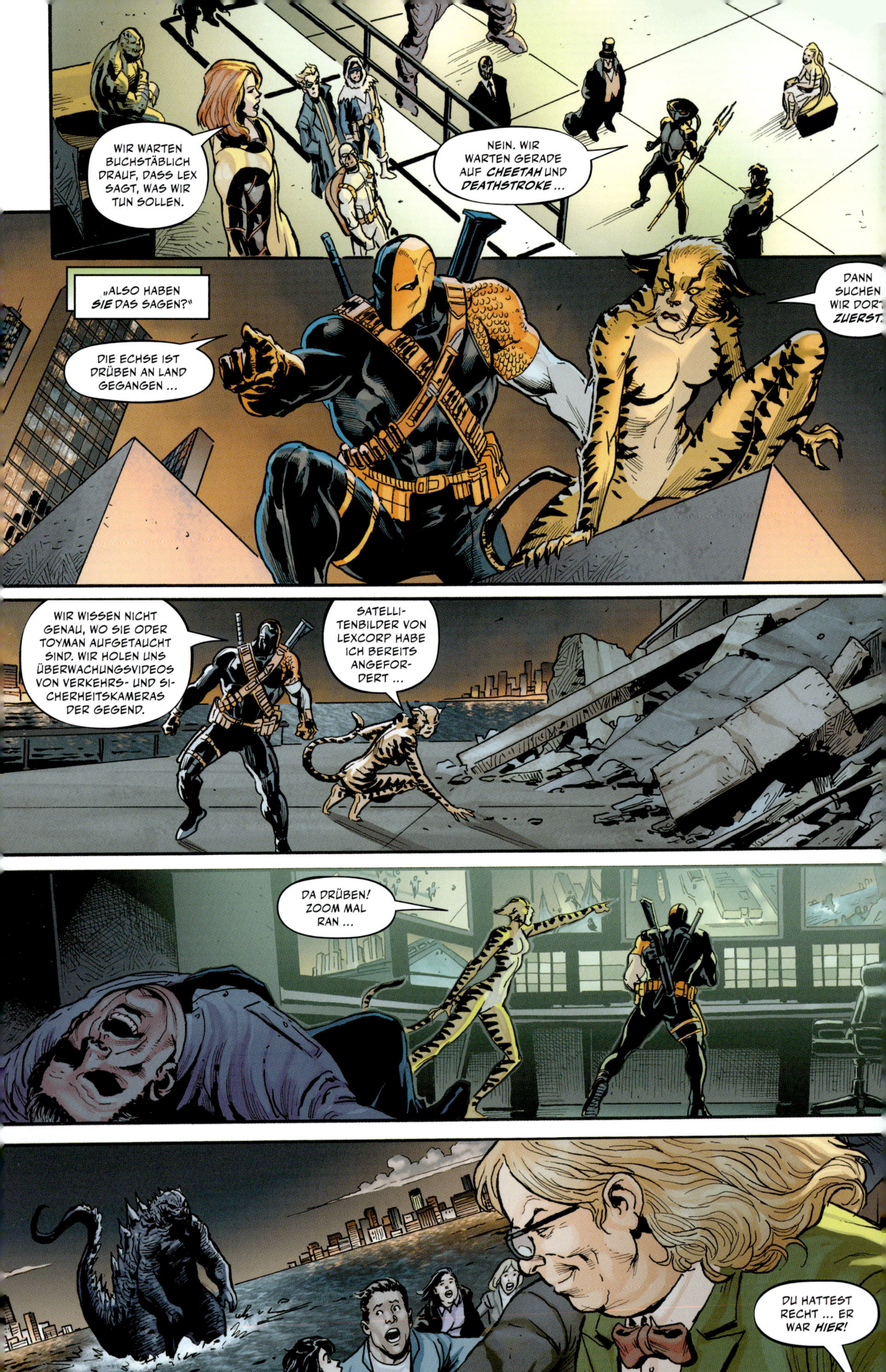
WIR WARTEN BUCHSTÄBLICH DRAUF, DASS LEX SAGT, WAS WIR TUN SOLLEN.
NEIN. WIR WARTEN GERADE AUF CHEETAH UND DEATHSTROKE ...
„ALSO HABEN SIE DAS SAGEN?"
DIE ECHSE IST DRÜBEN AN LAND GEGANGEN ...
DANN SUCHEN WIR DORT ZUERST.
WIR WISSEN NICHT GENAU, WO SIE ODER TOYMAN AUFGETAUCHT SIND. WIR HOLEN UNS ÜBERWACHUNGSVIDEOS VON VERKEHRS- UND SICHERHEITSKAMERAS DER GEGEND.
SATELLITENBILDER VON LEXCORP HABE ICH BEREITS ANGEFORDERT ...
DA DRÜBEN! ZOOM MAL RAN ...
DU HATTEST RECHT ... ER WAR HIER!

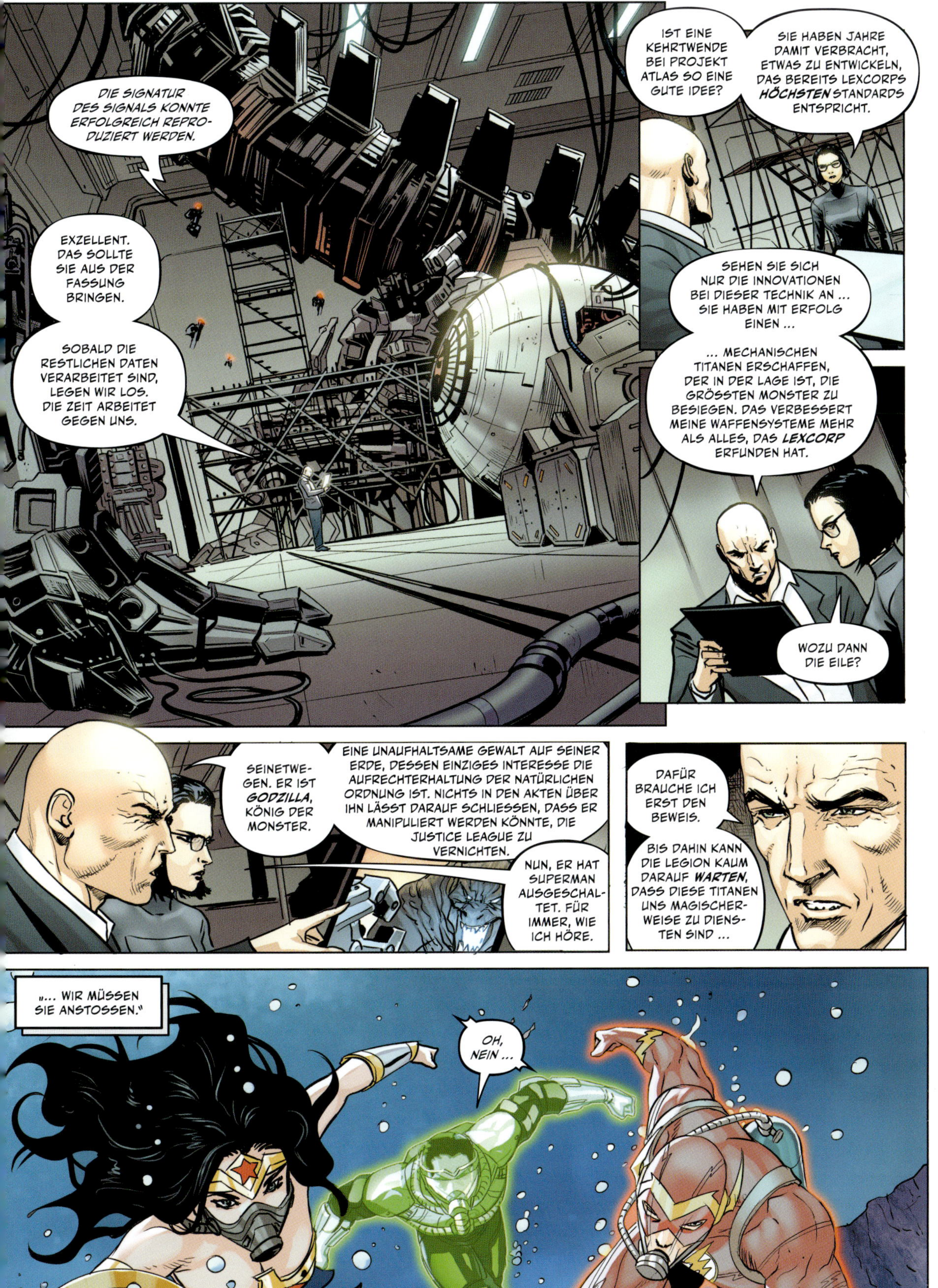
DIE SIGNATUR DES SIGNALS KONNTE ERFOLGREICH REPRODUZIERT WERDEN.
EXZELLENT. DAS SOLLTE SIE AUS DER FASSUNG BRINGEN.
SOBALD DIE RESTLICHEN DATEN VERARBEITET SIND, LEGEN WIR LOS. DIE ZEIT ARBEITET GEGEN UNS.
IST EINE KEHRTWENDE BEI PROJEKT ATLAS SO EINE GUTE IDEE?
SIE HABEN JAHRE DAMIT VERBRACHT, ETWAS ZU ENTWICKELN, DAS BEREITS LEXCORPS HÖCHSTEN STANDARDS ENTSPRICHT.
SEHEN SIE SICH NUR DIE INNOVATIONEN BEI DIESER TECHNIK AN ... SIE HABEN MIT ERFOLG EINEN ...
... MECHANISCHEN TITANEN ERSCHAFFEN, DER IN DER LAGE IST, DIE GRÖSSTEN MONSTER ZU BESIEGEN. DAS VERBESSERT MEINE WAFFENSYSTEME MEHR ALS ALLES, DAS LEXCORP ERFUNDEN HAT.
WOZU DANN DIE EILE?
SEINETWEGEN. ER IST GODZILLA, KÖNIG DER MONSTER.
EINE UNAUFHALTSAME GEWALT AUF SEINER ERDE, DESSEN EINZIGES INTERESSE DIE AUFRECHTERHALTUNG DER NATÜRLICHEN ORDNUNG IST. NICHTS IN DEN AKTEN ÜBER IHN LÄSST DARAUF SCHLIESSEN, DASS ER MANIPULIERT WERDEN KÖNNTE, DIE JUSTICE LEAGUE ZU VERNICHTEN.
NUN, ER HAT SUPERMAN AUSGESCHALTET. FÜR IMMER, WIE ICH HÖRE.
DAFÜR BRAUCHE ICH ERST DEN BEWEIS.
BIS DAHIN KANN DIE LEGION KAUM DARAUF WARTEN, DASS DIESE TITANEN UNS MAGISCHERWEISE ZU DIENSTEN SIND ...
„... WIR MÜSSEN SIE ANSTOSSEN."
OH, NEIN ...
GÖTTIN!

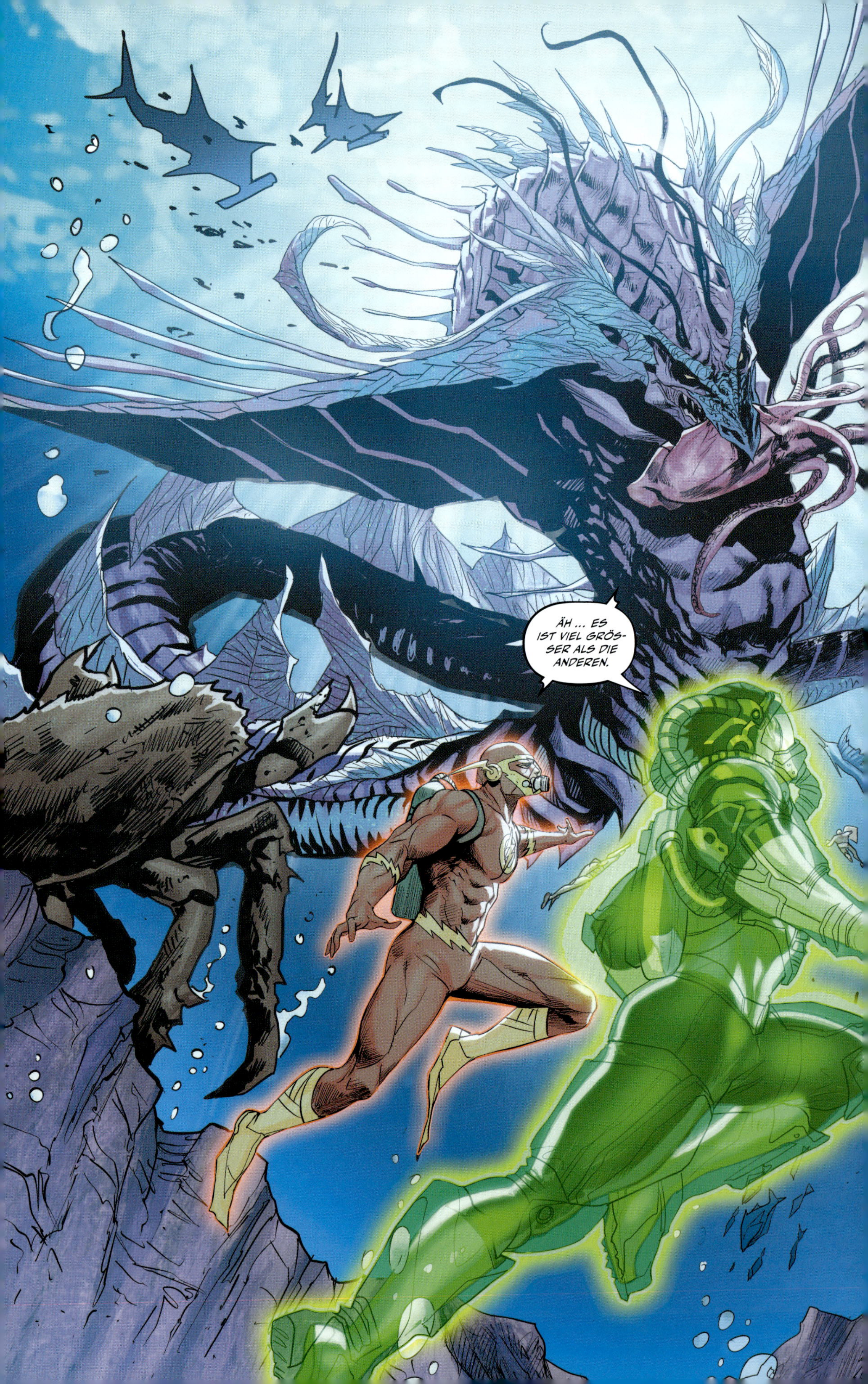
ÄH ... ES IST VIEL GRÖS-SER ALS DIE ANDEREN.

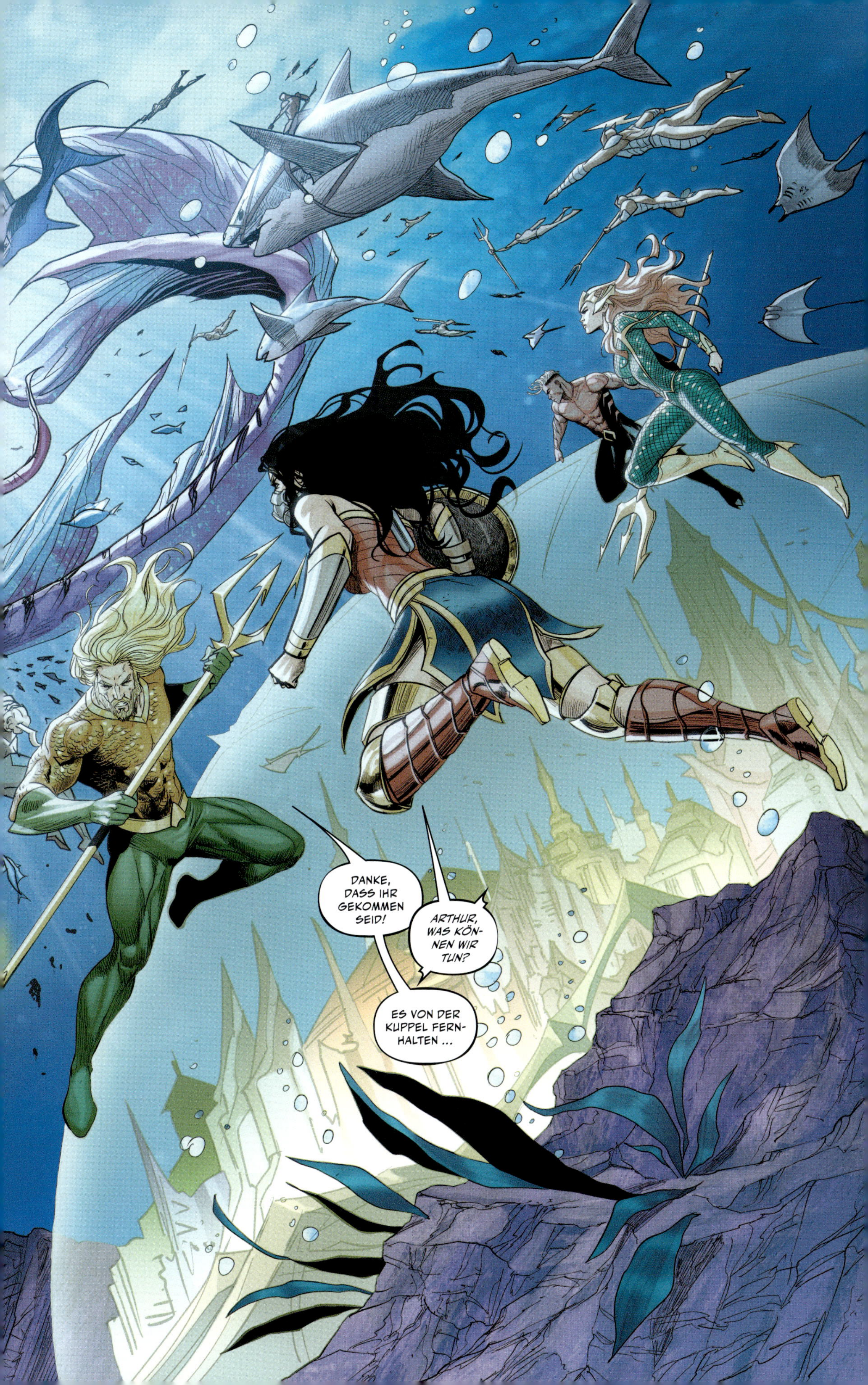
DANKE, DASS IHR GEKOMMEN SEID!
ARTHUR, WAS KÖNNEN WIR TUN?
ES VON DER KUPPEL FERNHALTEN ...

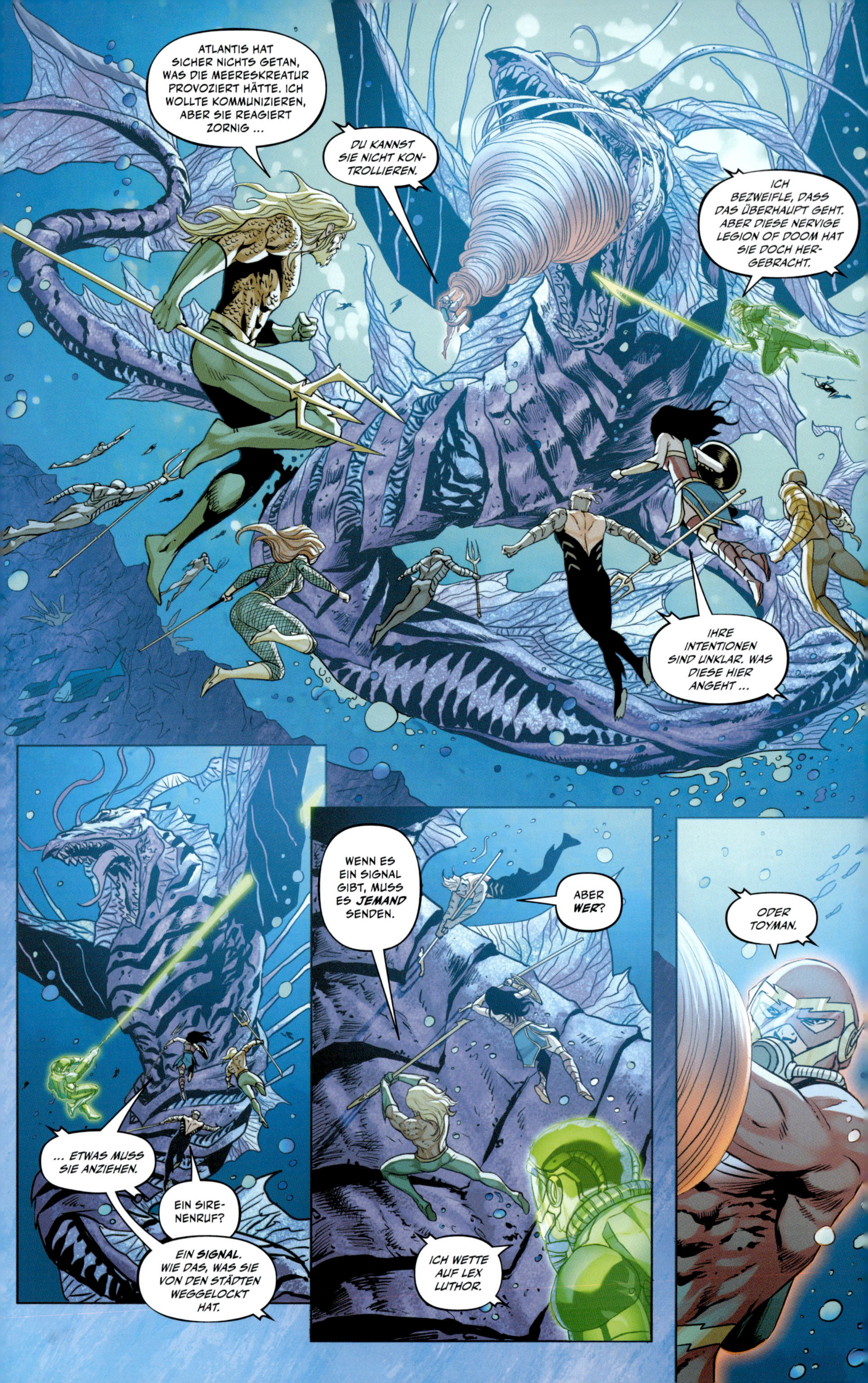
ATLANTIS HAT SICHER NICHTS GETAN, WAS DIE MEERESKREATUR PROVOZIERT HÄTTE. ICH WOLLTE KOMMUNIZIEREN, ABER SIE REAGIERT ZORNIG …
DU KANNST SIE NICHT KONTROLLIEREN.
ICH BEZWEIFLE, DASS DAS ÜBERHAUPT GEHT. ABER DIESE NERVIGE LEGION OF DOOM HAT SIE DOCH HERGEBRACHT.
IHRE INTENTIONEN SIND UNKLAR. WAS DIESE HIER ANGEHT …
… ETWAS MUSS SIE ANZIEHEN.
EIN SIRENENRUF?
EIN SIGNAL. WIE DAS, WAS SIE VON DEN STÄDTEN WEGGELOCKT HAT.
WENN ES EIN SIGNAL GIBT, MUSS ES JEMAND SENDEN.
ABER WER?
ICH WETTE AUF LEX LUTHOR.
ODER TOYMAN.

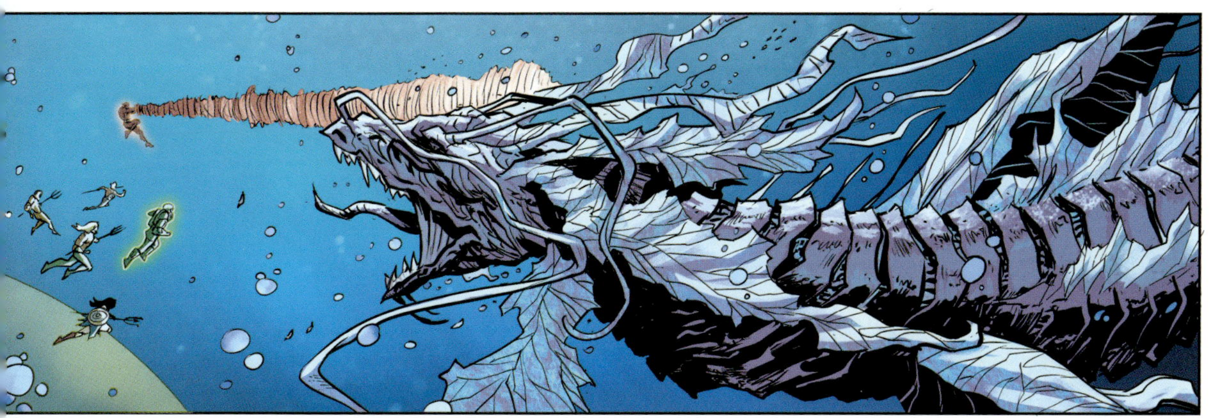

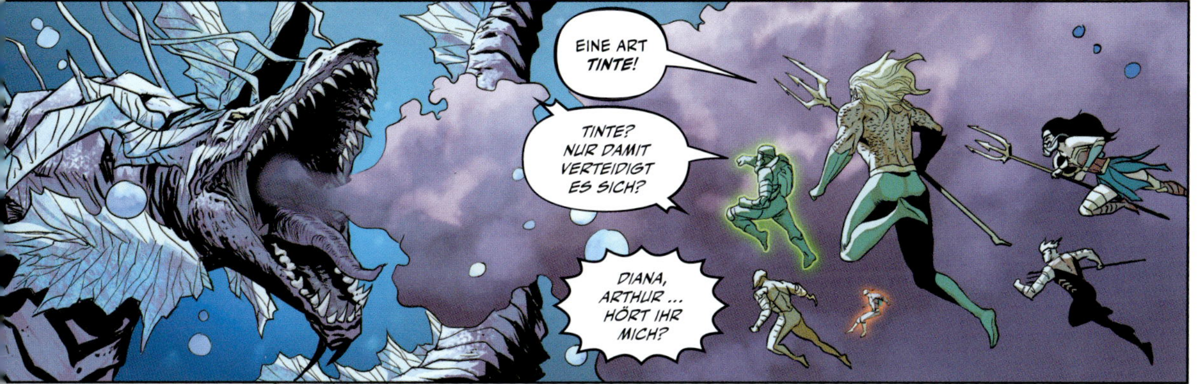

EINE ART TINTE!
TINTE? NUR DAMIT VERTEIDIGT ES SICH?
DIANA, ARTHUR ... HÖRT IHR MICH?

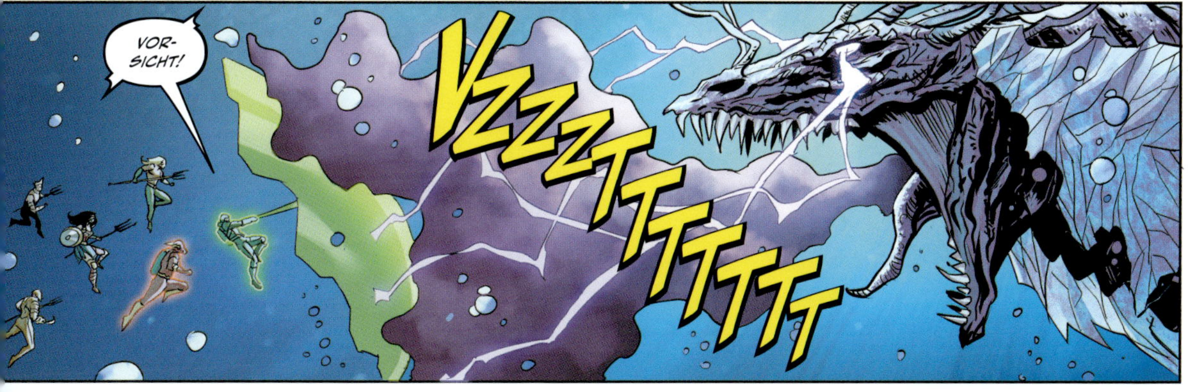

VOR-SICHT!
VZZZTTTTTTTT

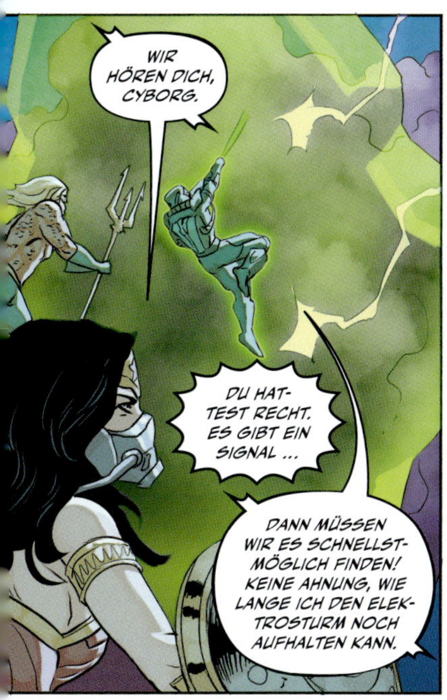

WIR HÖREN DICH, CYBORG.
DU HAT-TEST RECHT. ES GIBT EIN SIGNAL ...
DANN MÜSSEN WIR ES SCHNELLST-MÖGLICH FINDEN! KEINE AHNUNG, WIE LANGE ICH DEN ELEK-TROSTURM NOCH AUFHALTEN KANN.

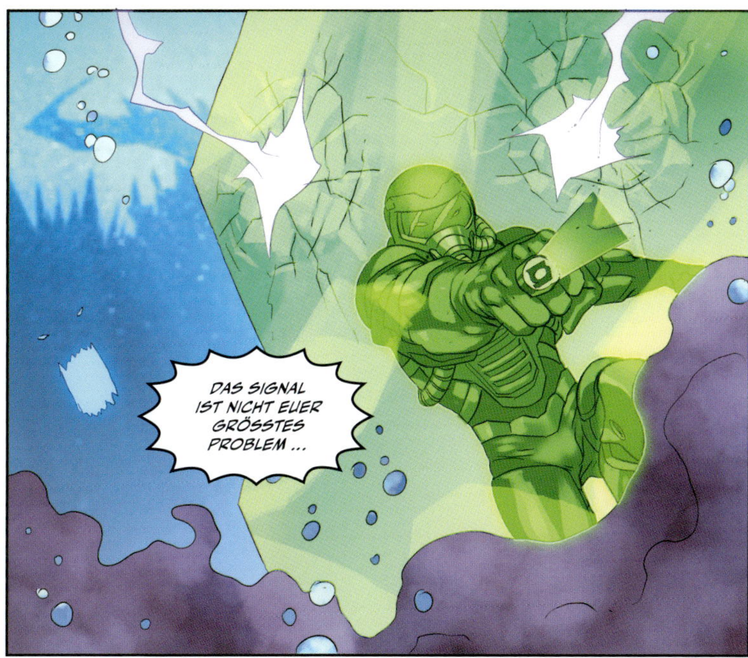

DAS SIGNAL IST NICHT EUER GRÖSSTES PROBLEM ...

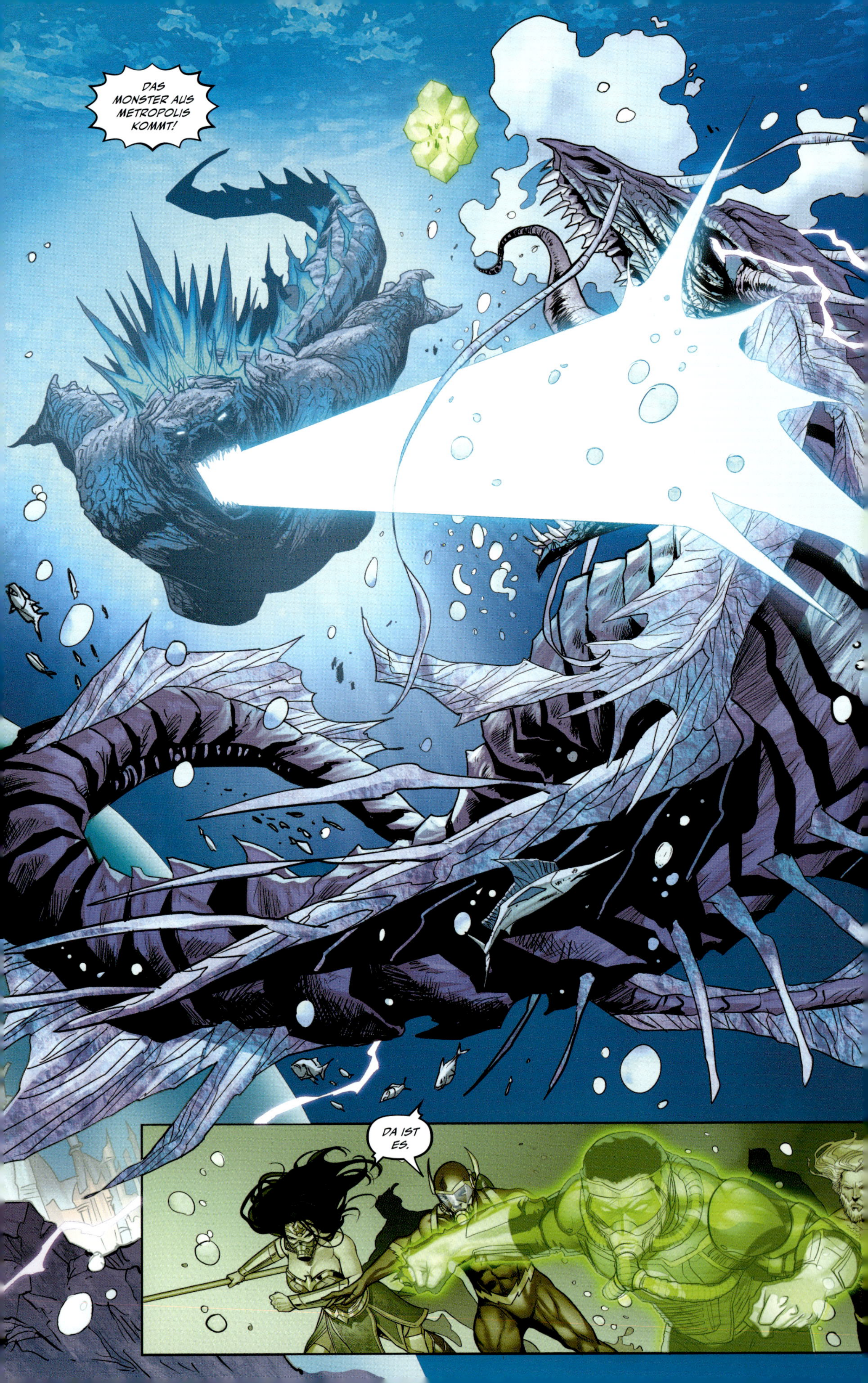
DAS MONSTER AUS METROPOLIS KOMMT!
DA IST ES.

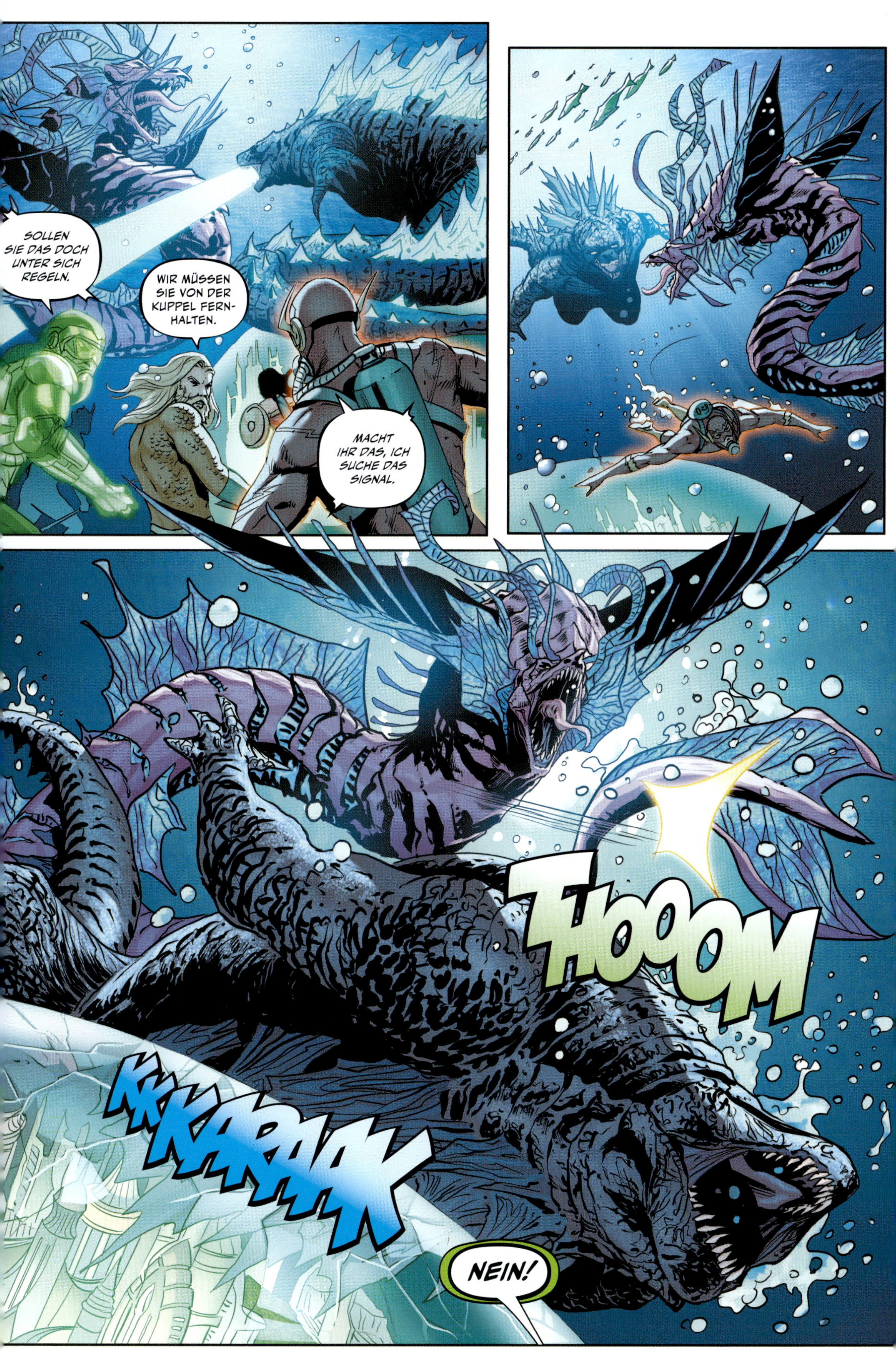
SOLLEN SIE DAS DOCH UNTER SICH REGELN.
WIR MÜSSEN SIE VON DER KUPPEL FERNHALTEN.
MACHT IHR DAS, ICH SUCHE DAS SIGNAL.
THOOOM
KKKARAAK
NEIN!

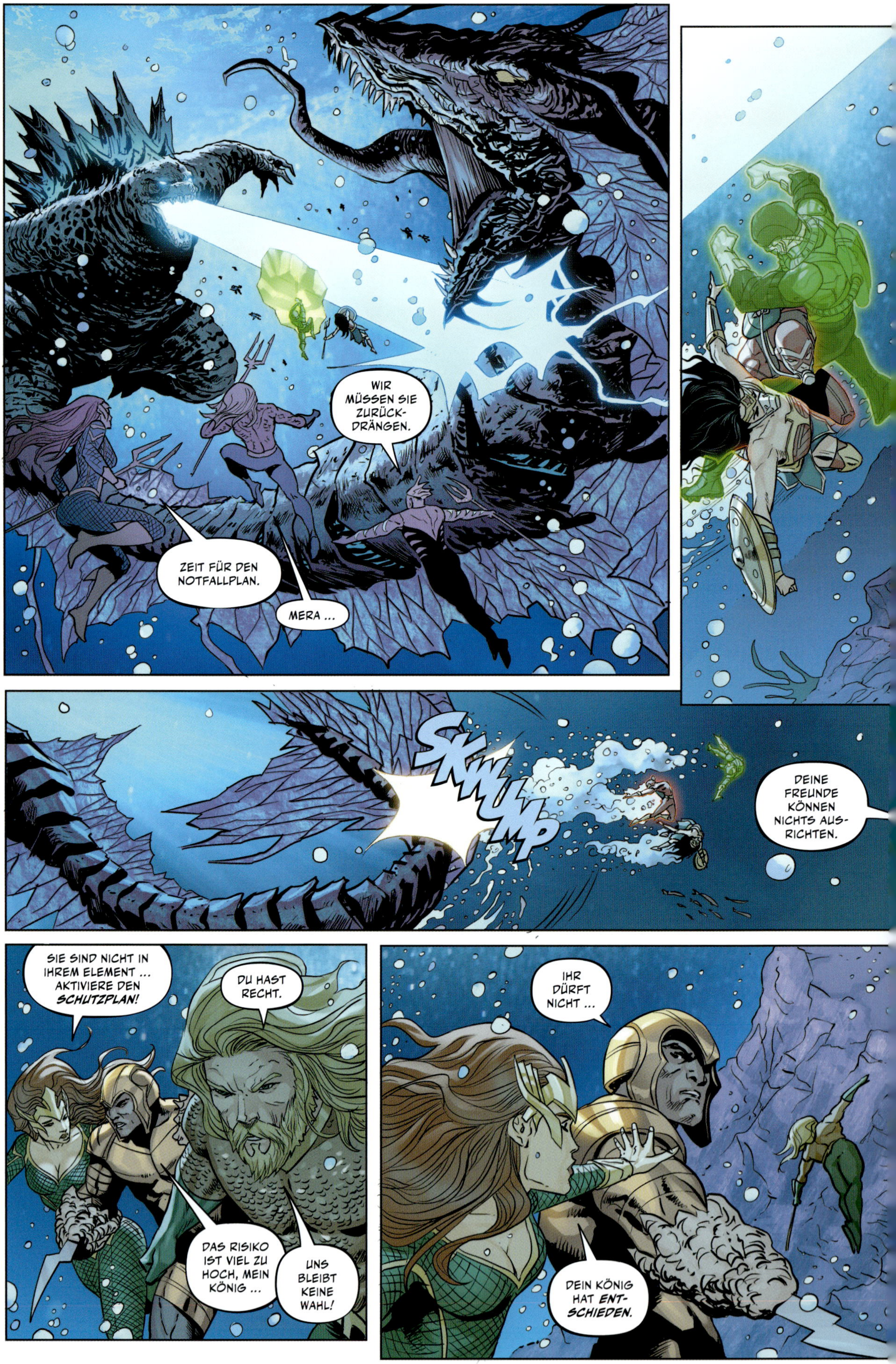

WIR MÜSSEN SIE ZURÜCK-DRÄNGEN.
ZEIT FÜR DEN NOTFALLPLAN.
MERA ...

SKWUMP
DEINE FREUNDE KÖNNEN NICHTS AUS-RICHTEN.

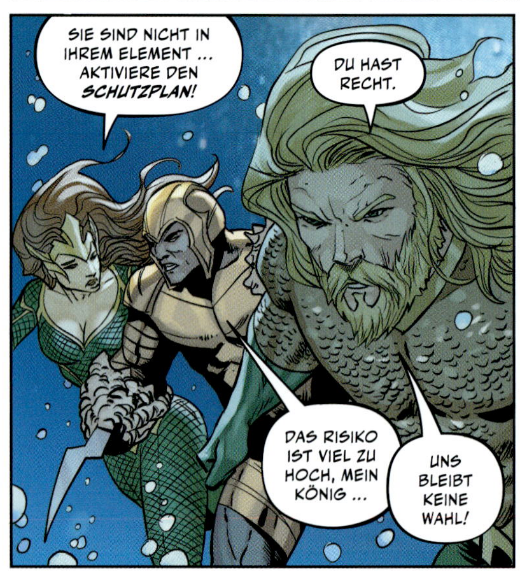

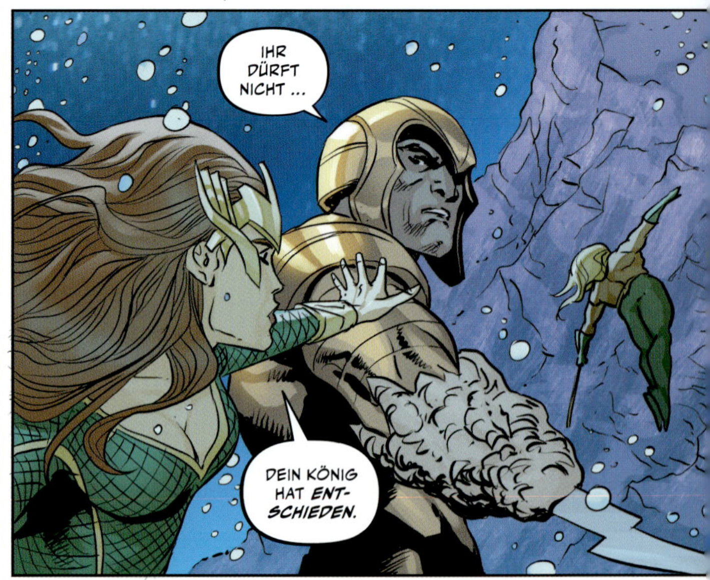

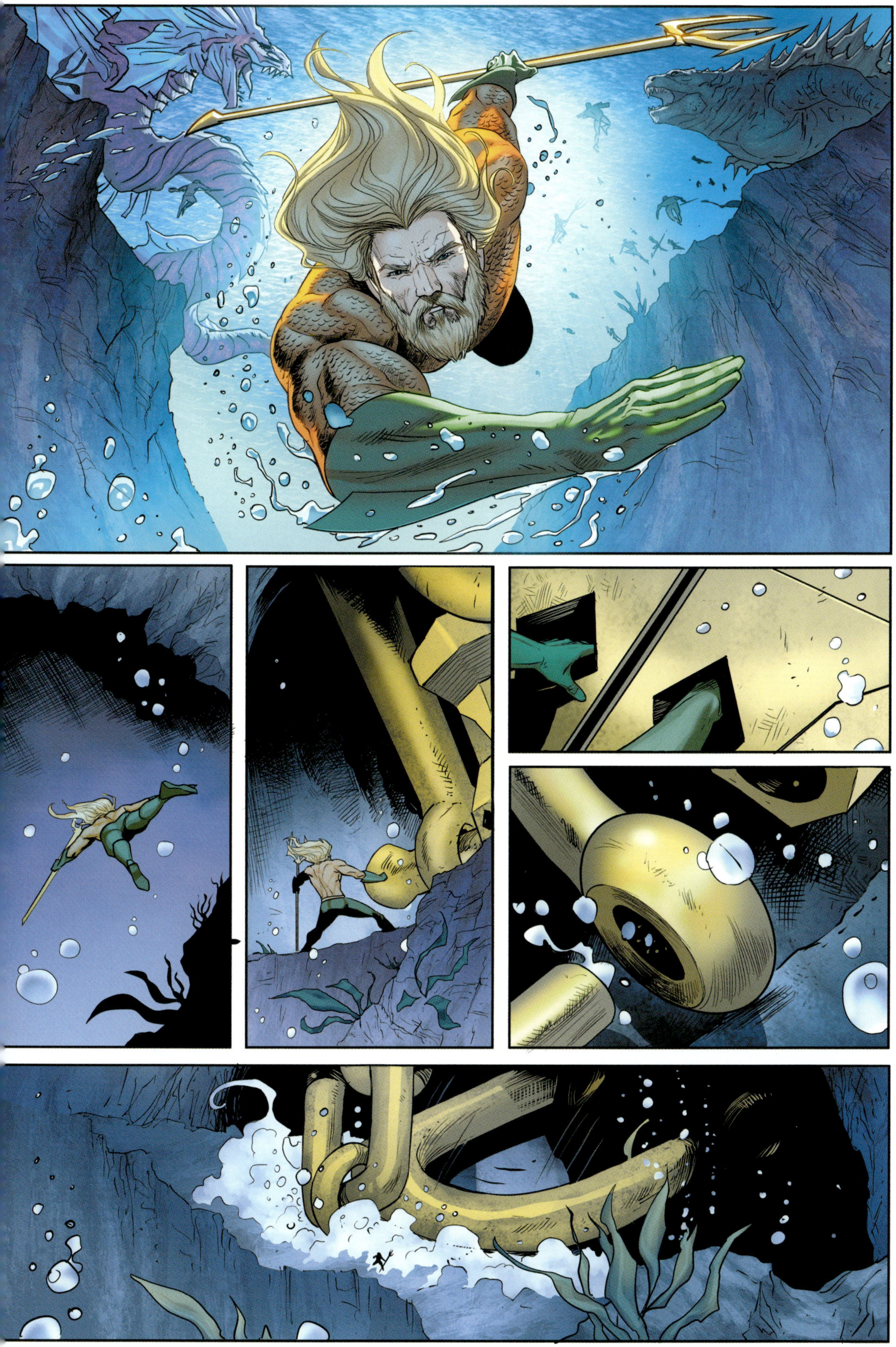

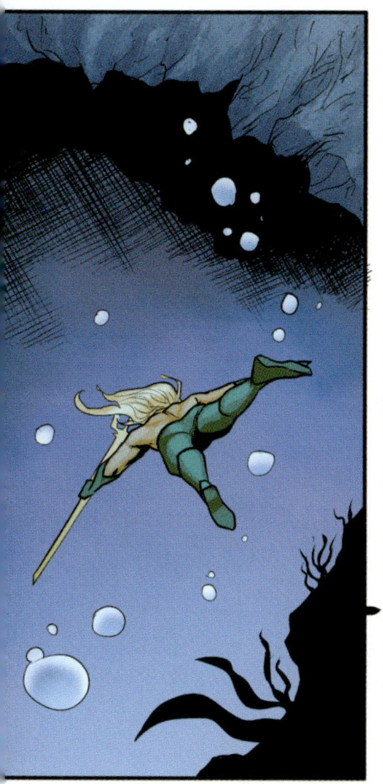

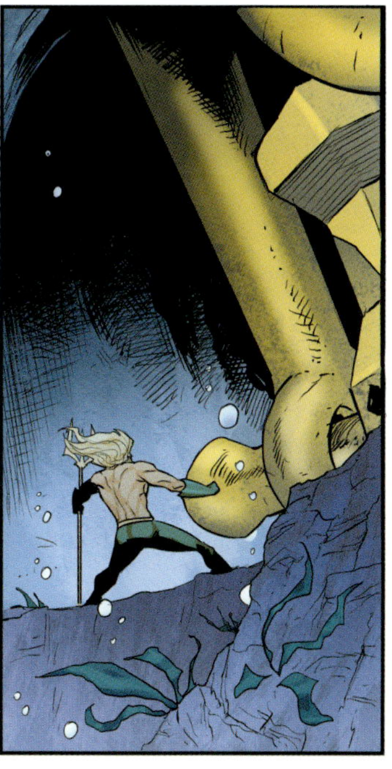

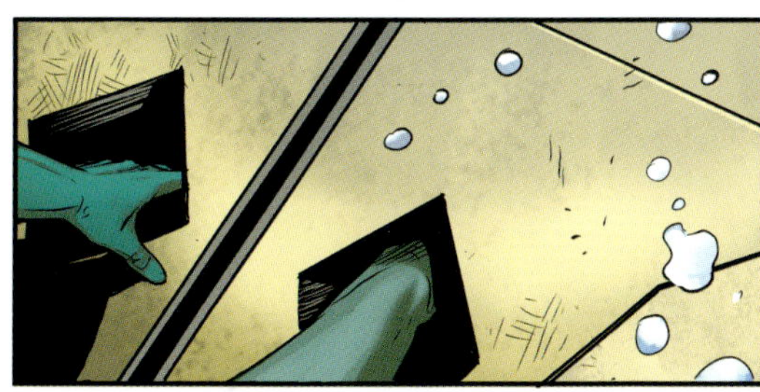

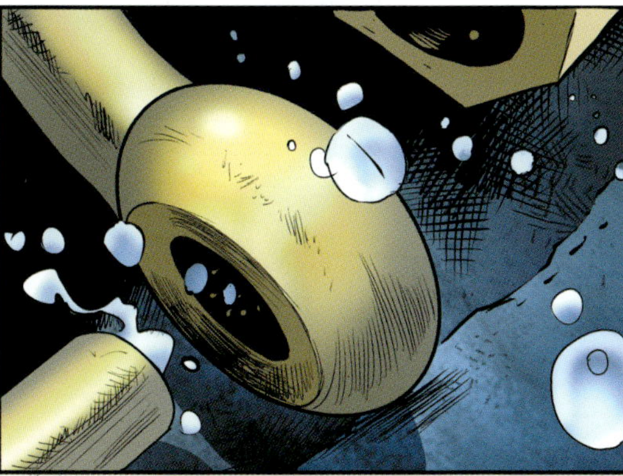

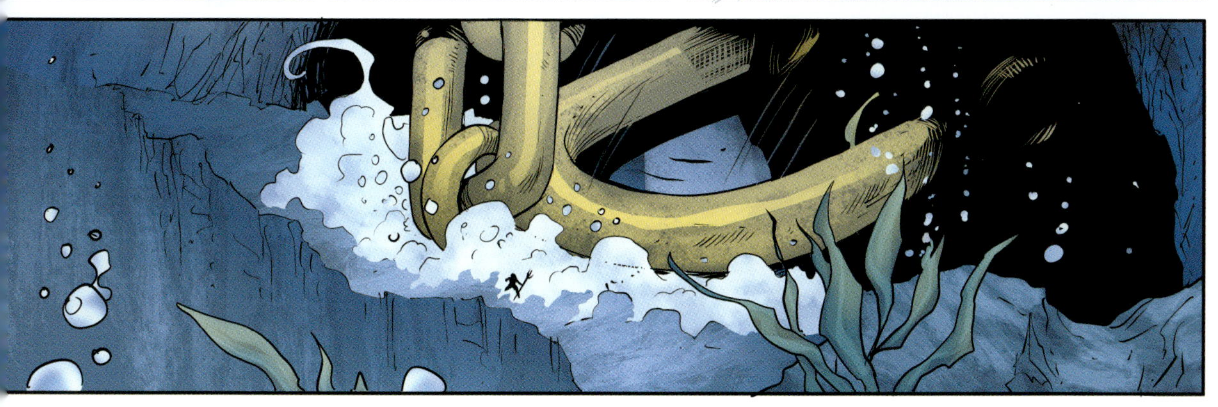

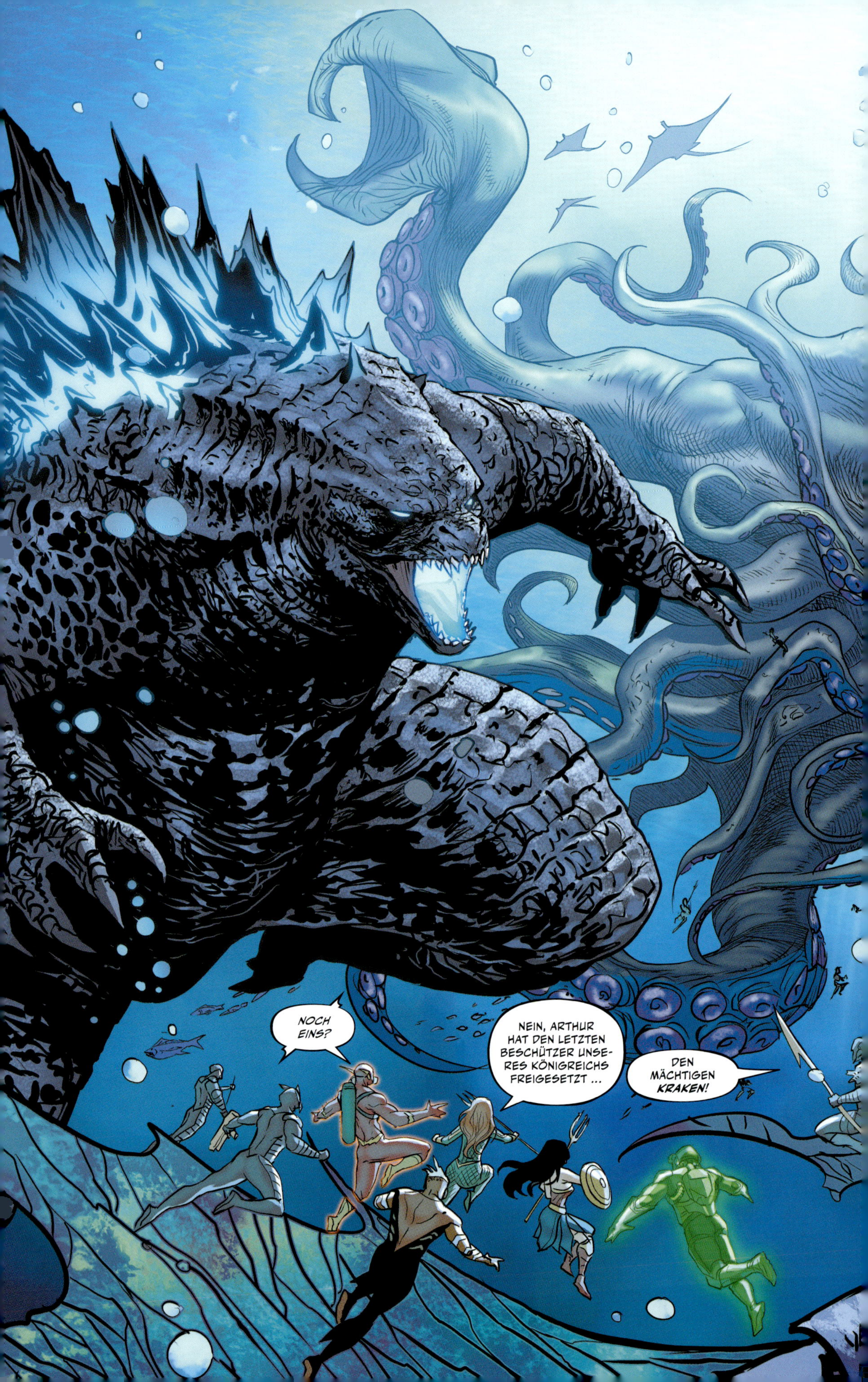
NOCH EINS?
NEIN, ARTHUR HAT DEN LETZTEN BESCHÜTZER UNSERES KÖNIGREICHS FREIGESETZT ...
DEN MÄCHTIGEN KRAKEN!

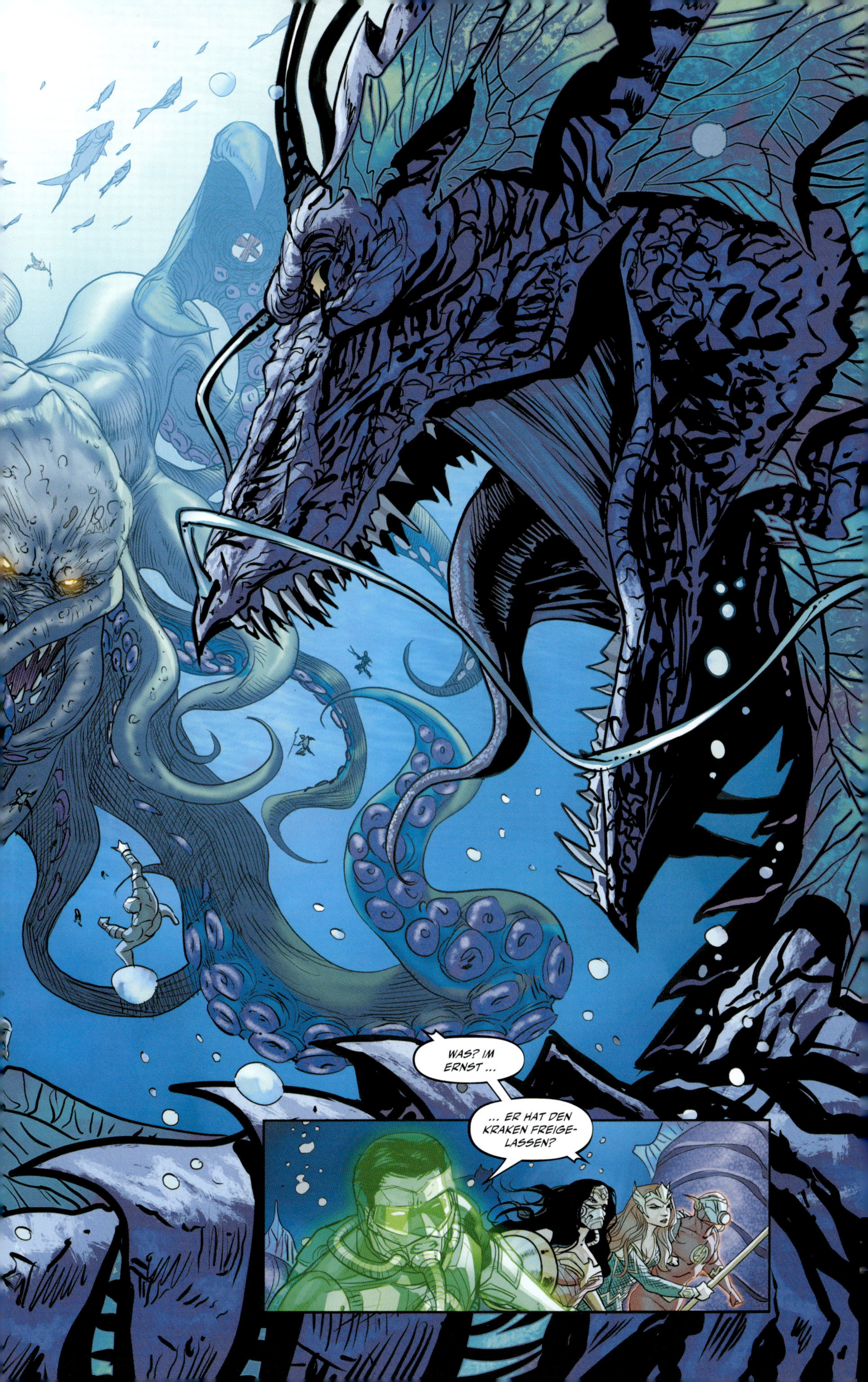
WAS? IM ERNST ...
... ER HAT DEN KRAKEN FREIGE-LASSEN?

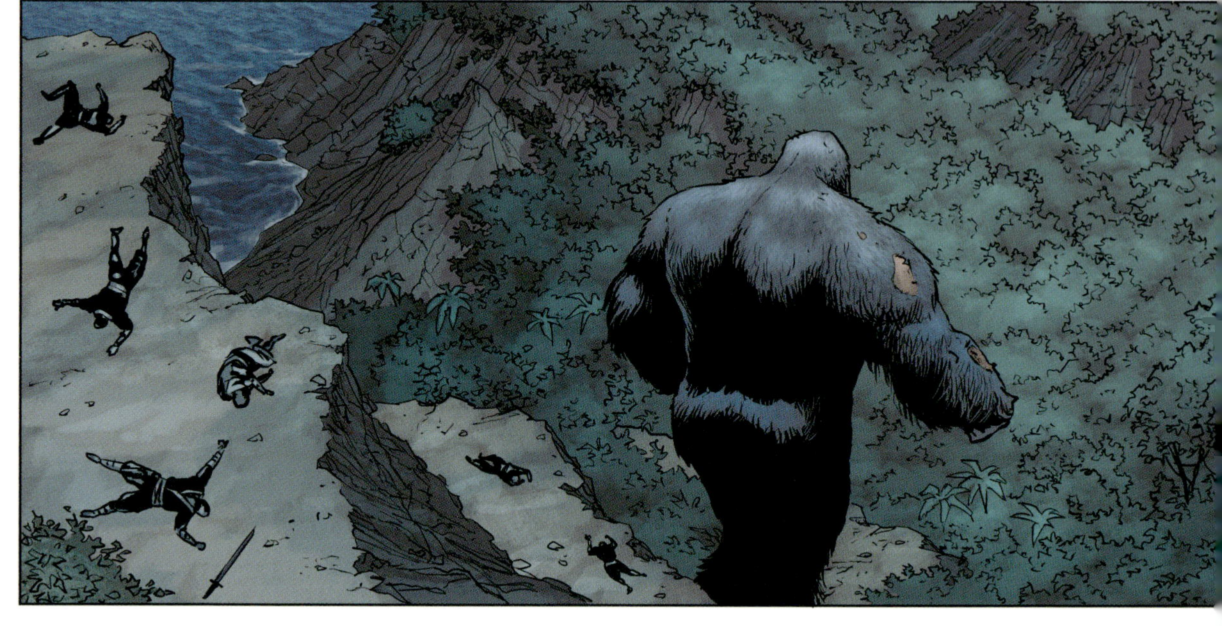

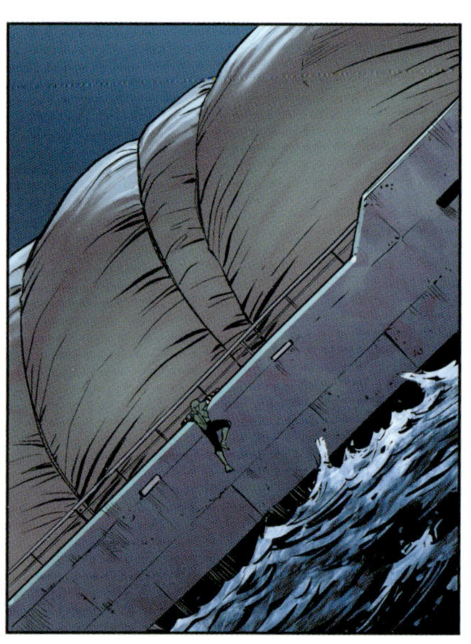

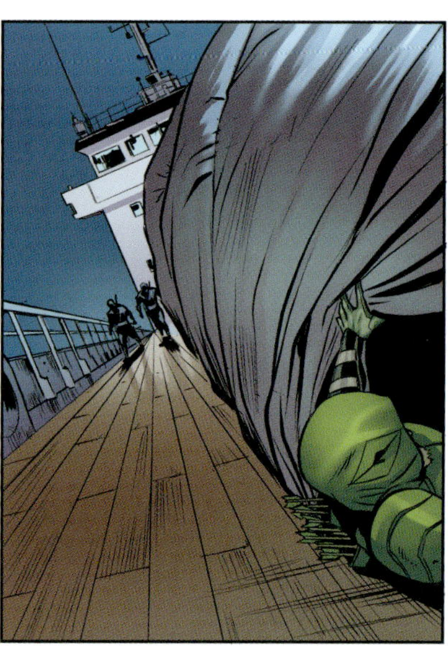

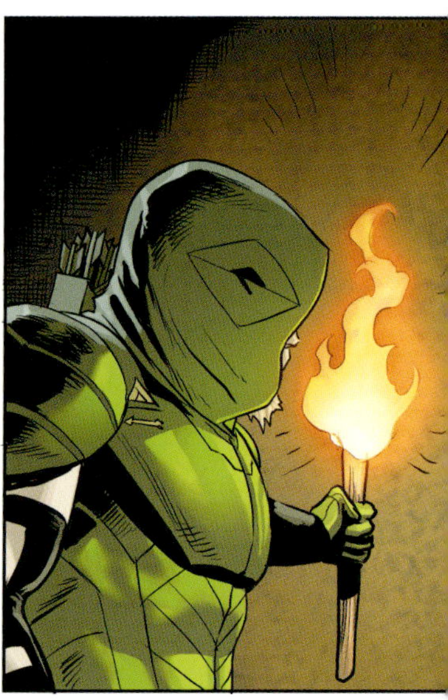

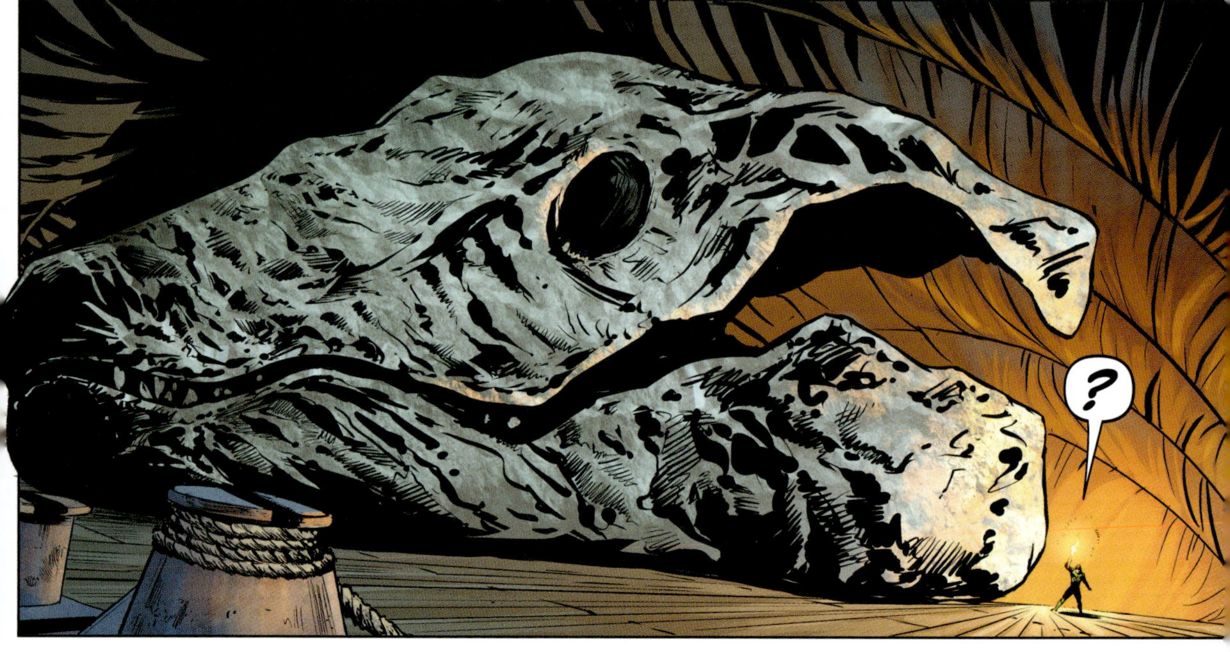

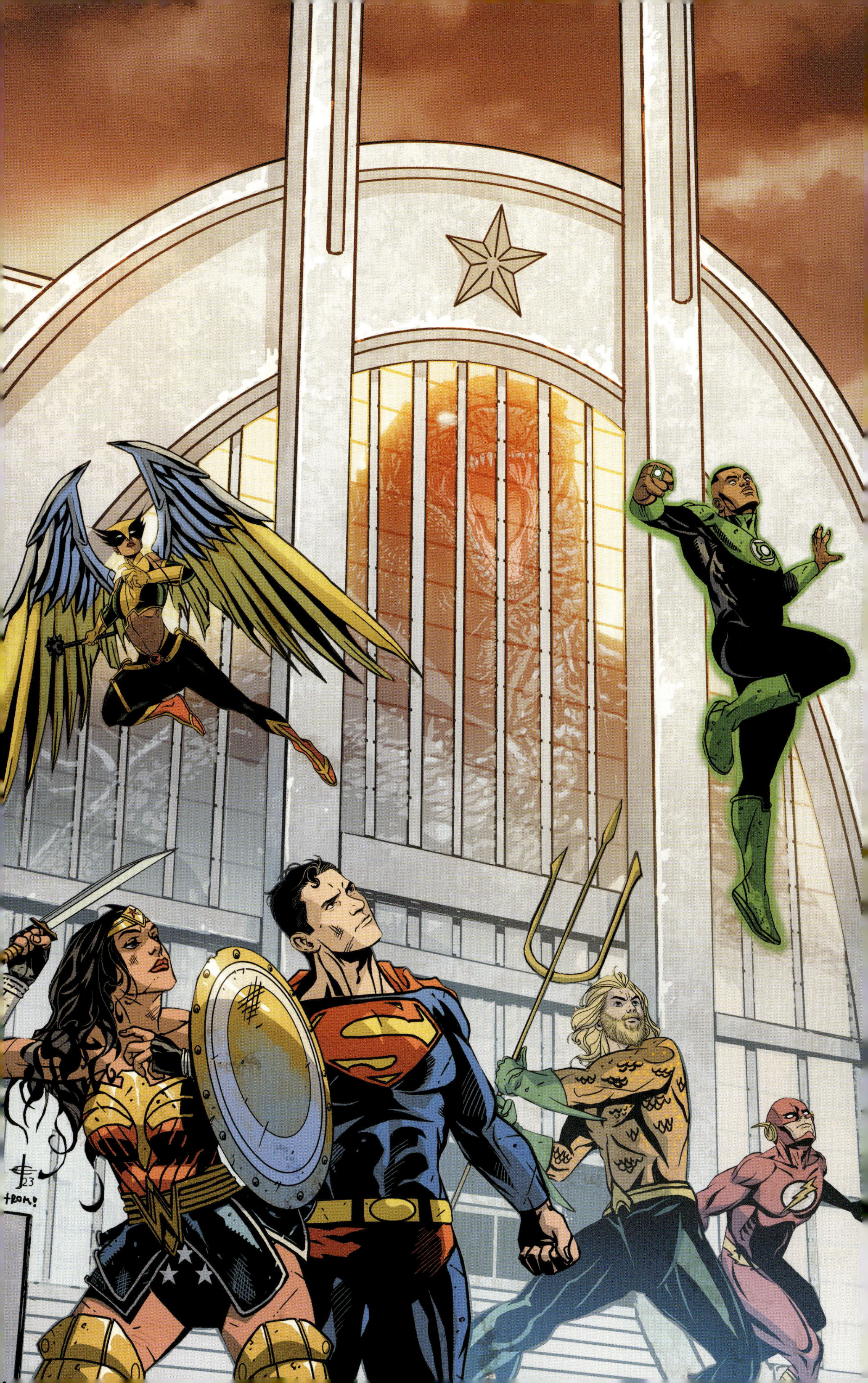

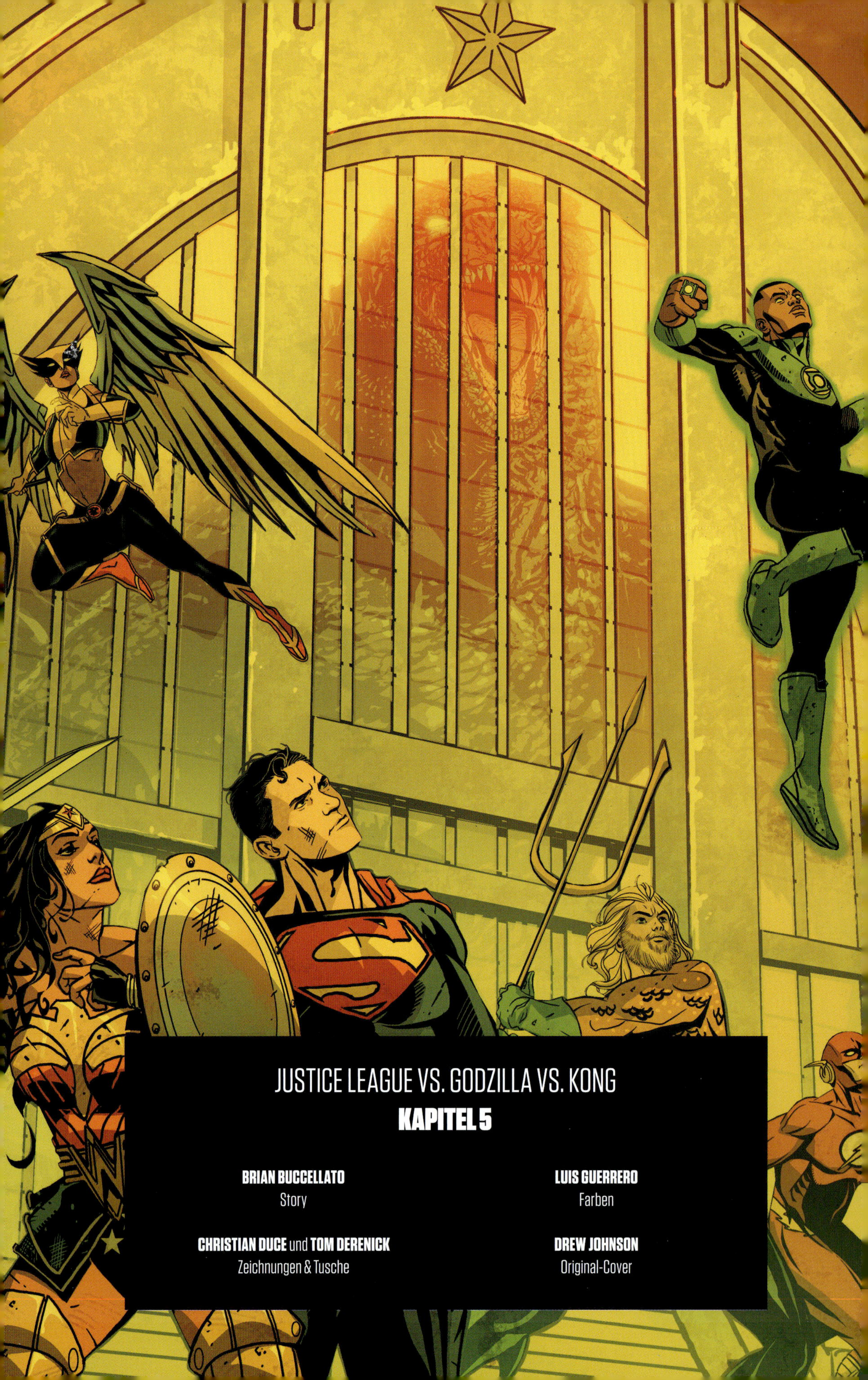

JUSTICE LEAGUE VS. GODZILLA VS. KONG

KAPITEL 5

BRIAN BUCCELLATO
Story

LUIS GUERRERO
Farben

CHRISTIAN DUCE und **TOM DERENICK**
Zeichnungen & Tusche

DREW JOHNSON
Original-Cover

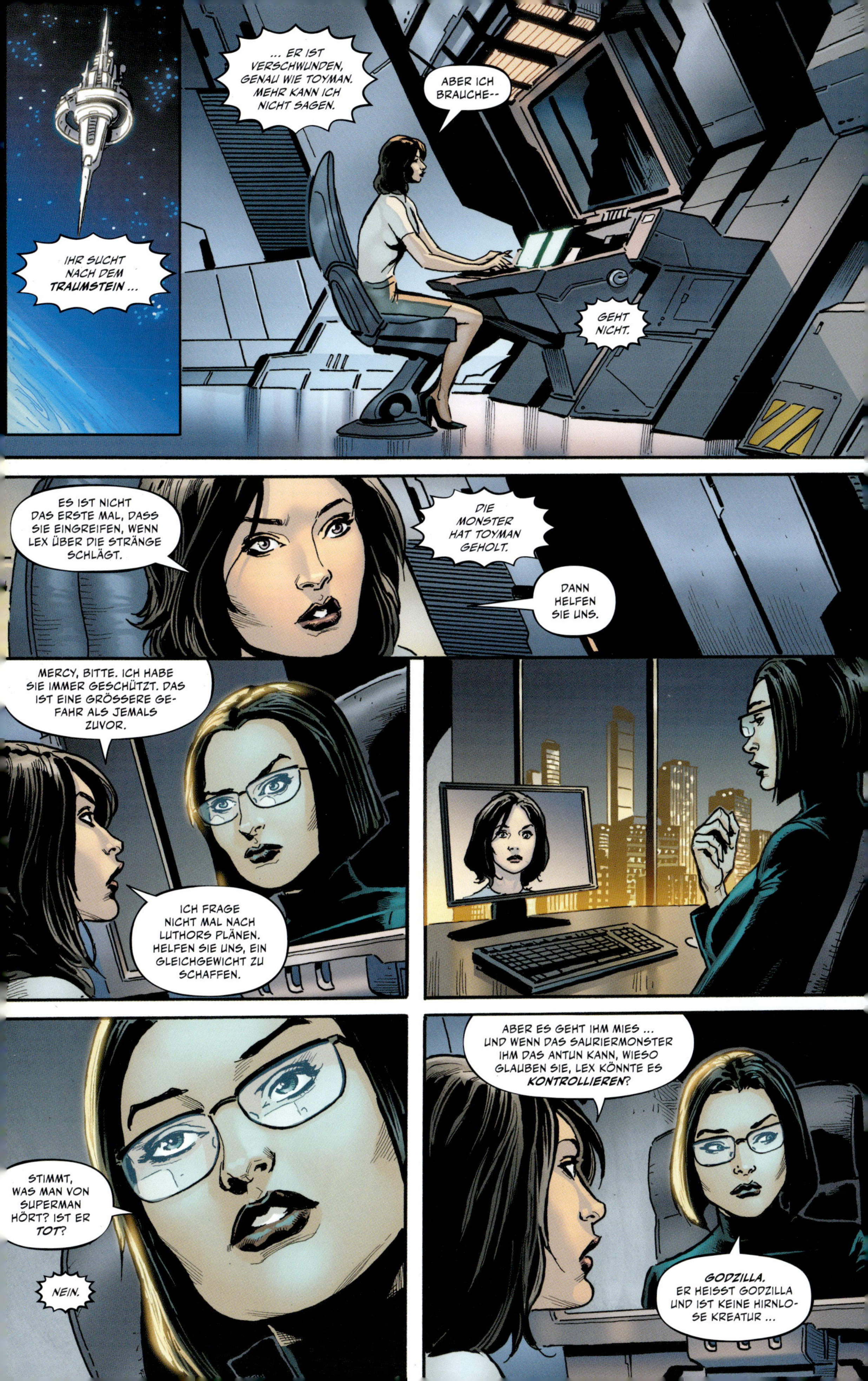

IHR SUCHT NACH DEM **TRAUMSTEIN** ...

... ER IST VERSCHWUNDEN, GENAU WIE TOYMAN. MEHR KANN ICH NICHT SAGEN.

ABER ICH BRAUCHE--

GEHT NICHT.

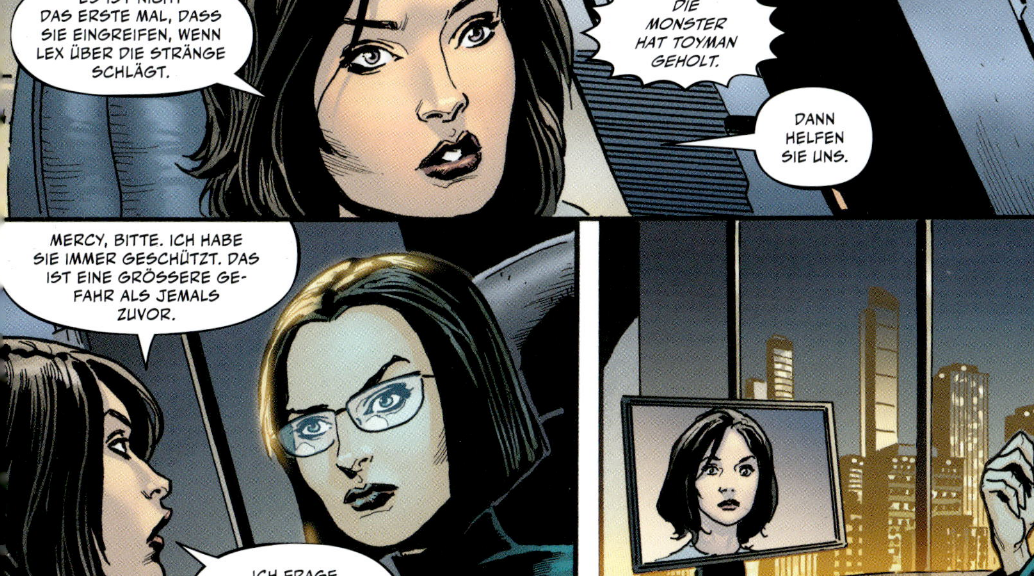

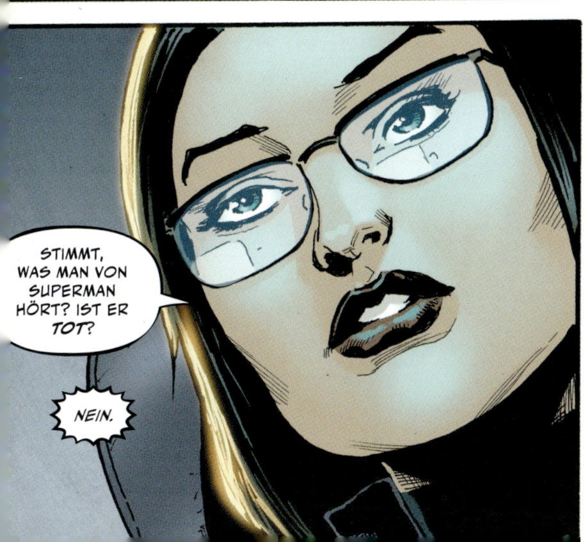

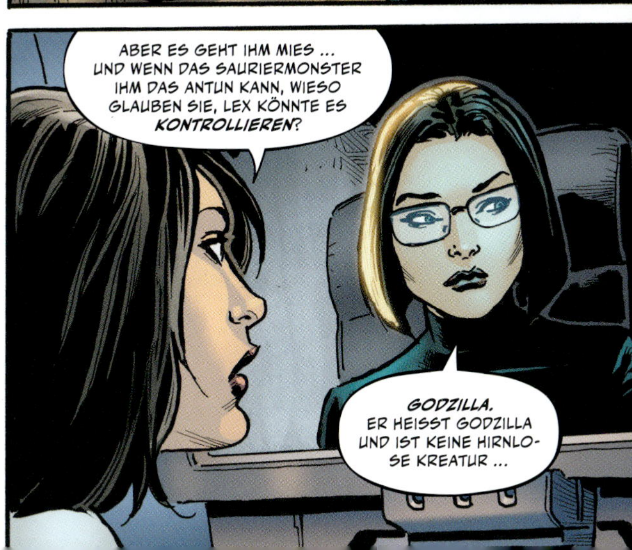

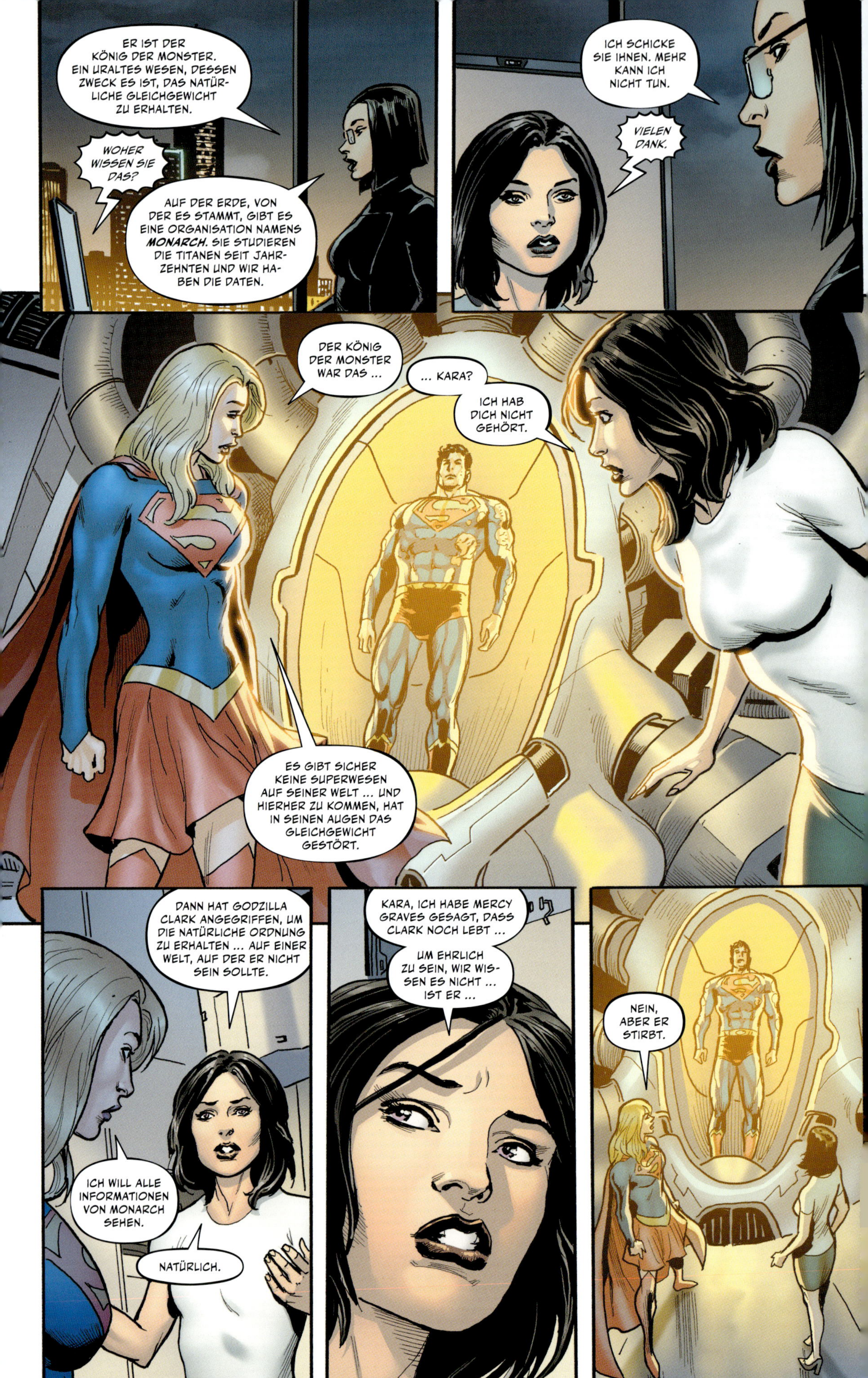
ER IST DER KÖNIG DER MONSTER. EIN URALTES WESEN, DESSEN ZWECK ES IST, DAS NATÜRLICHE GLEICHGEWICHT ZU ERHALTEN.
WOHER WISSEN SIE DAS?
AUF DER ERDE, VON DER ES STAMMT, GIBT ES EINE ORGANISATION NAMENS MONARCH. SIE STUDIEREN DIE TITANEN SEIT JAHRZEHNTEN UND WIR HABEN DIE DATEN.
ICH SCHICKE SIE IHNEN. MEHR KANN ICH NICHT TUN.
VIELEN DANK.
DER KÖNIG DER MONSTER WAR DAS ...
... KARA?
ICH HAB DICH NICHT GEHÖRT.
ES GIBT SICHER KEINE SUPERWESEN AUF SEINER WELT ... UND HIERHER ZU KOMMEN, HAT IN SEINEN AUGEN DAS GLEICHGEWICHT GESTÖRT.
DANN HAT GODZILLA CLARK ANGEGRIFFEN, UM DIE NATÜRLICHE ORDNUNG ZU ERHALTEN ... AUF EINER WELT, AUF DER ER NICHT SEIN SOLLTE.
ICH WILL ALLE INFORMATIONEN VON MONARCH SEHEN.
NATÜRLICH.
KARA, ICH HABE MERCY GRAVES GESAGT, DASS CLARK NOCH LEBT ...
UM EHRLICH ZU SEIN, WIR WISSEN ES NICHT ... IST ER ...
NEIN, ABER ER STIRBT.

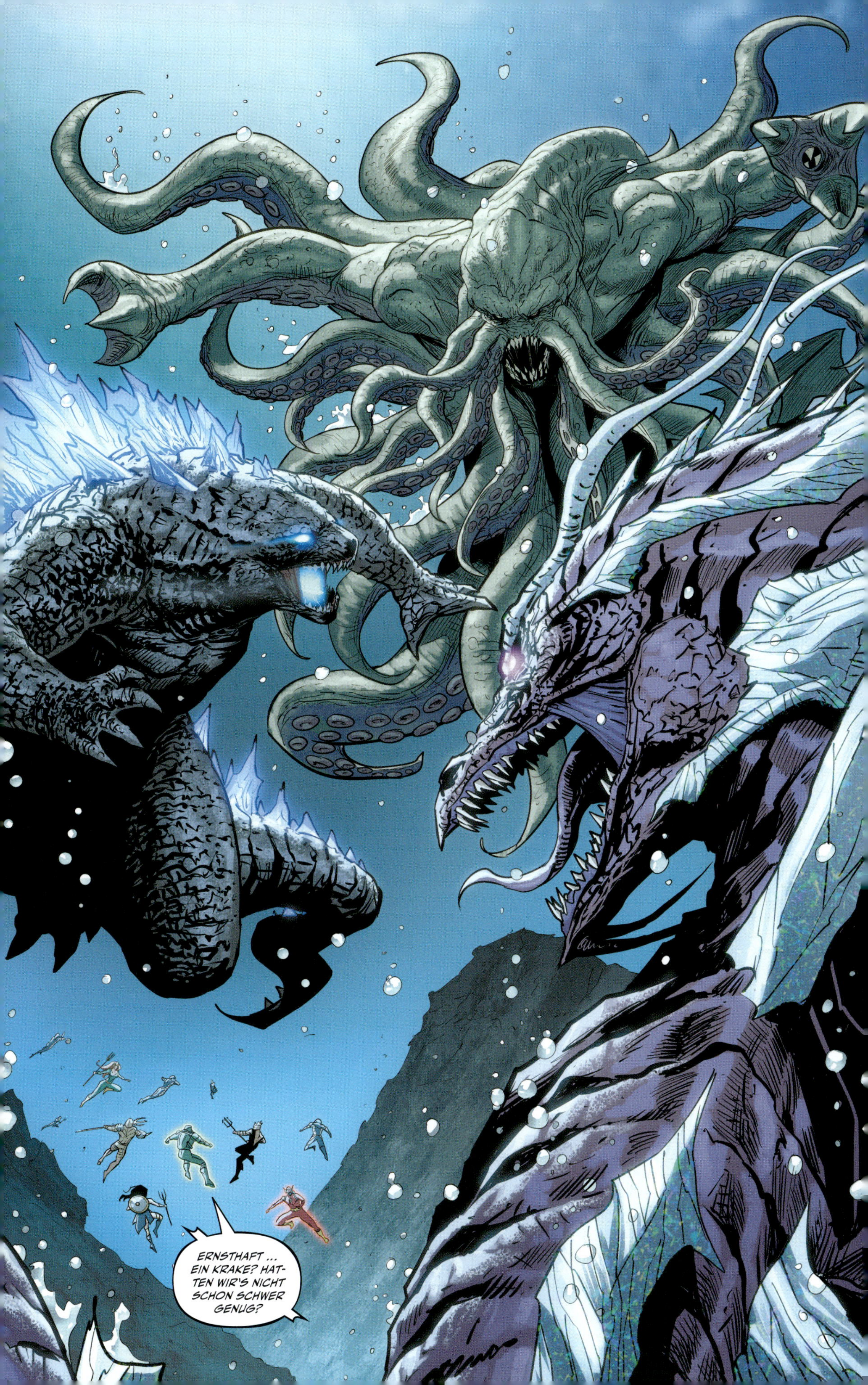
ERNSTHAFT ... EIN KRAKE? HATTEN WIR'S NICHT SCHON SCHWER GENUG?

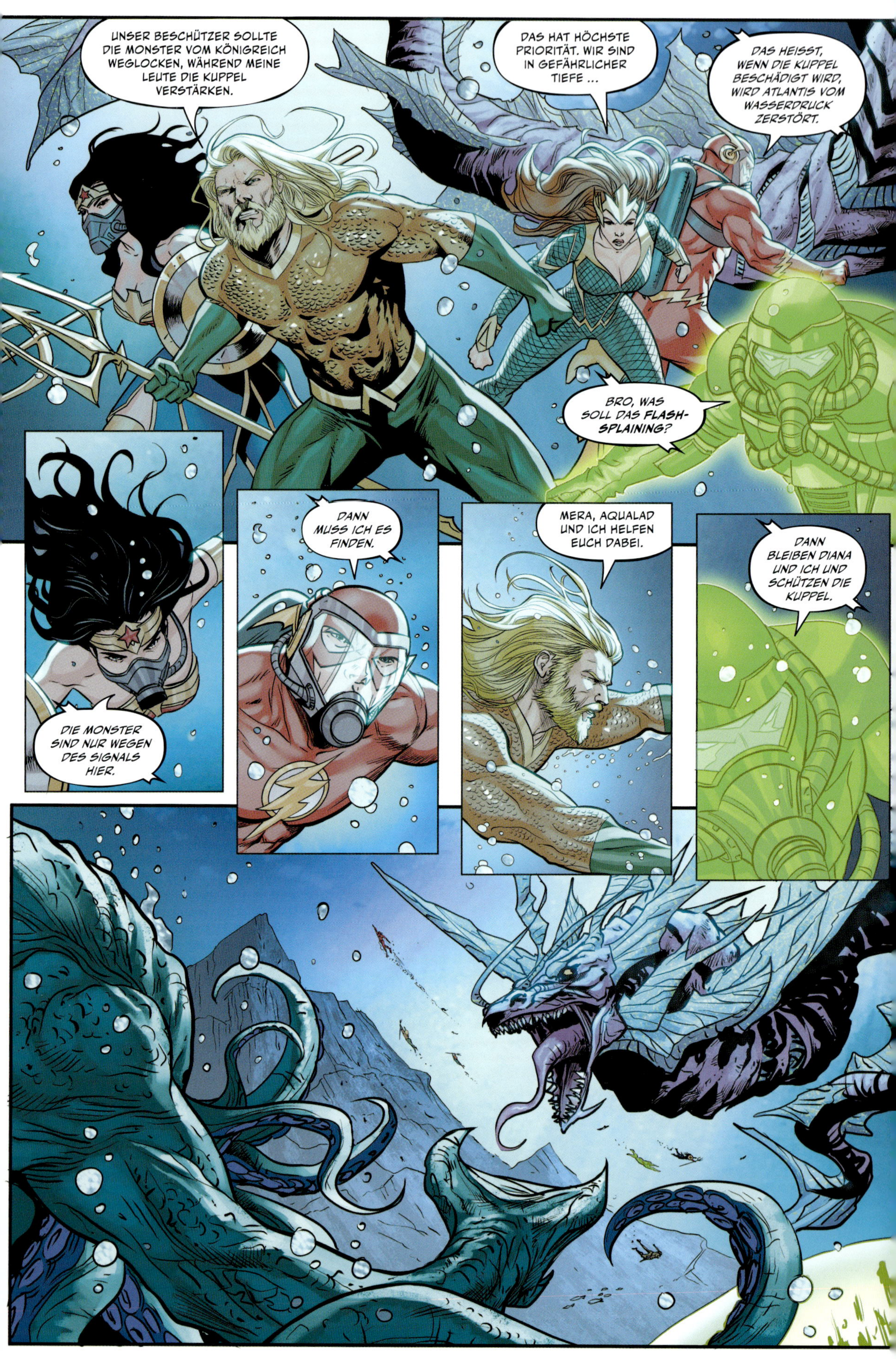
UNSER BESCHÜTZER SOLLTE DIE MONSTER VOM KÖNIGREICH WEGLOCKEN, WÄHREND MEINE LEUTE DIE KUPPEL VERSTÄRKEN.
DAS HAT HÖCHSTE PRIORITÄT. WIR SIND IN GEFÄHRLICHER TIEFE ...
DAS HEISST, WENN DIE KUPPEL BESCHÄDIGT WIRD, WIRD ATLANTIS VOM WASSERDRUCK ZERSTÖRT.
BRO, WAS SOLL DAS **FLASH-SPLAINING**?
DIE MONSTER SIND NUR WEGEN DES SIGNALS HIER.
DANN MUSS ICH ES FINDEN.
MERA, AQUALAD UND ICH HELFEN EUCH DABEI.
DANN BLEIBEN DIANA UND ICH UND SCHÜTZEN DIE KUPPEL.

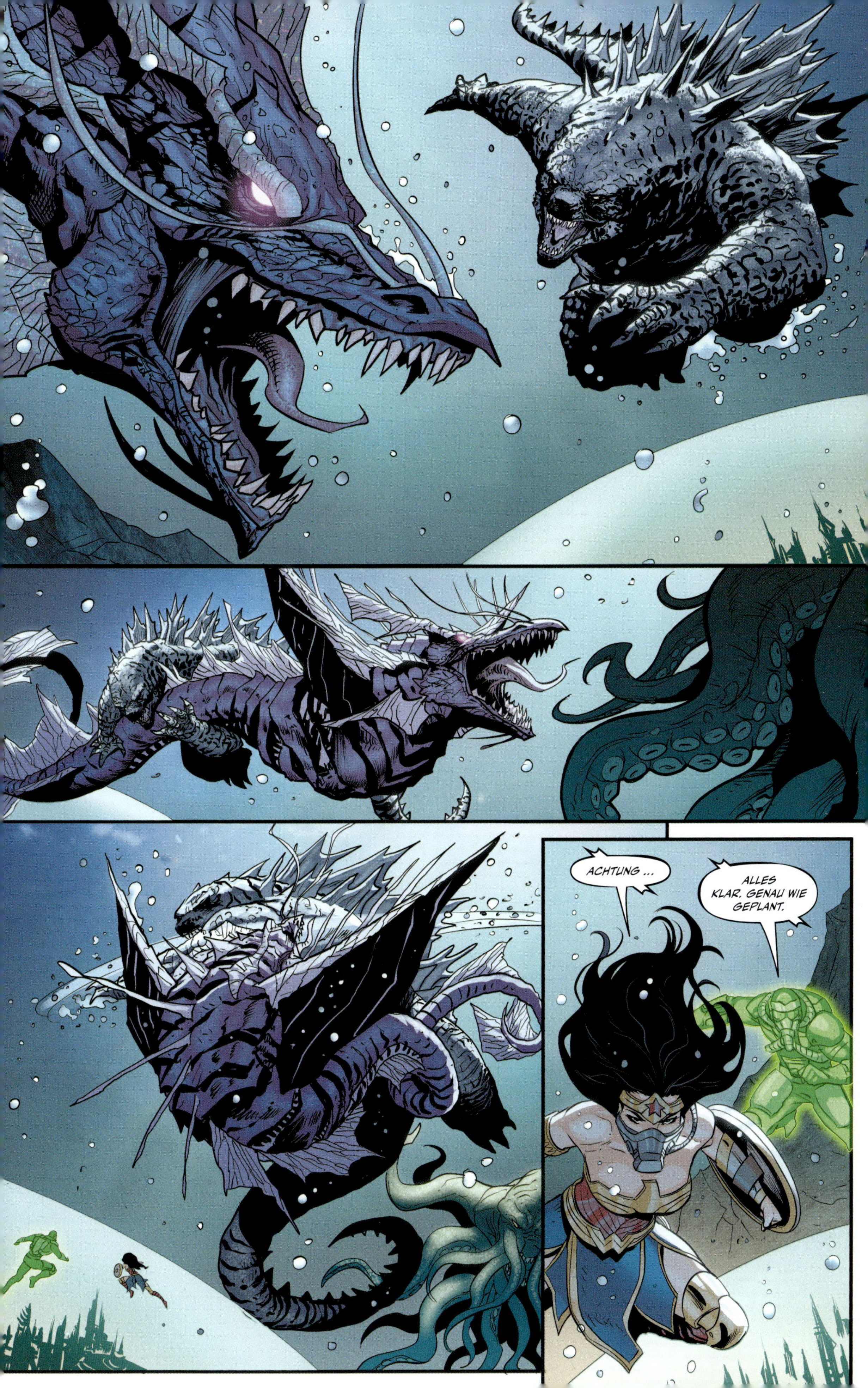
ACHTUNG ...
ALLES KLAR. GENAU WIE GEPLANT.

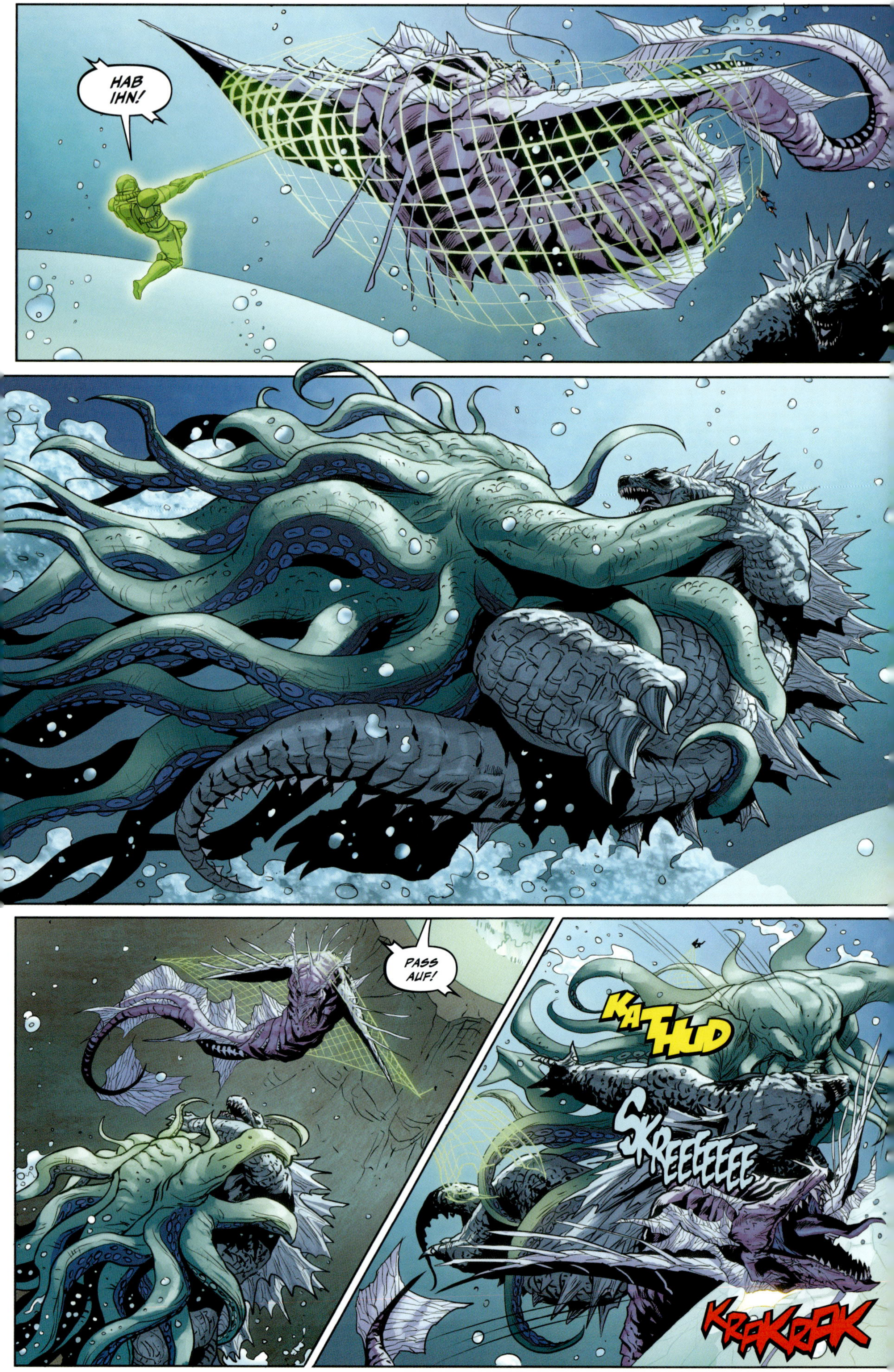

HAB IHN!

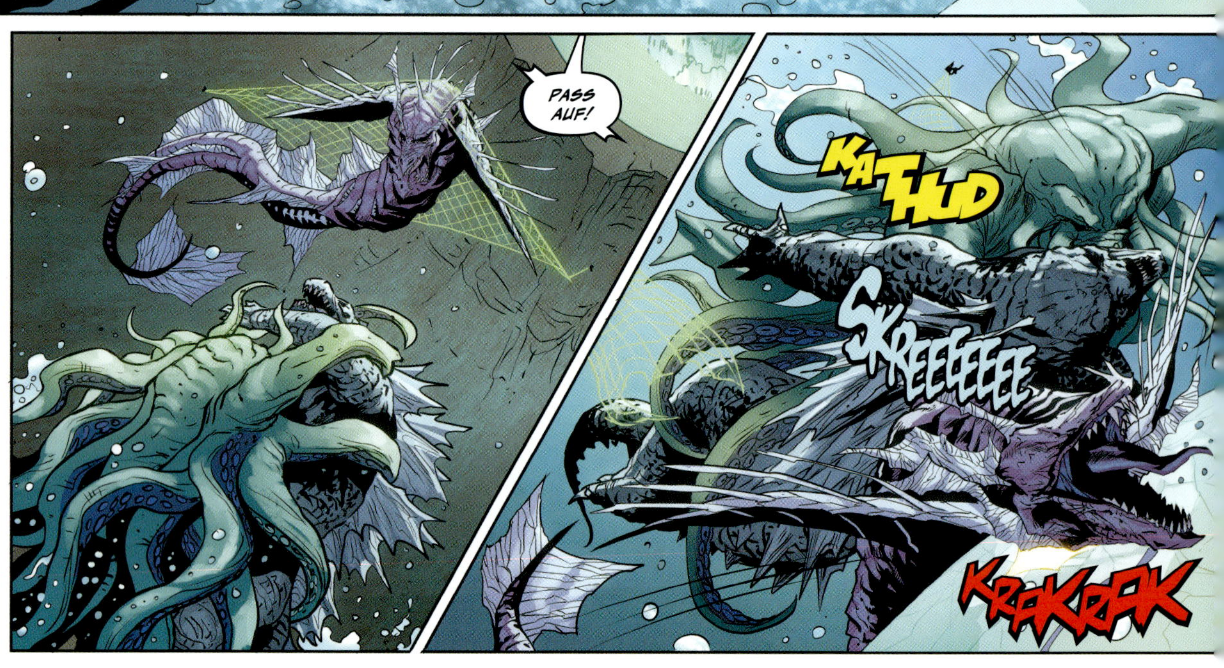

SIE BRICHT!

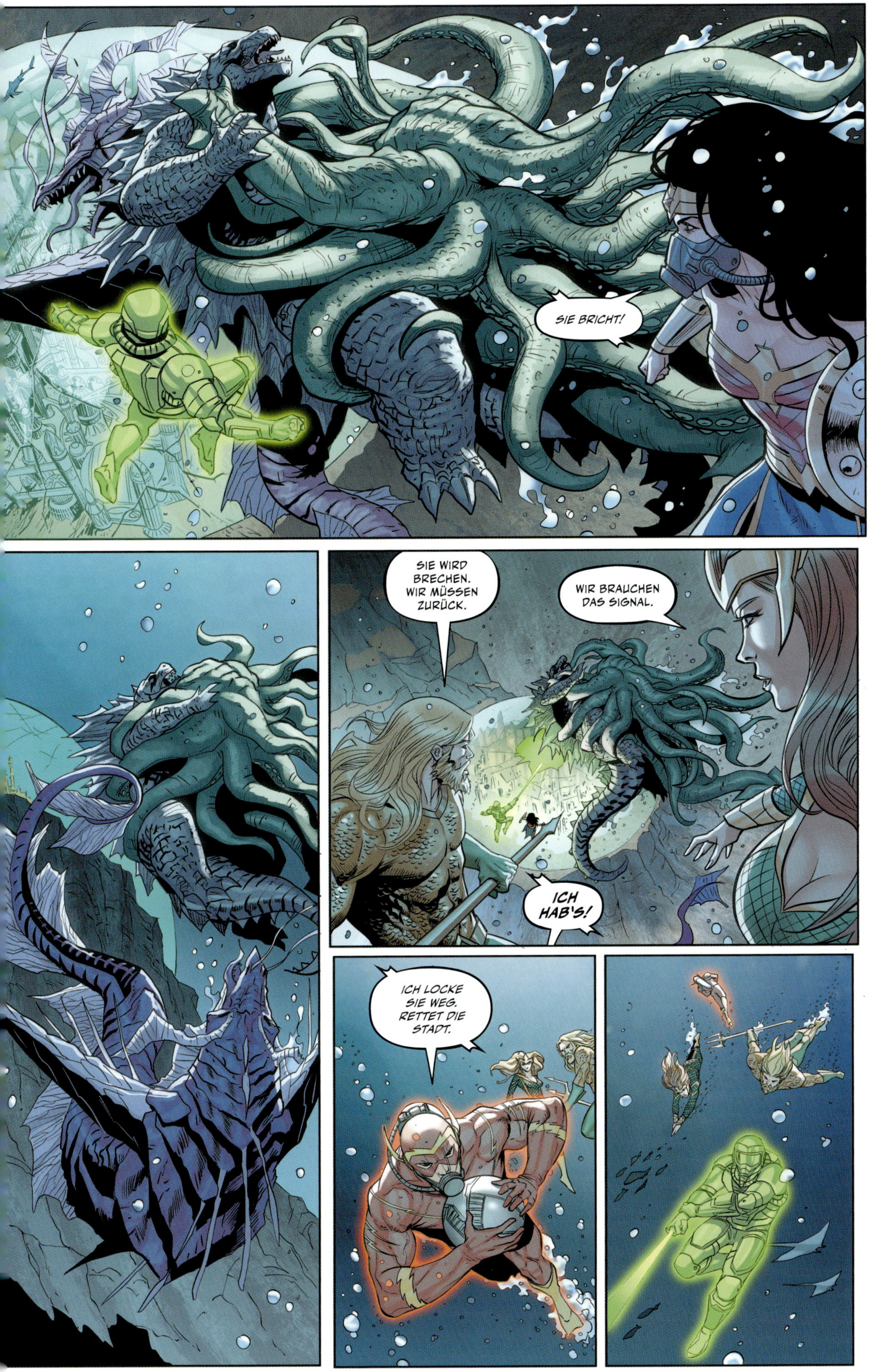

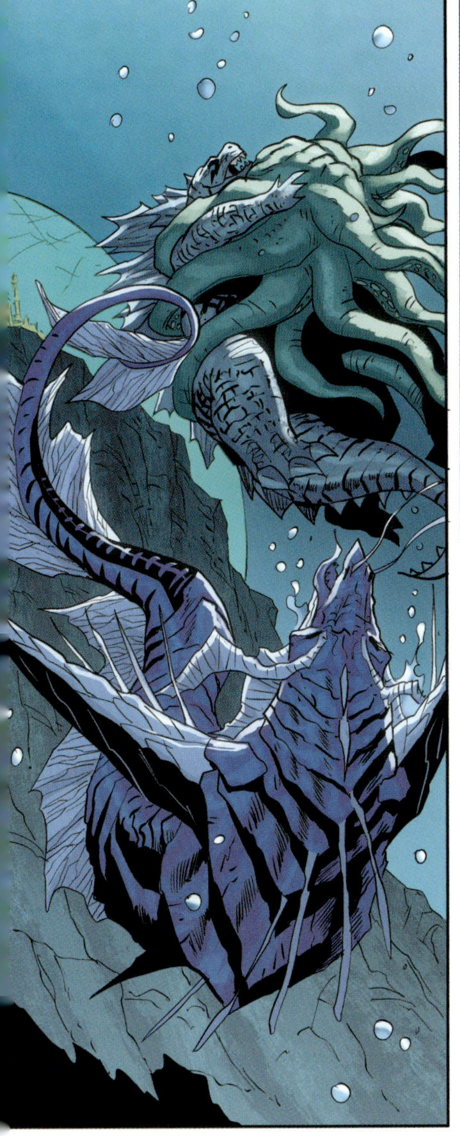

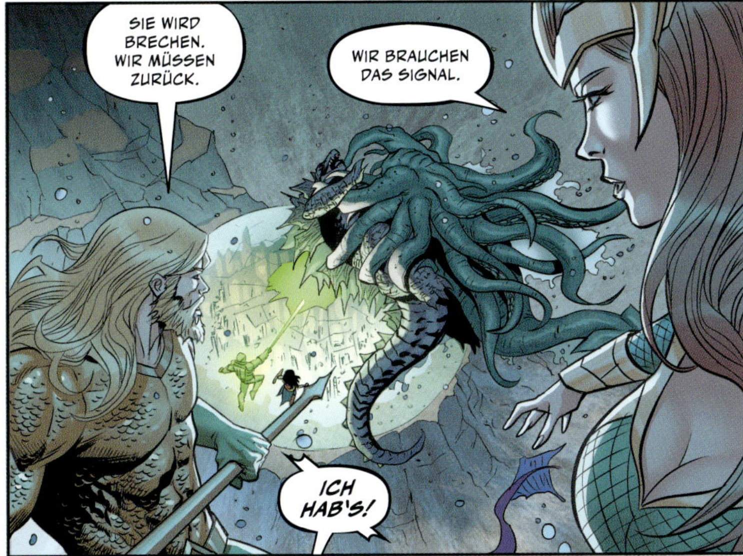
SIE WIRD BRECHEN. WIR MÜSSEN ZURÜCK.
WIR BRAUCHEN DAS SIGNAL.
ICH HAB'S!

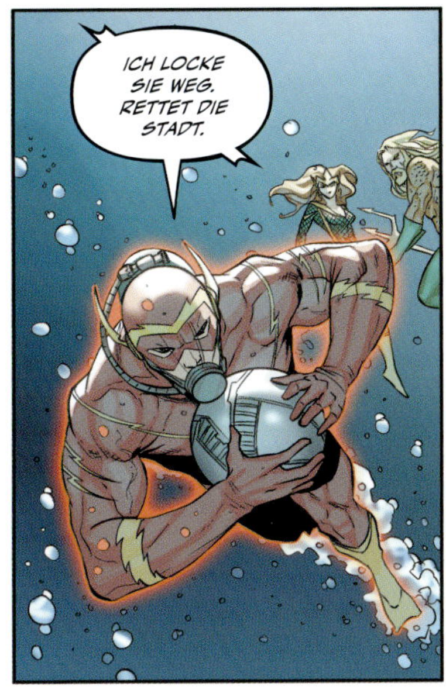
ICH LOCKE SIE WEG. RETTET DIE STADT.

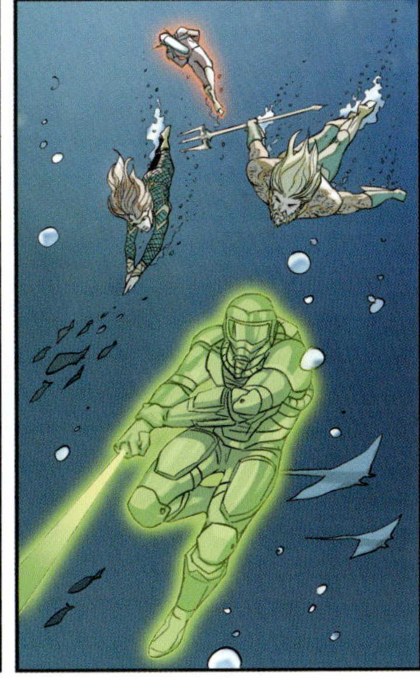

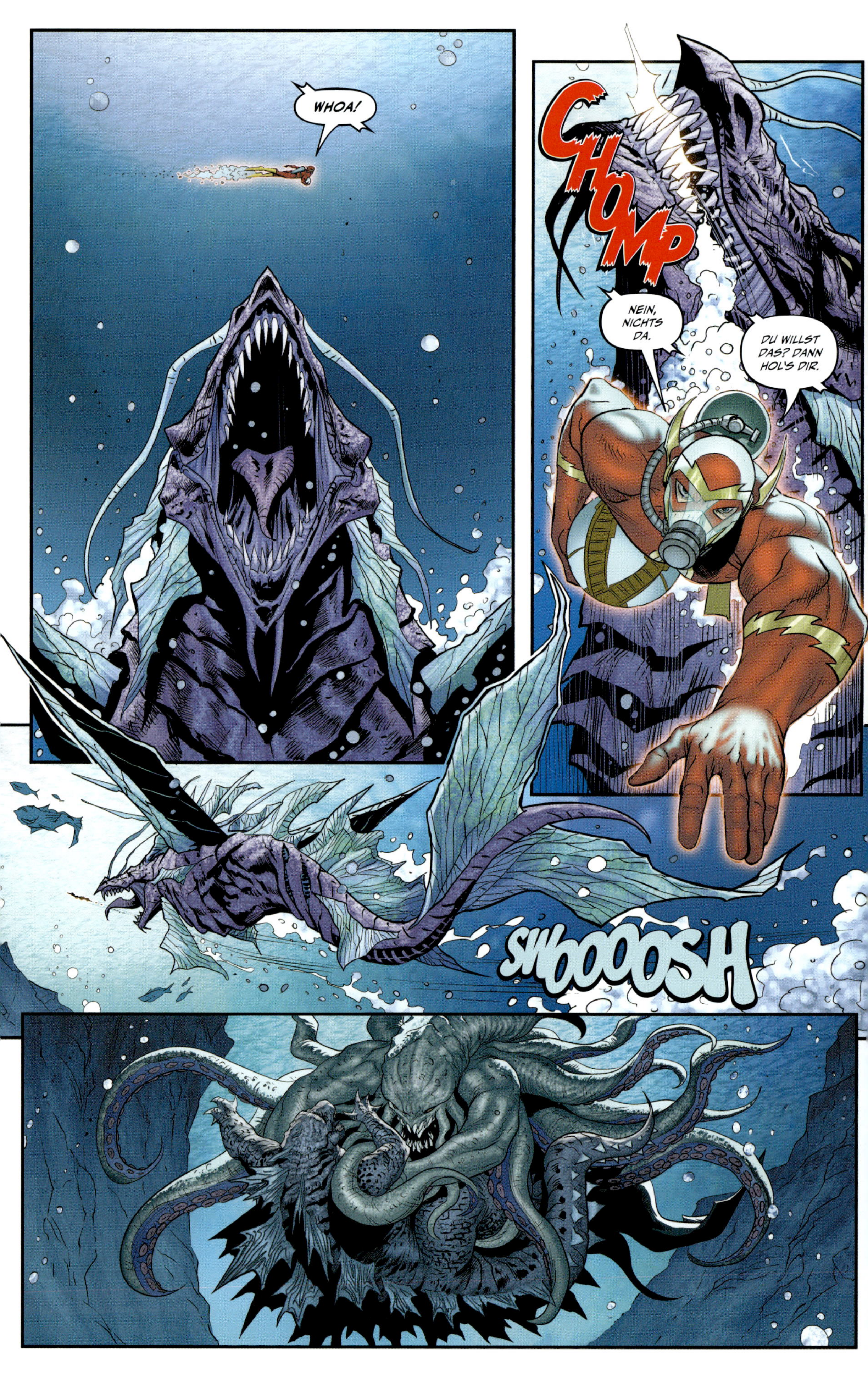
WHOA!
CHOMP
NEIN, NICHTS DA.
DU WILLST DAS? DANN HOL'S DIR.
SWOOOOSH

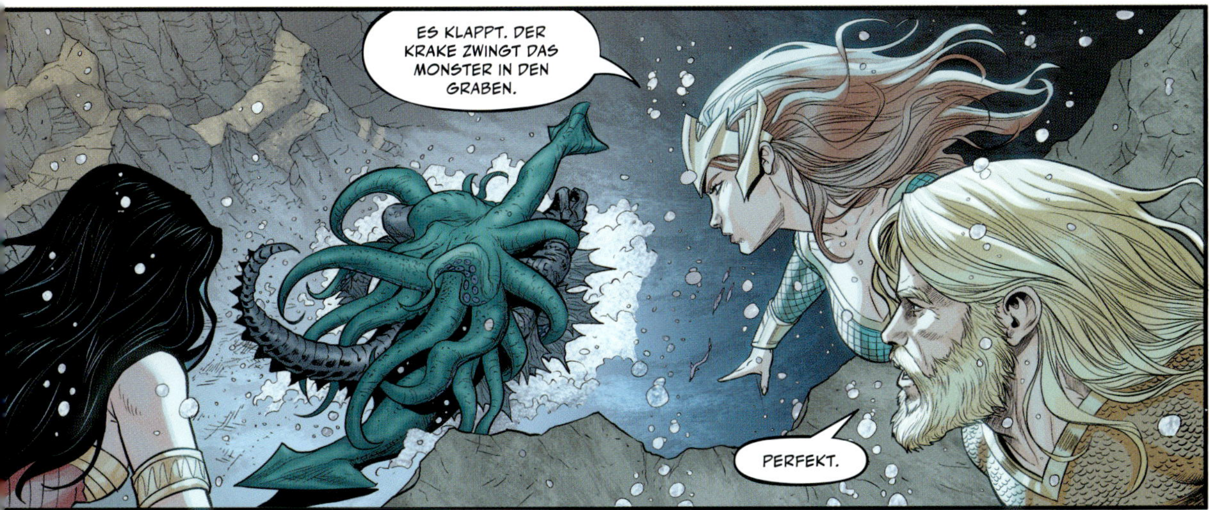
ES KLAPPT. DER KRAKE ZWINGT DAS MONSTER IN DEN GRABEN.
PERFEKT.

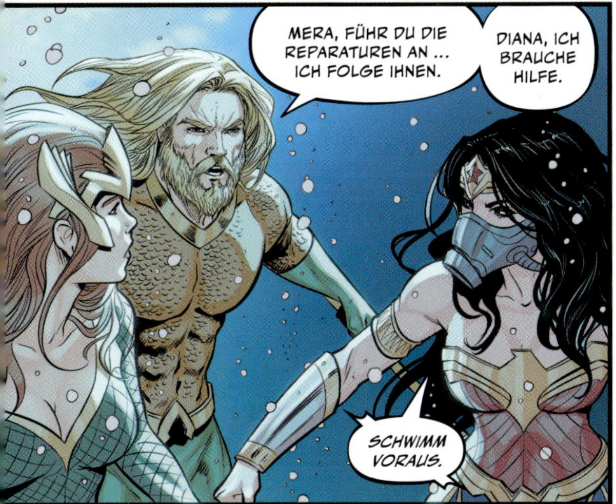
MERA, FÜHR DU DIE REPARATUREN AN ... ICH FOLGE IHNEN.
DIANA, ICH BRAUCHE HILFE.
SCHWIMM VORAUS.

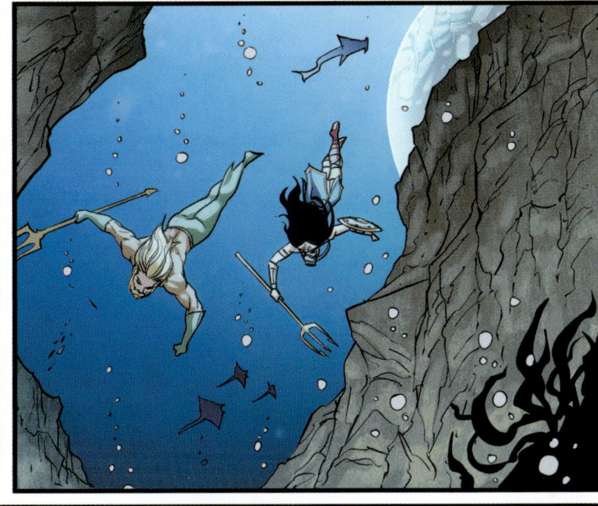

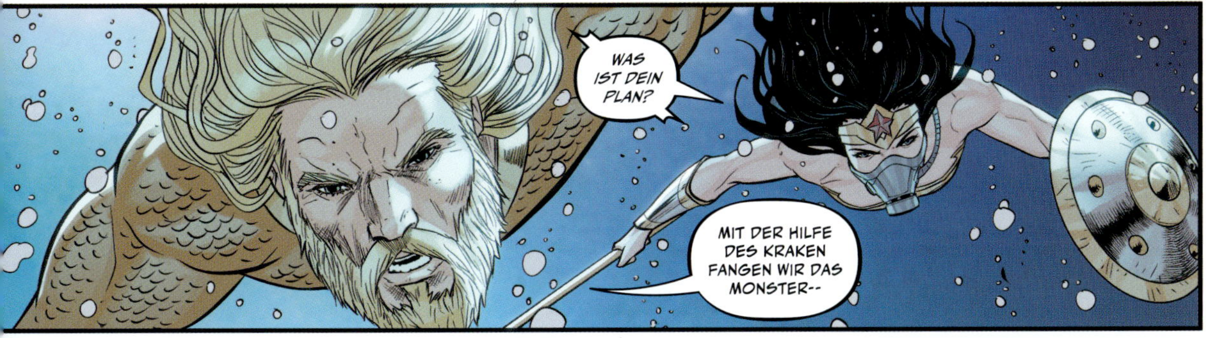
WAS IST DEIN PLAN?
MIT DER HILFE DES KRAKEN FANGEN WIR DAS MONSTER--

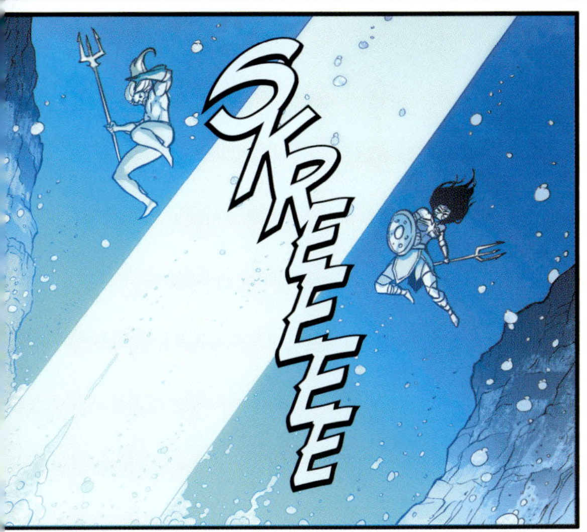
SKREEEEE

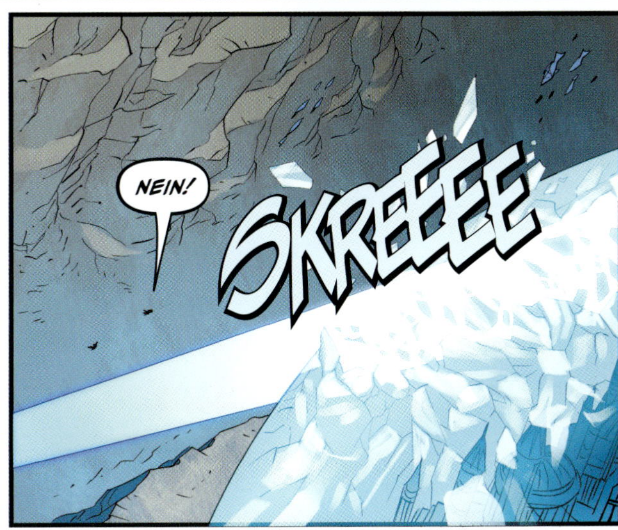
NEIN!
SKREEEEE

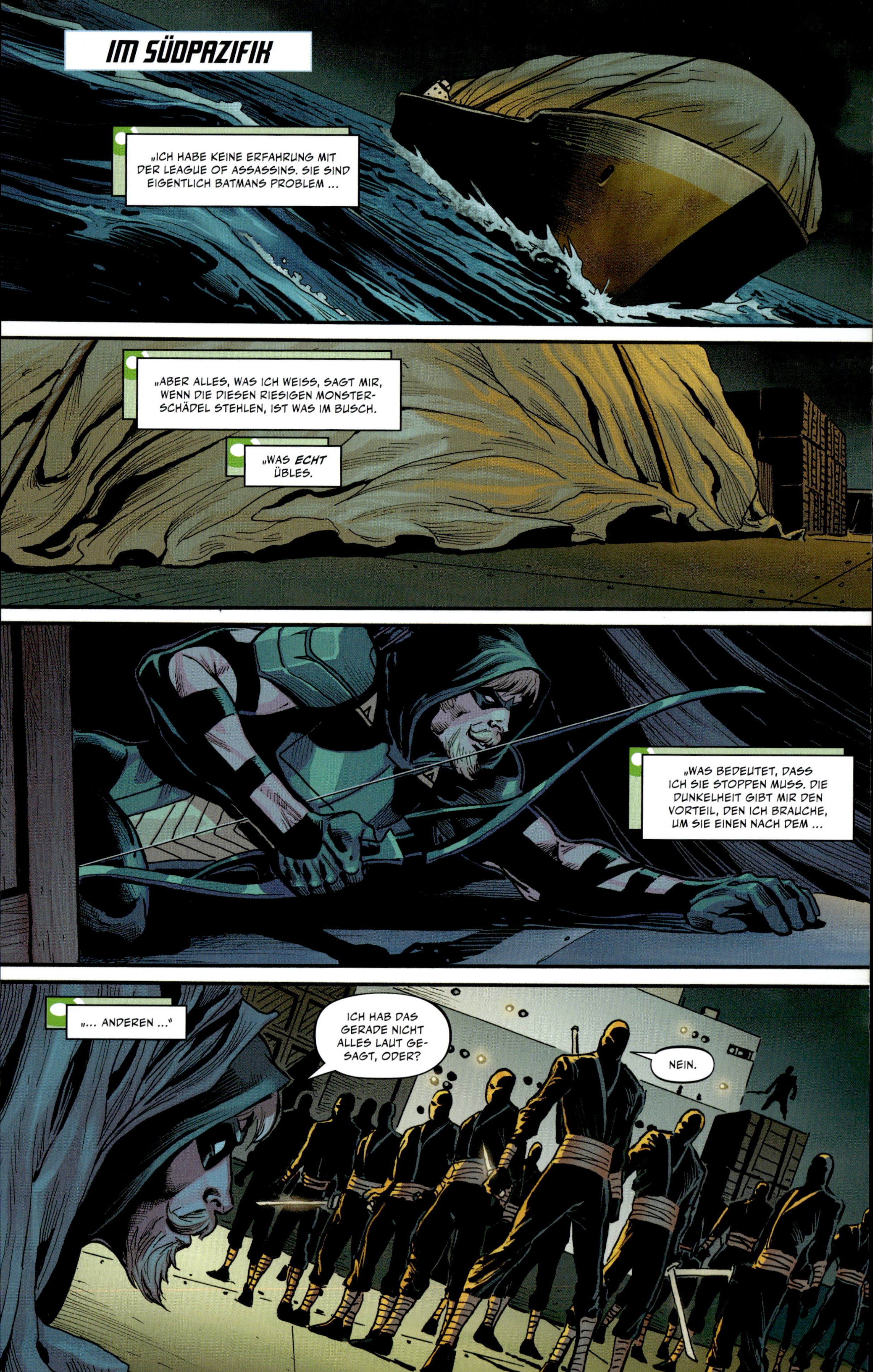
IM SÜDPAZIFIK
„ICH HABE KEINE ERFAHRUNG MIT DER LEAGUE OF ASSASSINS. SIE SIND EIGENTLICH BATMANS PROBLEM …
„ABER ALLES, WAS ICH WEISS, SAGT MIR, WENN DIE DIESEN RIESIGEN MONSTER-SCHÄDEL STEHLEN, IST WAS IM BUSCH.
„WAS *ECHT* ÜBLES.
„WAS BEDEUTET, DASS ICH SIE STOPPEN MUSS. DIE DUNKELHEIT GIBT MIR DEN VORTEIL, DEN ICH BRAUCHE, UM SIE EINEN NACH DEM …
„… ANDEREN …"
ICH HAB DAS GERADE NICHT ALLES LAUT GE-SAGT, ODER?
NEIN.

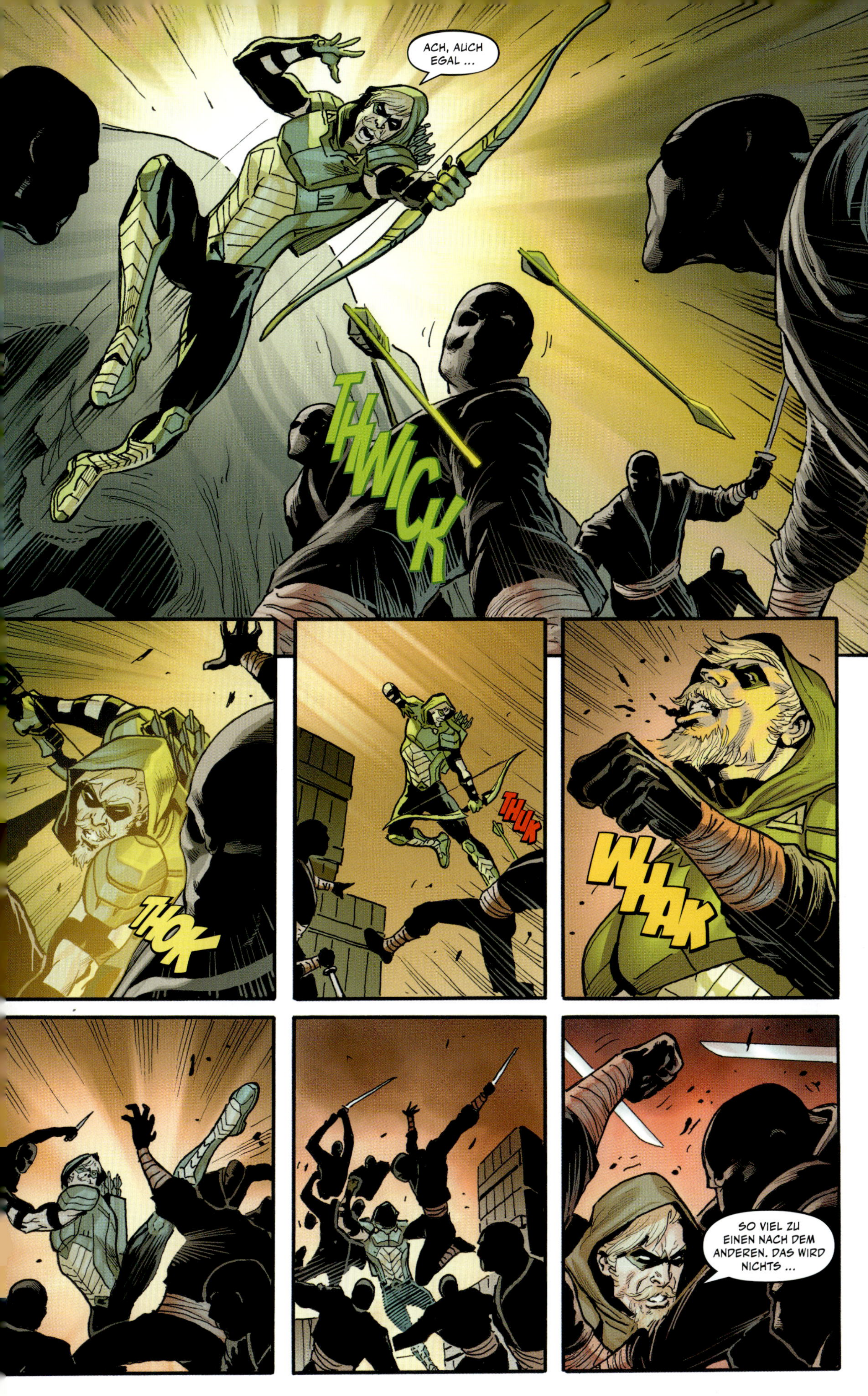
ACH, AUCH EGAL ...
THWICK
THOK
THUK
WHAK
SO VIEL ZU EINEN NACH DEM ANDEREN. DAS WIRD NICHTS ...

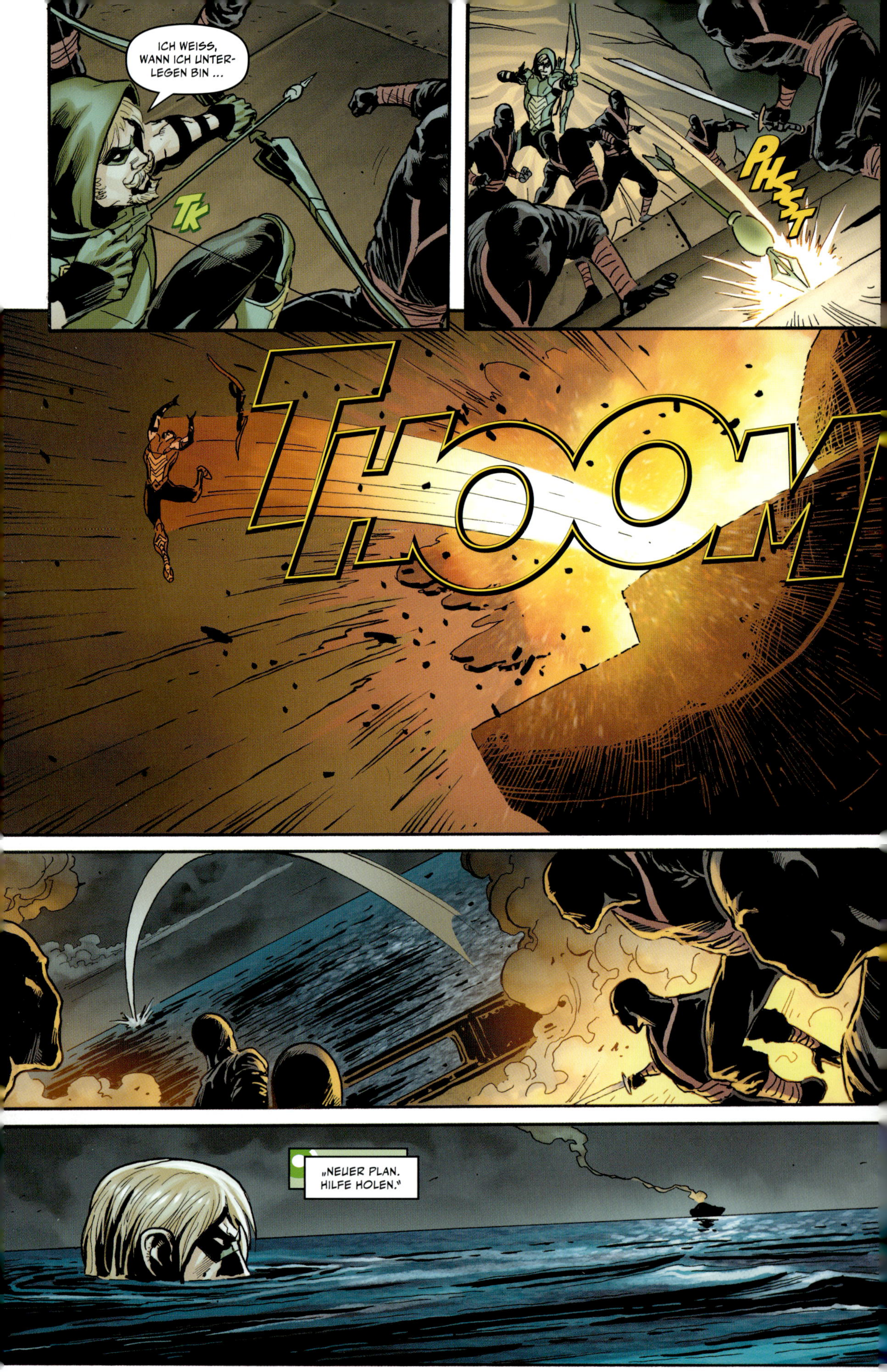

ICH WEISS, WANN ICH UNTER-LEGEN BIN ...
TK
PHSST
THOOM

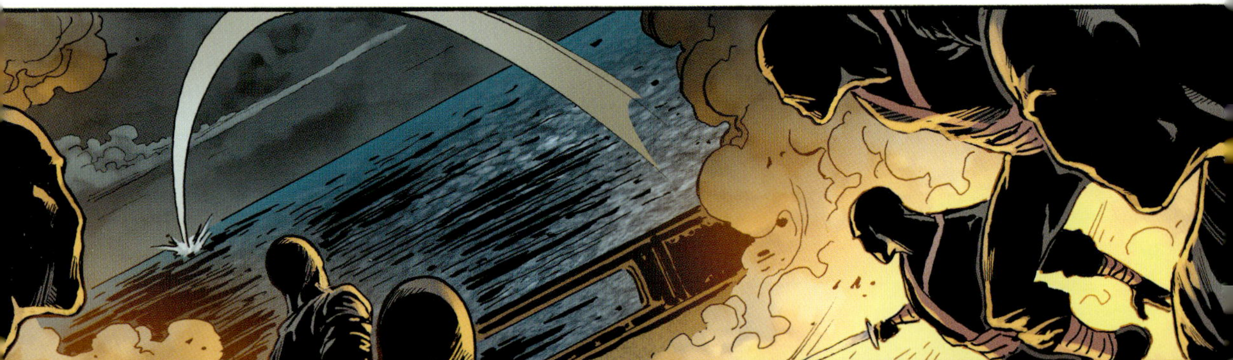

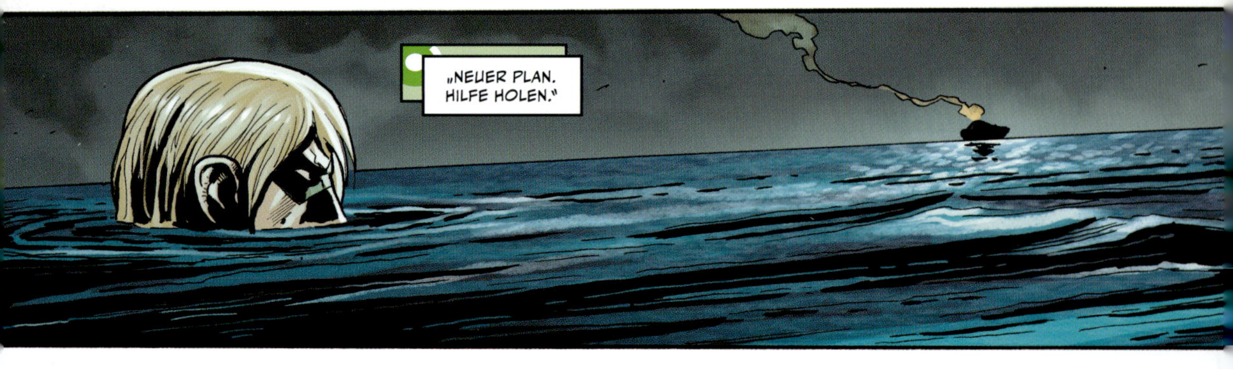
„NEUER PLAN. HILFE HOLEN.“

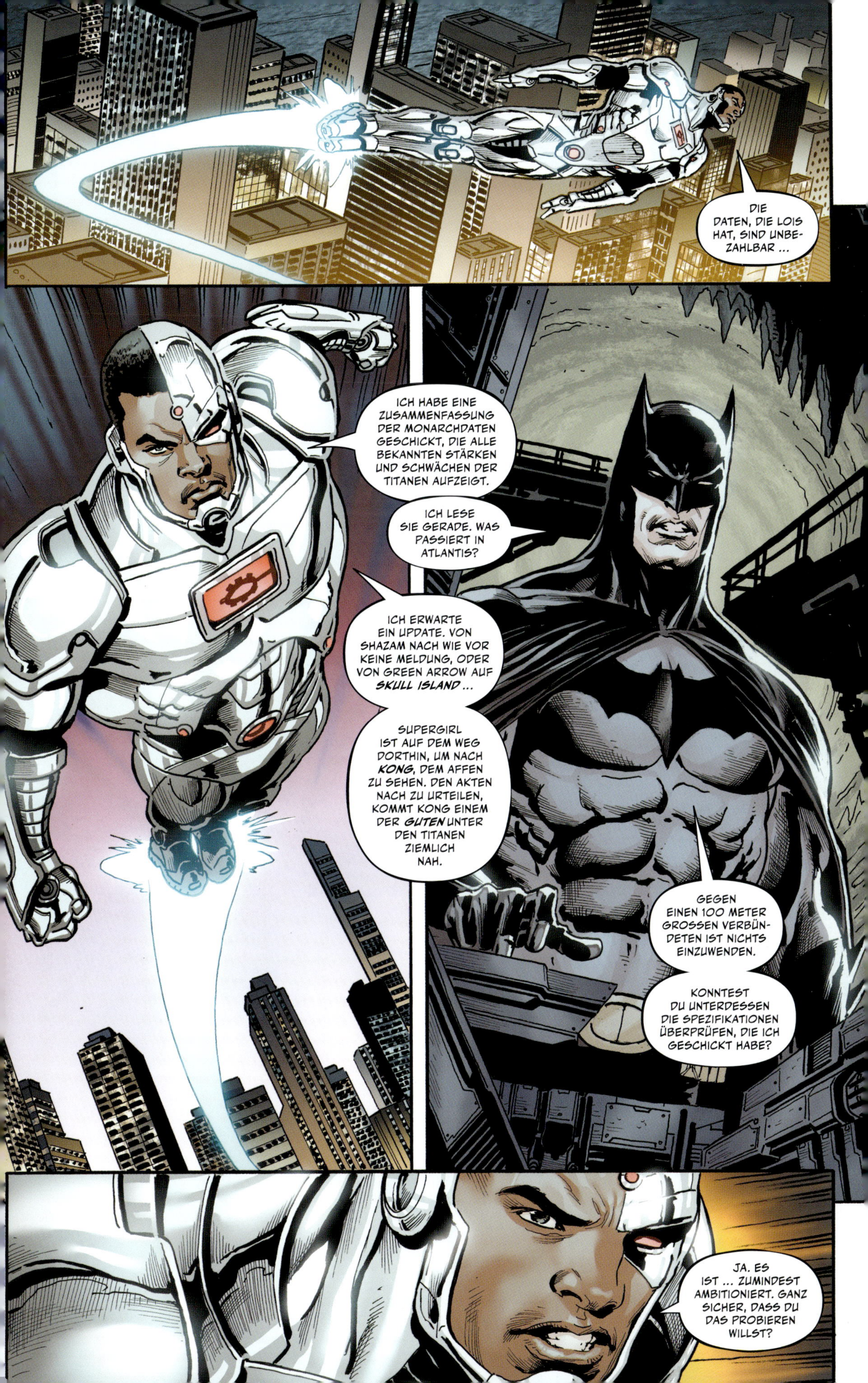
DIE DATEN, DIE LOIS HAT, SIND UNBEZAHLBAR ...
ICH HABE EINE ZUSAMMENFASSUNG DER MONARCHDATEN GESCHICKT, DIE ALLE BEKANNTEN STÄRKEN UND SCHWÄCHEN DER TITANEN AUFZEIGT.
ICH LESE SIE GERADE. WAS PASSIERT IN ATLANTIS?
ICH ERWARTE EIN UPDATE. VON SHAZAM NACH WIE VOR KEINE MELDUNG, ODER VON GREEN ARROW AUF SKULL ISLAND ...
SUPERGIRL IST AUF DEM WEG DORTHIN, UM NACH KONG, DEM AFFEN ZU SEHEN. DEN AKTEN NACH ZU URTEILEN, KOMMT KONG EINEM DER GUTEN UNTER DEN TITANEN ZIEMLICH NAH.
GEGEN EINEN 100 METER GROSSEN VERBÜNDETEN IST NICHTS EINZUWENDEN.
KONNTEST DU UNTERDESSEN DIE SPEZIFIKATIONEN ÜBERPRÜFEN, DIE ICH GESCHICKT HABE?
JA. ES IST ... ZUMINDEST AMBITIONIERT. GANZ SICHER, DASS DU DAS PROBIEREN WILLST?

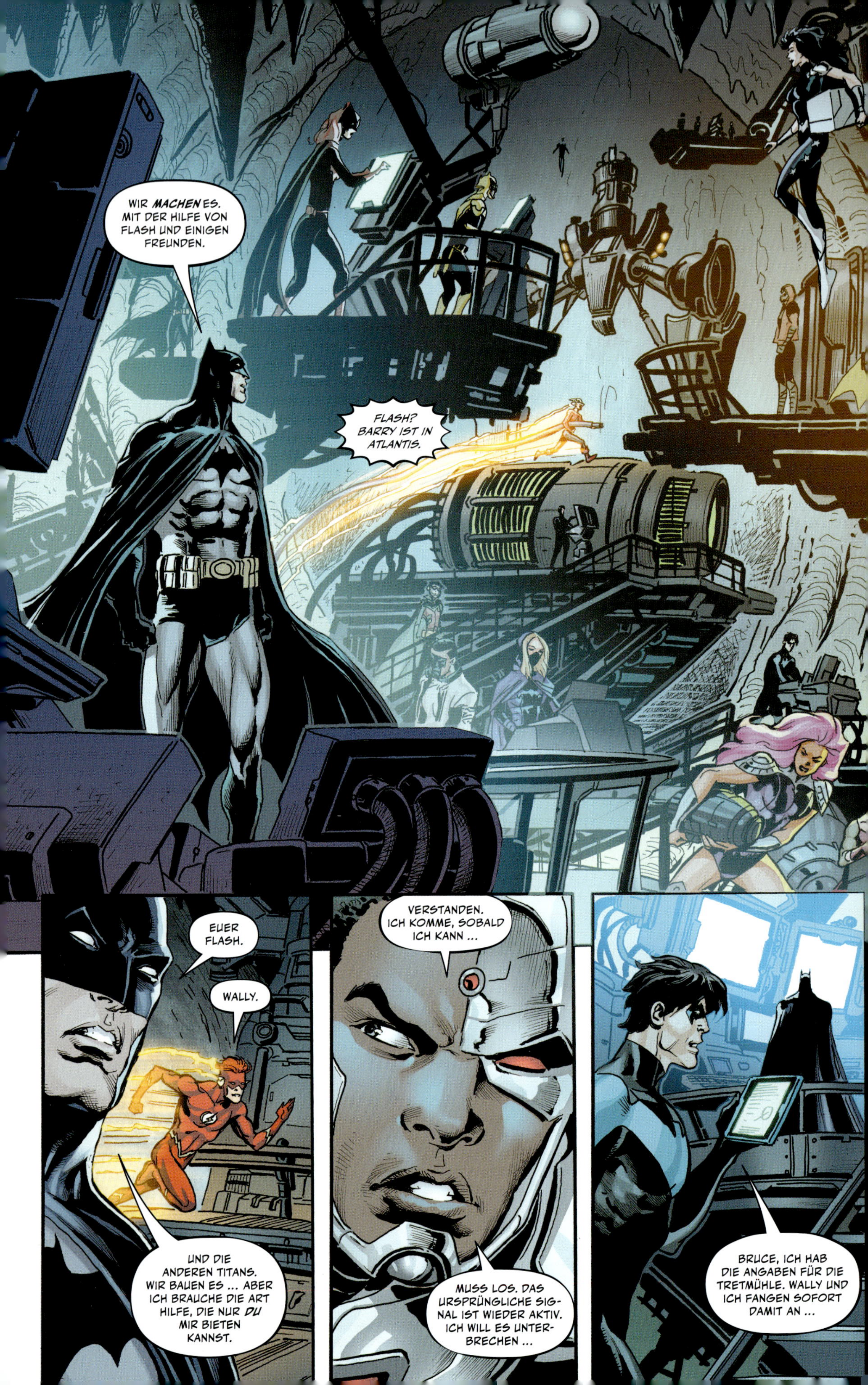
WIR MACHEN ES. MIT DER HILFE VON FLASH UND EINIGEN FREUNDEN.
FLASH? BARRY IST IN ATLANTIS.
EUER FLASH.
WALLY.
UND DIE ANDEREN TITANS. WIR BAUEN ES ... ABER ICH BRAUCHE DIE ART HILFE, DIE NUR DU MIR BIETEN KANNST.
VERSTANDEN. ICH KOMME, SOBALD ICH KANN ...
MUSS LOS. DAS URSPRÜNGLICHE SIGNAL IST WIEDER AKTIV. ICH WILL ES UNTERBRECHEN ...
BRUCE, ICH HAB DIE ANGABEN FÜR DIE TRETMÜHLE. WALLY UND ICH FANGEN SOFORT DAMIT AN ...

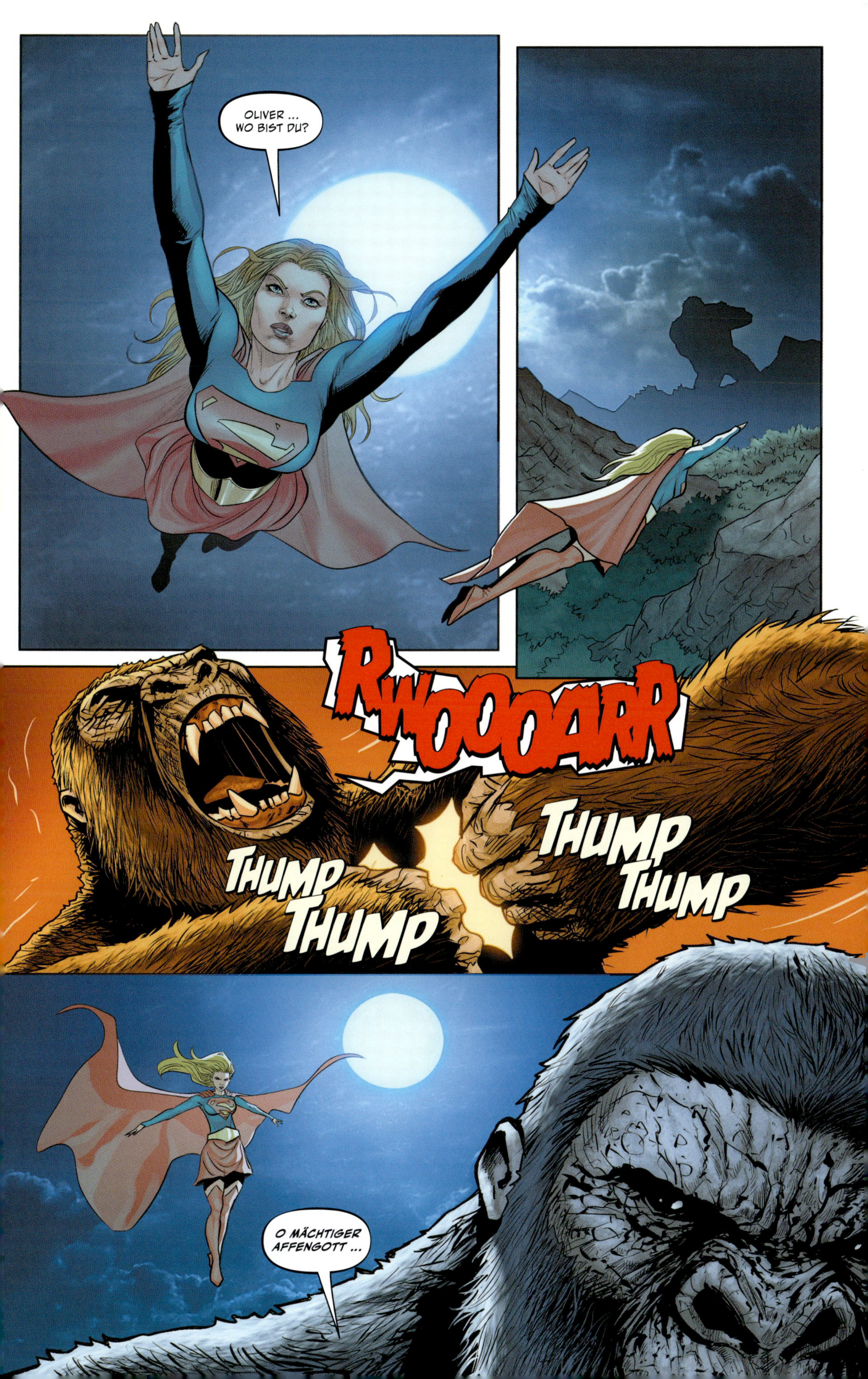
OLIVER ... WO BIST DU?
RWOOOARR
THUMP THUMP
THUMP THUMP
O MÄCHTIGER AFFENGOTT ...

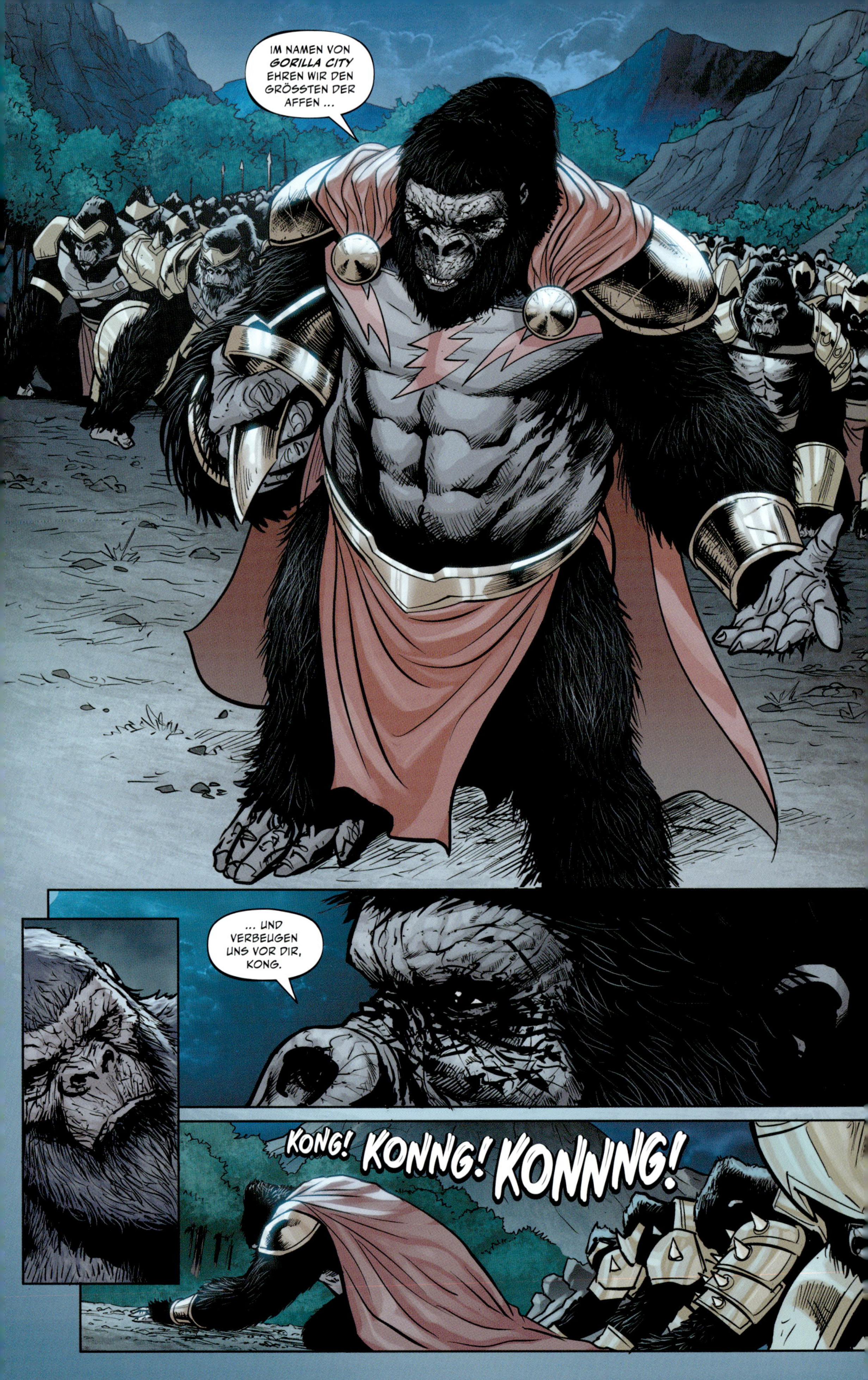
IM NAMEN VON GORILLA CITY EHREN WIR DEN GRÖSSTEN DER AFFEN ...
... UND VERBEUGEN UNS VOR DIR, KONG.
KONG! KONNG! KONNNG!

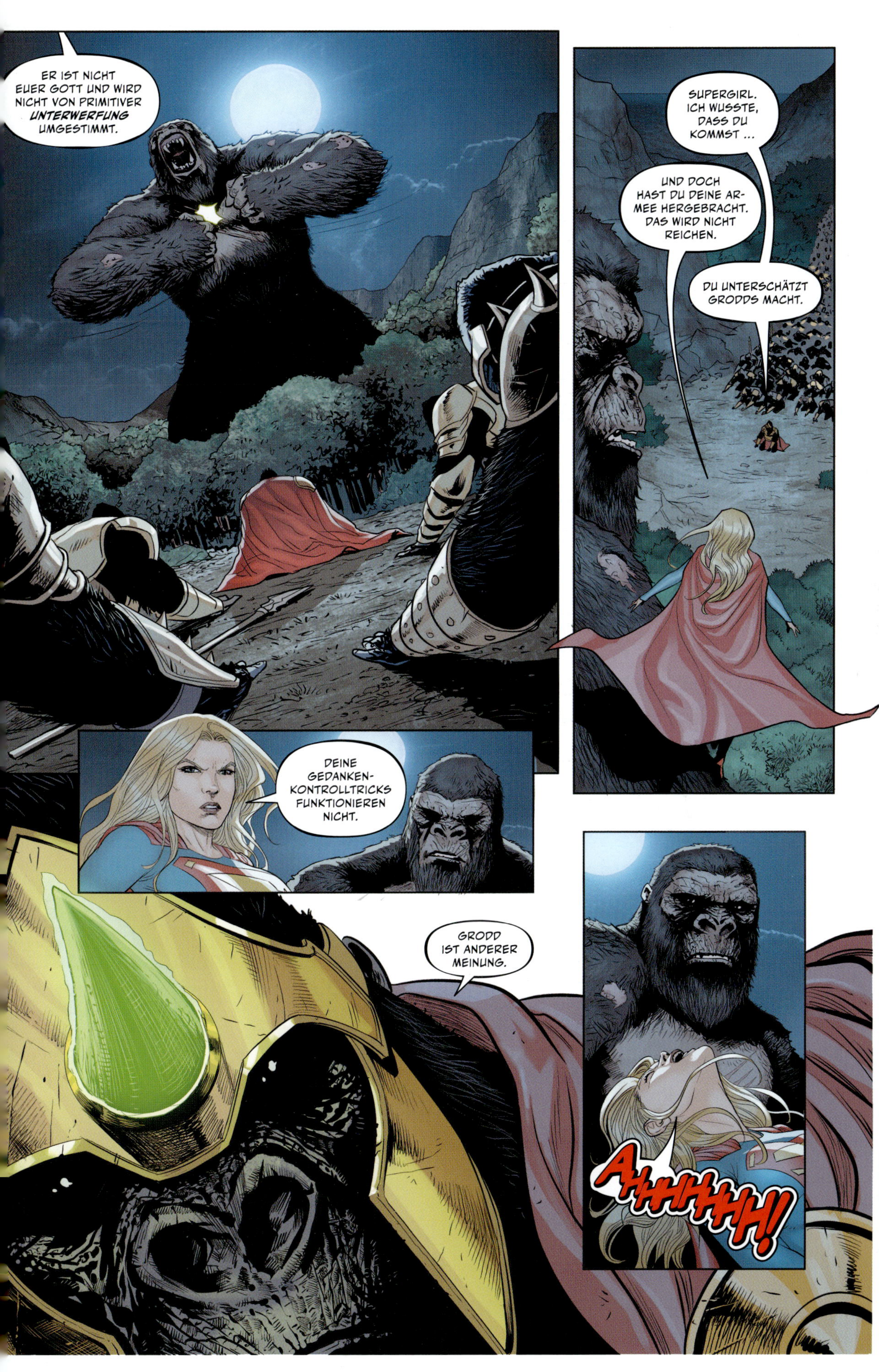
ER IST NICHT
EUER GOTT UND WIRD
NICHT VON PRIMITIVER
UNTERWERFUNG
UMGESTIMMT.
SUPERGIRL.
ICH WUSSTE,
DASS DU
KOMMST …
UND DOCH
HAST DU DEINE AR-
MEE HERGEBRACHT.
DAS WIRD NICHT
REICHEN.
DU UNTERSCHÄTZT
GRODDS MACHT.
DEINE
GEDANKEN-
KONTROLLTRICKS
FUNKTIONIEREN
NICHT.
GRODD
IST ANDERER
MEINUNG.
AHHHHHHH!

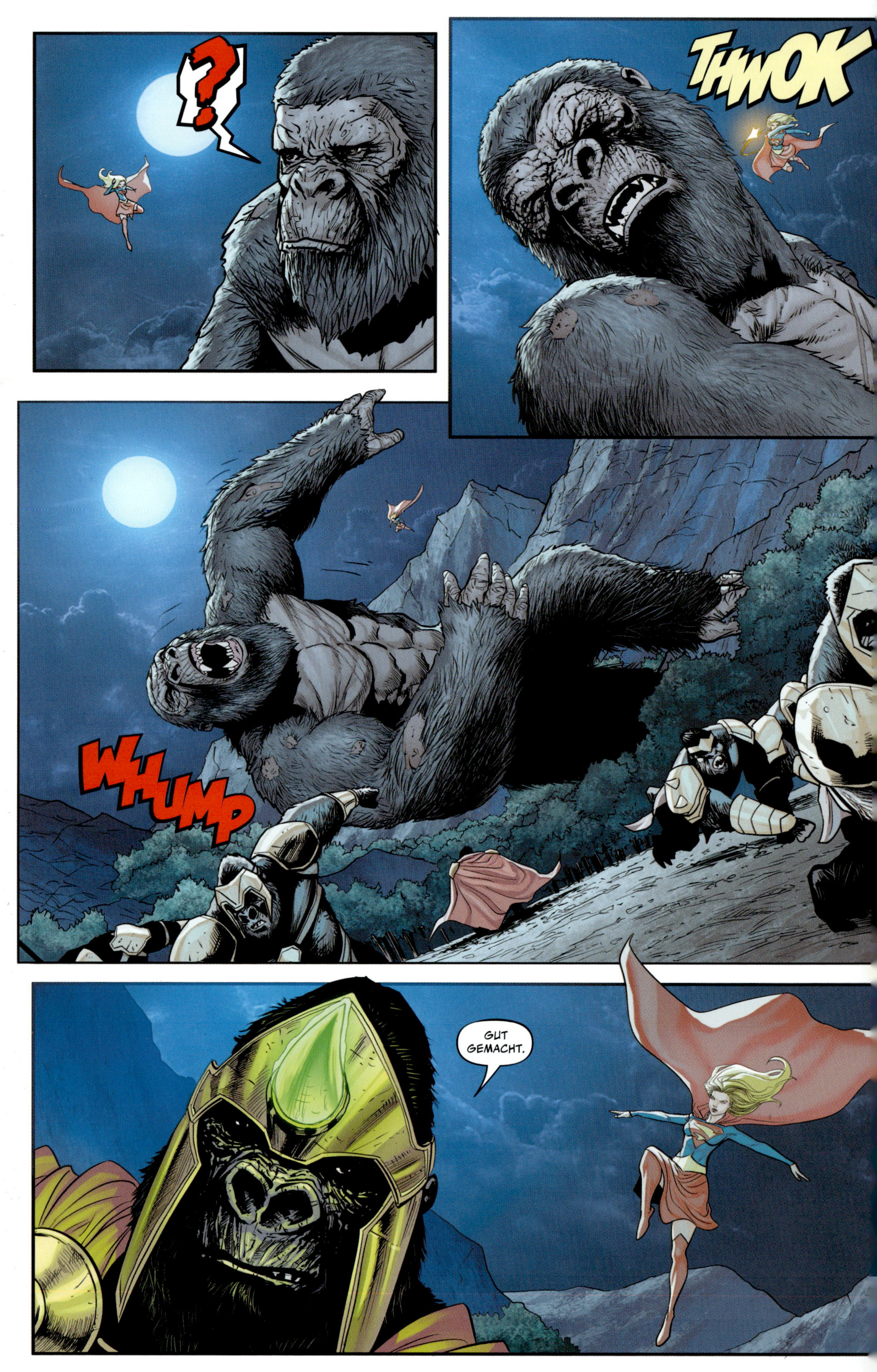
?
THWOK
WHUMP
GUT GEMACHT.

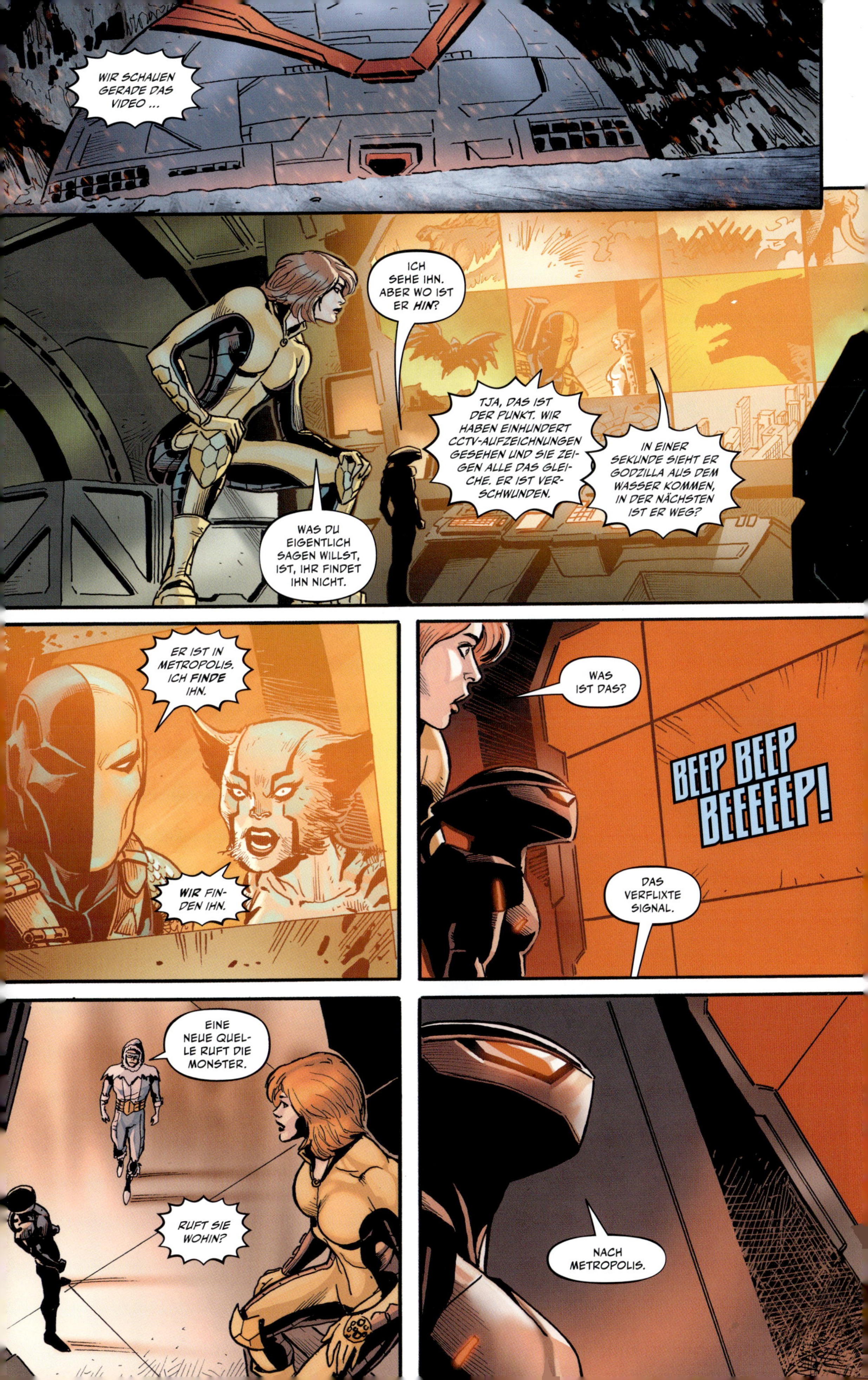

WIR SCHAUEN GERADE DAS VIDEO ...

ICH SEHE IHN. ABER WO IST ER *HIN*?

TJA, DAS IST DER PUNKT. WIR HABEN EINHUNDERT CCTV-AUFZEICHNUNGEN GESEHEN UND SIE ZEIGEN ALLE DAS GLEICHE. ER IST VERSCHWUNDEN.

IN EINER SEKUNDE SIEHT ER GODZILLA AUS DEM WASSER KOMMEN, IN DER NÄCHSTEN IST ER WEG?

WAS DU EIGENTLICH SAGEN WILLST, IST, IHR FINDET IHN NICHT.

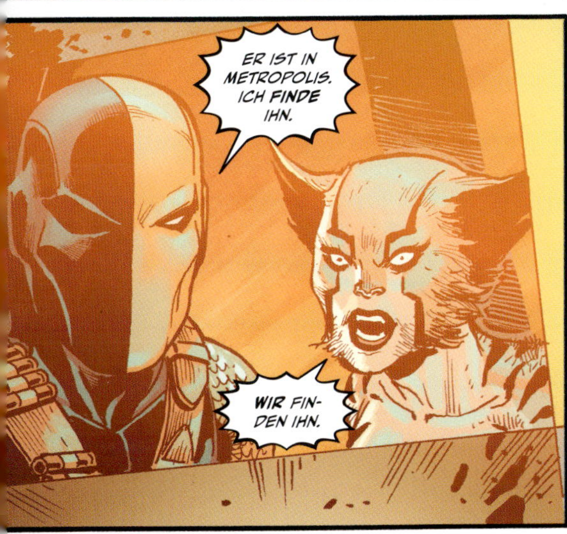

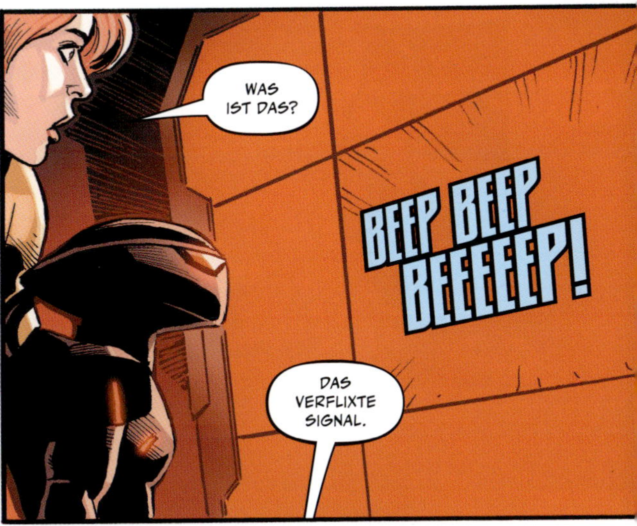

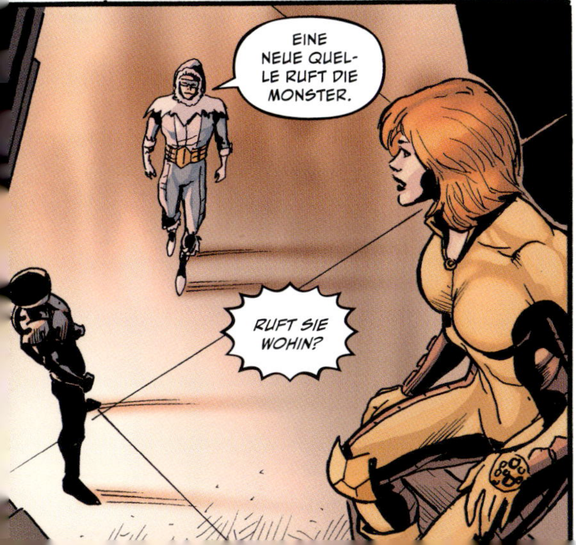

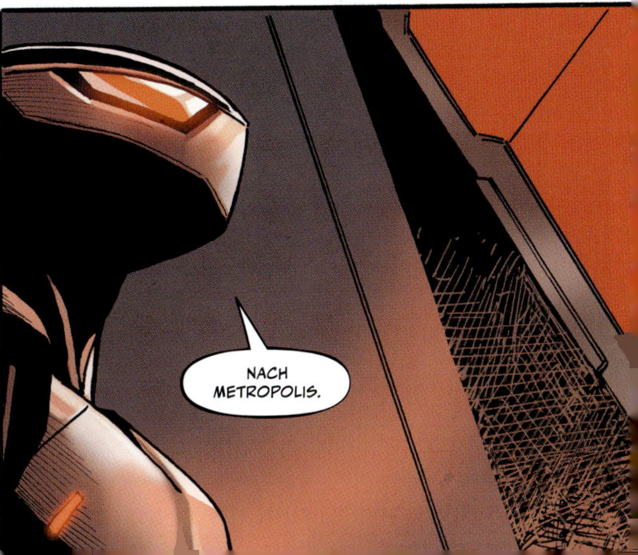

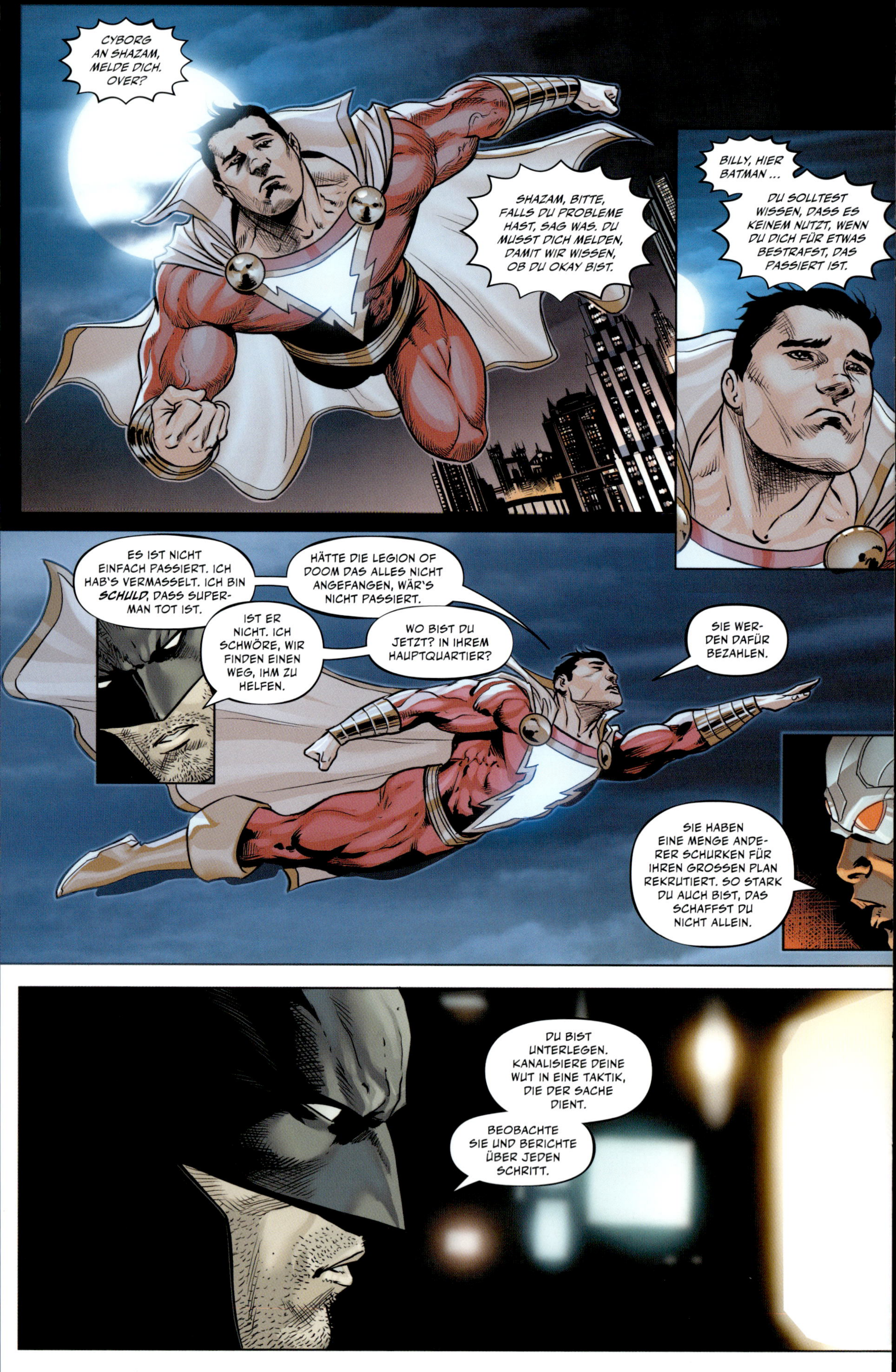

CYBORG AN SHAZAM, MELDE DICH. OVER?
SHAZAM, BITTE, FALLS DU PROBLEME HAST, SAG WAS. DU MUSST DICH MELDEN, DAMIT WIR WISSEN, OB DU OKAY BIST.
BILLY, HIER BATMAN ...
DU SOLLTEST WISSEN, DASS ES KEINEM NUTZT, WENN DU DICH FÜR ETWAS BESTRAFST, DAS PASSIERT IST.
ES IST NICHT EINFACH PASSIERT. ICH HAB'S VERMASSELT. ICH BIN *SCHULD*, DASS SUPERMAN TOT IST.
HÄTTE DIE LEGION OF DOOM DAS ALLES NICHT ANGEFANGEN, WÄR'S NICHT PASSIERT.
IST ER NICHT. ICH SCHWÖRE, WIR FINDEN EINEN WEG, IHM ZU HELFEN.
WO BIST DU JETZT? IN IHREM HAUPTQUARTIER?
SIE WERDEN DAFÜR BEZAHLEN.
SIE HABEN EINE MENGE ANDERER SCHURKEN FÜR IHREN GROSSEN PLAN REKRUTIERT. SO STARK DU AUCH BIST, DAS SCHAFFST DU NICHT ALLEIN.

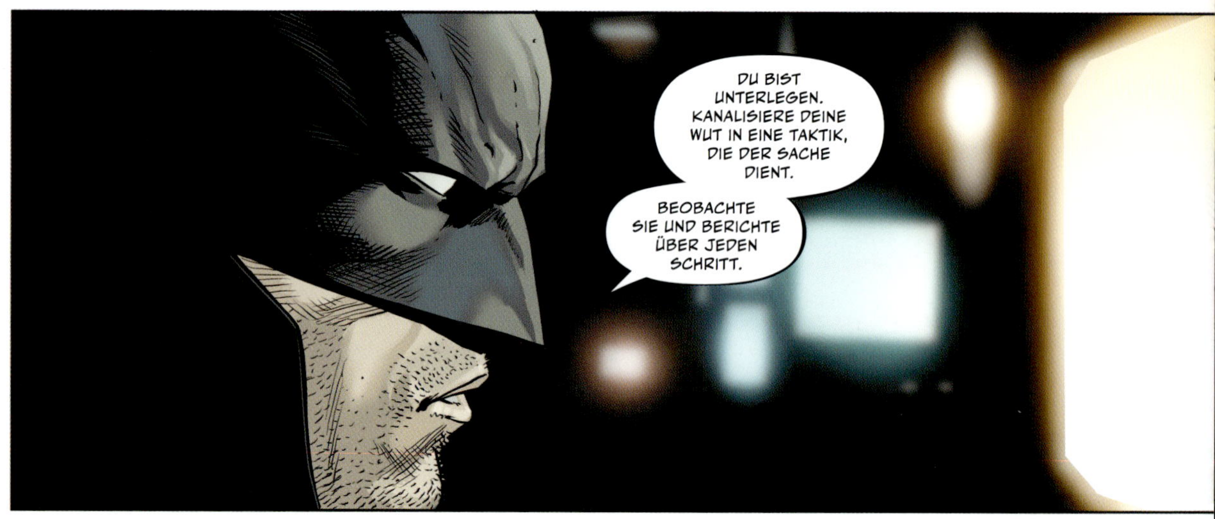

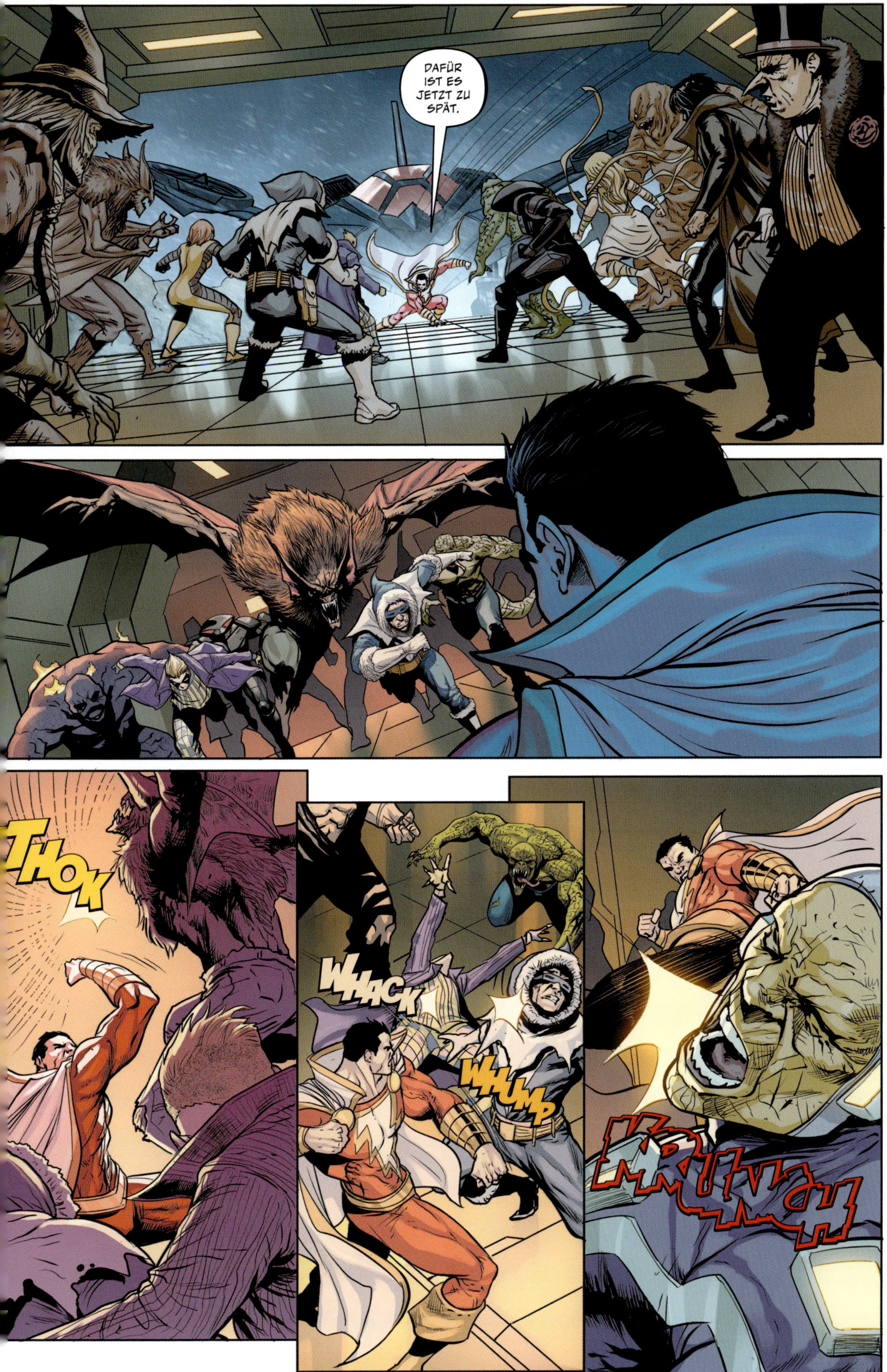

DAFÜR IST ES JETZT ZU SPÄT.
THOK
WHACK
WHUMP
KRUNCH

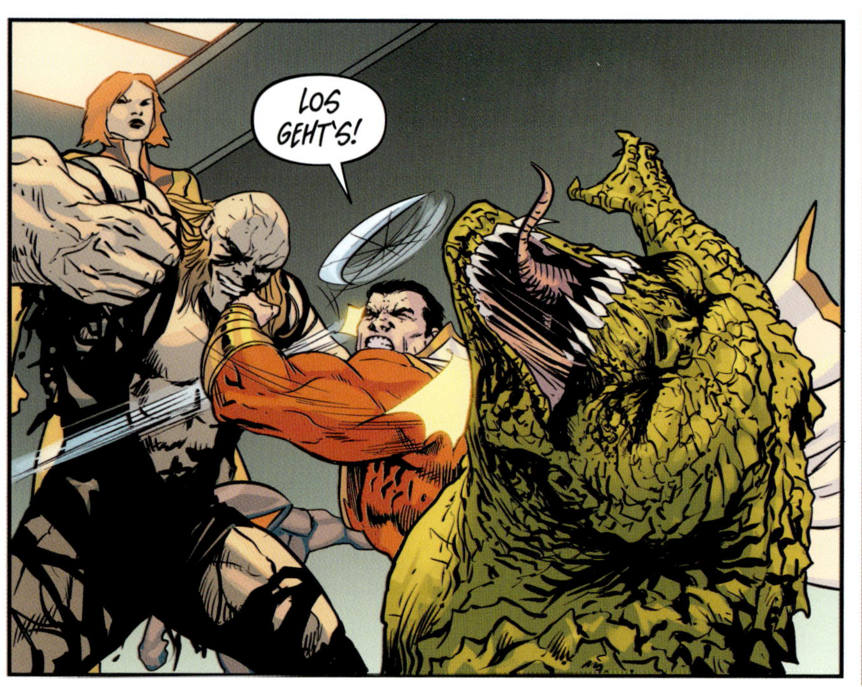
LOS GEHT'S!

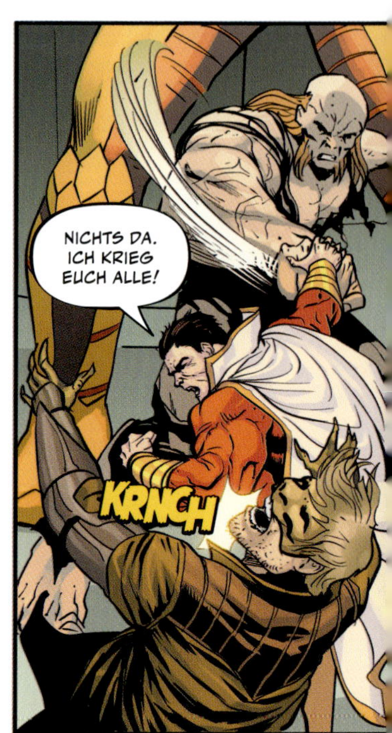
NICHTS DA. ICH KRIEG EUCH ALLE!
KRNCH

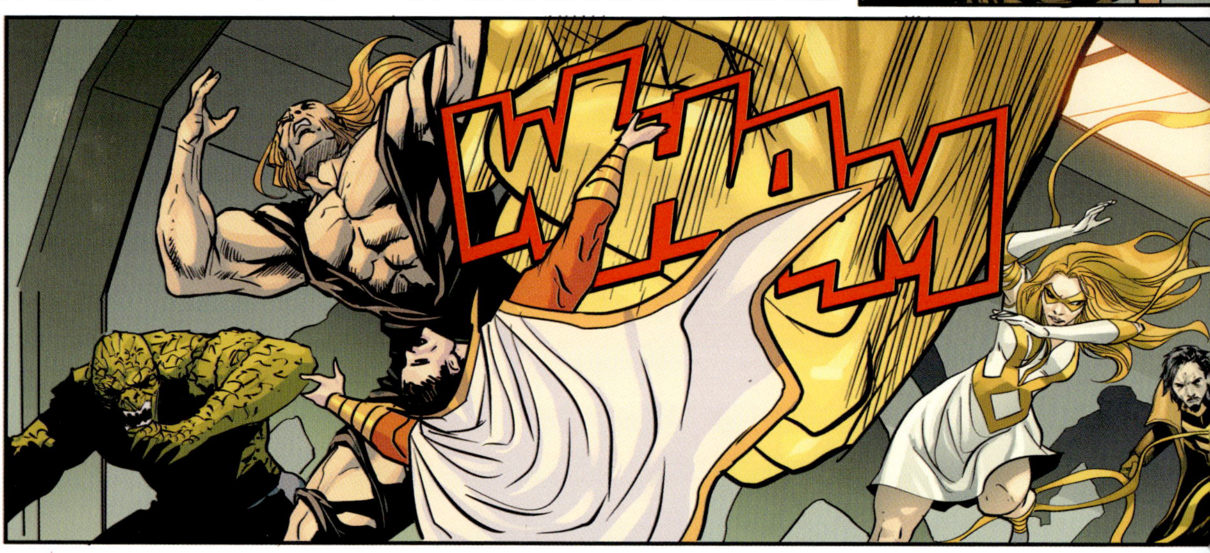
WHAM

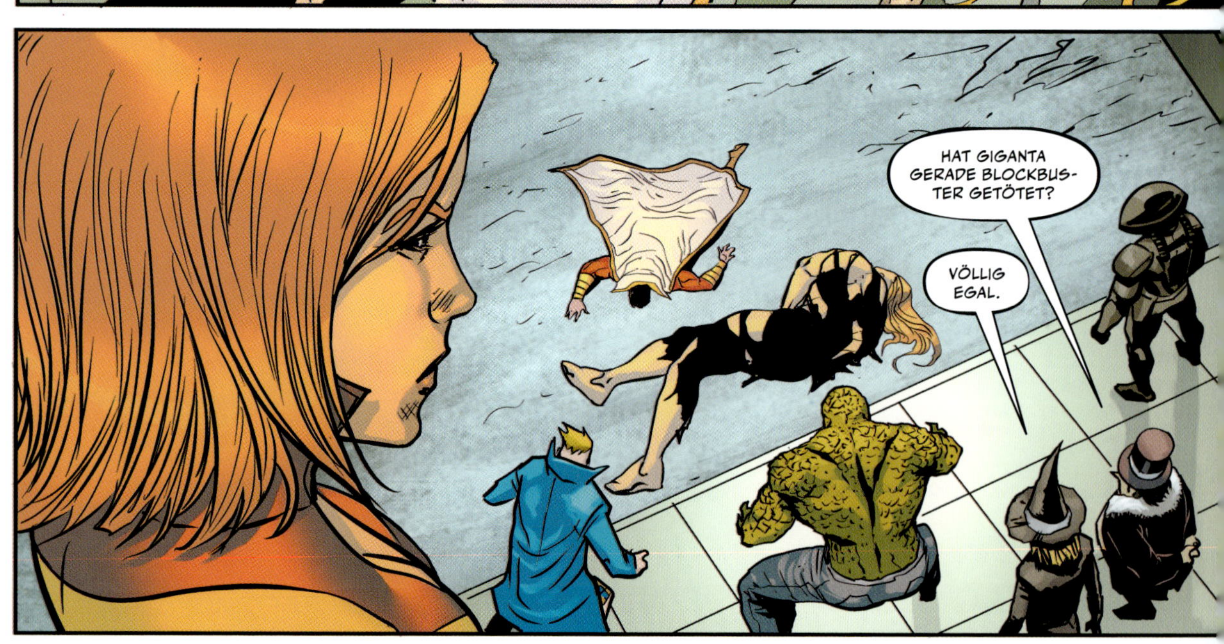
HAT GIGANTA GERADE BLOCKBUSTER GETÖTET?
VÖLLIG EGAL.

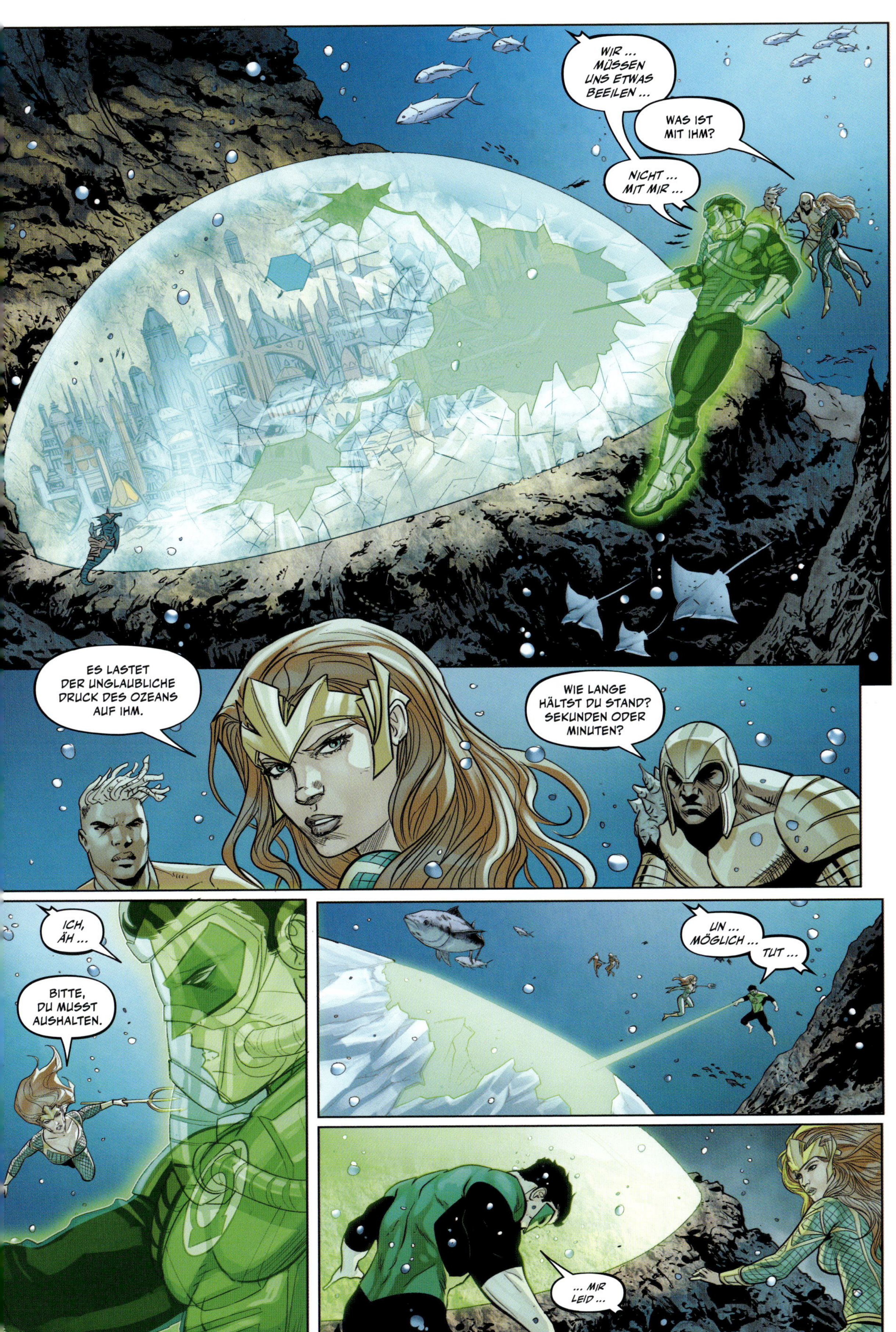
WIR ... MÜSSEN UNS ETWAS BEEILEN ...
WAS IST MIT IHM?
NICHT ... MIT MIR ...
ES LASTET DER UNGLAUBLICHE DRUCK DES OZEANS AUF IHM.
WIE LANGE HÄLTST DU STAND? SEKUNDEN ODER MINUTEN?
ICH, ÄH ...
BITTE, DU MUSST AUSHALTEN.
UN ... MÖGLICH ...
TUT ...
... MIR LEID ...

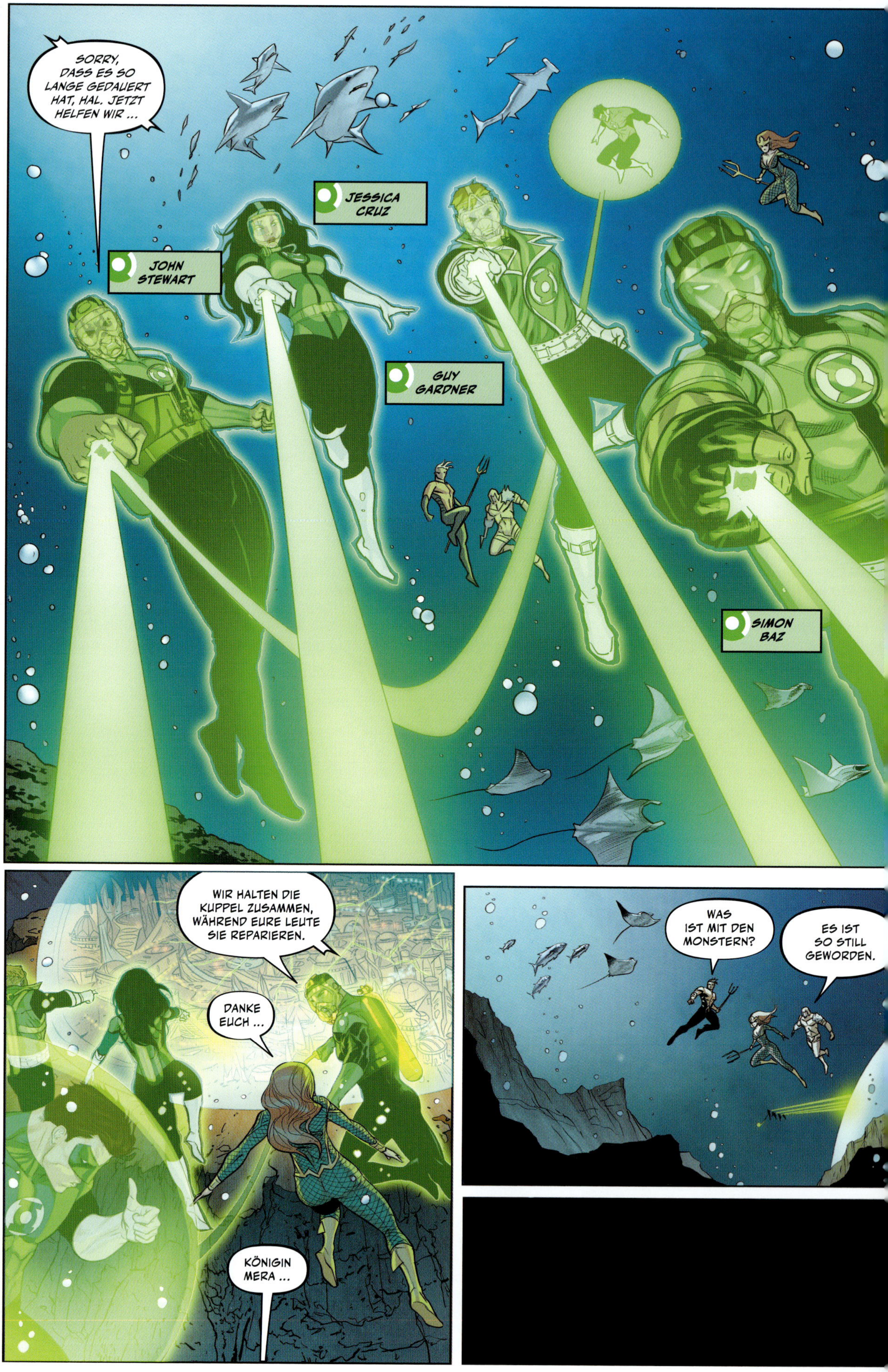

SORRY, DASS ES SO LANGE GEDAUERT HAT, HAL. JETZT HELFEN WIR ...
JOHN STEWART
JESSICA CRUZ
GUY GARDNER
SIMON BAZ

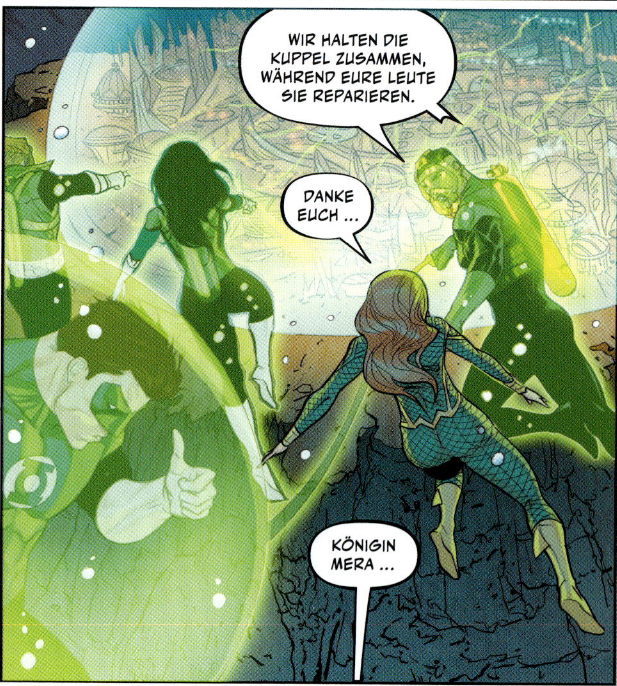
WIR HALTEN DIE KUPPEL ZUSAMMEN, WÄHREND EURE LEUTE SIE REPARIEREN.
DANKE EUCH ...
KÖNIGIN MERA ...

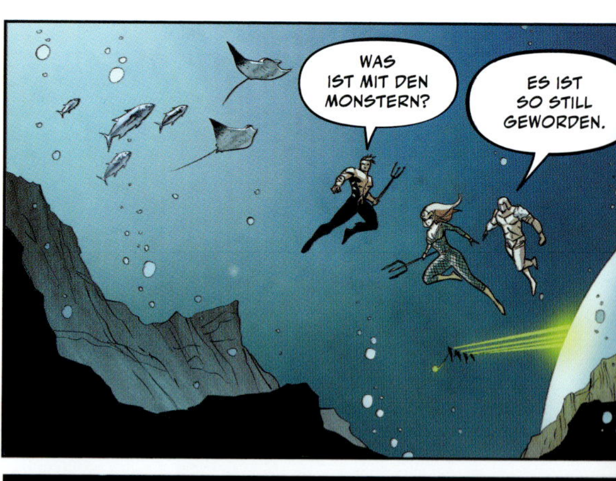
WAS IST MIT DEN MONSTERN?
ES IST SO STILL GEWORDEN.

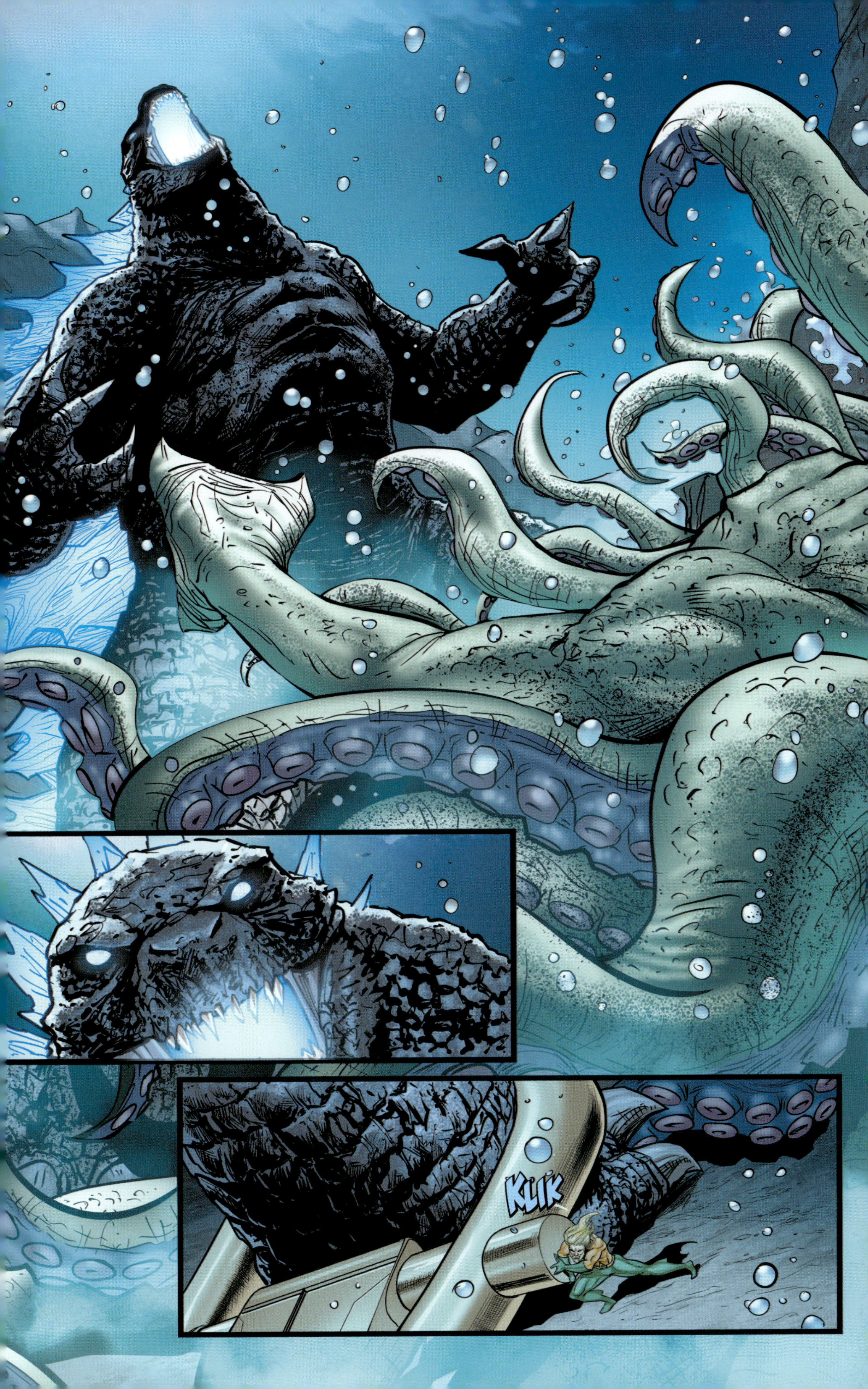
KLIK

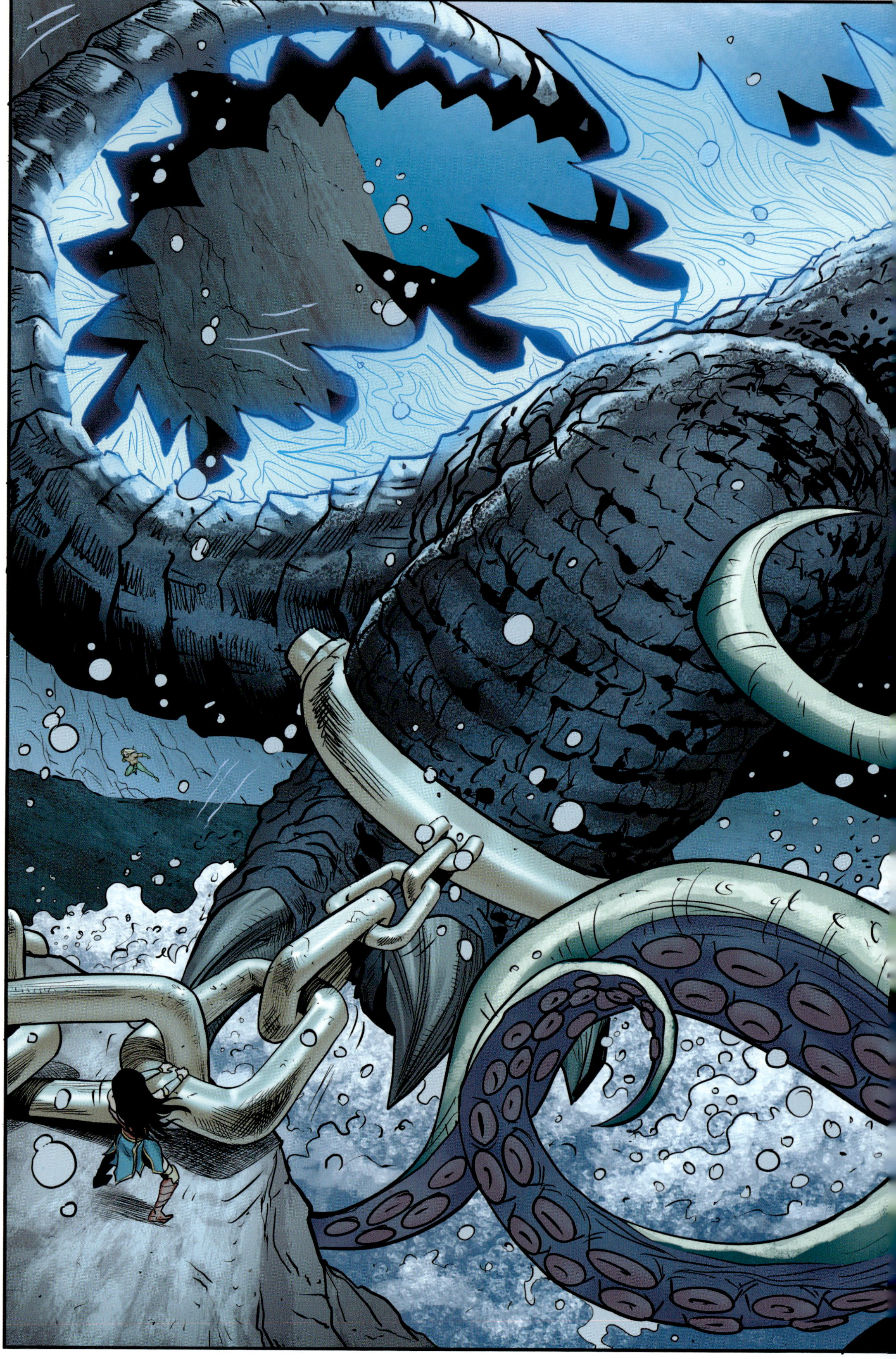

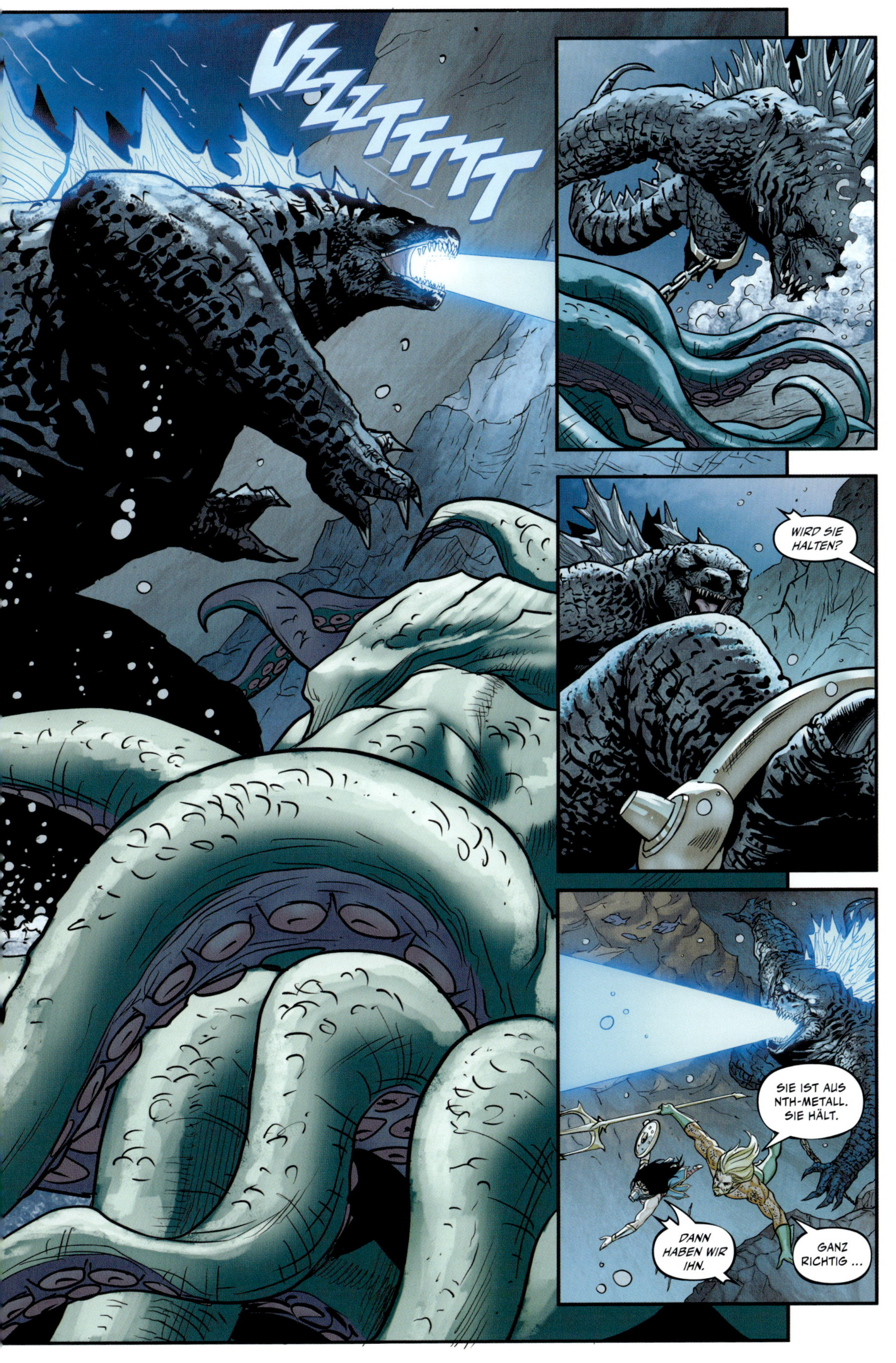
VZZZTTTTTT
WIRD SIE HALTEN?
SIE IST AUS NTH-METALL. SIE HÄLT.
DANN HABEN WIR IHN.
GANZ RICHTIG ...

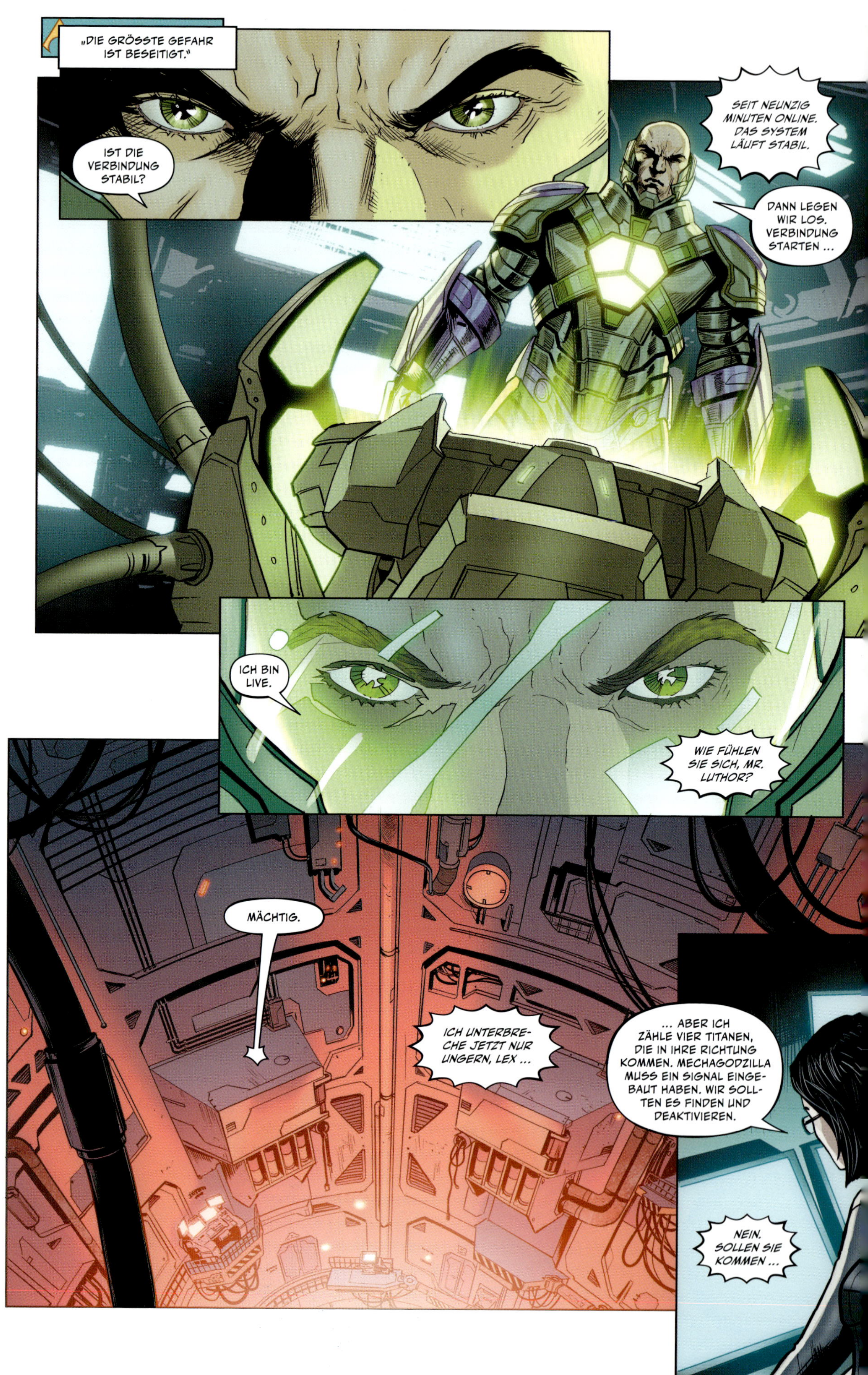
„DIE GRÖSSTE GEFAHR IST BESEITIGT."
IST DIE VERBINDUNG STABIL?
SEIT NEUNZIG MINUTEN ONLINE. DAS SYSTEM LÄUFT STABIL.
DANN LEGEN WIR LOS. VERBINDUNG STARTEN ...
ICH BIN LIVE.
WIE FÜHLEN SIE SICH, MR. LUTHOR?
MÄCHTIG.
ICH UNTERBRE-CHE JETZT NUR UNGERN, LEX ...
... ABER ICH ZÄHLE VIER TITANEN, DIE IN IHRE RICHTUNG KOMMEN. MECHAGODZILLA MUSS EIN SIGNAL EINGE-BAUT HABEN. WIR SOLL-TEN ES FINDEN UND DEAKTIVIEREN.
NEIN. SOLLEN SIE KOMMEN ...

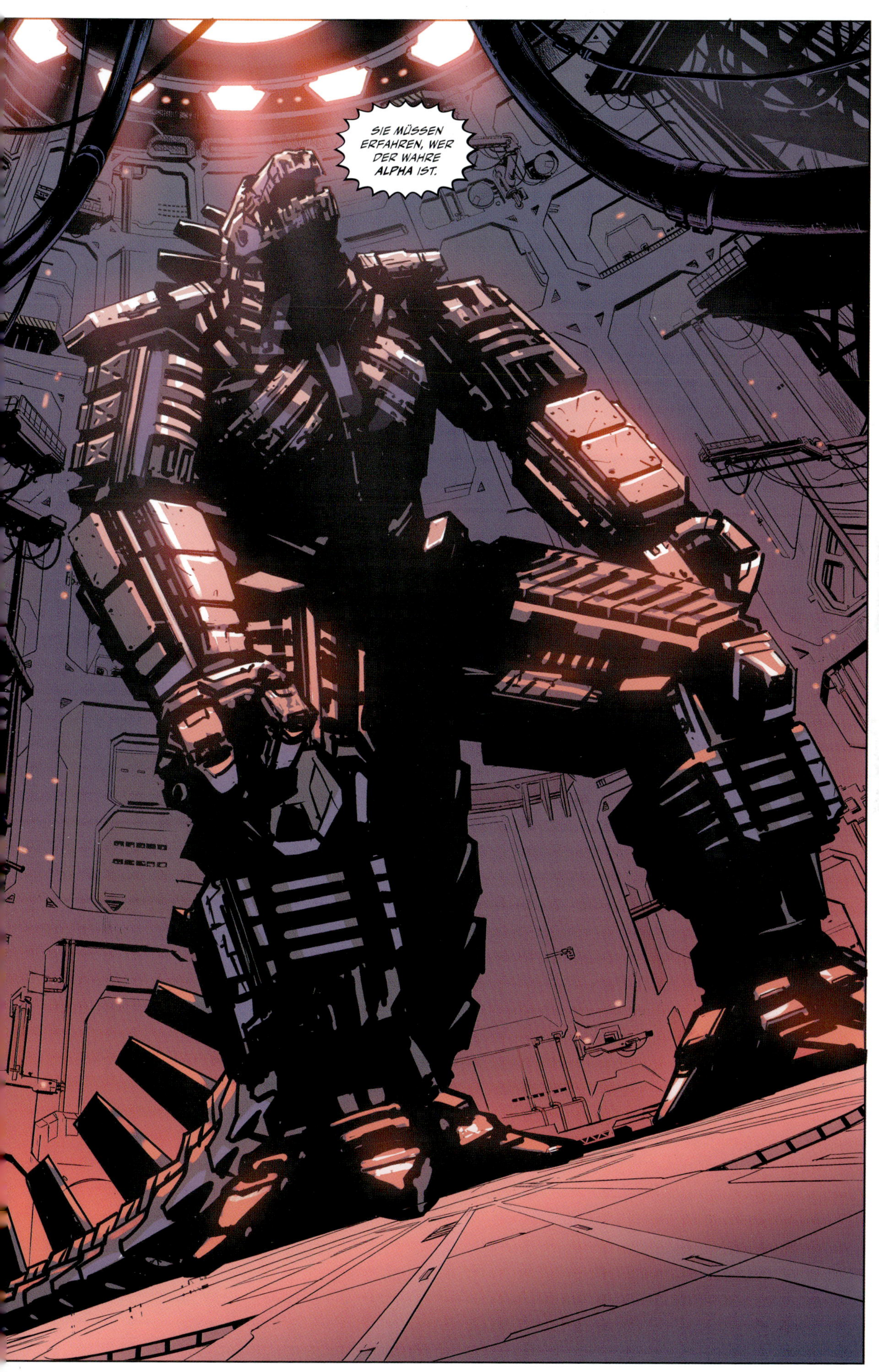
SIE MÜSSEN ERFAHREN, WER DER WAHRE ALPHA IST.

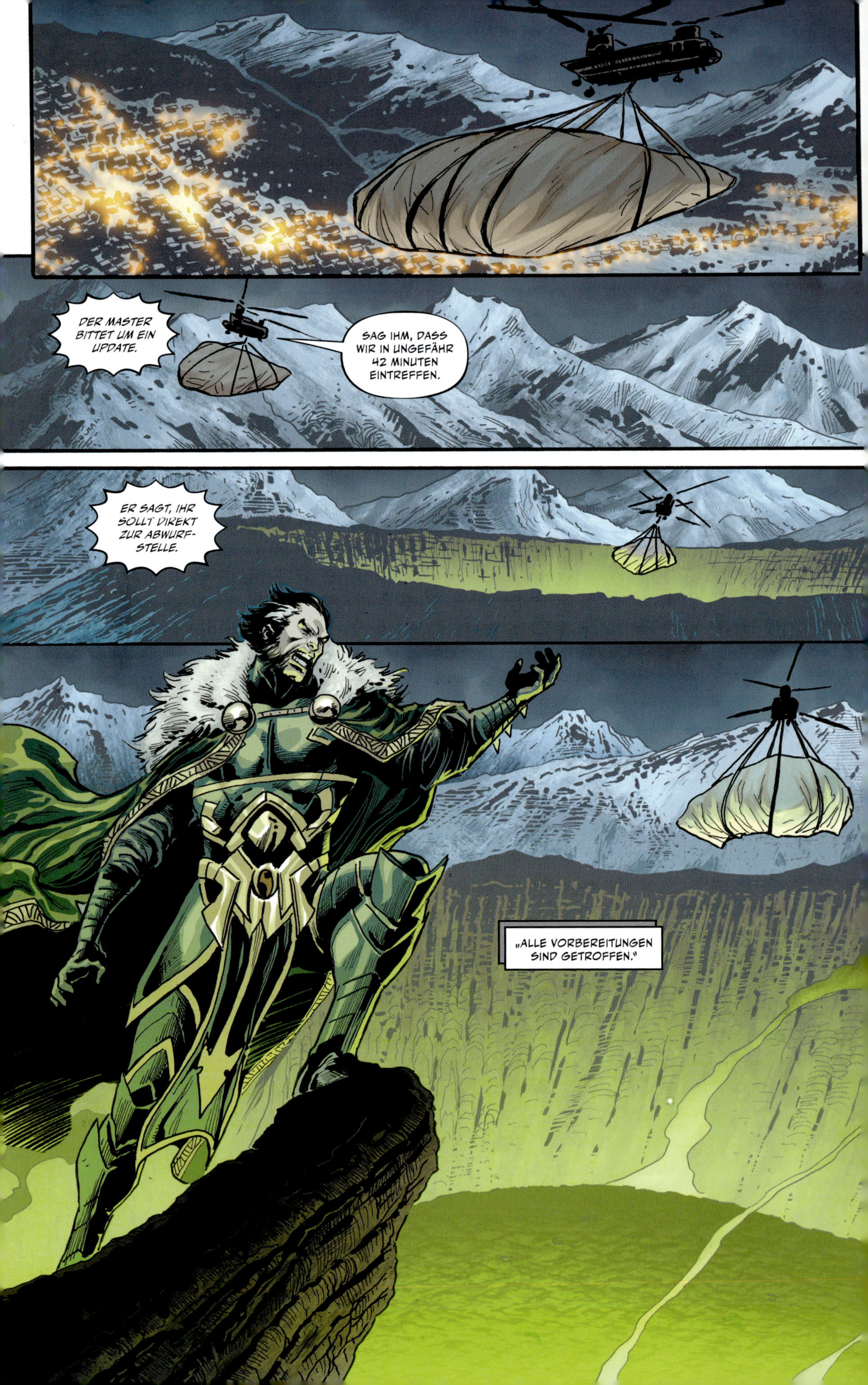

DER MASTER BITTET UM EIN UPDATE.
SAG IHM, DASS WIR IN UNGEFÄHR 42 MINUTEN EINTREFFEN.
ER SAGT, IHR SOLLT DIREKT ZUR ABWURF-STELLE.
„ALLE VORBEREITUNGEN SIND GETROFFEN."

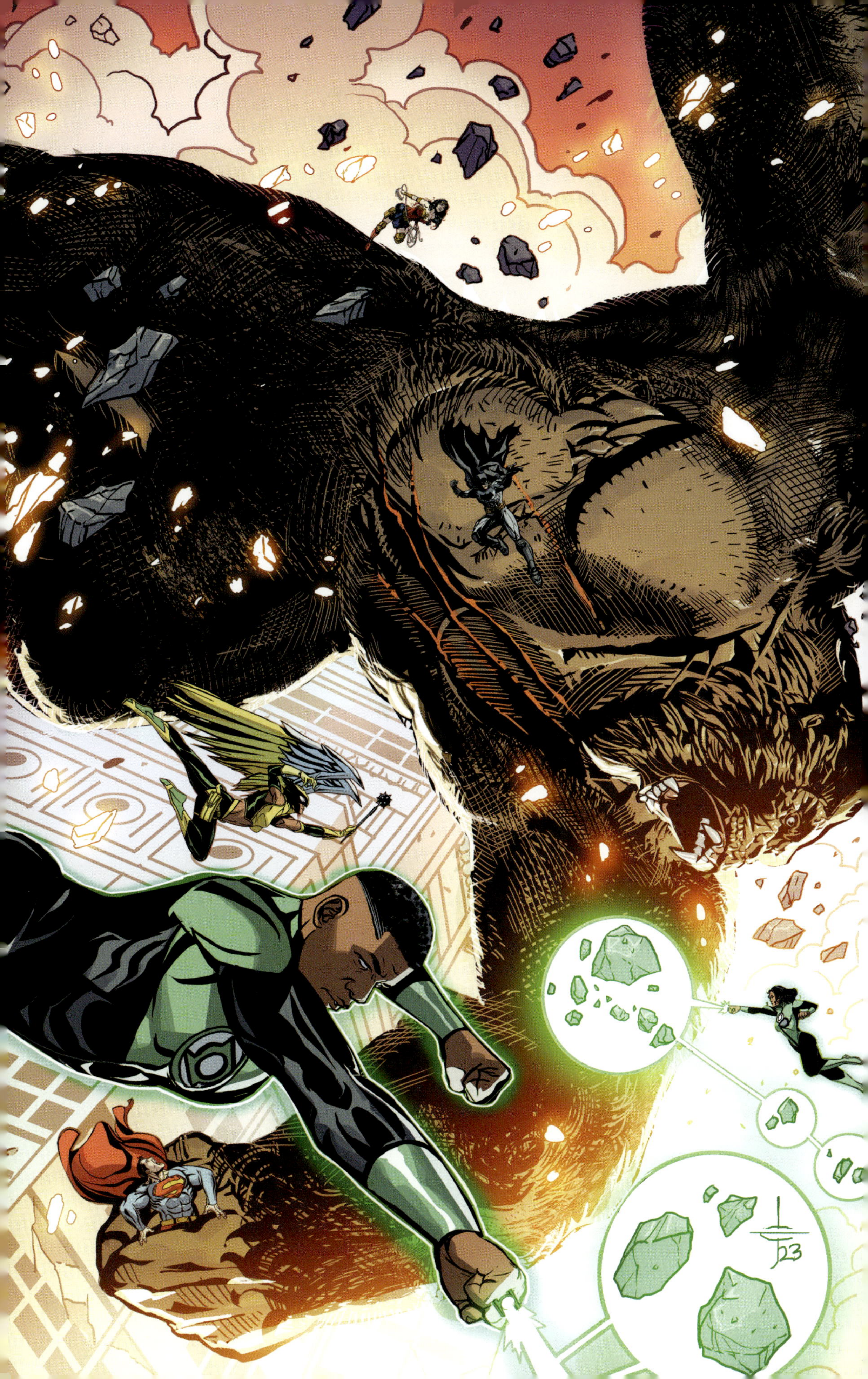

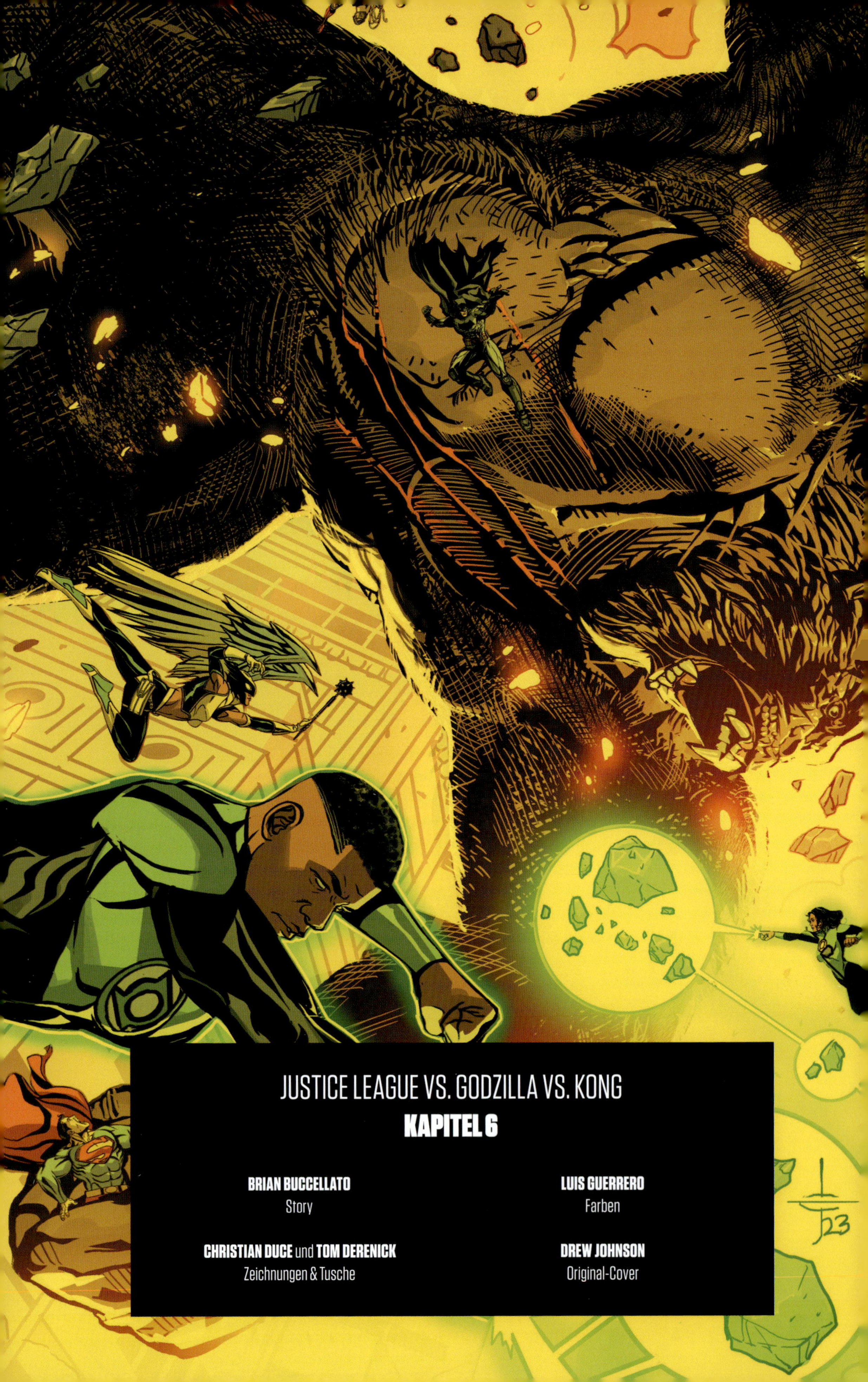
JUSTICE LEAGUE VS. GODZILLA VS. KONG
KAPITEL 6
BRIAN BUCCELLATO
Story
LUIS GUERRERO
Farben
CHRISTIAN DUCE und TOM DERENICK
Zeichnungen & Tusche
DREW JOHNSON
Original-Cover

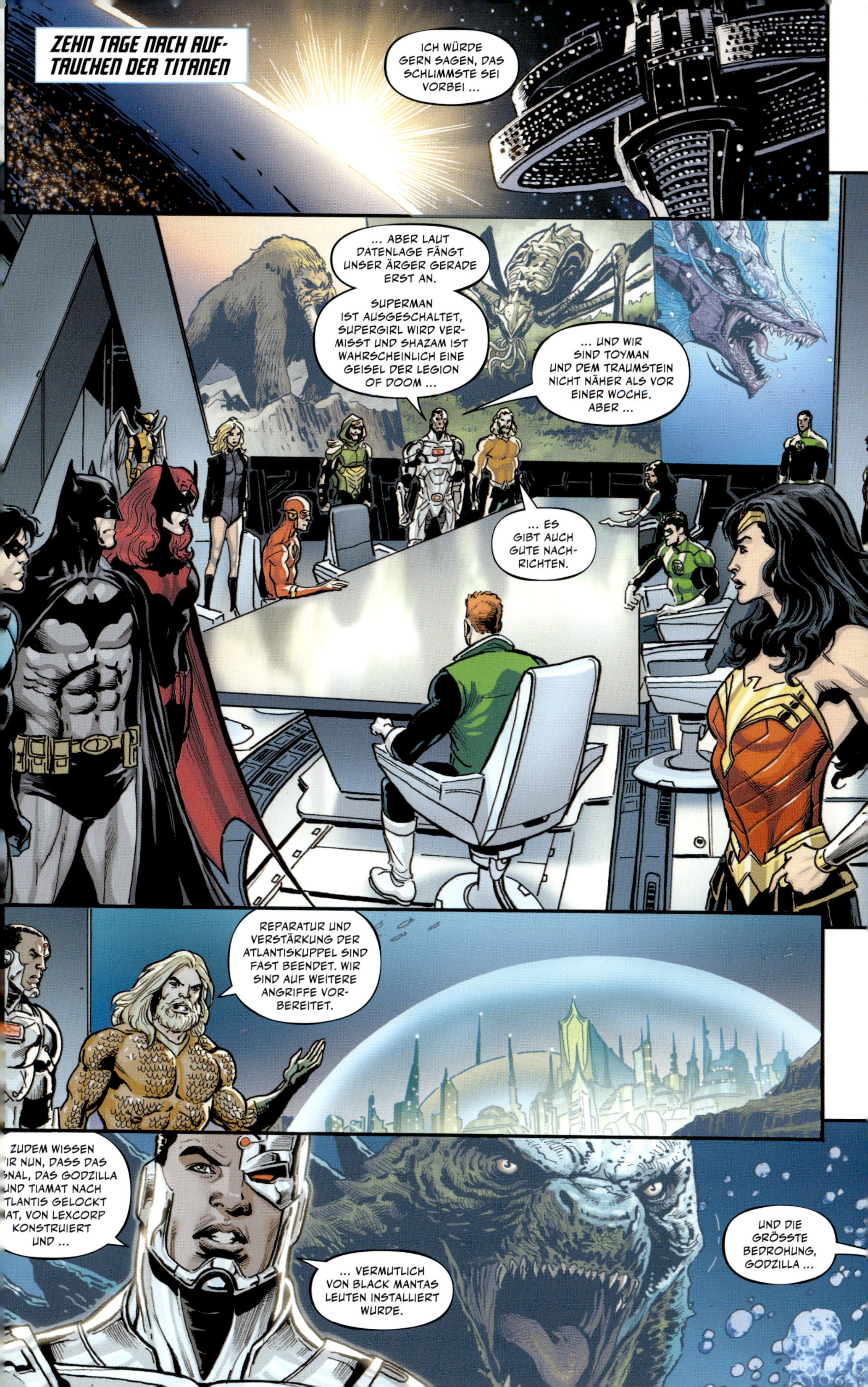
ZEHN TAGE NACH AUFTAUCHEN DER TITANEN
ICH WÜRDE GERN SAGEN, DAS SCHLIMMSTE SEI VORBEI ...
... ABER LAUT DATENLAGE FÄNGT UNSER ÄRGER GERADE ERST AN.
SUPERMAN IST AUSGESCHALTET, SUPERGIRL WIRD VERMISST UND SHAZAM IST WAHRSCHEINLICH EINE GEISEL DER LEGION OF DOOM ...
... UND WIR SIND TOYMAN UND DEM TRAUMSTEIN NICHT NÄHER ALS VOR EINER WOCHE. ABER ...
... ES GIBT AUCH GUTE NACHRICHTEN.
REPARATUR UND VERSTÄRKUNG DER ATLANTISKUPPEL SIND FAST BEENDET. WIR SIND AUF WEITERE ANGRIFFE VORBEREITET.
ZUDEM WISSEN IR NUN, DASS DAS SNAL, DAS GODZILLA UND TIAMAT NACH TLANTIS GELOCKT AT, VON LEXCORP KONSTRUIERT UND ...
... VERMUTLICH VON BLACK MANTAS LEUTEN INSTALLIERT WURDE.
UND DIE GRÖSSTE BEDROHUNG, GODZILLA ...

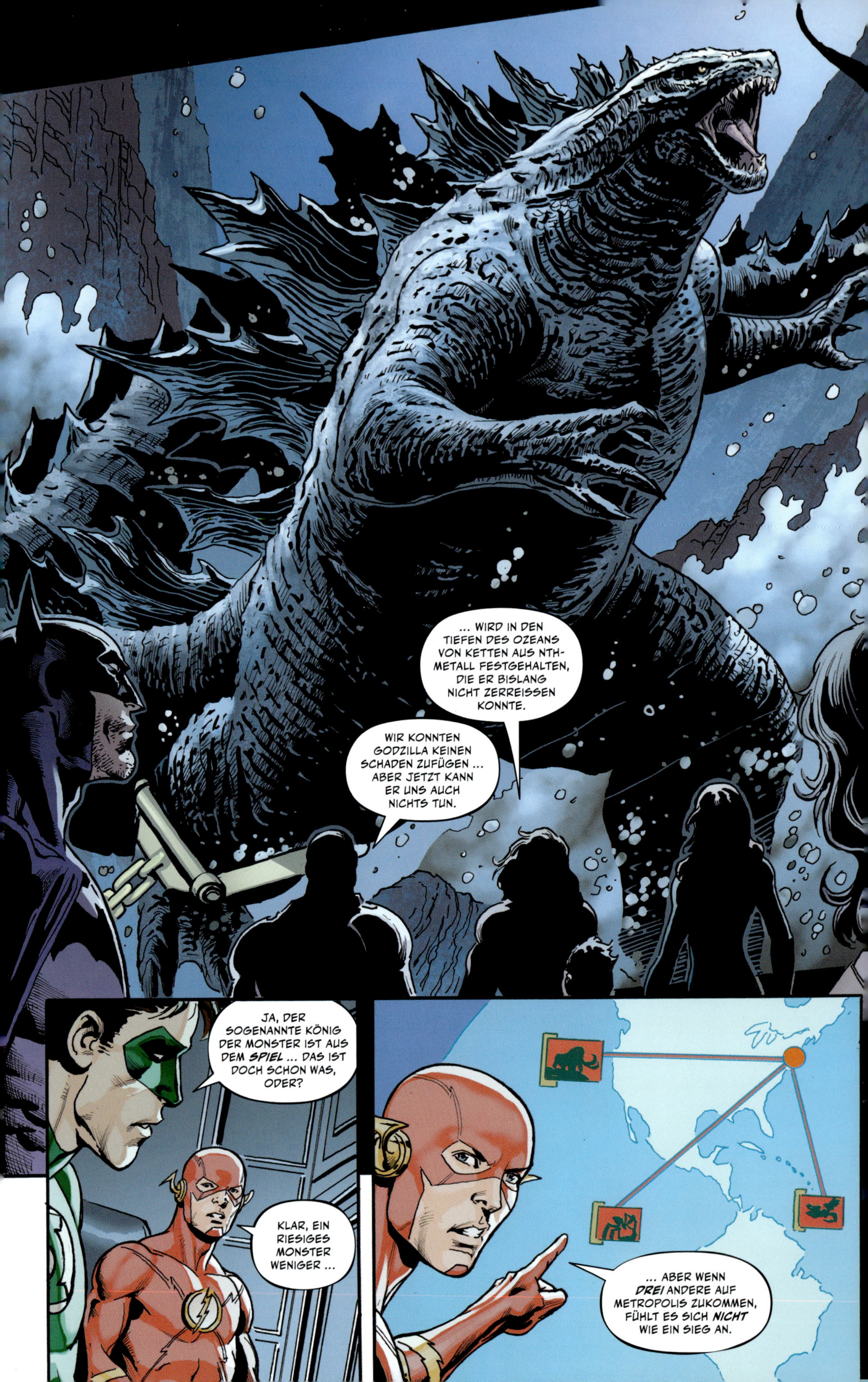

... WIRD IN DEN TIEFEN DES OZEANS VON KETTEN AUS NTH-METALL FESTGEHALTEN, DIE ER BISLANG NICHT ZERREISSEN KONNTE.
WIR KONNTEN GODZILLA KEINEN SCHADEN ZUFÜGEN ... ABER JETZT KANN ER UNS AUCH NICHTS TUN.
JA, DER SOGENANNTE KÖNIG DER MONSTER IST AUS DEM *SPIEL* ... DAS IST DOCH SCHON WAS, ODER?
KLAR, EIN RIESIGES MONSTER WENIGER ...
... ABER WENN *DREI* ANDERE AUF METROPOLIS ZUKOMMEN, FÜHLT ES SICH *NICHT* WIE EIN SIEG AN.

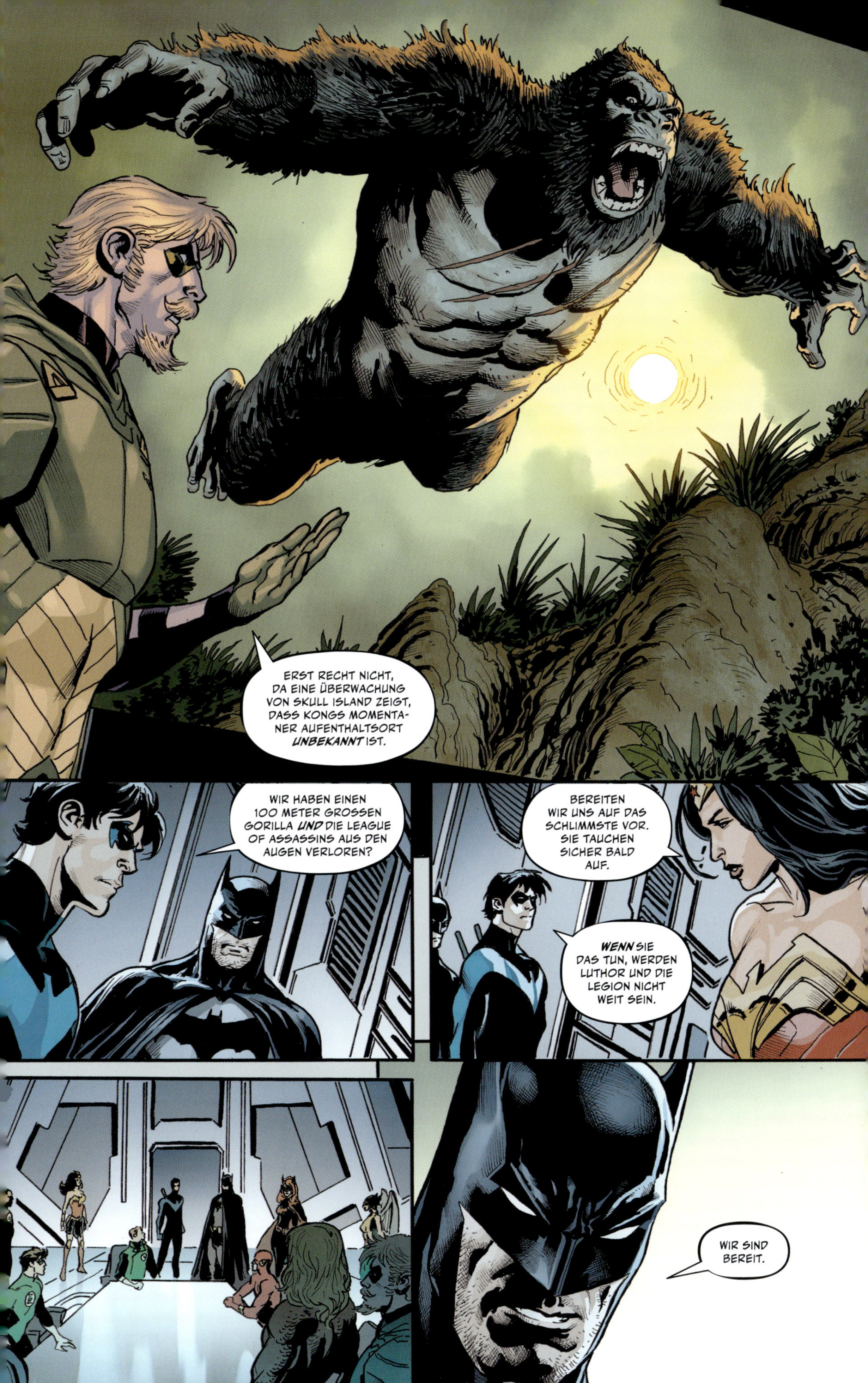
ERST RECHT NICHT, DA EINE ÜBERWACHUNG VON SKULL ISLAND ZEIGT, DASS KONGS MOMENTA-NER AUFENTHALTSORT UNBEKANNT IST.
WIR HABEN EINEN 100 METER GROSSEN GORILLA UND DIE LEAGUE OF ASSASSINS AUS DEN AUGEN VERLOREN?
BEREITEN WIR UNS AUF DAS SCHLIMMSTE VOR. SIE TAUCHEN SICHER BALD AUF.
WENN SIE DAS TUN, WERDEN LUTHOR UND DIE LEGION NICHT WEIT SEIN.
WIR SIND BEREIT.

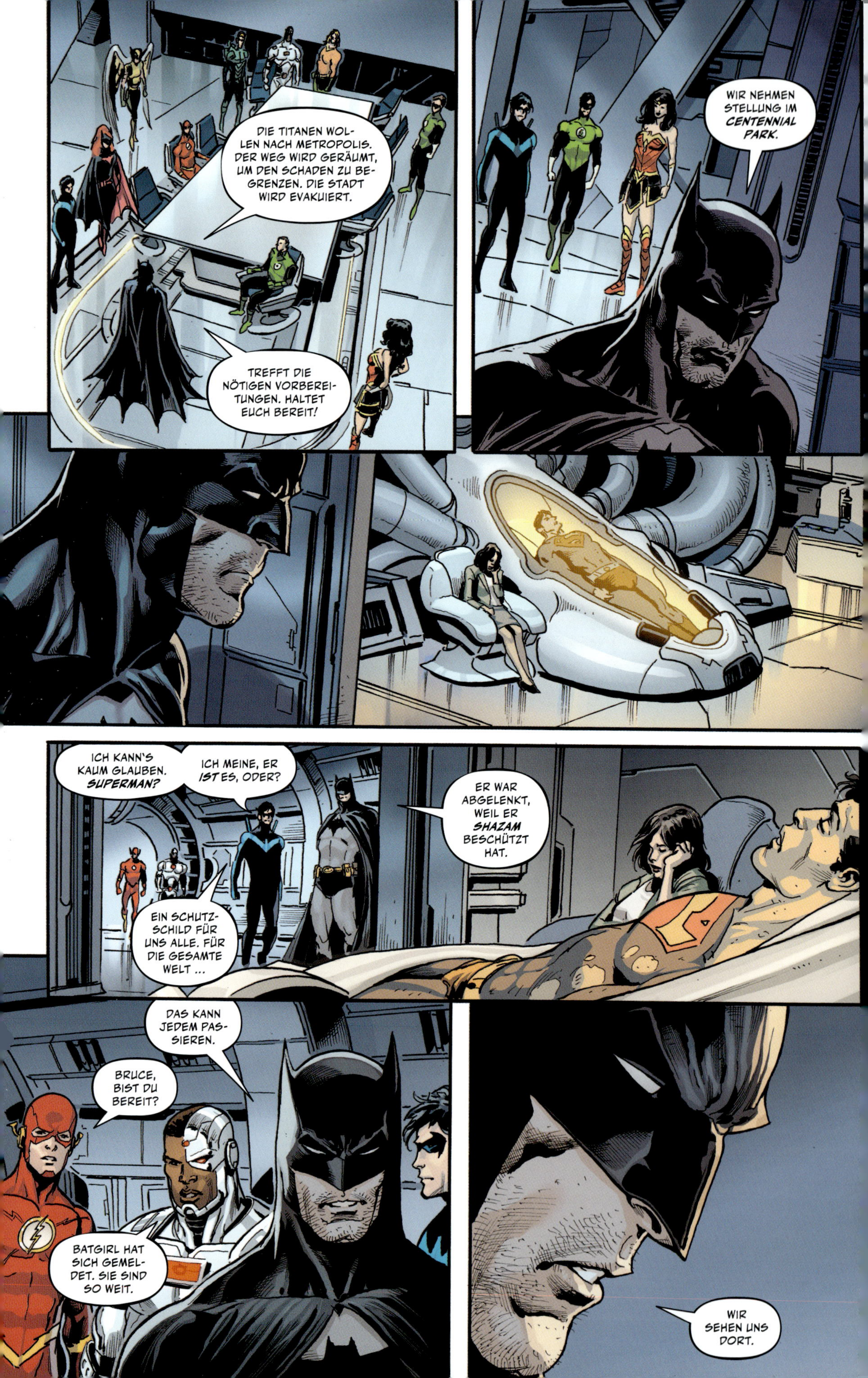
DIE TITANEN WOLLEN NACH METROPOLIS. DER WEG WIRD GERÄUMT, UM DEN SCHADEN ZU BEGRENZEN. DIE STADT WIRD EVAKUIERT.
TREFFT DIE NÖTIGEN VORBEREITUNGEN. HALTET EUCH BEREIT!
WIR NEHMEN STELLUNG IM *CENTENNIAL PARK.*
ICH KANN'S KAUM GLAUBEN. ***SUPERMAN?***
ICH MEINE, ER *IST* ES, ODER?
ER WAR ABGELENKT, WEIL ER ***SHAZAM*** BESCHÜTZT HAT.
EIN SCHUTZSCHILD FÜR UNS ALLE. FÜR DIE GESAMTE WELT ...
DAS KANN JEDEM PASSIEREN.
BRUCE, BIST DU BEREIT?
BATGIRL HAT SICH GEMELDET. SIE SIND SO WEIT.
WIR SEHEN UNS DORT.

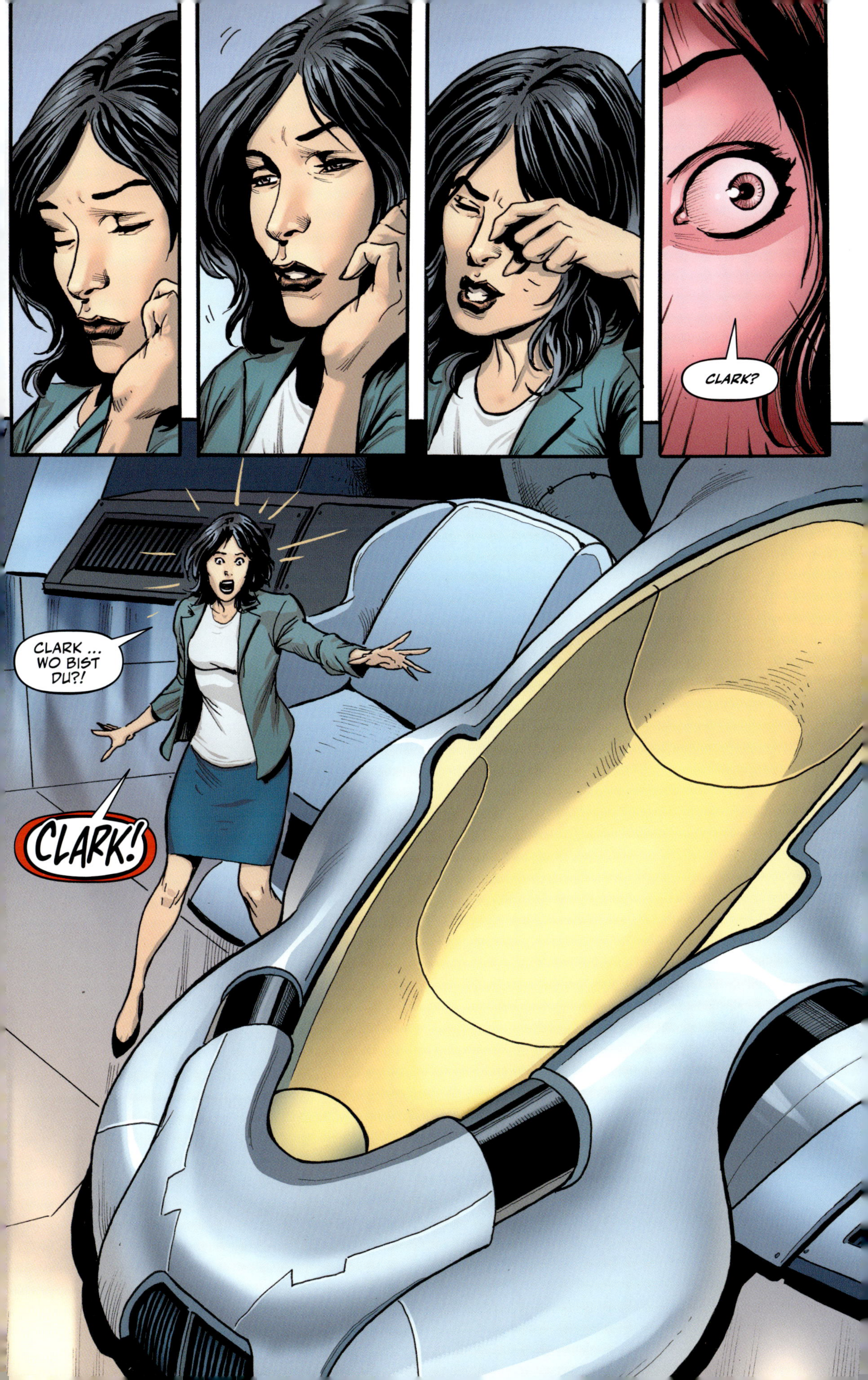
CLARK?
CLARK ... WO BIST DU?!
CLARK!

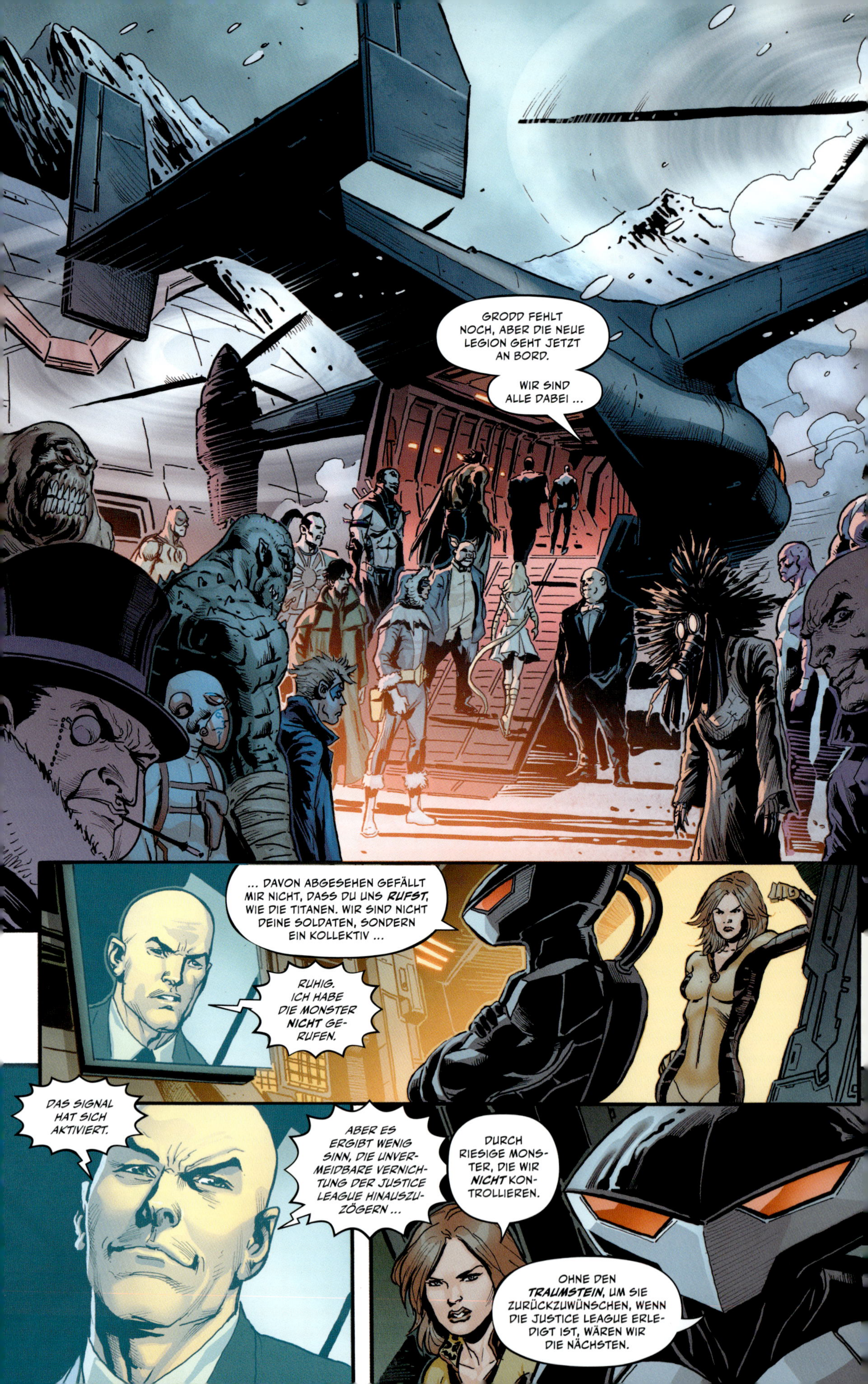
GRODD FEHLT NOCH, ABER DIE NEUE LEGION GEHT JETZT AN BORD.
WIR SIND ALLE DABEI ...
... DAVON ABGESEHEN GEFÄLLT MIR NICHT, DASS DU UNS RUFST, WIE DIE TITANEN. WIR SIND NICHT DEINE SOLDATEN, SONDERN EIN KOLLEKTIV ...
RUHIG. ICH HABE DIE MONSTER NICHT GERUFEN.
DAS SIGNAL HAT SICH AKTIVIERT.
ABER ES ERGIBT WENIG SINN, DIE UNVERMEIDBARE VERNICHTUNG DER JUSTICE LEAGUE HINAUSZUZÖGERN ...
DURCH RIESIGE MONSTER, DIE WIR NICHT KONTROLLIEREN.
OHNE DEN TRAUMSTEIN, UM SIE ZURÜCKZUWÜNSCHEN, WENN DIE JUSTICE LEAGUE ERLEDIGT IST, WÄREN WIR DIE NÄCHSTEN.

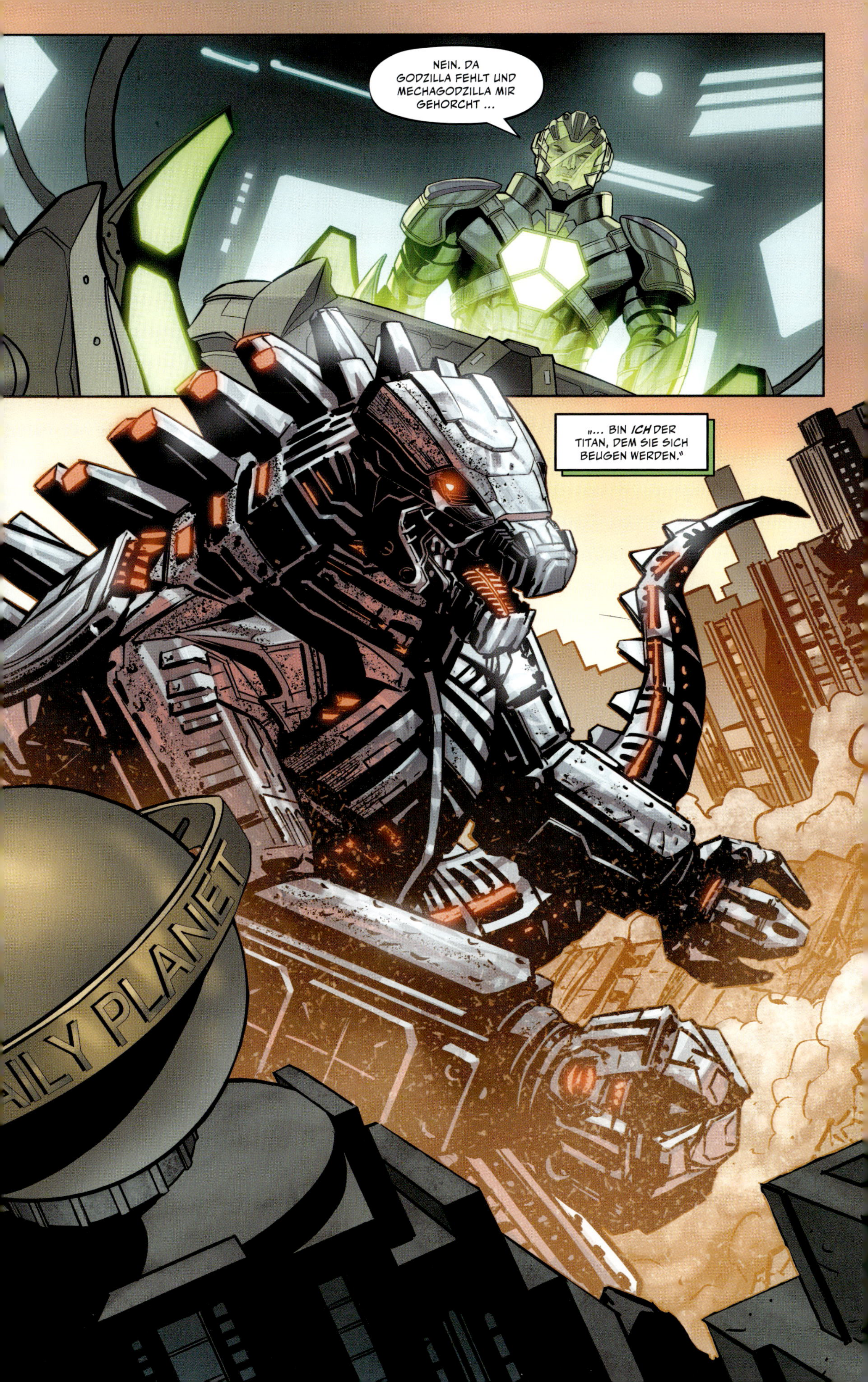
NEIN. DA GODZILLA FEHLT UND MECHAGODZILLA MIR GEHORCHT ...
„... BIN *ICH* DER TITAN, DEM SIE SICH BEUGEN WERDEN."
DAILY PLANET

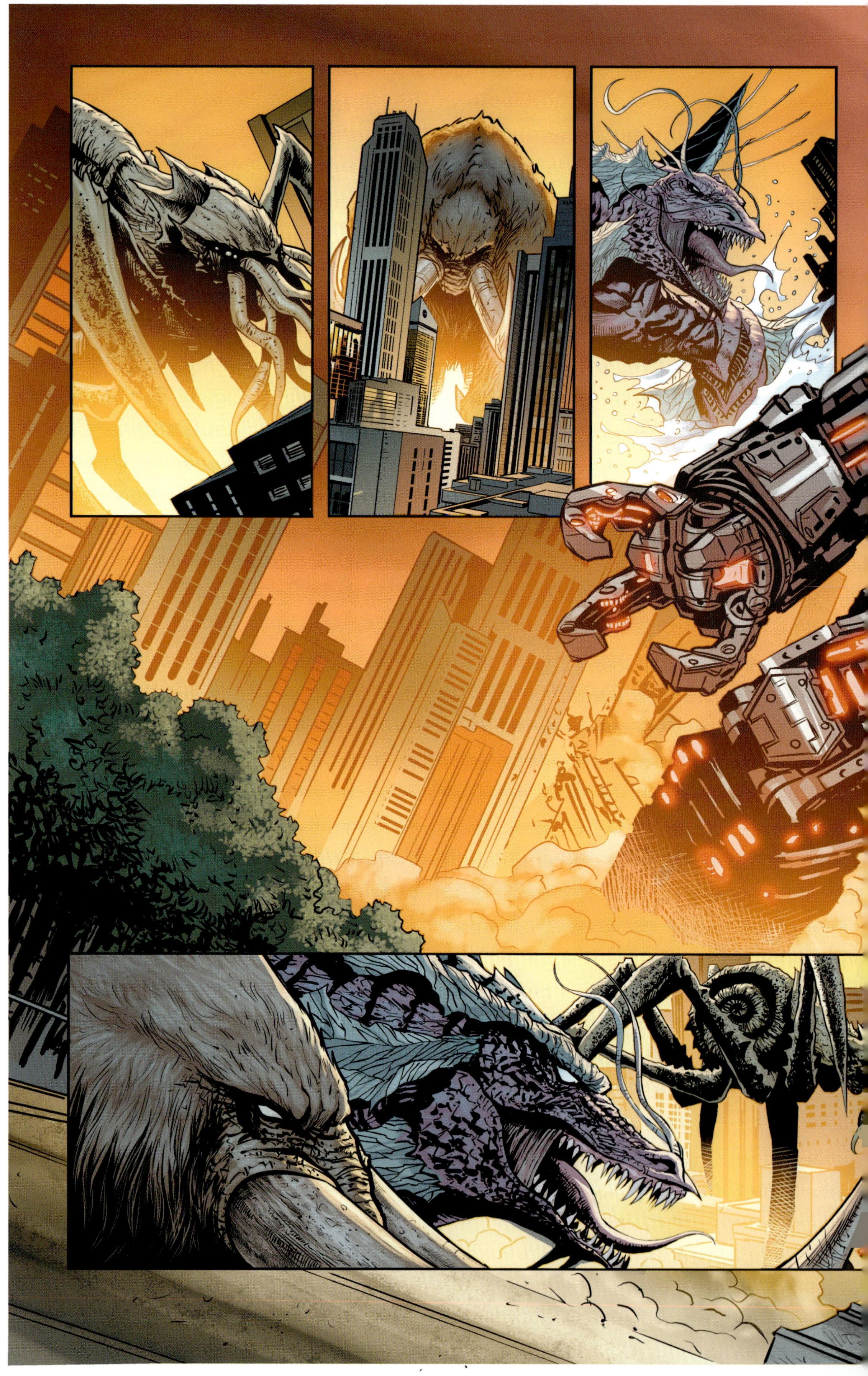

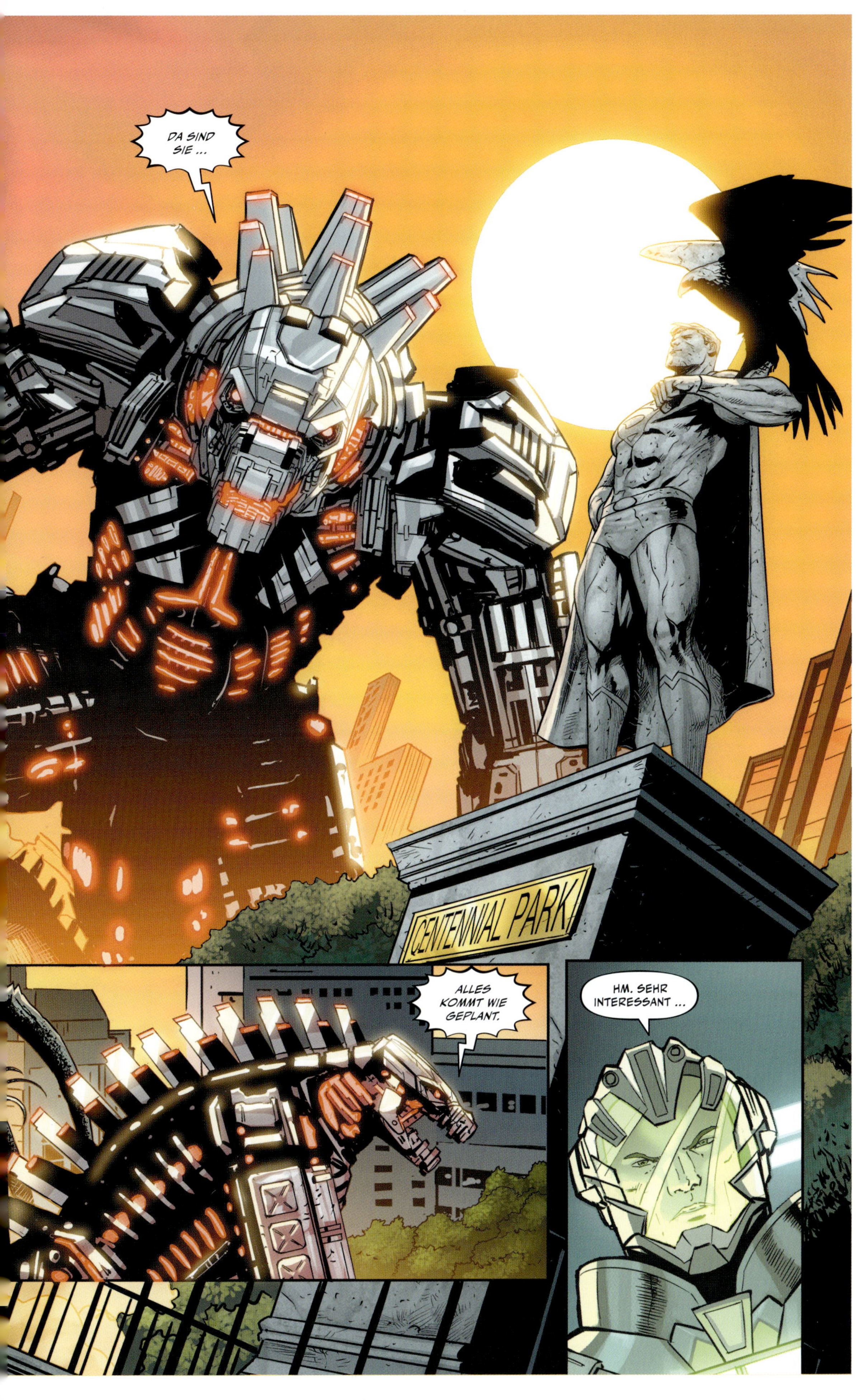
DA SIND SIE ...
CENTENNIAL PARK
ALLES KOMMT WIE GEPLANT.
HM. SEHR INTERESSANT ...

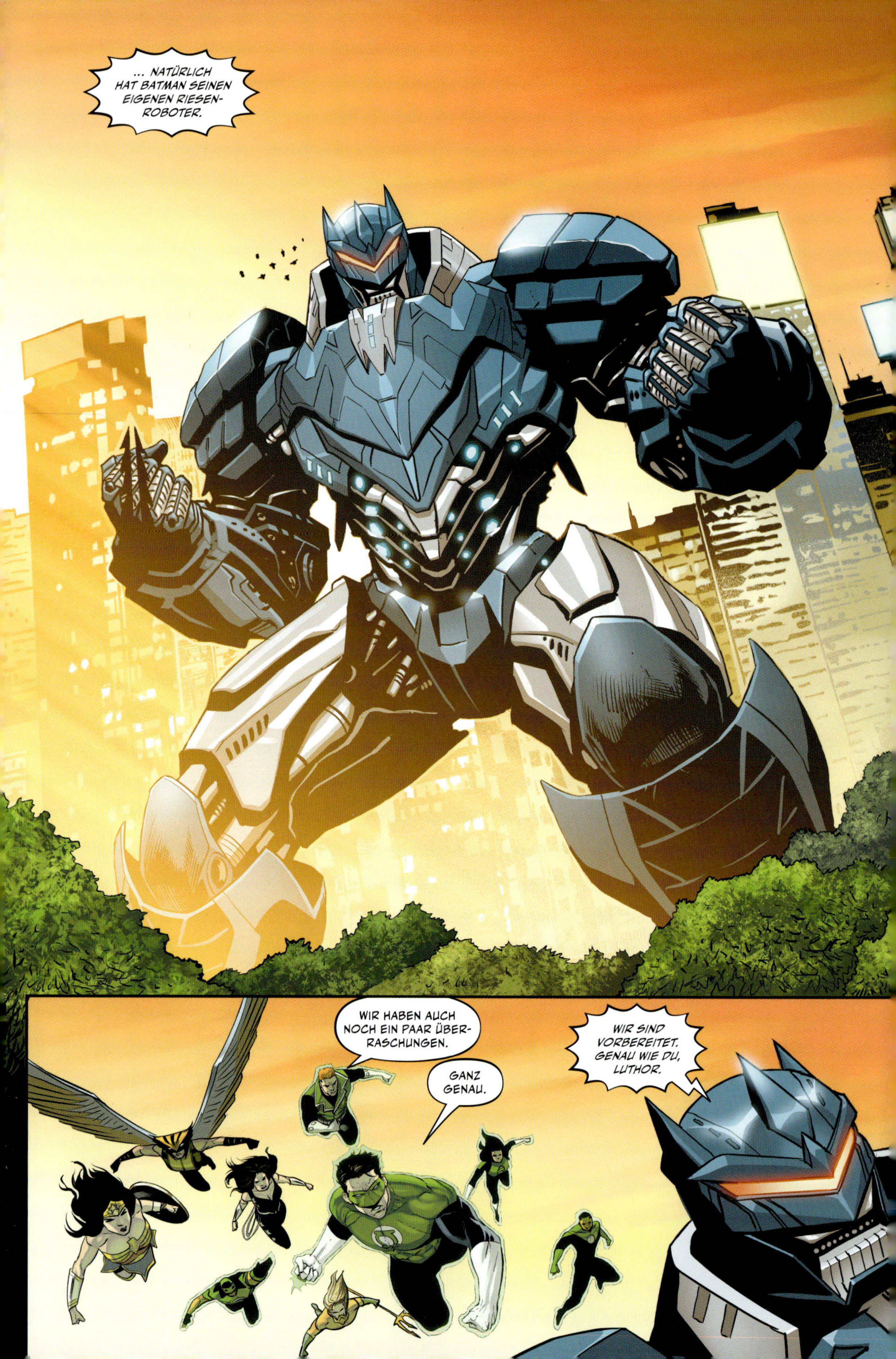
... NATÜRLICH HAT BATMAN SEINEN EIGENEN RIESEN-ROBOTER.
WIR HABEN AUCH NOCH EIN PAAR ÜBER-RASCHUNGEN.
GANZ GENAU.
WIR SIND VORBEREITET. GENAU WIE DU, LUTHOR.

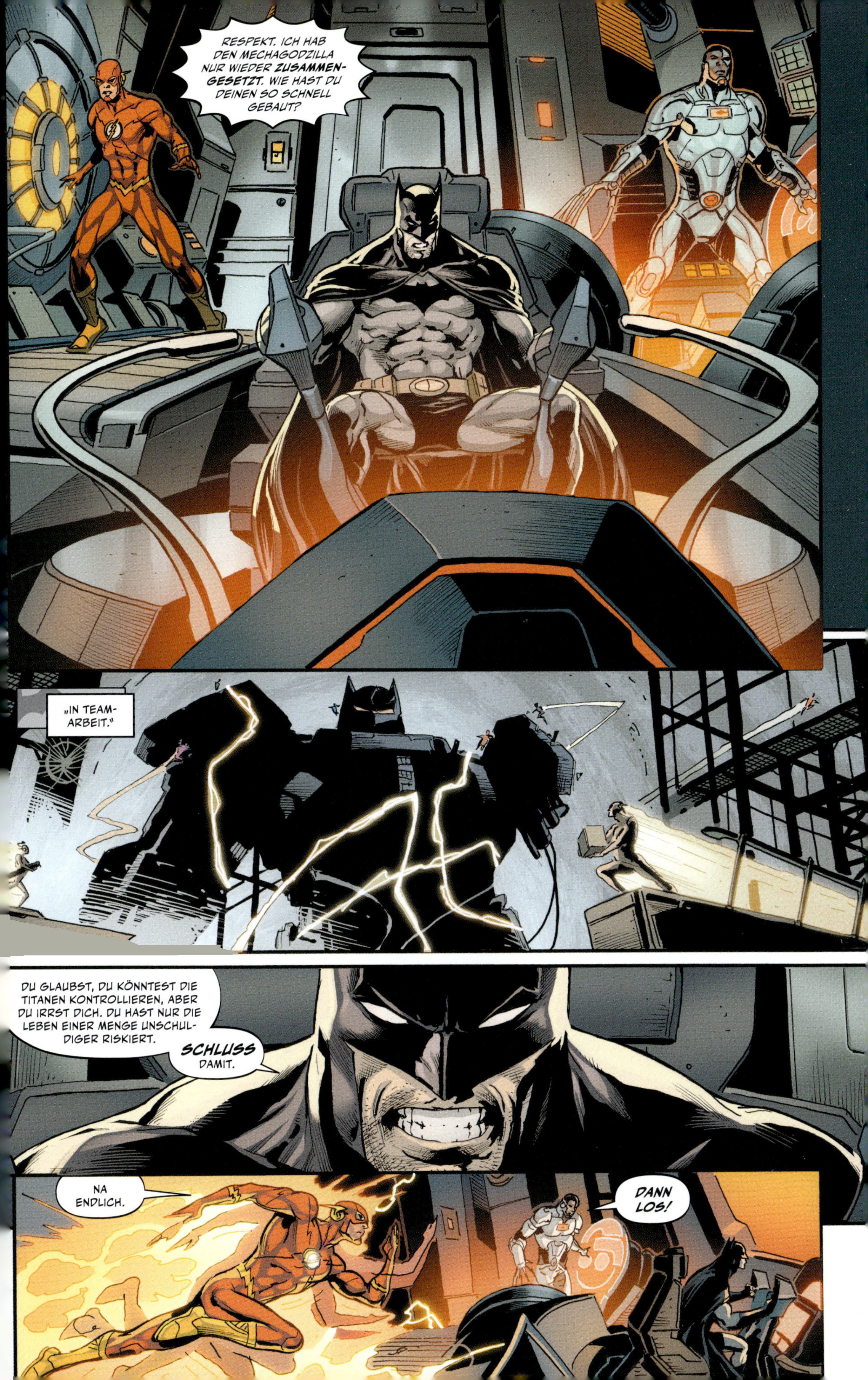
RESPEKT. ICH HAB DEN MECHAGODZILLA NUR WIEDER **ZUSAMMEN-GESETZT.** WIE HAST DU DEINEN SO SCHNELL GEBAUT?
„IN TEAM-ARBEIT."
DU GLAUBST, DU KÖNNTEST DIE TITANEN KONTROLLIEREN, ABER DU IRRST DICH. DU HAST NUR DIE LEBEN EINER MENGE UNSCHUL-DIGER RISKIERT.
SCHLUSS DAMIT.
NA ENDLICH.
DANN LOS!

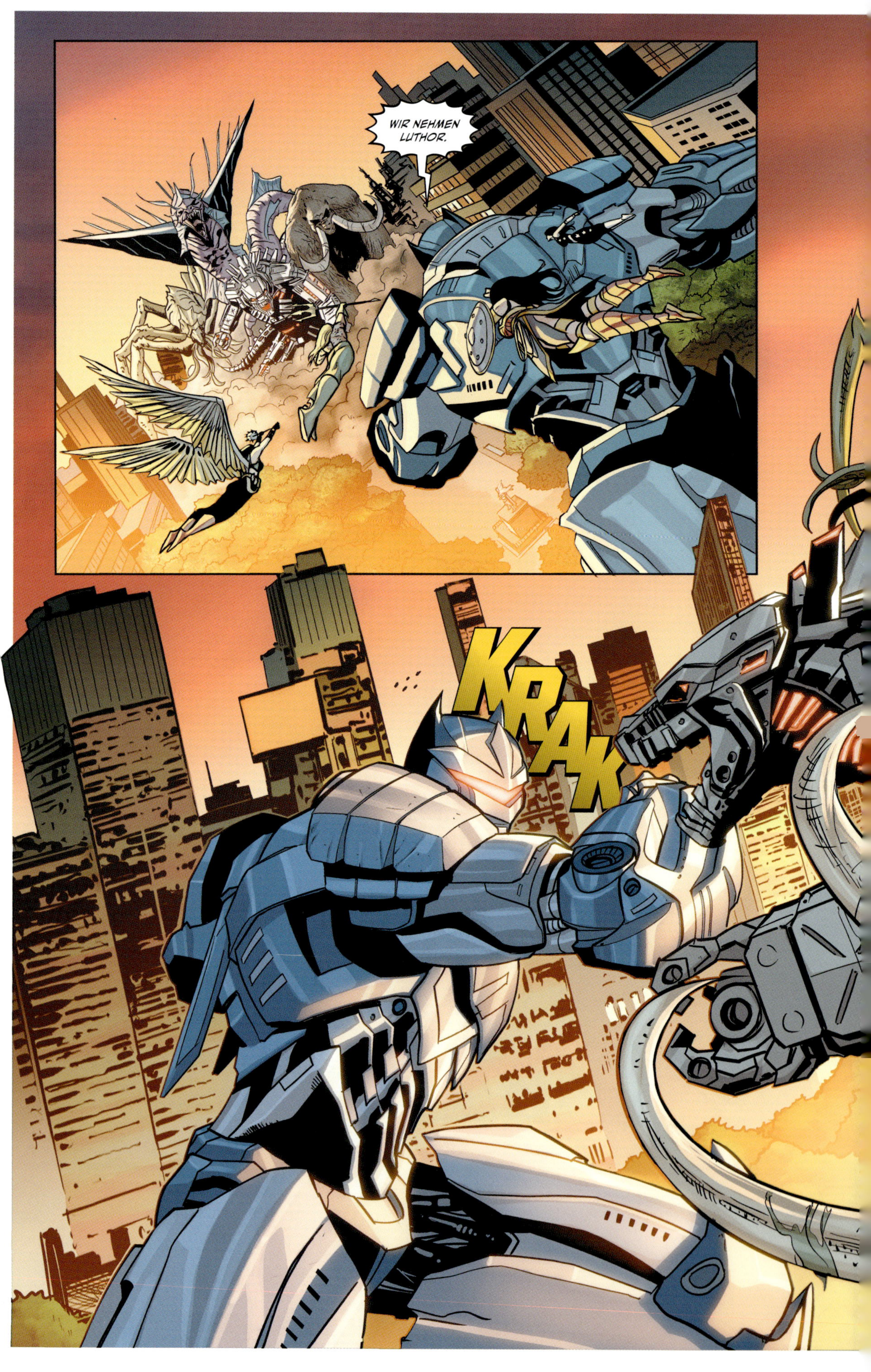
WIR NEHMEN LUTHOR.
KRAK

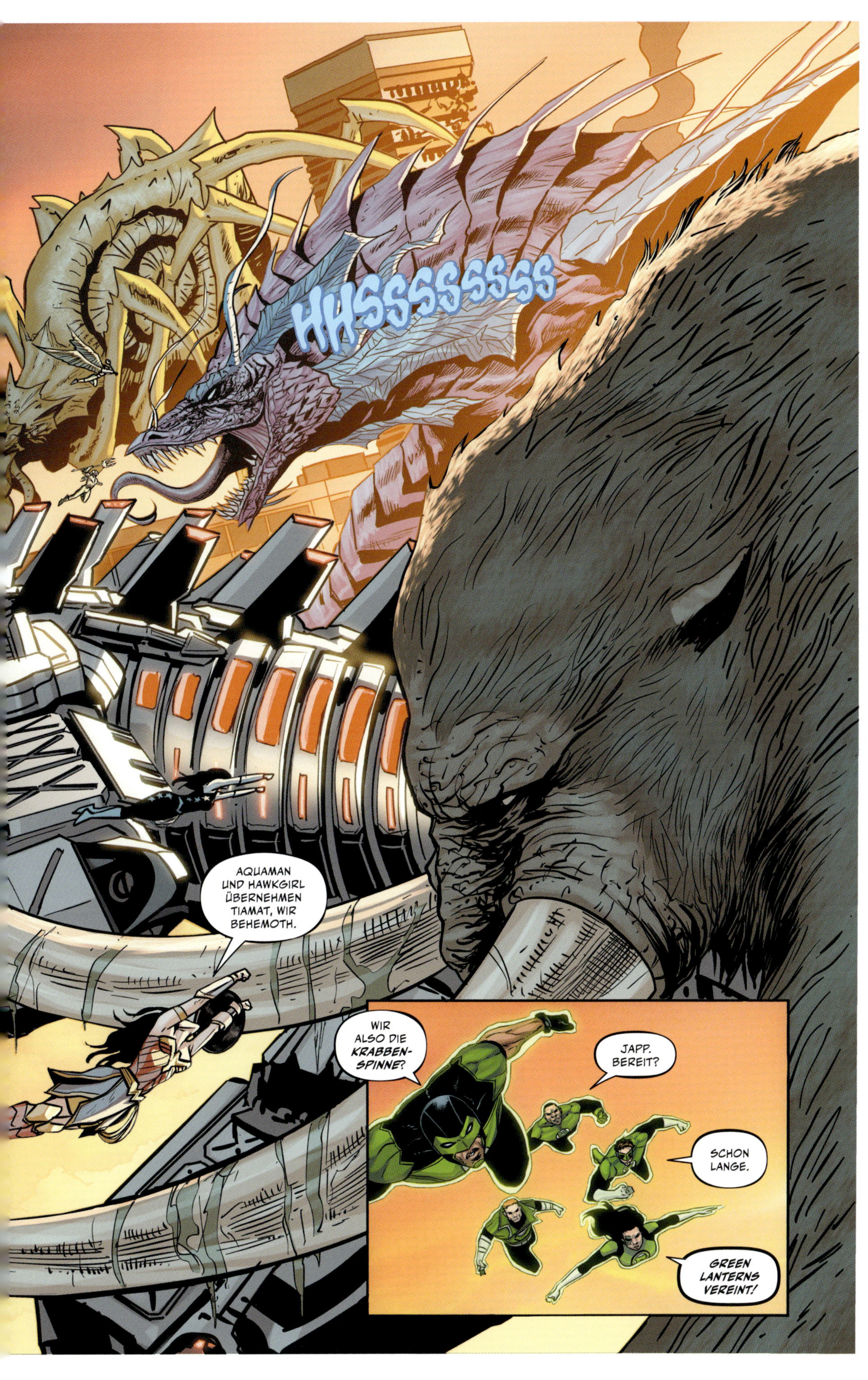
HHSSSSSSSS
AQUAMAN UND HAWKGIRL ÜBERNEHMEN TIAMAT, WIR BEHEMOTH.
WIR ALSO DIE KRABBEN-SPINNE?
JAPP. BEREIT?
SCHON LANGE.
GREEN LANTERNS VEREINT!

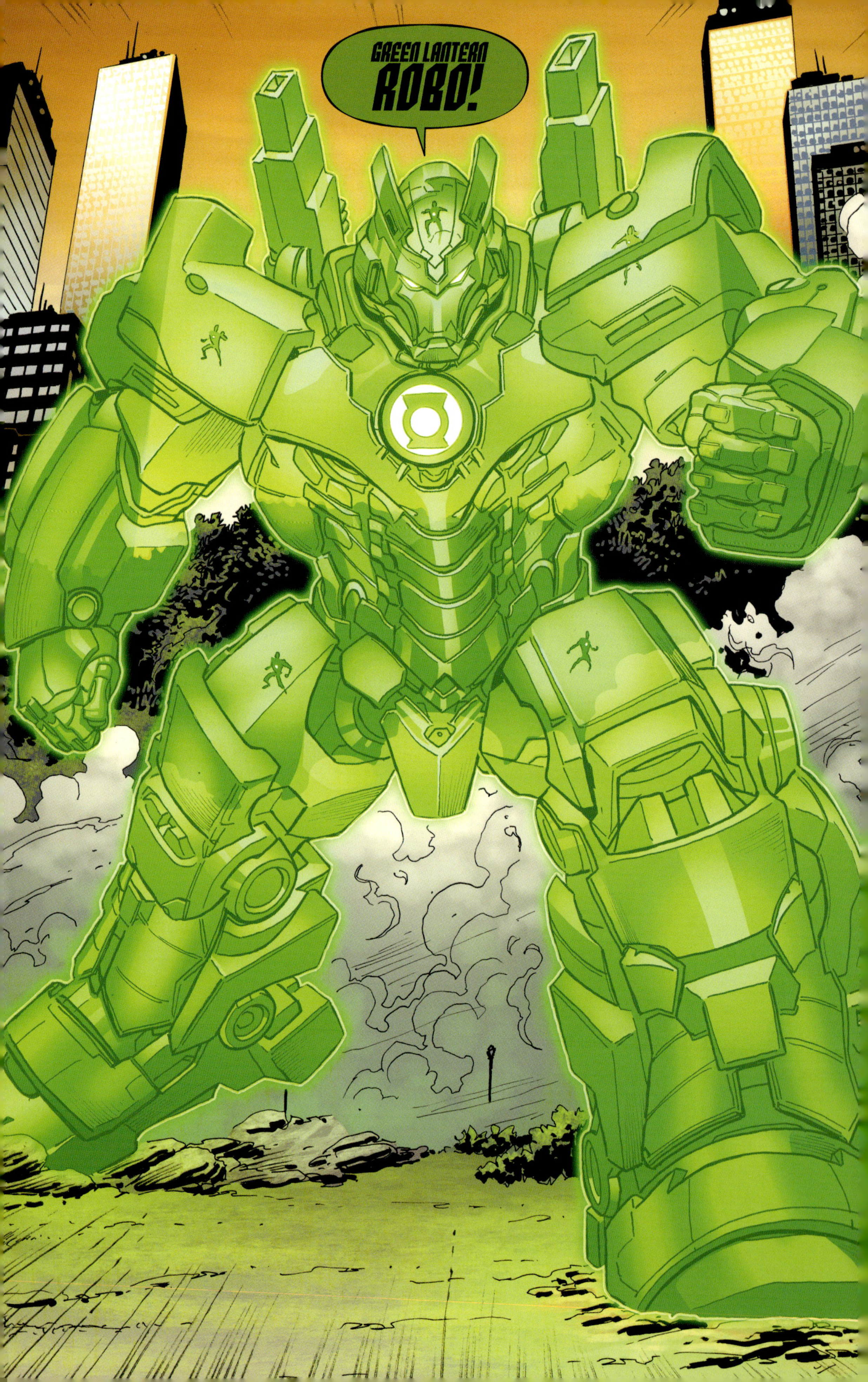
GREEN LANTERN ROBO!

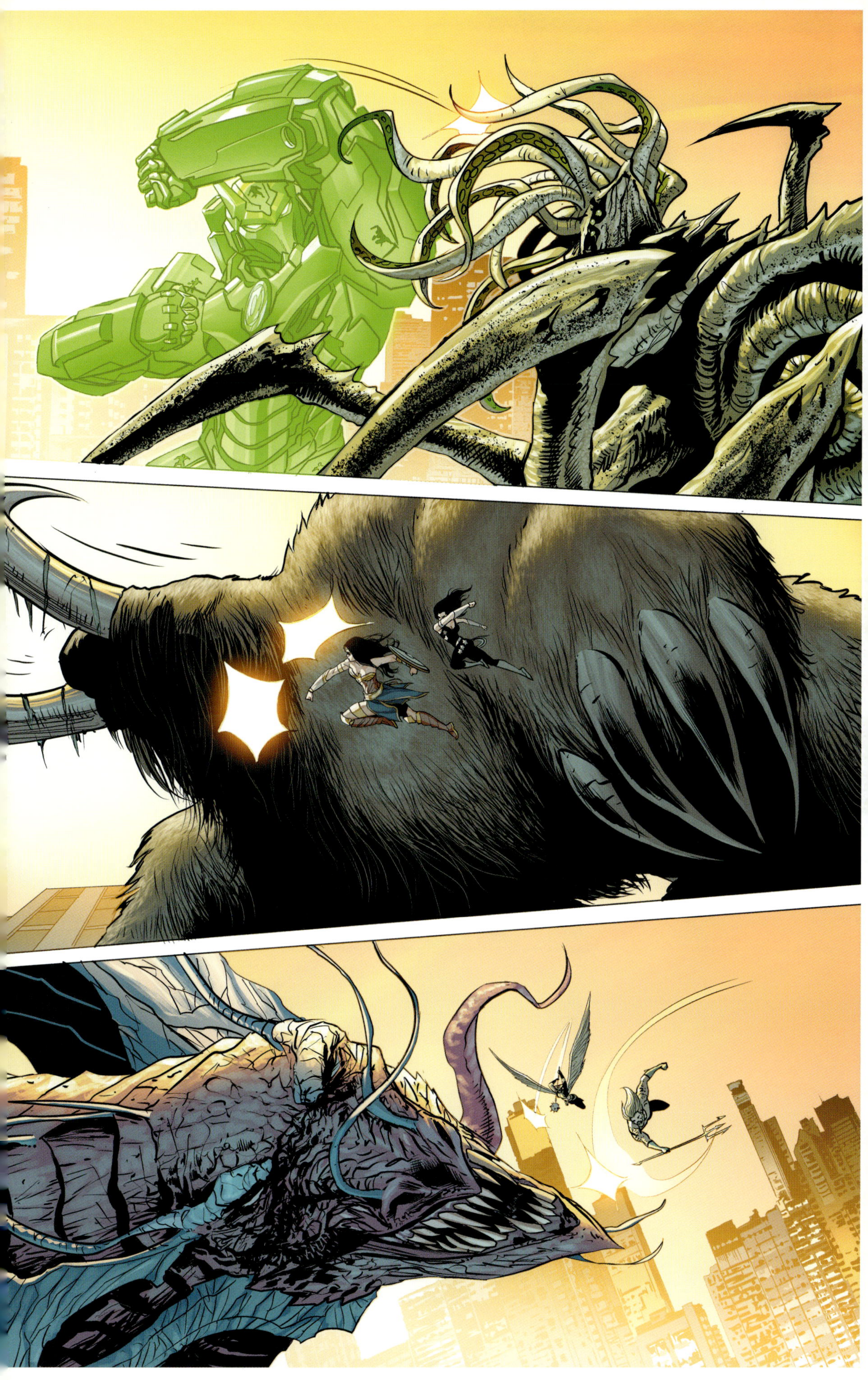

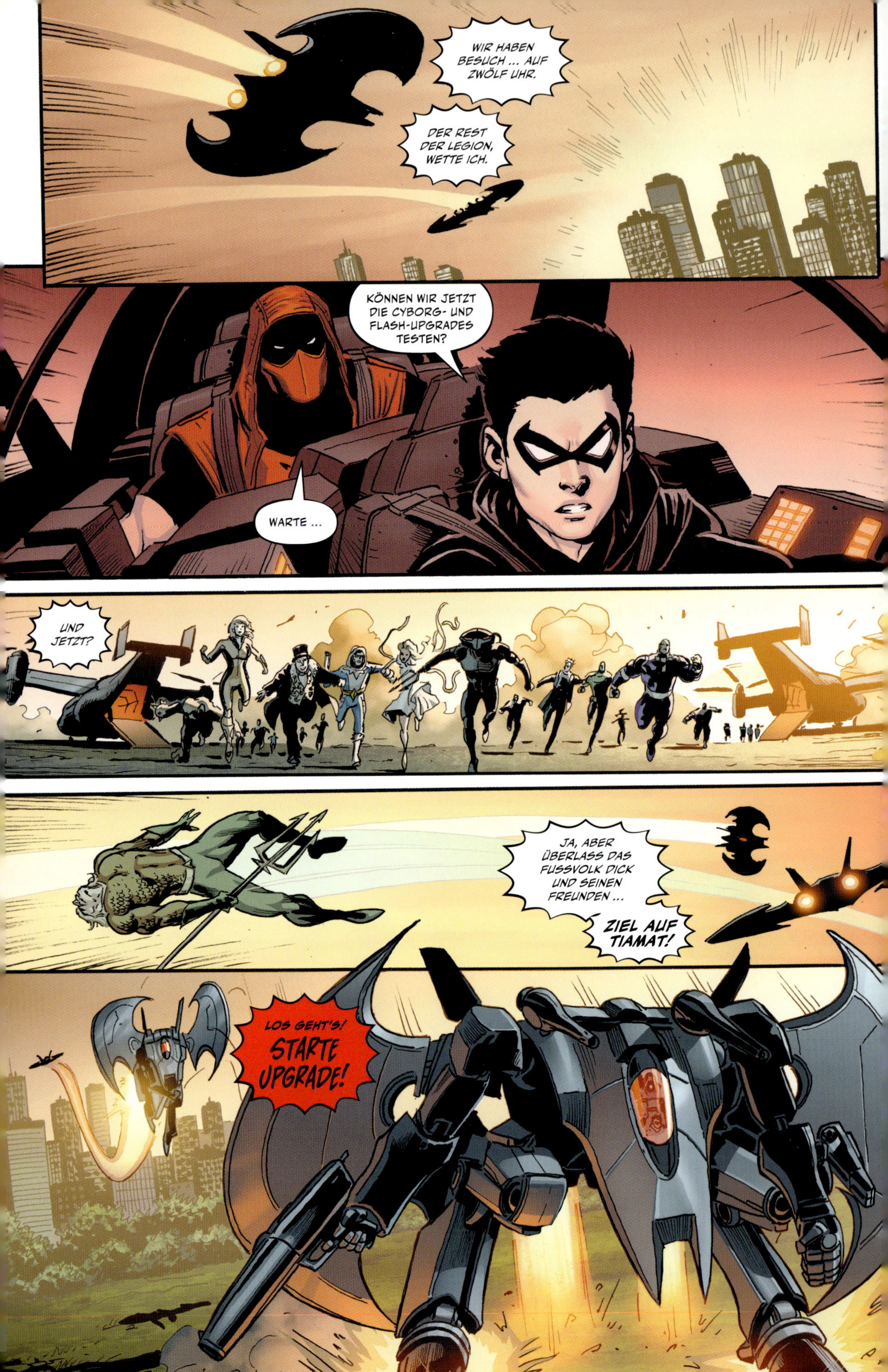
WIR HABEN BESUCH ... AUF ZWÖLF UHR.
DER REST DER LEGION, WETTE ICH.
KÖNNEN WIR JETZT DIE CYBORG- UND FLASH-UPGRADES TESTEN?
WARTE ...
UND JETZT?
JA, ABER ÜBERLASS DAS FUSSVOLK DICK UND SEINEN FREUNDEN ...
ZIEL AUF TIAMAT!
LOS GEHT'S! STARTE UPGRADE!

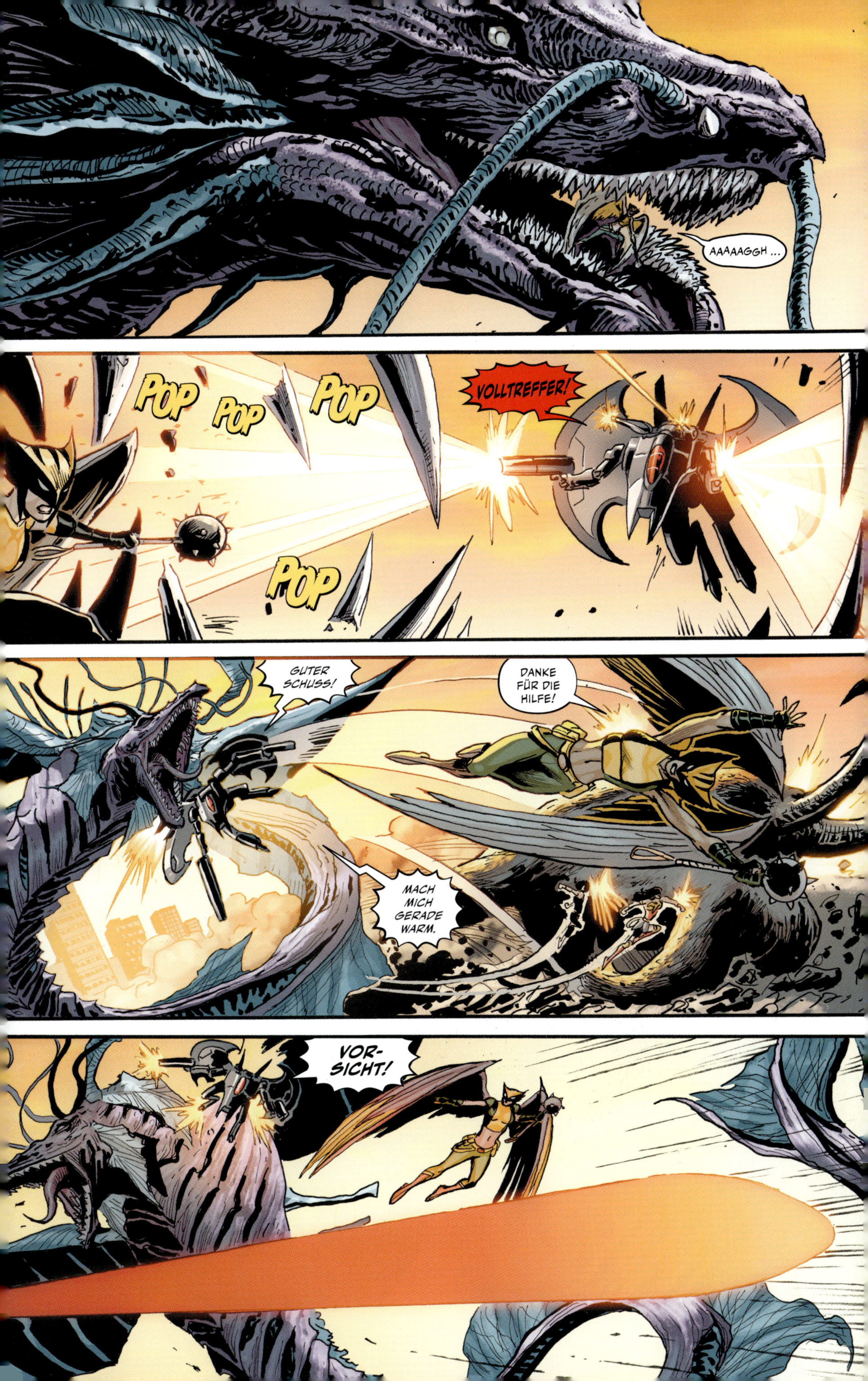

AAAAAGGH ...
POP
POP
POP
VOLLTREFFER!
POP
GUTER SCHUSS!
DANKE FÜR DIE HILFE!
MACH MICH GERADE WARM.

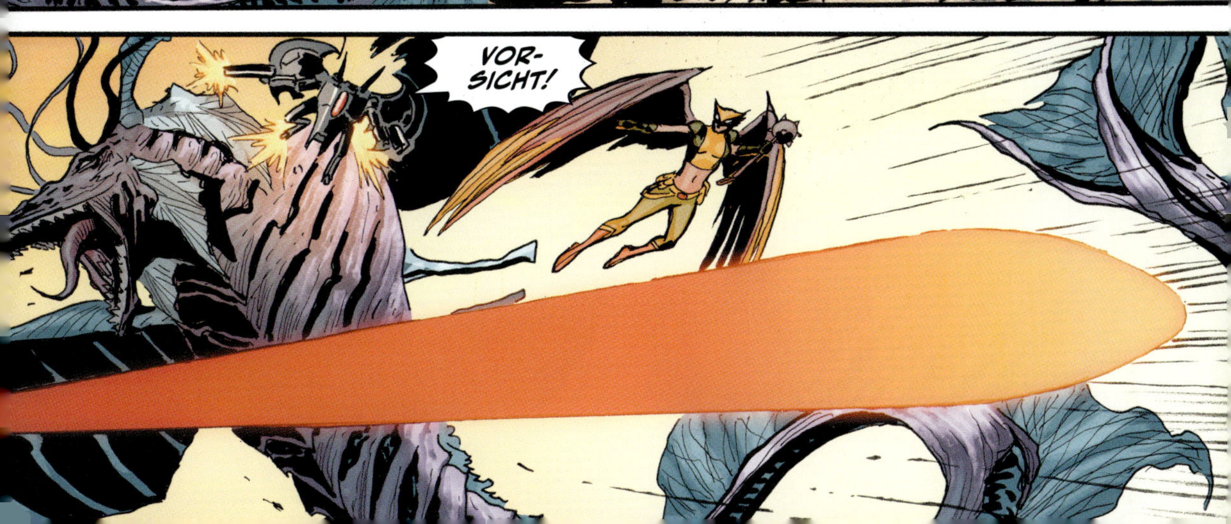
VOR-SICHT!

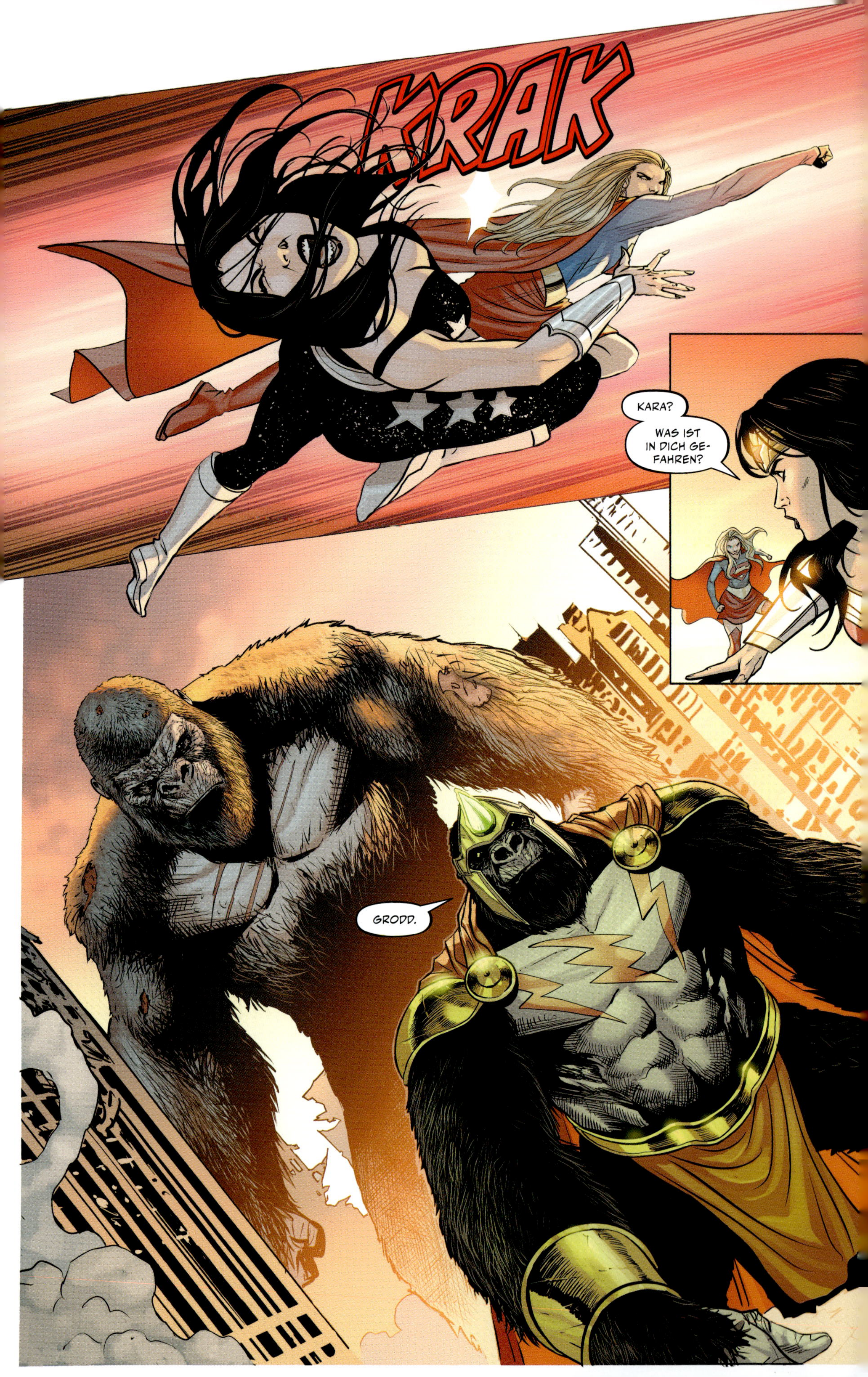
KRAK
KARA?
WAS IST IN DICH GE-FAHREN?
GRODD.

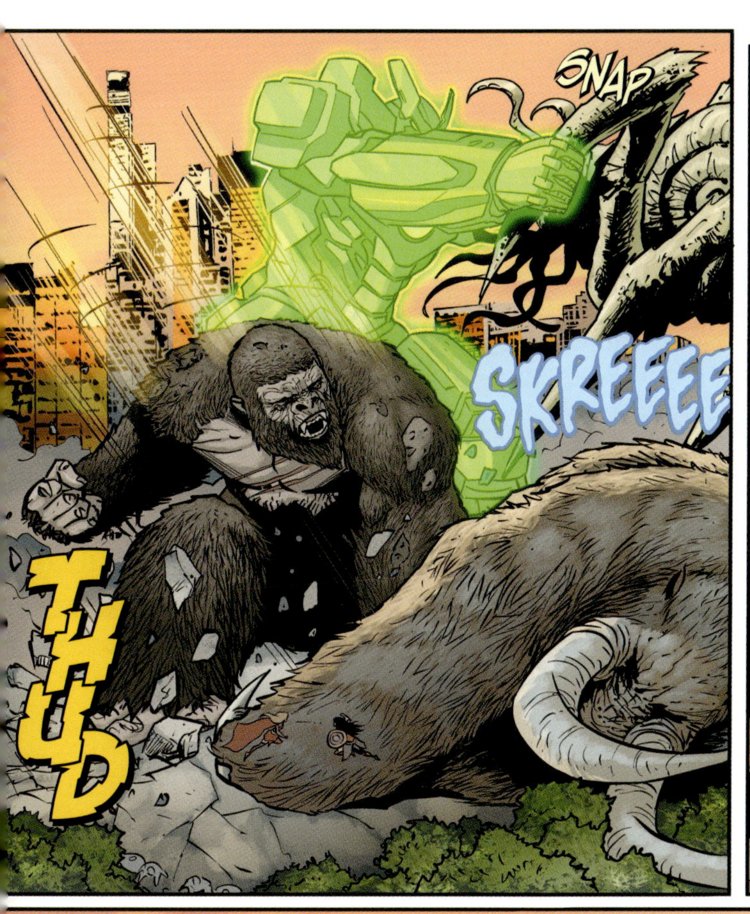

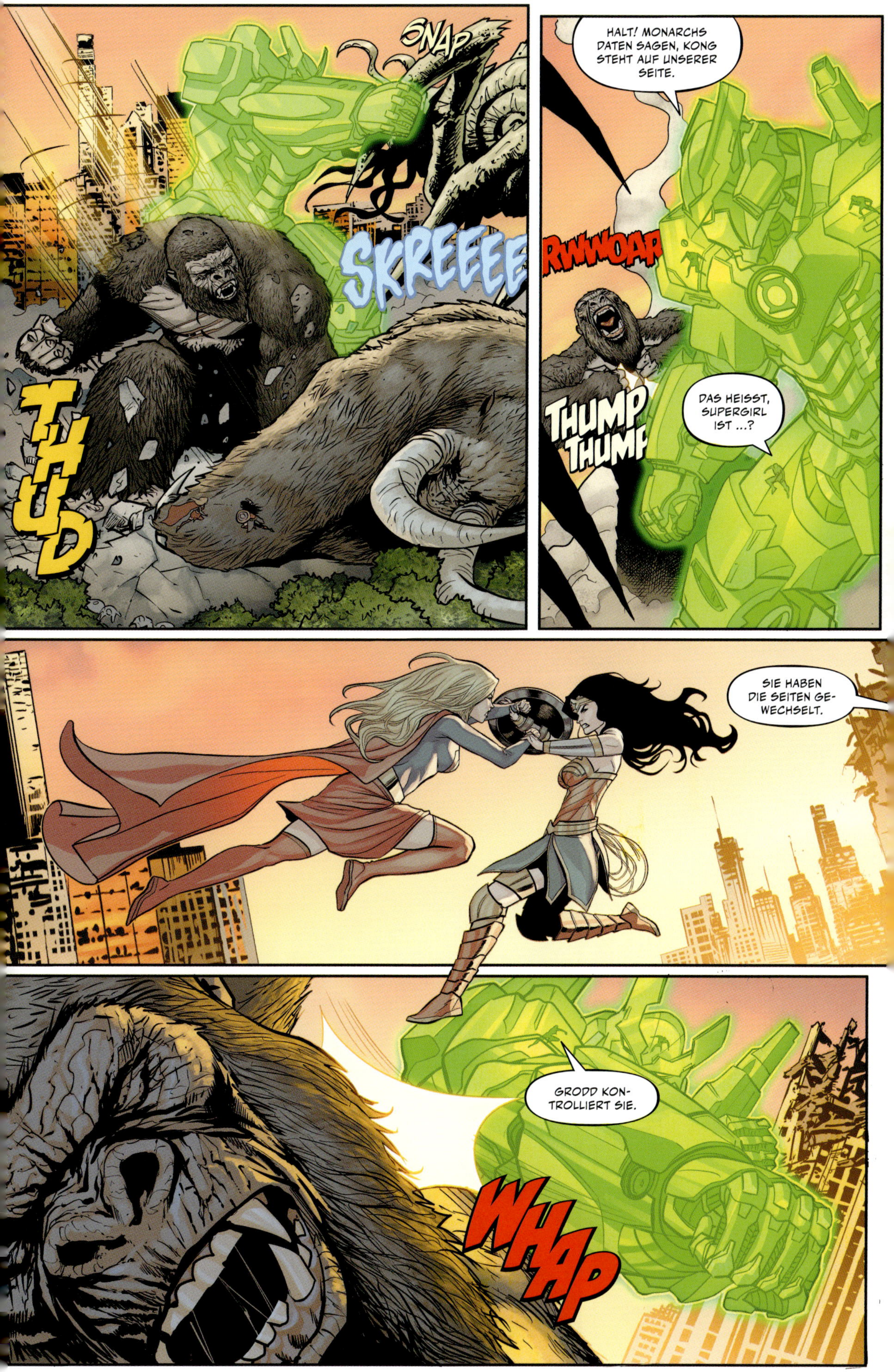

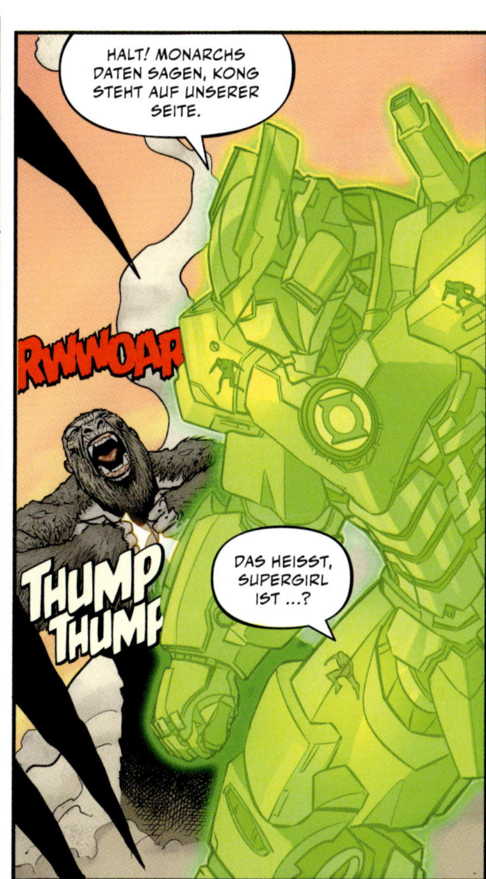

SIE HABEN DIE SEITEN GEWECHSELT.

GRODD KONTROLLIERT SIE.

WHAP

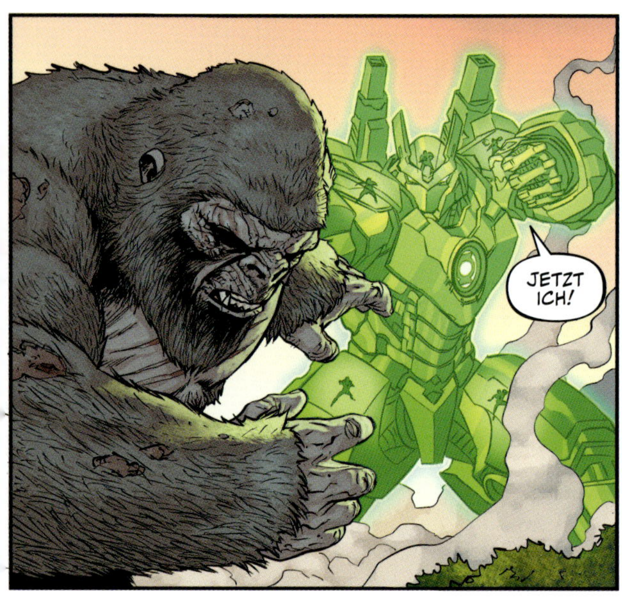
JETZT ICH!

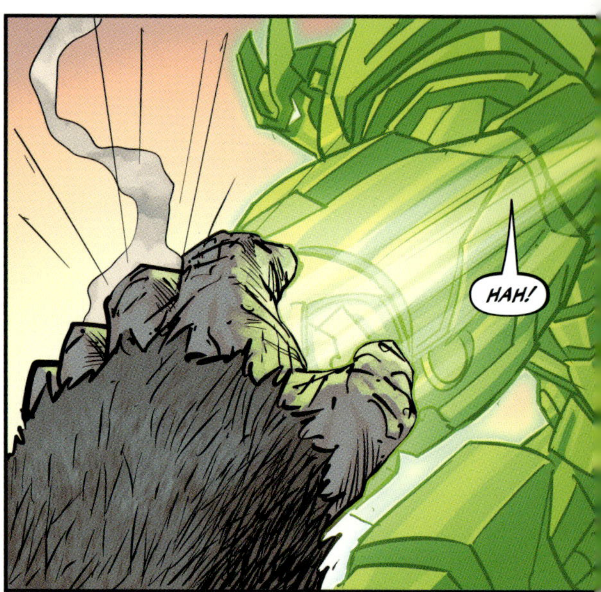
HAH!

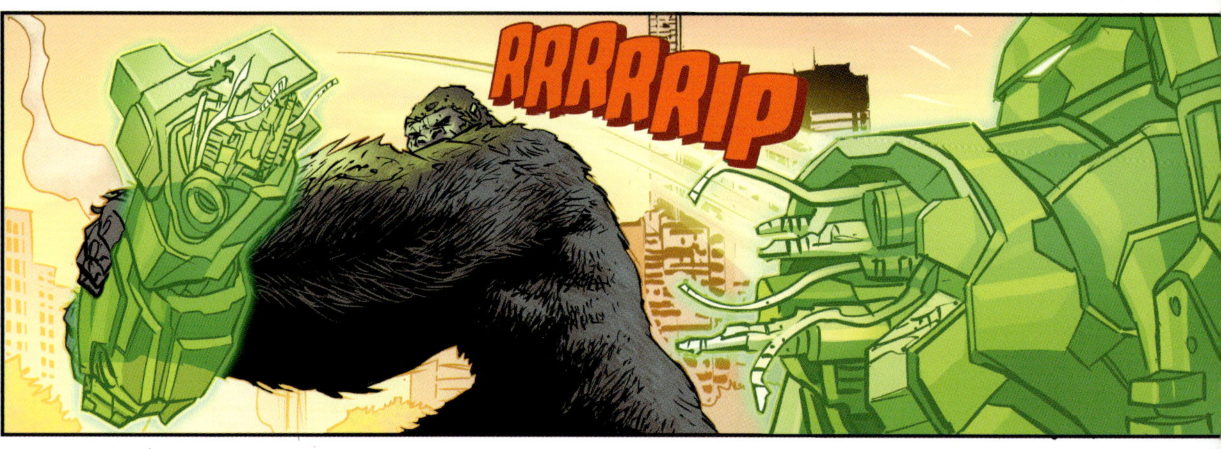
RRRRRIP

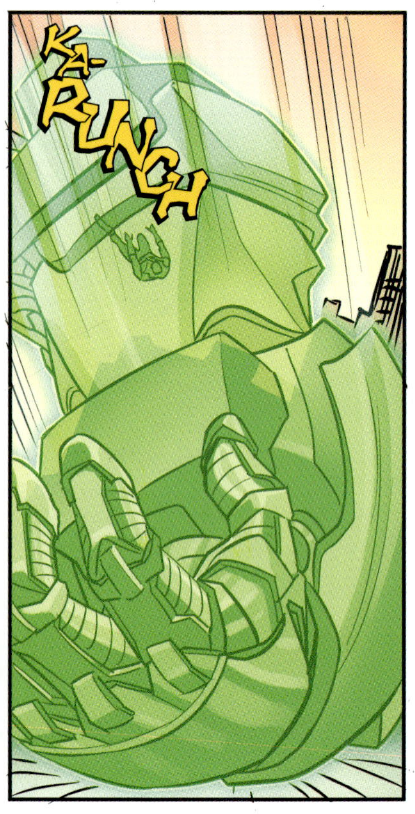
KA-RUNCH

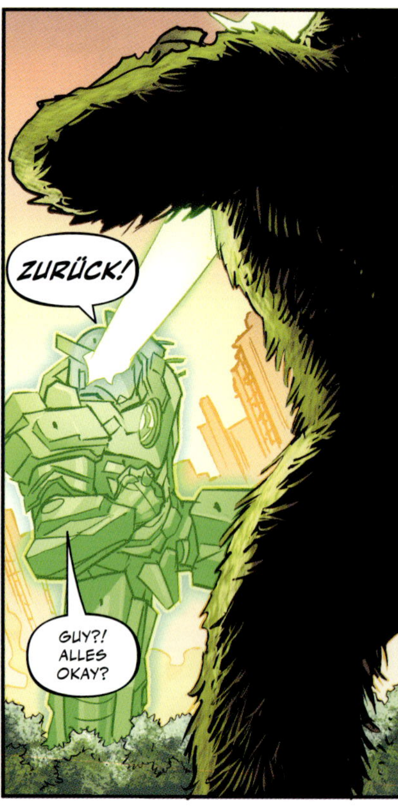
ZURÜCK!
GUY?! ALLES OKAY?

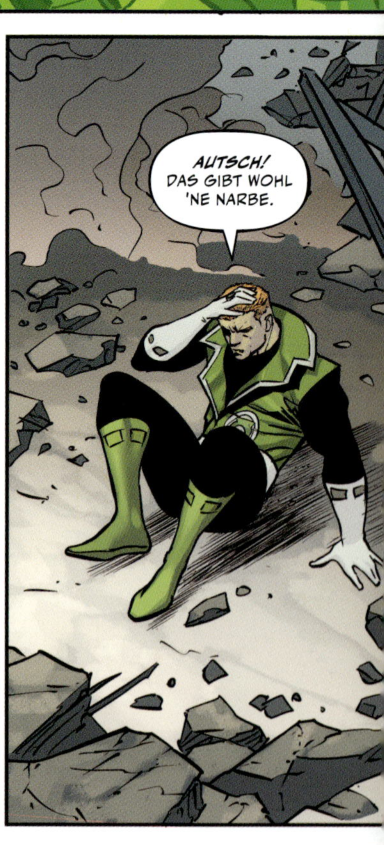
AUTSCH! DAS GIBT WOHL 'NE NARBE.

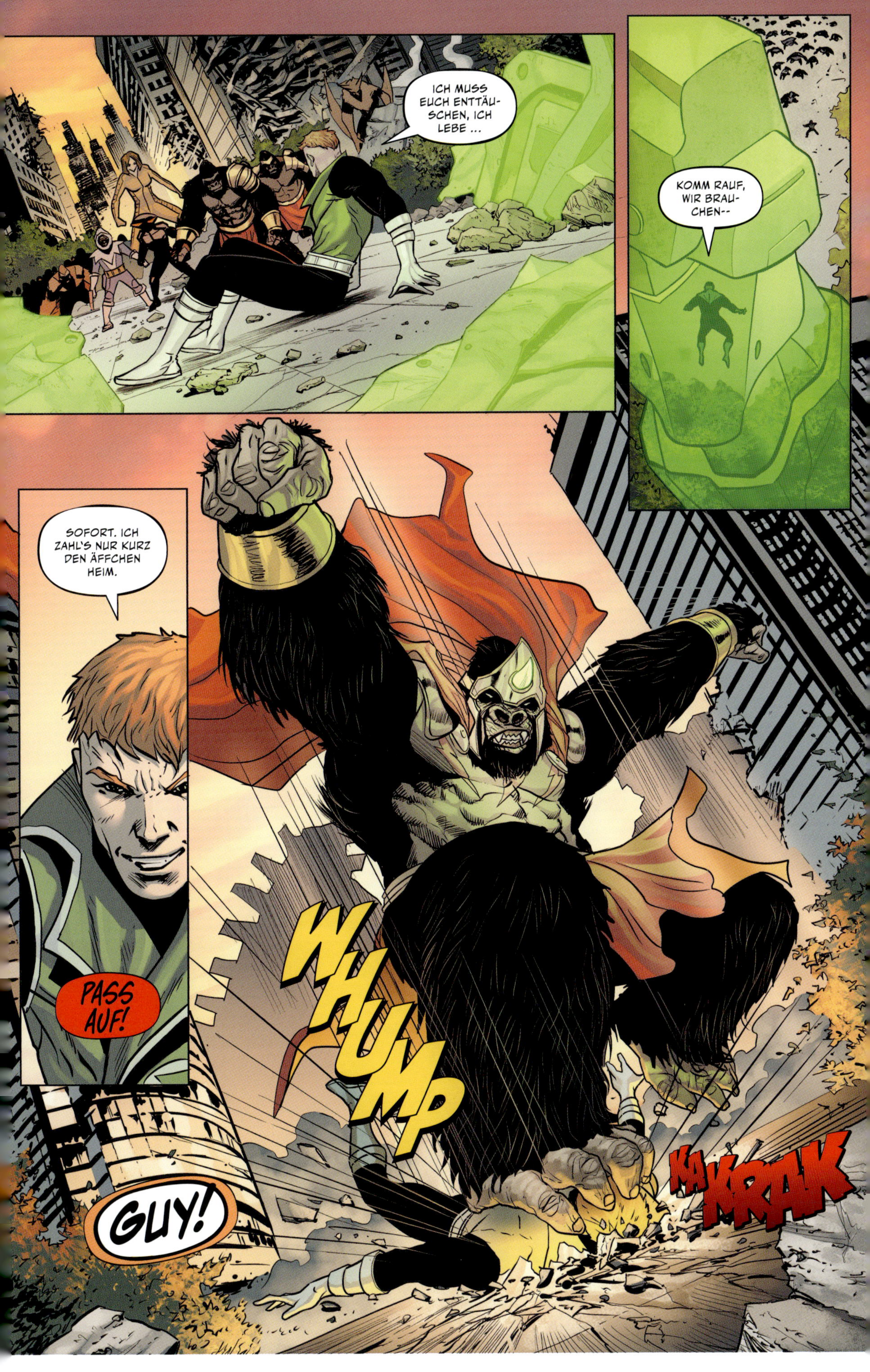
ICH MUSS EUCH ENTTÄUSCHEN, ICH LEBE ...
KOMM RAUF, WIR BRAUCHEN--
SOFORT. ICH ZAHL'S NUR KURZ DEN ÄFFCHEN HEIM.
PASS AUF!
WHUMP
GUY!
KA KRAK

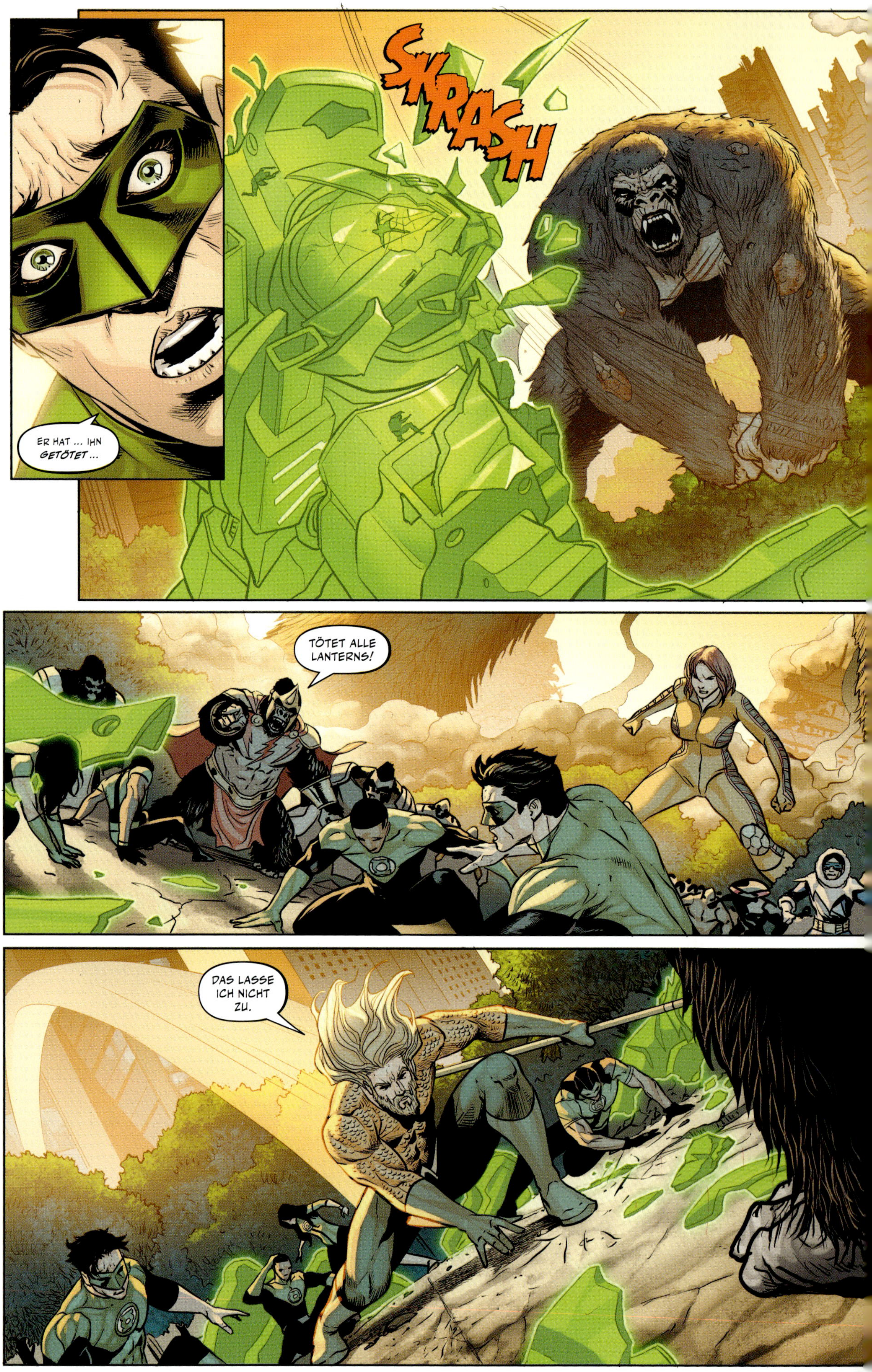

ER HAT ... IHN GETÖTET ...
SKRASH

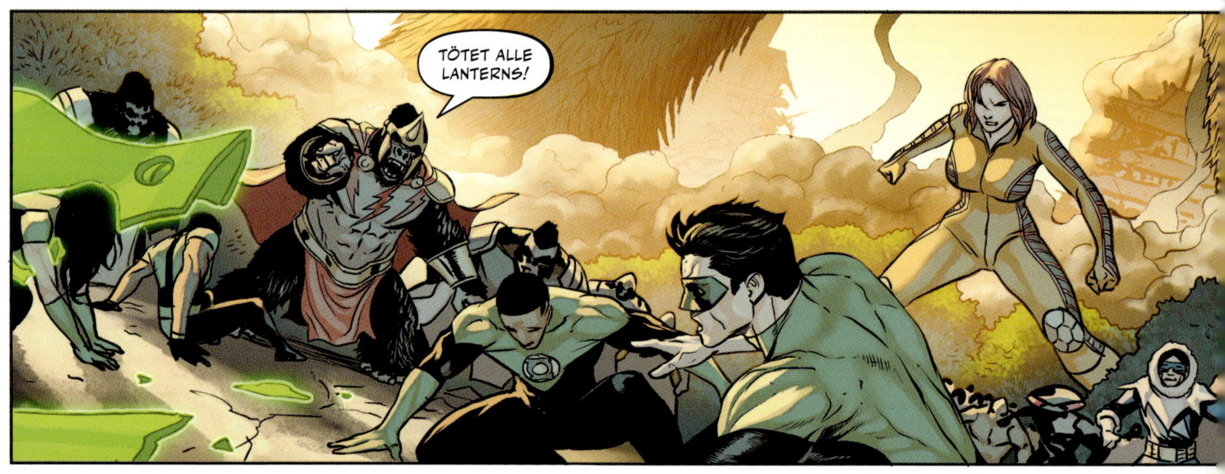
TÖTET ALLE LANTERNS!

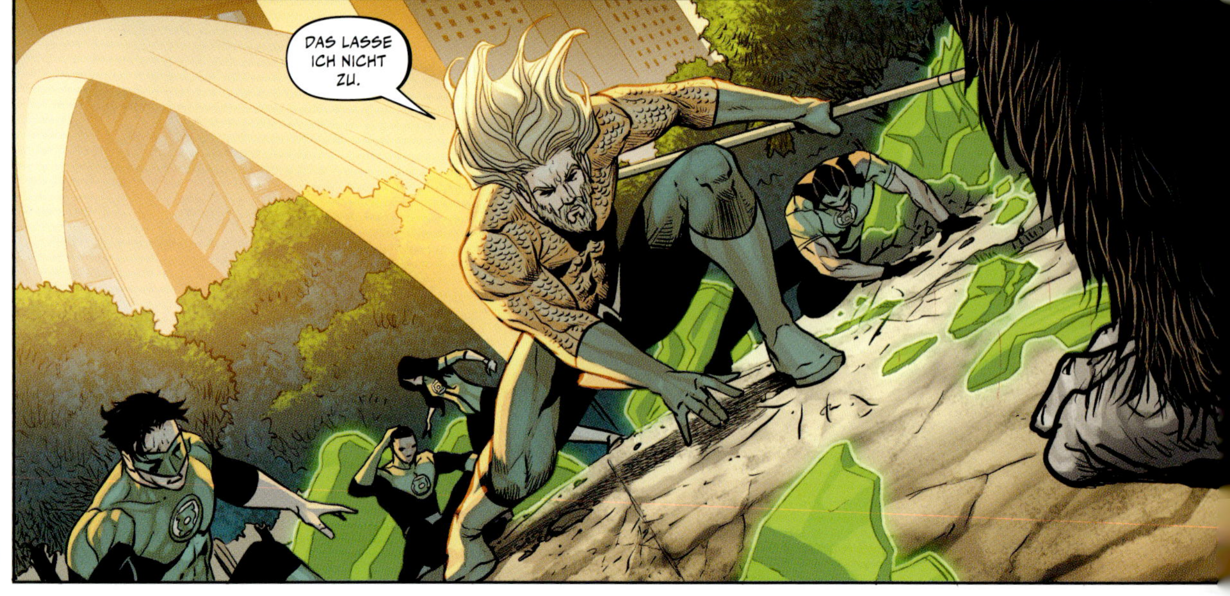
DAS LASSE ICH NICHT ZU.

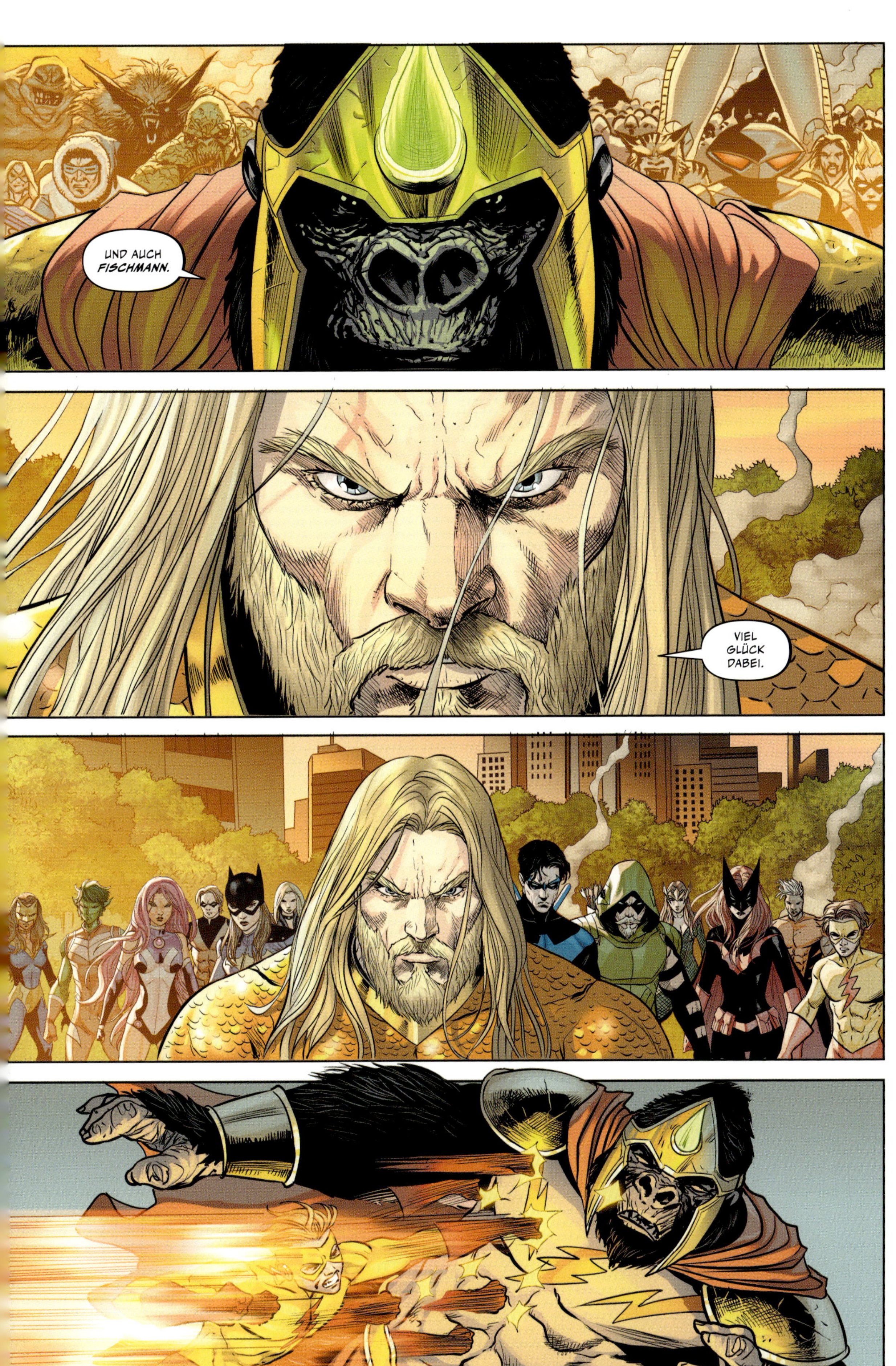
UND AUCH FISCHMANN.
VIEL GLÜCK DABEI.

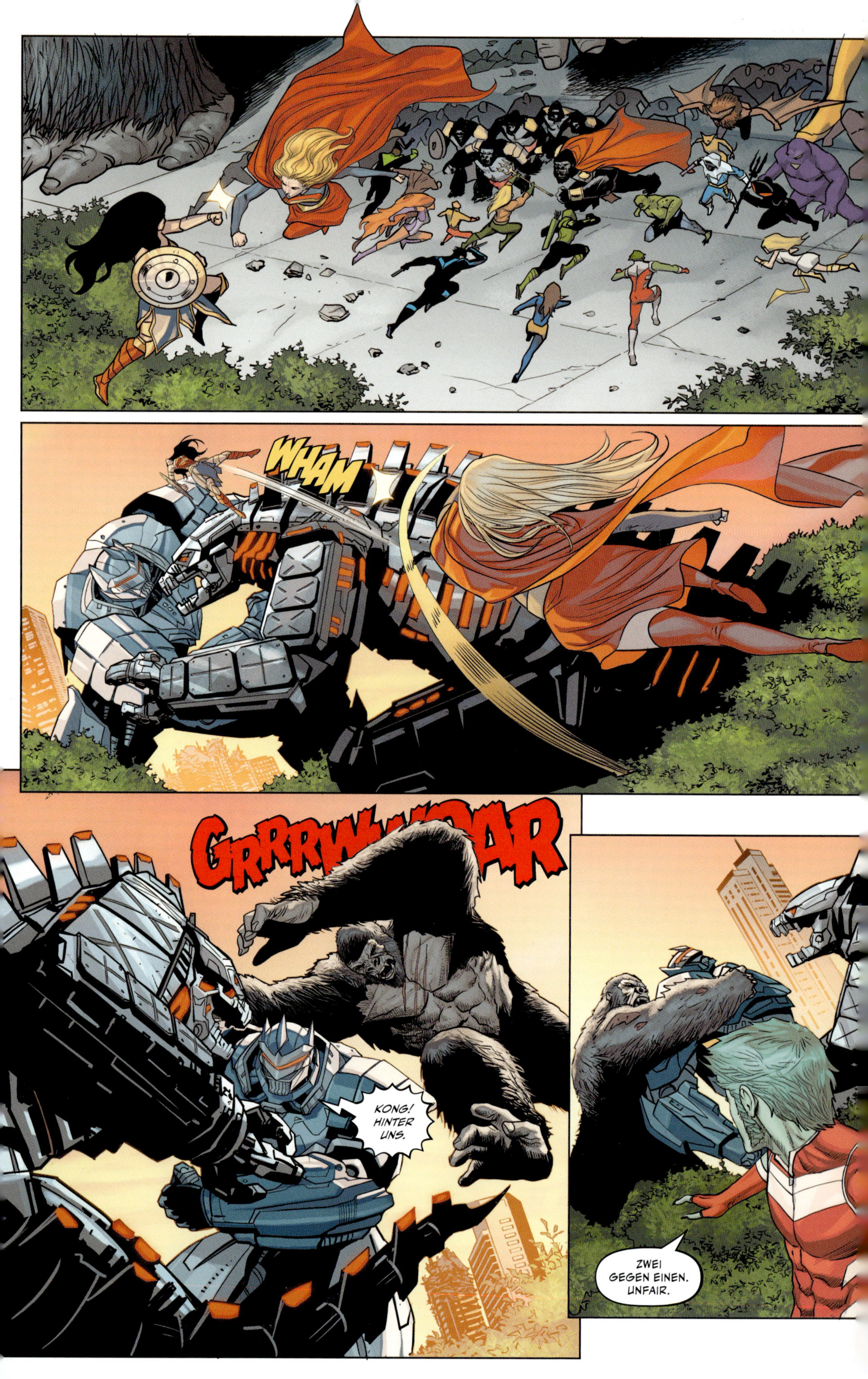

WHAM

GRRRW OAR

KONG! HINTER UNS.

ZWEI GEGEN EINEN. UNFAIR.

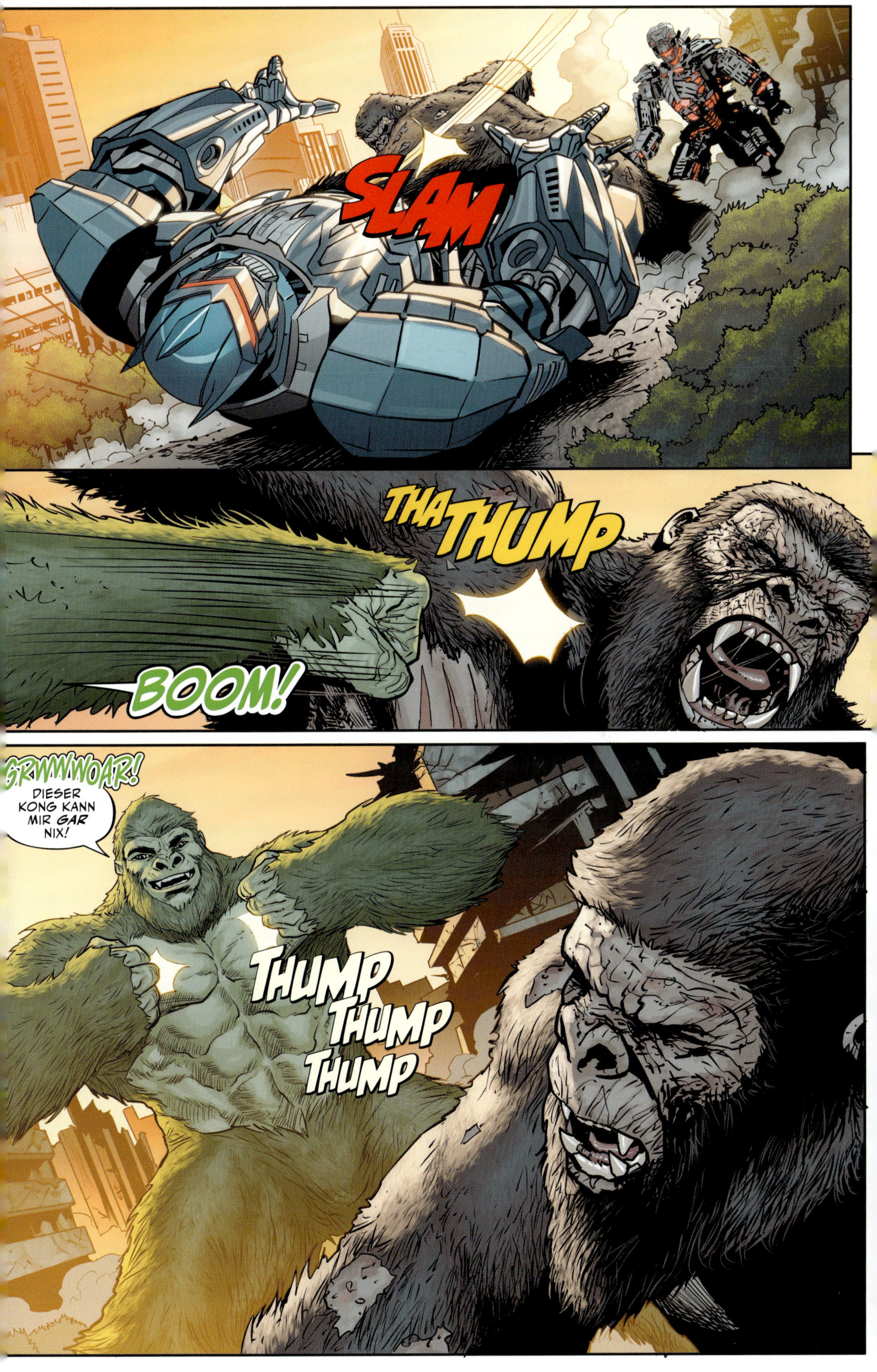

SLAM

THA THUMP

BOOM!

GRWWWOAR!

DIESER KONG KANN MIR *GAR* NIX!

THUMP THUMP THUMP

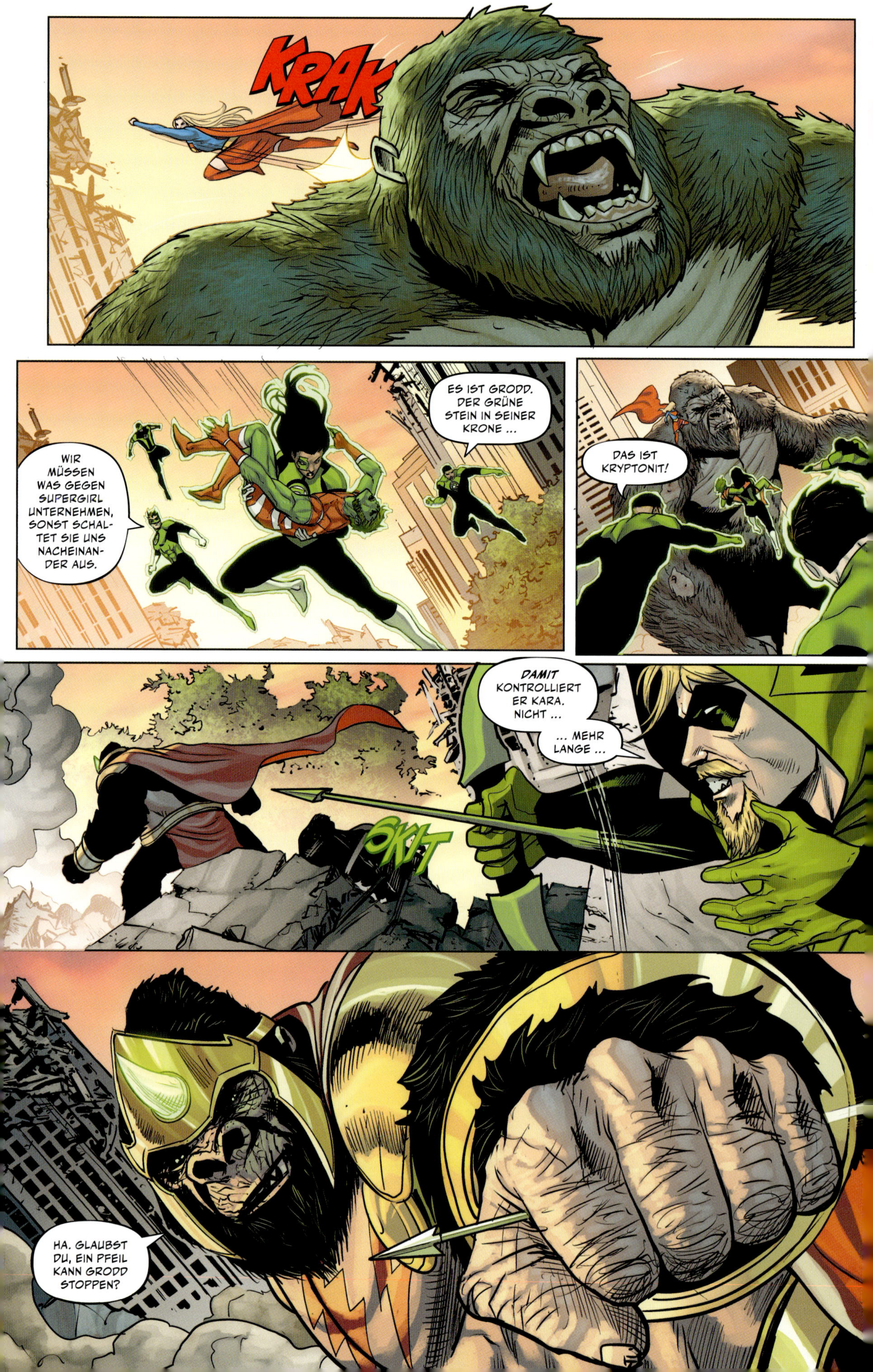

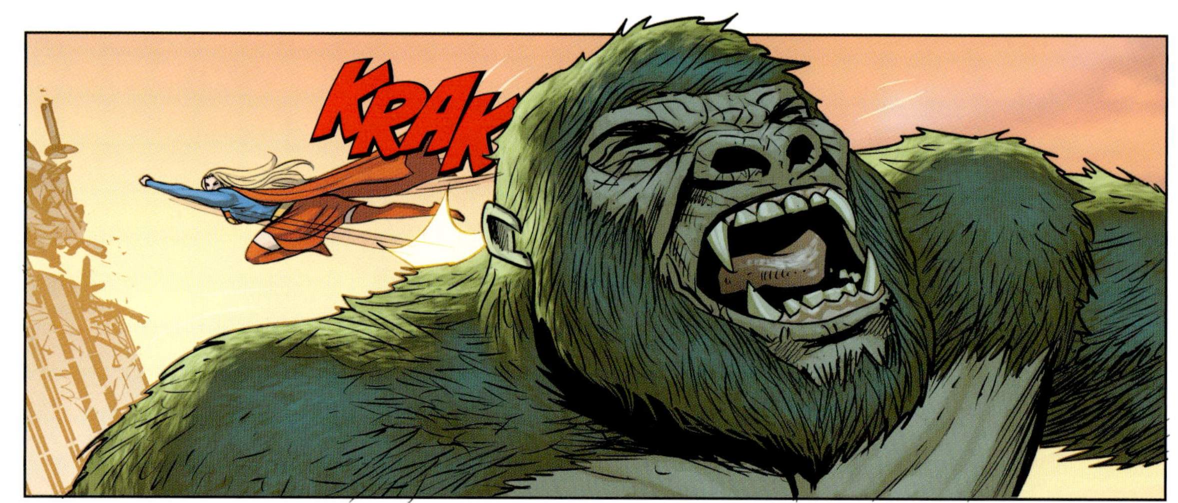

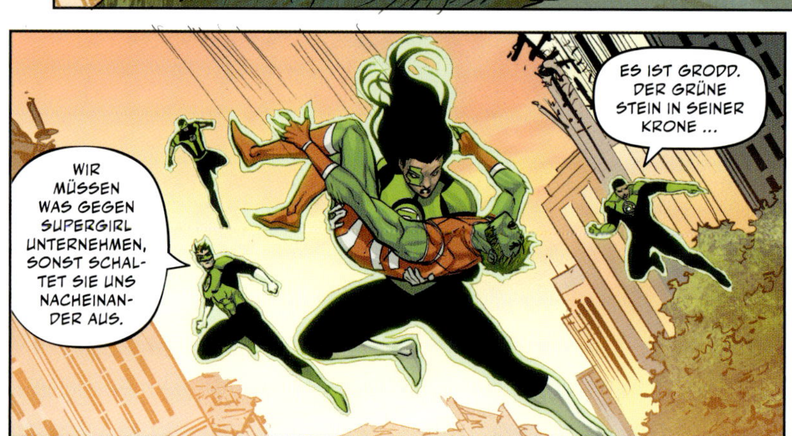

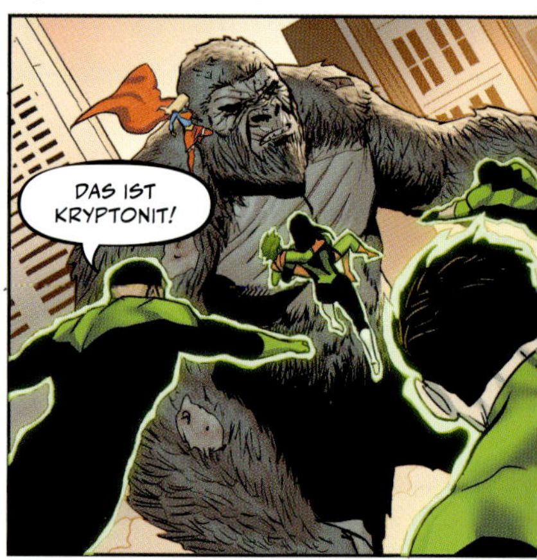

DAMIT KONTROLLIERT ER KARA. NICHT ...
... MEHR LANGE ...
SKIT

HA. GLAUBST DU, EIN PFEIL KANN GRODD STOPPEN?

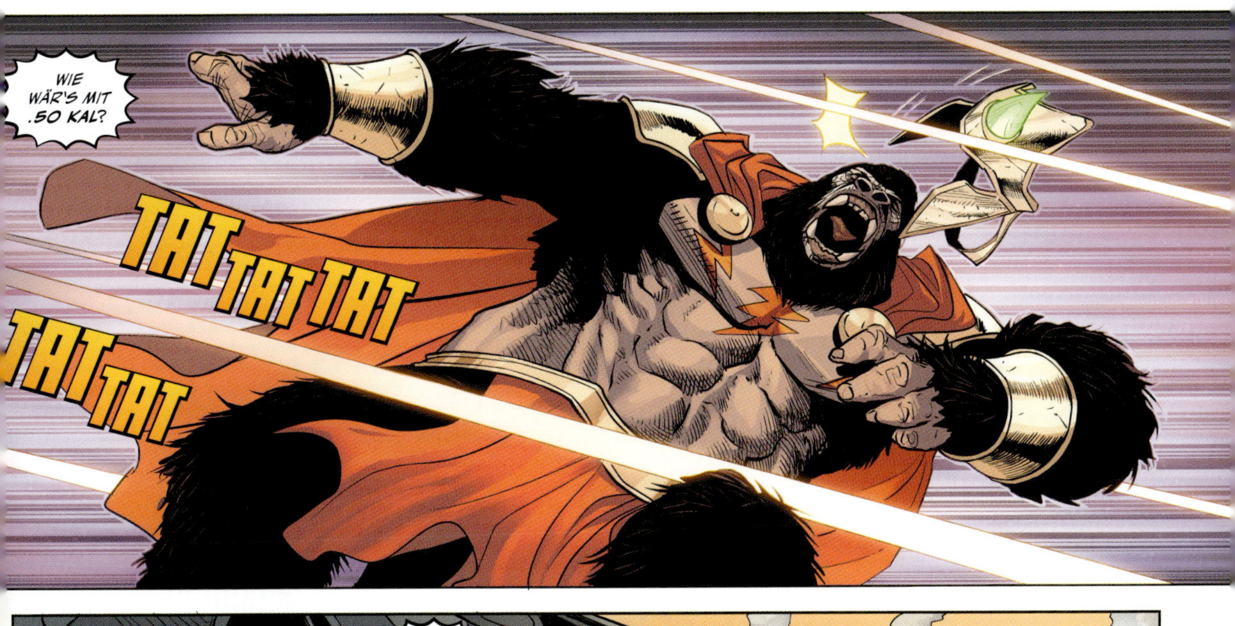
WIE
WÄR'S MIT
.50 KAL?
TAT TAT TAT
TAT TAT

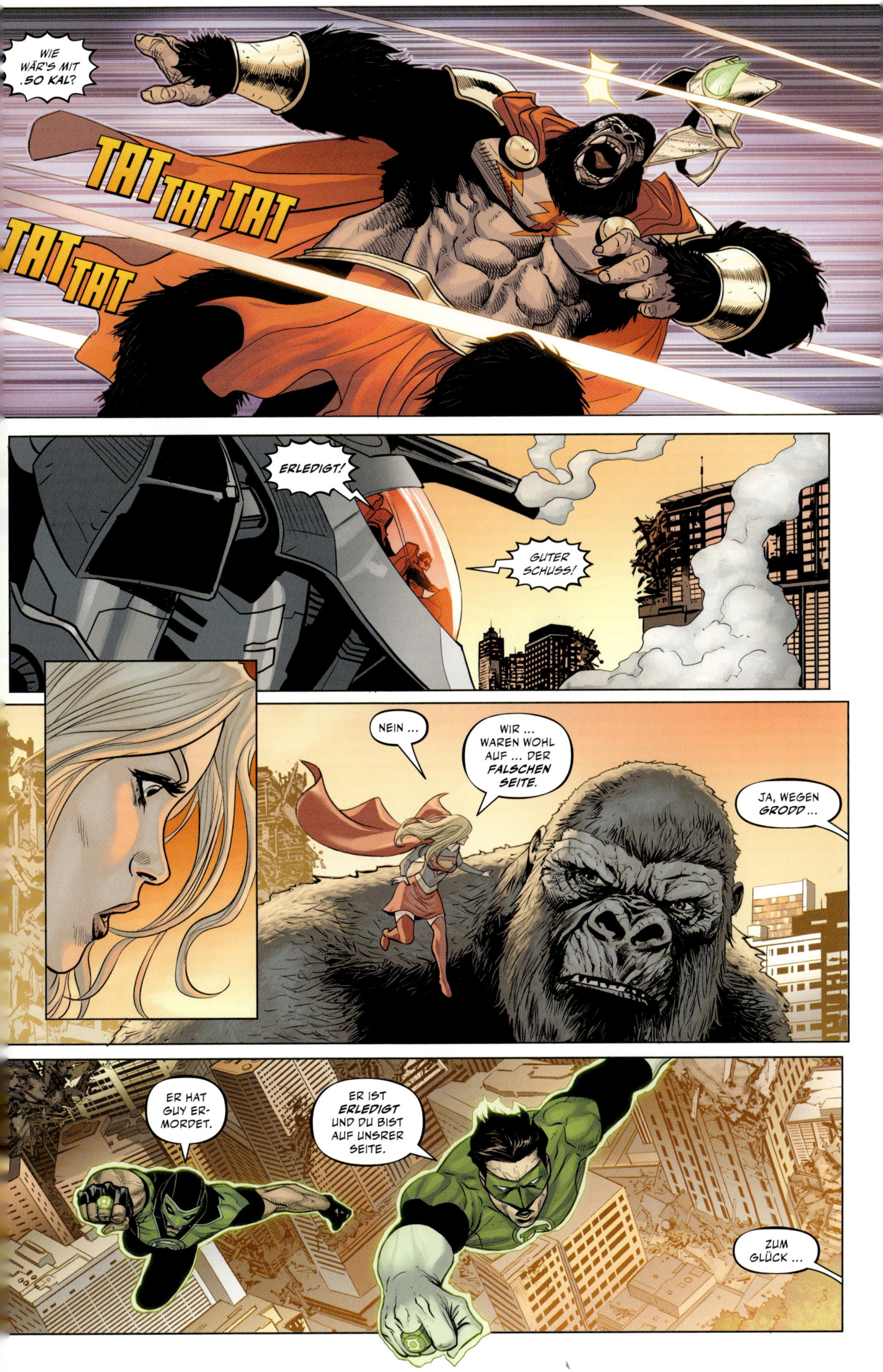

ERLEDIGT!
GUTER
SCHUSS!
NEIN ...
WIR ...
WAREN WOHL
AUF ... DER
FALSCHEN
SEITE.
JA, WEGEN
GRODD ...

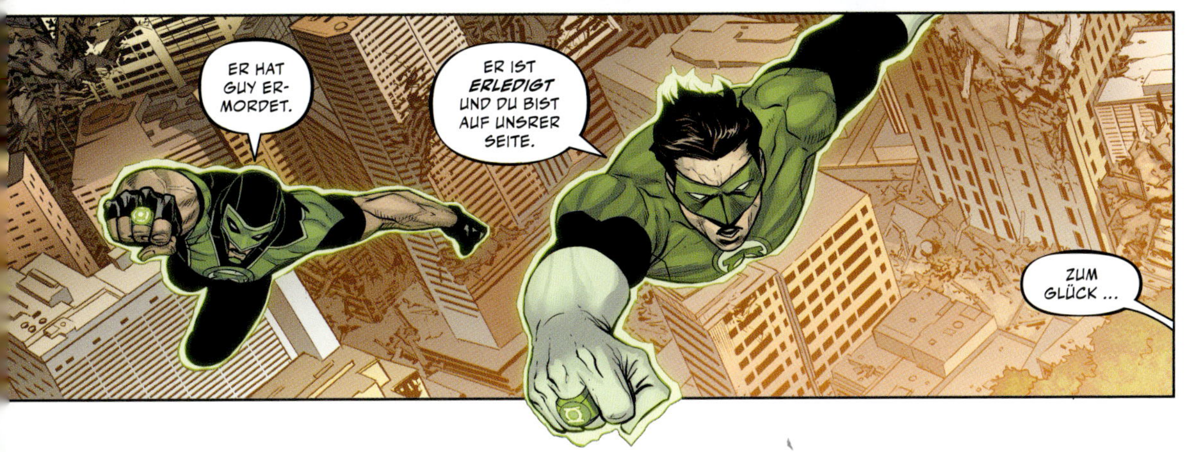
ER HAT
GUY ER-
MORDET.
ER IST
ERLEDIGT
UND DU BIST
AUF UNSRER
SEITE.
ZUM
GLÜCK ...

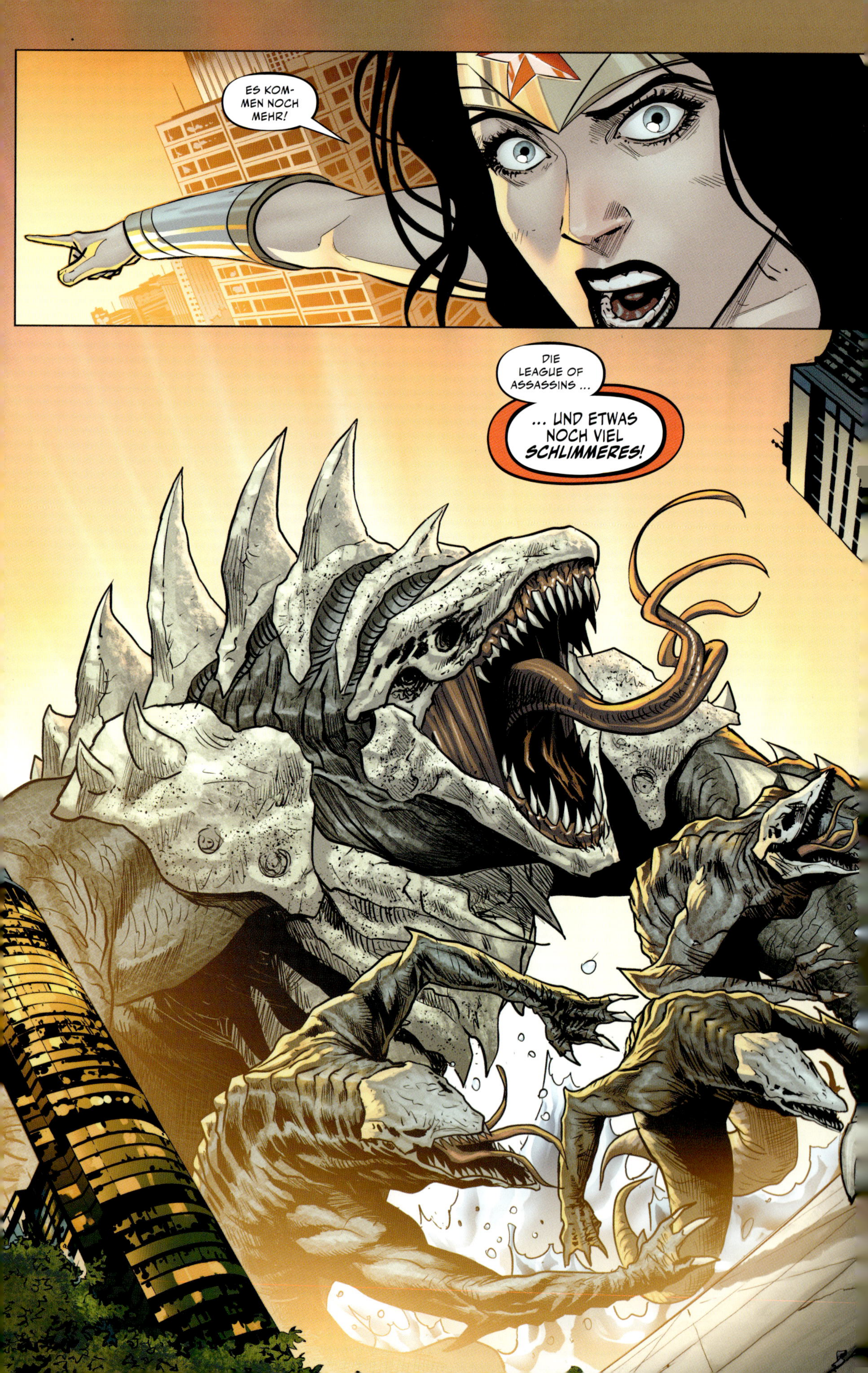
ES KOMMEN NOCH MEHR!
DIE LEAGUE OF ASSASSINS ...
... UND ETWAS NOCH VIEL SCHLIMMERES!

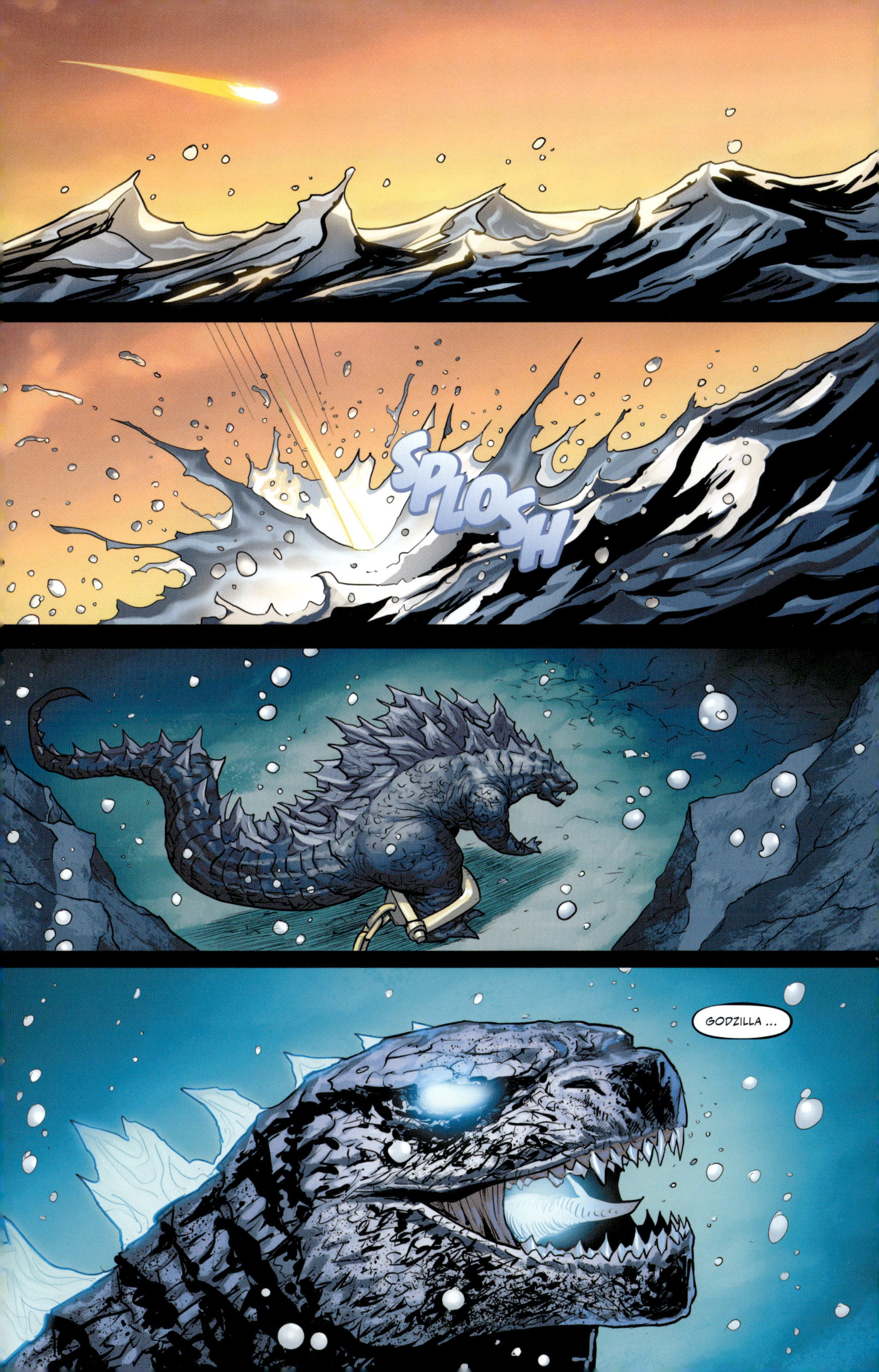

SPLOSH
GODZILLA ...

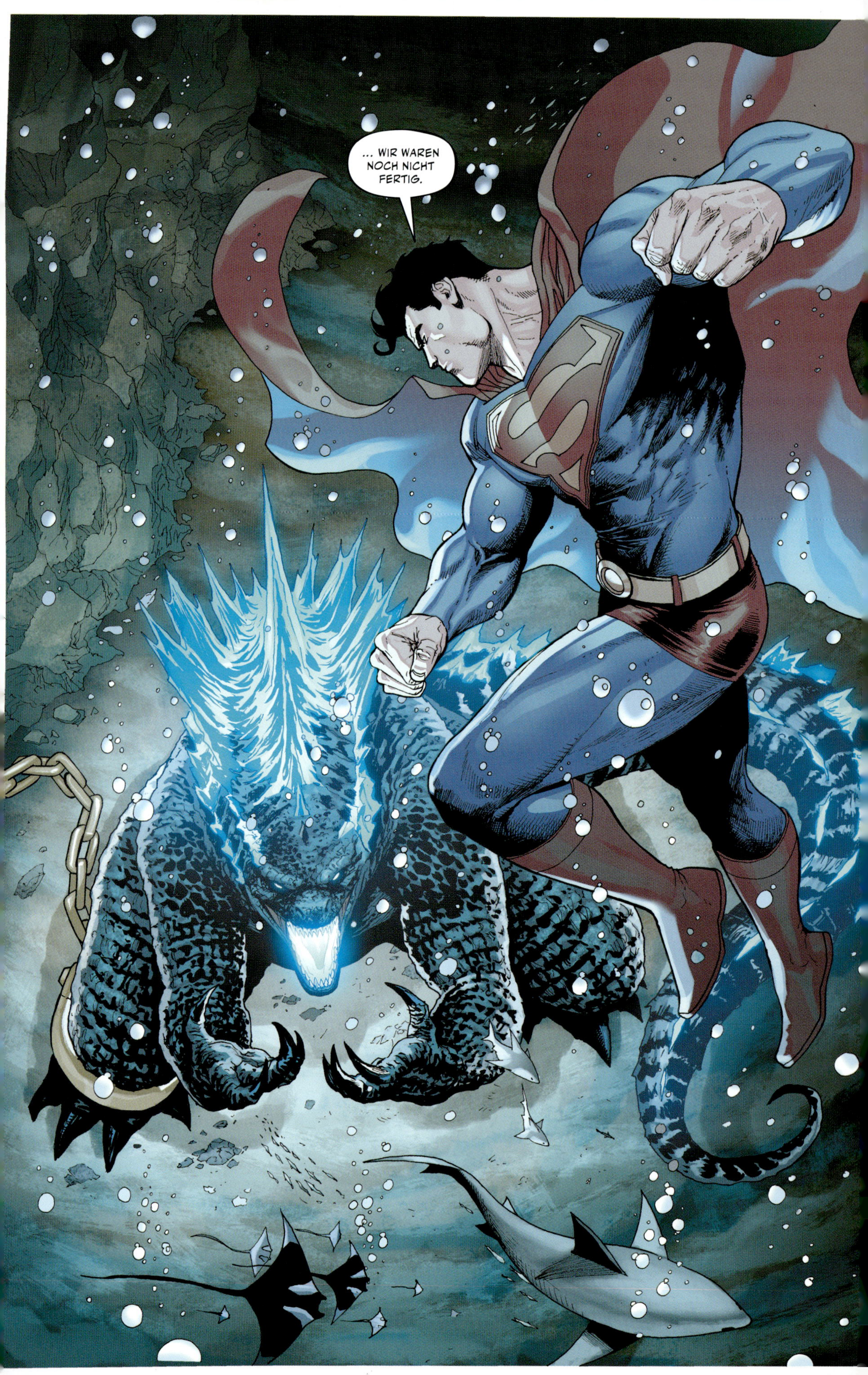
... WIR WAREN
NOCH NICHT
FERTIG.

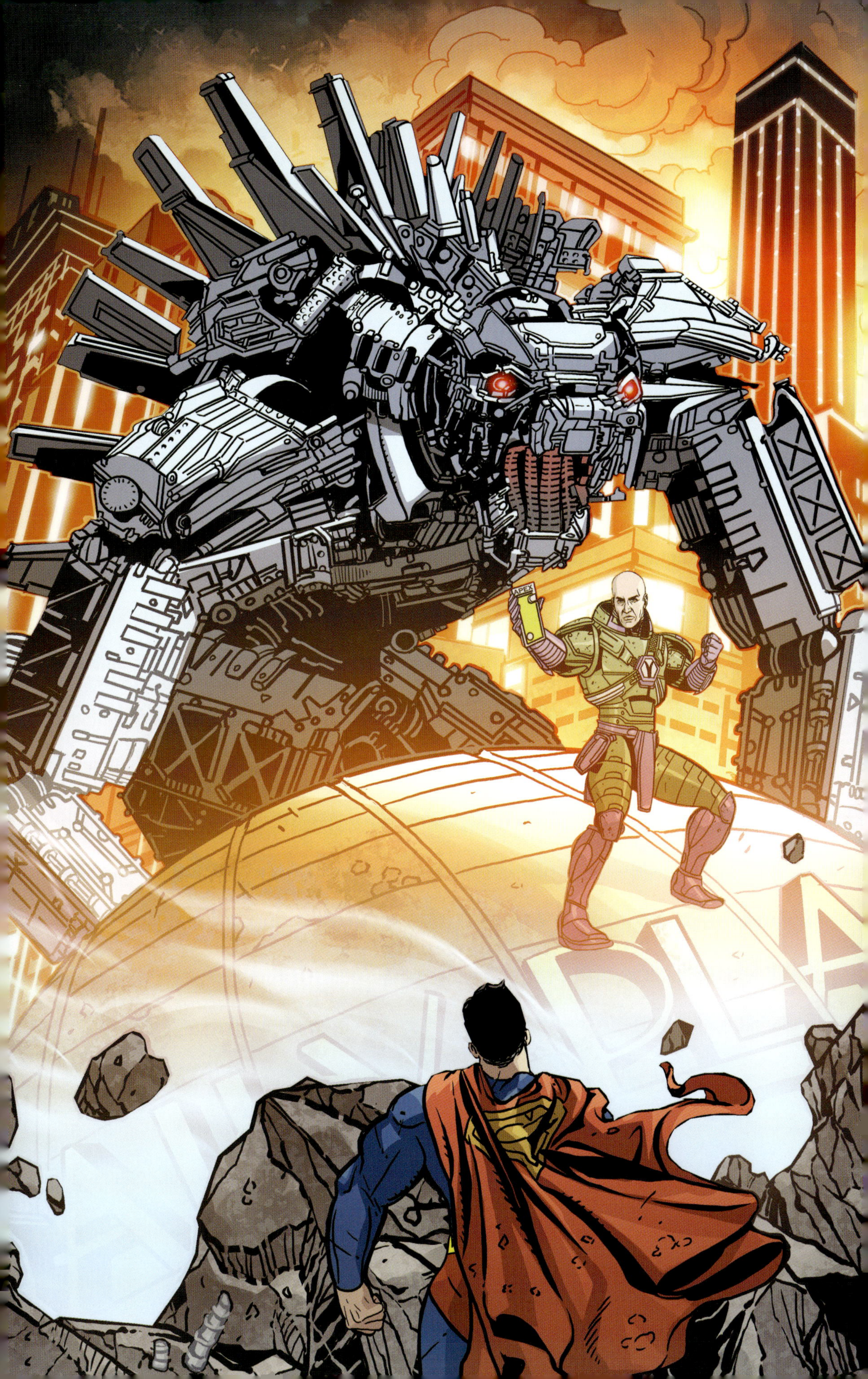
APEX

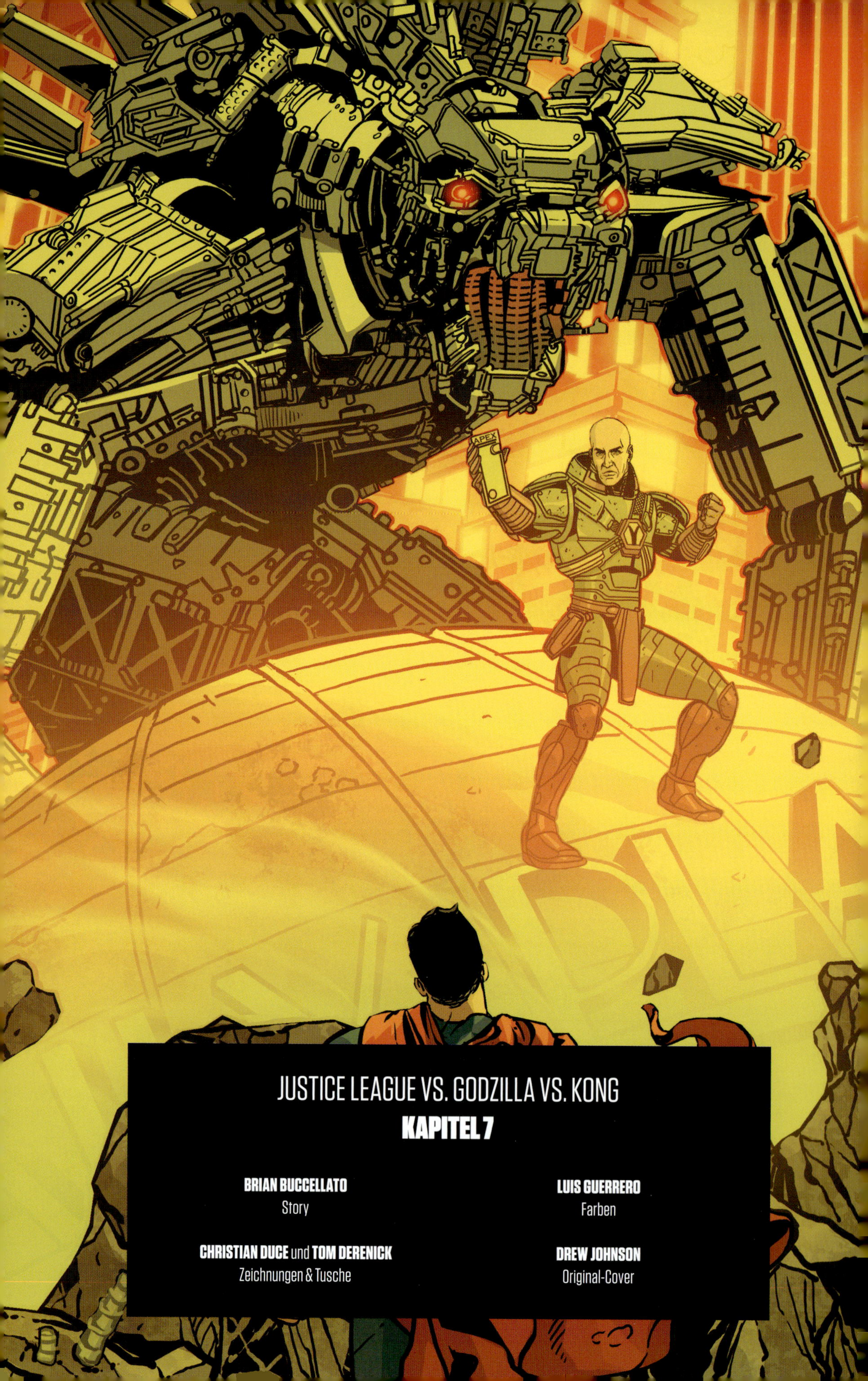

JUSTICE LEAGUE VS. GODZILLA VS. KONG

KAPITEL 7

BRIAN BUCCELLATO
Story

LUIS GUERRERO
Farben

CHRISTIAN DUCE und **TOM DERENICK**
Zeichnungen & Tusche

DREW JOHNSON
Original-Cover

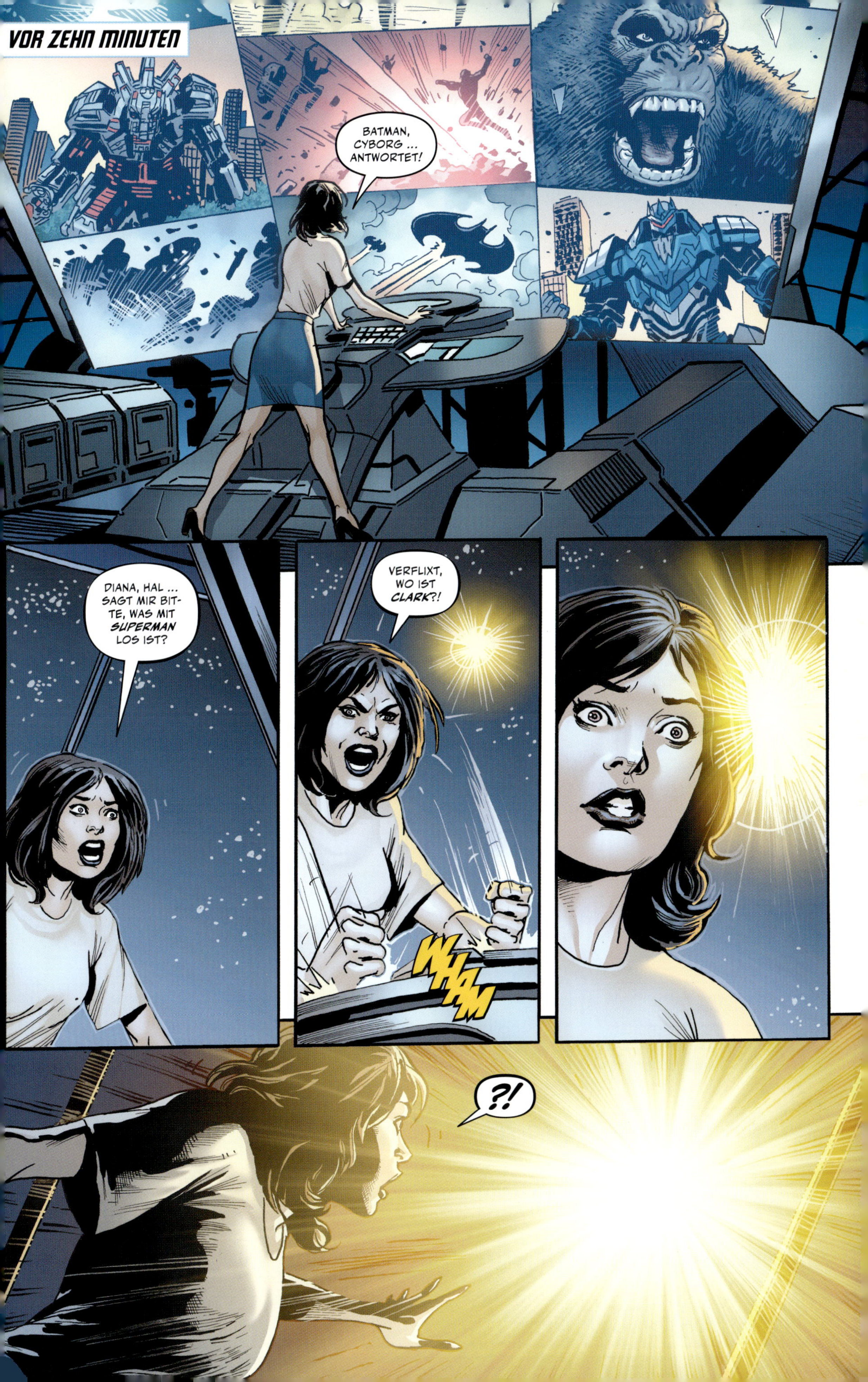
VOR ZEHN MINUTEN
BATMAN, CYBORG ... ANTWORTET!
DIANA, HAL ... SAGT MIR BITTE, WAS MIT SUPERMAN LOS IST?
VERFLIXT, WO IST CLARK?!
WHAM
?!

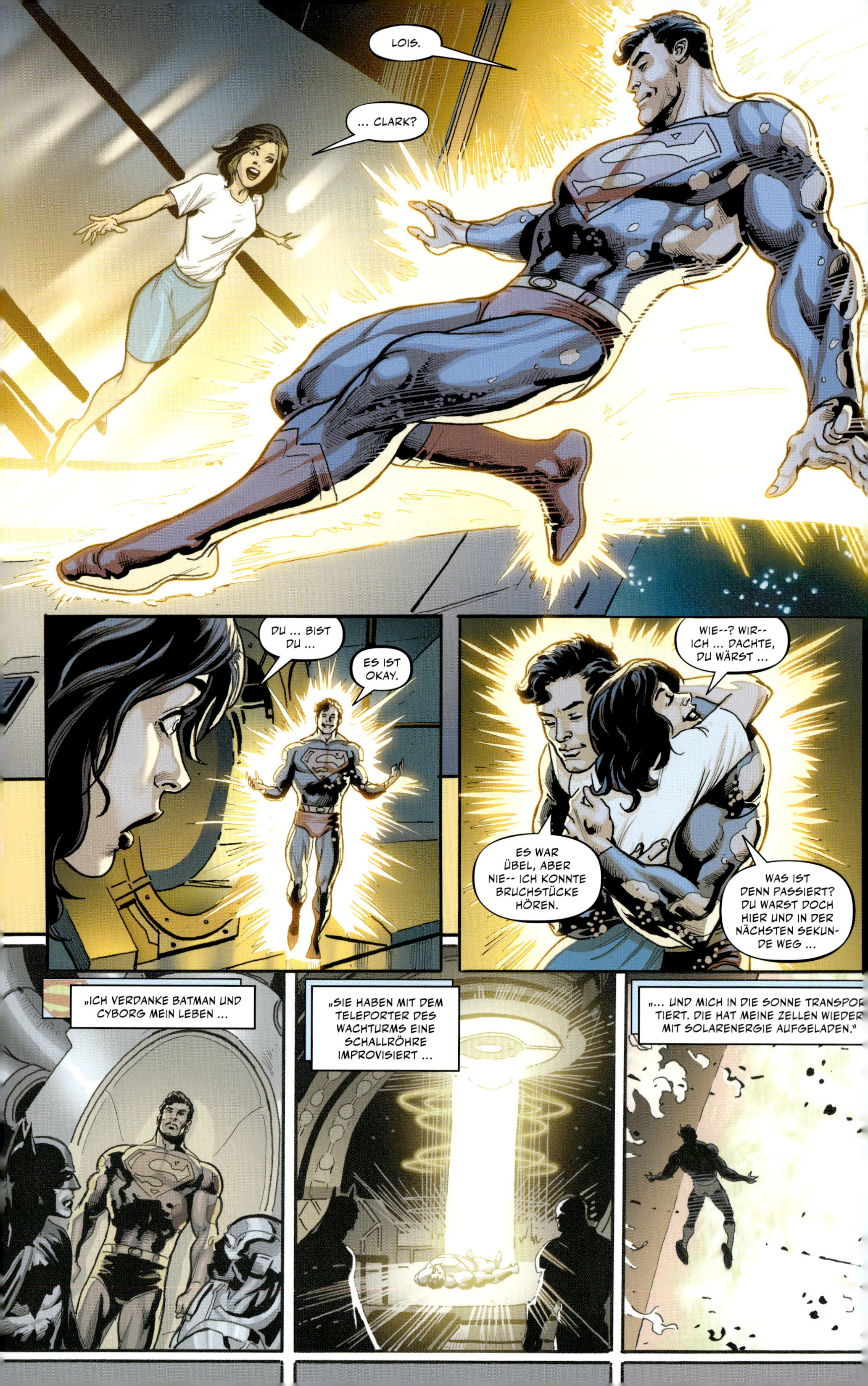
LOIS.
... CLARK?
DU ... BIST DU ...
ES IST OKAY.
WIE--? WIR-- ICH ... DACHTE, DU WÄRST ...
ES WAR ÜBEL, ABER NIE-- ICH KONNTE BRUCHSTÜCKE HÖREN.
WAS IST DENN PASSIERT? DU WARST DOCH HIER UND IN DER NÄCHSTEN SEKUN-DE WEG ...
„ICH VERDANKE BATMAN UND CYBORG MEIN LEBEN ...
„SIE HABEN MIT DEM TELEPORTER DES WACHTURMS EINE SCHALLRÖHRE IMPROVISIERT ...
„... UND MICH IN DIE SONNE TRANSPOR TIERT. DIE HAT MEINE ZELLEN WIEDER MIT SOLARENERGIE AUFGELADEN."

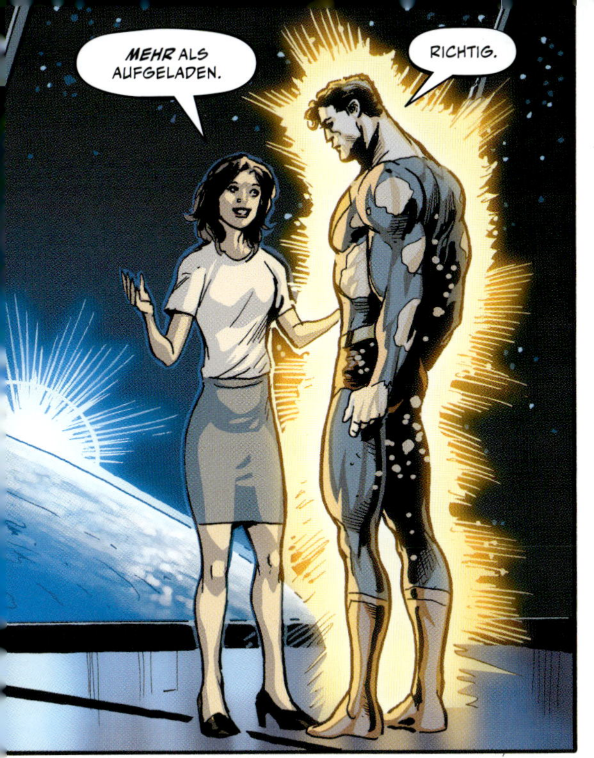
MEHR ALS AUFGELADEN.
RICHTIG.
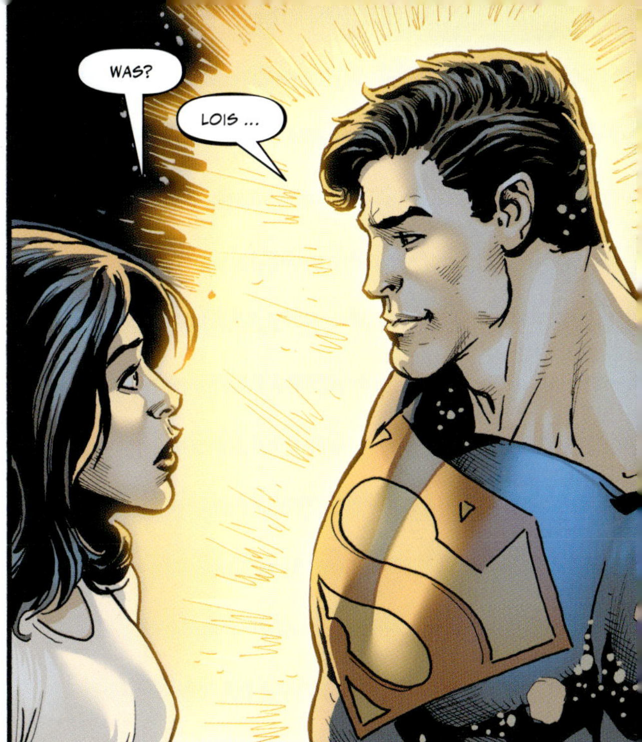
WAS?
LOIS ...
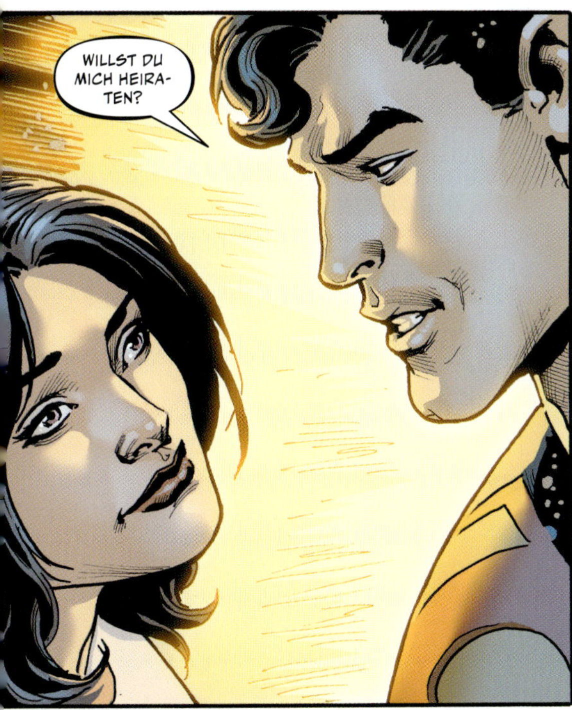
WILLST DU MICH HEIRA-TEN?
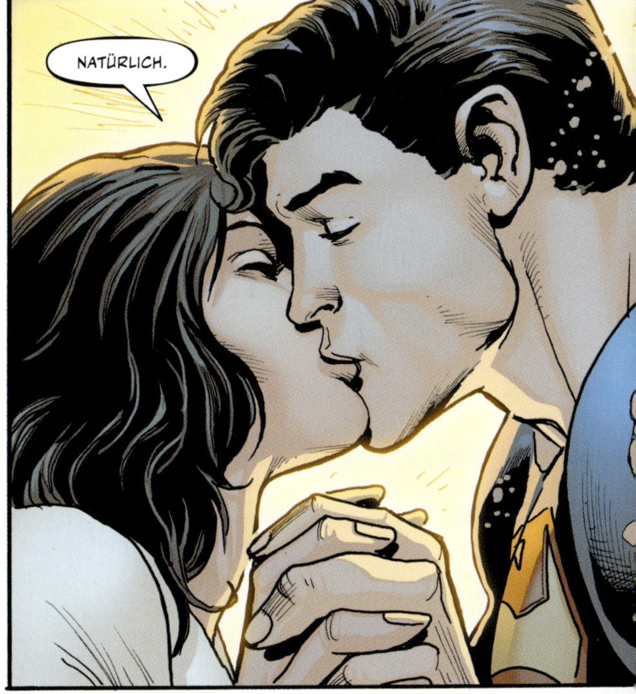
NATÜRLICH.
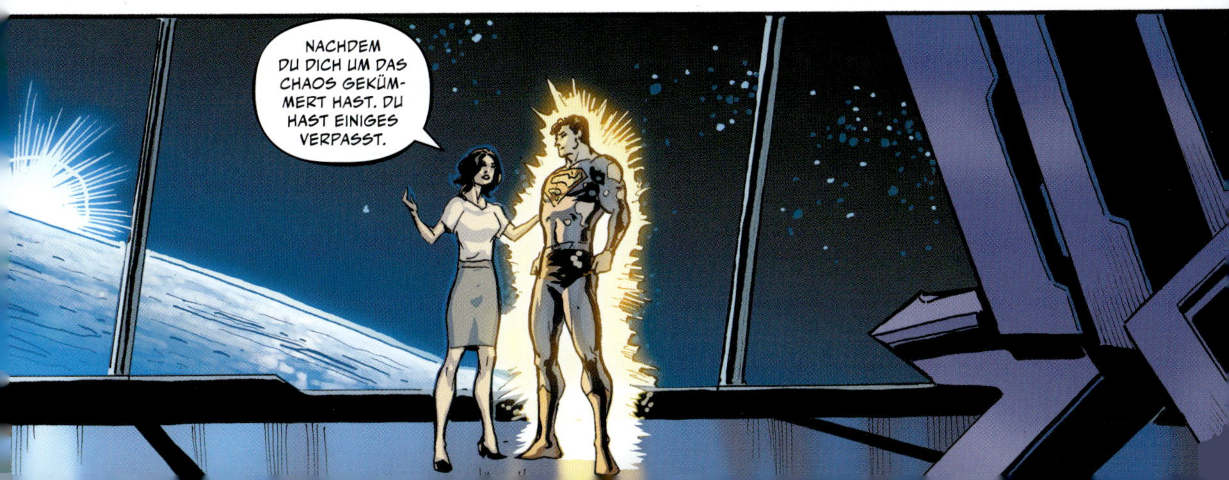
NACHDEM DU DICH UM DAS CHAOS GEKÜM-MERT HAST. DU HAST EINIGES VERPASST.

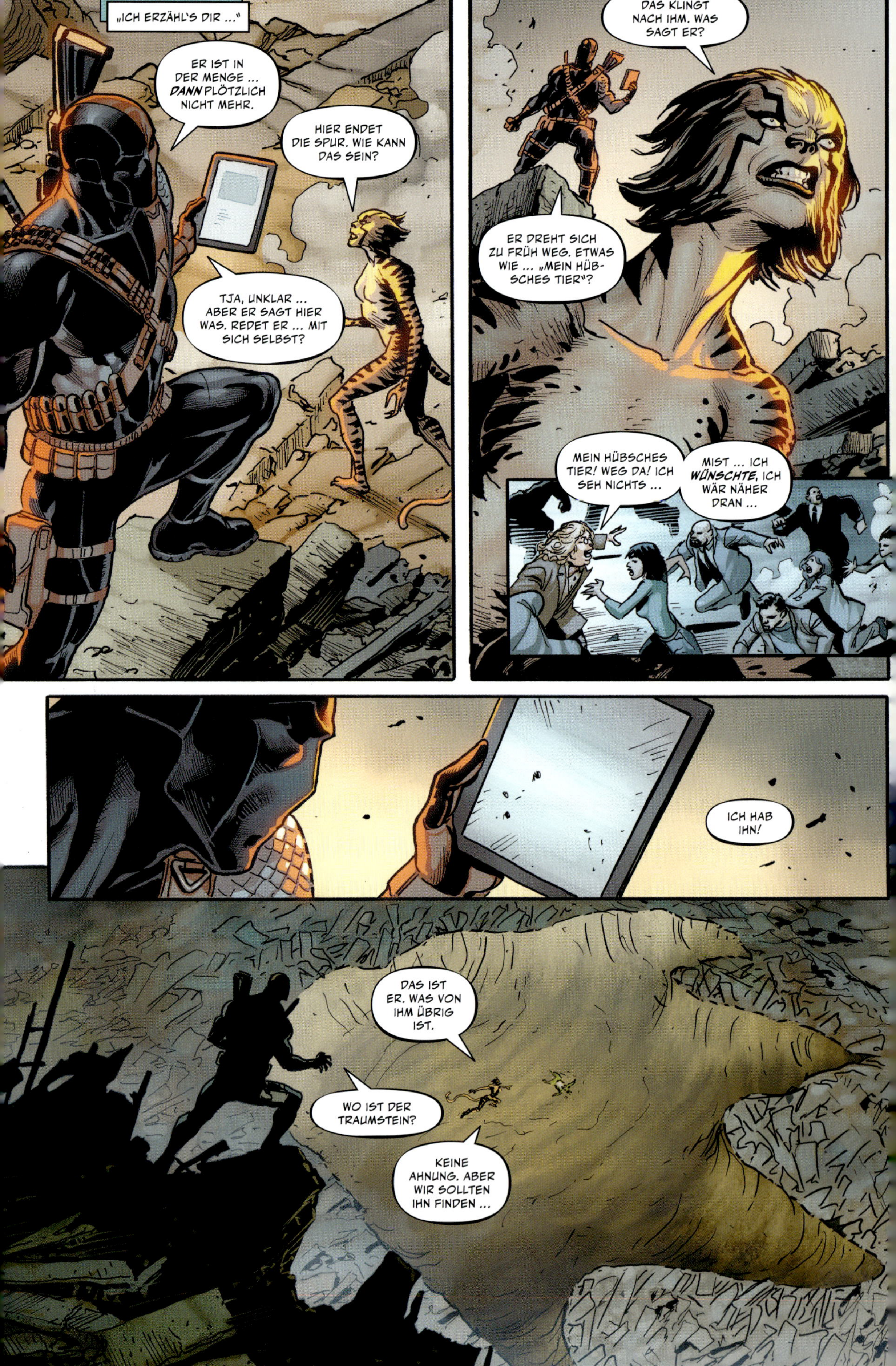
„ICH ERZÄHL'S DIR …"
ER IST IN DER MENGE … DANN PLÖTZLICH NICHT MEHR.
HIER ENDET DIE SPUR. WIE KANN DAS SEIN?
TJA, UNKLAR … ABER ER SAGT HIER WAS. REDET ER … MIT SICH SELBST?
DAS KLINGT NACH IHM. WAS SAGT ER?
ER DREHT SICH ZU FRÜH WEG. ETWAS WIE … „MEIN HÜBSCHES TIER"?
MEIN HÜBSCHES TIER! WEG DA! ICH SEH NICHTS …
MIST … ICH WÜNSCHTE, ICH WÄR NÄHER DRAN …
ICH HAB IHN!
DAS IST ER. WAS VON IHM ÜBRIG IST.
WO IST DER TRAUMSTEIN?
KEINE AHNUNG. ABER WIR SOLLTEN IHN FINDEN …

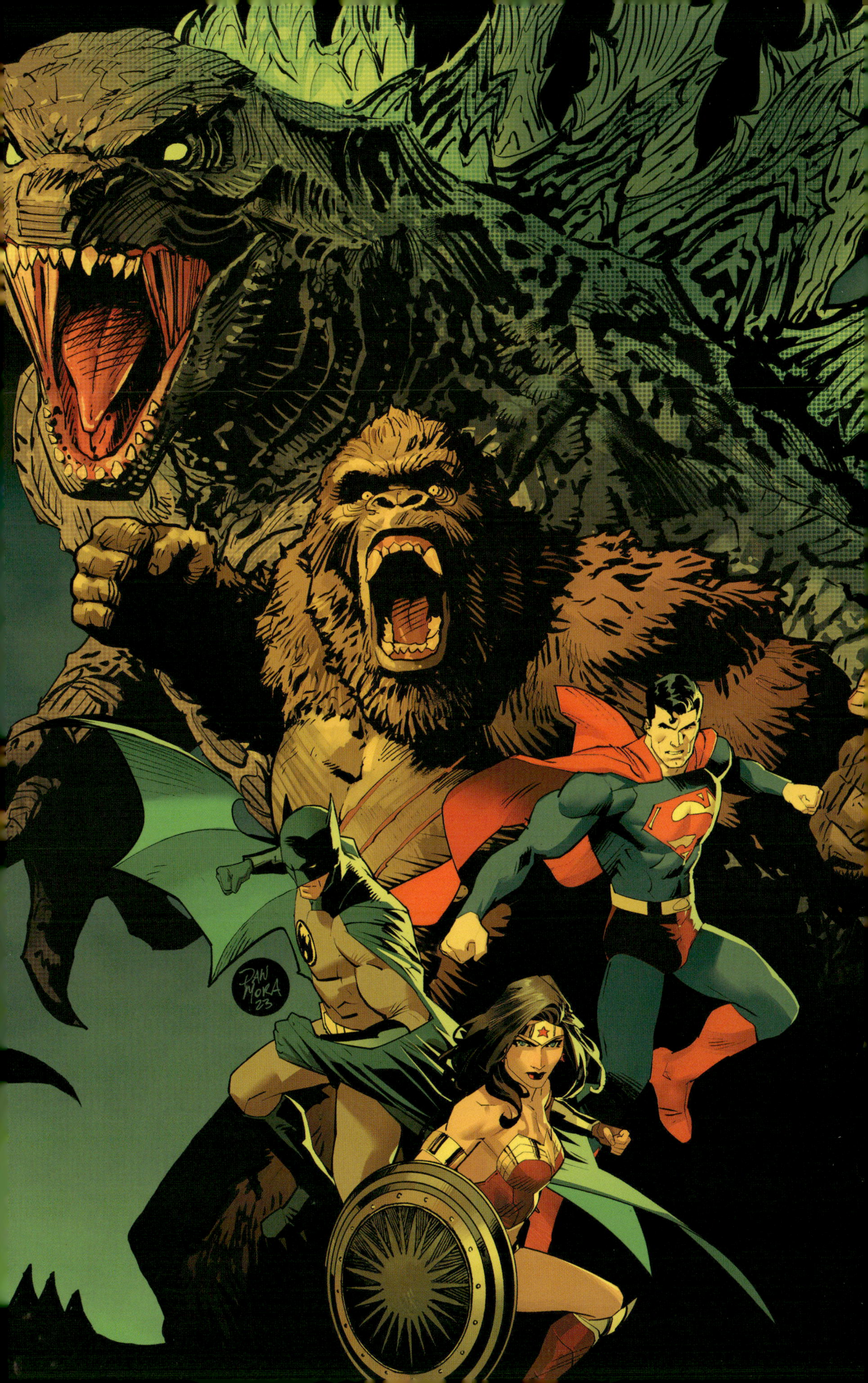
DAN MORA 23

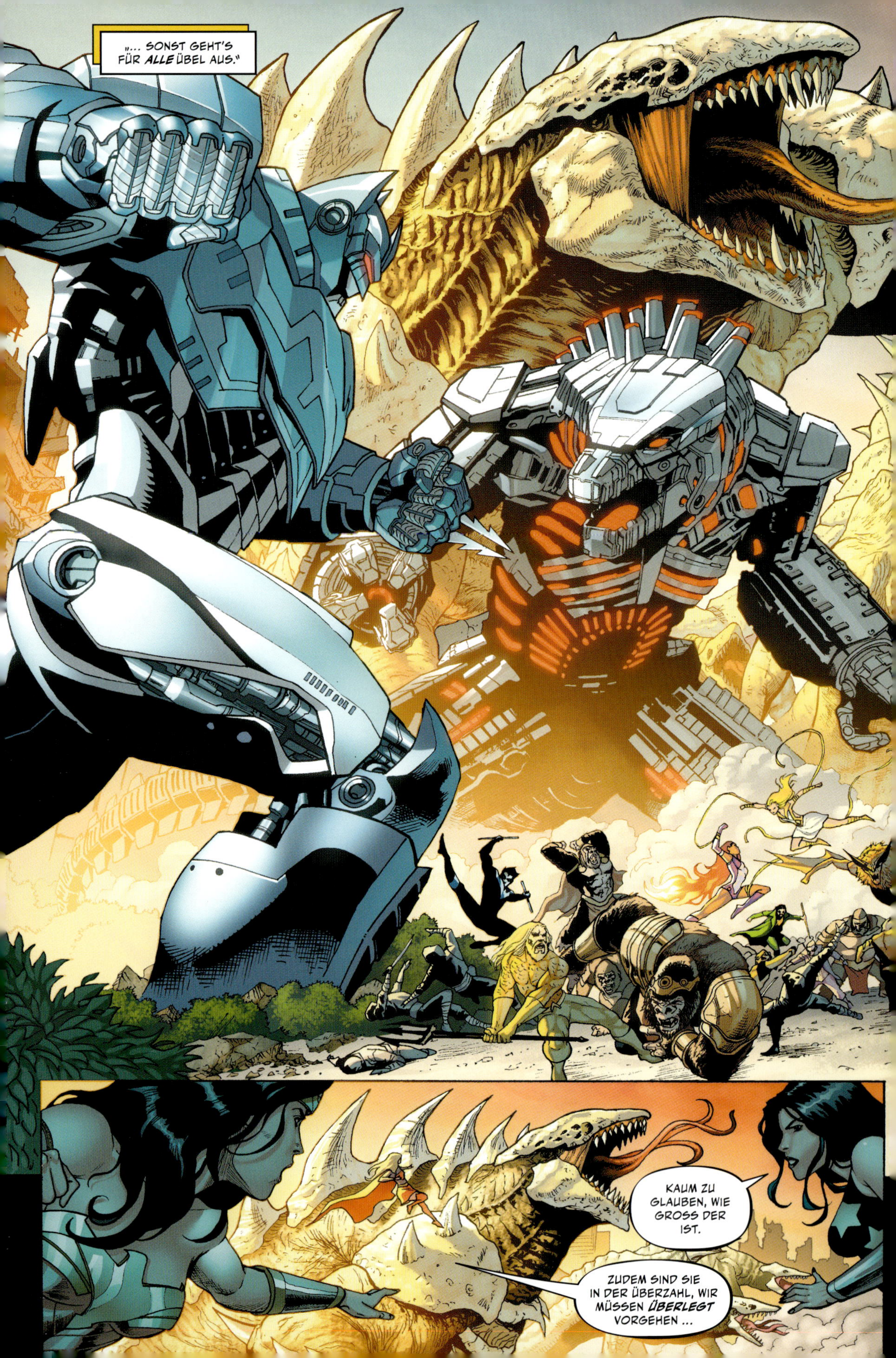
"... SONST GEHT'S FÜR ALLE ÜBEL AUS."
KAUM ZU GLAUBEN, WIE GROSS DER IST.
ZUDEM SIND SIE IN DER ÜBERZAHL, WIR MÜSSEN ÜBERLEGT VORGEHEN ...

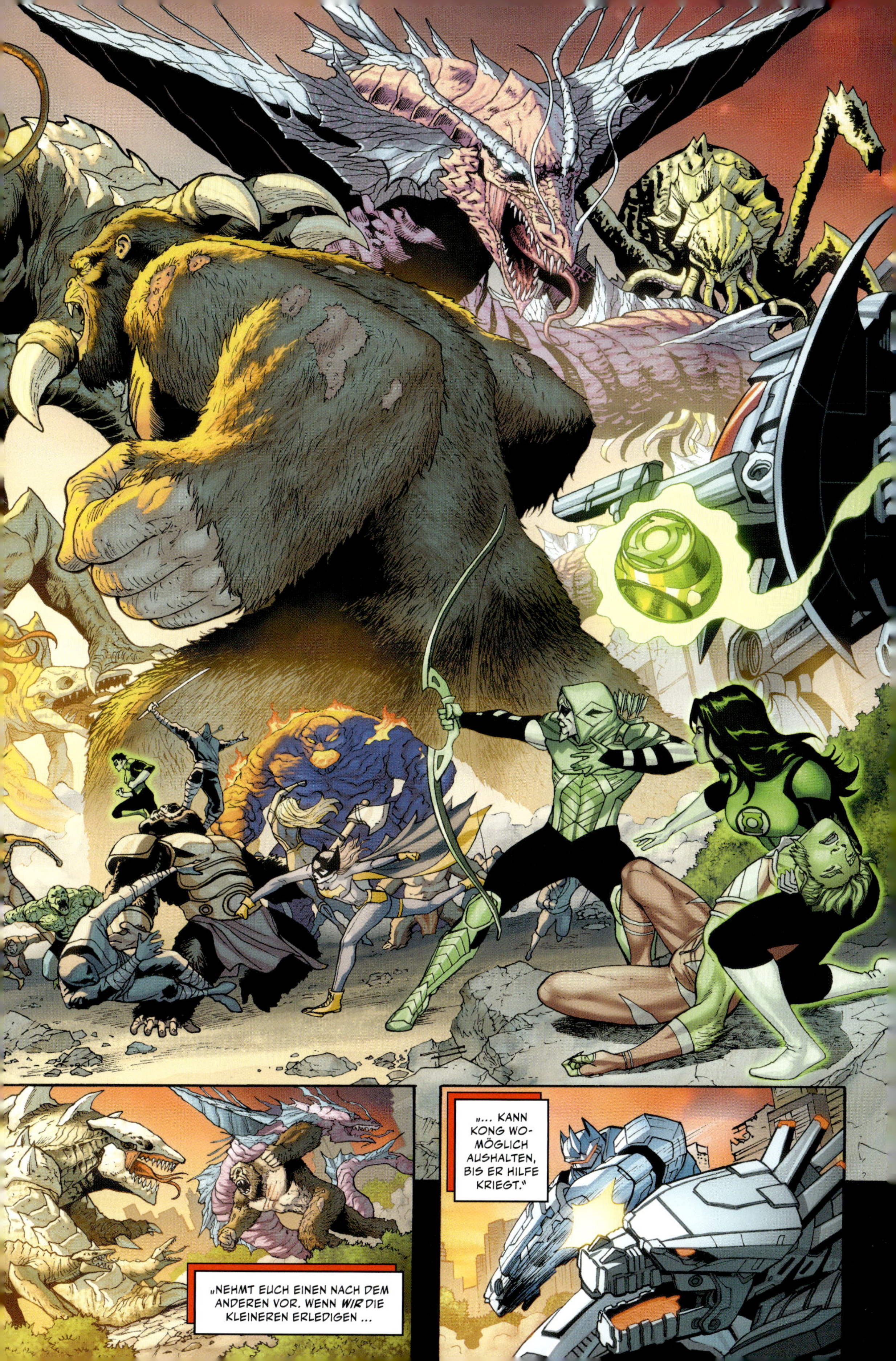
„NEHMT EUCH EINEN NACH DEM ANDEREN VOR. WENN WIR DIE KLEINEREN ERLEDIGEN …
„… KANN KONG WOMÖGLICH AUSHALTEN, BIS ER HILFE KRIEGT."

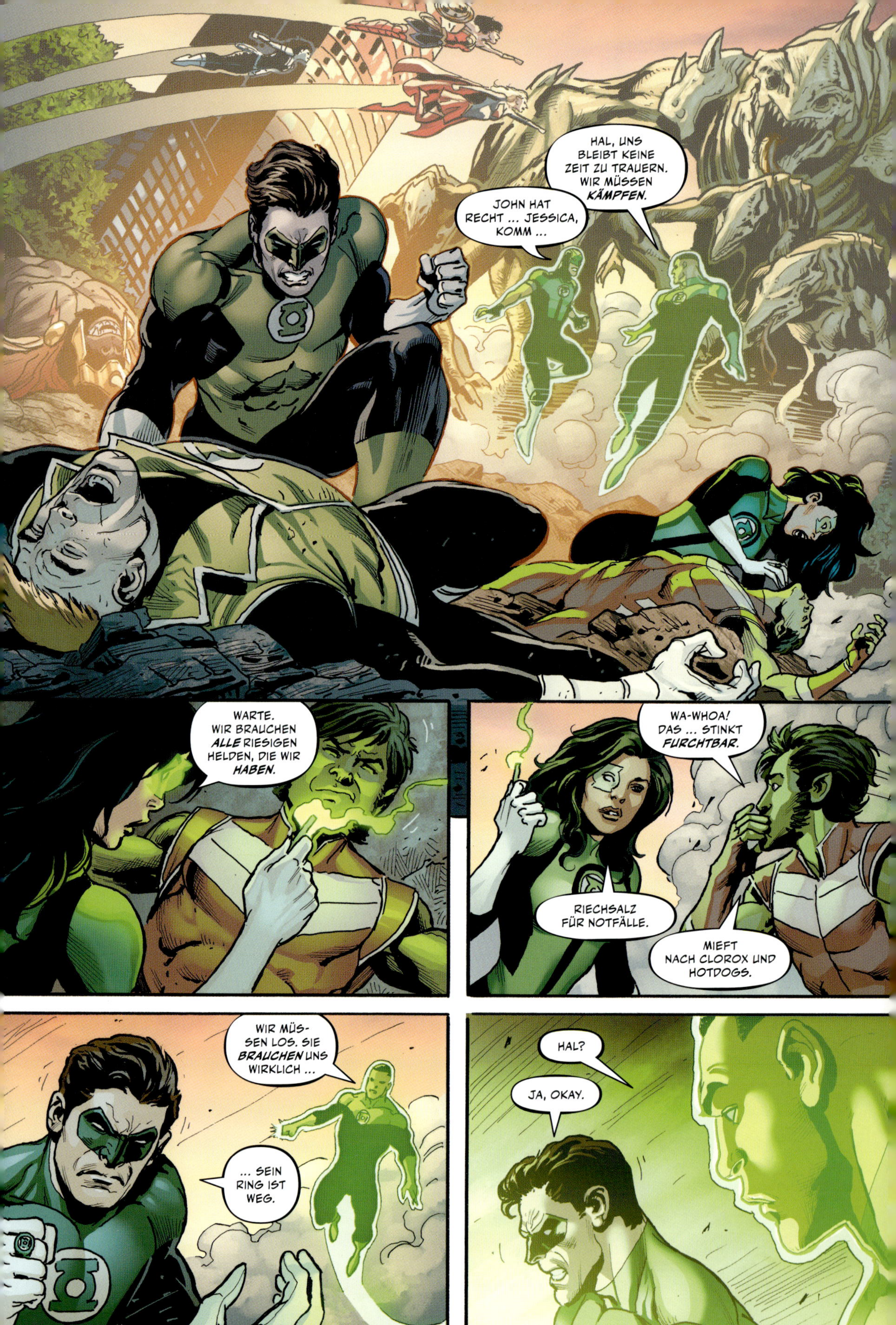
HAL, UNS BLEIBT KEINE ZEIT ZU TRAUERN. WIR MÜSSEN KÄMPFEN.
JOHN HAT RECHT ... JESSICA, KOMM ...
WARTE. WIR BRAUCHEN ALLE RIESIGEN HELDEN, DIE WIR HABEN.
WA-WHOA! DAS ... STINKT FURCHTBAR.
RIECHSALZ FÜR NOTFÄLLE.
MIEFT NACH CLOROX UND HOTDOGS.
WIR MÜS-SEN LOS. SIE BRAUCHEN UNS WIRKLICH ...
... SEIN RING IST WEG.
HAL?
JA, OKAY.

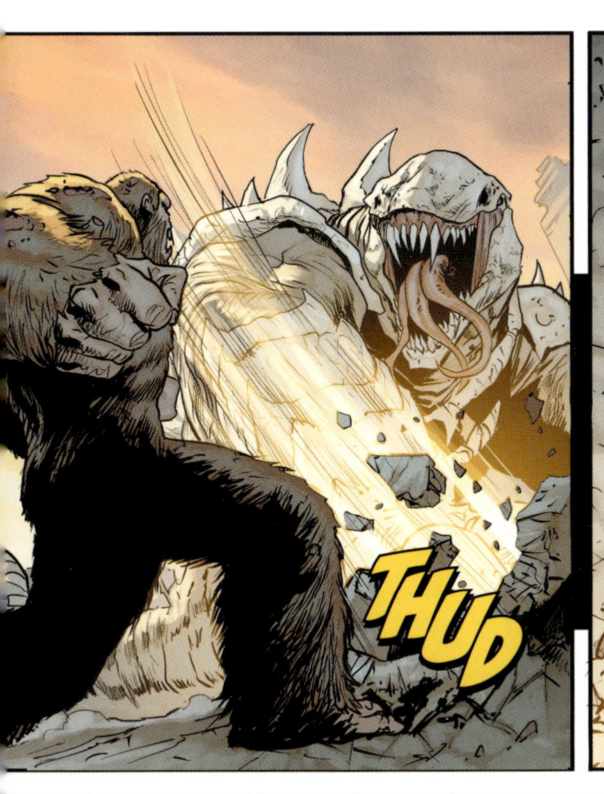
THUD

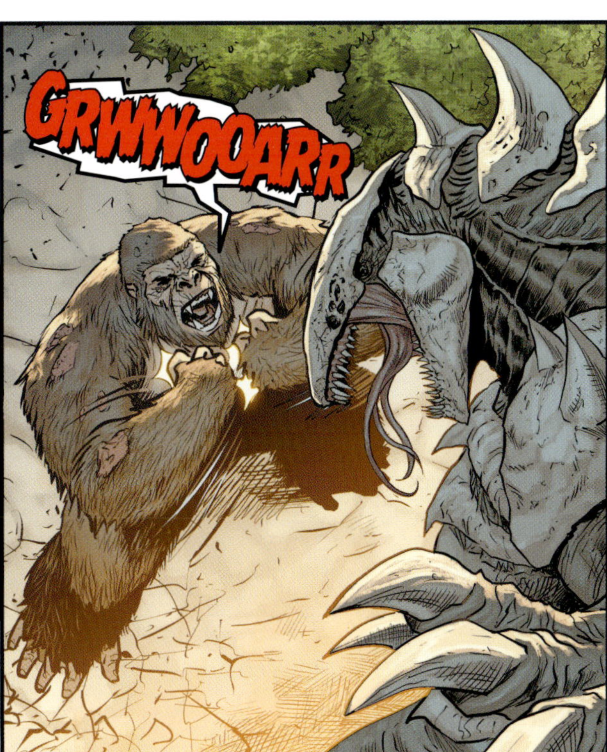
GRWWOOARR

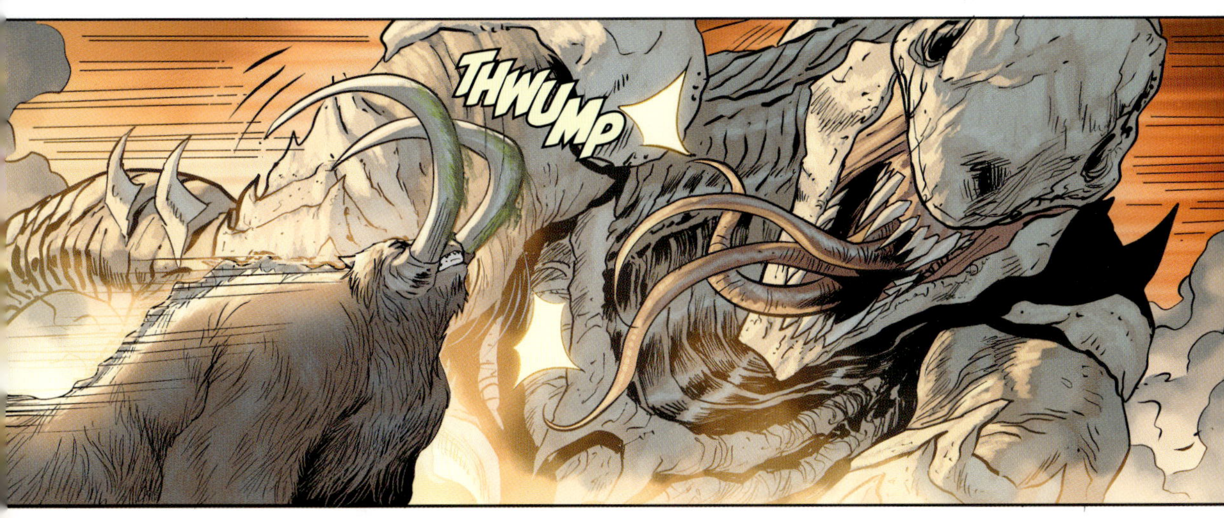
THWUMP

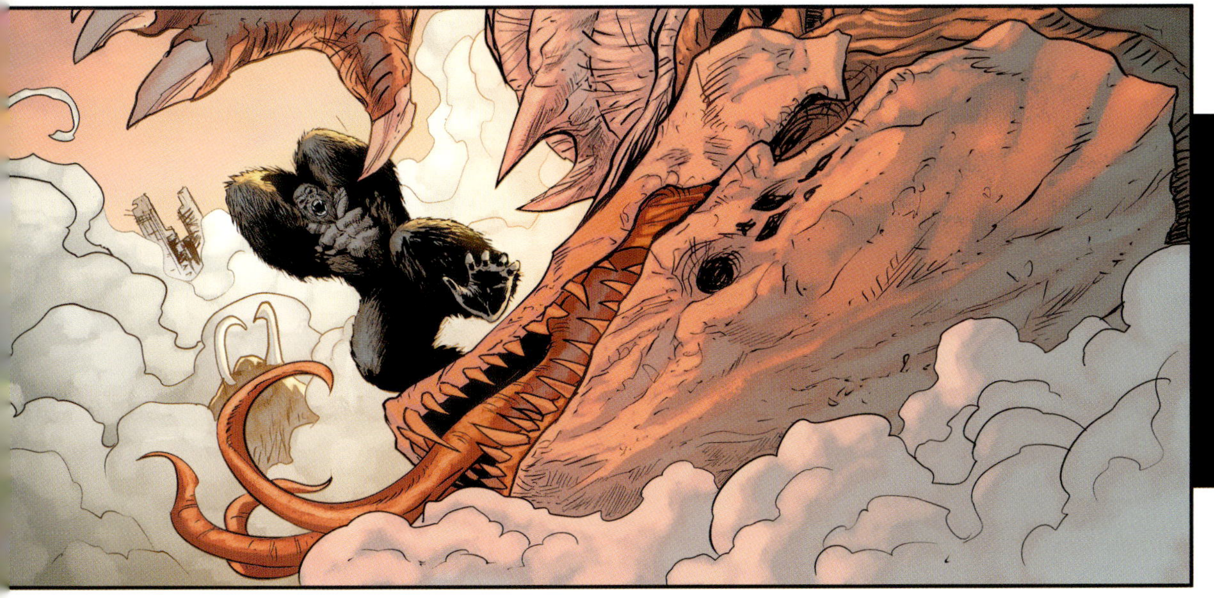

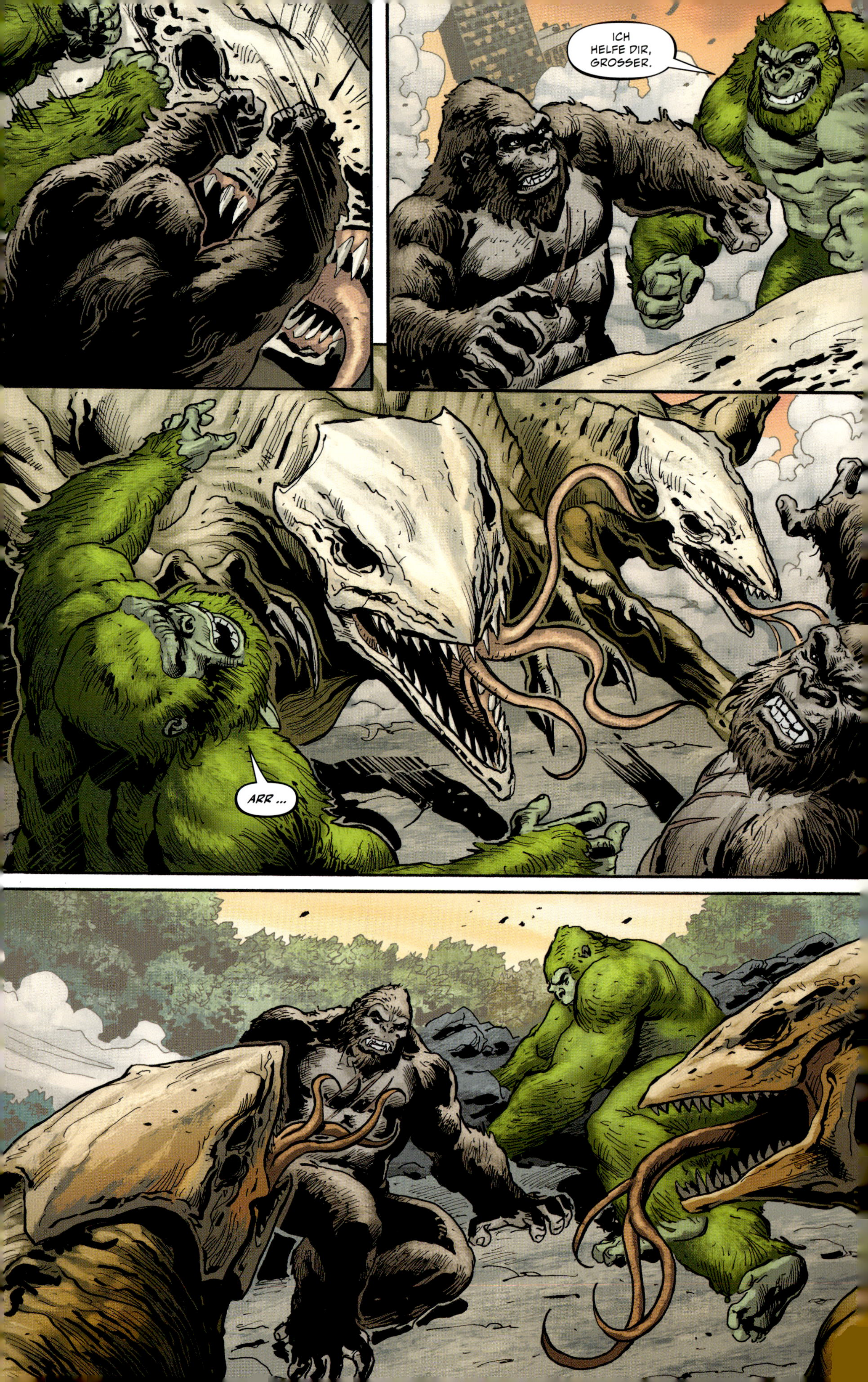

ICH HELFE DIR, GROSSER.
ARR ...

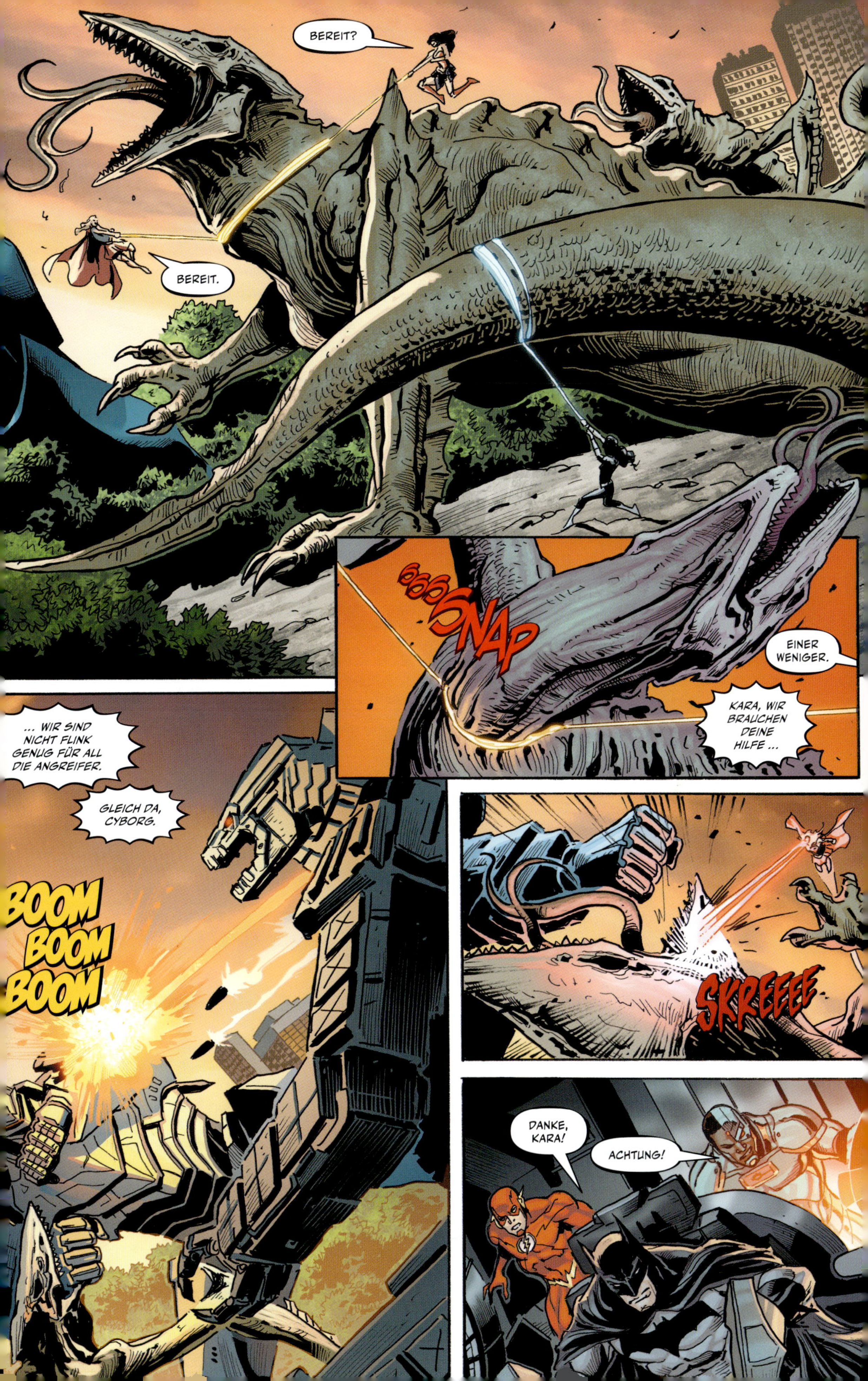

BEREIT?
BEREIT.
SNAP
EINER WENIGER.
KARA, WIR BRAUCHEN DEINE HILFE ...
... WIR SIND NICHT FLINK GENUG FÜR ALL DIE ANGREIFER.
GLEICH DA, CYBORG.
BOOM BOOM BOOM
SKREEEE
DANKE, KARA!
ACHTUNG!

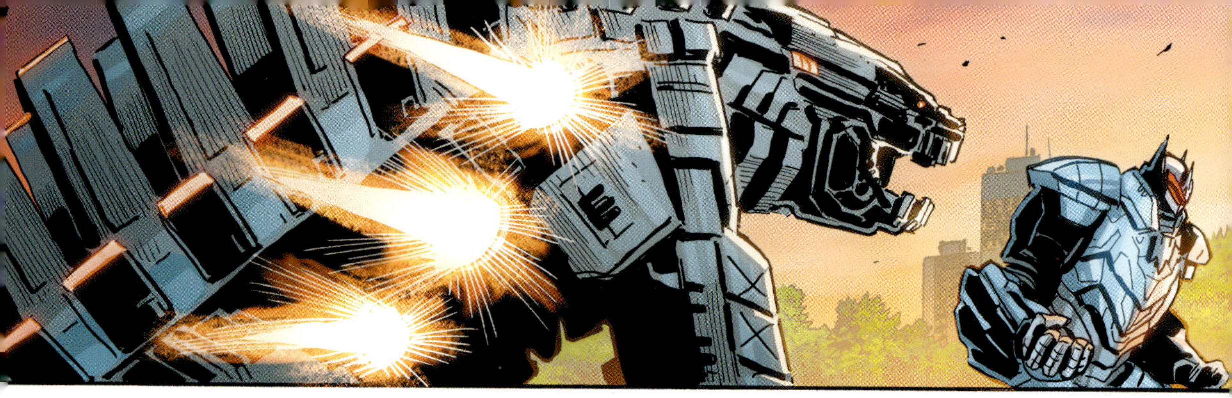

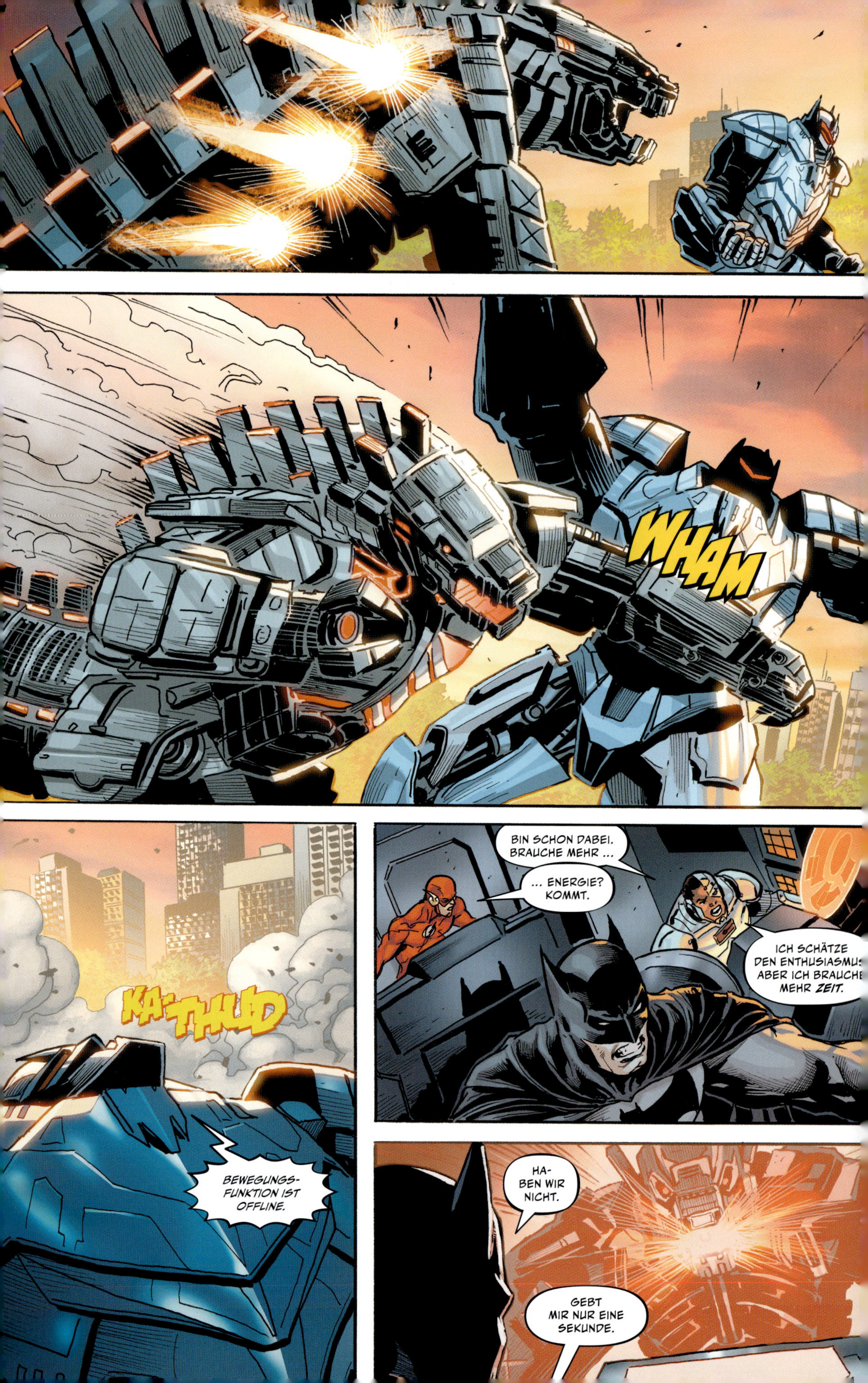

WHAM

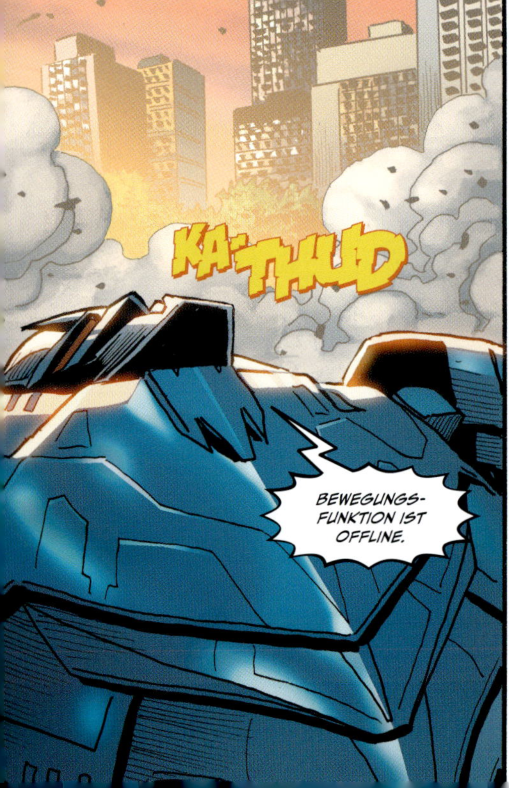
KA-THUD
BEWEGUNGS-FUNKTION IST OFFLINE.

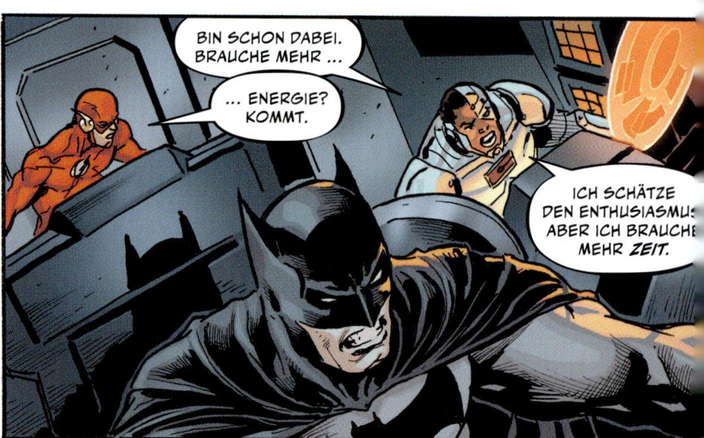
BIN SCHON DABEI. BRAUCHE MEHR ...
... ENERGIE? KOMMT.
ICH SCHÄTZE DEN ENTHUSIASMU ABER ICH BRAUCHE MEHR *ZEIT.*

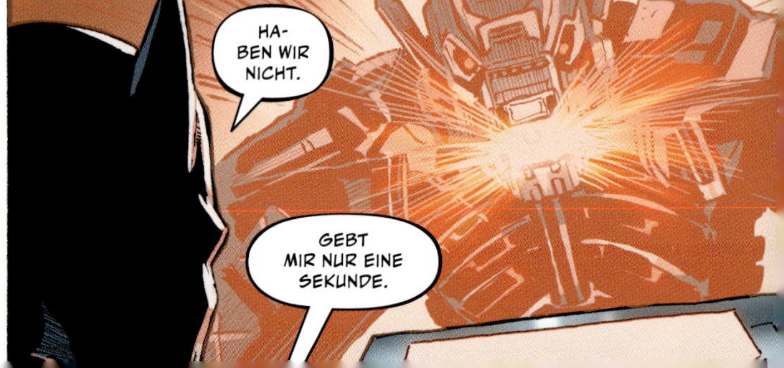
HA-BEN WIR NICHT.
GEBT MIR NUR EINE SEKUNDE.

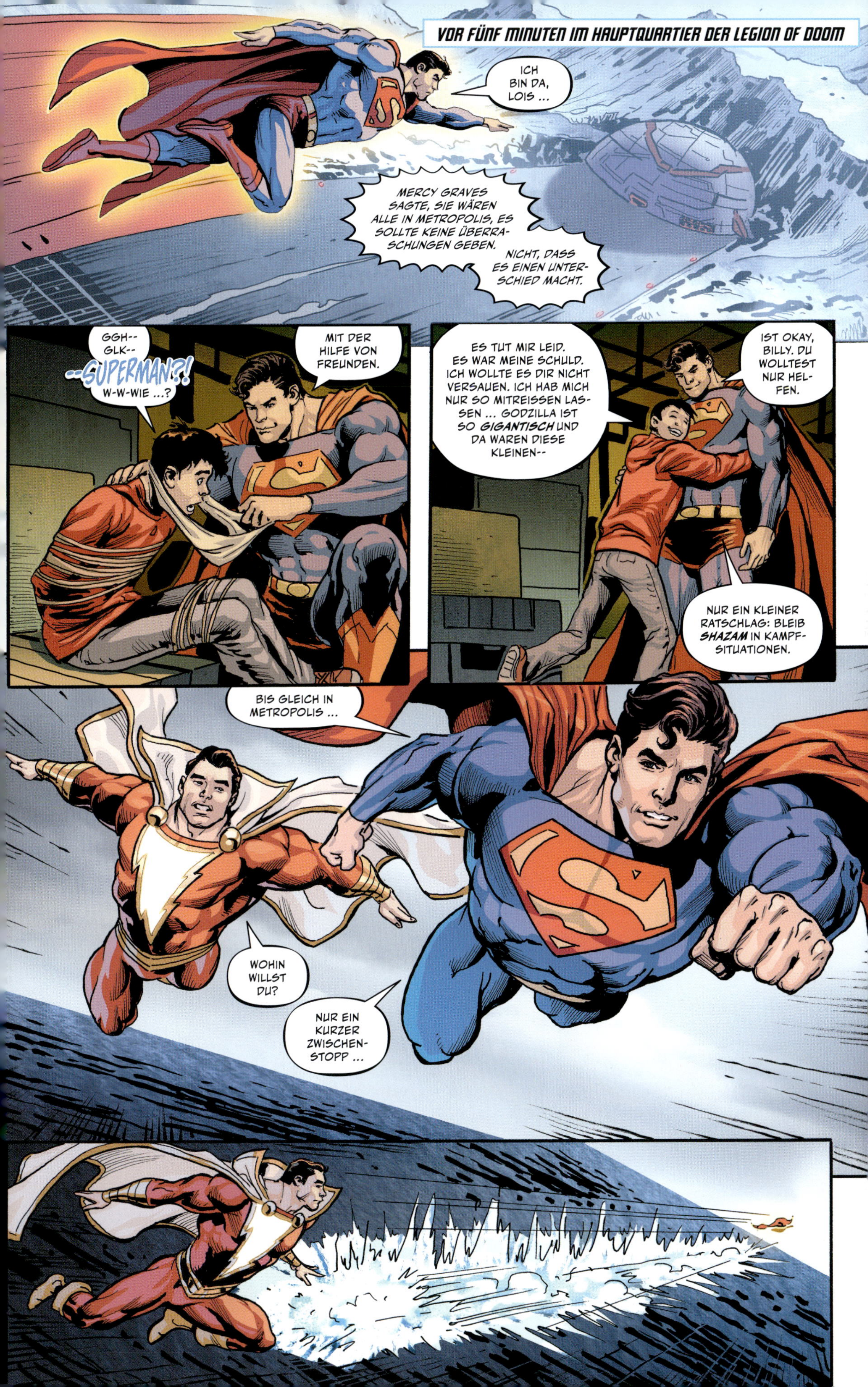
VOR FÜNF MINUTEN IM HAUPTQUARTIER DER LEGION OF DOOM
ICH BIN DA, LOIS ...
MERCY GRAVES SAGTE, SIE WÄREN ALLE IN METROPOLIS, ES SOLLTE KEINE ÜBERRASCHUNGEN GEBEN.
NICHT, DASS ES EINEN UNTERSCHIED MACHT.
GGH-- GLK--
--SUPERMAN?!
W-W-WIE ...?
MIT DER HILFE VON FREUNDEN.
ES TUT MIR LEID. ES WAR MEINE SCHULD. ICH WOLLTE ES DIR NICHT VERSAUEN. ICH HAB MICH NUR SO MITREISSEN LASSEN ... GODZILLA IST SO **GIGANTISCH** UND DA WAREN DIESE KLEINEN--
IST OKAY, BILLY. DU WOLLTEST NUR HELFEN.
NUR EIN KLEINER RATSCHLAG: BLEIB **SHAZAM** IN KAMPFSITUATIONEN.
BIS GLEICH IN METROPOLIS ...
WOHIN WILLST DU?
NUR EIN KURZER ZWISCHENSTOPP ...

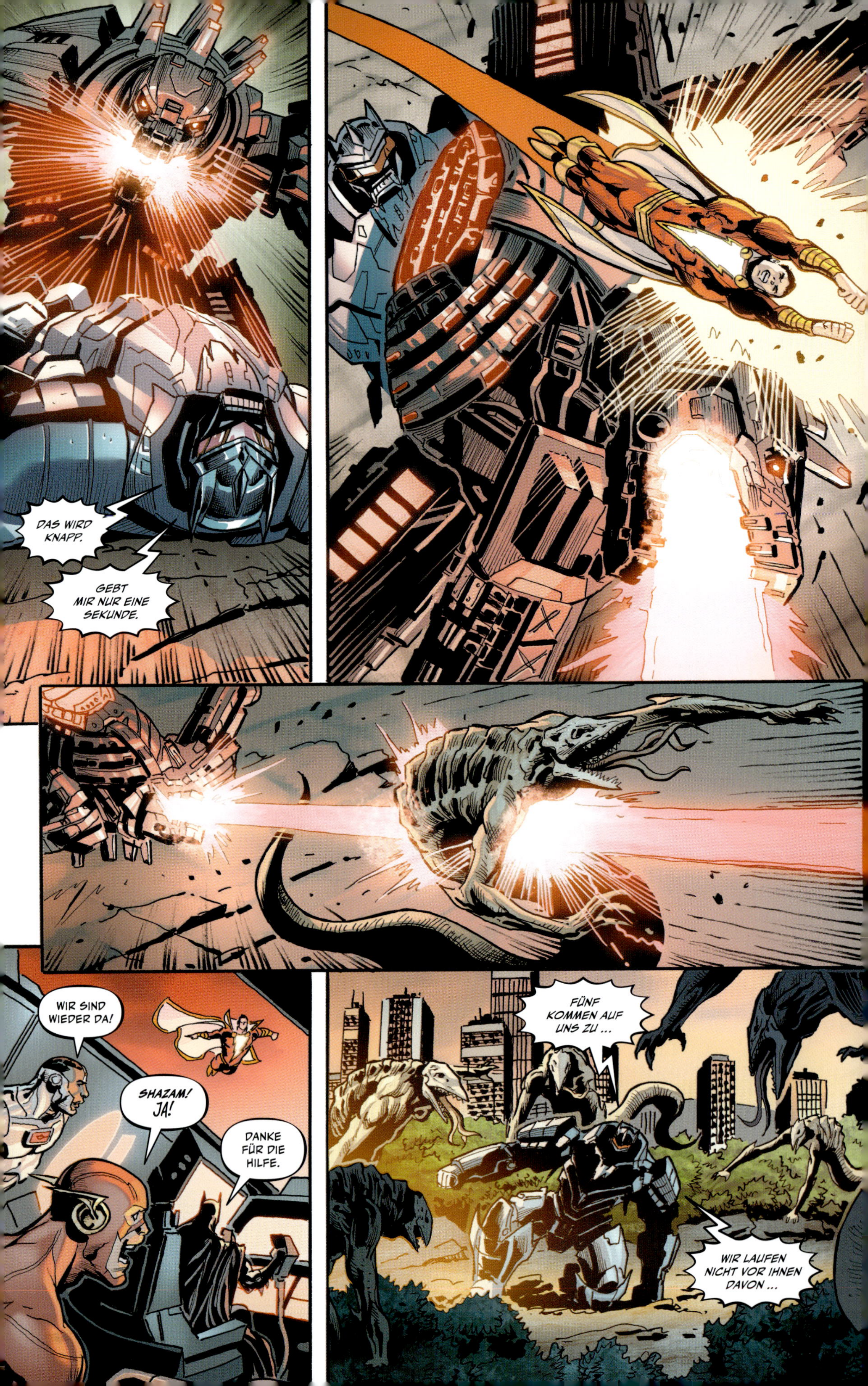
DAS WIRD KNAPP.
GEBT MIR NUR EINE SEKUNDE.
WIR SIND WIEDER DA!
SHAZAM! JA!
DANKE FÜR DIE HILFE.
FÜNF KOMMEN AUF UNS ZU ...
WIR LAUFEN NICHT VOR IHNEN DAVON ...

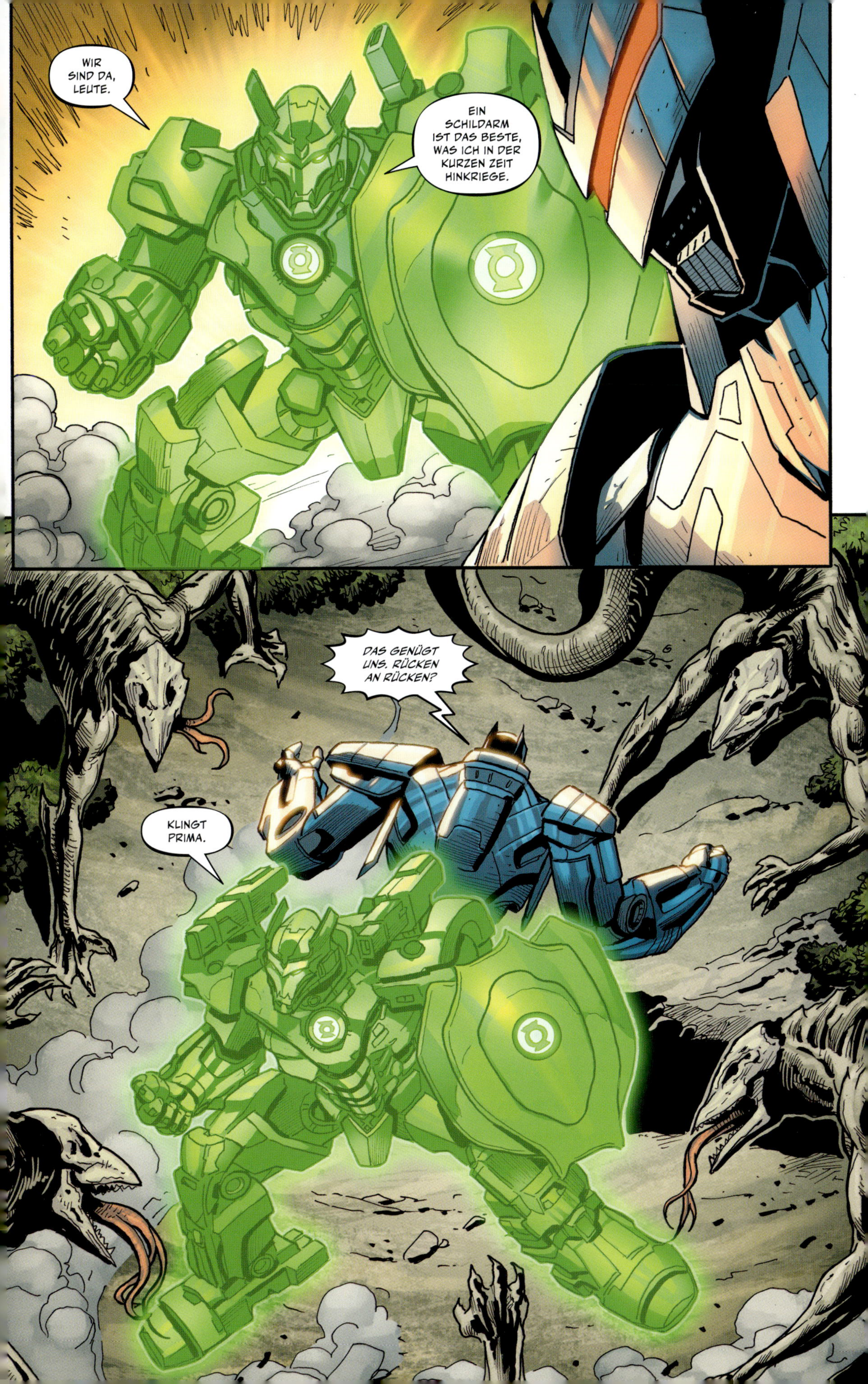
WIR SIND DA, LEUTE.
EIN SCHILDARM IST DAS BESTE, WAS ICH IN DER KURZEN ZEIT HINKRIEGE.
DAS GENÜGT UNS. RÜCKEN AN RÜCKEN?
KLINGT PRIMA.

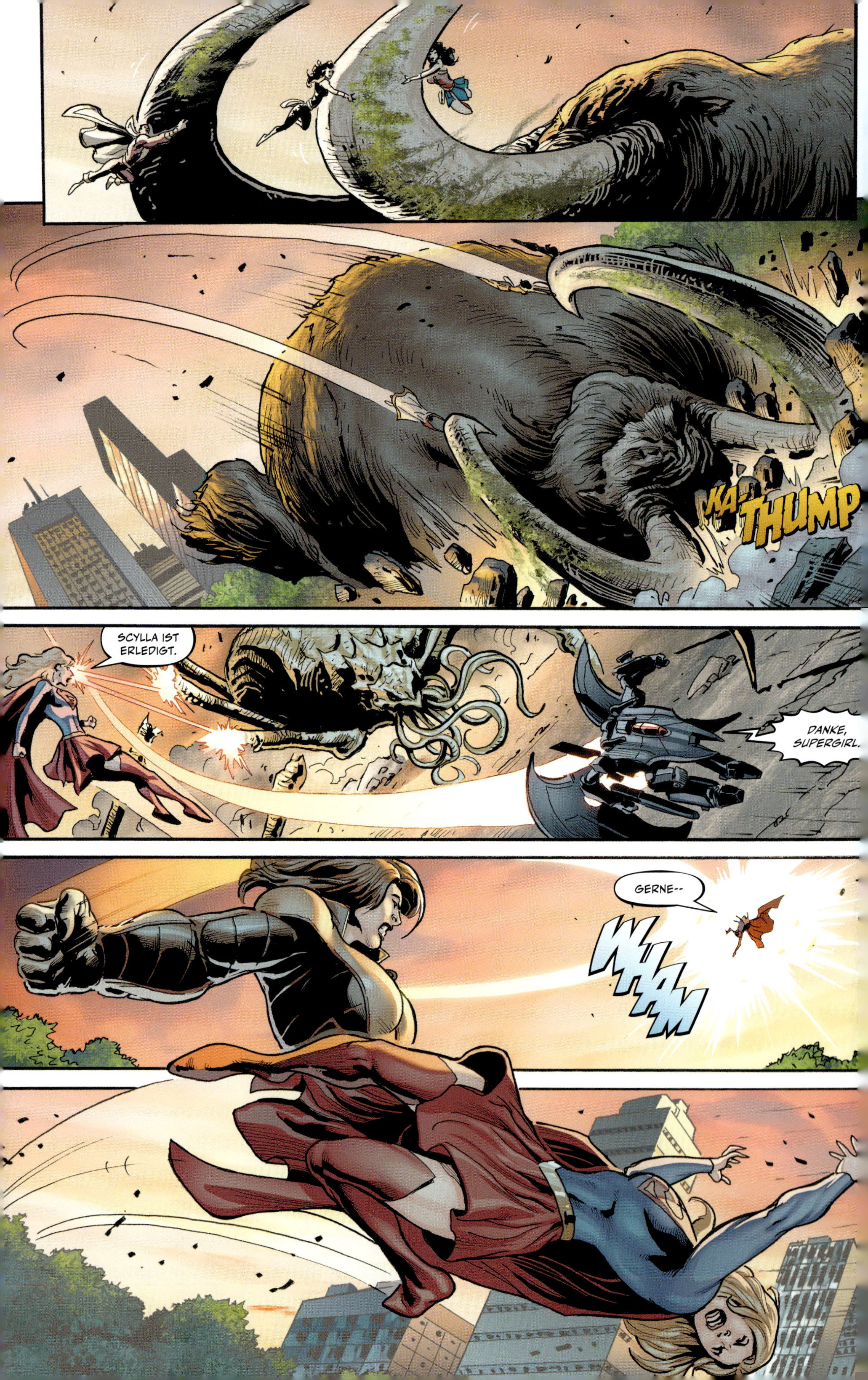
KA-THUMP
SCYLLA IST ERLEDIGT.
DANKE, SUPERGIRL.
GERNE--
WHAM

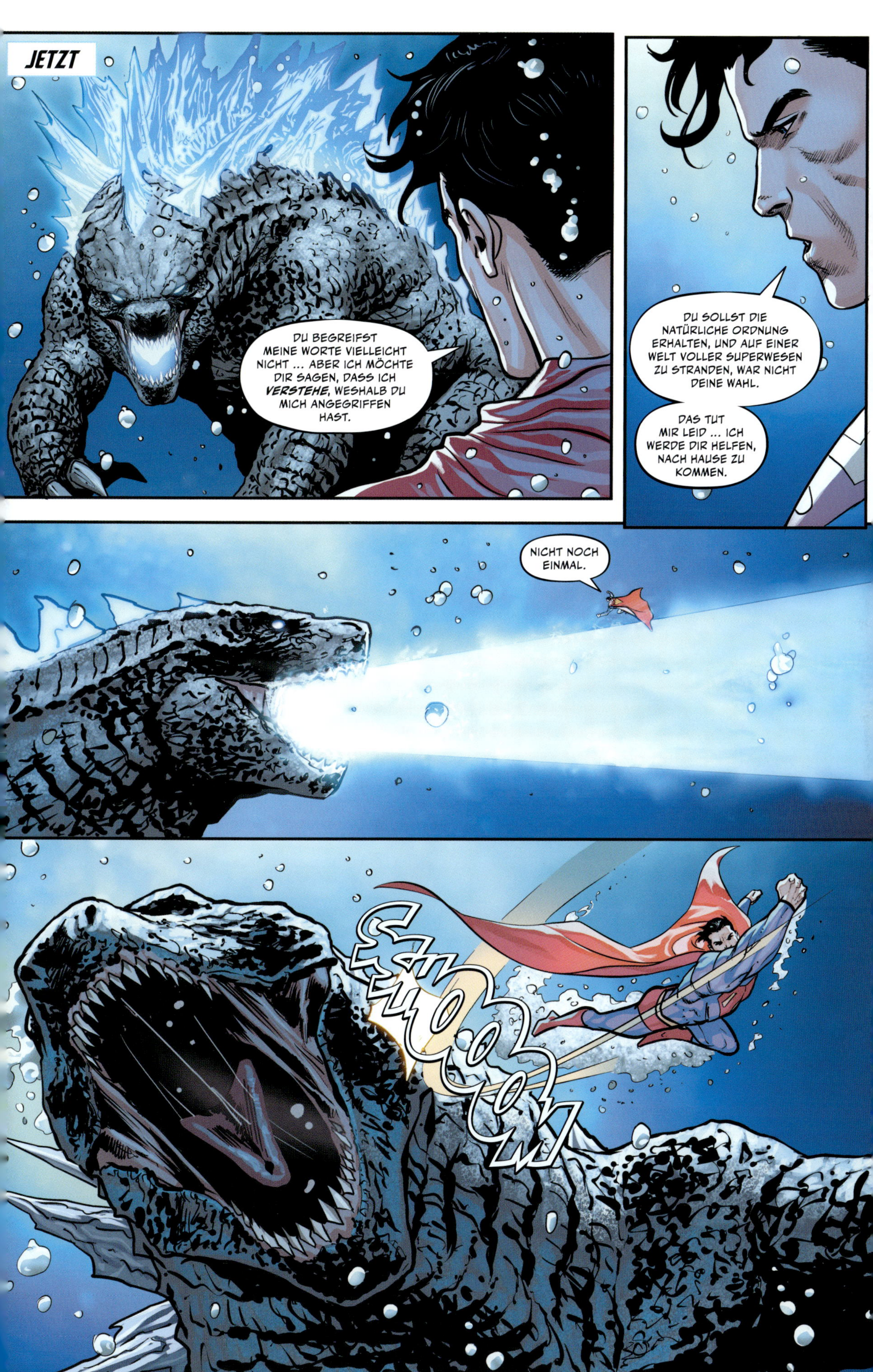
JETZT
DU BEGREIFST MEINE WORTE VIELLEICHT NICHT ... ABER ICH MÖCHTE DIR SAGEN, DASS ICH **VERSTEHE**, WESHALB DU MICH ANGEGRIFFEN HAST.
DU SOLLST DIE NATÜRLICHE ORDNUNG ERHALTEN, UND AUF EINER WELT VOLLER SUPERWESEN ZU STRANDEN, WAR NICHT DEINE WAHL.
DAS TUT MIR LEID ... ICH WERDE DIR HELFEN, NACH HAUSE ZU KOMMEN.
NICHT NOCH EINMAL.
SMOOOM

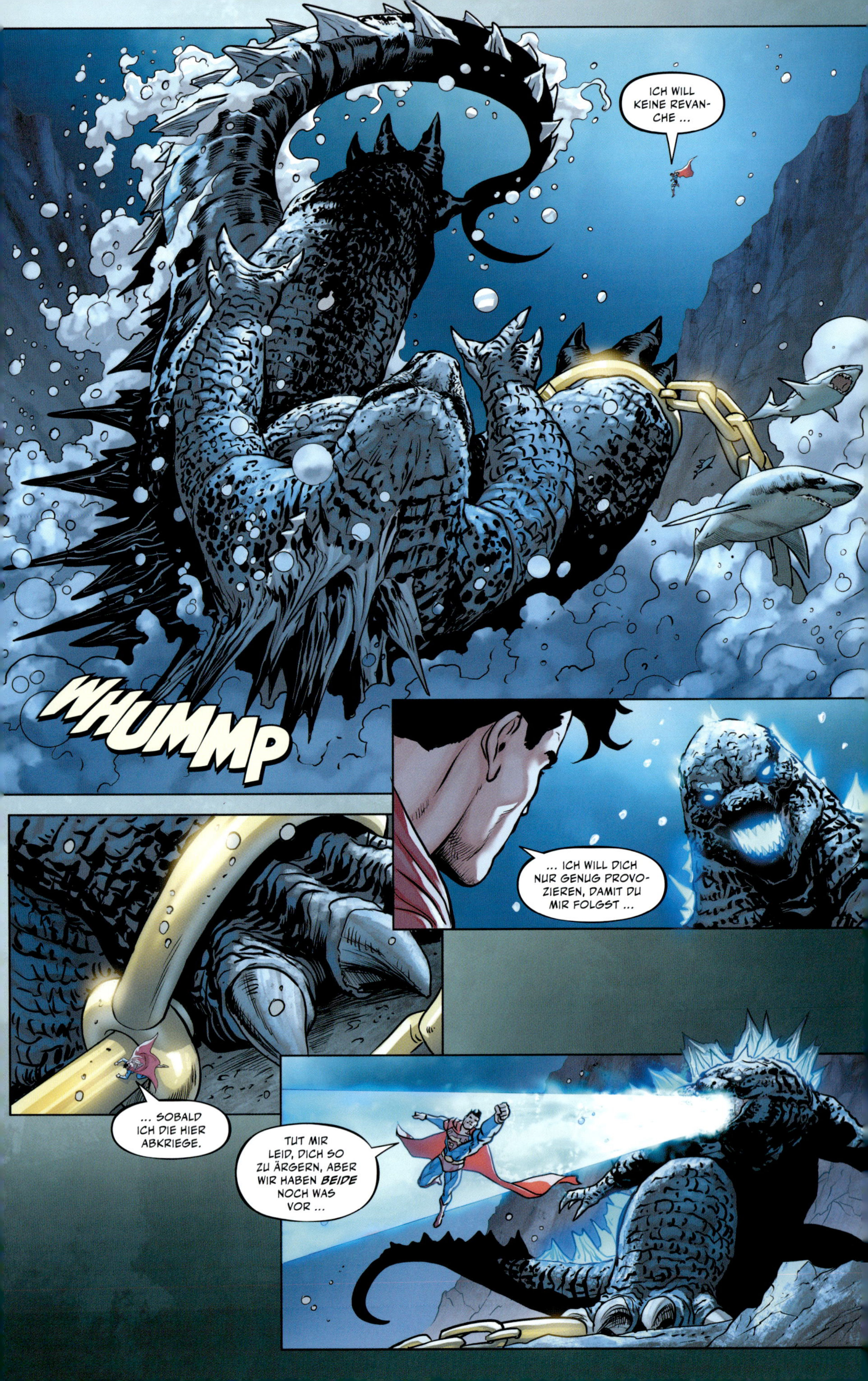
ICH WILL KEINE REVAN-CHE ...
WHUMMP
... ICH WILL DICH NUR GENUG PROVO-ZIEREN, DAMIT DU MIR FOLGST ...
... SOBALD ICH DIE HIER ABKRIEGE.
TUT MIR LEID, DICH SO ZU ÄRGERN, ABER WIR HABEN *BEIDE* NOCH WAS VOR ...

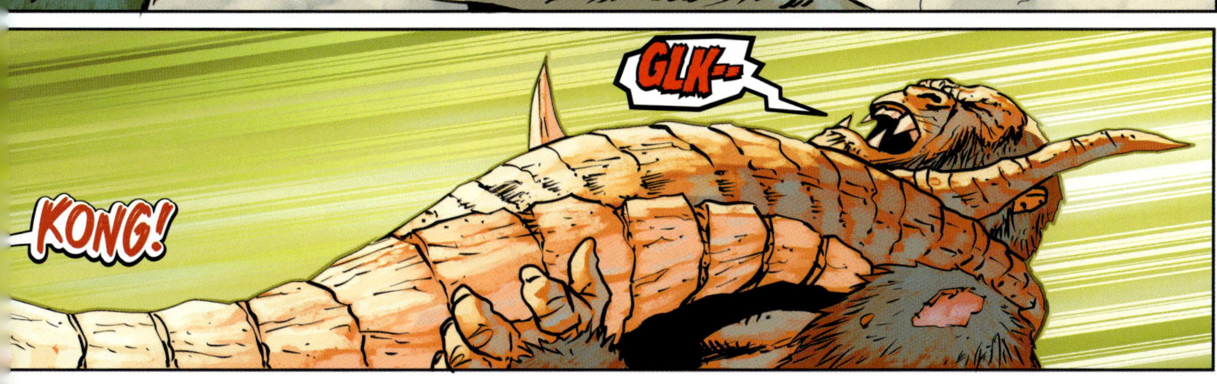
GLK--
KONG!

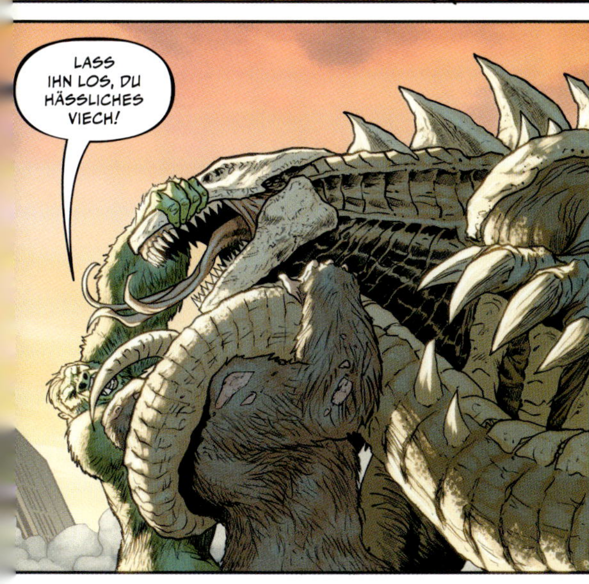
LASS IHN LOS, DU HÄSSLICHES VIECH!

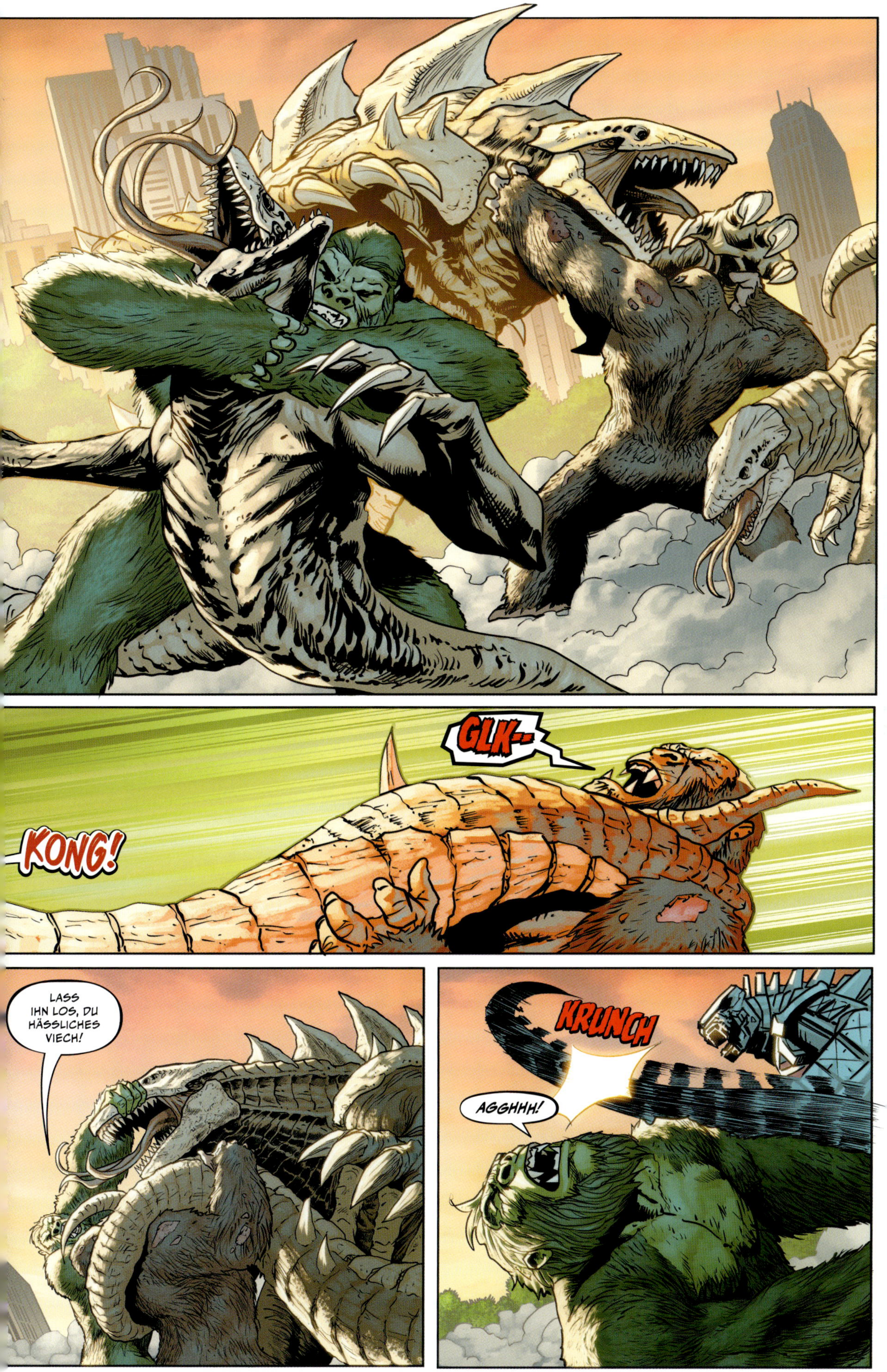

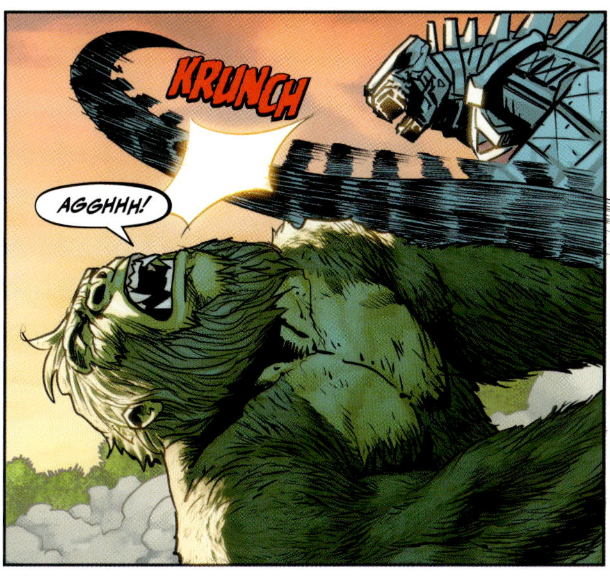
KRUNCH
AGGHHH!

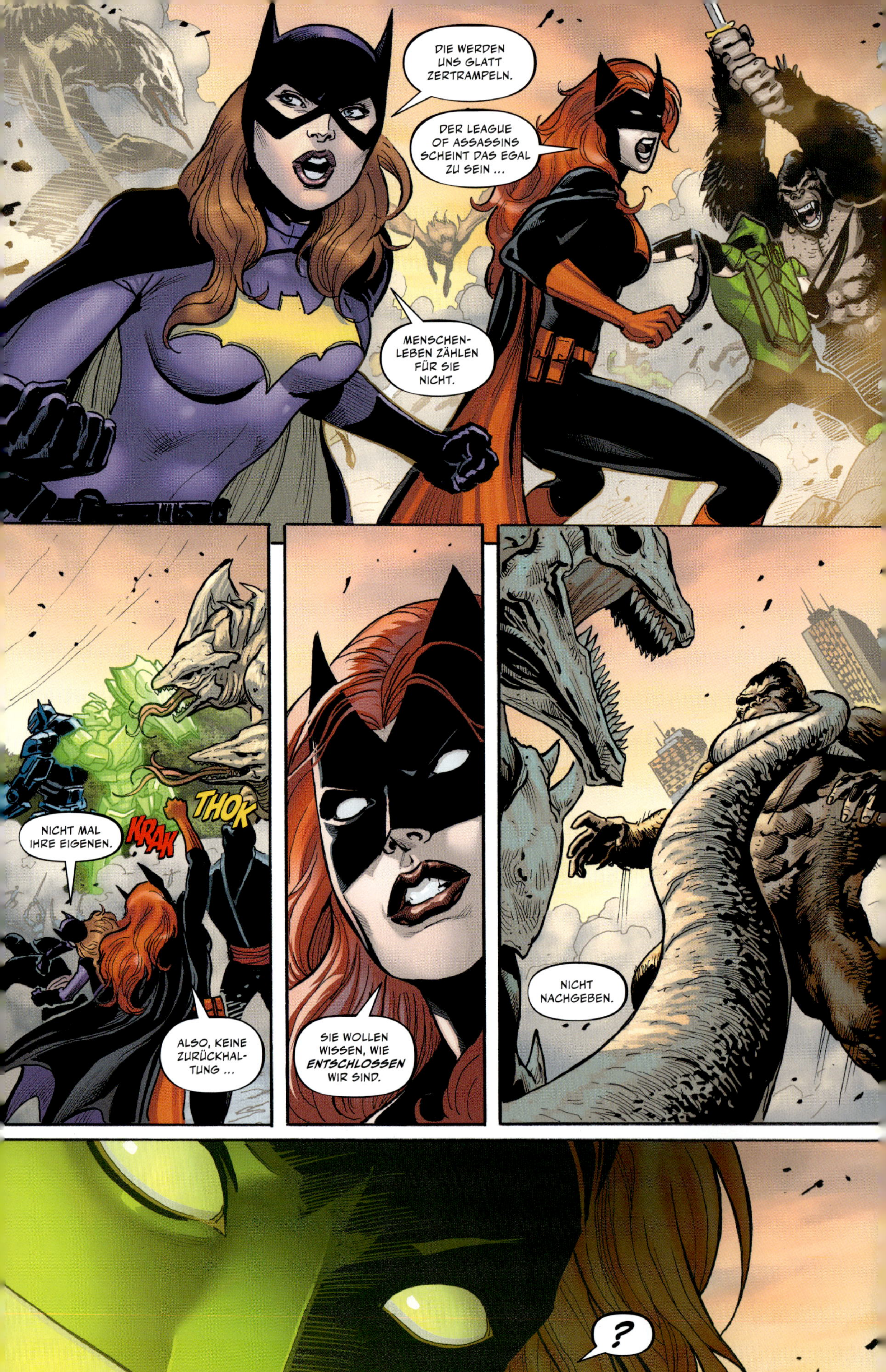
DIE WERDEN UNS GLATT ZERTRAMPELN.
DER LEAGUE OF ASSASSINS SCHEINT DAS EGAL ZU SEIN ...
MENSCHEN-LEBEN ZÄHLEN FÜR SIE NICHT.
NICHT MAL IHRE EIGENEN.
KRAK
THOK
ALSO, KEINE ZURÜCKHAL-TUNG ...
SIE WOLLEN WISSEN, WIE ENTSCHLOSSEN WIR SIND.
NICHT NACHGEBEN.
?

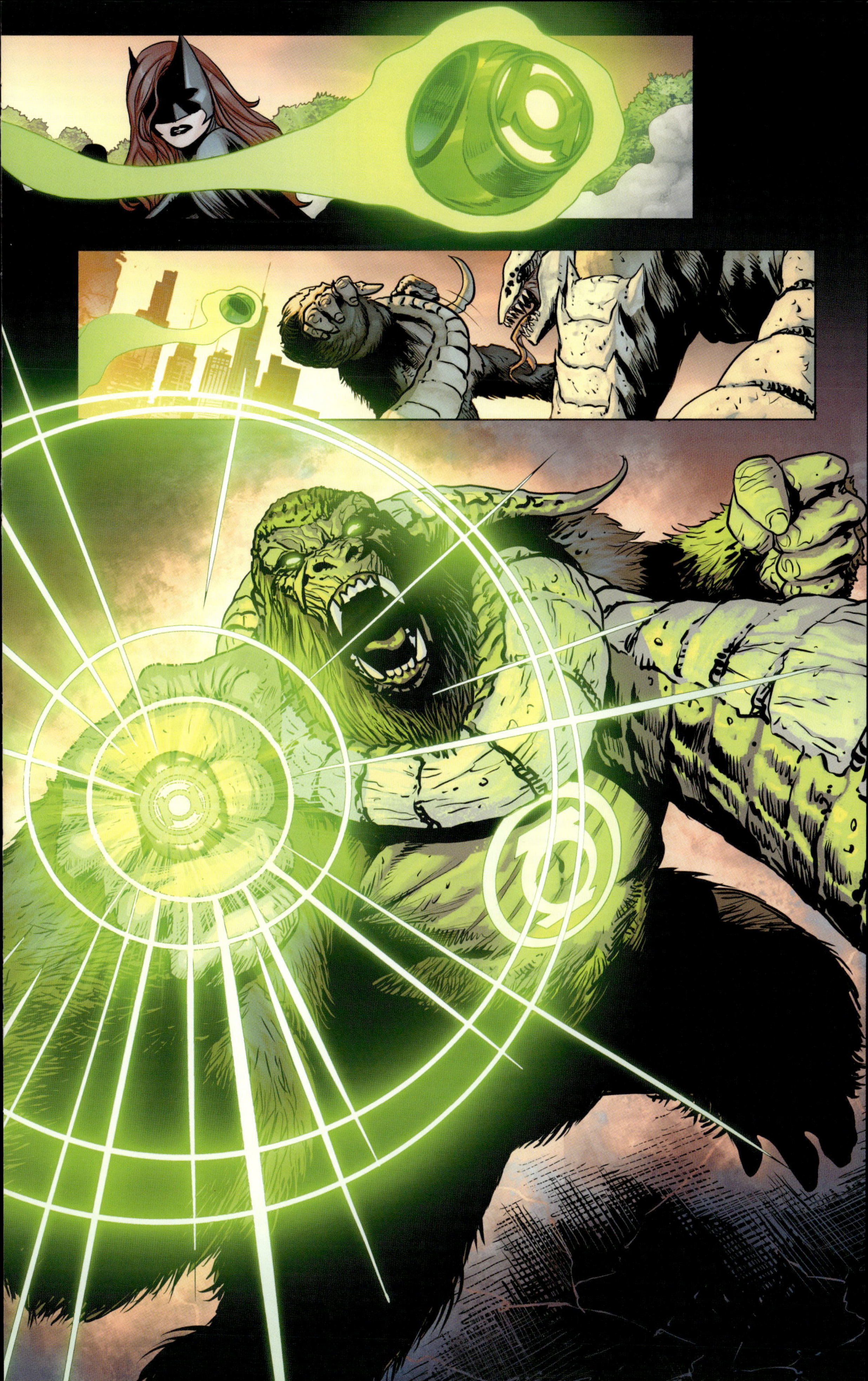

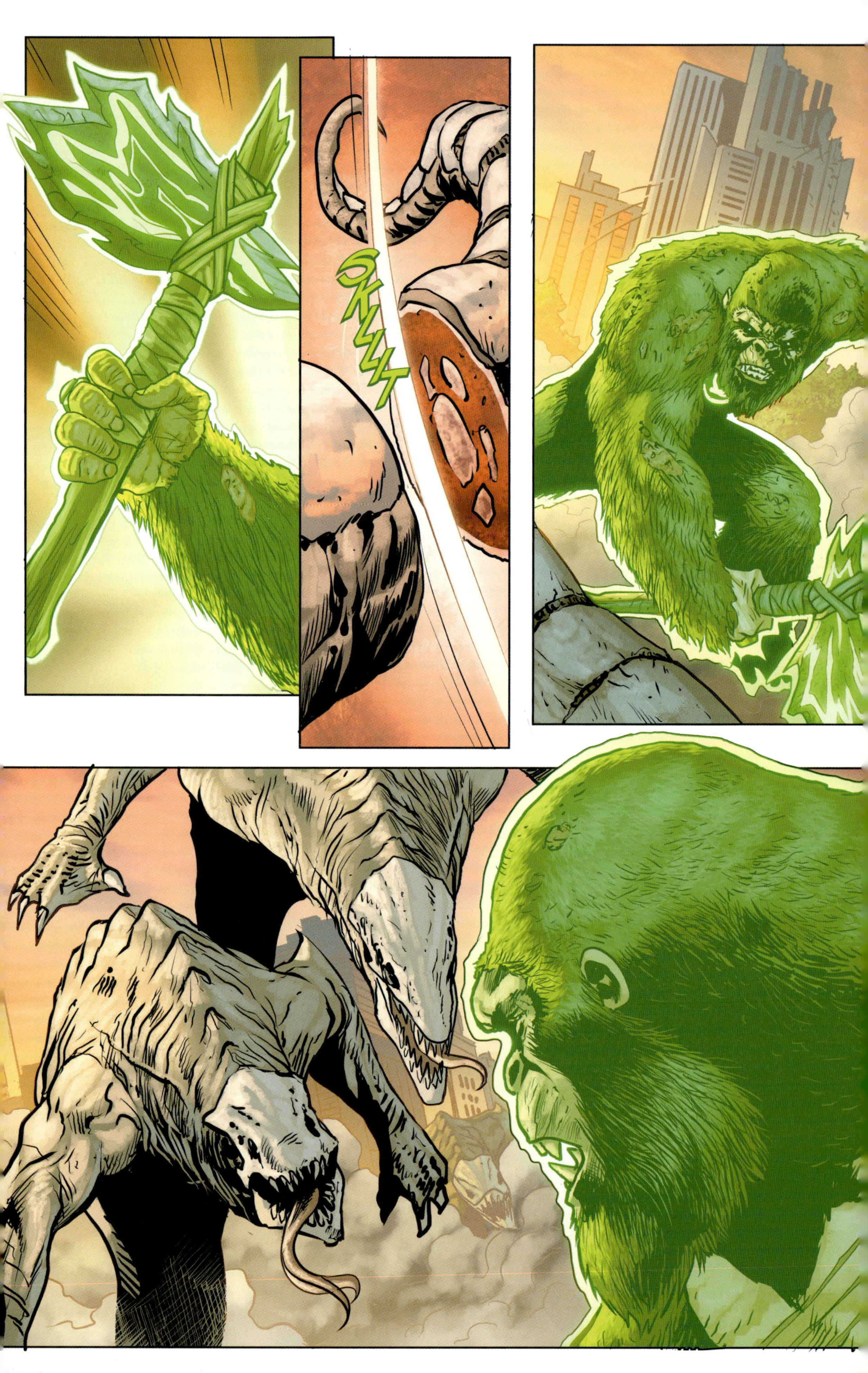
SKLLT

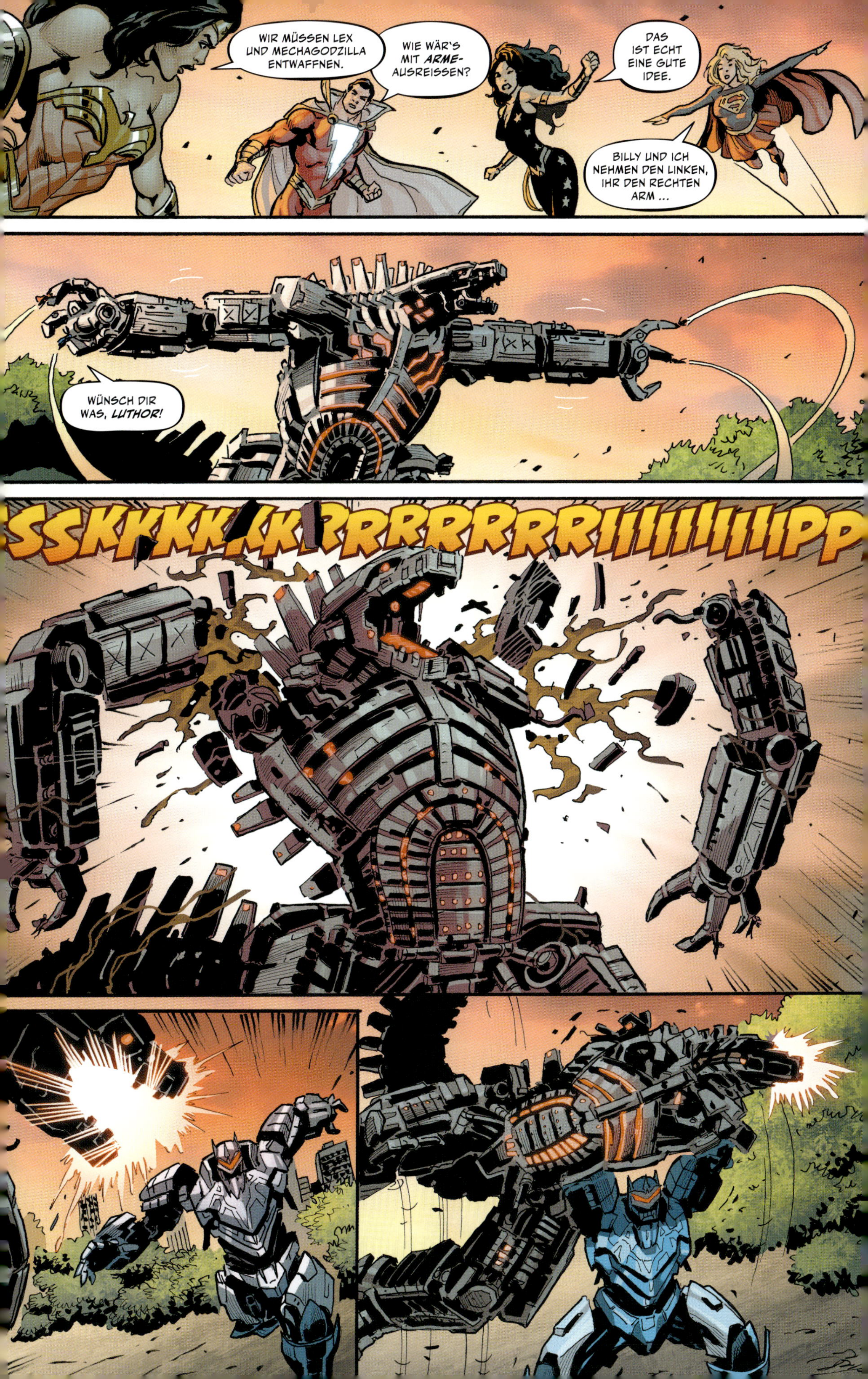

WIR MÜSSEN LEX UND MECHAGODZILLA ENTWAFFNEN.
WIE WÄR'S MIT *ARME*-AUSREISSEN?
DAS IST ECHT EINE GUTE IDEE.
BILLY UND ICH NEHMEN DEN LINKEN, IHR DEN RECHTEN ARM …
WÜNSCH DIR WAS, *LUTHOR!*

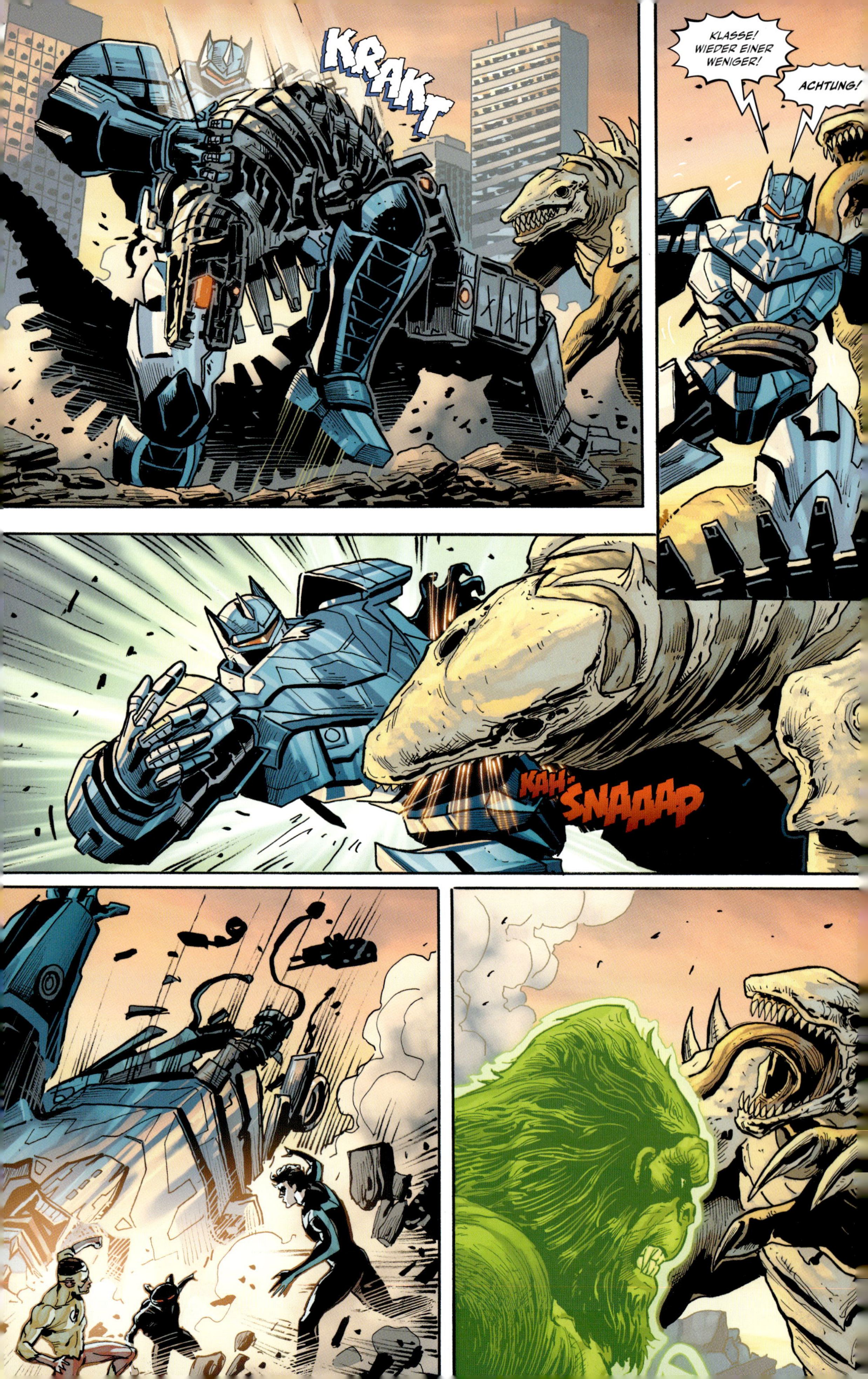

KRAKT

KLASSE! WIEDER EINER WENIGER!

ACHTUNG!

KAH-SNAAAP

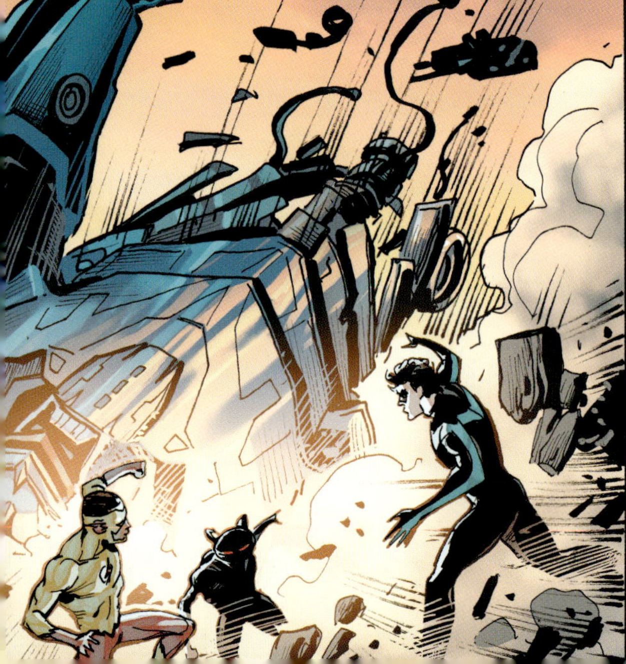

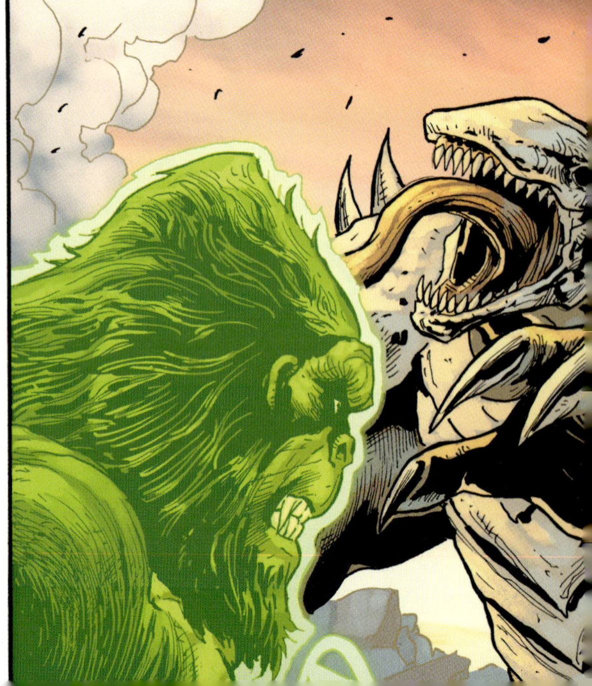

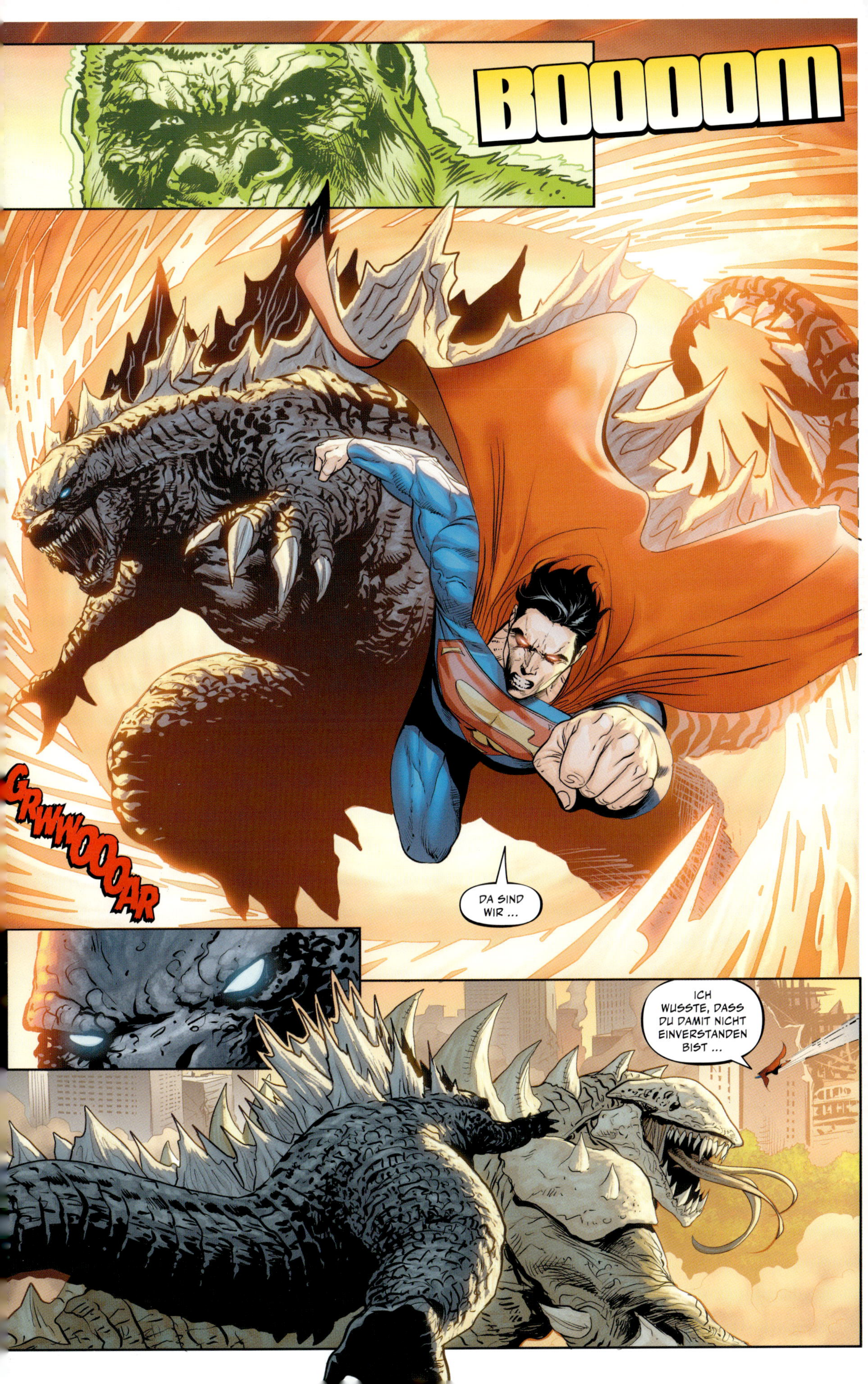
BOOOOM
GRWWOOOOAR
DA SIND WIR ...
ICH WUSSTE, DASS DU DAMIT NICHT EINVERSTANDEN BIST ...

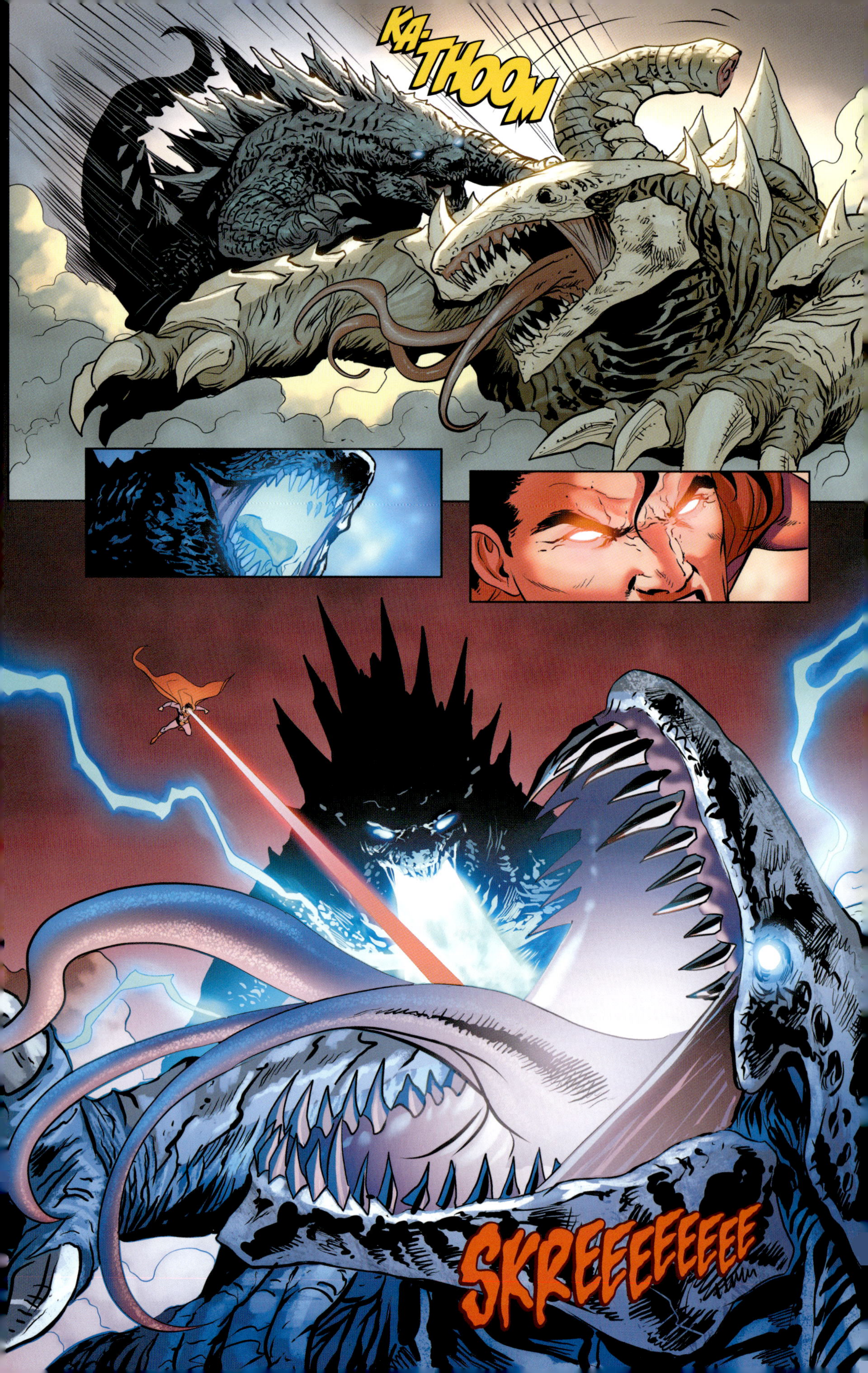
KA-THOOM
SKREEEEEEEE

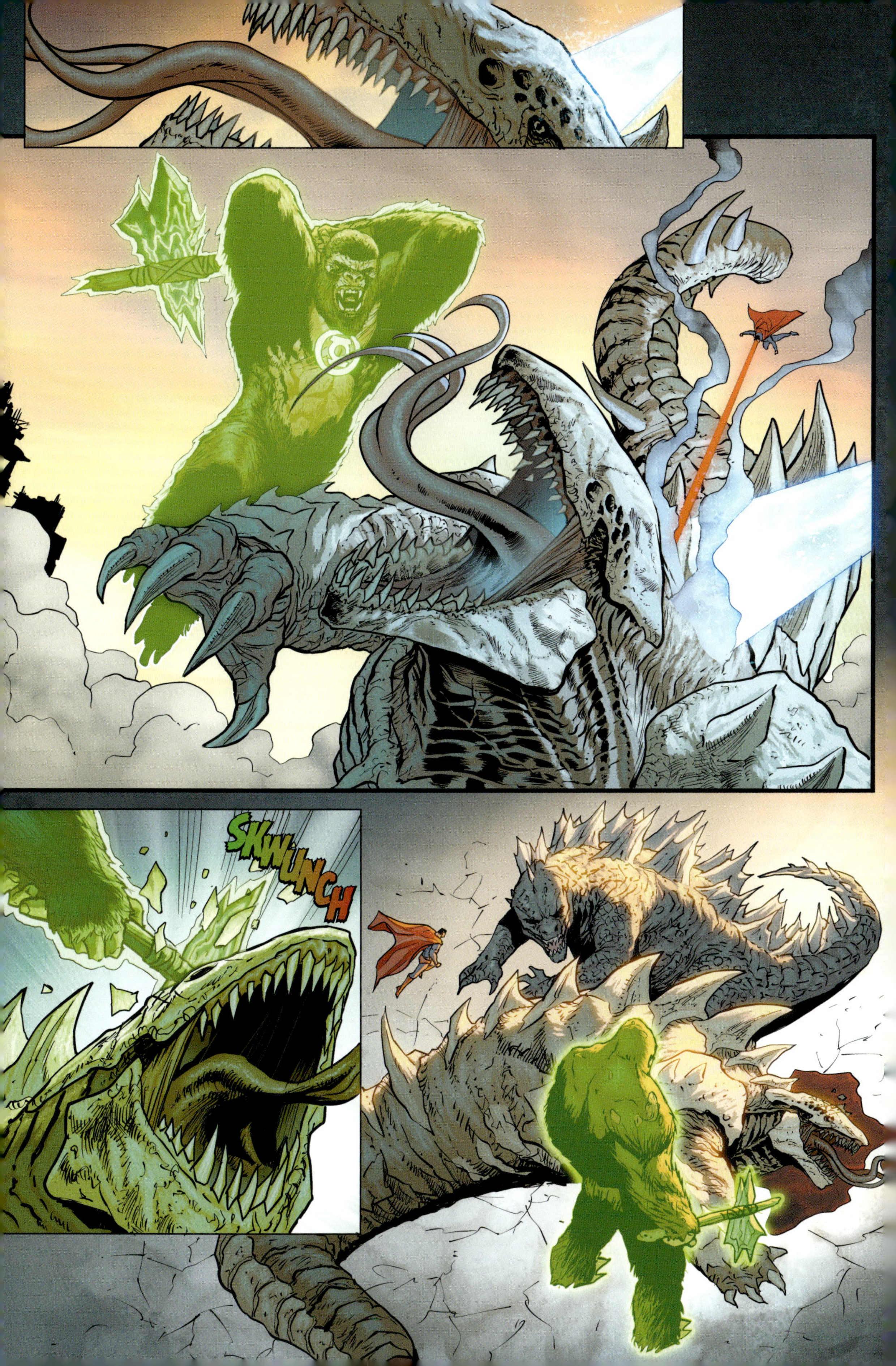
SKWUNCH

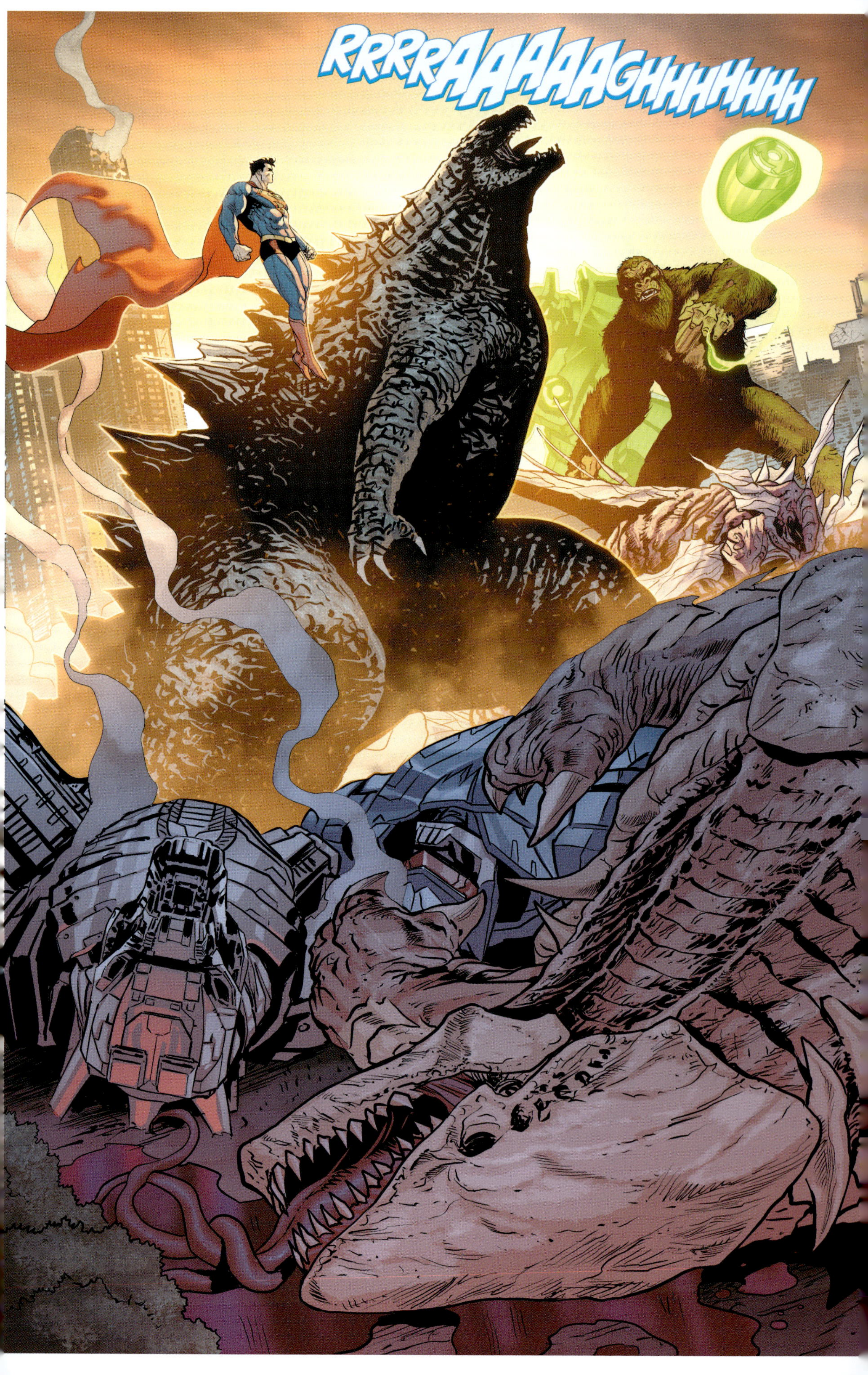
RRRRAAAAAGHHHHHHH

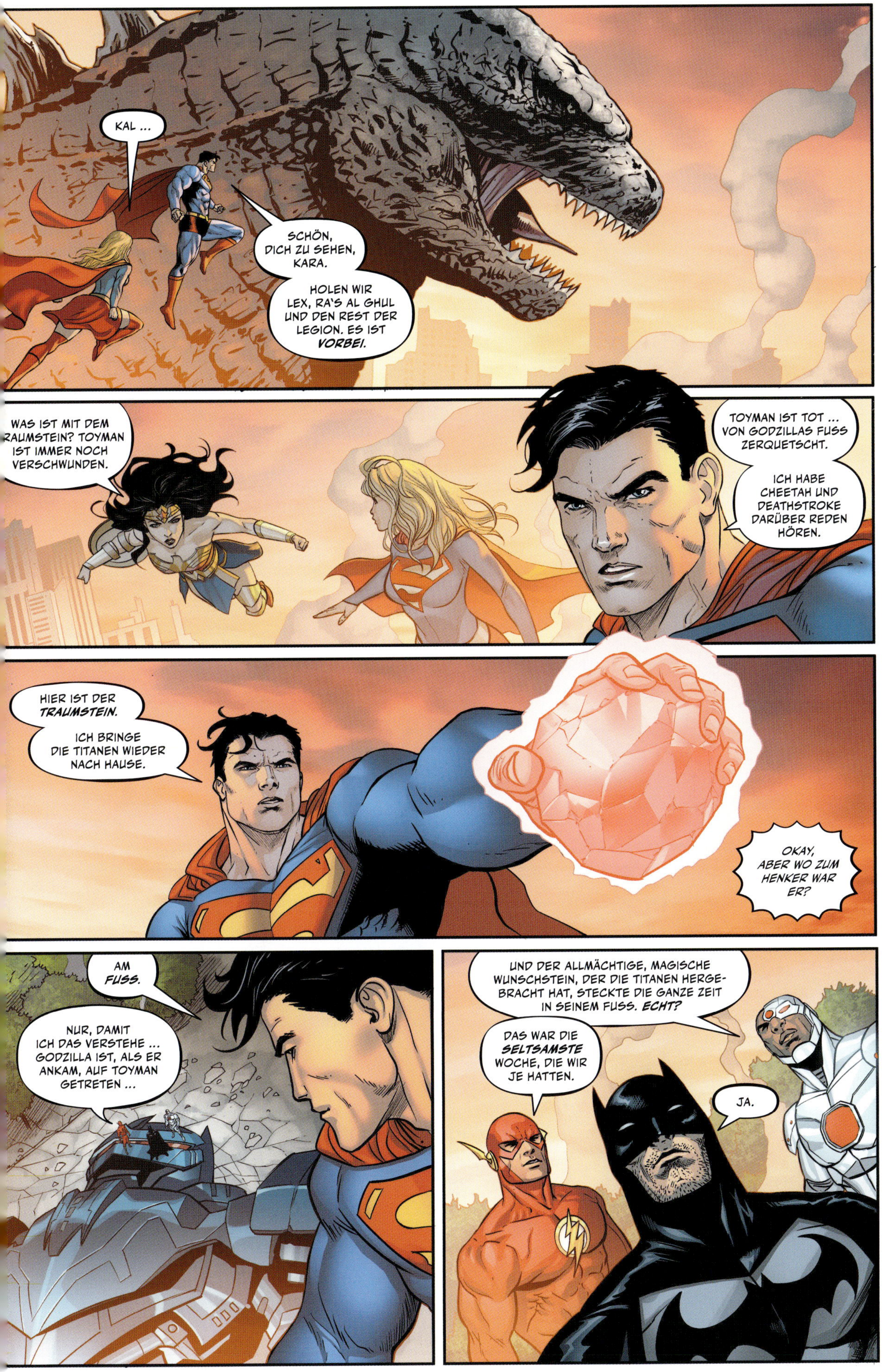

KAL ...

SCHÖN, DICH ZU SEHEN, KARA.

HOLEN WIR LEX, RA'S AL GHUL UND DEN REST DER LEGION. ES IST *VORBEI.*

WAS IST MIT DEM RAUMSTEIN? TOYMAN IST IMMER NOCH VERSCHWUNDEN.

TOYMAN IST TOT ... VON GODZILLAS FUSS ZERQUETSCHT.

ICH HABE CHEETAH UND DEATHSTROKE DARÜBER REDEN HÖREN.

HIER IST DER *TRAUMSTEIN.*

ICH BRINGE DIE TITANEN WIEDER NACH HAUSE.

OKAY, ABER WO ZUM HENKER WAR ER?

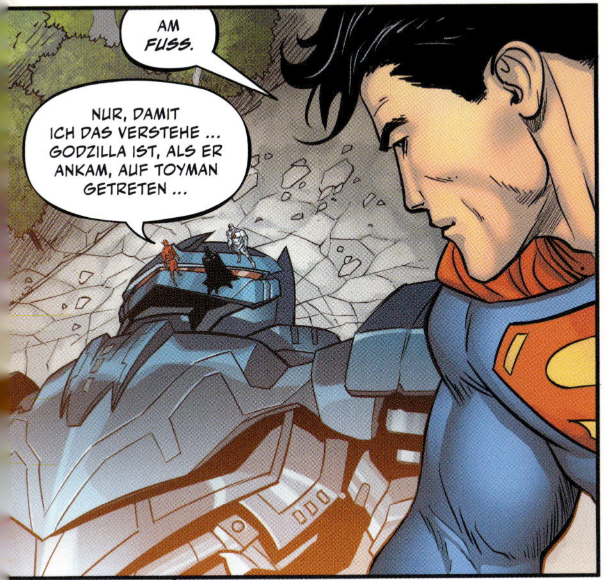

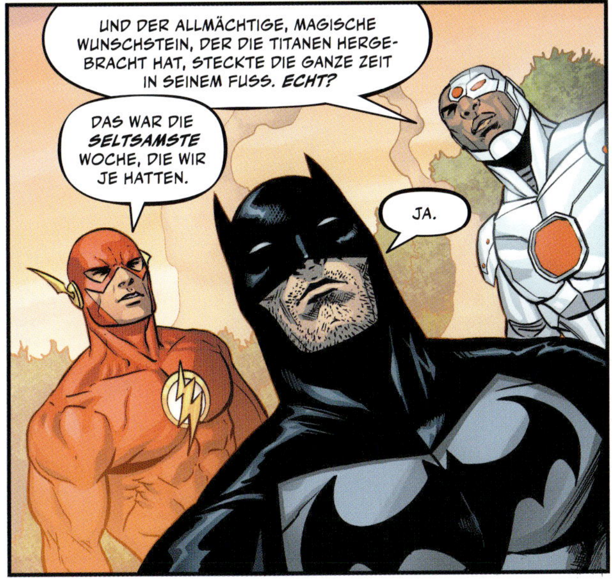

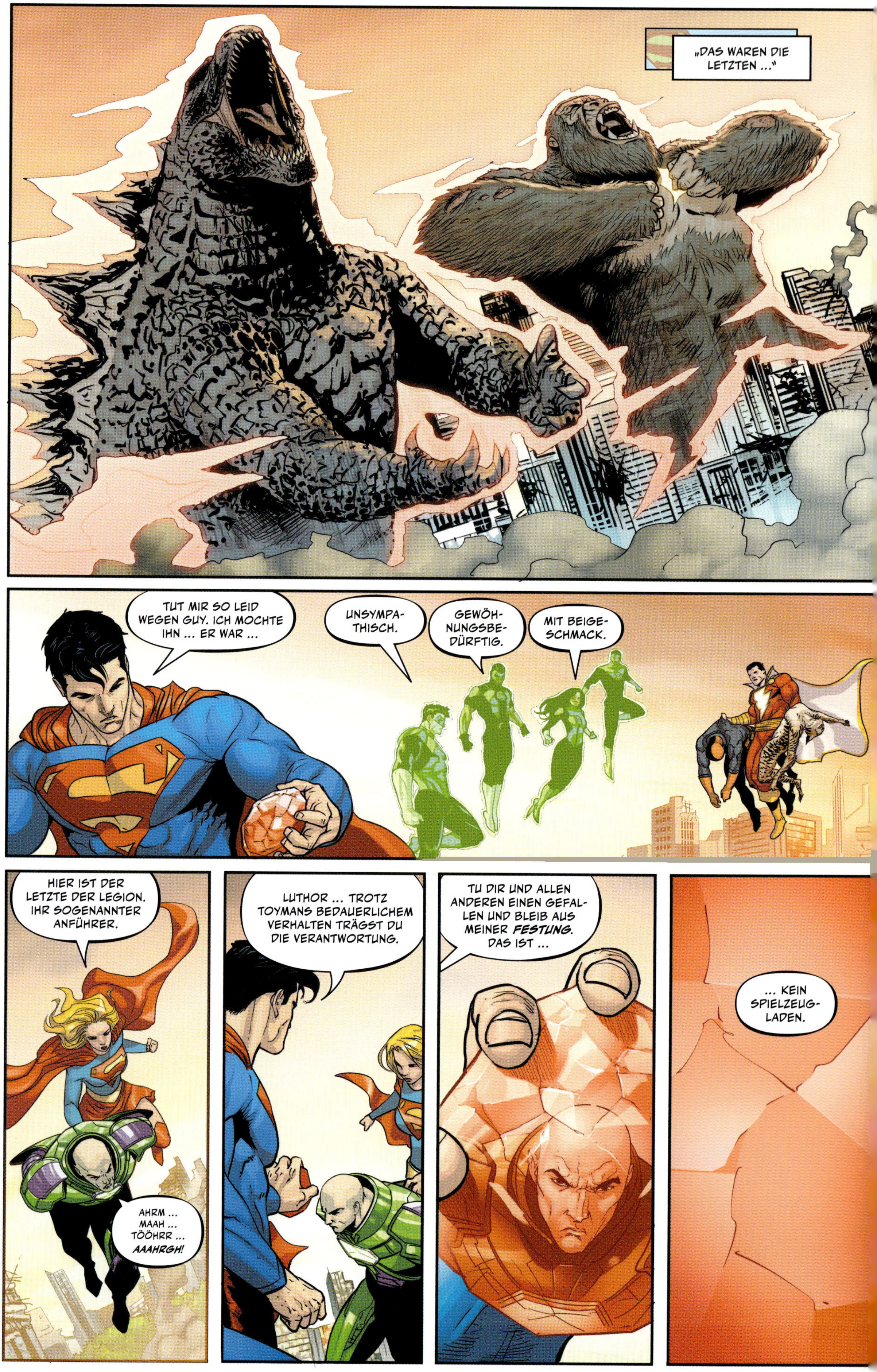

„DAS WAREN DIE LETZTEN ...“

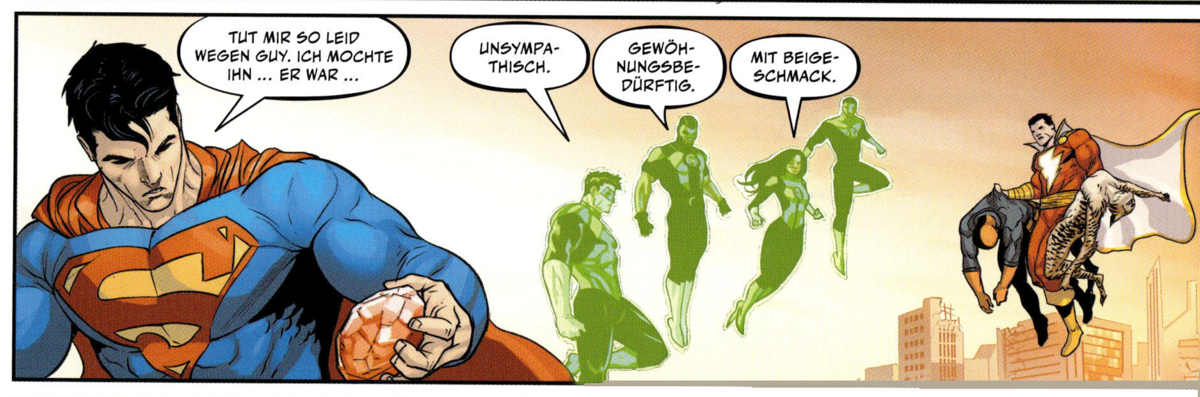

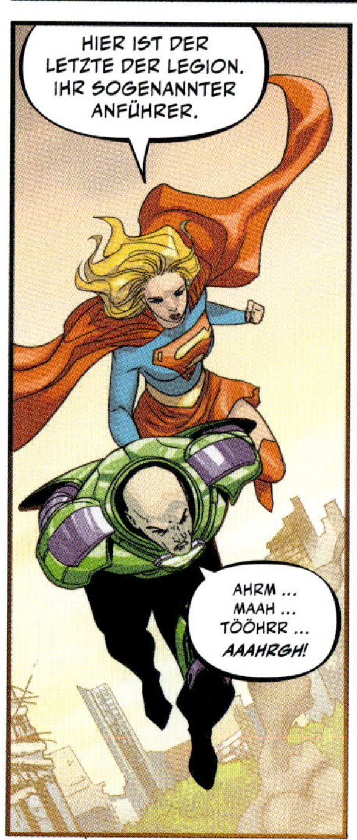

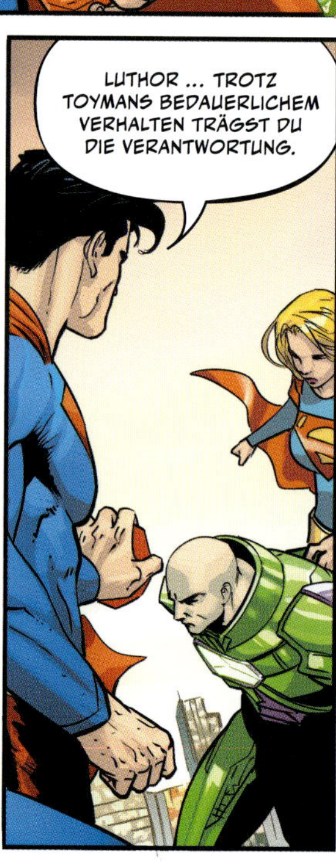

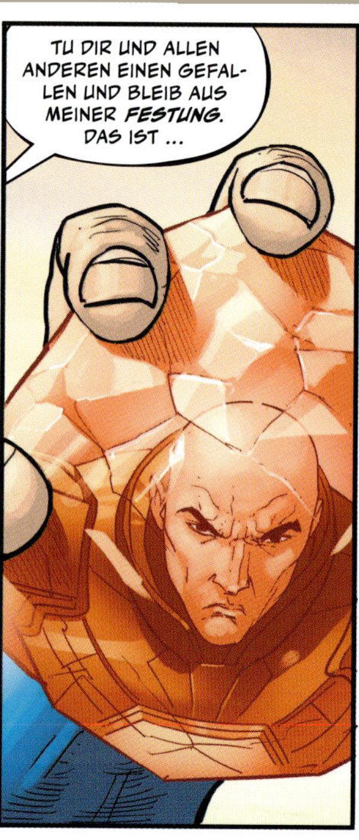

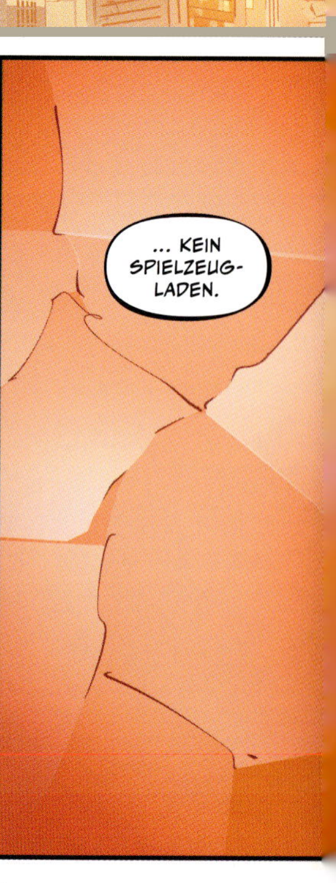

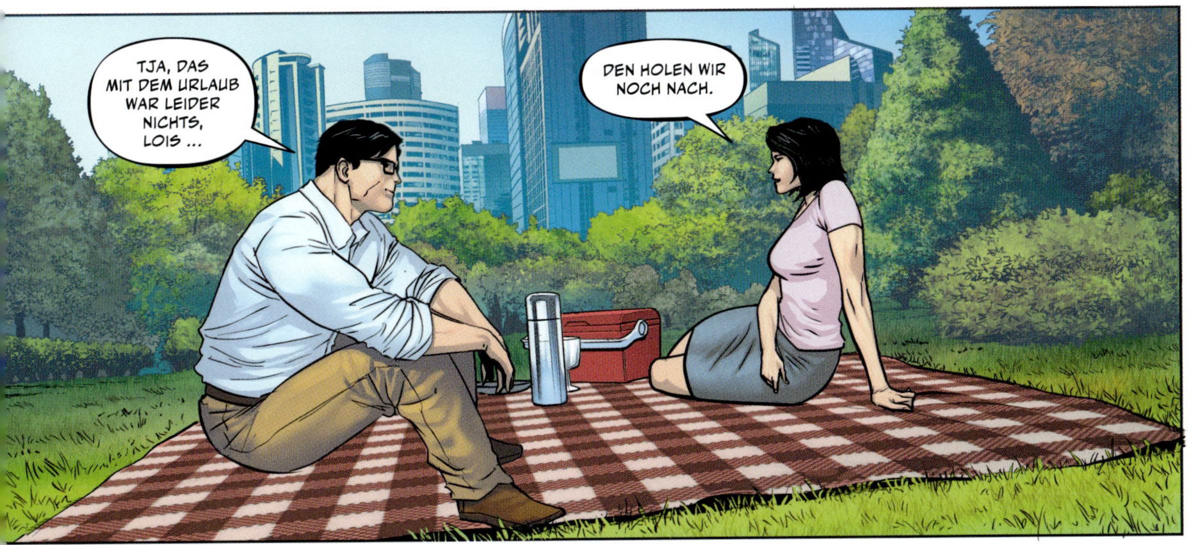
TJA, DAS MIT DEM URLAUB WAR LEIDER NICHTS, LOIS ...
DEN HOLEN WIR NOCH NACH.

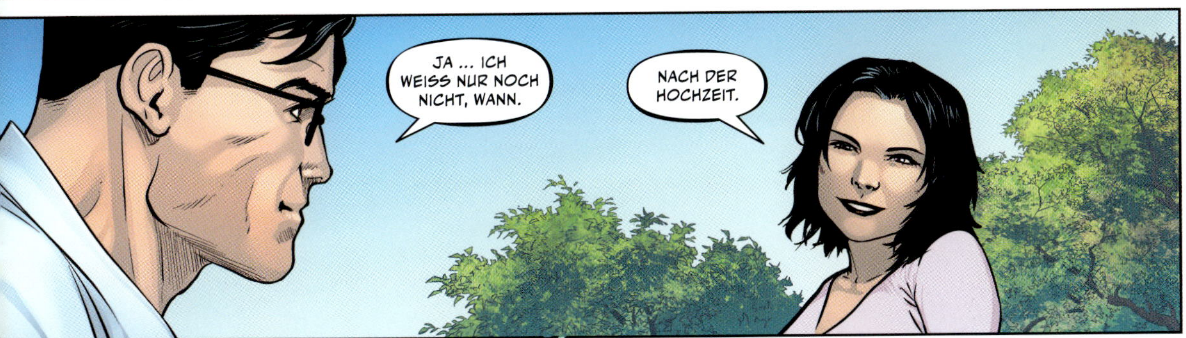
JA ... ICH WEISS NUR NOCH NICHT, WANN.
NACH DER HOCHZEIT.

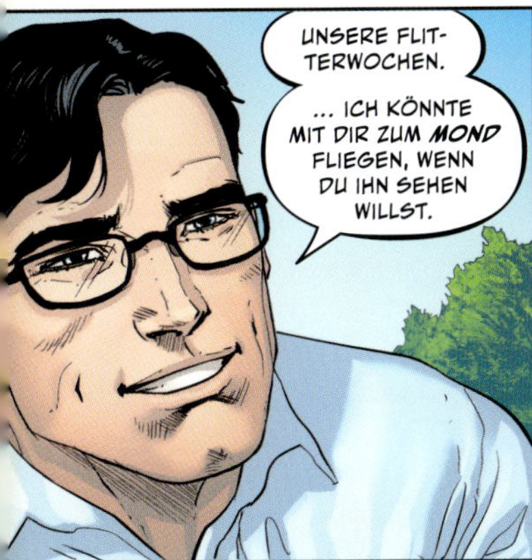
UNSERE FLIT-TERWOCHEN.
... ICH KÖNNTE MIT DIR ZUM MOND FLIEGEN, WENN DU IHN SEHEN WILLST.

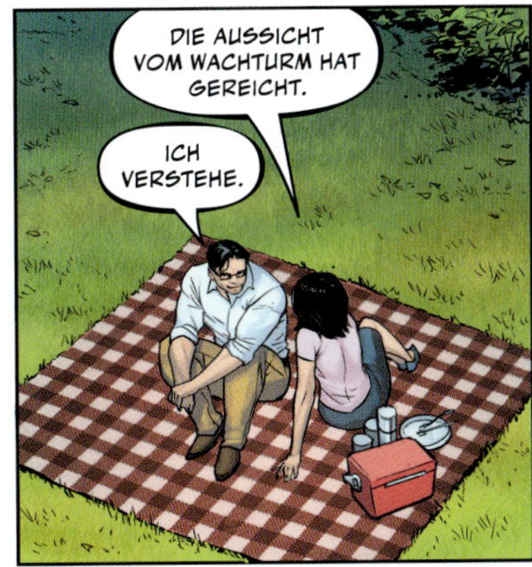
DIE AUSSICHT VOM WACHTURM HAT GEREICHT.
ICH VERSTEHE.

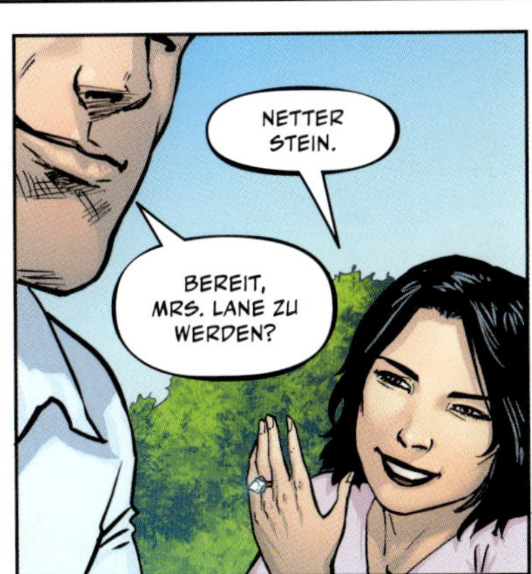
NETTER STEIN.
BEREIT, MRS. LANE ZU WERDEN?

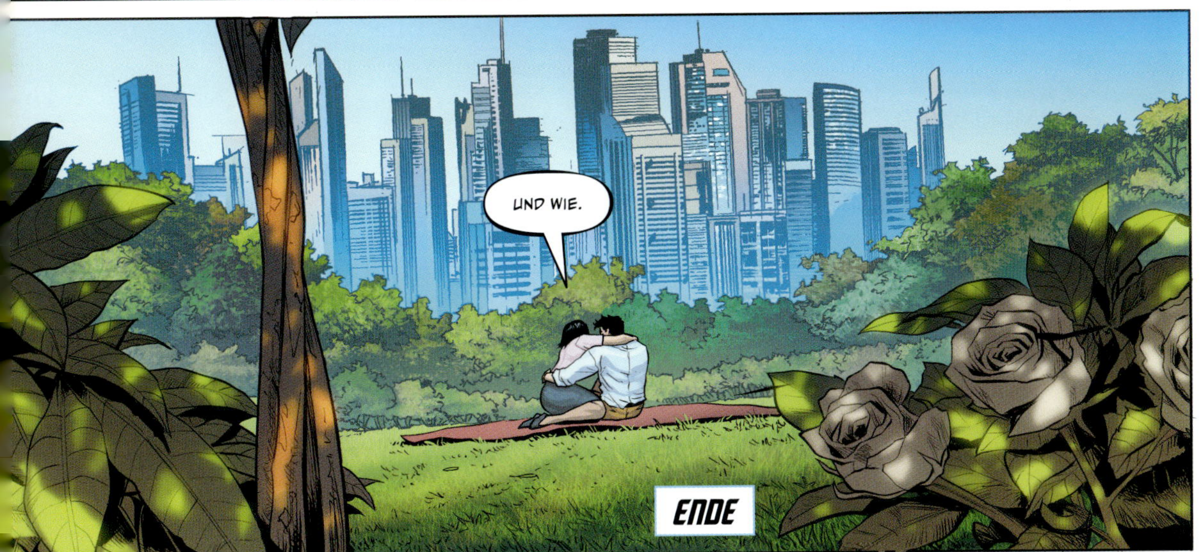
UND WIE.
ENDE

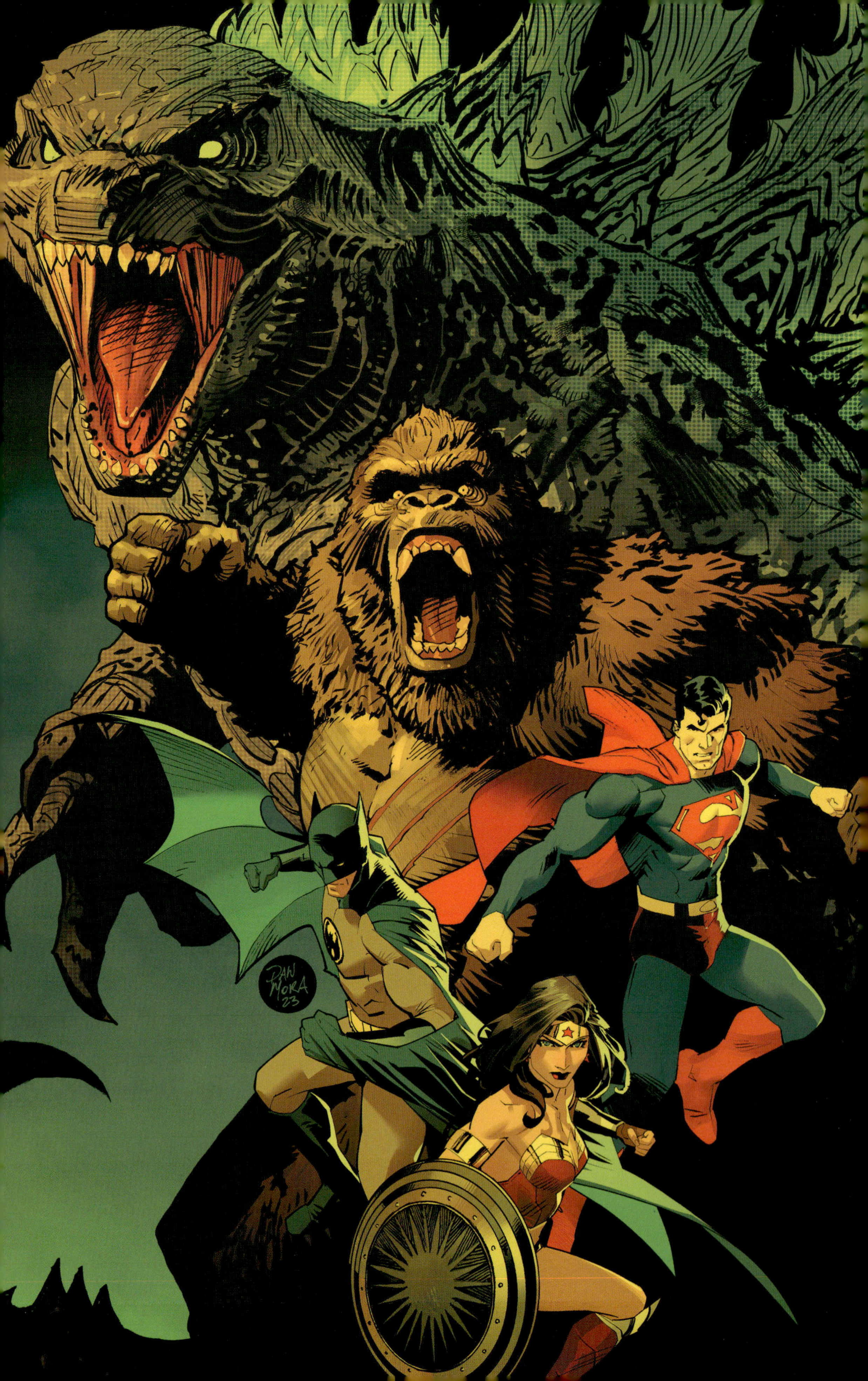
DAN
MORA
23

VARIANT-COVER-GALERIE

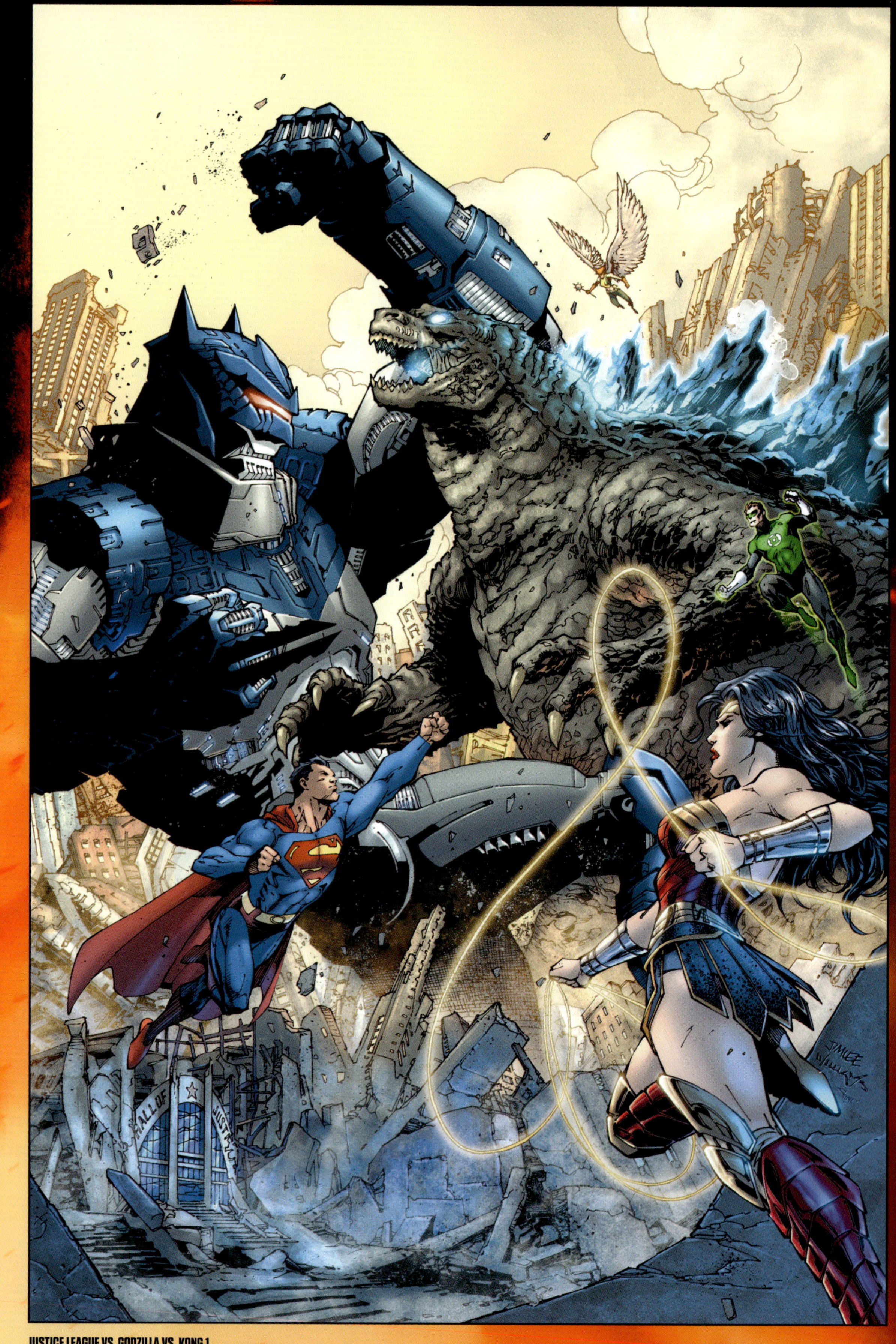

JUSTICE LEAGUE VS. GODZILLA VS. KONG 1
Variant-Cover von Jim Lee, Scott Williams und Alex Sinclair

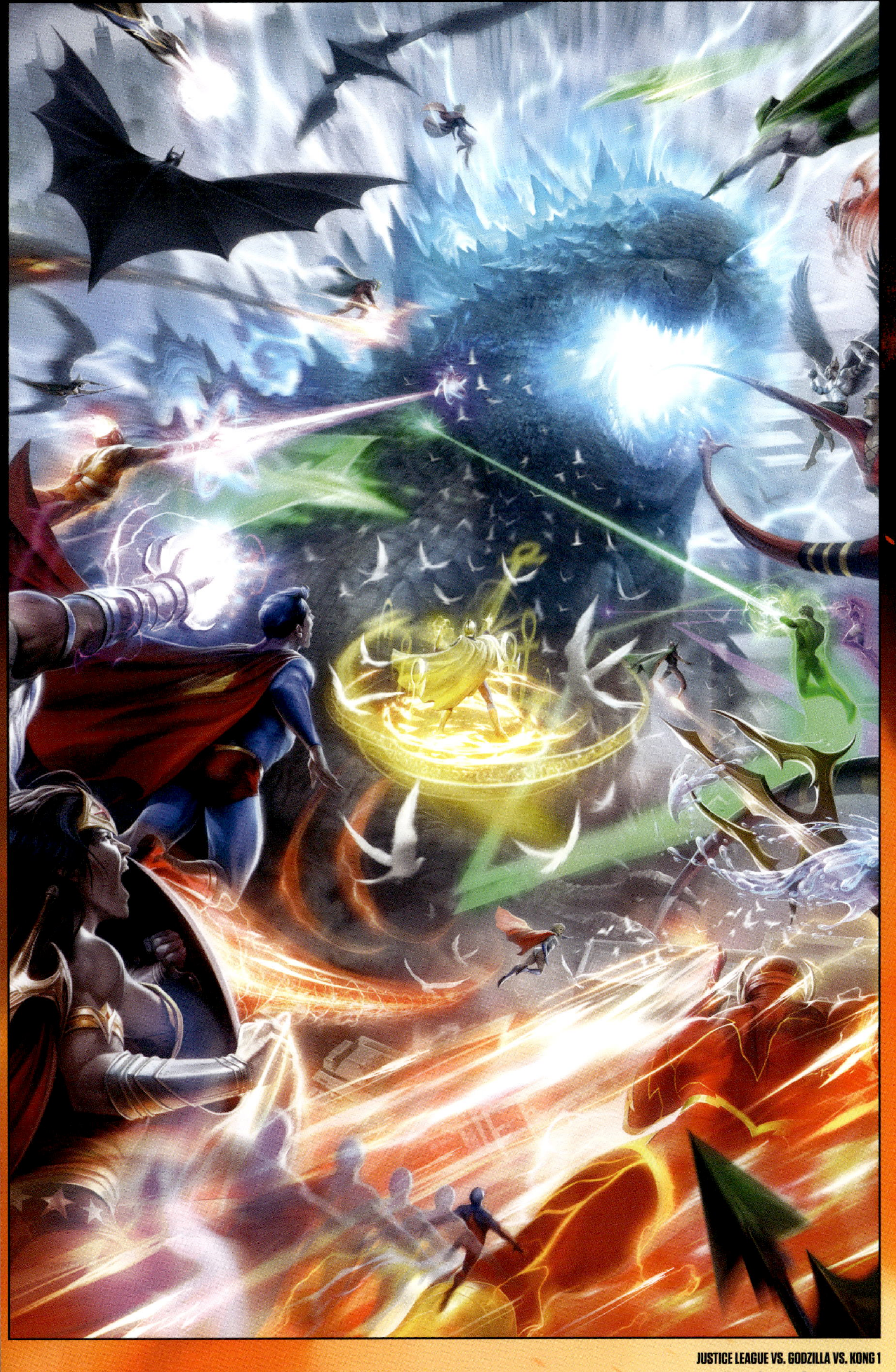

JUSTICE LEAGUE VS. GODZILLA VS. KONG 1
Variant-Cover von Francesco Mattina

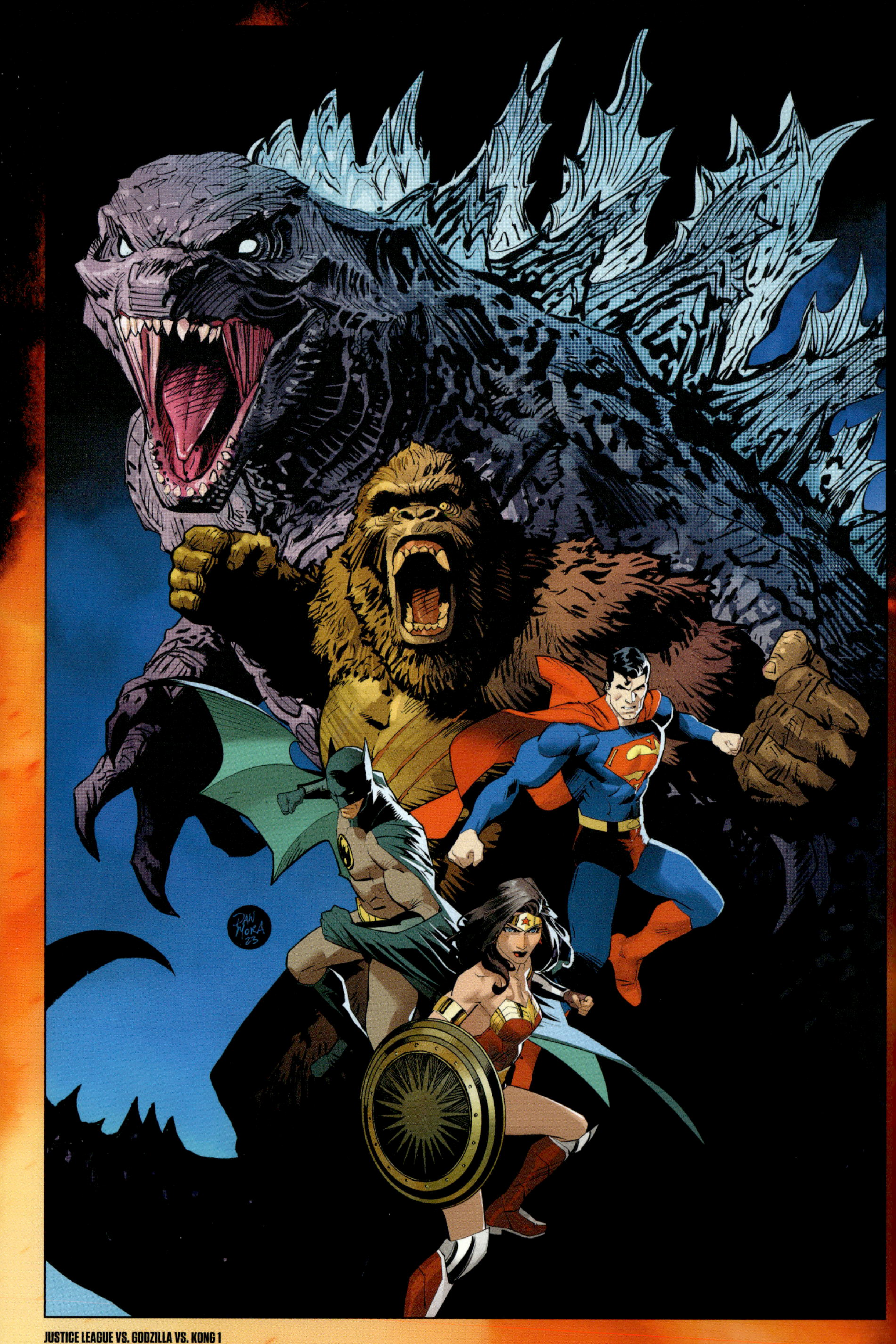

JUSTICE LEAGUE VS. GODZILLA VS. KONG 1

Variant-Cover von Dan Mora

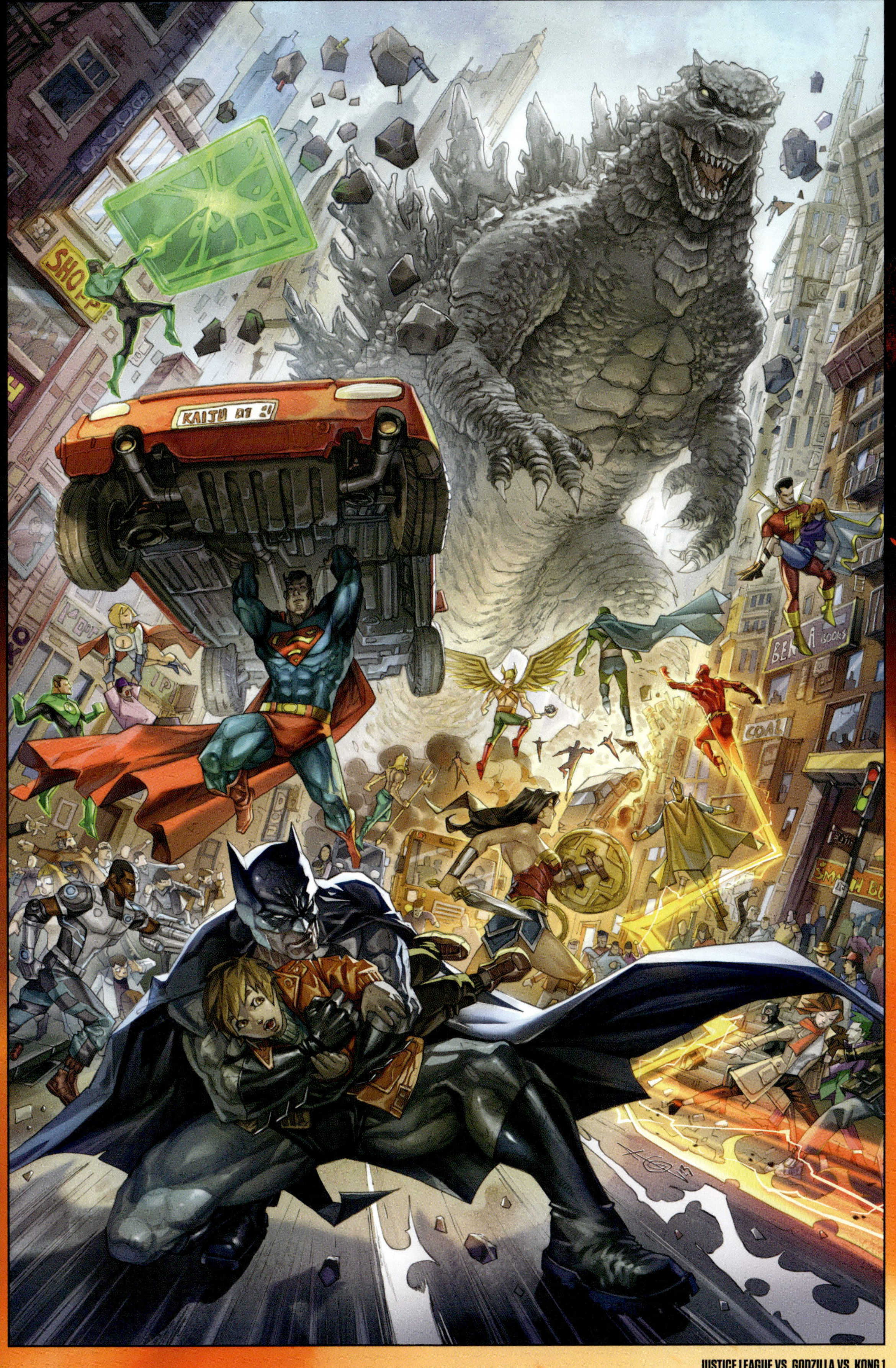

JUSTICE LEAGUE VS. GODZILLA VS. KONG 1
Variant-Cover von Alan Quah

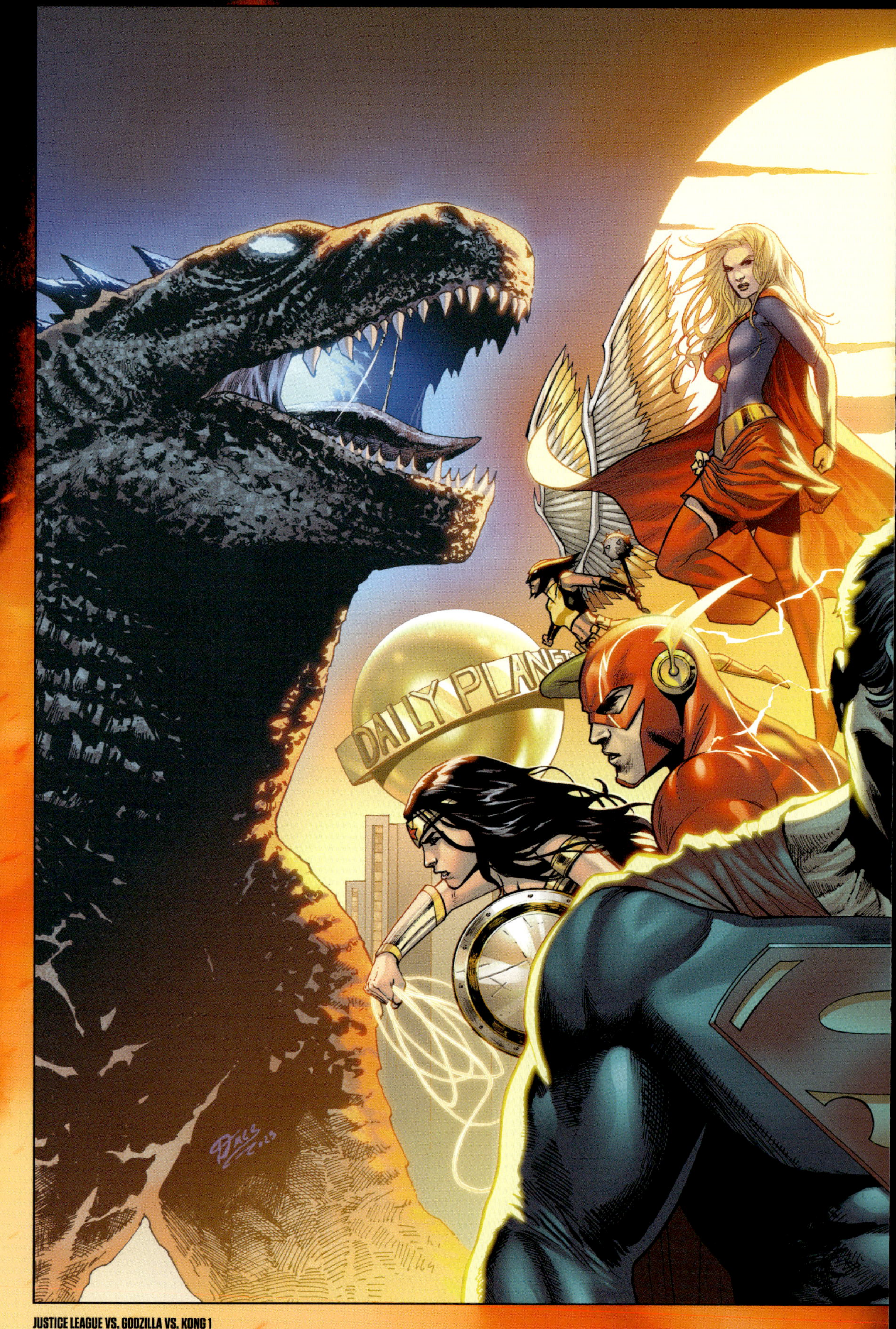

JUSTICE LEAGUE VS. GODZILLA VS. KONG 1
Variant-Cover von Christian Duce und Luis Guerrero

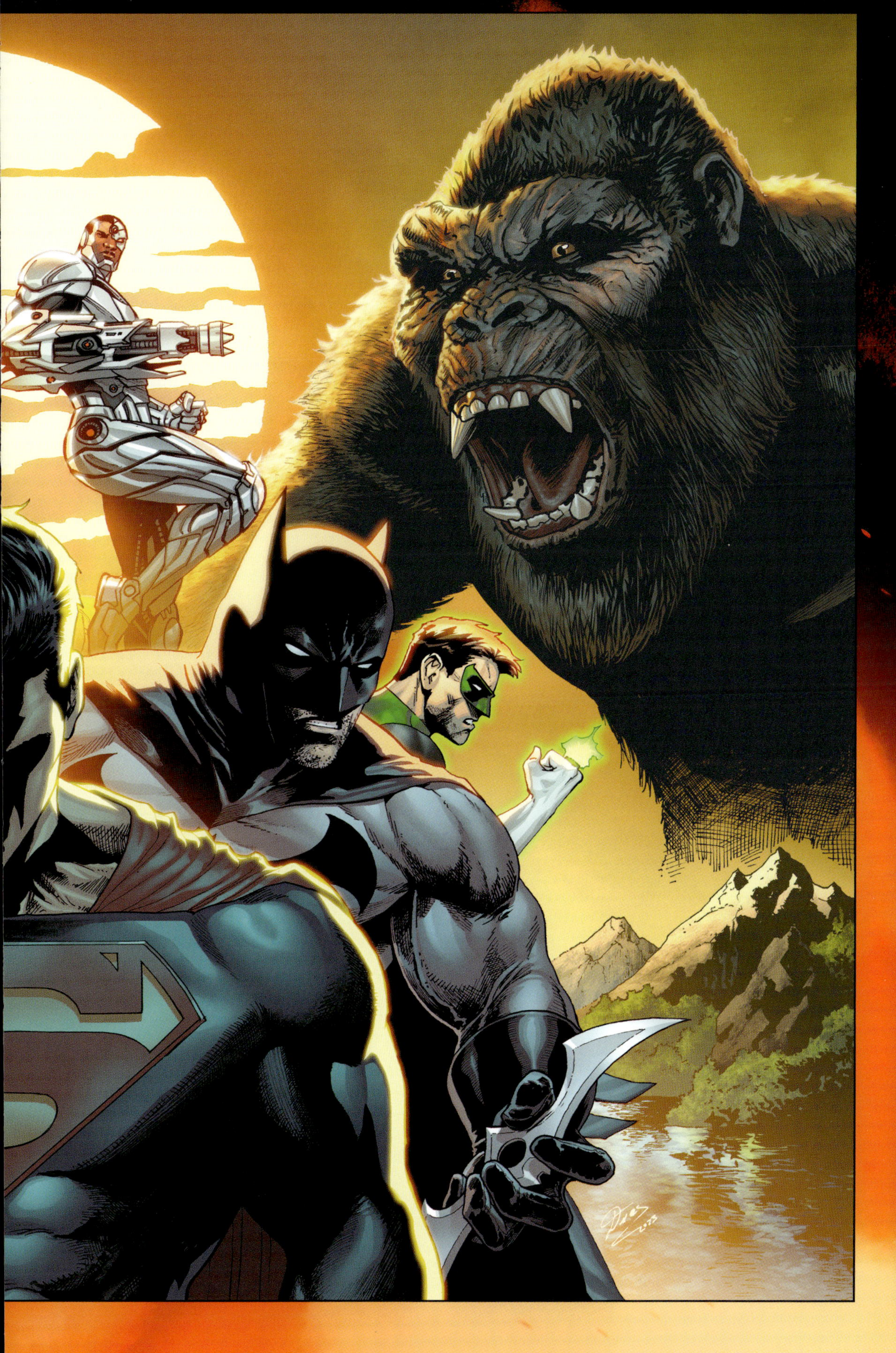

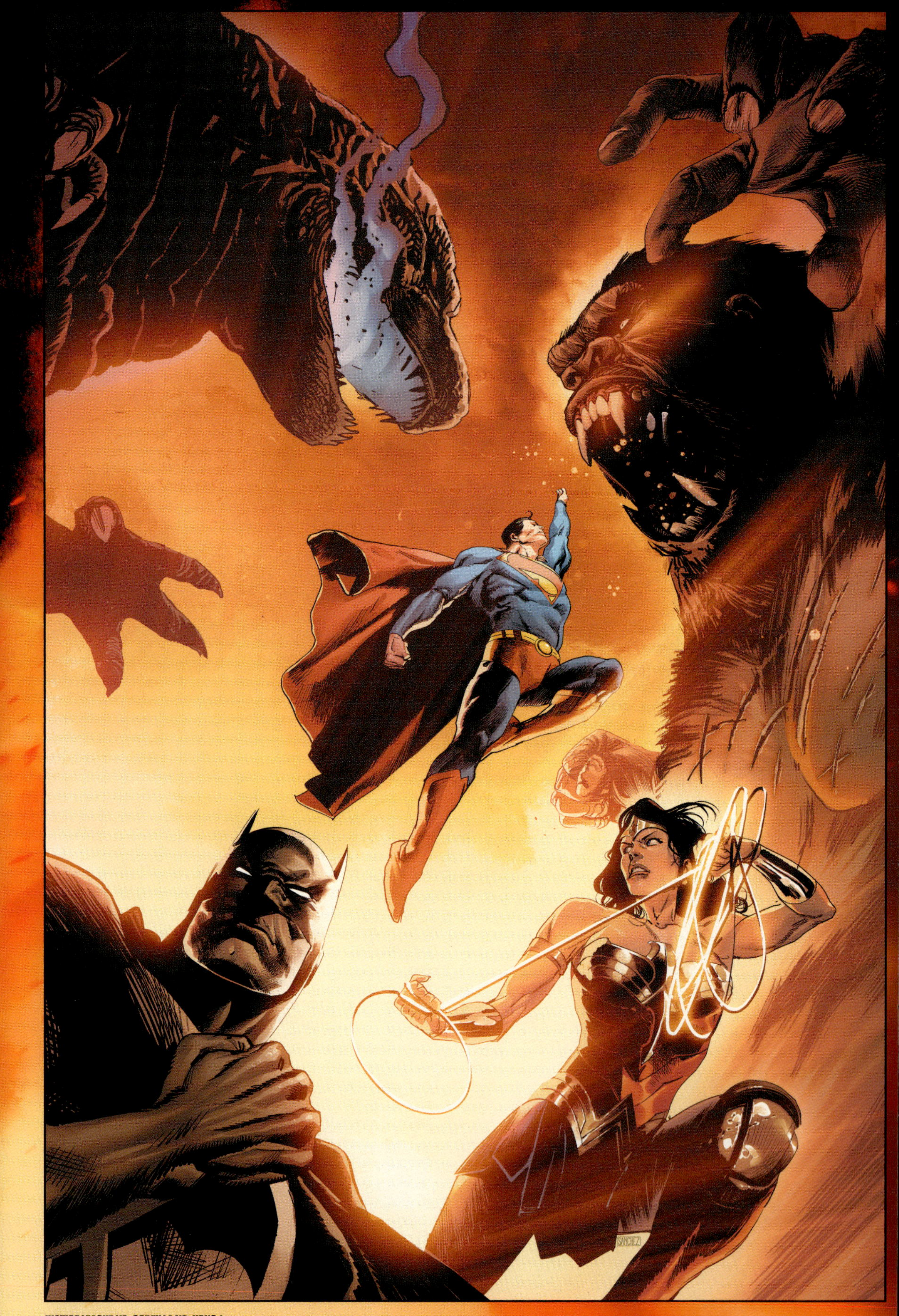

JUSTICE LEAGUE VS. GODZILLA VS. KONG 1
Variant-Cover von Rafael Albuquerque und Alejandro Sánchez

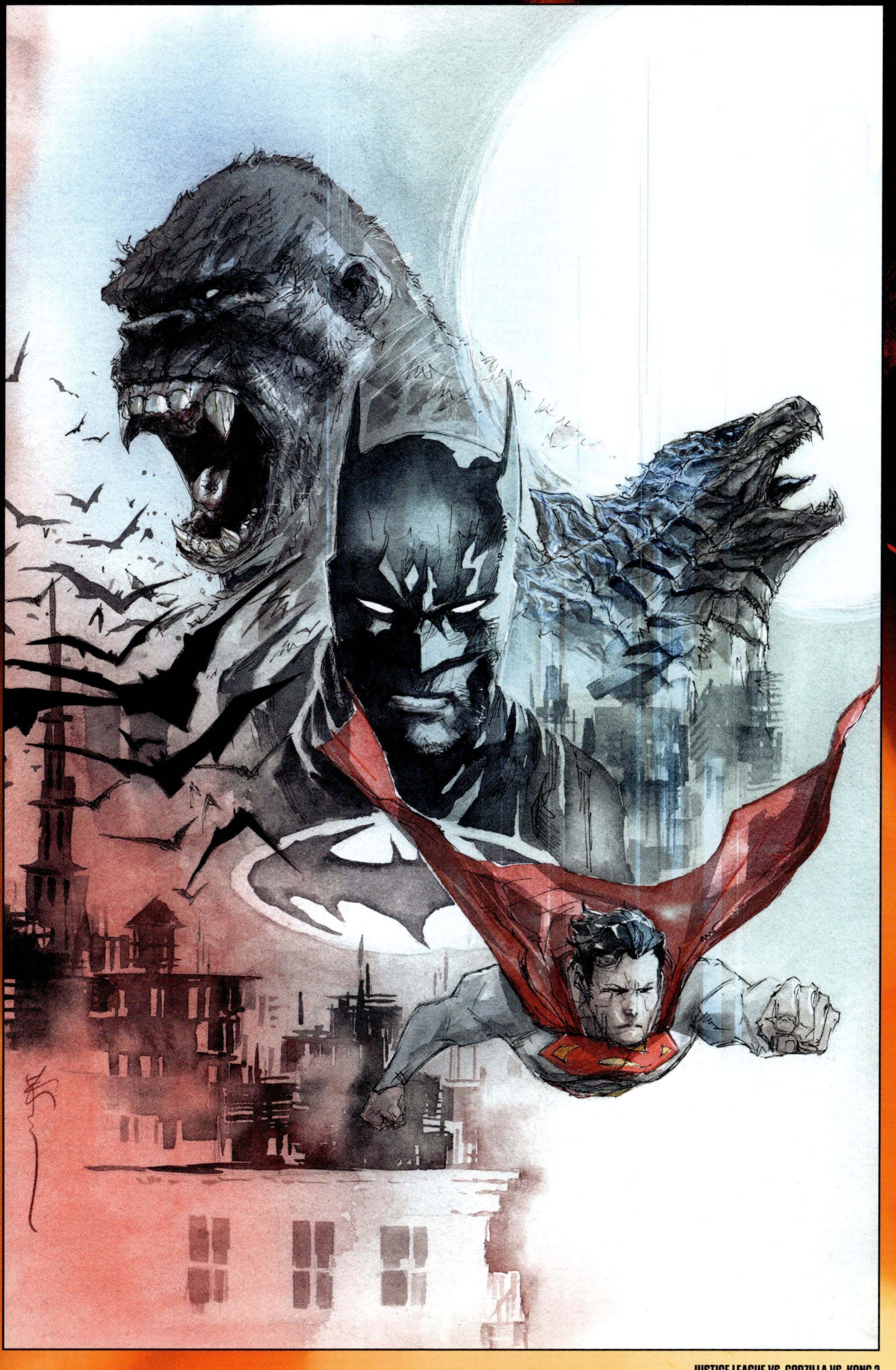

JUSTICE LEAGUE VS. GODZILLA VS. KONG 2
Variant-Cover von Dustin Nguyen

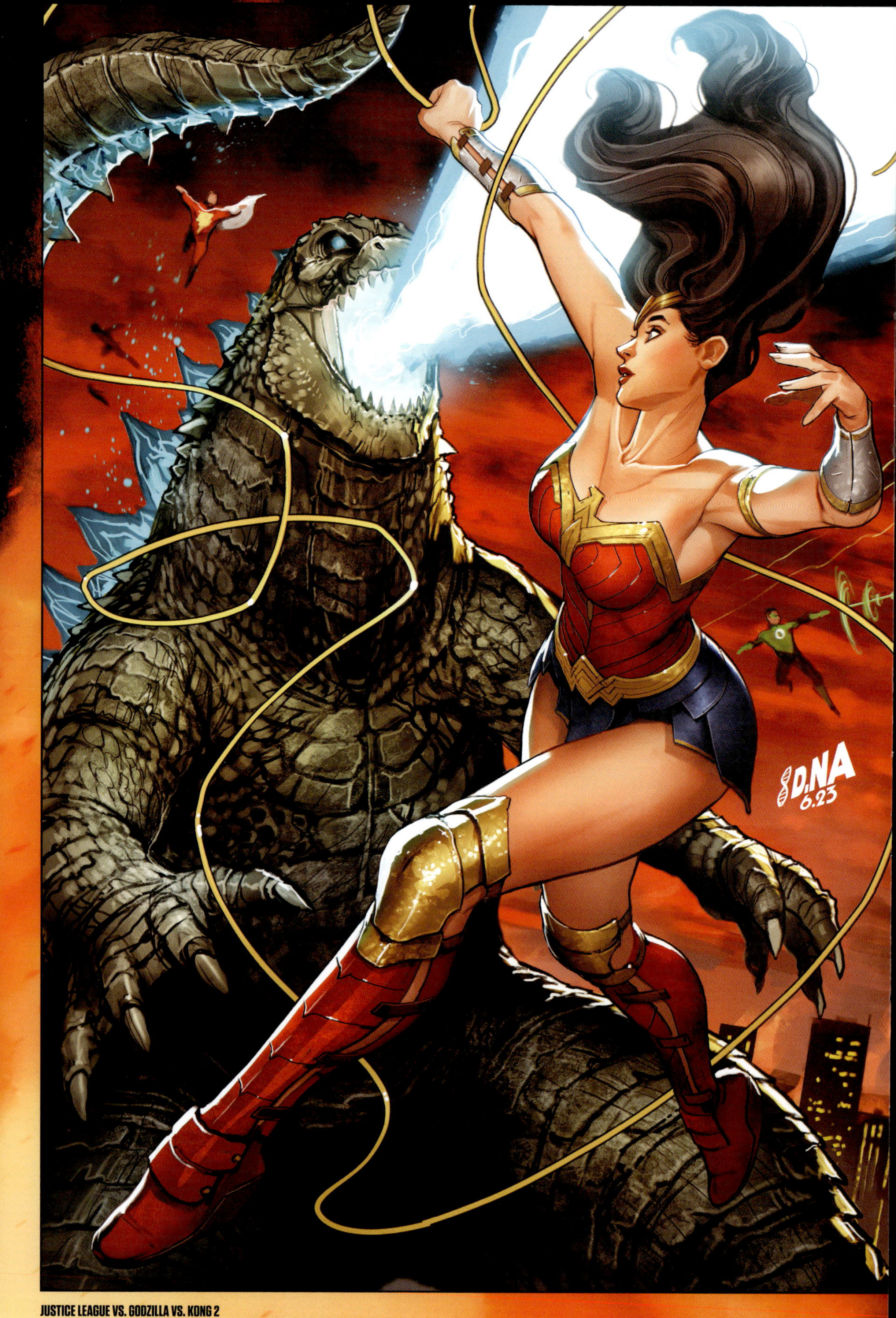

JUSTICE LEAGUE VS. GODZILLA VS. KONG 2
Variant-Cover von David Nakayama

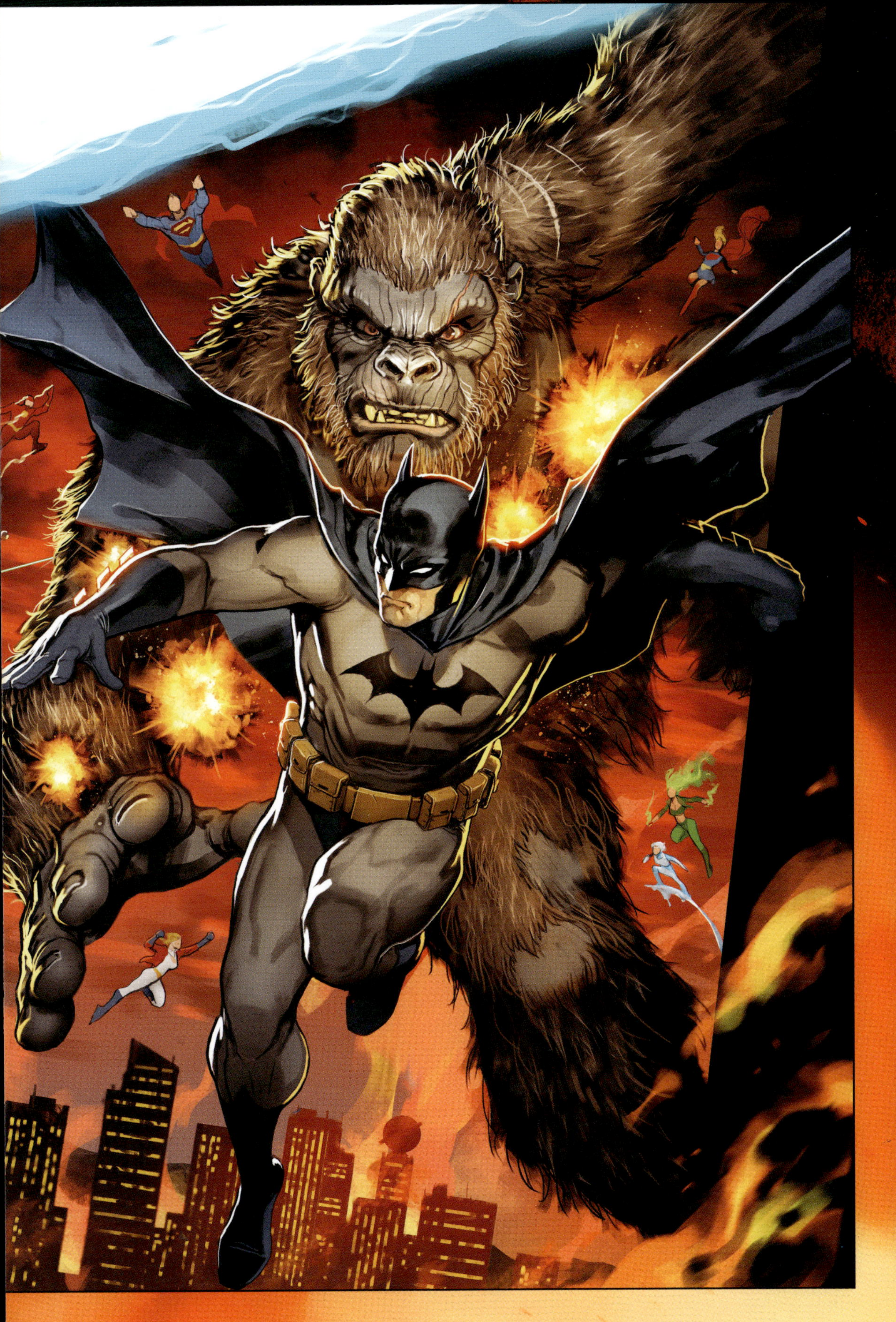

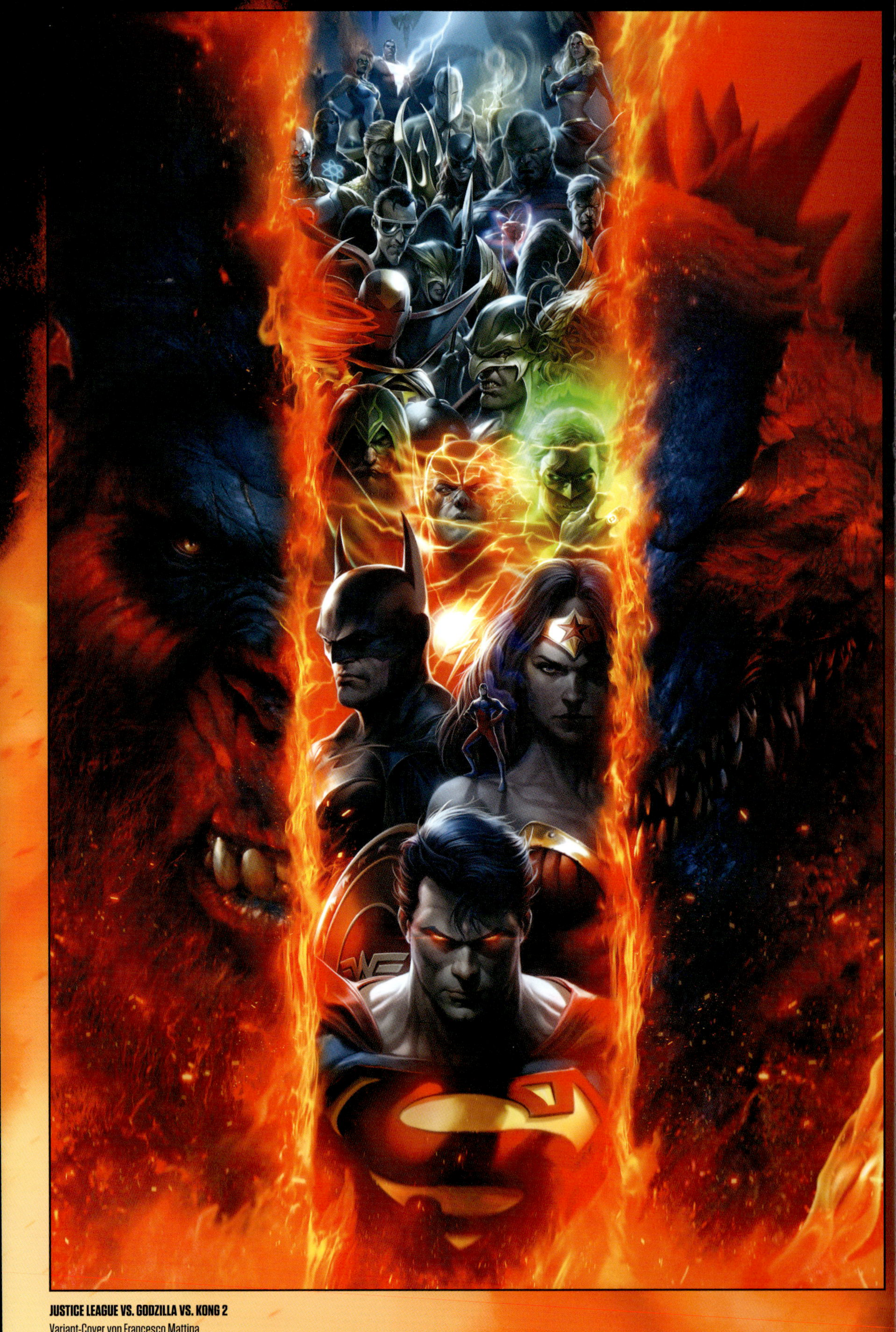

JUSTICE LEAGUE VS. GODZILLA VS. KONG 2
Variant-Cover von Francesco Mattina

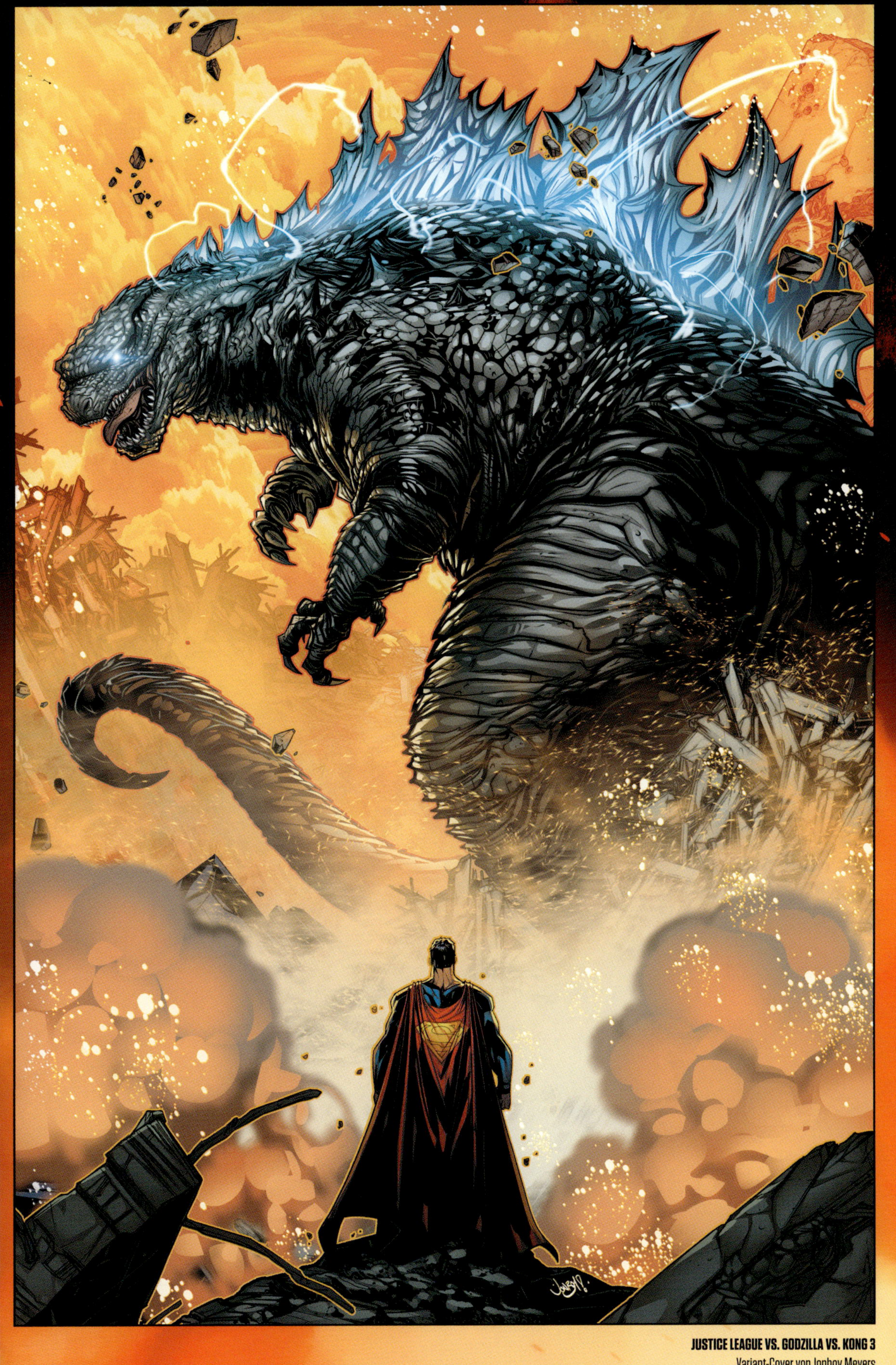

JUSTICE LEAGUE VS. GODZILLA VS. KONG 3
Variant-Cover von Jonboy Meyers

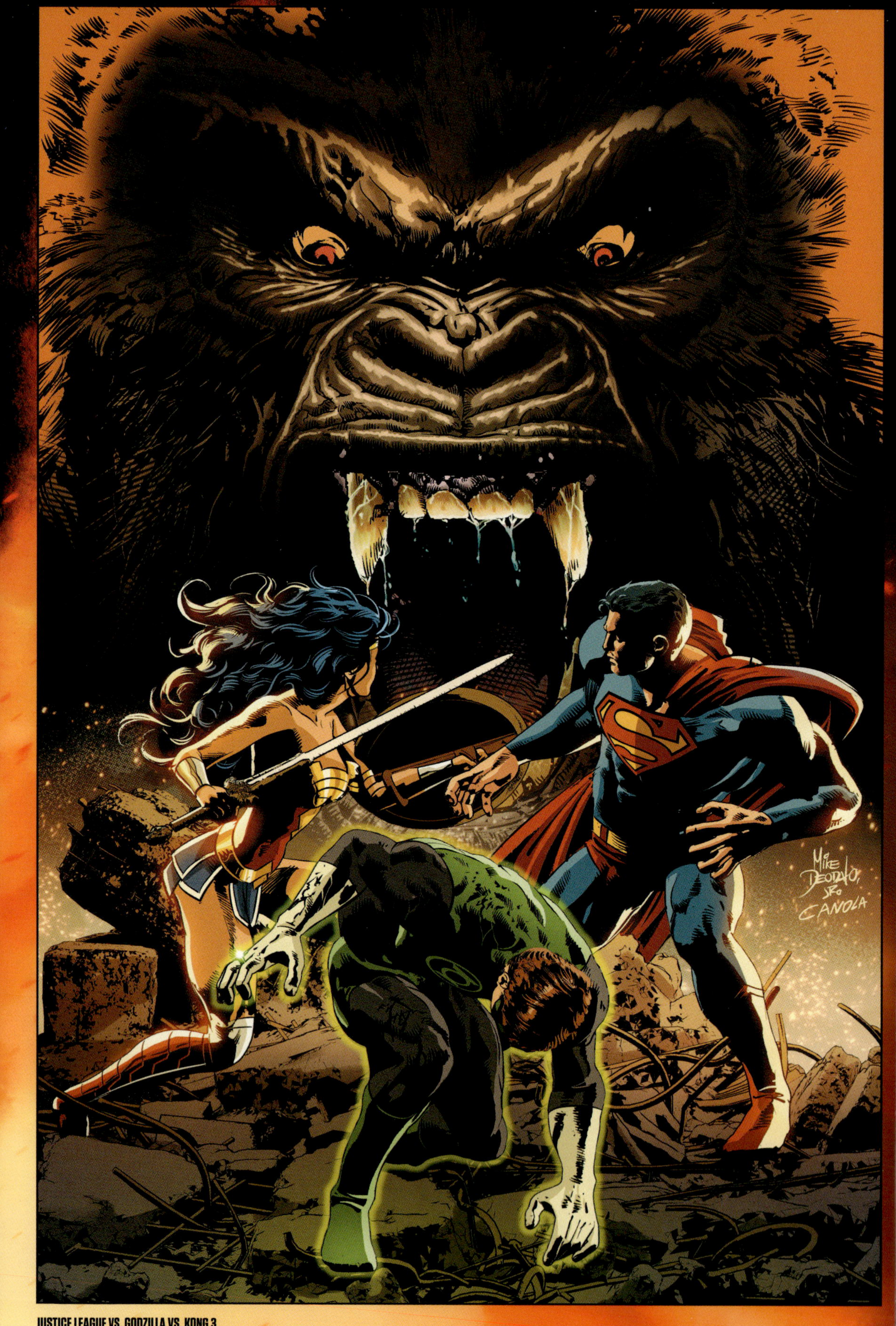

JUSTICE LEAGUE VS. GODZILLA VS. KONG 3
Variant-Cover von Mike Deodato Jr. und Jão Canola

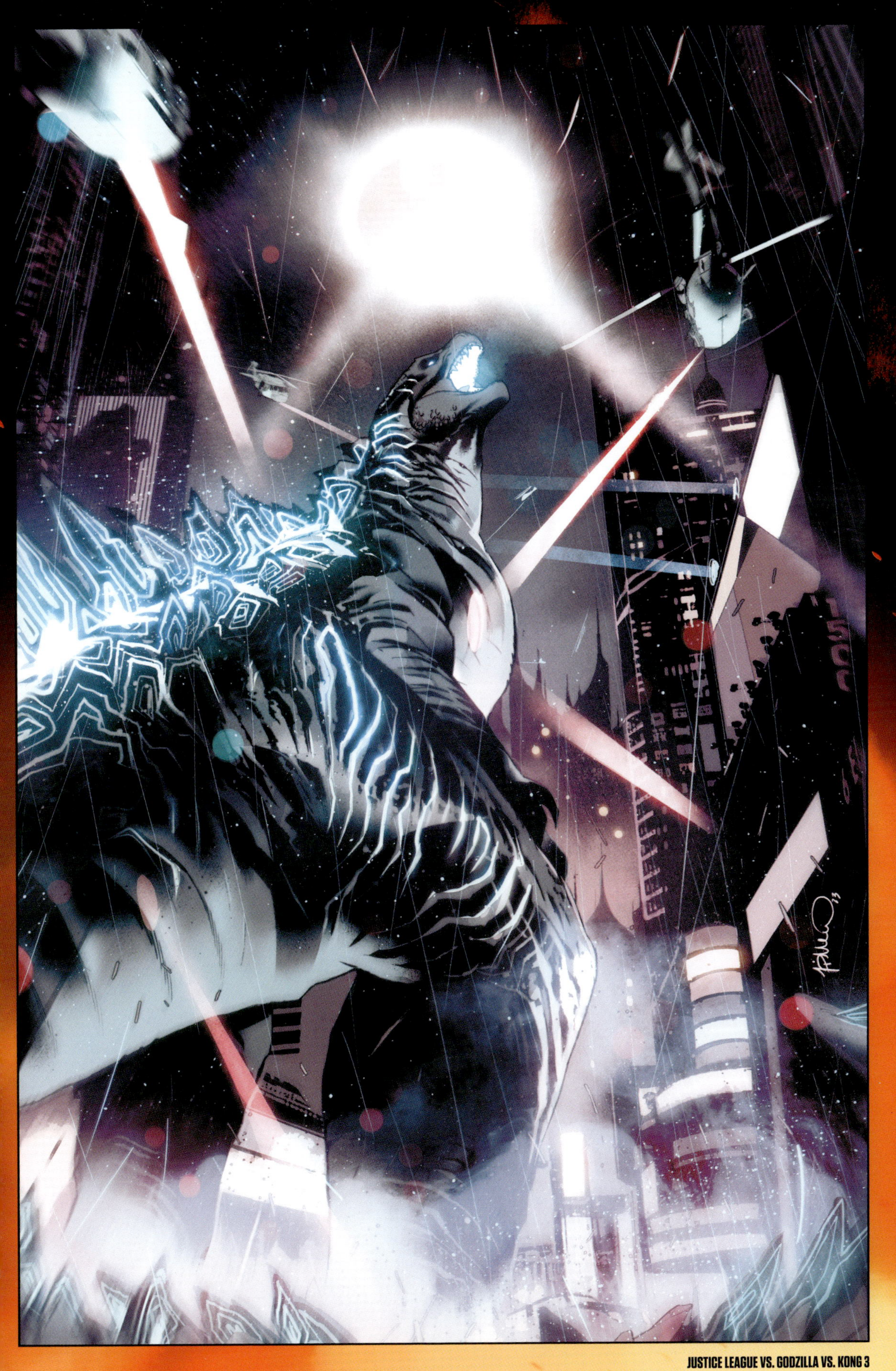

JUSTICE LEAGUE VS. GODZILLA VS. KONG 3
Variant-Cover von Simone Di Meo

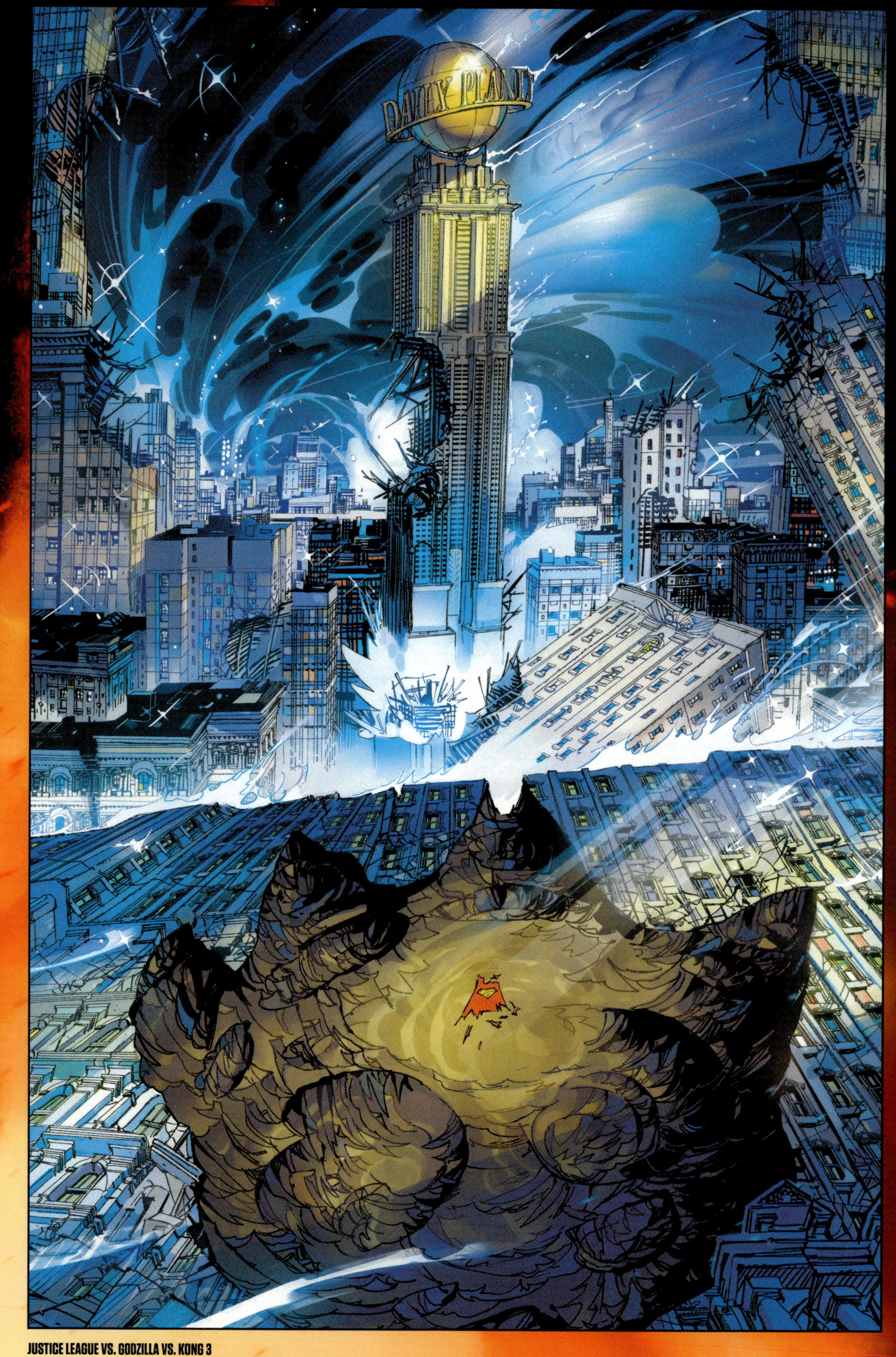

JUSTICE LEAGUE VS. GODZILLA VS. KONG 3

Variant-Cover von Arist Deyn

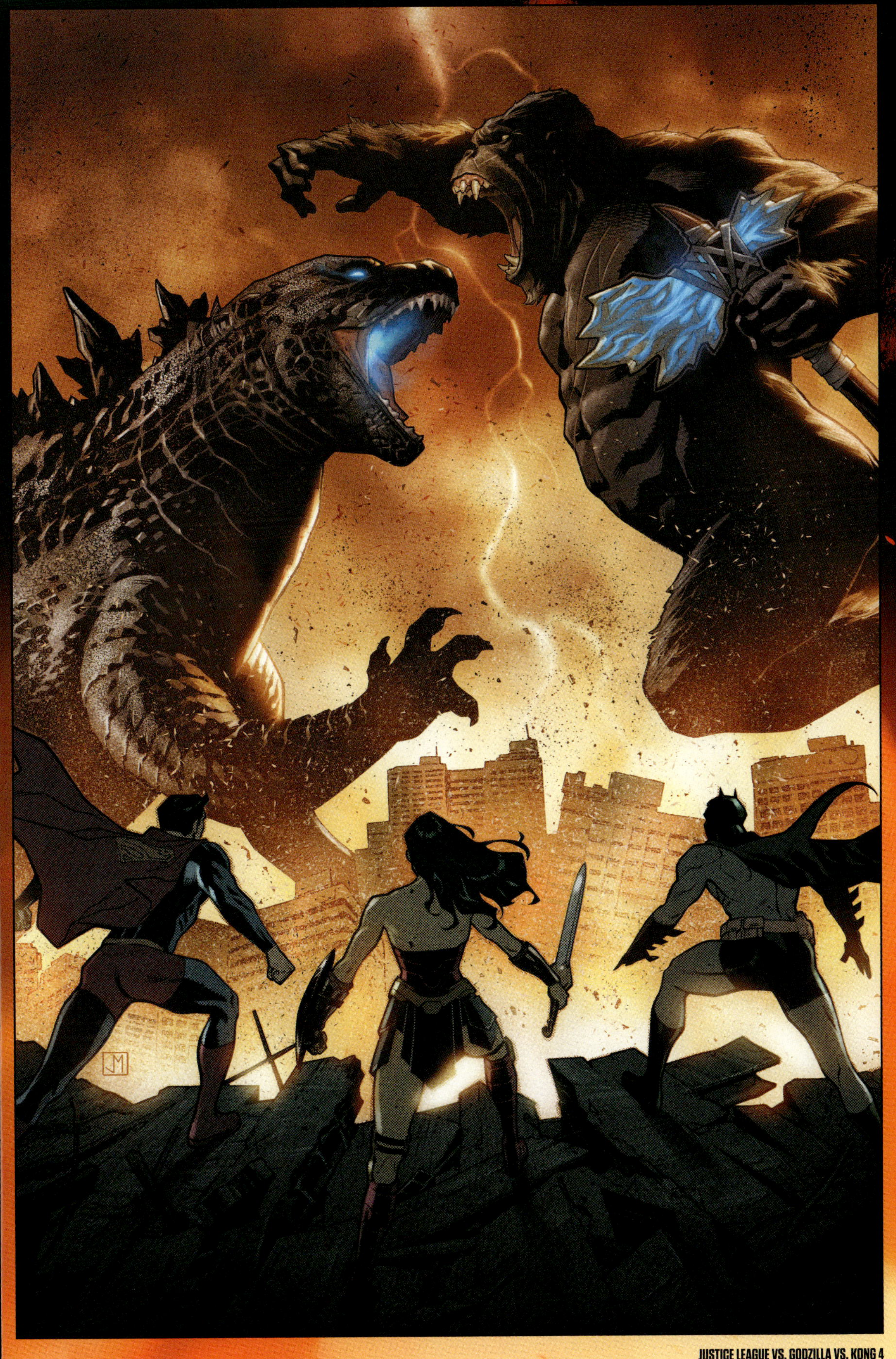

JUSTICE LEAGUE VS. GODZILLA VS. KONG 4
Variant-Cover von Jorge Molina

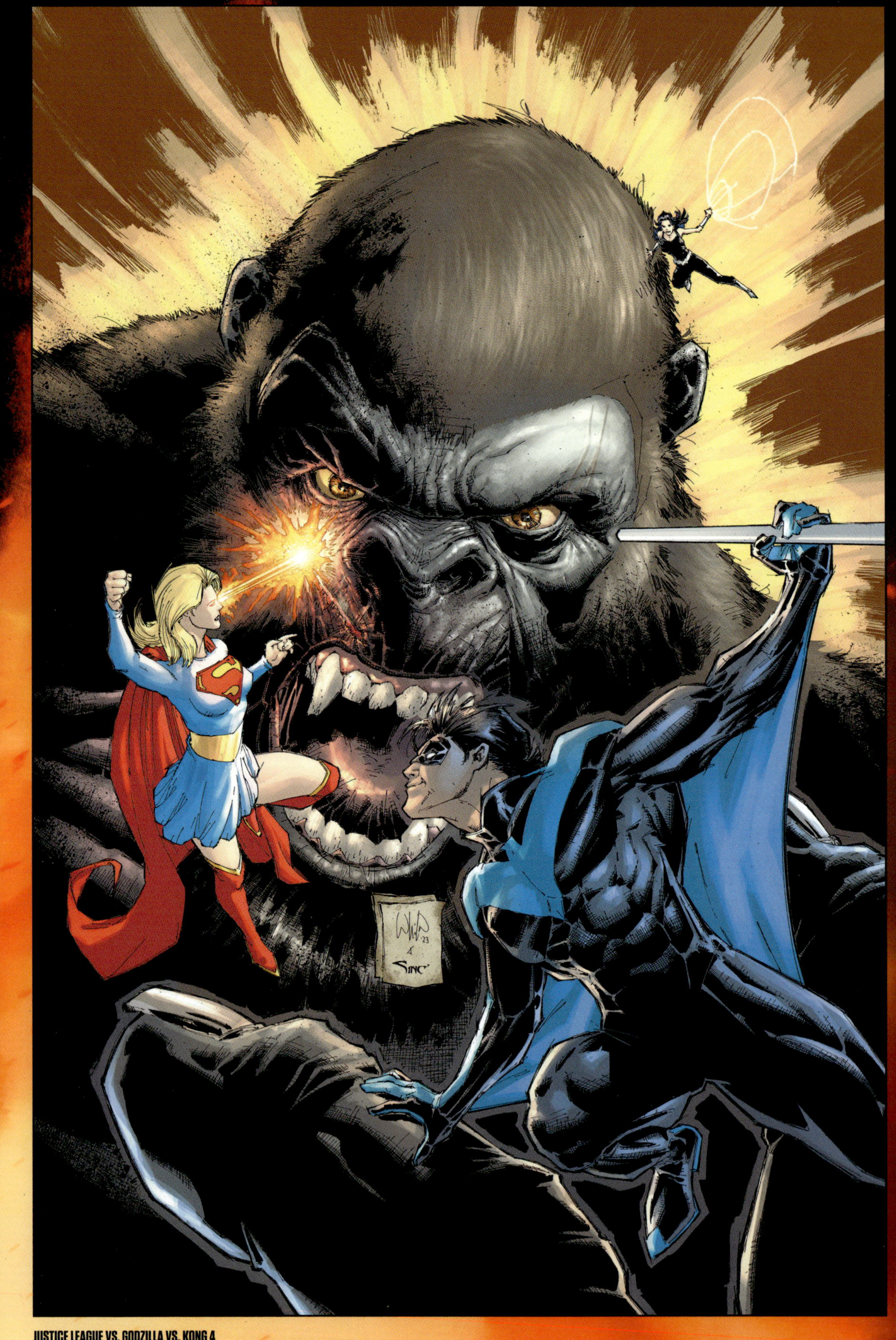

JUSTICE LEAGUE VS. GODZILLA VS. KONG 4
Variant-Cover von Whilce Portacio

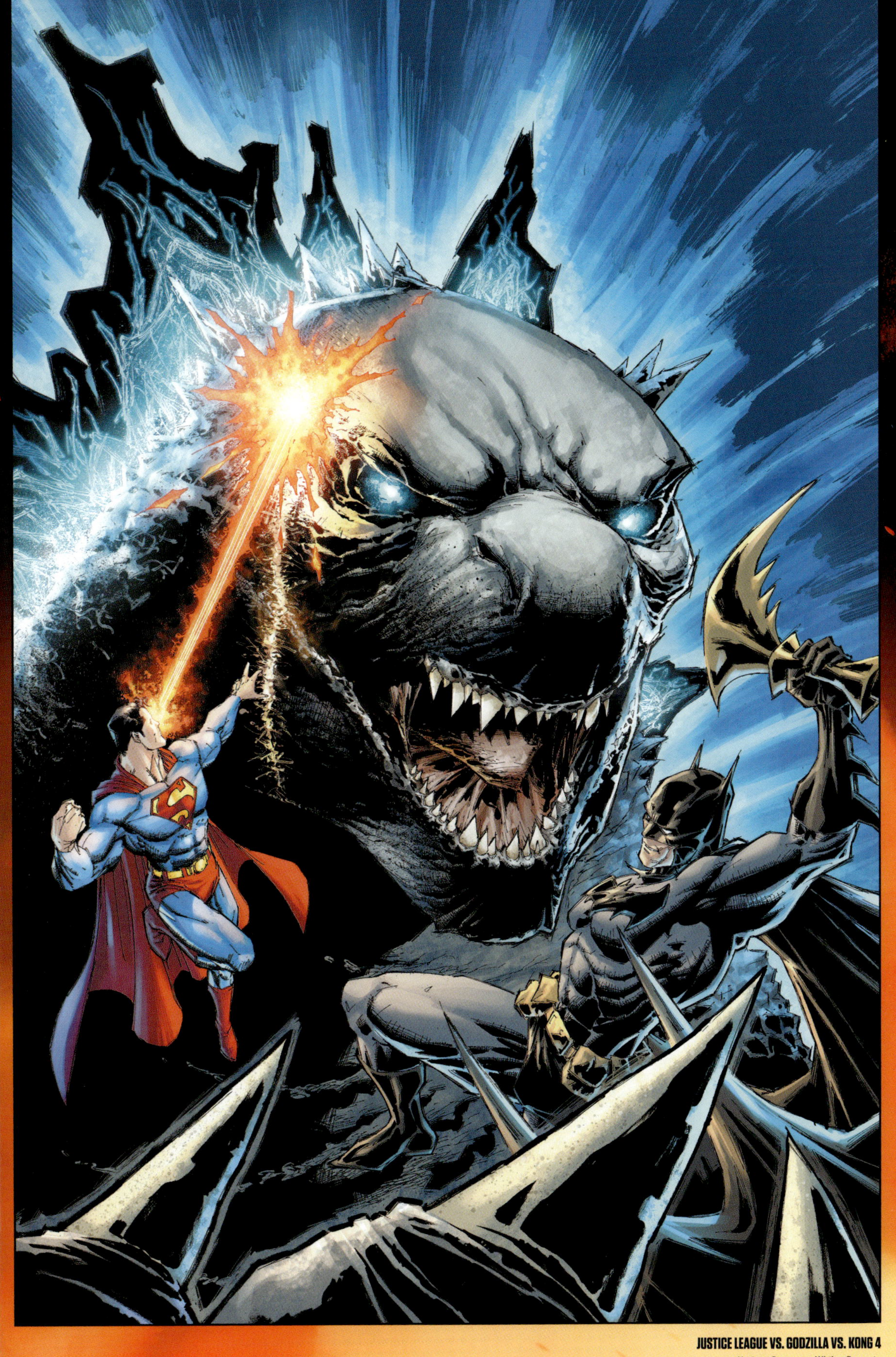

JUSTICE LEAGUE VS. GODZILLA VS. KONG 4
Variant-Cover von Whilce Portacio

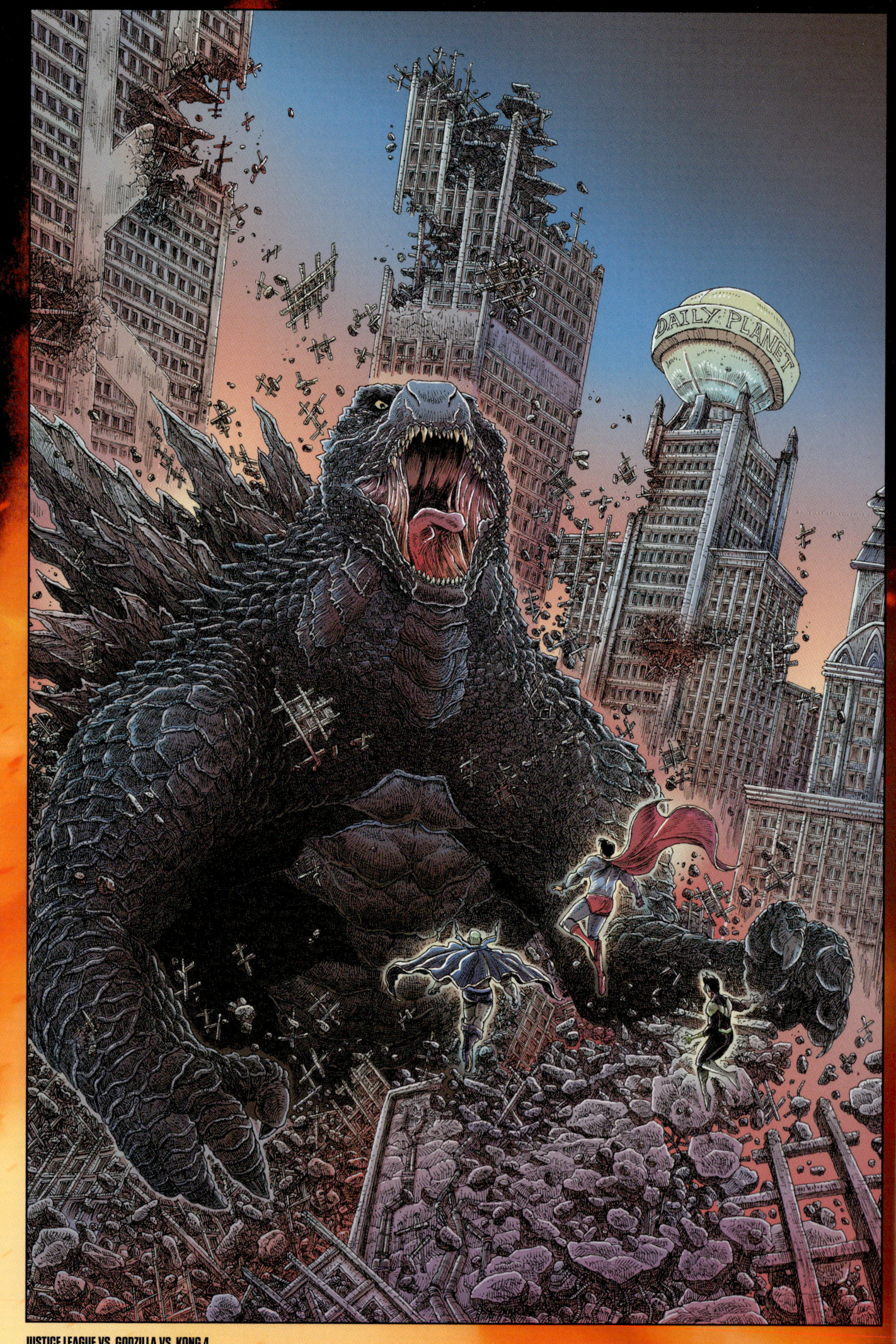

JUSTICE LEAGUE VS. GODZILLA VS. KONG 4
Variant-Cover von James Stokoe

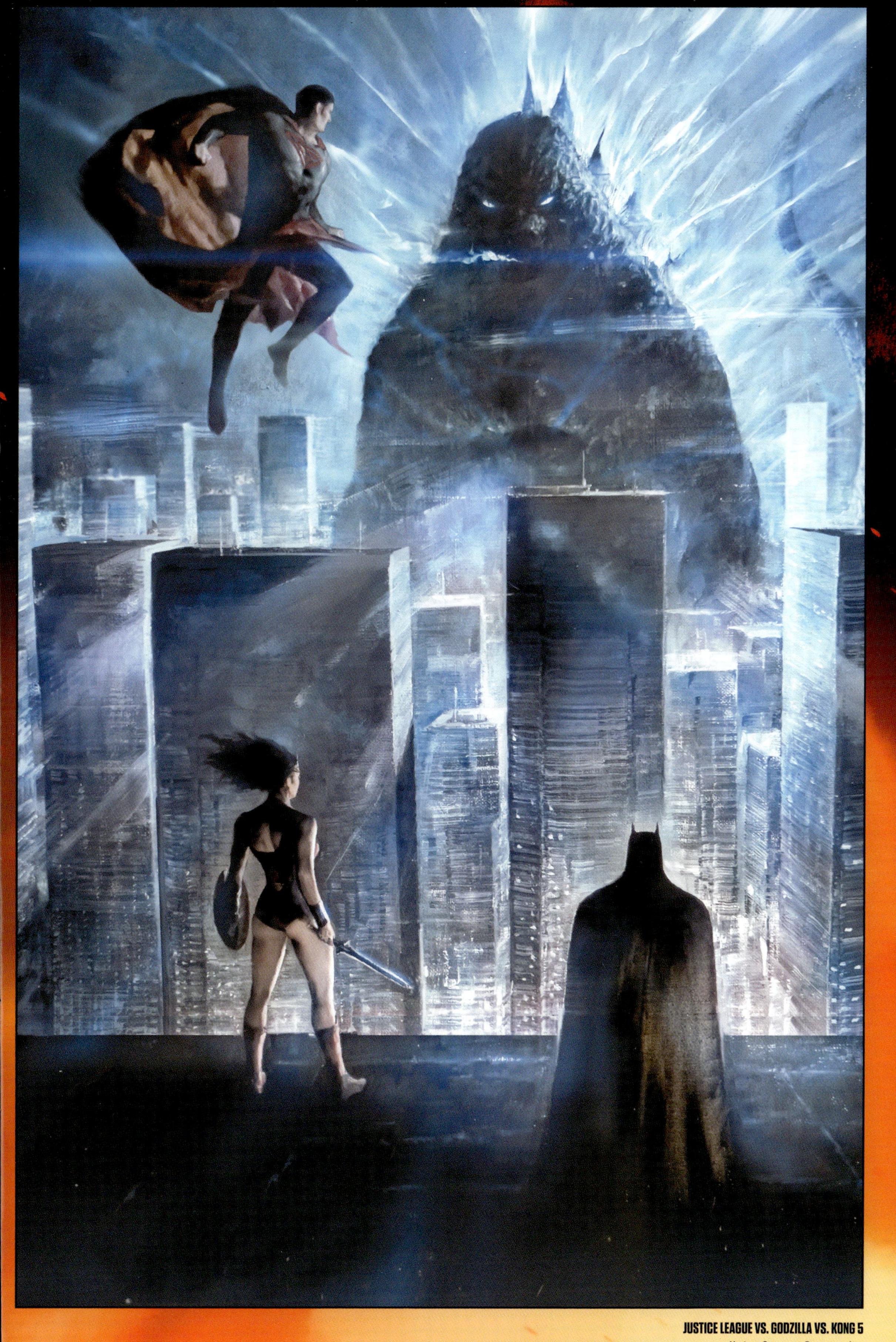

JUSTICE LEAGUE VS. GODZILLA VS. KONG 5
Variant-Cover von Puppeteer Lee

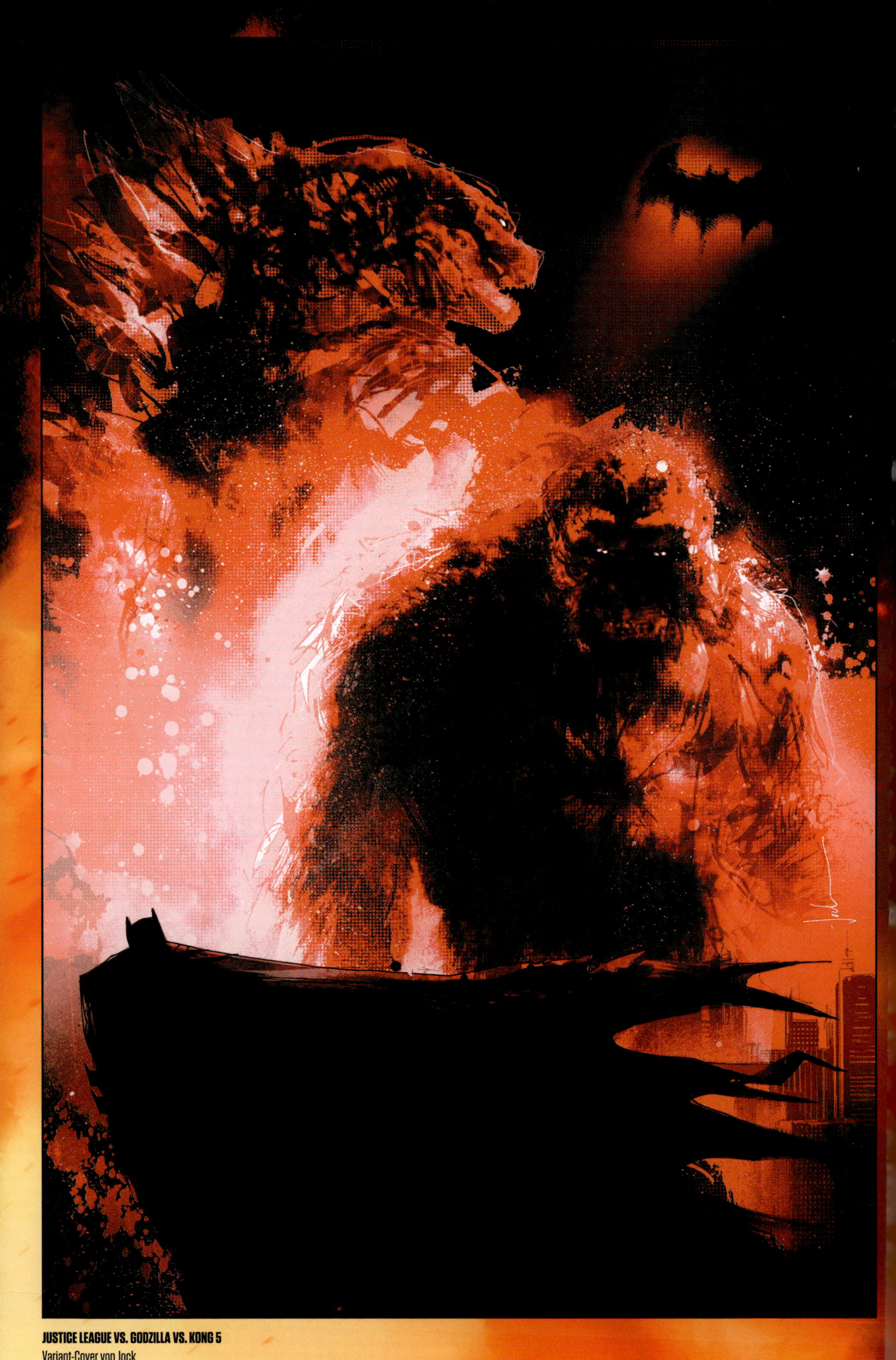

JUSTICE LEAGUE VS. GODZILLA VS. KONG 5
Variant-Cover von Jock

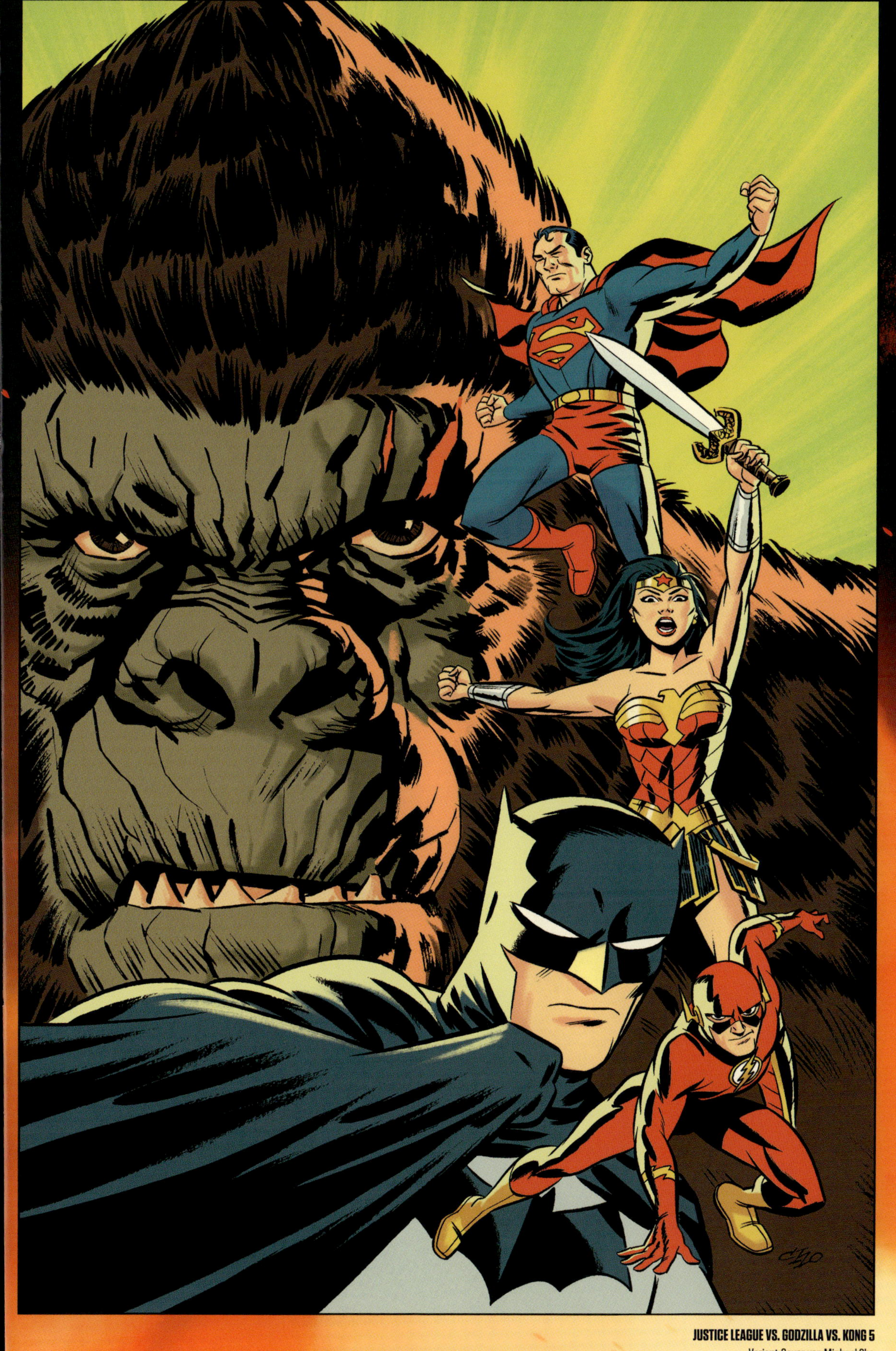

JUSTICE LEAGUE VS. GODZILLA VS. KONG 5
Variant-Cover von Michael Cho

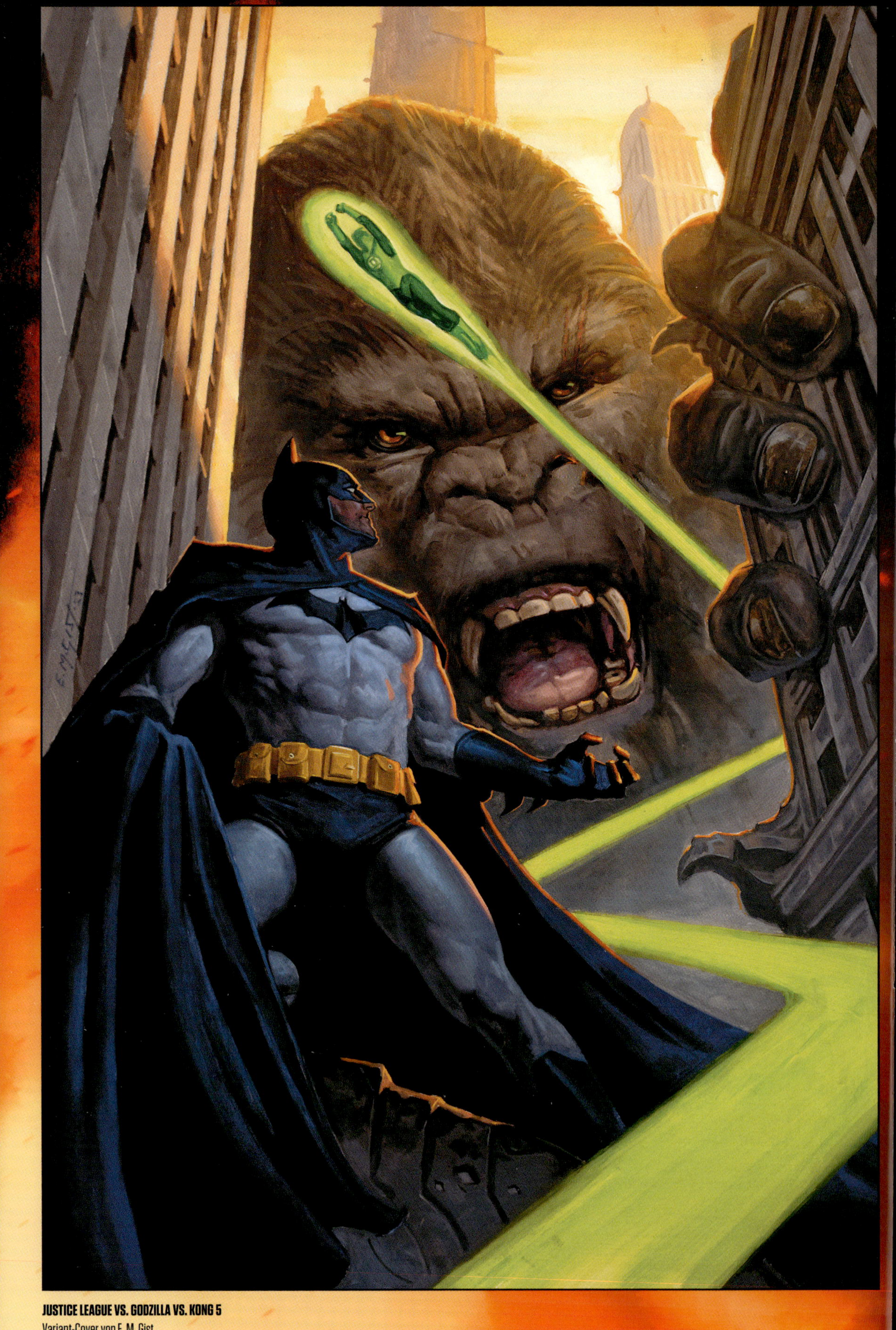

JUSTICE LEAGUE VS. GODZILLA VS. KONG 5
Variant-Cover von E. M. Gist

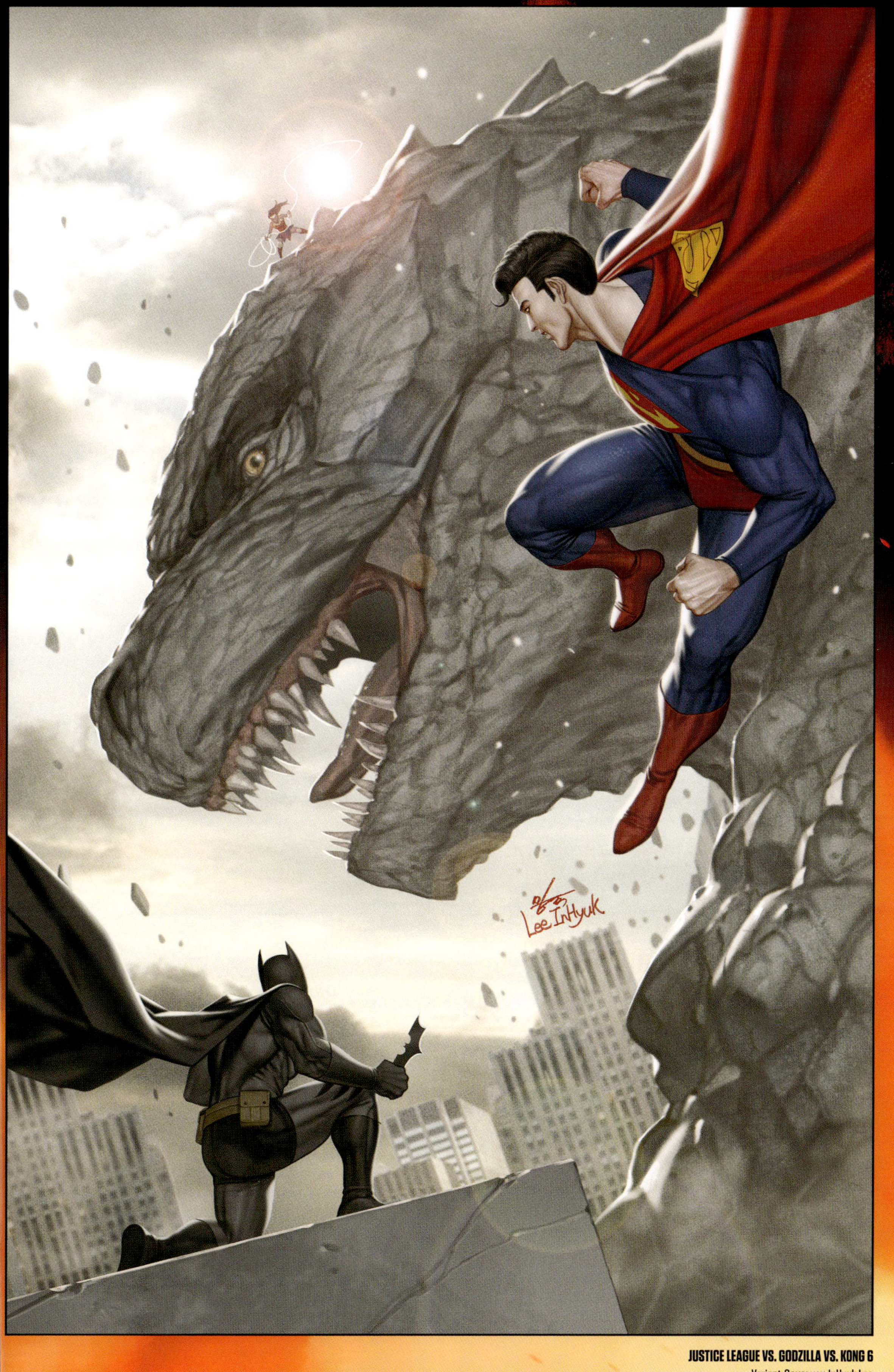

JUSTICE LEAGUE VS. GODZILLA VS. KONG 6
Variant-Cover von InHyuk Lee

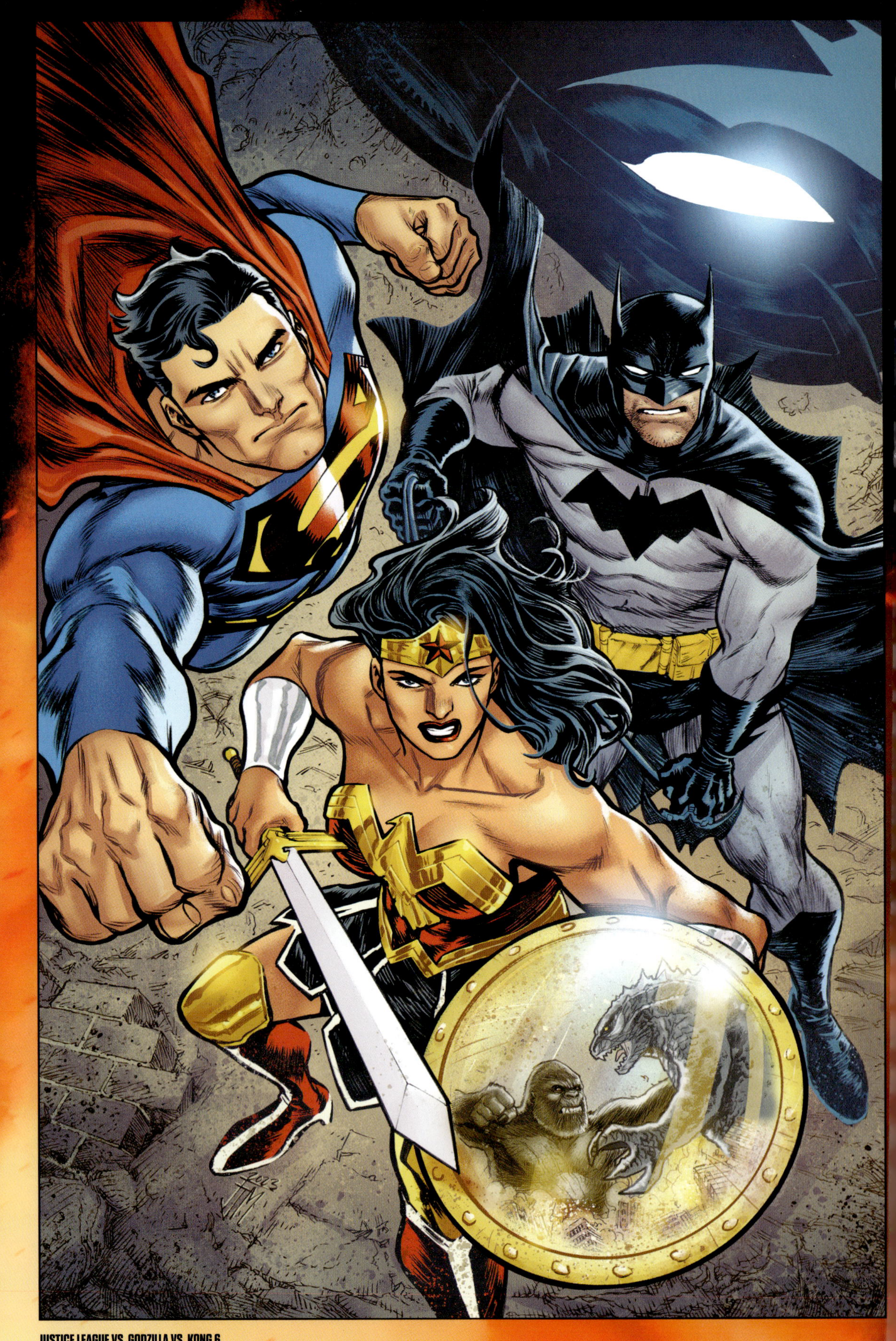

JUSTICE LEAGUE VS. GODZILLA VS. KONG 6
Variant-Cover von Francis Manapul

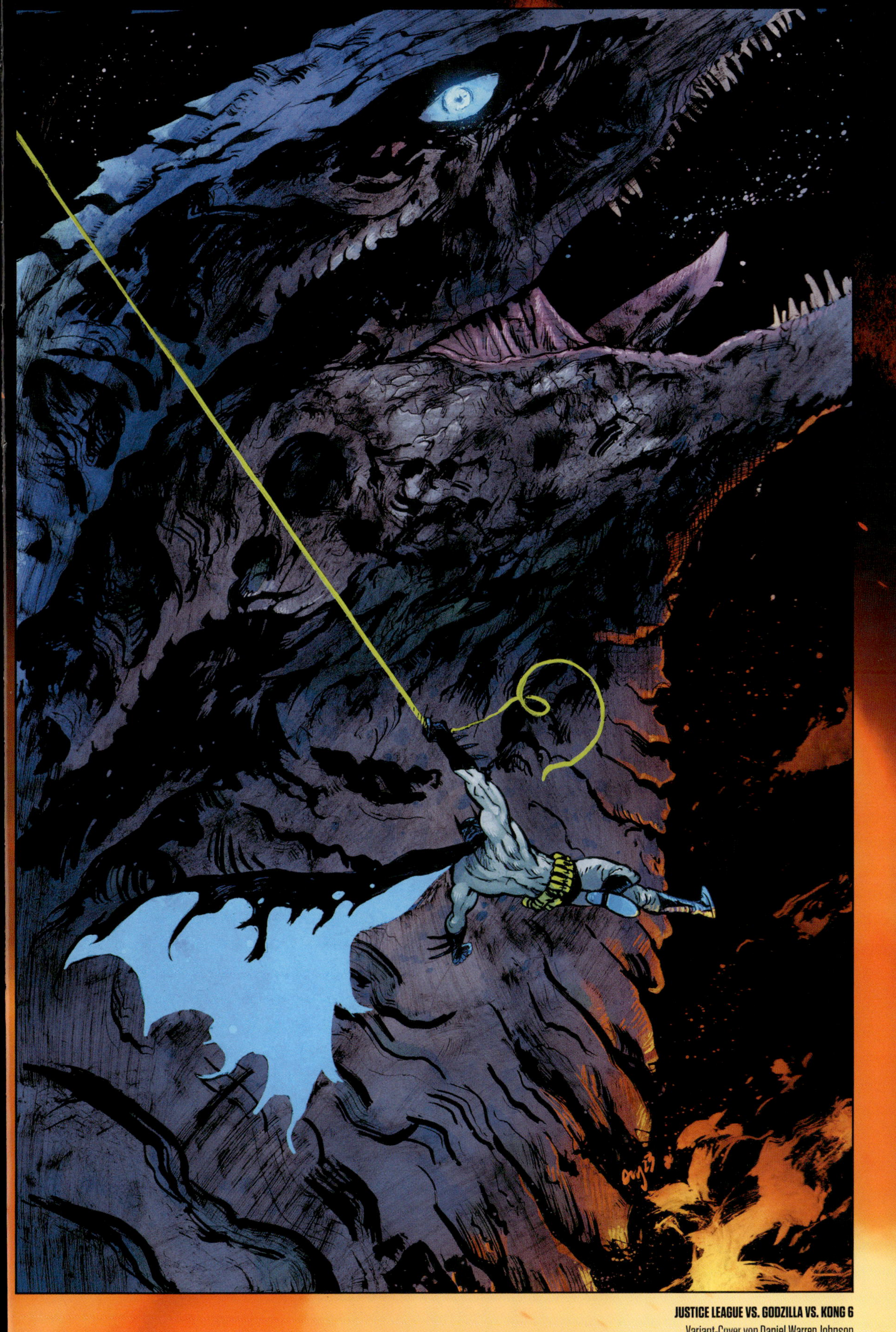

JUSTICE LEAGUE VS. GODZILLA VS. KONG 6
Variant-Cover von Daniel Warren Johnson

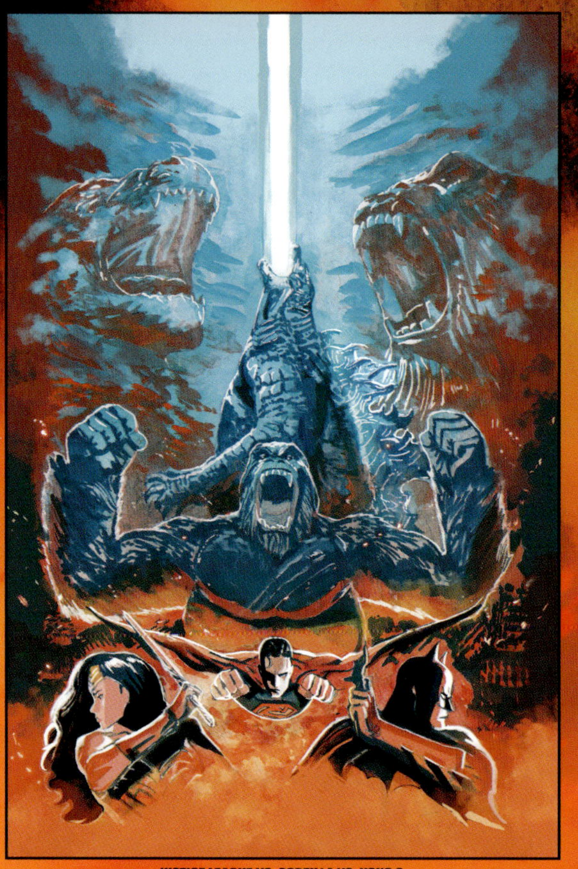

JUSTICE LEAGUE VS. GODZILLA VS. KONG 6
Variant-Cover von Nikolas Draper-Ivey

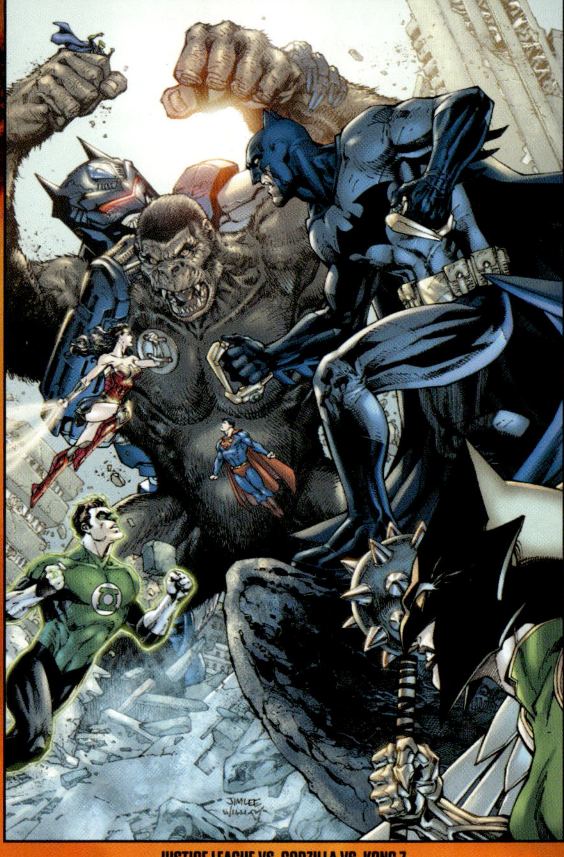

JUSTICE LEAGUE VS. GODZILLA VS. KONG 7
Variant-Cover von Jim Lee, Scott Williams und Alex Sinclair

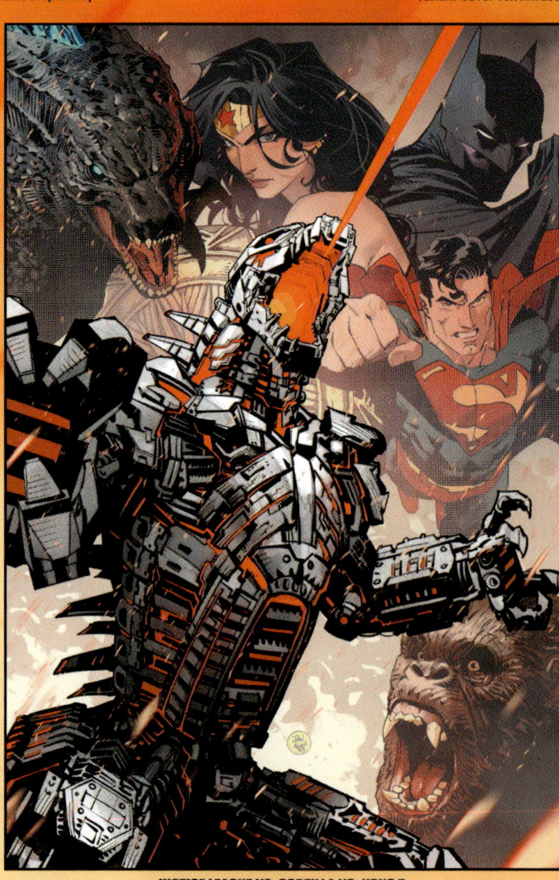

JUSTICE LEAGUE VS. GODZILLA VS. KONG 7
Variant-Cover von Dan Mora

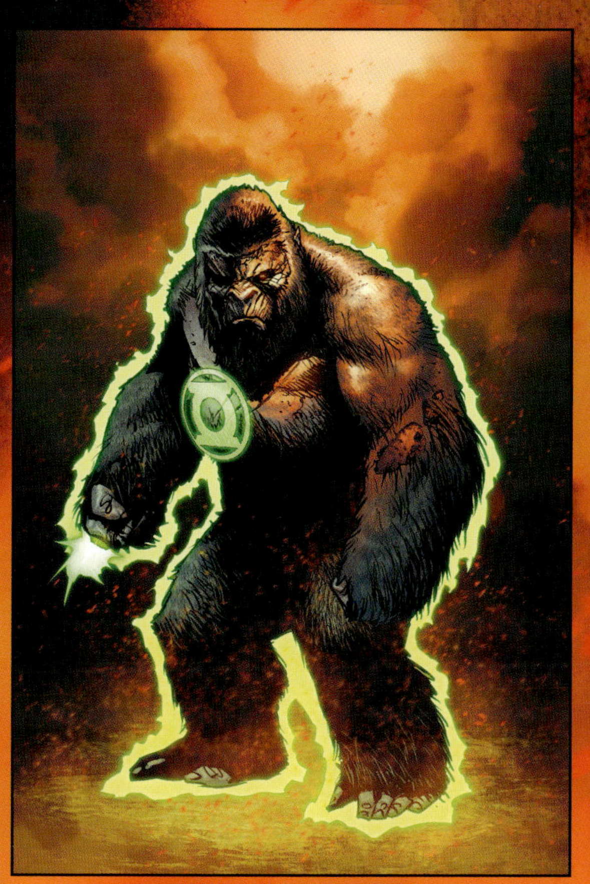

JUSTICE LEAGUE VS. GODZILLA VS. KONG 7
Variant-Cover von Christian Duce und Luis Guerrero

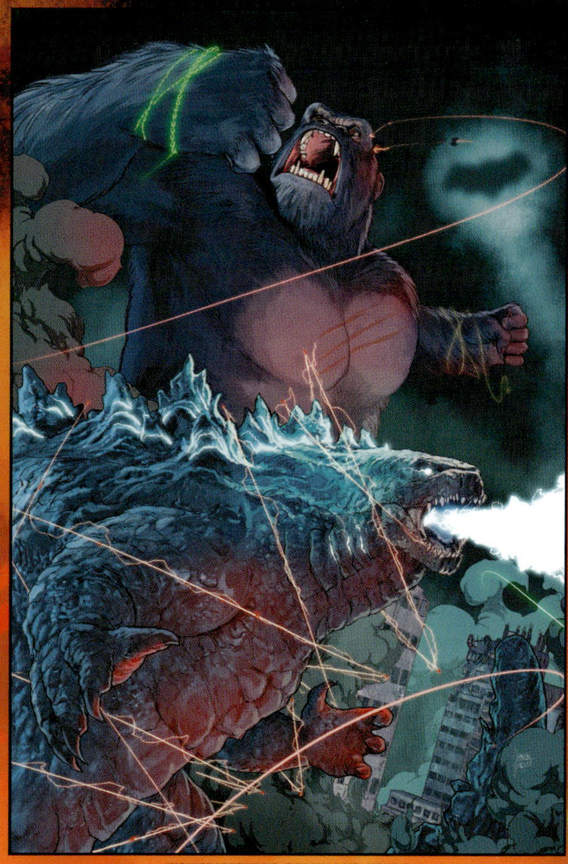

JUSTICE LEAGUE VS. GODZILLA VS. KONG 7
Variant-Cover von Mikel Janín

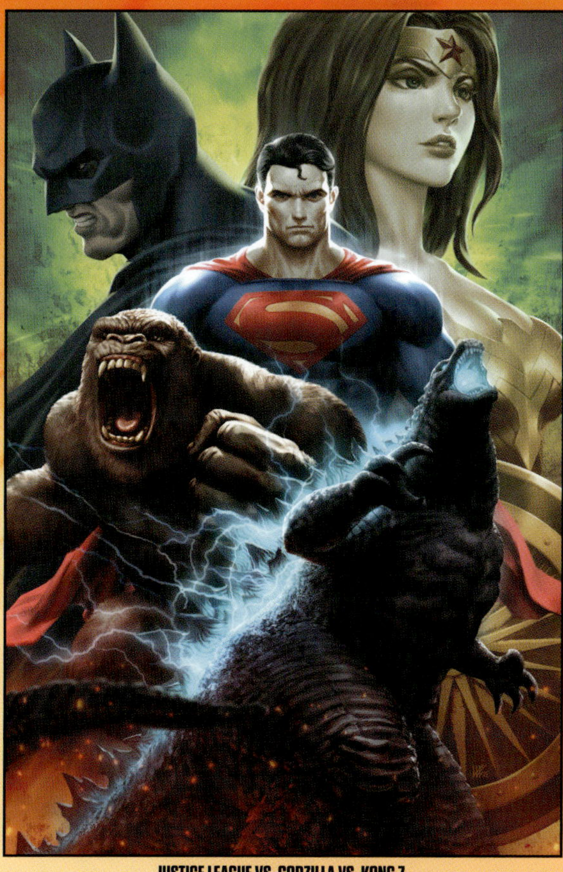

JUSTICE LEAGUE VS. GODZILLA VS. KONG 7
Variant-Cover von Kendrick „Kunkka" Lim

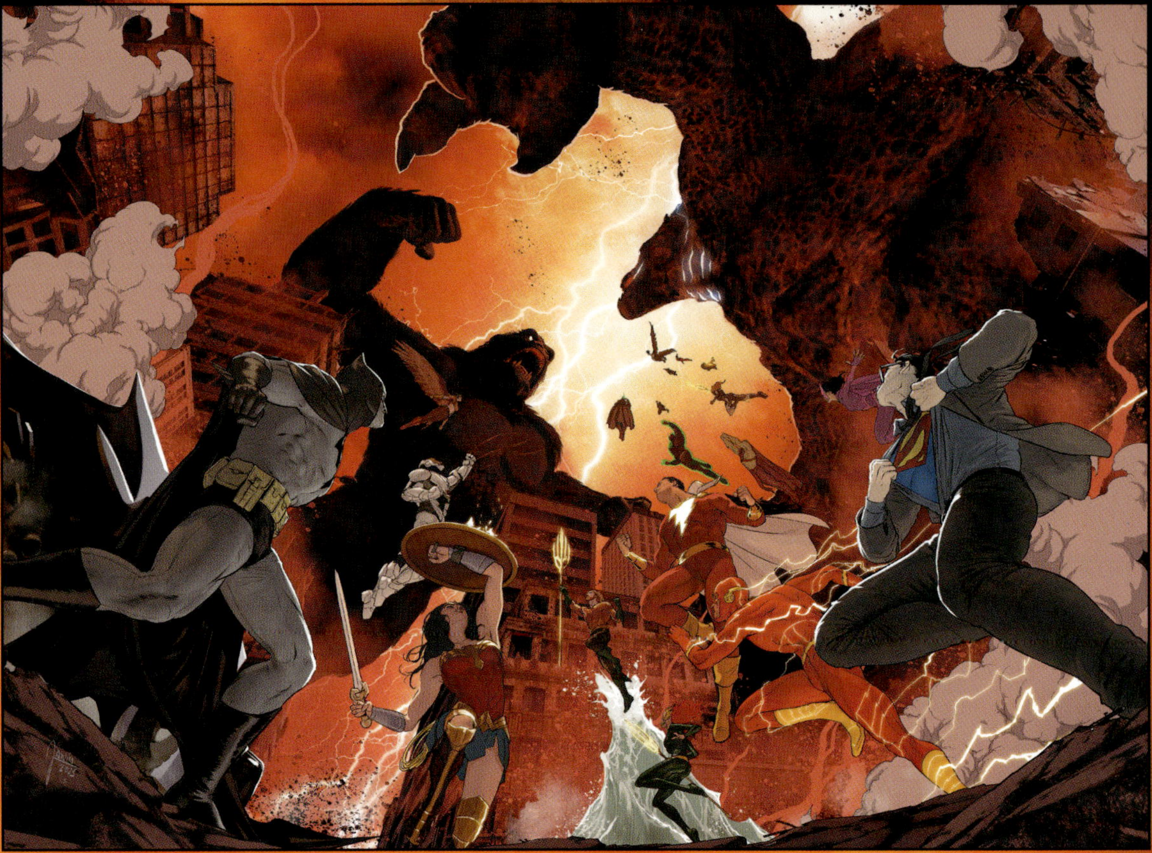

JUSTICE LEAGUE VS. GODZILLA VS. KONG MONSTER-SIZED EDITION 1
Cover von Mikel Janín

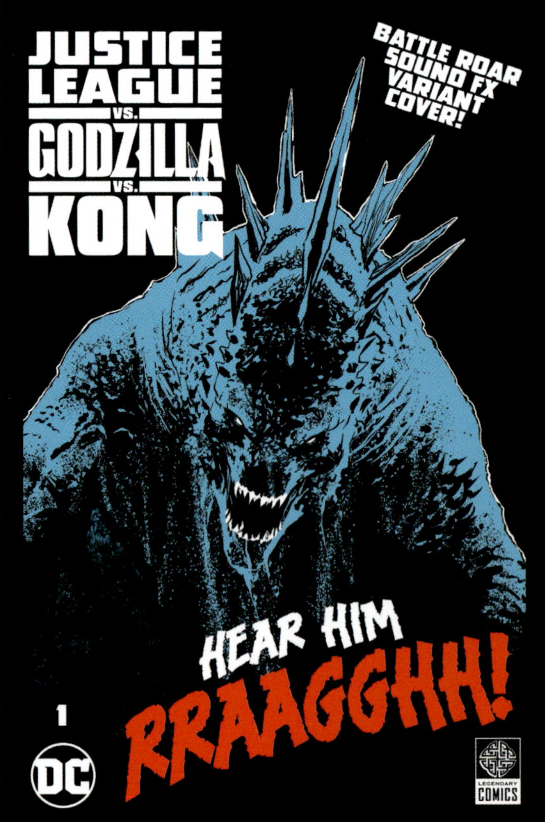

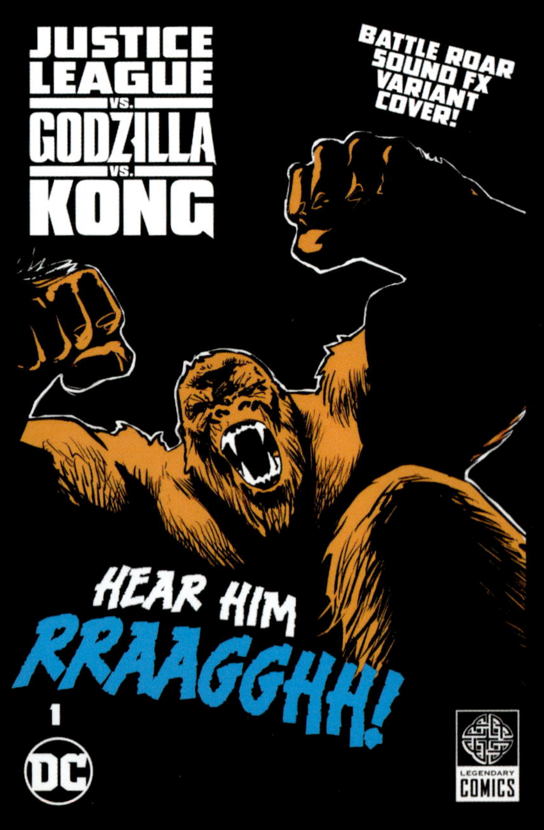

JUSTICE LEAGUE VS. GODZILLA VS. KONG 1 SOUND FX
Variant-Cover von Christian Duce und Luis Guerrero

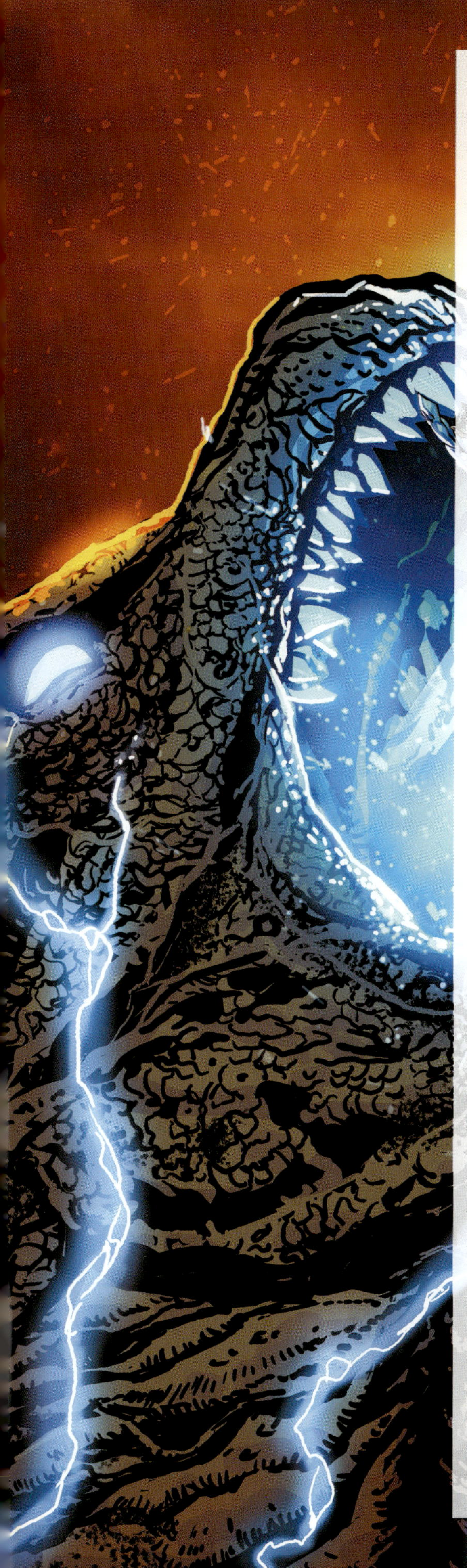

MONSTRÖSE ANSICHTEN

von **Jörg Faßbender**

GROSSE FUSSSTAPFEN

Godzilla oder *Gojira*, wie die Japaner ihn nennen, hatte bereits weit über 400 Comic-Auftritte, angefangen mit dem japanischen *Science Adventure Picture Story: Godzilla* von 1954. In den USA tauchte er jedoch erst 1977 in seiner eigenen, zwei Jahre andauernden Marvel-Serie auf, in der der **Titan** sogar Teil des Marvel-Universums war und den **Avengers**, den **Fantastic Four** und den **Champions** begegnete. Danach wurde es in den Comics wieder eine Weile still um das Monster mit dem Atomatem, bis Dark Horse 1987 die Rechte erwarb und klassische Geschichten erzählte, in denen Godzilla auf andere Monster wie **Bagorah** trifft, sich vor der Eingreiftruppe **G-Force** in Acht nehmen muss und mithilfe eines größenwahnsinnigen Professors namens **Mason** sogar auf Zeitreise geht. Die wohl seltsamste, aber auch spaßigste Begegnung hat Godzilla 1993 mit dem Basketballstar **Charles Barkley** in einem von einer Turnschuhwerbung inspirierten Comic. 2010 hat dann IDW die Rechte erworben, Comics mit Godzilla zu produzieren und veröffentlicht seither regelmäßig neue Serien mit dem grünen Giganten.

AFFENTHEATER

Beim beliebten Riesenaffen **King Kong** wundert es zunächst, dass es nicht ebenso viele Comics mit ihm gibt, wie mit dem **König der Monster**, denn der ursprüngliche Roman um Kong ist *Public Domain*, also Gemeingut. Der Film von 1933 ist es hingegen nicht. Da es immer wieder Streitigkeiten um die Rechte an der Geschichte und an der Figur gegeben hatte, auch als die Universal Studios 1975 einen Kong-Film produzieren wollten, ließen vermutlich viele Verlage lieber die Finger davon. 1968 war immerhin eine Comic-Adaption des Romans bei Gold Key erschienen. 1991 kam es dann endlich zu einer sechsteiligen Serie bei Fantagraphics von **Donald Simpson**, die auf dem Film von 1933 basiert und 1996 tat sich Autor **Joe DeVito** (*Doc Savage*) mit Cooper Estate, dem die Veröffentlichungsrechte immer noch gehören, für mehrere Serien um Kong, das **8. Weltwunder**, zusammen. Die Vereinbarung führte letztendlich 2016 zu weiteren Comics für BOOM! Studios, die von der Cooper-Familie sogar als offizielle Prequel- und Sequel-Originstory von King Kong unterstützt wurden. Neben diesen offiziellen Adaptionen erschienen aber zumindest auch naheliegende Crossover mit anderen Franchises wie in *Kong on the Planet of the Apes* und weniger offensichtliche und abgedrehte Gastauftritte bei Popeye, den Muppets und … äh, Darkwing Duck.

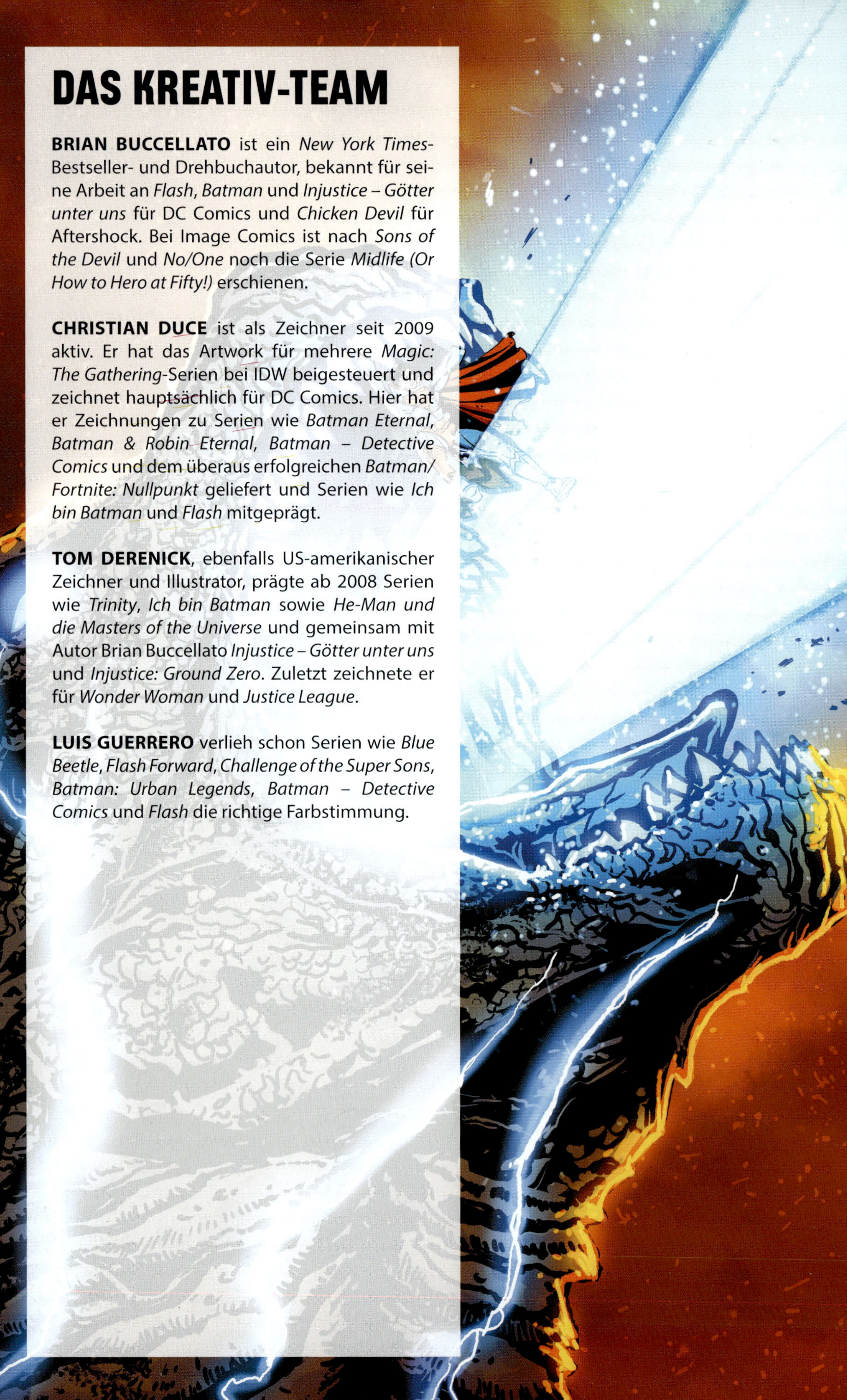

DAS KREATIV-TEAM

BRIAN BUCCELLATO ist ein *New York Times*-Bestseller- und Drehbuchautor, bekannt für seine Arbeit an *Flash*, *Batman* und *Injustice – Götter unter uns* für DC Comics und *Chicken Devil* für Aftershock. Bei Image Comics ist nach *Sons of the Devil* und *No/One* noch die Serie *Midlife (Or How to Hero at Fifty!)* erschienen.

CHRISTIAN DUCE ist als Zeichner seit 2009 aktiv. Er hat das Artwork für mehrere *Magic: The Gathering*-Serien bei IDW beigesteuert und zeichnet hauptsächlich für DC Comics. Hier hat er Zeichnungen zu Serien wie *Batman Eternal*, *Batman & Robin Eternal*, *Batman – Detective Comics* und dem überaus erfolgreichen *Batman/Fortnite: Nullpunkt* geliefert und Serien wie *Ich bin Batman* und *Flash* mitgeprägt.

TOM DERENICK, ebenfalls US-amerikanischer Zeichner und Illustrator, prägte ab 2008 Serien wie *Trinity*, *Ich bin Batman* sowie *He-Man und die Masters of the Universe* und gemeinsam mit Autor Brian Buccellato *Injustice – Götter unter uns* und *Injustice: Ground Zero*. Zuletzt zeichnete er für *Wonder Woman* und *Justice League*.

LUIS GUERRERO verlieh schon Serien wie *Blue Beetle*, *Flash Forward*, *Challenge of the Super Sons*, *Batman: Urban Legends*, *Batman – Detective Comics* und *Flash* die richtige Farbstimmung.